中国孔庙保护协会第二十次年会论文集

中国孔庙保护协会
旌德县文化旅游发展委员会 编

文物出版社

图书在版编目（CIP）数据

中国孔庙保护协会第二十次年会论文集／中国孔庙
保护协会，旌德县文化旅游发展委员会编．—北京：文
物出版社，2017.10
ISBN 978 - 7 - 5010 - 5259 - 2

Ⅰ.①中…　Ⅱ.①中…　②旌…　Ⅲ.①孔庙 - 文物保
护 - 文集　Ⅳ.①K928.75 - 53

中国版本图书馆 CIP 数据核字（2017）第 239113 号

中国孔庙保护协会第二十次年会论文集

编　　者：中国孔庙保护协会　旌德县文化旅游发展委员会

责任编辑：贾东营
责任印制：陈　杰

出版发行：文物出版社
社　　址：北京市东直门内北小街 2 号楼
邮　　编：100007
网　　址：http://www.wenwu.com
邮　　箱：web@ wenwu.com
经　　销：新华书店
印　　刷：北京京都六环印刷厂
开　　本：787mm×1092mm　1/16
印　　张：34.5
版　　次：2017 年 10 月第 1 版
印　　次：2017 年 10 月第 1 次印刷
书　　号：ISBN 978 - 7 - 5010 - 5259 - 2
定　　价：200.00 元

编 委 会

孔庙千秋　文心所向〔代序〕

——从旌德文庙说起

方光华

自汉高祖刘邦在曲阜以大牢祠孔子，开创祭孔的先河，至南北朝借由官方行为逐步建立起以孔子为代表的儒学在世人心目中和国家统治机器中至高无上的地位。唐贞观四年（630年）诏"州、县学皆作孔子庙"，地方孔庙开始普及，"庙学合一"正式确立，祀礼位列国家大典，孔子庙的建造及相关奉祀开始盛行。迄至清末，全国已遍布1560余座孔庙。科举废止的第二年（1906年），文庙祭祀升为国家祀典的最高规格——大祀。

旌德建县于唐宝应二年（763年），立孔庙自然是建县后的一件大事。

清嘉庆《旌德县志》载："考唐贞观四年（630年）诏州县皆立孔庙，时尚末有旌邑也。宝应建邑以后，谈学之制无闻，邑之学宫自宋崇宁元年（1102年）始。"

900多年过去了，旌德文庙一直位于旌阳镇东南生发之地，县府（原县政府，今旌阳镇政府）之左。前面案山，是形状酷似笔架的梓山，左向为由南往北流的徽水河（护城河）。

旌德文庙历经南宋、元、明至清顺治十四年（1657年），屡受兵火之灾，大修24次，重建5次，现存建筑为顺治二年（1645年）所建。

透过县志中纷繁的修造记录，可以得出这样一个结论：几乎每位当政者，都把修建文庙视为当时最大的政绩工程。士子们都把捐修文庙当作无上荣光之事。无数心血与智慧的凝聚，才使旌德文庙的规制趋于完整。

当时文庙及附属建筑包括：先师庙、两庑、斋房、戟门、名宦祠、乡贤祠、泮池、牌坊、棂星门、崇圣祠、尊经阁、明伦堂、土地祠、忠孝祠、礼义门、半月池、文昌塔、魁星楼、云路门、节妇祠、照墙、学前余地、教谕署、训导署等。

文庙在皖南这样一个山区小县，不仅是传播儒学膜拜先贤的宫殿，更是寄托文运教化子孙的圣地。

文庙的每一次修造，在崇文重教的乡村背景中，都会演绎出一个个文风浩荡的传奇故事。

旧志载，"旌俗重诗书，勤课诵，多延名师以训子弟。又设文会，聚族人士每月有课，寒暑不辍，凡城乡皆然"。光绪年间，旌德全县有书屋、文会、书院、县学100多处。从建县到清末，学有成就者代不乏人，仅有姓名可考者就有举人206人、进士143人，其中状元、榜眼、探花各一人。

在这样一方土地上，对于"释奠先师先圣"的文庙百姓们不仅崇敬有嘉，爱护之心天地可鉴。

嘉庆十年（1805年），文庙倾颓朽坏，朱旺村的贡生们呈请独立修建，"自大成殿暨两庑、斋房、丹墀、甬道、戟门、名宦祠、乡贤祠、泮池、石桥、左右二坊、棂星门、照墙、崇圣宫、尊经阁、土地祠、魁星楼、云路门，概行修建齐整"，"规模较旧闳敞，工材倍加壮丽"，计费白银三万多两。

那时的文庙，是士子和百姓心中永远神圣的殿堂。

寄托文运的文庙，说它是民心所育，一点都不过分。正因为有此强大的后盾，文庙在沧桑变化中的一次次劫难均能得以化解。即便是"文革"岁月，旌德文庙成了县公安局的办公场所，一次转身却是一次转机，使得文庙今天依然能够耸立于世。

在安徽，素有"北桐（城）南旌（德）"之称的旌德文庙建筑群，现由大成殿、东西庑、东西斋房、戟门、名宦祠、乡贤祠、泮池、泮桥、文昌塔等构成，占地面积6670.65平方米，建筑面积1479.46平方米。

改革开放后，旌德文庙的修缮得到各级政府的高度重视，从县级文物保护单位一直步入国家重点文物保护单位之列。近年来，旌德县委、县政府对文庙保护工作更是倾心尽力，毅然拆除文庙前面的政法大楼及文昌塔周边建筑，为文庙保护利用腾出发展空间。与此同时，还按旧志所载恢复孔子、四配、十二哲塑像及匾额楹联、祭器乐器等，依旧制复原东西庑、戟门、乡贤名宦祠画像及展陈，并将在文庙上演新中国建立后首次祭孔大典和开笔礼。旌德县保护文庙的诸多善举，得到了中国孔庙保护协会的赞许，此次在旌德召开中国孔庙保护协会第二十次年会就是最好的证明。

我们相信，借此年会召开的东风，不仅对旌德文庙的保护利用有着极大的推动作用，而且对旌德文庙景区的提升、对丰富"国际慢城——旌阳"的文化内涵产生直接影响。我们深信，通过年会的召开，必将对旌德县传统文化的继承发扬和社会主义先进文化的建设发挥积极的促进作用。

（作者系旌德县政协文史委主任、作家、学者）

目　录

孔庙研究

孔庙保护

孔庙利用

儒学研究

"修身"思想浅释

靳善美

摘　要　"修身"是中国传统文化思想的一个核心内容，中国传统文化主要由儒释道三家构成，在这三家思想中无不把"修身"作为其修学的基础。而文庙作为儒家文化传承的主要载体之一，从古至今的职责和价值都在于弘扬中华优秀传统文化并承担起社会教育的基本职能。为政在人，人能弘道，这个职能发挥的效果与影响直接取决于文庙工作人员对于儒家思想的热爱程度以及知行合一的践行能力。修身是为人的基础，做事先做人。修身对于文庙工作人员来说也是自己的本职，己立方能立人。所以，我们每个人为人的根都应该立正并扎深。一棵树能否茁壮成长取决于这棵树的根是否扎得深，我们看得到的是枝繁叶茂，看不到的根其实比其枝叶还要延伸茂密，做人也是如此，尤其是文庙工作人员更要立好为人与修学的根，学为人师，行为世范，从"修身"做起。

关键词　修身　孝亲　尊师　读书　践行　传统文化

一、儒释道三家对"修身"思想的解读

四书之首的《大学》提出"三纲八目"，"三纲"：明德，亲民，止于至善，"八目"：格物、致知、诚意、正心、修身、齐家、治国、平天下。曾子认为，通过格物、致知、诚意、正心这四个方面可以做到修身，进而才能达而兼善天下。孟子对"修身"的阐述也尤为详尽，他说："爱人不亲，反其仁；治人不治，反其智；礼人不答，反其敬。行有不得者皆反求诸己，其身正而天下归之。"（《孟子·离娄上》）他又说："仁者如射：射者正己而后发，发而不中，不怨胜己着，反求诸己而已矣。"（《孟子·公孙丑上》）。对于孟子关于"修身"的阐述也可以说是儒家"恕道"的一个方面。

佛法里千经万论，但总纲领就是这三句话——"诸恶莫作，众善奉行，自净其意"。佛教是师道，八万四千法门不同宗派，终归告诉弟子的是修行的方法，至于践行受持、读诵、为人演说还是凭借个人的解行去自行化他。

老子的《道德经》中也有言："圣人恒无心，以百姓心为心。"指出修身最根本的是要从修心开始；《太上感应篇》："是道则进，非道则退。不履邪径，不期暗室；积德累功，慈心于物；忠孝友悌，正己化人。"从字字句句中我们都能感受到道家的宗义，也可归结为对于"修身"思想的总结。

二、"修身"从孝亲、尊师、读书开始

（一）孝亲

父母不易，而天下谁人无父母，而谁又不最终为人父母？谁又能避开孝亲的本分？

首先，什么是孝？"孝"为会意字，上半部分从"老"的意思，下部分从"子"的意思，意谓子背着父母，意即子能承其亲，并能顺其意。故其本意作"善事父母者"，此之谓孝。

其次，如何行孝？孝，乃百行之本，众善之初也。正所谓孝乃德之本，德乃福之基。人人都期望自己是有福之人，但有福是结果，有福的原因是这个人重孝。迷者畏果，觉者畏因。所以培善因自然得善果。

从横向上看，在一个家庭中孝分为小孝、中孝和大孝，小孝指注重父母的饮食起居等物质方面的受用；中孝指不但要孝父母的身更要孝父母的心，现在让父母的物质生活不缺乏并不难，但是如何能让父母时时顺心处处欢心却不容易做到，需要儿女有发自内心笃诚的恭敬心和孝心。《论语》中讲到孝的句子很多，其中提到子夏问孝，子曰："色难。有事，弟子服其劳，有酒食，先生馔，曾是以为孝乎?"翻译过来就是：有事情的时候我们做儿女的可以帮父母做，有好吃的时候，我们可以拿给长辈吃，这些都不难做到，但子女侍奉父母，只有和颜悦色的面色最难能可贵。人的脸色，是由心决定的。子女对于父母，必然有深切笃定的孝心，由此才会有愉悦和婉的面容。凡事都可以勉强，惟有面色不大容易伪装，因此说最难。能做到这一点的就可以说是真孝顺了。子夏是夫子的高徒，供奉父母的礼节对他们来说不成问题，唯恐他们的敬爱之心不够恳切，用这话来警示弟子，让他们知道侍奉父母之道不在于外表，而在于内在，因此不应该求之于外，应求之于内心；大孝除了要做到孝父母之身、孝父母之心之外，还要做到孝父母之志。这就要求子女不但要有诚敬之心，还需要好学明理，也就是要有智慧，好学近乎知。孝子要圆满地实行孝道，必须自己不断地学习圣贤教诲，不仅提高自己的精神层次，还要帮助父母提高心志和智慧，才能使父母获得圆满

的幸福。《尚书》里讲到过人生有"五福"，这"五福"分别指：长寿、富贵、康宁、好德、善终。其中好德是"五福"的因，而善终确实不是人人能得到的，现在人认为富贵最重要，利字当头，但是生活中有太多例子，有些人纵然有财富但并不幸福，或是财富由非法的渠道昧着良心所得，只注重眼前利益目光如豆，结果不得善终同时也会祸延子孙，实在是得不偿失。

从纵向上看，除了要对自己的父母尽孝，还要把对父母的孝心扩展，进而对天下一切的父母都要尽孝，尽孝到圆满这叫至孝，从而进一步把爱人之心进一步扩展到爱一切物。这就是孟子所说的"亲亲而仁民，仁民而爱物"，也是儒家思想中"恕道"推己及人的思想。爱人者人恒爱之，敬人者人恒敬之；反之，恶人者人恒恶之，厌人者人恒厌之。所以，爱一切人才是真正的爱自己，不明理的人以为损人可以利己，其不知是自己不明理所以心不安。三才者，天地人。人为什么能列入三才之中？就是因为人可以效法天地之德，乾父坤母之行。兴无缘慈，运同体悲。

（二）尊师

人的生命是基础，而人的慧命却决定了人生命的意义和高度。如何提升我们的慧命？或是换一句话，如何提升我们的智慧和学问并最终能落实到生活中？就是通过老师，当然老师不仅仅指上学时教授我们知识的这些老师，甚至不单单指某个人，每一段人生经历、每一件小事哪怕是花草树木，都是我们的学习对象，都有值得我们借鉴学习的地方，所以尊师也可以理解为尊重每个生命以及每个生命背后的意义。所以，我们是否能从"老师"那里受益，还要看我们自己的心量和觉悟。

（三）读书

古语云，"国将兴，必贵师而重傅"，"师者，人之模范也"……都体现了自古中华民族"尊师"的道德观念，也成为华夏子孙代代相传的美德。但就现实情况而言，现在想找到真正德高望重的人为师已并非易事。世风日下，学生在学校学习到更多的是知识和技能而鲜有能真正获取智慧并提升德行。然而，人师难觅，经师易求，我们获取经书的途径越来越多，这些圣贤书可以传承两千多年而仍然经久不衰，经历了时间的沉淀，我们很容易就能辨认出经典，然而如何学习经典如何践行经典却不容易做到。

在跟经师求道的过程中，我们需要明确"为学之道，莫先于穷理。穷理之要，必在乎读书。读书之法，莫贵乎循序而致精。而致精之本，则又在于居敬而持志"。此不易之理也。

三、"修身"的意义

（一）"修身"对个人的意义

1. 淡泊明志，宁静致远：也就是"八目"中的格物，如果一个人很容易被外面的境界牵着鼻子走，这个人是不可能静下心来认真思考人生的方向和意义的。尤其是现今社会，科学技术日益发展，物质受用日益丰富，产品不断推陈出新，光是看都看得眼花缭乱，更别说去追赶风潮。实际情况是，现在的物质受用更多的都是属于锦上添花，而能为大多数人提供真正困乏的精神食粮才是真正的雪中送炭。但可惜的是能认识到自己问题的人少之又少，能认识到问题并勇于改正的更是凤毛麟角。所以，不懂得修身的人，不可能心志淡泊，反而会淹没在社会物欲横流的大浪潮当中并乐此不疲，更何谈明志与致远？

2. 素位而行，心宽智朗：懂得修身的人一定是"躬自厚而薄责于人"的人，一定是严于律己宽以待人的人，所以懂得行有不得反求诸己，绝不会怨天尤人，更不会杞人忧天，只求尽自己的本分，问心无愧。"君子乐得为君子，小人冤枉为小人"，"君子乐天，达人知命"，进而就接近了孔子七十"从心所欲而不逾矩"的境界。

（二）"修身"对文庙工作人员的意义

文庙工作人员的言行举止以及其细微之处都能体现出其个人的传统文化修养，并可以透露出其是否热爱传统文化，是否愿意在当今急功近利的社会背景下，身体力行地为服务对象提供一方专注于文化传播和教育的净土。我们文庙工作人员看似和其他窗口单位一样为服务对象提供服务，但我们服务品质的优劣影响的是服务对象对于中华优秀传统文化的认同和感受，也可能因为我们看似无足轻重但符合道义仁礼的言行而增加一个群体对于中华优秀传统文化的兴趣和热爱，也可能因为与文庙工作人员的一次沟通而产生心灵的洗涤和教化。《说文解字》把"教"解释为"上所施，下所效"。道德教育的有效方式是身体力行的感化，而不是空洞的说教；是开启人的爱心、羞耻心，而不是强制灌输一种理念。因此，中国传统道德教育特别强调"身教胜于言教""正人先正己"，即"修身"思想。在今之世，不能加紧修行道德伦常，善的力量不能转化天下人心，并不是我们没有修德转善的资质，而是因为没有良师益友以自身做楷模来改变天下风气。在这方面，孔子多次强调说："君子之德风，小人之德草，草上之风，必偃。"（《论语·颜渊》）意思是说，君子的德行好比风，老百姓的德行好比草。风向哪边吹，草就向哪边倒。又说："政者，正也。子帅以正，孰敢不正？""其身正，不令而行；其身不正，虽令不从。"因此，具备良好的个人道德修养是作为文庙工作人员的基本条件，只有文庙工作人员本身注重修身，才能担负起我们传播优秀传统文化和教育的基本工作职责。学习中华优秀传统文化的人最忌讳的就是只学其章词而不以希圣希贤为事。

（三）"修身"对社会的意义

中华民族复兴的根本在于中华优秀传统文化的复兴，而中华优秀传统文化的核心部分之一就是儒学，儒学的核心是八德"孝悌忠信礼义廉耻"，八德靠每个人的言行来体现。国家兴亡匹夫有责，修身关乎家庭和谐，关乎工作顺利，也关乎国运昌盛，牵一发而动全身，习近平总书记在党的十八大报告上也强调"命运共同体"的概念。而对于文庙工作人员来说，修身既是本分也是职责。

作者简介：靳善美，女，长春市文庙博物馆助理馆员。

参考文献：

［1］南环瑾：《原本大学微言》，复旦大学出版社，2013 年。

［2］南怀瑾：《孟子旁通》，复旦大学出版社，2013 年。

［3］杨伯峻：《孟子译注》，中华书局，2012 年。

［4］李耳著，陈才俊编：《道德经》，海潮出版社，2011 年。

［5］李昌龄 郑清之：《太上感应篇集释》，中央编译出版社，2016 年。

［6］许慎撰，段玉裁注：《说文解字注》，凤凰出版社，2015 年。

［7］南怀瑾：《论语别裁》，复旦大学出版社，2013 年。

［8］陈宏谋：《五种遗规》，中国华侨出版社，2012 年。

［9］冯国超：《幼学琼林》，商务印书馆，2015 年。

《子寿终录》（孔子临终遗言）考

张晓旭

摘　要　2009 年至今，网上流传一篇"马王堆"或"牛王堆"考古新发现之《孔子临终遗言》①，实际上是今人伪托之作。网上透露的伪作者孔健，据查现居住在日本，确系孔子后人。不知为何编造《子寿终录》（孔子临终遗言）。网上提供的与《子寿终录》有关的研究儒学 40 年的教授昊复古②，查无此人，实际上是孔健编造的一个虚假人物。笔者认为"昊"是"好"的谐音，理解为"好复古"。一语道破孔健的良苦用心，答案是借《子寿终录》（孔子临终遗言）以古讽今。

关键词　伪作　以古讽今

一、《子寿终录》（孔子临终遗言）网络原文③

子寿寝前弥留少时，唤诸弟子近叩于榻侧。子声微而缓，然神烁。嘱曰：

吾穷数载说列侯，终未见礼归乐清。吾身食素也，衣麻也，车陋也，至尽路洞悉天授之欲而徒弃乃大不智也。

汝之所学，乃固王位，束苍生，或为君王绣袍之言。无奈王者耳木，赏妙乐如闻杂雀鸣，掷司寇之衔于仲尼，窃以为大辱。其断不可长也。鸿鹄伟志实毁于为奴他人而未知自主。无位则无为，徒损智也，吾识之晚矣。呜呼，鲁国者，乃吾仕途之伤心地也。汝勿复师之辙，王不成，侯为次，再次商贾，授业觅食终温饱耳，不及大盗者爽。吾之所悟，授于尔等，切记：践行者盛，空叙者菱。施一法于国，胜百思于竹。吾料后若有成大器之人君，定遵吾之法以驭民，塑吾体于

---

① 见百度网。
② 笔者考证无此人，系刻意编造。
③ 见百度网《子寿终录》原文。

庙堂以为国之魂灵。然非尊吾身，吾言，乃假仲尼名实其位耳。

拥兵者人之主也，生灵万物足下蛆；献谋者君之奴也，锦食玉衣仰人息。锋舌焉与利剑比乎？愚哉！旷古鲜见书生为王者，皆因不识干戈，空耗于文章。寥寥行者，或栖武者帐下，或卧奸雄侧室。如此，焉令天下乎？王座立于枯骨，君觞溢流紫液，新朝旧君异乎？凡王者祈万代永续，枉然矣！物之可掠，强人必效之；位之可夺，豪杰必谋之。遂周而复始，得之，失之，复得之，复失之，如市井奇货易主耳。概言之，行而优则王，神也；学而优则仕，奴耳；算而优则商，豪也；痴书不疑者，愚夫也。智者起事皆言为民，故从者众。待业就，诺遁矣。易其巧舌令从者拥主，而民以为然。故定乾坤者必善借民势。民愚国则稳，民慧世则乱。

武王人皆誉之，纣王人皆谤之。实无异也！俱视土、众为私。私者唯惧失也。凡为君者多无度，随心所欲，迎其好者，侍君如待孺子。明此理，旋君王如于股掌，挟同僚若持羽毛，腾达不日。逆而行之，君，虎也，僚，虎之爪也，汝猝死而不知其由。遇昏聩者，则有隙，断可取而代之。

治天下者知百姓须瘦之。抑民之欲，民谢王。民欲旺，则王施恩不果也。投食饿夫得仁者誉，轻物媚予侯门其奴亦嗤之。仁非钓饵乎？塞民之利途而由王予之，民永颂君王仁。

御民者，缚其魂为上，囚其身为不得已，毁其体则下之。授男子以权羁女子，君劳半也。授父以权辖子，君劳半之半也。吾所言忠者，义者，孝者，实乃不违上者也。

礼者，钳民魂、体之枷也。锁之在君，启之亦在君。古来未闻君束于礼，却见制礼者多被枷之，况于布衣呼？礼虽无形，乃锐器也，胜骁勇万千。

乐者，君之颂章也。乐清则民思君如甘露，乐浊则渔于惑众者。隔民异音，犯上者则无为。不智君王，只知戟可屠众，未识言能溃堤，其国皆亡之。故鼓舌者，必戳之。

吾即赴冥府，言无诳，汝循此诚，然坦途矣！切切。

言毕，子逝。

应该说，这篇以古讽今的伪作，具有一定功力的古文基础，但是，伪作终究不是孔子原作。

二、此文系今人伪托之文无疑

1. 从考古学的角度，包装上漏洞百出。如网络序文①：

---

① 见百度《子寿终录》网络序文。

　　马王堆（一说"牛王堆"）"考古发掘工作又传捷报。一批春秋时代竹简出土，共168片，包裹在一做工考究的猪皮囊内，囊外涂有约一寸厚的保护层（疑为猪油与其他物质之化合物），使竹简与空气隔绝。猪皮囊内的竹简又被分成21捆（每8片一捆），分别装在丝绸袋内。包装风格很像现在中秋节的高档月饼盒。"并戏言："经考古学家仔细清理、辨认，这批竹简完整地记录了我国古代最伟大的思想家、教育家、哲学家孔丘先生的临终遗言。这无疑是我国考古史，古代思想史上最伟大的发现之一。"

　　"消息传出，我国孔子研究界专家学者甚为振奋。从事儒学研究近40年的著名教授昊复古先生激动地说，我们要以此次重大考古发现为契机，不失时机地扩大研究队伍。后续的研究工作，工程浩大，有实力的大学和社科研究机构为此需要招收大约500名硕士生，近百名博士生，耗时少说也得10年。"

　　"我们将建议国家有关部门把社科重大研究项目基金向该课题倾斜，使我们有充足的经费对孔子临终遗言进行精雕细刻式的梳理、诠释及传播。""临终遗言"有8段话，初步打算将它们分成9个子研究项目，并有9个有关大学和研究所承担，其中一个单位负责总体研究。其余单位各承担一段话的研究任务。经费的多少按各单位承担的每段话字数来分配。①

　　以上是导语。出土的孔子遗言竹简从网上模糊的照片来看是后人伪造。可现在找不到了，估计是被人撤了。

　　以上所谓的"建议"，国家有关部门根本就没接到，将其列入国家重大社科基金项目也就无从谈起。经查，向国家有关部门的"建议"纯属子虚乌有。

　　2. 网上《孔子临终遗言》说是"'马王堆'考古新发现"的。国学网上则流传是"'牛王堆'考古新发现"。马王堆考古20世纪70年代就已结束，即便是后来，根本没有"孔子临终遗言"的官方报道，也没有再次发掘的记录或者有关出土文物的报告或消息，哪来的

曲阜孔林孔子墓

孔子遗言？至于"牛王堆"也是编造，经查史上根本就没有所谓的"牛王堆"。

　　马王堆汉墓是西汉初期长沙国丞相利苍及其家属的墓葬，位于湖南省长沙市。

---

　　① 纯属造谣，国家并无此研究课题。

1972～1974 年，考古工作者在这里先后发掘了 3 座西汉时期墓葬。其中 2 号墓就是利苍墓。另外，墓葬中出土一具保存完好的女尸。孔子是春秋人，史上孔子和利苍及其家属没有任何关系，孔子遗言怎么会放在相距近千年的利苍墓里？简直是一派胡言。

人文科学的教授不懂考古还说得过去，但是不懂历史实在有点可笑。再说，孔子周游列国从来没有踏上长沙的土地，哪来的《子寿终录》。众所周知，孔子是鲁国人，死后葬在曲阜。孔子墓在曲阜孔林，墓葬布局东为其子孔鲤墓，南为其孙孔伋墓，寓意携子抱孙。孔林占地 3000 多亩，林墙周长 5591 米，坟冢 10 万余座，墓碑 4003 方，是世界上延时最久、墓葬最多的家族墓地，墓葬数量之多、规模之大、保存之完好，在世界上绝无仅有。现已被列入世界文化遗产。《子寿终录》如果出现在孔子墓中还有合理之处；退一步说，如果出现在孔子的某个弟子墓中也有合理之处，因为"遗言"如果真存在的话，因是其弟子在孔子离世前记录的。待孔子离世后放入孔子墓或后来放入某弟子墓是符合情理的，是符合逻辑的。但是，历史记载孔子墓或孔子弟子墓从来没有发现孔子遗言。

书写工具为"竹简"这没问题，但网上发布的照片不清，值得疑问。网上发布的释文有繁体字，有简化字，这存在严重的造假问题，从中国文字字体的特征来看，先秦大篆、秦小篆，汉代隶书，魏晋南北朝隶楷过渡，唐代楷书，宋代行楷，明清行书。这是中国文字字体发展的一般规律。孔子是春秋人，时代属先秦，字体应为大篆。网络为何不发布"原"竹简文大篆呢？开始网上公布的《子寿终录》竹简模糊不清，是否因假而故意所为，后来又被莫名其妙地撤了，这就是疑问。为何不敢将"原"竹片大篆公之于众？

3. 语言特点与孔子所处时代不符且存在造假词语。如"遗言"中多以词组出现，具有明显的现代汉语，或近代文言文特点。尤其是一些先秦时期还没有出现过的词组在这里已经出现。譬如"呜呼，鲁国者，乃吾仕途之伤心地也"中之"仕途"二字，先秦之前未尝有，据查最早出现在《新唐书》"至号终南嵩少为仕途捷径，高尚之节丧焉。"再比如"书生"一词，春秋时代还没有出现，是唐以后的事了，《子寿终录》却用"书生"这样的词，就像现在的"劈腿""二奶"如果在春秋时代墓葬里出现，那不是很可笑吗？另外，杜撰孔子格言"行而优则王，神也；学而优则仕，奴耳；算而优则商，豪也；痴书不疑者，愚夫也。"简言之，孔子认为王是神；官是王的奴才；商是豪；死读书的人是傻瓜。其中，"行而优则王，神也""算而优则商，豪也"，一看就是当代人的思维模式，词语造假显而易见。

4.《子寿终录》把孔子说成是野心家，这违背儒家的人伦和精、气、神。儒家对待人生和社会的态度是"有道则显，无道则隐"，"达则兼济天下，穷则独善其身"，儒家从来不造反，只是维护社会稳定，让人从善而已。但《子寿终录》的孔子却说："呜呼，鲁国者，乃吾仕途之伤心地也。汝勿复师之辙，王不成，侯为次，再次商贾，授业觅食终温饱耳，不及大盗者爽"。这是对孔子仁义道德思想的践踏。把读书育人说得一文不值。造谣孔子临终关照自己的子孙不要学自己的下场，并嘱咐弟子人生的目标第一是当王，其次当侯，再次做腰缠万贯的商人，读书人就连盗贼都不如。其中，王、侯概念错误：《子寿终录》云："王不成，侯为次"。西周天子名义上是最高统治者，称王，姬姓，如周文王、周武王。王是一种职务。天子分封的王则是诸侯王，诸侯王是诸侯国的最高统治者。侯是爵位。爵位有公、侯、伯、子、男五等。职务与爵位是对等的。如春秋时期鲁国、郑国国王的爵位是侯爵，称鲁侯、郑侯。而燕国国王是伯爵，称燕伯。即王（职务）和侯、伯（爵位）两者是统一的，是一个完整概念。前者是职务，后者是爵位。是王必定有爵位，只是所对应的爵位有高低之分。"王不成，侯为次"。好像王比侯大，此言实在不懂礼法，难道孔子这样的圣人连这种常识都不懂吗？所以，纯属伪造。

5. 伪作者孔健，据查系孔子第 75 代直系子孙、孔家滕阳户掌门人。作家、教授。擅长孔学研究，现居日本。1958 年出生于青岛。1982 年山东大学日本语专业毕业。不知为何他抛出《子寿终录》？是对现实的厌倦，还是信仰出了问题。不管何种原因，孔健却是个孔子研究专家，著述颇丰。其主要著作有《孔氏姓源》《论语孔子与大众传播》《新孔子演义》《孔子一日一语》《儒教圣典》《孔子的人生之道》《天下第一家》《中日英对照论语》《新论语学》《左手孔子右手庄子》《孔教新论》《孔子的教学之道》《孔子的经营之道》《孔子得处世之道》《孔子的交友之道》《孔子全集》《孔子的仁爱之道》《国学入门》《一日一生的大智慧》《孔子的传播之道》《北京人和上海人较量》《给中国各省人画像》《日本文化辞典》《人为何要学习》《孔子的管理之道》《儒教和日本人》《孔子家训》《日本人永远不懂中国人》《看中国人和日本人谁最后笑》《小日本的大发想》《日本人与中国人》《中日韩儒教大联盟》《日本人真愚笨吗》《于丹教我们学论语》《没有中国日本玩不转》等中日文书 80 余部。除非孔健世界观发生巨变，否则他不会抛出作假的孔子遗言。

6. 司徒、司马、司空、司寇

鲁国为西周时诸侯国，侯爵。《子寿终录》提到孔子为司寇，历史记载确实如此。

司徒、司马、司空为周王朝的三公。诸侯国也设司徒、司马、司空。是春秋时期诸侯国的第一层级职官，由西周中央政府直接委任诸侯国其级别相当于现在的省，但诸侯王姬姓（周天子姓），地位仅次于周天子，名义上比中央政府的相的地位要高，王国内四司官职，则类似现在的省部级。前三位类似现在的正部级，后者类似为正厅或副厅。也就是说孔子司寇的级别类似现在的正厅或副厅级。

司徒治民，"司"是掌管、"徒"是徒役，指服军役和各种劳役的民众，司徒治民事，掌户籍（相当于现在的省委组织部、省人力资源厅、民政厅、公安厅）。

司马治军，战国以前重车战，兵车用马拉，每辆战车用四匹马，中间两匹称"服马"，两旁称"骖马"。马在车战时代起相当大的作用（诸侯王国司马一职，相当于现在的省军区司令）。

司空管土地，主要职责是测量土地的远近、辨别土地的好坏，以便授予民众耕种，并编定赋税的征收数额（相当于现在的国土资源厅厅长、省税务局局长）。

司寇为诸侯国第二层次的官员。掌管刑狱诉讼，治寇盗。这些官称在中原列国多有设置（类似现在省公、检、法厅厅长、院长）。孔子为鲁国司寇。相当于现在的厅级官员，已经不小，难道孔子嫌官小。

7. 《遗言》义理出现的时代与孔子时代严重不符。譬如《遗言》中"授男子以权羁女子，君劳半也。授父以权辖子，君劳半之半也。吾所言忠者，义者，孝者，实乃不违上者也。"在先秦时代，没有此种说法，有也是西汉以后的董仲舒的说辞。可见伪托所谓"临终之言"者，虽有一定的古汉语基础，但却不懂"孔学"之义理。

综上所述，《子寿终录》是一造假之作，伪作者的用意在于诋毁孔子学说，动摇中华传统文化之根基。

作者简介：张晓旭，中国孔庙保护协会副秘书长、中国范仲淹研究会副秘书长、苏州范仲淹研究会常务副会长、苏州儒学研究会会长，教授、研究员。

《论语》中的"孝道"思想浅析

王桂美　马　宁

摘　要　孝是中国传统伦理的核心内容之一，也是儒家思想的重要组成部分。儒家文化经典《论语》阐述的以亲情为基础、以"仁"为本质、以"礼"为形式的孝道，在当代依然是社会道德规范体系的重要组成部分，有着重要的社会价值。

关键词　《论语》　孝道　社会价值

孝道是中国文化遗产的重要组成部分，儒家文化经典《论语》较早的对孝道做出系统全面的阐释。春秋时期，社会剧烈变动，社会制度变革引起传统意识形态的动摇，礼乐崩坏，传统宗法社会中维持人际关系的孝道思想也受到了严重冲击。在整饬社会秩序、重建孝道伦理过程中，孔子的孝道思想应运而生，起到了重要作用。《论语》中有 14 个章节专门论述孝道，"孝"字在该著述中出现了 19 次之多。在当代，研究探析《论语》中的孝道思想，对于提升人们的道德境界和构建和谐社会，仍然具有重要的价值和意义。

一、《论语》中孝的本质与核心

在春秋时代，父母和君王具有至高无上的地位。"民生于三，而事之如一。父生之，师教之，君食之。非父不生，非食不养，非教不知。"没有父母的养育、师长的教导和君主的恩赐，我们是无法生存的。因此，我们要感恩于父母的养育、师长的教诲和君主的恩赐，落实到行动上就是要尽孝、尽忠、重言诺。儒家学说的孝就是注重家庭和伦理，夫妻、父子、君臣、朋友是伦理道德的基本内容。

《论语》中孝的本质是仁。仁主要是孔子在新的社会背景下依据礼乐文化传统所做的理论创造，孝悌是仁的基本要求，孝的本质在于仁。在开篇《学而》中开门见山地明确了孝的本质。有子曰："其为人也孝悌而好犯上者，鲜矣。不好犯上而好作乱者，未之有也。君子务本，本立而道生。孝悌也者，其为仁之本与?"有子说："若其人是一个孝悌之人，而会存心喜好犯上的，那必很少了。若其人不喜好犯上，而好作乱的，就更不会有了。君子专力在事情的根本处，根本建立起，道就由此而生了。孝悌应该是仁道的根本吧?"仁是孔子提倡的道德的最高境界，将孝看作是仁的根本。孝是一个人为人处世的基本行为规范，《论语》中反复强调这一点。如，子曰："弟子入则孝，出则悌，谨而信，泛爱众而亲仁，行有余力，则以学文。"

《论语》中孝的核心是礼。礼着重于对上古文化传统的继承，却又并不拘守礼制的某些形式而有所修正。《论语》中有：孟懿子问孝。子曰："无违。"樊迟御，子告之曰："孟孙问孝于我，我对曰无违。"樊迟曰："何谓也?"子曰："生，事之以礼，死，葬之以礼，祭之以礼。"孟懿子问什么是孝。孔子说："不要违背礼节。"不久，樊迟替孔子赶车子，孔子便告诉他："孟孙问我孝道，我答复说，不要违背礼节。"樊迟说："这是什么意思?"孔子道："父母活着，依规定的礼节侍奉他们；死了，依规定的礼节埋葬他们，祭祀他们。"孔子认为，人们在对父母尽孝时，无论父母在世与否都要遵从礼节，不应违背礼的规定，否则就不是真正的孝。礼是孝的核心内容。

二、应该怎样尽孝

(一) 物质供养与精神尊敬相统一

尽孝的最基本行为是赡养父母。《论语》中子夏问孝的一段记载，孔子的回答是："有事弟子服其劳，有酒食先生馔，曾以为是孝乎?"意思是，有好吃好喝的，让父母享用，仅这样就可以认为是孝了吗? 从孔子的疑问可以看出，他认为仅仅能供养父母吃喝是不足以称为孝道的，但是这句话中也有孝敬父母首先要供养父母之意。所以，讲究孝道最基本的要求应当是让父母衣食无忧。同时，孔子也不同意"孝即能养"的片面思想。《论语·为政》记载"子游问孝。子曰：'今之孝者，是谓能养。至于犬马，皆能有养；不敬，何以别乎?'"。意思是说，现在人们认为的孝仅仅是养活爹娘就行了，至于犬马都能得到的饲养，而若不是发自内心的孝敬父母，那养活爹娘和饲养犬马又有什么区别。所以孔子提出了以"礼"为核心的孝道，强调对父母的孝要建立在以礼相待、尊敬他们的基础上。通过孝与敬的结合，使父母在衣食无忧的情况下，得到人格的尊重和精神的慰藉。这也就是说孝是物质供养与精神尊敬的统一。

(二) 生前身后事之以礼

礼是孔子孝道的核心。孔子之所以要强调"克己复礼为仁"，原因之一就在于此。《论语》中论及孟懿子问孝，孔子回答说"无违"。在孔子看来，要做到无违，既要靠内在修养规约，也要靠外在礼制制约。《论语·里仁》中提到"事父母几谏，见志不从，又敬不违，劳而不怨"，也就是说在侍奉父母的时候，如果有意见相左的地方可以委婉地去劝阻；另一方面，《论语·为政》中说："生，事之以礼，死，葬之以礼，祭之以礼。"就是说无违还要受制于礼法的约束，也就是要按礼节办事，父母在世时要按照礼节去侍奉他们，父母去世后按照礼节埋葬他们、祭祀他们。这也表达了对父母的爱和敬，是发自内心的诚挚的自觉行为。

（三）关心父母，不让父母挂念

"孟武伯问孝。子曰：父母唯其疾之忧。""父母在，不远游，游必有方。"父母最担心的是孩子的健康，孩子出游在外，要保持身体健康，不让父母牵挂担忧，这也是孝敬父母；父母在世的时候，孩子经常陪伴在左右服侍，不要远游，如果一定要远游也要有一定的方向，让父母知道自己的行踪，这也是对于父母牵挂的一种慰藉。当前社会竞争压力大，职场上打拼一天后回到家里看到父母，忘掉工作上的事情，尽力把愉悦高兴的表情挂在脸上，而不是烦躁郁闷、大吐苦水，让父母为你的心情好坏而操心。孝而无忧，让父母省心就是最大的孝。

（四）终身尽孝

在孔子及儒家看来，孝敬父母不仅要"养亲""敬亲"，还要提倡"终身尽孝"。所谓"终身尽孝"，就是说子女在父母生时立身行道，不犯刑律，不做冒险的事，不做不义的事，以免父母为自己的过错和安全担惊受怕。

子曰："父在观其志，父没观其行，三年无改于父之道，可谓孝矣。"父亲在世时，因为儿子不能享有独立行动的权利，所以只观察他的志向，父亲去世之后就要看他的行为，如果能长时间地遵守父亲生前的道德规范而没有改变的话，就可以称他为孝子了。孔子指出：三年无改于父之道，可谓孝矣。孔子构架了一个生命的轮回框架，子女不改变父母生前奉行的准则，继承他们的事业或者遗愿。"三"是虚指，指很长的时间，甚至是一生。因此这是一个自觉性很强、时间又很长的过程，是需要很大毅力的，所以笔者觉得这是孔子认为的孝敬父母的最高标准了。

三、孝道思想在当代的社会价值

《论语》的孝道思想产生于"礼乐崩坏"的特定时代背景下，其"克己复礼"的目标指向，自然有着深刻的时代印记和阶级局限性。但是作为中国传统孝道的源头，《论语》中的孝道思想仍具有重要的道德教育意义和社会价值。

首先，在个人层面，有助于提高人的道德品质。孔子把"仁"作为个人道德修养的最高境界，把"爱人"作为道德的根本要求，把"天下归仁"作为最高的社会道德理想。仁是人内心一种真诚的信念，而孝是仁的根本和基础。孝是人们实践道德的起点之一，父母赋予我们生命，养育我们成人，施行孝道是每个人道德修养的应有之义，具有天然合理性。"孝"是一切德行的前提，是良好修养的一种最佳体现，也是加强个人修养的最基本要求。无论时代如何发展，社会生活如何变迁，儿女对父母行孝都不会成为落后于时代的东西。通过践行孝道，每个人的道德可以完善。否则，失去孝道，就失去做人最起码的德性。在今天，倡导孝道，并以此作为培育下一代道德修养的重要内容仍然具有重要的现实意义。

其次，在家庭层面，孝道有利于家庭和谐。实行孝道，可以长幼有序，规范人伦秩序，促进家庭和睦。家庭是社会的基本单位，亲情是社会的纽带，只要每个家庭和谐了，社会才有和谐的基础。和谐的家庭指各个家庭成员各尽自己的道德义务，其中最重要的就是父母与子女的关系，集中在子女对父母的赡养关系上。孝而有敬、诚心尽孝，孝而无怨，让父母省心养老，这是子女义不容辞的责任，子女对父母的赡养关系到家庭的幸福和稳固。当前家庭和谐建设过程中一个突出的问题是由于社会保障制度的不健全，使得老人赡养问题成为当代家庭矛盾的焦点。目前，家庭养老仍然是我国主要的养老方式，这不仅是我国几千年形成的传统模式，也是我国的国力和国情所决定的，在国家的保障制度健全之前，老人的养老重担只能由子女扛起。在新时代重新强调孝道，对于维护好各个家庭成员之间的关系，可以使家庭亲密和谐、温馨幸福。

最后，在社会层面，孝道有利于社会和谐稳定。孔子的孝道思想产生于乱世，可以规范社会行为，建立礼仪制度，调节人际关系，从而凝聚社会，达到天下一统，由乱达治。孔子的孝道思想为封建社会维持其社会稳定提供了意识形态，为中国的一统起到了积极的作用。而在现代社会，人与人之间关系冷漠化、物质化趋势有所增长，这与我们和谐社会建设不相容，发扬《论语》中的孝道思想，可以调整社会内部各方面的关系，重新审视竞争社会条件下物质利益的取得方式，调节人与人之间的得失关系，推进社会和谐。在社会主义精神文明建设中大力提倡孝道，能促进全体社会成员道德素质全面提升，在全社会形成尊老爱幼的道德风尚，促进社会和谐发展。

作者简介：王桂美，女，曲阜市文物管理委员会；马宁，曲阜市文物管理委员会助理馆员。

参考文献

[1] 张赟赟：《从〈论语〉看孔子的孝道思想》，《今日科苑》，2010 年 4 月。

［2］江边:《〈论语〉中的孝道观及其现实意义》,中华励志网,2011 年 8 月。

［3］杨伯峻译注:《论语译注》,中华书局,1980 年 12 月第 2 版。

［4］蒋曼:《浅析〈论语〉中的孝道思想》,《重庆科技学院学报》(社会科学版),2011 年 12 期。

［5］王春彦:《〈论语〉中的孝道思想》,《辽宁教育行政学院学报》,2008 年 5 月。

［6］于学强:《刍议〈论语〉中的孝道思想及其道德教育意义》,《济南大学学报》(社会科学版),2013 年 23 卷 3 期。

东南亚社会民间宗教中孔儒崇拜成因探析

黄文波

摘　要　东南亚社会的民间宗教，大多于近现代由本土人士所创立或由华人传播发展而来。其中的部分宗教糅合了各个宗教派别的偶像，崇拜诸神列圣，其中亦包含了孔子和儒家的成分，具有较为鲜明的特点。文章试举数例，并对其中孔儒崇拜的成因进行浅要分析。

关键词　东南亚　民间宗教　孔儒崇拜

东南亚是宗教问题复杂的地区，官方宗教中既有以佛教为国教的国家（小乘：缅甸、泰国、老挝、柬埔寨；大乘：越南），又有以伊斯兰教为国教的国家（印尼、马来西亚、文莱），还有以天主教为国教的国家（菲律宾），此外还有多元文化和谐共存的呈现（新加坡、马来西亚）。除了这些官方主流宗教之外，还有一些近现代以来出现或发展起来的民间宗教，或是由本土人士创立，或是从中国大陆传播到该地区。其中的一部分宗教非常奇特地糅合了中西宗教和文学，同时信奉佛教、道教、基督教和儒家教义，呈现出万教大同、多元包容的特点。

一、东南亚社会部分民间宗教

（一）三一教

三一教又名夏教，是由明代哲学家林兆恩（福建兴化府莆田县人，尊称林子）于明世宗嘉靖三十年（1551 年）创立的。三一教的教义主张儒、道、释归于一，即"三教合一"，这也是教名的由来。三一教将孔子、老子、释迦牟尼奉祀于一堂之内，打破了"孔子祀于学，老子祀于观，佛氏祀于寺"的定制。使得三教混淆不清，体现了儒、佛、道的世俗化。所谓世俗化，就佛、道而言，就是从远离人情物理的虚寂、玄远世界，回归充满人情意味的尘世；而从儒学的角度来看，就是从程朱理学那种极端化的"天理"，回复到颇有人情味的"良知"，从而与近代化的进程桴鼓相应①。三一教在早期由林兆恩的弟子于各地传播，并形成了一系列的派系。到 19 世纪末，福建莆田、仙游一带的移民（又称"兴化人"）南来马来亚，就将三一教传入马来亚。

马来西亚供奉三一教主的庙堂（又称三教堂）分布在吉隆坡、雪兰莪、霹雳、槟榔屿、森美兰和柔佛等地，新加坡亦有分布②。三教堂的名称各异，有体现儒家元素的"崇圣宫""宗孔堂""宗圣堂""宗贤堂""莆仙书院"等，有体现道家元素的"感应亭""玉山祠""华山祠""金宝宫"等，有体现佛家元素的"普金庙"等。三教堂内供奉的主神中，三一教主林兆恩为每座庙堂都有奉祀，较完善的三教堂都供奉着孔子、老子、佛祖，除此之外还加入了许多民间俗神，如关公、济公、妈祖、城隍爷等。三教堂的祖堂一般在大陆兴化地区，而新马地区三一教的信仰也基本在当地兴化人中传播，三教堂绝大部分亦由来自兴化府的人所维持，现在仍保持着这种特点，以祠堂为中心，构成明确的社会团体。

三一教教义"以心为宗"，林子曰："心宗者，以心为宗也，而黄帝、释迦、老子、孔子，非外也，特在我之心尔。"其所奉经典为《夏午尼经》36 卷。入门教徒遵守的"明训"（戒条）为：1. 以三纲五常为日用；2. 以入孝出悌为实履；3. 以士农工商为常业；4. 明义利之辨；5. 戒过量这酒；6. 戒斗气之勇；7. 戒淫邪之行；8. 日搜已过；9. 每日素食一餐。女教徒戒条同。三一教"以儒为本，以道入门，以佛为极则"，按教旨其修习程序："始以'立本'，明人伦（父子有亲，君臣有义，夫妇有别，长幼有序，朋友有信）也。继之以'入门'，以明心法也。继之以'极则'，以体太虚也。"③

（二）德教

德教 1939 年创立于潮汕地区，二战结束后开始迅速传播至香港和东南亚地区。目前，德教在东南亚的新加坡、马来西亚、泰国、印尼、老挝、文莱等地都有传播，特别是对新、马、泰三国的华人社会，产生了较大的影响，被认为是当地华侨社会最重要的宗教和文化现象。

德教以德为宗旨，具有教化百姓的作用。其尊崇《德教心典》，主张道、释、儒、神、回五教同宗，诸善归一德，认为道教的根本教义是"崇德"，佛教的根本教义是"慈悲"，儒教的核心是"忠恕"，基督教的基本精神是"博爱"，伊斯兰教的宗旨是"慈恕"。所有这些，都是世界各民族传统道德的精华。德教崇奉五教，目的无非是发

---

① 陈宝良：《明代儒佛道的合流及其世俗化》，《浙江学刊》，2002 年 2 期。
② 陈支平：《福建宗教史》，福建教育出版社，1996 年。
③ 林祖韩：《三一教史》，东山祖祠印行，1999 年。

扬五教的美德精华，启发人类的良知，并在实际生活中奉行和实践①。在具体的生活实践中，德教倡立"十章八则"作为教友修身养性、为人处世的准则。"十章"即十大美德：孝、悌、忠、信、礼、义、廉、耻、仁、智；"八则"即八大良规：不欺、不伪、不贪、不妄、不骄、不怠、不怨、不恶。

德教通常以"阁"为单位，其传播到东南亚地区后，在组织和仪式上做了很多改革，会阁一般都是现代建筑，宽敞明亮，仪式简单，仅设茶果等素食，不祭肉类，不烧金纸。德教在设立组织机构的同时往往也设立善堂和学校，这些组织都能够坚持"以德教民，积善累德"的宗旨，广做善事，因而得到所在国和华侨华人的欢迎。

（三）高台教

高台教的正式名称是"大道三期普渡高台教"，20 世纪初期起源于越南，由越南本土人士所创立。一般认为，无论从社会影响力还是教徒人数来说，高台教是越南仅次于佛教和天主教的第三大宗教。

高台教融合了越南传统文化和外来文化中的多种宗教信仰，包括佛教、道教、儒家思想、天主教、基督教、祖先崇拜等多种宗教和民间信仰。其主要通过"求仙降笔"的方式，创立"高台"的信仰以及"三期普度"理论，融合了各种宗教信仰，建立了高台教的教义，构筑了自己的哲学思想、信仰体系和神圣观念②。

高台教教义认为，人类历史经历了三个"天启"阶段。在最初阶段，高台神通过佛、道、儒启示人类；其后以耶稣为神与人沟通的桥梁；但由于这两次天启都未能达到完美效果，所以高台神选定高台教为最后一个接受天启、沟通神人的中介。为此，高台教亦可视为多种宗教的综合体。它将在越南流行的东西方各种宗教，包括佛教、天主教、基督教、道教、儒教全部糅合在一起，主张"万教大同，诸神共处"③。更具特色的是，高台教除把孔子、释迦牟尼、老子、观世音、耶稣都奉为神，甚至称李白、关公、牛顿、雨果、丘吉尔、莎士比亚、阮秉谦、孙中山等古今中外知名人视为先知。

高台教的宗教哲学思想集中表述于《大乘真教》《玉帝真传》《法正传》和《圣语合选》等几部经书中。高台教把儒家的道德观念和处世原则，道家的玄妙法术和修行方式，佛教的慈悲、普度、轮回等思想与天主教的组织形式融合在一起，建立起一种跨民族、跨国界的超宗教。在高台教的教义、供神体系、组织结构、礼仪形式、教服颜色和建筑风格等方面杂糅了许多东西方宗教的传统因素④。

---

①　石沧金：《海外华人民间宗教信仰研究》，学林书局，2014 年。
②　谢昂：《论越南高台教宗教信仰融合的体现》，世界宗教文化，2016 年 2 期。
③　高台教［EB/Ol］，维基百科 https://wiki.zhtube.com/wiki/高台教。
④　冯超：《论高台教产生的原因》，《南洋问题研究》，2005 年 4 期。

二、孔儒崇拜原因探析

东南亚社会中的这些民间宗教，以糅合各个宗教派别偶像、崇拜诸神列圣为其最大的特色。在这当中，孔子和儒家崇拜是不可或缺的，形成这一现象具有较为深层次的原因。

（一）多元文化社会整合的需要

东南亚地区宗教问题复杂，但从官方来说，总体上能够让宗教信仰实现自由化和多元化。在多元文化并存的社会中，倡导社会各种族平等、和谐相处。从民间来说，近现代的社会思想领域出现混乱状态，急需一种力量来整合人民的宗教信仰。而儒家的多元化社会治理思想，有利于维护社会秩序的稳定，有利于推动糅合后的宗教发展。儒家提倡的"和而不同"正是民间宗教发展的愿景。凡是本土化或创新的宗教，都是为了满足人们差异化的宗教需求，以适应人们的精神需求。以德教举例，其本身发源地的信仰就很复杂，就潮汕地区而言，清代潮汕地区地方官蓝鼎元将其特点归纳为：1. 迷信风水；2. 佞佛；3. 信仰繁杂①。这种大环境恰恰对民间宗教的产生和发展非常有利。德教外传的东南亚地区，该地区种族更为多元化，信仰更为复杂化，被形容为人种的博览会和宗教的大熔炉。原生和次生的大环境本身就提供了特色宗教创造和发展的沃土。德教的实质是把民间的巫术仪式与儒家的种种道德规范相结合。虽然德教没有特意地标榜儒家，但其经文中贯穿的儒家精神，反过来无疑是对儒家的一种最好的宣传。

韩星先生将儒学的世界性总结到：儒学适应了人类基本的道德要求，它不是外在灌输和强加的，而是出于人类社会道德社会自身的内在要求。因此，它向世界的传播不像伊斯兰教、基督教那样是凭借武力，也没有传教士，而是伟大的人文精神、人道、仁道、和谐、中庸之道义圭臬，辐射到周边国家，并且与世界各文明、各宗教都能够和平相处，没有排他性，没有侵略性，能贯通于世界各教派之中②。因此，孔子和儒家中宣扬与振兴教育道德文化、赞成万国和洽太平、扶助格致各种学问及善举的宗旨，满足了多元化社会和多元化宗教的需要。

（二）保持中国传统文化教化作用的需要

儒家文化和孔子学说是中国传统文化的重要组成部分，也是具有国际性特殊文化

---

① 冷东：《岭南德教在国内外的传播》，赵春晨：《岭南宗教历史文化研究》，天津古籍出版社，2002 年。
② 韩星：《儒教的现代传承与复兴》，福建教育出版社，2015 年。

现象的东方文化，在国际上受到世界各国的重视。除了东亚地区，它还深深影响着包括越南、新加坡、马来西亚等东南亚国家和地区。它不是单纯的政治、经济、地理等概念，但却和政治、经济、地理等有着密切的关联。简而言之，它只是一种简单但涵括精神及物质所有领域的文化理念。而儒家的至圣先师孔子，在中国悠久的历史中，已经被奉为精神上的导师，以及中国传统东方思想的代言人。前国家领导人李瑞环曾说到，孔子是中国古代伟大的思想家、教育家，他所创建的儒家学说博大精深，包括了政治、经济、哲学、伦理、教育、艺术等方面的思想和主张，构成了中华民族传统文化的基础，对于中华民族的形成、繁衍、统一、稳定和自立于世界民族之林都起了不可替代的作用，对于人类文明的进步和发展做出了极其重大的贡献，有着超越时代、超越国界的深远影响。儒学的许多重要论著，特别是做人、处事、立国的至理名言，至今还被人们广为引用①。

三一教、德教等从大陆传播至东南亚地区的宗教具有"万教大同"的特色，其中所融入的孔子学说和儒家文化，实质上是对中华传统主流文化的认同和沿袭，对华人社会继承和发展中华传统文化发挥了教化功能，在这一点上无须展开赘述。另一方面，中华传统文化也对非华人的本地社会产生了影响。以越南为例，越南自古与中国接壤，因受地缘政治的影响，早在秦末南越国建立时就传入了儒学。其后，由于国家政权的倡导，地方官吏的推行，南迁中原士大夫的弘扬，中原移民与当地居民的密切交往以及汉字的输入，儒家文化在越南迅速传播。并且越南与古中国的王朝保持着长久的朝贡关系，儒家文化对越南的影响十分深远。越南末代阮朝时期，命令各地兴建文庙，教学内容全部是儒家典籍，奉儒学为国教。因此，近代于越南本土产生的高台教，其将孔子作为神祇加以神化，为儒学披上某种程度的宗教色彩，体现尊孔崇儒的同时，也是在宣扬与越南社会密不可分的中华传统文化，以获取更广泛的文化认同，实则是一种功能需要。

（三）寻求同族同种归属感的需要

《论语·述而》曰："子不语怪力乱神。"孔子曾经教育弟子们，对于鬼神要敬而远之，君子当正道在心。如果自己不以正念做主而去崇拜鬼神，那就要为鬼神所制。儒家讲究中庸之道，以人道为修行准则。儒家相信有鬼神，但不主张去追求、崇拜。但在这些民间宗教中，孔子却以神灵的姿态受到教徒膜拜，从表面上看是违背了孔子的言行，但也事出有因。这些特色宗教都是基于中国的传统宗教、学派，衍生于异域，在特定的时空里，不得不兼容吸纳其他民族宗教文化的某些成分，形成多元并存的格

---

① 1999 年 10 月 9 日，纪念孔子诞辰 2550 周年大会举行［EB/OL］，人民网资料，http：//cpc.people.com.cn/

局。在这种情况下，为了彰显自身华人的宗教文化特质，孔子被神化了，儒学变成了儒教，儒家学说被引申为宗教教义，形成与诸教平起平坐的态势。

在华人社会里，因儒教具有强烈的"入世性"的特征，往往被华人知识分子视为其安身立命的精神支柱[①]。长期在海外的华人，尊崇孔子的实际意义，是寻求中华民族的归属感，是通过对孔子这一中国典型形象的维护，来实现自己思乡之情的寄托，以及在一个不同的环境中，对自身种族存在的一种证明。华侨华人尤其对儒家文化的认同感、归属感是潜移默化的，华人的家庭伦理、生活观念、学校教育、华人社团等，莫能摆脱儒家思想的影响。儒学所论述的人生价值，诸如"忠、孝、仁、爱、礼、义、廉、耻"等，由此产生的群体意识使人们获得归属感，形成某一族群较为统一的价值观。在相同或相似的价值观下，才会促进"同祖同宗同根生"的观念，汇聚成强大的凝聚力，更好地在异域落地生根。以德教为例，其从初创到现在，以"阁"或"善社"等为单位的、经政府合法注册的德教会组织，在新、马、泰三国已达至约 200 个，"德友"数以万计，成为凝聚华人振兴传统道德、倡办慈善福利事业、交流信息、合作互助、增进友谊的重要宗教组织[②]。

（四）宗教组织方式的需要

这些民间宗教，本质上是各个宗教派别的合体。各宗教派别的糅合，实际上是一种表面的处理方式，因为不同的宗教派别有其为之追求的宗教目标，甚至许多派别是具有排他性的。儒家思想在这些宗教中就扮演了润滑剂的作用。儒家的思想，不仅仅是哲学，同时也是非常具有实用价值的行为科学和行政理论，儒家的组织行为方式在修身、齐家、治国、平天下中，都能起到重要的借鉴作用，为实现和谐的组织行为提供了重要的理论基础。

儒家文化对应的是一种较为紧密的组织方式，这种组织方式通常以比较专制的方式将个体连接起来。儒家以礼为法、以德为法，正是这些特色宗教所需要的约束力。宗教不能离开人群而存在，儒家以人为本的思想，对宗教组织的创新具有指导作用。儒家不推崇竞争意识，也正是契合了"诸教大同、众神崇拜、多元包容"的观念。因此，尊孔崇儒也是一种组织方式的需要。

三、结语

三一教、德教、高台教等民间宗教是东南亚社会中具有鲜明特色、教理教义成熟

---

① 李冈原等：《马来西亚华人宗教探析》，《浙江师范大学学报》（社会科学版），2005 年 1 期。
② 华方田：《德教中的济公崇拜》，《世界宗教文化》，2005 年 2 期。

完善的民间宗教派别，它们糅合了各个宗教派别的偶像，但也具备一定的理性化。马克斯·韦伯认为，宗教的理性化有赖于两点：一是"此宗教本身对巫术之斥逐的程度"，二是"它将上帝与世界之间之关系，（与此同时）它本身对应于世界之伦理关系，有系统地加以统合起来之程度"①。毫无疑问，这些民间宗教从多角度成熟完善了其教理教义，存在即是合理。具体到孔儒崇拜来说，集中了多元文化社会整合的需要，保持中国传统文化教化作用的需要，寻求同族同种归属感的需要，以及宗教组织方式的需要。从历史上看，作为精神信仰的源泉，这些民间宗教派别对早期华人和当地人士在聚居地的生存发展曾发挥重要的作用，就目前来看，它们仍在当地社会具有一定的影响力。

作者简介：黄文波，南宁孔庙博物馆馆员，编辑。

---

① 马克斯·韦伯，王容芬译：《儒教与道教》，广西师范大学出版社，2004 年。

儒学与佛教在历史发展中的融合

于　芳

摘　要　曲阜作为儒家文化的发源地与大本营，见证了佛教文化在中国的传播、发展、壮大及衰落的全过程，也见证了佛教中国化和世俗化的过程。经过"文革"的浩劫后，曲阜现在仍存在较多的佛教石刻遗存，主要有九龙山佛教造像、西庄石佛、东终吉石经幢、石门寺等。儒学与佛教在中国得到很好的相处与融合，体现出中国传统文化强大的生命力和吐故纳新的能力，体现了中国传统文化的和谐与包容理念。

关键词　佛教　造像　经幢　寺庙　融合与包容

曲阜是孔子和儒学的诞生地，历史上是受儒家文化浸染最深的地方，社会与生活的方方面面都深深地打上了儒家文化的烙印。但佛教自东汉末年传入中国以来，经魏晋南北朝到唐宋达到全盛时期，全国各地崇佛盛行，制造了大批的石窟造像、壁画等，曲阜在这一时期也深受此风潮的影响，出现了大量的石窟造像、经幢等佛教雕刻及建筑等①。本文拟对曲阜地区的佛教石刻遗存做一系统的梳理，以达到保存资料及进行初步研究的目的。

保留至今的佛教石刻遗存，按种类可分为石窟造像、经幢、寺庙等。

一、九龙山摩崖造像石刻

九龙山摩崖造像石刻是曲阜地区现存的最完整、规格最高的佛教文化遗存，位于曲阜城南 15 公里的武家村村东的九龙山山麓。1986 年，被公布为级文物保护单位。九龙山摩崖造像石刻共有大小石佛洞龛 6 处②。

第一龛位于最南部，西向，内刻卢舍那佛像，跌坐于须弥座上，两旁为阿难、迦

---

① 孙育臣：《从曲阜石刻文献看明代尊孔崇儒》，曲阜师范大学，2016 年。
② 刘海宇：《山东汉代碑刻研究》，山东大学，2011 年。

叶及二菩萨，皆立于莲台之上。此龛上雕垂幕，龛高 60 厘米，宽 60 厘米。龛中佛头和二菩萨头、手均有残损，龛外左侧有题记一则，刻于唐天宝十五年（756 年），记载像主宰（宋）五娘为亡父建造卢舍那佛之事。

第二龛雕菩萨立像 1 尊，高 170 厘米，袒胸露腹，头梳髻，璎珞满胸，长裙曳地，赤足立于仰莲石上，头后刻有火焰顶光，菩萨右臂微残，左手提一长颈瓶。龛左题记已不可辨，其下有宋代游人的题记一则：丘希仁李子向，政和二年（1112 年）九月五日，孙□□同来闲饮于此。此龛高 195 厘米，宽 110 厘米，上部雕成塔顶形，下刻宝盖。

第三龛位于第二龛的左上角，龛高 84 厘米，宽 60 厘米。龛内雕菩萨一尊，跌坐于莲台座上，菩萨头部残毁，莲座束腰，中部两侧分刻二力士，龛左题记亦模糊不清。

第四龛位于第三龛下，龛高 60 厘米，宽 38 厘米。龛内刻文殊菩萨乘坐在狮子之上。菩萨和狮子的头部均已残损，另在狮子旁边和菩萨身后各有一力士一个。

第五龛位于第二龛右侧，与第四龛对称，龛高 80 厘米，宽 46 厘米。龛内刻普贤菩萨乘坐于白象之上，象踏莲花，象的前后各有一力士，其下并列三个小龛，分别刻有一坐佛、二立菩萨。

第六龛西向，位于第二龛的北部，佛龛上刻宝盖，宝盖装饰华丽，龛高 240 厘米，宽 138 厘米。龛内刻立佛一尊，佛高 185 厘米，头上刻髻，面部丰润，体态微胖，身披袈裟，腰中束带，右手外伸，左手下垂。头后部上方两侧各雕有一飞天。龛外右侧有题记一则，内容已不可识。

上述诸佛龛的上部，均凿有安插梁架的方孔和长槽，佛龛所在的山坡前，地面上有散落的砖瓦碎片，说明当时的佛龛之外，应该还有木构建筑。

九龙山摩崖造像石刻，刻于盛唐，造像形象逼真，丰腴舒展，人物形体轻柔多姿，保存基本完好，其造像佛龛的雕凿方式，如佛坛后凿背屏和顶光，龛前接建地上木构建筑等反映了中原北方地区佛教造像窟龛的发展演变过程。

二、西庄石佛

西庄石佛像为宋代石刻。1986 年，由曲阜市人民政府公布为第一批曲阜市级重点文物保护单位。位于董庄乡大西庄西南小山顶的佛楼内，现属曲阜市董庄乡大西庄地界。

石佛像藏于大西庄西南小山山顶佛楼内，佛像为站立，长颈，五官简略，衣饰粗犷，造型简洁，雕刻拙朴。

佛楼上部四壁绘有壁画，壁画内容为山水人物，人物有农耕、渔猎、弈棋、童子等。南壁正中题杜甫诗二首。"一片花飞减却春，风飘万点正愁人。且看欲尽花经眼，莫厌伤多酒入唇。江上小堂巢翡翠，苑边高冢卧麒麟。细推物理须行乐，何用浮荣绊此身。"清江一曲抱村流，长夏江村事事幽。自去自来梁上燕，相亲相近水中鸥。老妻画纸为棋局，稚子敲针作钓钩。多病所须惟药物，微躯此外更何求。"落款为：南上村野人题。

石佛像保存基本完好，佛楼出现裂缝，并有多处漏洞。佛楼内壁画局部残缺。

在山南坡的山脚，残存一块石碑，石碑断为两截，但整体完整，字迹清晰，为清代"重修石佛碑记"。碑上的文字如下：

> 重修石佛碑记
>
> 尝闻：有其举之，莫敢度也。前人□创建，后世尚踵增，事皆宜然，况胜迹哉。我邑北有石佛山，地钟神秀，势镇宗邦。其北枕岱宗，南接兔峰，石门藩其左，九仙跨其右，遗迹轶事，传闻不朽。然而胜地易湮，地灵何庇！其中梵宫一宇，并有玉皇殿，菩萨殿，石佛楼。由来旧矣，但日久多湮，虽屡次修茸，历经损折，渐至剥落，登临者鲜不致慨。邻村善士，目睹心触，经营募化，力成善果。然庀材鸠工，虽住持之勤而任劳，好善乐施，亦善信之矣。而向义或躬为领袖，添贝□之花，或共捐资，财满恒河之愿，缀新补故。次第告，求其胜事也。乃叙其事以记岁月云。
>
> 诰授奉直大夫授五品执事官孔广□撰并书
>
> 会首（中间为资助人名单　省略）
>
> 光绪十年（1884 年）岁次甲申蒲月上浣　毂旦

该碑记载，当时除有石佛楼外，尚有梵宫、玉皇殿、菩萨殿。可见当年佛事盛况。此碑是研究西庄石佛不可多得的实物资料。另据当地年老村民回忆，佛楼周围原有碑碣 10 余块，大都毁于 20 世纪六七十年代。我们于山顶及山脚下，另找到残碑 2 块，1 块只剩下碑头，上刻"皇清"二字；另 1 块只残存碑尾，没有文字。另发现石柱础 1 个，门抱石 2 个。

正如碑记所说，胜地易湮，遗迹尚存，当地村民尚记得许多有关石佛的典故、传说。2014 年 10 月，石佛的佛头被盗，幸当地百姓鼎力相助，文物公安部门联手，很快将佛头成功追回。为确保安全，佛头暂于孔府保存。当地村民在佛头被盗后，悲切异常，觅巧匠新做佛头一个，安置于原佛身，也算稍稍弥补了遗憾。

三、阁山石雕菩萨

位于南辛镇大峪村北阁山，山顶有石屋一座，分上下两层，上层供奉有玉皇泥塑像，下层实为三个石砌拱形门洞，每个门洞内供奉石雕菩萨 1 尊，共有 3 尊。石屋旁有尼姑居住的房屋。目前上层已塌落，玉皇泥塑像已毁，石雕菩萨的头部均已残失，尼姑居住的房屋也已无存。

四、佛顶尊胜陀罗尼经幢

佛顶尊胜陀罗尼经幢，发现于小雪镇小雪村，现存于汉魏碑刻馆内，为六角石柱。高 4 米余，下有 1.2 米高的莲花式石座。建造年代不详。

经幢是指刻有经文之多角形石柱，又名石幢。形式有四角、六角或八角形。经幢一般由幢顶、幢身和基座 3 个部分组成，主体是幢身，刻经文、佛像等。唐代开始出现，五代、北宋经幢发展达到高峰，数量更多，形制更繁。元代以后，经幢建造渐趋没落。经幢的由来，根据《佛顶尊胜陀罗尼经》中说：佛告天帝，若人能书写此陀罗尼，安高幢上，或安高山，或安楼上，乃至安置窣堵波中……若有苾刍、苾刍尼、优婆塞、优婆夷、族姓男、族姓女，于幢等上或见，或与幢相近，其影映身，或风吹陀罗尼上幢等尘落在身上、彼诸众生所有罪业，应堕恶道、地狱、畜生、阎罗王界、阿修罗身恶道之苦，皆悉不受，亦不为罪垢染污。此等众生为一切诸佛之所授记，皆得不退转于阿耨多罗三藐三菩提。

佛顶尊胜陀罗尼经幢是最常见的经幢之一。佛顶尊胜陀罗尼经是佛教密宗名经之一，在唐代传入中国，由于皇帝的扶持以及佛经本身宣扬的法力广大、受持简便等众多政治、社会、宗教等的原因，很快在卷浩瀚的佛经中脱颖而出，成为唐代最流行的佛教经典，朝野上下建造佛顶尊胜陀罗尼经幢的行为风靡一时[①]。

五、东终吉石经幢

位于息陬乡东终吉村，通高 1 米，通宽 0.6 米，由幢顶、幢身和基座 3 部分组成。基座宽 1.2 米，大部分埋入地下，露出地面部分高约 20 厘米。碑身为四方形，四面分别刻有文殊菩萨、普贤菩萨、观世音菩萨和地藏菩萨。菩萨像高 60 厘米，宽 40 厘米，均为阴刻，线条纤细秀丽，刀法圆熟，富流动感。在刻有观世音菩萨的碑面有"金代承安二年宣圣四十八代孙孔瞭立石"和"时康熙三年二月十一日重修"等落款。金代承安二年为 1197 年。该碑由孔子的第 48 代孙孔瞭所立，也从侧面说明了当时佛教盛行的状况、流风所及，以致连孔子后裔也加入了尊崇佛教的队伍。据村民介绍，该碑原立于一庙宇中，庙宇毁于"文革"期间。

六、堽山石经幢

位于南辛镇堽山东村村南，原有元代石经幢 28 通。20 世纪 50 年代，被用做当地

---

①　李以超：《清代书学中的汉碑研究》，复旦大学出版社，2013 年。

一座桥梁的桥墩，现大都被泥土掩埋，已无法得到石经幢所刻的经文等内容。

七、石门寺

石门寺位于曲阜城北的石门山，1986 年，由曲阜市人民政府公布为第一批曲阜市级重点文物保护单位。石门山原名龙门山，因两山对峙如石门，故名。石门寺建筑群始建年代不详，根据寺中保留的碑文得知，宋元时有全真观，是峄山道场的下院，元至正十年重修。明景泰七年（1456 年）重建为佛寺，更名玉泉寺，习称石门寺。后多次修葺，1937 年大修。原有门、楼、殿、堂、阁、亭等各种古建筑 70 余间，民国时期，石门寺有 100 多出家僧人，香火旺盛，是山东省内规模较大的寺院之一。现仅存山门、佛殿、后楼、正房等 28 间，均为清代建筑。1993 年文物部门对部分建筑进行了重修，并恢复了塑像，对外开放。

曲阜地区的佛教文化遗存在"文革"时期受到严重的破坏，大部分被破坏殆尽，上述的 7 处佛教遗存，大体就是今天我们还能看见的佛教石刻的全部[①]。曲阜地区的佛教文化盛行于唐宋两代，大部分佛教造像都是这一时期完成的，造像的内容以三世佛和诸菩萨为主。金元之时，经幢在曲阜地区大量出现，保留至今的墁山石经幢群有 28 通之多，体现了金元时期曲阜地区建造石经幢的盛况。明清时期，理学兴盛，大规模的佛教造像及石经幢建设已不复当年盛状，但此时佛教更从内涵上进入民间，浸润着士大夫及普通百姓的心灵。窥一斑而见全豹。曲阜作为儒家文化的发源地与大本营，见证了佛教文化在中国的传播、发展、壮大及衰落的全过程，也见证了佛教中国化和世俗化的过程。儒学与佛教在中国得到很好的相处与融合，体现出中国传统文化强大的生命力和吐故纳新的能力，体现了中国传统文化的和谐与包容理念。这一层意思才是今天的我们最值得追寻和思考的。

作者简介：于芳，女，曲阜市文物管理委员会文博管理员。

---

①　司继琳：《从曲阜孔庙的建筑与石刻艺术看传统美术资源的理解和运用》《艺术教育》，2010 年 2 期，第 114～115 页。

从孔府档案管窥明代衣冠服制

王秀萍　袁　磊

摘　要　衣食住行，以衣为首。自古以来，服饰就是人们最为关注的生活必需品之一。所谓"衣披天下"、"衣锦还乡"都说明了中国服饰的历史悠久和业绩辉煌。在古代社会，统治阶级为巩固自身地位，把服饰的实用功能深化到更高级别的功能，服饰除能蔽体外，还被当作分贵贱、别等级的统治工具，成为等级社会鲜明的形象代言人。服饰制度作为社会精神和物质的外化表现，是每一个创业继统之君安邦定国最重要的政治措施之一。明代不仅继承了汉服的传统形制，并从多方面给予了巩固和完善。明初制定了严格的服饰制度，这正是专制主义中央集权高度发展的一个表现；明代后期竞尚奢华，尊卑无等，贵贱不分，传统的伦理纲常受到猛烈冲击，封建社会秩序陷入了紊乱状态。明代既是传统服饰文化的高峰期，同时又是服饰文化注入新内容的转变期。

关键词　孔府档案　明代　冠服制度　等级

衣食住行，以衣为首。自古以来，服饰就是人们最为关注的生活必需品之一。所谓"衣披天下"、"衣锦还乡"都说明了中国服饰的历史悠久和业绩辉煌。明代处于中国封建社会的晚期，又介于蒙古族和满族统治的元代和清代之间，这就决定了明代服饰在中国服饰史中具有自己的特点。明代不仅继承了汉服的传统形制，并从多方面给予了巩固和完善，使汉民族的传统服饰得以保留和发展。明代服饰形制自确立之后延续了数百年未曾有变，且影响了周边数国的传统服饰形制。衍圣公府有着显赫的政治地位和悠久的文化历史，府内珍藏的大量明代服饰整体形制统一、类别多样。孔府旧藏中明代男子服饰多为官服，类别大致分为朝服、公服、常服和祭服。朝服为大祀、庆成、正旦、冬至、圣节及颁降开读诏敕、进表、传制时百官穿服，实际上是一种庆典礼服，以冠和革带来区别官品高下。公服为在京文武官员每日早、晚朝奏事、侍班、谢恩、见辞中穿用，在外文武官员每日清早公座时也穿公服。常服为文武官员日常处理公务时穿的官服，初时与公服相同，后继续修订，日益完善，最后定制为在袍服上增加区别品级的补子，增强了符号象征意义。祭服为皇帝亲祀郊庙社稷，文武官员分献、陪祀时穿用，形制与朝服相同，但颜色不同，且加方心曲领。孔府旧藏中每一件明代男子服饰都是中国文化遗产中的珍品。下面的这篇孔府档案与明朝官服款式相关，具体内容如下：

卷号：0000059

卷名：明朝官服款式抄件

明朝衣服

蓝色元领蟒袍　身长三尺四寸五分　袖长三尺一寸　袖肥二尺五寸　腰身九寸　台肩一尺二寸　下摆一尺三寸　领子一尺三寸

蟹青大领裹衣　身长三尺八寸　袖长三尺四寸五分　袖肥一尺九寸五分　台肩一尺一寸　腰身八寸　下摆一尺三寸

大红元领官衣　身长三尺四寸　袖长三尺一寸五分　袖肥二尺四寸五分　台肩一尺二寸　腰身九寸　下摆一尺三寸　领子一尺三寸

茶色大领裹衣　身长三尺八寸五分　袖长三尺六寸　袖肥一尺九寸五分　台肩一尺二寸　腰身八寸　下摆一尺三寸

蛋青大领便服　身长三尺八寸　袖长三尺七寸　袖肥一尺七寸　台肩一尺零五分　腰身八寸五分　下摆前身二尺四寸五分　后身一尺八寸

桃红蟒裙　身长二尺三寸　裙腰三尺六寸

蓝色便裙　身长二尺二寸五分　裙腰三尺

牙牌一面

牙笏二面

朝靴一双

玉带一围　稳步二挂

护膝一对　袜子一双

朝帽二顶

九梁巾二顶

大红元领便服　身长三尺四寸五分　袖长三尺一寸五分　袖肥一尺九寸五分　腰身八寸五分　抬肩一尺二寸　下摆一尺三寸

大红蟒裙　长二尺三寸　腰三尺七寸

从这份档案中可以看出，明代对官服的样式、服色、尺寸、花纹、腰带、配套的冠、靴、牌、笏等都有严格的规定。这从侧面反映了明代严格的冠服制度。中国历代统治者都重视衣冠服制，因为它能在一定程度上体现政治意图，有利于巩固统治。明太祖朱元璋从一介布衣，崛起淮右，出生入死，夺取天下，这种非凡的经历使他比其他帝王更加珍惜得知不易的政权，因而追求建立一种最能保证朱明王朝长治久安的完美制度。"昔帝王之治天下，必定制礼，以辨贵贱，明等威"，这是明太祖着重强调的。服饰文化作为社会的物质和精神文化，不但是"礼"的重要内容，也是"分贵贱，别等威"的重要工具。因此，太祖登基后首要重视并开展的工作便是对服饰等级进行严格划分。他一面狠抓宫廷舆服制度，一面还对百姓的常服做出种种严格规定。朱元璋推行了一系列巩固皇权的措施，将专制主义中央集权发展到了一个新的高度。与此同时，也加进了在思想文化、生活习俗等意识形态领域的控制，一方面消除返逆倾向，另一方面厘定衣冠服制，规定消费等级，将其专制集权的政治意图，渗透到衣食住行等社会生活的方方面面。明朝冠服制度的调整确定，从洪武元年（1368 年）开始，到洪武二十六年（1393 年）完成，前后用了近 30 年的时间，而这 30 年正是朱元璋大力强化中央集权的非常时期。洪武元年，定皇帝衮冕礼服；三年定皇帝常服、后妃礼服、文武百官常朝之服及士庶巾服；二十六年，又将原定服制做了一次大的调整，增加了许多新的规定。至此，明代冠服制度基本完成，颁行天下，数百年间不曾有过大的变动，只是在天顺、正德、嘉靖年间，增添了一些诸如不许官民服用蟒龙、飞鱼、斗牛图案，不许用黄、紫、玄等色之类的具体限制。万历以后禁令渐有松弛，加上商品经济的繁荣和人们对美的渴望，遂使鲜艳华丽之服遍布市井黎庶。但官场服制，终明一代俨然无改，文武百官各依品而衣。

在古代社会，统治阶级为巩固自身地位，把服饰的实用功能深化到更高级别的功能，服饰除能蔽体外，还被当作分贵贱、别等级的统治工具，成为等级社会鲜明的形象代言人。服饰制度作为社会精神和物质的外化表现，是每一个创业继统之君安邦定国最重要的政治措施之一。清代学者叶梦珠在《阅世编·冠服》一书中说："一代之兴，必有一代冠服之制。"它赋予了帝王以威严，意味着等级制度的产生。所以，1368年朱元璋推翻了元朝的统治，建立明朝之后，就着手整顿服制，逐步建立了一套严密的服装、服饰制度，这套服饰制度的中心内容是贵贱有别，服饰有等。不同等级的人只能享用本等级的服饰，不能混同，更不能僭越。以此来稳定社会秩序，维护国家统治。

有明一代服饰制度严格，为了确保这些制度的贯彻执行，洪武十三年颁布的《大明律》特设"服舍违式"条，对越级使用服饰的行为做严厉的惩罚，来维护等级差别。皇帝经常对心腹官员赏赐服饰作为奖励，也屡有因僭用服饰而失官降职甚至丧命的。永乐十五年八月，苏禄国东王巴都葛叭答剌等率众来华朝贡，明成祖在其辞行时赐蟒衣一袭，来显示天朝的恩威。明初功臣长兴候耿柄文，颇得太祖器重，至洪武末年，诸公候几乎皆被杀，惟存耿炳文与郭英二候。但在"燕王称帝之明年，刑部尚书郑赐、都御史陈瑛劾炳文衣服器皿有龙凤纹饰，玉带用红鞓，僭妄不道。炳文惧，自杀。"由此可见，明朝服饰等级制度多么严格。

在整个封建社会里，君臣在服饰上都有区别，可相比之下，唯独明代君臣服饰区别最为严格。如冕，按《说文》的解释"士夫以上冠也"。并不是君的专用品。依《周礼》规定，公可服衮冕，公侯伯子男孤均可服希冕，至于玄冕，从公侯伯子男孤到卿、大夫均可用，只是旒数、就数和每就玉数不同。这种规定，历汉、唐、宋，基本内容没变，只是爵位等第改成官品等级。朱元璋建国不久，便以五冕太繁而废其四，只保留衮冕，并把它作为皇帝和皇族中郡王以上的专用品。朱元璋把冕的服用者规定在这个范围内，是因为这些人正是皇位法定的或可能的继承者。按明代规定，皇帝的嫡长子册为皇太子，其余诸子册封为郡王。皇太子为皇帝的法定继承者，皇太子若早故无嗣，则兄终弟及，亲王亦可继承皇位，如孝宗朱祐樘就是这样登上皇帝宝座的。若皇帝无嗣，亦无兄弟继承，则另选亲王世子入统。武宗死后，即召宪宗之子兴献王世子入继大统。这样看来，明代的冕，就成了皇帝和皇位的可能继承者的专用服饰。从这个意义上说，明代的冕成了君的象征。除冕之外，皮弁和乌纱折上巾亦为上述范围的人所专用，臣子贵至王公不可用。

明代服饰严格的君臣界限还体现在女服中。洪武四年五月，朱元璋"以古者诸侯服衮冕，故后与夫人亦服袆翟，今群臣既从梁冠绛衣为朝服，而不敢用冕，则外命妇亦不当服翟衣以朝"。于是，只有皇后、皇妃、皇嫔及贵人等三品以上的内命妇才许服翟衣，而外命妇贵至一品夫人不许服。

这种服饰制度上严格的君臣界限，正是明代专制主义中央集权高度发展的一个表现。

服饰不仅随朝代更迭而变化，即使一代之中，亦随政治和经济发展而变化。明初对各色人等的服饰规定并未成为不可逾越的鸿沟。在明朝历代赐服中多有不符合定制的赏赐，《明史·舆服志》中记载："文臣有未至一品而赐玉带者，自洪武中学士罗复仁始。衍圣公秩正二品，服织金麒麟袍、玉带，则景泰中入朝拜赐，自是以为常。内阁赐蟒衣，自弘治中刘健、李东阳始。麒麟本公、侯服，而内阁服之，则嘉靖中严嵩、徐阶皆受赐也。仙鹤，文臣一品服也，嘉靖中成国公朱希忠、都督陆炳服之，皆以玄坛供事。而学士严讷、李春芳、董份以五品撰青词，亦赐仙鹤。寻谕供事坛中乃用，于是尚书皆不敢衣鹤。后敕南京织闪黄补麒麟、仙鹤，赐严嵩，闪黄乃上用服色也；又赐徐阶教子升天蟒；万历中，赐张居正坐蟒；武清侯李伟以太后父，亦受赐。"皇帝对心腹的任意赏赐首先破坏了严格的服饰制度，皇帝乃天下万民的榜样，谕制而服自然风行天下。

谕制而服之所以盛行不仅仅是由于皇帝的赏赐，明朝社会比较稳定，纺织业发展迅速使人们对衣料和服色有了更多的选择；此外明朝对外交流频繁，商人活跃，衣着也受到外来的影响；政治腐败、贿赂盛行，高级服饰往往成为赠品，这些原因都造成了服饰穿着的混乱。但在等级社会中，统治者与被统治者之间存在的差距，使服饰上体现的尊、卑、贵、贱不能从根本上改变。董仲舒曾吹捧森严的服饰制度："度爵而制服，量禄而用才。饮食有量，衣服有制，宫室有度—虽有贤才美体，无其爵不敢服其服。"宣扬等级制度的合理性和永恒性。也说明了服饰制度与巩固封建秩序密不可分的关系。

通过服饰现象可看出一个时代的整体风貌。明朝初期作为代元而兴的统治者为维护壁垒森严的封建等级制度，在生产尚未全面恢复，社会财富普遍匮乏等社会因素下借助服饰上的严格界限达到了思想专制的目的，反映出明朝是一个专制主义中央集权空前强化的朝代；正德，嘉靖后随着社会生产力的不断提高，商品经济迅速发展，政治腐败等因素，人们已不顾及统治者意在严格区分阶级和等级的那套服饰等级的规定，竞尚奢华，尊卑无等，贵贱不分。这从一个侧面反映了明代后期"天崩地坼"的社会生活景况，传统的伦理纲常受到猛烈冲击，封建社会秩序陷入了紊乱状态。明代既是传统服饰文化的高峰期，同时又是服饰文化注入新内容的转变期。

作者简介：王秀萍，女，曲阜市文物管理委员会文博馆员；袁磊，曲阜市文物管理委员会文博助理馆员。

参考文献：

［1］王熹：《明代服饰研究》，中国书店出版社，2013 年。

［2］孔德平、彭庆涛：《游读曲阜》，泰山出版社，2012 年。

［3］孔繁银：《衍圣公府见闻》，齐鲁书社，1992 年。

［4］王云：《明代民间服饰的流变及其成因》，《北方论丛》1996 年 5 期（总第 139 期）。

［5］李一萱：《明朝服饰体现的等级差别》，《职业时空》第 9 卷 6 期。

［6］崔莎莎，胡晓东：《孔府旧藏明代男子服饰结构选例分析》，《服饰导刊》2016 年 1 期。

［7］李美霞：《明代服饰流变探究》，《天津工业大学学报》第 21 卷 5 期。

［8］周绍泉：《明代服饰探论》，《史学月刊》1990 年 6 期。

［9］王云：《明代官场服饰论述》，《聊城师范学院学报（哲学社会科学版）》1994 年 1 期。

［10］闫晶、仇华美、尹利琴：《中国明朝服饰文化探析》，《东华大学学报（社会科学版）》2007 年第 7 卷 1 期。

儒学中的生活智慧

段　娜　彭伟民

摘　要　儒学蕴含着深刻的哲学原理，是诸子百家思想的升华，凝聚着生活的智慧。在现实生活中总能找到其事例释义，儒学对当今社会乃至个人的发展有着深刻的指导意义。

关键词　儒学　现实生活　生活智慧学

长期以来，很多搞中国哲学研究的学者愿意把儒家原典当作哲学文本。不难发现，我们无论是读《论语》，还是其他儒家著作，大都通俗易懂，寓意深刻，包含有反思和论证的要素。

哲学意为"爱智慧"，但什么是智慧，却无法用言语来表达，需要我们用心去领会。儒家的学问发人深省，蕴藏着很高的生活境界，它是一种生活智慧。山东大学儒学高等研究院颜炳罡老师在《中国儒学的现代转化》一文中认为：

> 从人与人之间关系的角度讲，儒学是生活的智慧学。要理解"生活的智慧"，首先就要弄懂什么是生活。生活，简单地讲就是既然生了就需要活着。既然活着，人就应该过人所应过的生活，而不能像神一样，更不能与禽兽一般。那么，什么是人的生活呢？要想回答这个问题，就要知道什么是人。

> 人之所以为人者，是与动物相比较而言的。人与动物不同之处在儒家看来就在于"人伦"二字。动物虽有雄雌但没有男女之分，有父子却没有父子之亲，人却有父子之亲、兄弟之爱、朋友之情。"人伦"就是人与人之间相处的最根本的原则。儒家认为，人伦最基本的有五种即五伦，所谓"父子有亲，君臣有义，夫妇有别，长幼有序，朋友有信"①。

---

① 国家图书馆编：《部级领导干部历史文化讲座·传统文化中的治国理政智慧（下）》，国家图书馆出版社，2015年，第674页。

人伦日用即道，关注现实生活是儒家一贯的立场和原则。颜炳罡老师指出："百姓人伦日用即百姓的生活，百姓的生活即是道，离百姓生活则无道，非无道也，虽有而不异于无也。……百姓日用，即百姓日日所行，天天所习，无非此道，只是虽能行之，而不知不觉或不著不察罢了。"①

据文献记载，"百姓日用"最早出自于《易经》："一阴一阳之谓道，继之者善也，成之者性也。仁者见之谓之仁，知者见之谓之知，百姓日用而不知，故君子之道鲜矣！"②（《系辞上传》）人伦日用指出了儒家之道存在的形式。儒家学说与人们的日常生活密切地结合了起来。换言之，儒学因面向日常生活而得以存在。

众所周知，儒学是积极入世的学问，不是出世的学问。现实世界是儒学赖以存在的前提。离开现实生活，儒家就不能称之为儒家。《诗经》反映了周代社会生活的方方面面。孔子时常奉《诗经》为经典，认为"《诗》无邪"③（《论语·为政》），以读《诗经》作为立言、立行的标准。他教导儿子孔鲤说："不学《诗》，无以言；不学礼，无以立。"（《论语·季氏》）《论语》中还有多处孔子教育弟子的语句，如"兴于《诗》，立于礼，成于乐"（《论语·泰伯》），"人而不为《周南》、《召南》，其犹正墙面而立也与？"（《论语·阳货》），"《诗》可以兴，可以观，可以群，可以怨；迩之事父，远之事君；多识于鸟兽草木之名。"（《论语·阳货》）

《诗经》是我国最早的一部诗歌总集，内容十分丰富。书中收录的作品，可以划分为"风"、"雅"、"颂"三部分。《毛诗大序》谓"风，风也，教也。风以动之，教以化之。"又云："雅者，正也。言王政之所由废兴也。"再云："颂者，美盛德之形容，以其成功告于神明者也。"④ 显然，三者均含有世俗教化之义。孔子身处礼崩乐坏的时代，所以他特别看重《诗经》在改善社会风气方面的积极意义。对于学《诗》不能致用的行为，孔子感到不满，"诵《诗》三百，授之以政，不达；使与四方，不能专对。虽多，亦奚以为？"（《论语·子路》）从学《诗经》这点来看，孔子重视文化知识的学以致用，重视教育的感化功能。成中英先生说："孔子不是漠视知识的人，是重视知识的人，他采用的是将知识运用于生活之中的态度。"⑤

在日常生活中，人与人之间的交往活动占据了主导性地位。齐景公问政于孔子，孔子对曰："君君，臣臣，父父，子子。"公曰："善哉！信如君不君，臣不臣，父不

---

① 颜炳罡：《人伦日用即道：颜炳罡说儒》，孔学堂书局，2014 年。
② 李鼎祚：《周易集解》，巴蜀书社，1991 年。
③ 文中所引《论语》、《孟子》两书中语句的详细注解，分别参见杨伯峻《论语译注》，中华书局，1980 年；杨伯峻《孟子译注》，中华书局，1960 年。凡引两书原文语句，若无特殊说明，不再单独出注，只在引文后注明其所出自的篇章名。
④ 郑玄：《毛诗正义》，十三经注疏本。
⑤ 成中英：《当代儒学两个面相：信仰儒学与知识儒学》，《儒教邮刊》2010 年第 15 期。

父，子不子，虽有粟，吾得而食诸？"（《论语·颜渊》）现实生活中的各种人际关系需要秩序来维持，离开了一定规则秩序的约束，社会就会陷入混乱。很明显，这里有一个层级递进的关系。每一个人所处的社会地位、伦理角色都是不一样的。父母对儿女是慈爱，儿女对父母是孝顺，夫妇之间要情投意合，哥哥对弟弟要爱护，弟弟对哥哥要恭敬。孔子弟子子夏曰："贤贤易色，事父母能竭其力，事君能致其身，与朋友交，言而有信。"（《论语·学而》）儒家认为，个人将各种社会关系处理好了，家庭就会和睦，社会就会和谐。

"修齐治平"是儒家传统的道德理想，也是许多人日常生活中需要正视的问题。治国平天下是中国传统知识分子更高更远层次的精神追求和哲学思想，但修身、齐家是每个人都要面对的。他理想中的君子"志于道，据于德，依于仁"（《论语·述而》），就是追求一种治国平天下的情怀。《宪问篇》："子路问君子。子曰：'修己以敬'曰：'如斯而已乎？'曰：'修己以安人。'曰：'如斯而已乎？'曰：'修己以安百姓。修己以安百姓，尧、舜其犹病诸？'"修养自己是为了提高自己的道德实践能力，更进以安人、安百姓。君子不应只考虑到自己的利益，更重要的是他人和天下百姓的安危。孔子认为，达到仁者的境界就要多给百姓好处，周济帮助众人，"博施于民而能济众"，"己欲立而立人，己欲达而达人"（《论语·雍也》）。

在儒家的思想观念中，凡是人都需要修身，把修身当作根本，"自天子以自于庶人，壹是皆以修身为本。"[①] 诚哉斯言！没有真正的修身，绝然不可能齐家治国平天下。

修身养性，为的是追求一种生活的品质。在这种观念的影响下，古人特别注重修身，并提出了实践的方法。如曾子的"吾日三省吾身"（《论语·学而》）、孟子的"穷则独善其身，达则兼济天下"（《孟子·尽心上》），再如影响广泛的蒙学读物《三字经》、《弟子规》，都以提高个人道德修养为先务。在《论语》中，孔子谈到追求高尚的精神境界不要在意物质以外的享受。他说："饭疏食饮水，曲肱而枕之，乐亦在其中矣。不义而富且贵，于我如浮云。"（《论语·述而》）孔子心目中理想的君子，应当"谋道不谋食。耕也，馁在其中矣；学也，禄在其中矣。君子忧道不忧贫。"（《论语·卫灵公》），因而对颜渊"一箪食，一瓢饮，在陋巷，人不堪其忧，回也不改其乐"和"其心三月不违仁"（《论语·雍也》）的行为甚是赞赏。

士人是春秋时期出现的一个阶层，相当于今天的知识分子。他们有知识和口才，可以自由出入诸侯国。《子路》篇："子贡问曰：'何如斯可谓之士矣？'子曰：'行己有耻，使于四方，不辱君命，可谓士矣。'"在孔子看来，"士志于道，而耻恶衣恶食者，未足与议也"（《论语·里仁》），"士而怀居，不足以为士矣"（《论语·宪问》）。

---

① 朱熹：《四书章句集注》，中华书局，1983 年。

再者，有些人"德之不修，学之不讲，闻义不能徙，不善不能改"（《论语·述而》），他对此也深以为忧。可见，孔子时刻强调品德修养的重要性。蒙培元指出："儒学是德性之学，不同于西方的智性学说。智性的最高成就是纯粹理性（或自由理性），发展出近代的科学民主；德性的最高成就是情感理性，以'仁民爱物'、'万物一体'为最高境界。"① 为此，孔子特别希望通过内省反思的方式对自己的行为进行约束，使之朝着健康的方向发展。子曰："见贤思齐焉，见不贤而内自省也。"（《论语·里仁》）君子为人处事时，不做有愧于心的事，"内省不疚"（《论语·颜渊》）。纵然如此，还是有人冒天下之大不韪而不能省改，"已矣乎！吾未见能见其过而内自讼者也。"（《论语·公冶长》）子贡曰："君子之过也，如日月之食焉：过也，人皆见之；更也，人皆仰之。"（《论语·子张》）知错就改，塑造内心的仁德，以至"守死善道"（《论语·泰伯》），此乃君子所为。具体来说，就是要求我们在平时生活中择善而从，博学于文并约之以礼。

儒家把修身放在第一位，充分彰显了修身的基础性和重要性。下面我们不禁就要问了，既然儒学那么讲究修身，那么它有没有修身的场所呢？答案是肯定的。儒家的修身场所就是现实社会，存在于我们每一个人所生活的大千世界，与大家的日常生活息息相关。可以说，只要有人活动的地方，就会有修身的行为。

孔子不仅注重自身品德修养，完善内在的人格，而且还致力于现实社会生活的人文关怀。孝悌是人与人之间最根本的伦理，故而儒家特别重视。《中庸》说："修身则道立，孝悌为仁之本。"② 在《论语》中，孔子就讲到"弟子入则孝，出则悌，谨而信，泛爱众，而亲仁。"（《论语·学而》）作为晚辈，我们日常生活中应该孝顺父母，友爱兄弟姐妹，言语行为小心谨慎、讲信用，和众人相处时要平等博爱，并且亲近有仁德的人。也就是说，先有孝心，你才可能会有悌心。随着年龄的增长，孝悌之心就会自然形成自身的美德。这时，仁爱之心在我们的胸中油然而生。孟子曰："仁之实，事亲是也。义之实，从兄是也。"（《孟子·离娄上》）在一定的规则下，若能将这种仁爱思想推己及人，就可以达到儒家所追求的最高生活境界，即实现天下的大同。儒家重要经典《礼记》中的《礼运篇》就为我们具体描述了大同世界的社会景象：

> 大道之行也，天下为公。选贤与能，讲信修睦。故人不独亲其亲，不独子其子，使老有所终，壮有所用，幼有所长，矜、寡、孤、独、废疾者皆有所养，男有分，女有归。货恶其弃于地也，不必藏于己。力恶其不出于身也，不必为己。

① 蒙培元：《儒家仁学的实践意义》，《儒学的当代使命——纪念孔子诞辰 2560 周年国际学术研讨会论文集（第一册）》，2009 年。

② 朱熹：《四书章句集注》，中华书局，1983 年。

是故谋闭而不兴，盗窃乱贼而不作，故外户而不闭，是谓大同。[①]

同样，孟子也描绘了他心中的理想社会，"老吾老以及人之老，幼吾幼以及人之幼"（《孟子·梁惠王上》）。可以看出，这与孔子对大同之世的理解是一脉相承的。

历史表明，儒学不是一成不变的，而是与时俱进。在这个变化的过程中，它不断影响着我们的思维方式和行为规范，并且总是在反思当下的问题而不断建构着"新儒学"。这种"新儒学"要实现更广泛的传播，就必须融入社会生活中去。

总之，儒学是一门关于生活的学问。换言之，它是人学，不是神学。儒学最终回归如何做人，如何做君子。时至今日，它已成为国人普遍认同和广泛接受的道德规范和价值取向。我们有理由相信，它不仅过去对于人有用，对今天、明天仍然适用。

作者简介：段娜，女，曲阜市文物管理委员会文博馆员；彭伟民，曲阜市孔子博物馆助理馆员。

---

① 孙希旦：《礼记集解》，中华书局，1989 年。

儒学与宗教的关系及文庙在当代社会的作用

李　波　余晓东

摘　要　目前有一种发展趋势，儒学正在向宗教化发展，而文庙也正在沦为宗教场所，变为烧香祈福的场所。文庙是否应为纯粹的宗教场所才能发挥其在当代的作用的言论在许多人中也产生很大的争议，多数人对此多数默认或不以为然。这是否是正常现象，笔者亦有很深的困惑，毕竟在中国历史上也有儒、释、道三教合一的现象。因此，笔者以为辨清儒学与宗教的关系非常有必要，这对确定文庙在当代社会中应起什么样的作用非常重要，故笔者试对其作一简要辨析。

关键词　儒学　儒教　宗教　作用

一、何为儒学

儒学亦称儒家学说，其代表人物为孔丘，形成于东周春秋时期，与"道家"、"墨家"、"法家"、"阴阳家"等同为诸子百家之一。儒学之起源，史无定论，或为术士说，或为殷遗民说，或为保师说，不一而足。在汉班固《汉书·艺文志》对其有较为确切的记述："儒家者流，盖出于司徒之官，助人君顺阴阳明教化者也，游文于六经之中，留意于仁义之际，祖述尧舜，宪章文武，宗师仲尼，以重其言，于道最为高。"在这里明确提出儒学源于周官，孔子是其集大成者。从孔子算起，儒学绵延至今已有2500余年的历史。随着社会的变化与发展，其内容、形式到社会功能也在不断地发生变化与发展。从儒学的内容、形式和社会功能等方面进行综合的宏观考察，儒学有四个比较明显不同的历史发展阶段，分别为以孔子、孟子、荀子等为代表的先秦原始儒学；以董仲舒、《白虎通义》为代表的两汉政治制度化和宗教化的儒学；以程、朱、陆、王等为代表的宋、明、清时期的性理之学的儒学；从"中学为体，西学为用"开始的，与西方近代民主、科学思想交流融通的近现代新儒学。

儒学作为中国两千余年来流传不息的文化主体之一，具有丰富和深邃的思想理论，而且对东亚各国有着广泛的影响，甚至也是东亚一些国家，如朝鲜、韩国、日本、越南等国历史文化中的一个重要组成部分。它正随着中国和东亚地区的振兴，而越来越被这一地区的国家和人民所重视。同时，儒学作为东方文化的主要代表之一，它与西方文化的互补性，也正在越来越为世界有识之士所瞩目、重视与推崇。

二、何为儒教

儒教亦指儒家学派，又称孔教。人们曾把孔子创立的儒家学派视同宗教，与佛教、道教并称为三教。"儒教"一词最早出现于《史记》，其《游侠列传》道："鲁人皆以儒教，而朱家用侠闻。"到了汉代末年，儒者蔡邕就正式使用作为名词的儒教："太尉公承凤绪，世笃儒教，以《欧阳尚书》、《京氏易》诲受四方。学者自远而至，盖逾三千。"（《蔡中郎集》卷五《司空杨公碑》）魏晋时代，"儒教"这个概念逐渐流行开来。隋唐以后，就成为指称由古代圣帝明王开创和不断改进的、由孔子加以综合创新的、在汉代被国家立为国教的宗教。《晋书·宣帝纪》："少有奇节，聪朗多大略，博学洽闻，伏膺儒教。"《梁书·儒林传序》："魏、晋浮荡，儒教沦歇，风节罔树，抑此之由。"唐王维《和仆射晋公扈从温汤》："王礼尊儒教，天兵小战功。"唐朝《封氏见闻记》也把儒教单列。"儒教近而易见，故宗之者众焉。道意远而难识，故达之者寡焉。道者，万殊之源也。儒者，大淳之流也。三皇以往，道治也。帝王以来，儒教也。"（《抱朴子》卷七）孔子以后不久，战国时代早期的思想家墨翟曾称儒教为"道教"（《墨子·非儒下》），因为儒者们奉行着自认为正确的"道"。汉代末年，一部中国佛教著作《牟子理惑论》中，也称孔子的教为"道教"。直到晋代，皇帝在征召儒者到朝廷服务的诏书中，仍然称儒教为"道教"。古时人们还把儒教又叫作"圣教"。"礼有等差，君臣不杂，爰自近代，圣教渐亏"（《隋书》卷四十五）。汉代由于国家统治的需要，从汉武帝开始，实行"独尊儒术"的政策。儒者董仲舒依据孔子的思想，适应新的历史条件，对这传统的国家宗教教义进行了新的解说。在董仲舒新解说的基础上，后来的儒教不断努力，逐渐使传统宗教彻底建立在由周公、孔子奠定的儒家学说的基础之上。因而，独尊儒术，是传统的国家宗教彻底儒化的开端，也是儒教的真正开端。

儒教自汉代以来被奉为官学。在中国古代，儒教或孔教始终居于社会或国家的统治地位。个别皇帝或国家官吏崇拜佛教、道教，仅仅是个人的行为，而不代表国家。中国古代国家，从汉代开始，一直是把儒教或孔教作为国家宗教。

三、何为宗教

宗教是人类社会发展到一定历史阶段出现的一种文化现象，属于社会意识形态。

主要特点为，相信现实世界之外存在着超自然的神秘力量或实体，该神秘统摄万物而拥有绝对权威、主宰自然进化、决定人世命运，从而使人对该一神秘产生敬畏及崇拜，并从而引申出信仰认知及仪式活动。在人类早期一些社会中，宗教承担了对世界的解释、司法审判、道德培养和心理安慰等功能。现代社会中，虽然科学和司法已经从有些宗教分离出来，但是道德培养和心理安慰的功能还继续存在。宗教所构成的信仰体系和社会群组是人类思想文化和社会形态的一个重要组成部分。在汉语中，宗教本不为一联缀词，《说文解字》："宗者，尊祖庙也，以宀从示。""示者，天垂象见吉凶所以示人也，从二、三垂，日月星也，观乎天文以察时变示神事也。"这表示对神及人类祖先神灵的尊敬和敬拜。教指教育、育化，上施下效，侧重在对神道的信仰，这一点反而与西方的宗教理解较为接近。直至公元 10 世纪，"宗教"一词才最先见于佛经，如《续传灯录》中："吾住山久，无补宗教，敢以院事累君。"这里的宗教指崇佛及其弟子的教诲，其意狭小而具体。但随西方宗教学崛起及其对中国学术界之影响，许多人在学术上将"宗教"与"英语的 Religion"一词画上了等号，成为广义性宗教概念。宗教在不同的文化背景中，存在不同的含义。西方语言的"宗教"（如英语的 Religion）源自古罗马时代的拉丁语 *Religio*。古希腊人虽有表达对神的敬畏、虔诚及与之相关的戒律礼仪，却未形成宗教的特定概念。古罗马哲学家西塞罗在其著作《论神之本性》中使用过 *Relegere*（意为反复诵读、默想）或 *Religere*（意为重视、小心考虑），可见他当时认为在神的敬拜上需集中注意，又需严肃认真。另外，古罗马神学家奥古斯丁在《论真宗教》及《论灵魂的数量》皆用过 *Religare*，代表人、神与灵魂间的重新结合，以人神联盟说明人与神之间的密切关系。奥古斯丁又在《订正》及《上帝之城》中使用 *Re‑eligere* 来表示人在信仰上的重新抉择及决断，人需要靠重新考虑和选择与神修好。故 *Religio* 一词在拉丁语的原意应为人对神圣的信仰、义务和崇拜，以及神人之间的结合修好。由此可见，*Religio* 与近代西方宗教概念有雷同却不等同。

宗教有着各种各样的定义，多数定义试图在很多极端的解释和无意义的表述中找到平衡。有人认为应用形式和理论去定义它，也有人更强调经验、感性、直觉、伦理的因素。社会学家和人类学家倾向于把宗教看作是一个抽象的观念、含义。这种抽象的概念是基于自身文化发展而建立起来的。

《宗教百科全书》中，宗教的定义是这样的："总的来说，每个已知的文化中都包含了或多或少的宗教信仰，它们或明了或令人疑惑得试图完美解释这个世界。当某些行为典范在特定的一个文化中得到确立时，它就将在这个文化中打下深深的历史烙印。即便宗教在形式、完整度、可信度等都应不同文化而不同，但人在社会中还是不可避免要受到宗教影响。"

一个宗教之所以成为宗教，是因为它包括三个层面，其一为宗教的思想观念及感情体验（教义），二为宗教的创始人，以及膜拜对象（教主），三为宗教的教职制度及社会组织（教团）。宗教的教义主要分为"观念"和"体验"两种。宗教观念有灵魂观念、神灵观念、神性观念；宗教体验则有敬畏感、依赖感、惊异感、罪恶感、获救感、神秘感等。而获得体验则可通过宗教理论、宗教道德、药物应用、宗教修习来获得。人的神观及对神的敬畏心态，是整个宗教的内在因素及核心所在，故"对神的信仰"乃是一切宗教的根本。宗教信仰的对象被人理解为一种超自然而又控制自然的神秘力量或神圣实在，它被视为神力、精灵、众神、至高一神，或抽象地以绝对者、永恒者、至高无上者、自有永有者、无限存在者、超越时空者称之。这种信仰被视为万物的起源和归宿，一切存在的根基及依据。然而各宗教对神的理解不尽相同，有可能是"众多而有序"、"单一而排他"，有可能以"超在"或"内在"存在，由此构成多神教、主神教、单一主神教、二元神教等，也有超泛神论、泛神论、万物有灵论等不同的神论。宗教对神灵观念的解释为"神学"，神学在宗教传播、历史演进、人类进步中不断被调整修正。神学是自觉宗教与自发宗教的最大分别，因为神学有其理论化及系统化，而自发宗教是不具神学体系的。教仪巫术、禁忌、祈祷、献祭、忏悔、宗教的崇拜行为、礼仪规范属于宗教的外在因素。体现出宗教教义的实践，也反映出宗教传统的改革及其社会文化背景。教仪是规范化、程式化、机构化及制度化的，其内容包括祈祷、祭献、圣事、礼仪、修行及伦理规范。

教义是基于宗教的理论体系，而教仪则根据社会实践的活动，前者为后者提供依据及指导，后者使前者的精神意趣得以推广和外化；前者由不断诠释、汇集、编纂宗教经典而深化，后者也是经验累积确定其施行的程度，于是教义及教仪皆在所处的文化氛围中产生一种人们公认的社会惯例。

教团宗教的教职制度及教团体系（如基督教的教会、牧区，佛教的僧伽），代表着宗教信仰体系的机构化及社会化，是宗教的最外壳，却又不可或缺。一方面替宗教提供了活动空间，另一方面也给予存在保障。教职制度令宗教有了可见的外在形体，从而对社会起作用。在历史上，政教常有合一或分离现象，体现了社会行政功能与祭司宗教功能的有机结合，说明了宗教这一个体与世俗社会既有联系，又有区别。教团及教职的形成，标志着人类信仰体系的成熟，充实了宗教，补足了教义及教仪，由此凸显了宗教的独特性与其他社会意识和社会文化历史现象的不同特点。

四、儒学向儒教、宗教的转化体现的是封建统治阶级的统治意愿

从以上儒学、儒教和宗教的出现、定义、特点及发展过程的对比中可以看出，由孔子继承两周文化并加以改造所形成的儒学本身是不具备宗教意义的，此时的儒学只是社会上具有广泛影响的"显学"之一。其提倡的道德修养学说和设计的理想政治制

度和治国原则，在当时社会中虽有着深远的影响，但因其主旨，即一统天下和礼义王道为上等，脱离了当时诸侯称霸、群雄割据的社会现实，因而始终没能得到当权者的赏识和采用。所以，当时儒家学说与以后成为实际社会制度依据的儒学不同，它还只是一种关于道德修养和政治理想的一般性学说，是有着积极意义的文化和学说。

到了西汉，国家出现大一统后，统治者迫切需要一种理论来维护其封建统治。而儒学中所提倡的绝对、无条件维护君主地位的思想和主张既能绝对维护君主地位，又相当能服众，从而得到汉武帝及其以后帝王的大力推崇，此时大儒董仲舒再向武帝建议："诸不在六艺（六经）之科，孔子之术者，皆绝其道，勿使并进。"（《汉书·董仲舒传》）这就成武帝推行"罢黜百家，独尊儒术"方针的重要根据。但必须指出的是，董仲舒这里所说的"孔子之术"，已经不是原来的孔子学说，也不是早期的儒家学说，而是经过他和汉初其他儒家学者发展了的，吸收了墨、道、名、法、阴阳等各家学说之长的，董仲舒心目中的"孔子之术"。由于董仲舒的学说中吸收了大量阴阳家的阴阳五行学说，并使阴阳五行思想成为汉以后儒家学说中的一个重要组成部分，因此他对于儒学的发展不仅在于学理方面，而更在于他把儒学推向政治制度化和宗教化的方向。随后在其他封建帝王的组织下把儒家一部分主要学说转变为实际的社会政治制度的律条，以及社会全体成员共同必须遵循的道德规范。与此同时，为了拔高儒学社会地位，导致儒学向宗教化的转化，在董仲舒和当时流传的纬书中，不断地把"天"描绘成儒学中至高无上的神。如董仲舒说："天者，百神之大君也。"（《春秋繁露·郊祭》），并且竭力宣扬天是有意志的，能与人相感应的，而王者是"承天意以从事"的等一整套宗教神学理论。孔子是儒学的创始人，自然也就成了教王。为了神化教主，在当时流传的大量纬书中，不仅把孔子说成是神的儿子，而且把他的相貌也描绘成与一般凡人极不相同的怪模样。同样，为儒家所推崇的历代圣人，如尧、舜、禹、汤、文王、武王、周公等，在纬书中也统统被装扮成了与众不同的神。又，这些纬书都是以神话和神秘化了的阴阳五行学说来附会地阐释"六经"以及《论语》《孝经》和"河图""洛书"等，这些也可以视作配合当时儒学宗教化所需要的儒教经典。再有，由秦汉以来逐步完备起来的儒家礼仪制度也为儒学的宗教化准备了仪式上的条件。从两汉儒学发展的历史看，儒学的宗教化是与儒学的政治制度化密切相关的，是同步进行的，前者是为使后者得以成立和巩固服务的。

儒学向宗教的转化，在一定时期、一定时代是有其进步意义的，但最终是落后的、腐朽的，禁锢了人们的思想，制约了文化的丰富和发展。

五、文庙在当代社会应起的作用

文庙是奉祀孔子的庙宇总称。孔祥林先生在其《孔子庙的类别及创建时间》一文中将文庙分为孔子本庙、学校文庙、书院孔子庙、纪念孔子庙和孔氏家庙五类，并对其发展过程作了介绍。孔子庙由最初的子孙奉祀先辈的家庙进而发展为国家祀典的、标准的礼制性庙宇，是和历代的封建统治者将孔子不断神化、将儒学宗教化分不开的。在这个过程中，文庙在保存历史文化、宣传儒学和教化民众等方面确实起到过极其重要的作用。

当代的文庙，绝大部分是历史遗留下来的珍贵的历史文化遗产，现多为文物保护单位；一小部分是新修重建的，是作为纪念孔子、发展当代旅游的纪念景点；仅有香港及海外的极少数文庙是在起到宗教作用的场所。这些文庙是否应像香港学者所提出的转变成宗教场所才能在当代起到应有的作用呢？笔者以为从历史发展观来看，这是一种严重的倒退。历史中的孔子是一个具有高尚品德的知识分子，一个伟大的教育家、思想家，一个不太成功的政治家，一个正直、乐观向上、积极进取，一生都在追求真、善、美，一生都在追求理想社会的活生生的人，一个令人尊敬的智者。封建统治者为了巩固其统治而将孔子推向了神坛，却弱化了孔子对人类的真正贡献是对先进的民族文化的继承、发扬和创立了先进的教育理念并对之的践行。当代社会已经进入到一个讲民主、讲科学、讲和谐的，构建以人为本的阶段，孔子也已从神坛上走了下来。因此，当代的文庙就应顺应时代的要求，继承孔子的先进理念，成为保护、研究、宣传、传播中华优秀先进文化的基地，成为主动演示、阐述尊师重教的平台，起到构建新时代、新生活、体验传统文化魅力、培养民族感情的阵地。

作者简介：李波，洛阳古代艺术博物馆馆员；余晓东，洛阳古代艺术博物馆助理馆员。

儒学：关于仁义的学问

孟艳锋

摘　要　仁义观念是儒家思想的核心，也是中华民族精神的重要内容。仁义思想的形成和发展有一个历史过程，这一过程大体经历了从"仁"、"义"到"仁义"的进程。通过考证儒家经典文献《论语》《孟子》，从而厘清儒家"仁义"思想形成的脉络，不仅能使我们清晰地把握"仁义"思想的内涵，而且可以使我们认识"仁义"思想的形成在儒学史上的重大意义。践仁行义更是千百年来儒者的不断追求。君子人格是孔子自身人格的写照，而大丈夫是孟子心目中理想的人格。仁义之事，此乃君子所为，也是大丈夫所为。

关键词　仁义　儒学　学问

儒家文化讲仁义，这是儒家最基本的思想。历代前贤对"仁"、"义"等概念提出了很多精辟的见解，但其研究仍嫌粗疏。为此，笔者拟从二者的最初含义重新出发，综合考察儒家原典，希望得出一些有益的成果，从而为进一步的研究提供参考意见。当然，这些都是在前辈学者真知灼见启发下的继续探讨，惟冀以之求教于方家。

一、从"仁"到"义"

"仁"的最初含义是指人与人之间相互亲爱。从这个意义上说，仁爱是孔子思想体系的理论核心，是儒家学派道德规范的最高原则。据有的学者考证，"仁"在甲文中就已经出现，但还未得到大多数人的认同。可以肯定地说，"仁"字产生在孔子之前。那么，仁是什么？学术界目前看法不一。胡适先生认为，"仁是理想的人道"，"能尽人道，即是仁"①；冯友兰先生认为，"人之性情之真的及合理的流露，而即本同情心以推

---

① 胡适：《中国哲学史大纲》，东方出版社，1996 年。

己及人者也"①；匡亚明先生认为仁有多重含义，第一层含义是最通常的意思，"爱人"，第二层含义是"修身，是对道德准则的遵从"，第三层含义是"人类对其本质的自我意识，是对于当时已经形成的关于人的各种学问特别是伦理学说的哲学反思，在人类认识史上具有重要意义"②。毋庸置疑的是，所有学者的归纳都会有合理依据。显然，他们都不可能离开儒家原典中有关"仁"的论述。试列举几处如下：子曰："仁者人也"（《礼记·中庸》）；子曰："夫仁者，己欲立而立人，己欲达而达人"（《论语·雍也》）；"樊迟问仁。曰：'仁者先难而后获，可谓仁矣'"（《论语·雍也》）；"子张问仁于孔子。孔子曰：'能行五者于天下，为仁矣。请问之。曰：恭、宽、信、敏、惠。恭则不侮，宽则得众，信则人任焉，敏则有功，惠则足以使人'"（《论语·阳货》）；"颜渊问仁。子曰：'克己复礼为仁。一日克己复礼，天下归仁焉。为仁由己，而由人乎哉'"（《论语·颜渊》）；孟子曰："仁也者人也"（《孟子·尽心下》）。③ 可见，孔子讲仁，体现了人道精神。

"义"最早出现在《尚书·洪范》："无偏无陂，遵王之义；无有作好，遵王之道；无有作恶，遵王之路；无偏无党，王道荡荡；无党无偏，王道平平；无反无侧，王道正直。"④《论语》中多处提到了"义"，如"信近于义"（《论语·学而》）、"义之与比"（《论语·里仁》）、"君子喻于义"（《论语·里仁》）、"质直以好义"（《论语·颜渊》）、"不义而富且贵，于我如浮云"（《论语·述而》）、"君子义以为上"（《论语·微子》）。据文句分析，"义"主要是指道义。

在《论语》中，孔子对"义"的论述并不充分。从孔子到孟子，"义"在儒家思想体系中的地位有一个明显的变化。翟义成先生说："义在孔子思想体系中，其重要性远不如礼，更不如仁。一直到了孟子性善说的提出，为义提供了存有论的根据后，义的观念才得以体系化地充量发展，和仁、礼鼎足而三，成为儒学的最重要支柱之一"，"《孟子》一书中，仁字157见，义字108见，礼字62见。义在孟子体系中，其重要性已经超过礼，骎骎然与仁并驾齐驱，有时甚至取代了仁的位置。"⑤ 因此，孔子不甚重视的仁义关系在孟子那里得到了充分的发展。

二、"仁"与"义"连用

"仁"与"义"的连用，《论语》中并未出现。从"仁"、"义"两字的含义上说，

---

① 冯友兰：《中国哲学史》，中华书局，1984年。
② 匡亚明：《孔子评传》，齐鲁书社，1985年。
③ 杨伯峻：《论语译注》，中华书局，1980年；《孟子译注》，中华书局，1960年。因本文引用《论语》、《孟子》较多，为行文方便，下文直接在正文引文后注明出处。
④ 孔颖达：《尚书正义》，上海古籍出版社，2007年。
⑤ 翟义成：《"以宜为义"与"以利为义"——先秦儒墨义利观之比较研究》，新加坡东亚哲学研究所，1986年。

仁与义不是对立，而是统一的。

战国时期，孟子发挥了孔子的思想。孟子曰："仁，人之安宅也；义，人之正路也。旷安宅而弗居，舍正路而不由，哀哉！"（《孟子·离娄上》）又曰："居恶在？仁是也。居仁由义，大人之事备矣。"（《孟子·尽心上》）可以看出，"仁"偏重于内心的修习，是安身立命之本；"义"更重实行，为通向"仁"的路径。

孟子把"仁"同"义"联系起来。陈锡勇先生说："仁义并举是孟子之说也。孔子学说则就'仁''礼'为重心也。"① 在孟子学说里，仁义关系得到了充分的发展。在他看来，仁义是一切行为的准则。孟子曰："乃若其情，则可以为善矣，乃所谓善也。若夫为不善，非才之罪也。恻隐之心，人皆有之；羞恶之心，人皆有之；恭敬之心，人皆有之；是非之心，人皆有之。恻隐之心，仁也；羞恶之心，义也；恭敬之心，礼也；是非之心智也。仁义礼智，非由外铄我也，我固有之也，弗思耳矣。"（《孟子·告子上》）

引文中，孟子从人的本性谈起，人性不仅本善，还具有恻隐之心、羞恶之心、恭敬之心、是非之心。"仁"指人心，即仁爱之心。进一步说，仁、义、礼、智四种品质道德，都是"我固有之也"。"见而知之，智也。知而安之，仁也。安而行之，义也。行而敬之，礼也。仁，礼义所由生也，四行之所和也。"② 按照孟子的看法，仁、义、礼、智也是人与生俱来的本性，"非由外铄我也"，只不过平时我们没有去想着怎么去弘扬这些本性罢了。在此问题上，人与人之间的差别是非常大的。所以，我们应该做的就是要从自己的本性之中去发现仁义礼智，充分发挥自身的资质才干。无论孟子讲"义"、讲"礼"，还是讲"智"，归根结底还是会回到"仁"上。

孟子曰："人之所以异于禽兽者几希，庶民去之，君子存之。舜明于庶物，察于人伦，由仁义行，非行仁义也。"（《孟子·离娄下》）"由仁义行"，就是依自身仁义去做事，"行仁义"就是一切行为都依仁义的标准，若符合仁义的要求就去做，反之就不去做。孟子认为，仁义是区别人与禽兽的标志。也就是说，人能行仁义，而禽兽不能。圣贤人物舜极为高明，明察众多事物的道理，仁义融于身心，处处皆仁义。赵岐云："舜明庶物之情，识人事之序，仁义生于内，由其中而行，非强力行仁义也，故道性善，言必称尧舜。"③ 可知，圣人与仁义为一体，举手投足间皆合仁义。在孟子看来，普通人也应该注重后天的修身，变得像圣人一样，能够固守仁义。孟子曰："心之官则思，思则得之，不思则不得也，此天之所与我者。"（《孟子·告子上》）

---

① 陈锡勇：《宗法天命与春秋思想初探》，台北文津出版社，1992年。
② 李零：《郭店楚简校读记》，北京大学出版社，2002年。
③ 赵岐：《孟子注疏》，台湾商务印书馆，1986年。

三、仁义的化身

孟子曰："居天下之广居，立天下之正位，行天下之大道；得志，与民由之；不得志，独行其道。富贵不能淫，贫贱不能移，威武不能屈，此之谓大丈夫。"（《孟子·滕文公下》）孙奭《孟子疏》云："孟子言能居仁道以为天下广大之居。"① 朱熹《孟子集注》云："广居，仁也。"② 可见，"居天下之广居"就是居于仁。正位、大道皆为仁义。大丈夫也就是有大道的人，这些人是同维护社会公正与公平道义联系在一起的。

如果说大丈夫是孟子心目中理想的人格，那么孔子所津津乐道的君子人格正是他自身人格的写照。在《论语》书中，"君子"一词出现次数达百余次。那么，"君子"到底说的是什么样的人呢？根据目前儒学界的研究表明，君子是道德高尚的人。具体说来，君子应当具备"知者不惑，仁者不忧，勇者不惧"（《论语·子罕》）的品格特征。《礼记·中庸》说："知、仁、勇，三者天下之达德也。"③ 孔子希望自己的学生能具备这三德，成为真正的君子。

通过比较，君子较大丈夫更稳重，更文质彬彬，更有涵养一些。这两种人格相互映衬，又相互补充。由于他们身上都具备内心自觉自发的"仁义"道德境界，并且遵循外在的"礼智"道德规范，基于此点，"君子"与"大丈夫"完全可以作为正义的化身。两种人格是时代需求的产物，也是儒家人生追求的终极目标。所以说，要修成"真君子"或"大丈夫"实非易事。正如《大学》开篇指出，成为君子应当做到三件事：明明德，亲民，止于至善。这是儒家给君子指出的人生道路：从彰显自身所具有的德性开始，再推己及人，最后达到最完美的境界。通过重重考验，进而达到锻炼君子人格，追求君子生存状态的目的。对此，孟子也说："天将降大任于斯人也，必先苦其心志，劳其筋骨，饿其体肤，空乏其身，行拂乱其所为，所以动心忍性，曾益其所不能。"（《孟子·尽心下》）也就是说，大丈夫应该经得起任何考验，方能成就大事。

学做君子，无外乎学会做人与做事，也就是个人自身的完善和成就。也只有成为君子，才能更好地实现个体的自我价值。儒家对君子有严格要求，据《论语·宪问》记载：

> 子路问君子。子曰："修己以敬。"曰："如斯而已乎？"曰："修己以安人。"曰："如斯而已乎？"曰："修己以安百姓。修己以安百姓，尧、舜其犹病诸！"

可见，孔子对于君子有三个递进的要求，首先是"修己以敬"，其次是"修己以安

---

① 孙奭：《孟子疏》，十三经注疏阮元校刻本。
② 朱熹：《四书章句集注》，中华书局，1983 年。
③ 朱熹：《四书章句集注》，中华书局，1983 年。

人"，最后是"修己以安百姓"。在儒家看来，做君子不是单纯为了成就自己，而是利他，以安人、安百姓。显然，孔子要求君子要做到以人为本，提倡仁义道德。

正因为如此，儒家崇尚君子人格。典籍中有很多有关"君子"的概括："君子坦荡荡"（《论语·述而》）、"君子泰而不骄"（《论语·子路》）、"君子和而不同"（《论语·子路》）、"君子喻于义"（《论语·里仁》）、"君子义以为质"（《论语·卫灵公》）、"君子莫大乎与人为善"（《孟子·公孙丑上》）。从这些对君子的论述中，我们看到君子是有着坦荡的心胸，集仁义于一身的道德楷模。他们有着谦逊的态度和淳朴的美德，能够承担起实现"天下大同"的重大责任和使命。

综上所述，"仁"、"义"具有不同内涵，但同时又是联系在一起的。"仁"是核心，是最高道德原则，"仁"经由"义"而实行。仁义之事，此乃君子所为，也是大丈夫所为。作为儒家两个最基本的伦理道德范畴，仁义具有永恒的、普泛的意义和价值。

作者简介：孟艳锋，曲阜市文物管理委员会文物商店文博馆员。

参考文献：

［1］胡适：《中国哲学史大纲》，东方出版社，1996 年。

［2］冯友兰：《中国哲学史》，中华书局，1984 年。

［3］匡亚明：《孔子评传》，齐鲁书社，1985 年。

［4］杨伯峻：《论语译注》，中华书局，1980 年。

［5］杨伯峻：《孟子译注》，中华书局，1960 年。

［6］孔颖达：《尚书正义》，上海古籍出版社，2007 年。

［7］翟义成：《"以宜为义"与"以利为义"——先秦儒墨义利观之比较研究》，新加坡东亚哲学研究所，1986 年。

［8］陈锡勇：《宗法天命与春秋思想初探》，台北文津出版社，1992 年。

［9］李零：《郭店楚简校读记》，北京大学出版社，2002 年。

［10］赵岐：《孟子注疏》，台湾商务印书馆，1986 年。

［11］孙奭：《孟子疏》，十三经注疏阮元校刻本。

［12］朱熹：《四书章句集注》，中华书局，1983 年。

儒学语境下的女性研究与女性形象的改写

——以近代女性为例

王政莉　张洪艳

摘　要　按照传统观点，女性在以儒学为尊的中国封建社会一直处于受压迫、受奴役的地位，但是这种女性形象却是由于近代特殊原因形成的。真正解剖儒学语境下的女性，则会得出不一样的结论。

关键词　儒学　女性　近代中国　解放

儒学作为统治中国两千多年的官方理论体系，一直备受封建统治者推崇。到了近代，由于外国统治者的入侵及社会思潮的解放，儒学受到了前所未有的冲击，人们将中国近代所遭受的一切不幸都归咎于儒学。尤其在女性解放方面，更是将其视为束缚、残害女性的头号罪人。但是，真实的情况是怎样的呢？女性在封建社会当真就生活在水深火热之中吗？以社会性别而不是生理性别来研究女性，这是一个理论上的进步。同样地，以社会性别来研究儒学语境下的女性，也会得出不一样的结论。

一、近代的中国女性

孔子的一句"惟女子与小人难养也"，将女性与有道德缺陷的小人进行了类比，似乎成了千百年来人们对女性进行诋毁的铁证。但实际上，孔子这句话不是诋毁女性，而是一个特指，女子指卫国夫人南子，小人则是阳货；否则，翻遍孔子的言论著作，怎么会只有这一句贬低女性的话，其他地方则不涉及呢？不过，中国自汉武帝"罢黜百家，独尊儒术"后，儒学就一直是官方统治的意识形态，"三纲五常""三从四德"也成了女性行为的圭臬。因此，人们很自然地将这一切归结于儒学的倡导，人们一提到封建社会的女性就把她们想象成备受封建制度压迫，没有人身自由、没有个人意志的人。

从公认的封建社会开始走下坡路的明清去看，明清的女性似乎很不幸。她们由于身逢衰世而遭到更多的束缚。而实际上，她们的真实生活是怎么样的呢？目前，学术界关于明清女性的研究，比较有名的一部是高彦颐的《闺塾师——明末清初江南的才女文化》和曼素恩的《缀珍录——十八世纪及其前后的中国妇女》。通过这两部著作，我们可以看到，明清女性非但不像以往人们所想象和描述的那样，生活在水深火热之中，而且她们的世界也是十分精彩的，在社会及家庭生活中，她们"其实扮演了一个非常主动、非常重要的角色"①。首先，高彦颐的《闺塾师——明末清初江南的才女文化》描述了明末江南地区的才女文化。由于出版业的繁盛、社会经济的发展，读者大众的出现以及对情感的关注，女子的才华也受到了关注，一些有才华的女子不仅出版诗集，外出结社，与士子名人相交，甚至一些才女还可以走入上流社会的人家，教授他们的女孩儒家经典、诗歌艺术和绘画。一些女子甚至代替男人承担起了养家的责任。"为了维持一种女性对女性的知识传承，这些女性甚至被视作重新构建女性生存空间的建筑师，一种在文化教育中突出的知识传承"②。女文人成为像男子一样威严的职业家，她们受到社会的尊重，有着自己独立的思想。古人对女性要求的"三纲五常"被她们转换为才、德、识，女人与男人的角色出现了倒置。从书中可以看出，女性的自由是度是很高的，男性对她们也是十分尊敬和推崇，丝毫没有男尊女卑的意味。

　　而曼素恩的《缀珍录——十八世纪及其前后的中国妇女》则描写了18世纪前后即清代中后期长江中下游地区社会性别的关系。女性作为主角，取代了长期的男性主义史观，从中可以看出女性在国家政治、经济、社会生活中的重要位置。女性并不是沉默的羔羊，她们有着自己的意志与权力，所以国家才会为她们的生活而不断制定政策。女性并非总是如士人们想象的那样"静如处子"，远离尘世的纷扰。闺阁并不是"作为尘世之外的一方无始无终、无忧无咎的天地，作为男性心力交瘁时可以暂时避入或者彻底退居的一处休养所"③。实际上，"闺阁是冲突时起的、纷争连连之地。在那里，自己尚且没有一个依靠点可以指望，却还不得不为男性创造一个依赖的闺中人"④。女性无论在社会中还是在家庭里都扮演着极其重要的角色。就连人们认为的封建社会十分提倡的殉节也并不被官方赞赏，因为以清代人的眼光来看，"寡妇殉夫其实更经常是因绝望而不是受贞节的驱使"⑤，"寡妇殉节是逃避人教导家庭责任的一种卑怯行为"⑥。因此，寡妇不应该随丈夫而去，她应该继续她的义务，替死去是丈夫教养孩子，孝敬父母。

---

① 王政、陈雁主编：《百年中国妇女思潮研究》，复旦大学出版社，2005年，第6页。
② ［美］曼素恩：《缀珍录——十八世纪及其前后的中国妇女》，江苏人民出版社，2005年，第28页。
③ ［美］曼素恩：《缀珍录——十八世纪及其前后的中国妇女》，江苏人民出版社，2005年，第64页。
④ ［美］曼素恩：《缀珍录——十八世纪及其前后的中国妇女》，江苏人民出版社，2005年，第75页。
⑤ 同④。
⑥ 同④。

经济上，国家也要依靠女性来维持国库的财政收入。"棉花种植业和蚕桑业的迅速复兴加速了纺织工业的发展，也缩减了种植水稻的土地面积，这一经济变化促使地方官们开始注意妇女纺织劳动在小农经济和国库收入中的重要地位。"① 女性的劳动价值被看做与男性一样重要。女性不是人们想象中那个无足轻重的角色，她们的活动牵涉着国家、社会与家庭，男性社会的建构离不开女性。"男性年幼时由女性教养，疾病时由女性看护，衰老时由女性照料"②。

由此可知，就算在公认的儒学统治最为森严的明清时期，女性的生活其实相对也是很自由的，她们受到了应有的尊重，并在各方面发挥着积极的作用。

二、近代中国的女性解放运动

近代中国饱受侵略，国家被人欺凌，国民被称为"东亚病夫"，在世界的舞台上受人歧视。于是各种救国方案接踵而出，从"中体西用"到"全盘西化"，儒学被慢慢否定，成为众矢之的，五四文化运动便高举起"打倒孔家店"的大旗。将孔子及其儒家学说视为封建腐朽势力的卫道士，中国从前的种种不好也都归咎于儒学。因此，当看到身边他们一向视为附庸的女性，先前的自卑很快被另一种想法取代。"国家到了这个地步，从一个泱泱大国下降到'二等公民'的地位了，这都是女人的不好"③。儒学压迫了女性，让女性不能为国家出力，女性无知无识，又被裹着小脚，不仅使得中国少了一支抵御外辱的力量，还让中国多了一个被耻笑的理由。

于是一场拯救与解放女性的运动由此展开。既然要女性适应今日的局势，从以前的状态中解放出来，那么就要对女性以往的处境加以否定，才能证明现在所作所为的合理性。因此，女性被描述成了活在儒学专制下亟待救援的人，成了一个必须予以拯救的弱势群体。她们被"抑之，制之，愚之，闭之，囚之，系之，使不得自主，不得任公事，不得为仕官，不得为国民，不得预社会，甚且不得事学问，不得发言论，不得达名字，不得通交接，不得予享宴，不得出观游，不得出室门，甚且斫束其腰，蒙盖其面，刖削其足，雕刻其身，遍掘无辜，遍刑无罪，斯无天道之甚者矣"④。

拯救女性，解放女性很快就被近代士人知识分子推动起来。他们首先做的也是他们认为对女性最重要的，一是废缠足，一是兴女学。缠足可以追溯到南唐时期，在中国历史可算是一个独特的文化现象。到了近代，小脚成了西方传教士和开明人士最为诟病的事情。因为缠足成了中国不开化不文明的象征。戒除缠足是中国走向文明之路

① ［美］曼素恩：《缀珍录——十八世纪及其前后的中国妇女》，江苏人民出版社，2005 年，第 25 页。
② ［美］曼素恩：《缀珍录——十八世纪及其前后的中国妇女》，江苏人民出版社，2005 年，第 50 页。
③ 王政、陈雁主编：《百年中国妇女思潮研究》，复旦大学出版社，2005 年，第 4 页。
④ 康有为：《大同书》，古籍出版社，1956 年，第 126 页。

的重要一步。郑观应就曾痛诋缠足"残其肢体，束其骨骸，伤赋质之全，失慈幼之道"，"酷虐残忍，殆无人理"①。康有为还为此向光绪皇帝上《请除妇女缠足折》，而早在 1883 年康有为就与人一起办了不裹足会。13 年后，全国各地纷纷创办不缠足会，提倡天足。

兴女学。近代开明人士在倡导废除缠足，以利于女性健康的同时，也不忘女性精神上的进步，这就是兴女学，让女子接受文化教育。在他们看来，女子不受教育导致国民素质下降，不仅难以使得中国变文明，也阻碍了国家的强盛，女子的教育与国家息息相关。"是兴女学最盛者，其国最强，不战而屈人之兵，美是也；女学次盛者，其国次强，英法德日本是也；女学良，田教夫，无业众，智民少，国之所存者幸矣，印度、波斯、土耳其是也"②。出于这种认识，女学堂至此纷纷设立，女子的受教育权受到空前的关注。

三、被改写的女性形象

女性到了近代受到空前的关注，是因为中国受到了侵略，地位一落千丈。女性与儒学等其他很多事物被人们想当然地认为是中国贫困落后的根源。所谓病急乱投医，面对着内忧外患的中国，各种认为可行的办法都被拿来尝试。儒学被认为束缚人们的思想，残害人们的意志，必须让中国从儒学统治下解放出来；女性也视为儒学统治的牺牲品。因此，"当帝国主义侵略加剧时，受害女性成了中华民族本身的家庭——被男性外国强权'强奸'或征服。对作为整体的中华民族的政治解放也对中国进入现代世界来说，女性启蒙成了一个先决条件。总之，受父权压迫的女性，成了旧中国落后的一个缩影。成了当时遭受屈辱的根源，受压迫的封建女性形象，被赋予了如此强烈的民族主义情绪，以至最终变成了一种无可置疑的历史真理"③。

男性先驱者批判女性的落后，却忘了封建社会就是男性主导的社会，孔子及其儒家学说并没有贬低女性，孔子提倡"仁"，仁者爱人；主张统治者以仁治天下。他一心要做的是实现自己的政治理想，让天下大治，达到天下大同。在泰山遇到一位因失去全家而哭泣的妇人，孔子真心地感慨"苛政猛于虎"，怜惜着百姓所受到的残酷待遇，却没有任何的什么礼教、殉节等说教。儿子死后，儿媳妇改嫁他人，在她死后，孔子的孙子依然十分思念她。虽然由于时代的限制，他并没有明确提出妇女解放、自由等观点，可是也从来没讲过三纲五常、男尊女卑等束缚女性的言论。而男性出于维护男权中心主义的需要给女性设置下千种束缚，但是到后来却成了局外人，积极呼吁女性

①　夏东元编：《郑观应集》，上海人民出版社，1982 年，第 164 页。
②　梁启超：《论女学》，《时务报》第 25 册，1897 年 5 月 2 日。
③　[美] 高彦颐：《闺塾师——明末清初江南的才女文化》，江苏人民出版社，2004 年，第 2 页。

的解放，反而忘了自己就是女性解放的障碍。这样女性就处在一个被动的地位。她们所谓的解放除了不缠足和接受教育外，在其他的权力方面却始终与男性相去甚远。维新人士与资产阶级革命者号召女性为民族解放和国家的文明而奋斗，但是却没有给与女性和男子一样的政治经济权力。辛亥革命胜利后，就算是参加过革命为革命做过贡献的女性也没有得到任何政治权力，男女平等成了口头上的承诺。

"近代中国的女权主义的萌芽和原动力竟是男人或男权在帝国主义冲击下产生的自卑"①。这种看似荒唐却又十分准确的事实——近代中国女权运动的特殊性，女性在男性的疾呼下，投入女性解放运动的大潮，将儒家学说和封建社会视为自己所受各种不幸的根源，与男性一起批判儒学，倡导女性解放，却始终未能真正争取到自己的权利。

四、女性的无奈

在男性倡导的声势浩大的女权运动下，闺阁中的女性很难不受到触动。在宣传活动或她们自身感受的相互作用下，女性似乎觉悟了。她们随着男性一起去谴责所谓的压迫她们的社会，去反抗家庭，抵制缠足，要求外出求学，反对家庭包办的婚姻……尽管女性在按照男性所提倡的去做，但是不能否认女性在自己的进步方面也是取得了成效的。虽然以前的女性并不像男性宣传的那样悲惨，但是女性终究是生活在男权社会中，受着各种的限制与歧视，这种解放还是有进步性的。只不过，男性对女性的解放寄予的是另一种期望，他们希望的是女性为民族主义而出力，却又不希望她们去超越男性所容许的范围。

在女性解放的大环境下，许多女性听从号召，从家庭中走了出来，不再缠足并且接受了教育。不过，对这些已经接受了新思想的女性来讲，难的不是对自身的改造，而是改造后如何在社会上生存。女性要自立就不能依赖男性或家庭，而单独靠自己的力量又使得存活都成了问题。她们刚开始或许可以在社会上工作一段时间，到最后，还是要回归家庭，去做男人心目中的贤妻良母。男性去倡导女性解放容易，但是具体到自己身上又会有不同的表现。在传统的男权思想的作用下，会有几个男士会接受自己的妻子是一个女权主义者？

中国长久以来便是农业社会，男耕女织的传统生产模式一直居于主导地位，男性是生产劳动的主力，由此形成的家族本位主义、男尊女卑、重男轻女等现象也与中国几千年的传统息息相关。儒学植根于中国的传统文化而诞生，两千多年来又经过无数学者的发挥和变革，以适应封建统治的需要。于是到了近代，儒学便成为顽固守旧的代名词，成为诸多不公平现象的主因。而事实上，儒学不可能脱离中国的实情而存在，

---

① 王政、陈雁主编：《百年中国妇女思潮研究》，复旦大学出版社，2005年，第2页。

中国的传统文化道德伦理也和中国的政治、经济、社会等问题息息相关，女性的问题不是一朝一夕形成的，仅靠批判儒学、兴办教育、废除缠足等措施就要实现女性的解放是十分困难的；同样地，将女性所受的不公正待遇全部归咎于孔子及其儒家学说也是不公平的。

五、结　语

儒学从没有真正贬低过女性，关于女性的种种束缚、贬低，都是后世统治者为了统治的需要而强加给女性的；而生活在儒学统治的社会中，女性也并没有生活得如此水生火热。她们照样学习儒家经典，并有着自己的生活乐趣。到了近代，因国家受到外国的侵略，女性和儒学才成为人们批判的对象，儒学的价值被否定，女性的形象被改写，这都是由于当时特殊的社会背景造成的。

　　作者简介：王政莉，女，曲阜文物管理委员会助理馆员；张洪艳，女，曲阜文物管理委员会助理馆员。

儒学：关于生命的学问

张洪艳

摘　要　探讨关乎生命的学问，是中国哲学的一个重要方面。儒家文化以孔子所首创的儒家学说为指导思想。儒学是生命的学问，而且是一长生命。"生命的学问"包括个人和社会两个方面的内容。从个人角度来说，就是要重视修身；从社会角度来说，就是人文思想文化领域的产物。按照儒家传统的基本理念，生生是自然界和人类社会普遍存在的现象。儒家以仁爱为核心的处世之道就是建立在生生的哲学基础之上。它其中所蕴含的哲学思想必将焕发出无穷的生命力，使得中华优秀传统文化不断传扬开来。

关键词　儒学　生命　学问

中国哲学的源头始于《周易》，书中蕴含的哲学思想无不体现了古人对世间万物个体生命的关怀和敬重，"生生之谓易"（《系辞上传》）、"天地之大德曰生"（《系辞下传》）①。《中庸》进而对这一思想进行了具体的阐释："不息则久，久则征，征则悠远，悠远则博厚，博厚则高明。博厚，所以载物也；高明，所以覆物也；悠久，所以成物也。博厚配地，高明配天，悠久无疆。如此者，不见而章，不动而变，无为而成。"②可见，生生不息是天地本来的运行法则。天地悠远而博厚，生命则悠久无疆。这样，一切事物才会不断向前发展。

从一定意义上说，"生生"其实就是有关生命的学问③。蒙培元说："中国哲学是生的哲学。"④　所谓"生"，很重要的一个方面便是生命。中国文化是生命的文化。对

---

① 王骥：《易经注译》，中国社会科学出版社，1990 年。
② 朱熹：《中庸章句集注》，浙江古籍出版社，2014 年。
③ 在论述的过程中，文中可能"生生"与"生命"互有出现，其表达的含义基本上是一致的。
④ 蒙培元：《人与自然》，人民出版社，2004 年。

于文化，钱穆先生的回答是："文化是一个生命，这生命是一大生命，不如我们每一人的小生命；同时是一长生命，不如我们每一人的短生命"①。对于历史，他有这样的看法："历史便是生命，生命便是历史"②。钱先生强调了历史文化是活的，有生命的。

儒家文化以孔子所首创的儒家学说为指导思想，曾经作为主流意识形态影响达两千年之久的孔子思想和儒家学说是我国历史文化的主干。因此，我们也可以借用钱穆先生的话语，儒学是生命的学问，而且是一长生命。

那么，到底如何理解"生命的学问"呢？当代新儒家代表人物牟宗三先生以"生命的学问"对儒学的根本特征进行了很好的诠释。他认为中国文化"乃是以儒家作主流所决定的那个文化生命以及文化生命形态"③。他说："中国文化的核心是生命的学问。由真实生命之觉醒，西外开出建立事业与追求知识之理想，向内渗透此等理想之真实本源，以使理想真成其为理想，此是生命的学问之全体大用"，"中国从古即说'大学之道，在明明德'。……'明明德'的学问，才是真正'生命'的学问。""生命的学问，可以从两方面讲：一是个人主观方面的，一是客观的集团方面的。前者是个人修养之事，个人精神生活升进之事，如一切宗教之所讲。后者是一切人文世界的事，如国家、政治、法律、经济等方面的事，此也是生命上的事，生命之客观表现方面的事"④。由此可以看出，牟先生所说生命的学问实际上指的是儒家的学问。他所说的生命不是自然意义上的生命，而是道德的生命。"生命的学问"包括个人和社会两个方面的内容。从个人角度来说，就是要重视修身；从社会角度来说，就是人文思想文化领域的产物。

牟先生认为，中国文化首先把握了生命。中国人由如何安顿和调护生命，开出了心灵世界和价值世界，也开启了儒家的"内圣外王"之学。内圣外王是中国传统儒学中的一个重要哲学命题。它指一方面具有圣人的才德，一方面又能施行王道。儒家经典的思想核心是内圣之学，也就是《大学》"止于至善"的"大人之学"。在中国文化中，"不管横说竖说，总有一中心观念，即在提高人的历史文化意识。点醒人的真实生命，开启人的真实理想。"⑤ 一言以蔽之，儒家文化是"活的生命"，而且不断塑造和影响着中国人的生命智慧。牟宗三先生指出："孔子通体是文化生命，满腔是文化理想，转而为通体是德慧。"⑥

儒学虽然是所谓的入世之学，但也离不开生的学说。儒家较全面地探讨了天、地、

①　钱穆：《中国文化精神》，台北三民书局，1973年。
②　钱穆：《历史与文化论丛》，台北东大图书公司，1985年。
③　牟宗三：《政道与治道·新版序》，吉林出版集团有限责任公司，2010年。
④　牟宗三：《生命的学问》，广西师范大学出版社，2005年。
⑤　牟宗三：《生命的学问》，广西师范大学出版社，2005年。
⑥　牟宗三：《历史哲学》，台湾学生书局，1988年。

人之间的关系，"有天地，然后有万物；有万物，然后有男女"（《序卦传》）①。这就是说，天、地、人是构成万物最基本的三个要素，他们彼此之间相互联系、相互协调。天、地、人合称"三才"。《易经》指出："有天道焉，有人道焉，有地道焉。兼三才而两之，故六。六者非它也，三才之道也。"（《系辞下传》）② 其中，人是天地万物的中心，"人者，其天地之德，阴阳之交，鬼神之会，五行之秀气也"（《礼记·礼运》）③。儒家一直在努力将天、地、人纳入到自然变化的发展规律中。唯有如此，人才能做到与天地和谐相处。只有达到这样的境界，才能赋予生命真正的意义。

生命是自然的恩惠，天地滋养着世间万物。《易经》云："天地氤氲，万物化醇。男女构精，万物化生。"（《系辞下传》）④ 其实，连绵的群山，淙淙的江水，本身也是有着旺盛的生命力。子曰："知者乐水，仁者乐山"（《论语·雍也》）⑤，这又何尝不是一种人与物之间的心灵感应。早在先秦时期，儒家就认为人应对一切生命心存敬畏，反映了浓厚的生命情怀。孔子出游，偶然看到几只野鸡飞了起来，在空中盘旋了一阵而后又落在地上。子曰："山梁雌雉，时哉时哉！"（《论语·乡党》）孔子不由得感叹野雉的安闲随意。在进行渔猎活动时，孔子主张"钓而不纲，弋不射宿"（《论语·述而》）。他不用大绳做的纲捕鱼，不射归巢的鸟。取物有节，这是人对自然界生命个体的仁慈之心。孟子对此也有他同样的论述："不违农时，谷不可胜食也。数罟不入洿池，鱼鳖不可胜食也。斧斤以时入山林，材木不可胜用也。谷与鱼鳖不可胜食，材木不可胜用，是使民养生丧死无憾也。养生丧死无憾，王道之始也。"（《孟子·梁惠王上》）他认为依时节用是实行王道的重要表现。儒家认为："断一树，杀一兽，不以其时，非孝也"⑥（《礼记·祭义》），反对为了眼前利益而滥杀无辜的行为，明确警告那些不自量力毁坏自然环境的小人。

人与自然界的所有生物共同生活在天地之间，休戚与共，关系密切。在此背景下，人通过慈爱之心把人事和自然贯穿起来，从而达到天人合一的境界。孟子曰："万物皆备于我矣。反身而诚，乐莫大焉。强恕而行，求仁莫近焉。"（《孟子·尽心上》）其实，"人与天地万物的共同根基是'气'，天地万物都是'气'的表现形式，因而由'气'观天地万物人，实为一体。此'气'即'诚'即'仁'。'诚'是由'自然、真

---

① 王骥：《易经注译》，中国社会科学出版社，1990 年。

② 同①。

③ 杨天宇：《礼记译注》，上海古籍出版社，2004 年。

④ 王骥：《易经注译》，中国社会科学出版社，1990 年。

⑤ 文中所引《论语》、《孟子》两书中语句的详细注解，分别参见杨伯峻《论语译注》，中华书局，1980 年；杨伯峻《孟子译注》，中华书局，1960 年。凡引两书原文语句，若无特殊说明，不再单独出注，只在引文后注明其所出自的篇章名。

⑥ 杨天宇：《礼记译注》，上海古籍出版社，2004 年。

实'之品质表现'气'，故'诚'可打通天道和人道，所谓'反身而诚，乐莫大焉'，此莫大之乐，就是因为'诚'而实现了'人与天地万物为一体'。'仁'是由'生生、生命'之品质表现'气'，而万物皆为生，故'仁者以天地万物为一体'。"① 仁者的这种做法体现了以生命为本的理念。

儒家以仁爱为核心的处世之道就是建立在生生的哲学基础之上。子曰："天何言哉？四时行焉，百物生焉。天何言哉？"（《论语·阳货》）春夏秋冬按照自身的规律周而复始，百物生生不息。古人感悟到这种现象背后的生命变化。在天人一体的观念中，人也应依照天时，采取不同的行动方式，顺应生生不息的自然规律。樊迟问仁。子曰："爱人"。（《论语·颜渊》）仁者要求有很高的德行，尊重任何有生命的个体。"仁者爱人"成为贯穿儒家思想的一条主线。北宋时期，朱熹继承了早期的仁学思想，开始把"生"与仁学结合在了一起。他说："天地以生物为心者也，而人物之生又各得乎天地之心以为心者也，故语心之德虽其总摄贯通无所不备，然一言以蔽之，则曰仁而已矣"② 又曰："仁也者，天地以生物为心也，而人物之所得以为心者也"③。他这方面的论述很多，使仁学成为生的哲学。

孟子曰："君子之于禽兽也，见其生不忍见其死，闻其声不忍食其肉，是以君子远庖厨也。"（《孟子·梁惠王上》）在孟子看来，仁爱的本质是爱护生命。君子普遍怀有一颗同情之心，是仁人的代表。即使是禽兽，他们也不忍心杀生。这种不忍之心是仁爱的最根本要求。孟子认为："人皆有不忍人之心。先王有不忍人之心，斯有不忍人之政矣。以不忍人之心，行不忍人之政，治天下可运之掌上。"（《孟子·公孙丑上》）实际上，"不忍人之心"就是仁心，是人生来就有的怜悯之心。朱子曰："仁本生意，乃恻隐之心也。苟伤着这生意，则恻隐之心便发。"④ 珍爱生命是仁，有妄杀的念想便是不仁。如何对待生命成为区别仁与不仁的根本标准。

孟子认为："君子之于物也，爱之而弗仁；于民也，仁之而弗亲。亲亲而仁民，仁民而爱物。"（《孟子·尽心上》）"亲亲"、"仁民"、"爱物"是孟子根据仁爱对象的不同而提出的三个应该遵循的递进次序。朱熹认为："亲亲、仁民、爱物，三者是为仁之事。亲亲是第一件事。"⑤ 现实中的人伦关系即是如此，但其中所具有的仁爱之心是完全一致的。

儒家重视人的功用，"人者，天地之德，阴阳之交，鬼神之会五行之秀气也"。又

①　李承贵：《儒家思想中的自然主义及其特质》，《江南大学学报》，2009 年 4 期。
②　朱熹：《晦庵先生朱文公文集》卷 76《仁说》，上海古籍出版社，2002 年。
③　朱熹：《晦庵先生朱文公文集》卷 77《克斋记》，上海古籍出版社，2002 年。
④　朱熹：《朱子语类》，山东友谊书社，1993 年。
⑤　朱熹：《朱子语类》，山东友谊书社，1993 年。

说："人者，天地之心也，五行之端也。"①（《礼记·礼运》）《孝经》亦云："天地之性，人为贵。"②（《圣治》）这些论述都强调了人的重要价值。作为最具生命智慧的个体，我们应该爱惜自身，"身体发肤，受之父母，不敢损伤。"③（《孝经·开宗明义》）人生活在社会中，具有很强的社会性。因此，人们对自身生命的尊重必然会扩展到对他人生命的爱护。孔子强调"泛爱众，而亲仁"（《论语·学而》），孟子强调"独乐乐不如众乐乐"（《孟子·梁惠王下》）。王阳明亦云："盖天地万物与人原是一体，其发窍之最精处是人心一点灵明。风雨露雷、日月星辰、禽兽草木、山川土石，与人原只一体。"④ 儒家弘扬人与人之间的相互关爱之情，不止注重个体的生命价值，还积极将这种大爱延伸到他者身上，形成了一种泛爱主义的倾向。

对于人的生命而言，追求精神上的富足要远比物质享受高尚得多。子曰："饭疏食饮水，曲肱而枕之，乐亦在其中矣。不义而富且贵，于我如浮云。"（《论语·述而》）对于有理想的人来说，不求吃得好穿得暖，只要乐在其中就可以了。换句话说，这是一种安贫乐道的精神。在孔子的诸多弟子当中，颜回就做到了这一点。子曰："贤哉，回也！一箪食，一瓢饮，在陋巷，人不堪其忧，回也不改其乐。贤哉，回也！"（《论语·雍也》）有时候，为了成全仁德，也可以牺牲自己的生命。子曰："志士仁人，无求生以害仁，有杀身以成仁。"（《论语·卫灵公》）儒家把杀身成仁看作做人的最高道德标准，是大生命观。

值得指出的是，孟子从人性层面主张善待生命、爱惜身体。他反对诸侯之间无仁义的兼并战争，坚决制止以武力取得天下的行为。他说："争地以战，杀人盈野；争城以战，杀人盈城，此所谓率土地而食人肉，罪不容于死。"（《孟子·离娄上》）战争是残酷杀戮无辜生命的行为，必须不遗余力地加以抨击。

探讨关乎生命的学问，是中国哲学的一个重要方面。按照儒家传统的基本理念，生生是自然界和人类社会普遍存在的现象。它其中所蕴含的哲学思想必将焕发出无穷的生命力，使得中华优秀传统文化不断传扬开来。通过本文的探讨，希望借此深化我们对儒学作为生命学问的理解。

作者简介：张洪艳，女，曲阜文物管理委员会助理馆员。

---

① 杨天宇：《礼记译注》，中国社会科学出版社，2004 年。
② 胡平生：《孝经译注》，中华书局，1996 年。
③ 同②。
④ 王阳明：《传习录》，江苏古籍出版社，2001 年。

参考文献：

［1］王骥：《易经注译》，中国社会科学出版社，1990 年。

［2］朱熹：《中庸章句集注》，浙江古籍出版社，2014 年。

［3］蒙培元：《人与自然》，人民出版社，2004 年。

［4］钱穆：《中国文化精神》，台北三民书局，1973 年。

［5］钱穆：《历史与文化论丛》，台北东大图书公司，1985 年。

［6］牟宗三：《政道与治道·新版序》，吉林出版集团有限责任公司，2010 年。

［7］牟宗三：《生命的学问》，广西师范大学出版社，2005 年。

［8］牟宗三：《历史哲学》，台湾学生书局，1988 年。

［9］杨天宇：《礼记译注》，上海古籍出版社，2004 年。

［10］杨伯峻：《论语译注》，中华书局，1980 年。

［11］杨伯峻：《孟子译注》，中华书局，1960 年。

［12］朱熹：《晦庵先生朱文公文集》，上海古籍出版社，2002 年。

［13］朱熹：《朱子语类》，山东友谊书社，1993 年。

［14］胡平生：《孝经译注》，中华书局，1996 年。

［15］王阳明：《传习录》，江苏古籍出版社，2001 年。

［16］李承贵：《儒家思想中的自然主义及其特质》，《江南大学学报》，2009 年 4 期。

元圣周公事迹小考

刘文剑　孔　妍

清末民初史学家夏曾佑在其著作《中国古代史》中说："孔子之前，黄帝之后，于中国有大关系者，周公一人而已。"周公，姓姬，名旦，周文王姬昌的儿子，周武王姬发的弟弟，周成王姬诵的叔父。周本为地名，是岐山南部的一个平原（今陕西省宝鸡市扶风、岐山一带），自古以来被称为周原，周原曾是姬旦先人居住生活的地方，也是周族的龙兴之地。后来，周原成为姬旦的采邑，而姬旦的爵位为九命上公，所以被尊称为周公。

周公是西周初期杰出的政治家、思想家，儒学奠基人，被后世尊为"元圣"。《尚书大传》说："周公摄政，一年救乱，二年克殷，三年践奄，四年建侯卫，五年营成周，六年制礼作乐，七年致政成王。"基本概括了周公的主要历史功绩。

一、辅翼武王，克商建周

公元前 1501 年，周文王驾崩，太子姬发继承父王遗志，是为武王。当其时，姜太公为国师，周公旦为辅相。周公既有优秀的政治才能，又是武王的同母兄弟，因此武王对周公特别信任和依赖，无论是军国大计，还是疑难小事，武王总是与周公商讨。司马迁在《史记·鲁周公世家》对此有记："及武王即位，旦常辅翼武王，用事居多。"

武王继续文王未竟的"翦商"大业，一方面韬光养晦，维持好与商纣王的君臣关系，一方面苦心经营，加强军事、经济、舆论等方面的准备，制定周密的计划，一步步达到最终"倾覆"商朝的目标。在这个过程中，周公是武王的得力助手，他出谋划策，献言献计，不遗余力，周公还时常提醒武王要修明道德，勤政爱民。当武王在克商的道路上，遇到困难、迷茫彷徨的时候，周公就对武王劝导鼓励，坚定了武王伐纣的信心。

公元前 1049 年，武王即位的第二年，举行了规模盛大的军事会盟，武王由"周公辅行",向东检阅军队,一直到达孟津(今河南孟县西南),史称"孟津誓师"。这次军事演习,一方面熟悉了地形和线路,另一方面试探了商朝的虚实和诸侯的反应。据说,这次会盟,有八百诸侯群起而应,天时地利人和,克商的时机成熟了。

公元前 1047 年,武王即位第四年,灭商行动正式开始,武王由周公、太公、召公等人辅佐,率领军队,大举东进。第二年来到商都郊外的牧野,双方在牧野展开了战斗,这就是历史上著名的牧野之战。商纣失道寡助,众叛亲离,士兵毫无斗志,纷纷倒戈,结果,周军摧枯拉朽,只用了一天就取了胜利,商纣王纵火自焚。王朝鼎革之后,周人举行了祭祀典礼,典礼上周公持大钺、召公持小钺,分列武王左右,宣布纣王罪状,周朝正式取代了商朝。

二、辅助成王,摄国理政

公元前 1043 年,克商第四年,武王去世,次年武王儿子姬诵继位,是为成王,武王早卒,成王年少,当其时,国家初立,根基未稳,周公恐天下闻武王崩而叛,为天下计,周公义不容辞,代成王摄政当国。此时周公的身份是冢宰,冢宰可以统领百官,总摄国家事务,相当于后世的宰相。由身份所定,再加之成王年幼,因此大小事务都由周公决断。成王对周公也十分尊敬,遇有疑问便向周公请教,在周公的教育培养下,成王也迅速成长。周公为了大周基业,呕心沥血,求贤若渴,给后世留下了"一沐三捉发,一饭三吐哺"的典故,正是由于周公的苦心经营,初周的根基得以培固,为成康之治打下了良好的基础,三国曹操有诗赞曰:"周公吐哺,天下归心。"

三、平定三监,东征践奄

武王伐纣之后,对殷商遗民就地安置,封商纣王的儿子武庚禄父于商都旧地,并将自己的弟弟管叔、蔡叔、霍叔分封在附近,使其监督管理殷商旧地,以制衡武庚禄父,这就是"三监"。三监地域,一般认为,商都以北地区为邶;商都以南地区为鄘;商都以东地区为卫。周公摄政时期,管、蔡有异心,"管叔及其群弟流言于国曰:'周公将不利于成王。'"(《史记·鲁周公世家》),以武庚为代表的殷遗势力趁机图谋复辟。公元前 1041 年,成王二年,周公奉成王命,亲率大军,东征讨伐。公元前 1040 年,成王三年,周公奉成王命,兴师东伐,平定叛乱,杀武庚,诛管叔,流放蔡叔,贬霍叔为庶民,殷商王畿旧地彻底安定下来。

殷商京畿之地平定了,但殷遗势力仍存,东方的奄地就是殷商势力的重镇。奄,在今山东曲阜周围,即后来鲁国立国的地方,商王南庚、阳甲曾以此为都城,商王盘庚迁都至殷后,奄便成了殷商的一个重要方国,所以,奄往往又被称为"商奄"。公元前 1040 年，周公平定三监后，接着挥师东进，先后平定熊、盈、淮等部族，于公元前 1039 年，成王四年，进入奄地，扫除了殷商余势。《史记·鲁周公世家》对此有记："宁淮夷东土，二年而毕定，诸侯咸服宗周。"

平定三监，消灭奄国，也就是大家耳熟能详的"周公东征"，这是继武王伐纣之后最大的一次军事行动，关于此还有《诗经·豳风》中的《东山》《破斧》两篇传世。周公东征，彻底消灭了殷商王朝的残余势力，扩大了东方境土，稳固了周初局势。

四、营建成周，定鼎洛邑

周定都镐京（今陕西西安），偏隅西方，疆土东扩需要政治中心东移，而洛邑（今河南洛阳）居天下之中，是都城的首选之地，正如《史记·周本纪》所说："此天下之中也，四方人贡道里均"。武王时为达到中天下而立以经营四方的目的，已有营建洛邑新都的想法，可惜早卒，青铜器"何尊"有记武王选定洛邑作为都城的事情。公元前 1038 年，成王五年，周公继武王遗志，开始营建洛邑，以续国祚，据《今本竹书纪年》，周公东征后，开始"迁殷遗民于洛邑，遂营成周"。把殷遗民向洛邑迁徙，一方面是对旧势力分而治之，一方面是为新都的建设提供人力支持。营建新都的人员除殷遗之外，还有"侯、甸、男、邦、伯"等殷商旧有属国的人员。

洛邑位居洛水之北，傍瀍水东西而建，瀍水西面是王城，宫寝之所在；东面是成周，宗庙之所在，亦是殷移民所迁之处。此时，丰镐之地仍是周的政治、经济、文化中心，周王处理政务、接见诸侯、宗庙祭祀都在此进行，丰镐之地天下共之、诸侯宗之、宗庙居之，故称丰镐为"宗周"，宗周者，周宗族之源也；与之相对，东都洛邑被称为成周，之所以称"成"，是因为周朝已经统一四方，完成了"成命"，取得了"成绩"，成周者，周统一大业之始成也。

新城洛邑，规模宏大，城方 1720 丈，外城方 70 里，城内宫殿恢宏、宗庙众多，这样一座城池的建成，绝非一日之功，据《今本竹书纪年》，到成王十七年（公元前 1026 年）洛邑始成，成王十八年正式定鼎洛邑。只可惜，此时周公已去世多年，未能看到大周洛邑的盛况。

五、制礼作乐，儒学元始

扫平叛乱、营建成周，硬件方面的工作完成后，制度建设就提到议事日程。成王六年，公元前 1037 年，周公开始制礼作乐，以作天下之纲纪。礼乐并不是周公时期才开始出现，其形成是一个漫长的过程，殷商时期就已经有了相当完备的礼乐制度，周公适应周初的具体形势，对殷商礼乐进行损益，而成周代礼乐。子曰："殷因于夏礼，所损益，可知也；周因于殷礼，所损益，可知也。"因此，虽说周公制礼作乐，但不能据此认为礼乐为周公一人所独创，周代一时所固有。

周代的礼乐制度，大体可以分为吉、凶、军、宾、嘉五礼，细分之有所谓"经礼三百，曲礼三千"之说，大而至于政治、军事，小而至于衣冠、陈设，都有一定之规。周公制礼的标志性成果是《周礼》《仪礼》，二礼究竟是不是周公所作，一直争议很大。西周初年，戎马倥偬，百废待兴，在这样的背景下，《周礼》《仪礼》的细密条文、"繁文缛节"，能否在周初刚刚立制时即可写定，是人们怀疑的主要原因。上文已说，周礼由夏礼、商礼损益而来，并不是周公所初创，此其一。其二，周公肯定不会事必躬亲，亲自去制定每一个条文，而是在他的主持下，由相关机构和人员制作完成的。从这个角度来看，周公做《周礼》《仪礼》是合理可信的。

周公作乐的标志性成果是《大武》。周公在继承殷商《万》舞的基础上，主持制作了歌颂武王功德的武舞《象》和表现周公、召公分职而治的文舞《酌》，合称《大武》。后来为了祭祀文王，周公又主持为传统的《象》舞配以新的诗歌，制作了表现文王武功的《象》舞。二《象》舞，一《酌》舞，也就是《吕氏春秋·古乐》所说的《三象》，这三套乐舞都是根据具体的历史事实制作的，旨在表现周王朝的文治武功。

礼别异，乐合同。"礼"强调的是"别"，即所谓"尊尊"，强调差别，巩固统治；"乐"的作用是"和"，即所谓"亲亲"，消弭隔阂，增加团结。周公"兴正礼乐，度制于是改，而民和睦，颂声兴"（《史记·周本纪》）。

周公制礼作乐，虽是对夏商的继承，但是却有巨大的超越。夏"尊命"，商"尊神"，而周"尊礼"，周公时，礼乐由巫祝文化演进为人文文化，礼乐具有了规范人的行为和调整人际关系的功能，成为人们社会生活中的行为规章。从这个意义上，完全可以说周公制礼作乐，开中华礼乐文明之先河。周公所制作的礼乐无不体现了仁政德治的思想，如"明德慎罚""敬天保民""勤政尚贤"等，成为儒家思想的直接来源。孔子对周公推崇备至，尝言："甚矣，吾衰矣，久矣，吾不复梦见周公！"，以恢复周公之治为毕生志愿。后世将孔子所创儒学与周公思想并称为"周孔之学"。

六、受封鲁国，周礼在兹

西周初年，对天下分封而建，封于鲁国（今山东曲阜）的是周公还是其元子伯禽，史载不一，《诗经》《左传》记载的是伯禽，而《史记》记载的是周公，但《史记》又说"周公不就封，留佐武王……而使其子伯禽代就封于鲁。"周公还是伯禽，现在尚无定论，但有一点是可以肯定的，鲁国的第一位鲁公是伯禽。相传，伯禽就鲁时，周公对其反复叮咛训诫，让其韬光养晦，谨言慎行，并在金人背面书写铭文，以随时提醒伯禽。现曲阜周公庙立有道光二十年金人铭碑一幢，碑文记载了金人铭的铭文及孔子当年观金人铭的情况。

一方面由于周公的文治武功，较之于其他诸侯国，鲁国受赐更加丰富，拥有诸多特权，享有天子礼乐。周公能为人臣不能为之功，则可用人臣不得用之礼乐，所以成王乃命鲁公世世祀周公以天子之礼乐，以褒周公之德。正如《礼记·明堂位》所言"凡四代之服、器、官，鲁兼用之。是故，鲁，王礼也，天下传之久矣"。另一方面由于鲁为殷商旧地，所以，鲁国受封之初就肩负着特殊的使命，周室为鲁制定了"启以商政、疆以周索"的治国方针，要把鲁国建设成为"宗周模式"的东方据点。因此，伯禽就鲁伊始，便对少昊之墟、商奄故地"变其俗，革其礼"，镇抚周边部族，传播宗周文化，极力推行周朝礼乐。再加之伯禽为周公之子，深受其父礼乐思想的熏陶，所以在各个封国中，贯彻推行周公所制定的礼乐制度最彻底、最全面的，应当就是鲁国了。因此，《左传》有"周礼尽在鲁矣"之言，后来周室衰微，学在四夷，鲁国成为东方乃至全国的文化中心。

此外，周公、伯禽作为鲁国始祖，其后裔在鲁国繁衍生息。伯禽有三个儿子：酋、熙、鱼。酋、熙相继承袭鲁君之位，分别为考公和炀公。三子鱼为鲁大夫，赐有东野之田，故其后以东野为姓。据乾隆《曲阜县志》卷六十一《世家第七之二》载："东野之系，其先盖出自鲁公（伯禽）季子（第三子）公子鱼食采于国之东野，因氏焉。"东野一系后经多次战乱、离散、迁徙，仍生生不息，"弘治十二年，山东巡抚访求周公之后，得东野，禄给以衣巾，使奉祀（周公）"（乾隆《曲阜县志》卷四），曲阜今有周公后人东野一族，居曲阜周公庙附近。

公元前1036年，成王七年，周公还政于成王，《史记·周本纪》："周公行政七年，成王长，周公反政成王，北面就群臣之位。"公元前1032年，成王十一年，周公去世，享年约60余岁，周公弥留之际，希望自己死后葬在成周，以表示不敢离开成王，周公死后，成王心存谦恭，把周公葬在毕（今陕西咸阳北），随周文王墓葬，以表示自己不敢以周公为臣。周公作为军事家，帮助武王伐纣，是大周王朝的开国元勋；作为政治家，辅翼成王，平定叛乱，分封建制，是周朝八百年基业的奠定人；作为思想家，开礼乐文明之先河，是儒学的元始。为褒扬和纪念周公，后世建周公庙予以祭祀，目前国内比较知名的周公庙有三处：岐山周公庙，洛阳周公庙，曲阜周公庙。东汉以降，周公作为圣人的形象逐渐获得官方的接受与认可，其祀典也以国之祭典的形式出现，一直沿袭至清代而不绝。曲阜周公庙，立有康熙二十六年御制周公庙碑一幢，称颂周公之文治武功，并系诗赞曰：

邃古民朴，混混茫茫。列圣经纶，肇轩迄商。

叙厥伦纪，贲以采章。公监二代，揆时立制。

有因有除，礼明乐备。体国经野，成理万汇。

集武之勋，绍文以孝。代成诲民，并孔立教。

为子为臣，是则是效。宗邦绵历，忠厚所贻。

贞珉载镌，作颂致思。凫绎同峙，亿禩为期。

作者简介：刘文剑，中国孔子研究院助理研究员；孔妍，女，曲阜市文物局。

儒家思想与社会主义核心价值观的契合分析

王　军

摘　要　社会主义核心价值观的培养与建构以及弘扬都离不开我国传统文化对其的支持，只有找准二者的契合点，将儒家思想有效渗透进社会主义核心价值观之中，才能充分发挥儒家思想对社会主义核心价值观的促进作用。以下就儒家思想与社会主义核心价值观的契合问题进行具体而深入的分析。

关键词　儒家思想　社会主义核心价值观　契合

社会主义核心价值观承载着包括儒学在内的中华优秀传统文化的基因。作为中华传统文化的重要组成部分，儒家思想与中华民族形成和发展过程中产生的其他思想一道为中华民族生生不息、发展壮大提供了丰厚滋养，对中华文明产生了重要影响。习近平总书记在中共中央政治局第十三次集体学习时强调指出，培育和弘扬社会主义核心价值观必须立足于中华优秀传统文化，发挥儒家思想对于社会主义核心价值观形成与发展的促进作用，要使中华优秀传统文化成为涵养社会主义核心价值观的重要源泉。文章就儒家思想与社会主义核心价值观的契合之处进行分析探究。

一、儒家核心思想分析

儒家思想经历了数千年的发展与积淀，形成了蕴含丰富，影响深远，统一而比较完善的理论体系。儒家思想中的"和谐"、"民本"、"礼治"、"仁爱"是其核心思想的基本价值理念。

（一）"和谐"是儒家核心思想之一，不仅包括人与自然、人与自身，人与人之间的和谐，还包含人与社会之间的和谐。在人与自然方面，儒家强调"天人合一"的天人和谐，提倡"爱万物"即善待一切事物，使和谐的思想达到最高境界。在人与自身方面，儒家强调提高个人思想道德修养，通过慎独、自省的修身养性的方法，消除自身的欲望达到身心和谐。

（二）"民本"是儒家核心思想之一。《尚书·五子之歌》中提出了"民本"思想，即"民惟邦本，本固邦宁"。孔子提倡的"使民以时"（《论语·学而》）、"养民也惠"（《论语·公冶长》），孟子的"民为贵，社稷次之，君为轻"（《孟子·尽心下》），荀子的"水载舟，亦覆舟"（《荀子·王制》）等等，都体现了民本思想。

（三）儒家关于维护社会基本秩序的思想是以"礼"为核心形成的，协调人与人之间关系或维护个人与社会群体之间的社会关系，并得到公民普遍认可、接受的社会规范。在儒家思想中，"礼"是一种社会制度，是协调人与人之间、人与社会之间，各社会群体之间的各种利益关系的基本行为准则，是维持社会秩序正常运行的条文或规范。

（四）儒家思想中关于公民道德规范，是由"仁爱"为核心，进而衍生出其他具体的行为规范。"仁"是由两个人共同组成，即两个人在一起时有互相亲近的需要。但两个人相处，会出现矛盾和冲突。人与人相处需要一定的方法或是依据，即需要"仁"。在《论语·颜渊》中樊迟问仁，子曰："爱人。"《孟子·离娄下》中提到："仁者爱人"，孟子进而主张"恻隐之心，仁也""仁也者，人也"（《孟子·尽心下》），董仲舒也强调"仁者，爱人之名"等等。

二、儒家思想与社会主义核心价值观的契合

社会主义核心价值观是对社会主义价值的性质、构成、标准和评价的总体看法和基本态度，是一种社会制度长期坚持的、比较稳定的核心价值观，一是在社会的不断发展进步中，先进文化结合民族精神共同滋养、凝聚而成，是社会主义价值体系中最核心的那一部分内容，起着凝聚社会资源，团结社会力量，激励、鼓舞人们为实现共同的远大理想目标而不懈努力奋斗的作用，为国家的建设提供方向和行动准则。

党的十八大报告将社会主义核心价值观的基本内容高度凝练为 12 个词，即三个倡导：倡导富强、民主、文明、和谐；倡导自由、平等、公正、法治；倡导爱国、敬业、诚信、友善。富强、民主、文明、和谐是国家层面的价值目标，指出未来国家发展的目标和前进的方向。自由、平等、公正、法治是社会层面的价值取向，它既与中国特色的社会主义社会的发展要求相符合，又是对包括儒家思想在内的传统文化的优秀成果的承继与发展创新。爱国、敬业、诚信、友善是公民层面的价值准则。

总的来说，培育社会主义核心价值观是建设社会主义先进文化的重要任务，是加强精神文明建设，构建和谐社会和提高人们思想觉悟，建设美好家园的需要，对国家的和谐发展、社会的安定有序、人民实现安居乐业的生活等具有重要的意义。

（一）价值目标方面的契合

自古以来，任何社会的发展都以国家的富强、和谐为首要目标。社会主义核心价值观倡导富强、和谐等思想，追求国家物质和精神的共同富强，国家各方面高度的和谐、儒家思想在追求和谐方面亦有独到的见解。儒家和谐思想内容丰富，包括人与自然、人与自身、人与人之间和人与社会之间的和谐，与社会主义核心价值观在价值目标上有契合与相通之处。

（二）价值取向方面的契合

社会主义核心价值观在社会层面上提倡平等、法治，儒家思想中关于正义、礼治的思想与其在价值取向有契合与相通之处。儒家关于"正义"的思想很早就已经隐晦地提了出来。先秦荀子曾直接将"行"当作"正义"表述。《荀子·正名》中提到"正义而为谓之行"。他将道与正义直接连接一起，认为行道就是从道行事，道就是正道，正理之意，是人类追求的最高境界。行道就是行义，正义就是大道，行正义就是行大义。由此可见，儒家倡导的正义，是着眼于人与人、人与自然之间的内在联系。它是从具有相互关系的双方所构成的互动关系出发，由己而出，能动地对待各种关系的恰当性。把握维护恰当性，根据正义办事，包括恰当地对待人与人、人与自然之间的关系。

（三）价值准则方面的契合

儒家关于公民个人的思想道德体系，是以"仁"为核心衍生而出的。"孝梯"、"诚信"、"忠"、"恕"等生活行为准则与社会主义核心价值观在价值准则上亦有契合与相通之处。社会主义核心价值观所倡导的爱国、诚信思想都可以在儒家以"仁"为核心的公民道德规范中找到其文化渊源，儒家以"仁爱"为核心的公民道德规范与其在价值准则上有契合相通点。

三、儒家思想对社会主义核心价值观的作用

（一）有助于家庭美德建设

儒家十分重视家庭的建构，家庭作为社会的基本单位，是社会生产的最小单位，所以规范家庭秩序，形成和谐的家庭秩序至关重要。《礼记·大学》中"所谓治国必先齐其家者：其家不可教，而能教人者，无之"，从中可以看出家庭的重要性，孔子提倡"夫妇和"、"为人子，止于孝；为人父，止于慈""兄友弟恭"等，构成了家庭秩序基

本的准则，并且这些准则深刻地影响着当今的人们。

传统伦理规范非常重视孝的地位。有子曰："其为人也孝弟，而好犯上者，鲜矣；不好犯上，而好作乱者，未之有也。君子务本，本立而道生。孝弟也者，其为仁之本与!"《孝经·开宗明义章》也说："夫孝，德之本也。"今天，中国人的传统家庭美德和孝梯，已大打折扣或被遗忘——父母娇惯子女，子女不能独立，甚至有些人虐待父母亲。

"百善孝为先"。儒家对于家庭关系问题的理论构成我们对家庭认识的主要渊源，"和孝悌"有利于和谐的家庭氛围和良好的社会风气的营造。"和孝悌"也有当个人与他人发生矛盾时应采取宽容、谦让态度的含义，这样不但有利于形成和睦的家庭关系，也有利于建立和谐协调的人际关系和良好的社会秩序，更有助于使我们家庭和整个社会形成强大的凝聚力。因此我们应积极借鉴儒家"和孝悌"的思想，构建尊老爱幼、夫妻和睦、勤俭持家、邻里互帮的家庭美德。

（二）有助于个人品德建设

胡锦涛总书记曾指出："一个社会是否和谐，一个国家能否实现长治久安，很大程度上取决于全体社会成员的思想道德素质。"当前，传统道德面临严峻挑战，拜金主义、个人主义、享乐主义等腐朽落后的价值观有所泛滥，并且在市场经济发展和社会转型时期变得越来越严重。我们急需合理借鉴包含着平衡和谐思想与智慧的"中庸之道"，提升每一个社会成员的自我修养，实现每一个社会成员的自我完善，妥善化解当前我们所面临的道德危机。

儒家思想明确地把"中庸"看作最高的道德准则，所倡导的"处中道""致中和""行中庸"的思想给我们提供了属于自我管理范畴的道德修养准则方法，不仅提示人们为人处世要不偏激、不保守，要持中而立、中道而行，而且是对自我和世界的一种反思和超越。

（三）儒家思想助力职业道德建设

人无诚信则无以立足，行事则无以通达。在当前社会中，构建社会主义核心价值观需要推行"讲信修睦"的思想。在2012年通过的《民事诉讼法》中，将"诚实信用"作为民事活动的基本原则。在儒家伦理中，诚实守信是"立身之本""立政之本""进德修业之本"。孔子提倡"言忠信，行笃敬"，还把"言必信，行必果"作为规范弟子言行的基本要求。

诚实守信，是当今社会人们最基本的职业道德。谷建恩教授曾指出：积极倡导"诚信"的价值取向，把传统文化的"信"、市场经济的"诚信"统一于马克思主义的

"实事求是"之中，将富有生命力的文化精华和社会主义市场经济规则规范结合起来，构建社会主义核心价值体系。

（四）有助于助力社会公德建设

"仁"是儒家思想的核心和基础，仁德是传统伦理道德的一条主线。孔子提出"仁者爱人""推己及人""己欲立而立人，己欲达而达人"等，归纳和概括起来就是人们要有友善、宽容、助人之心，不可过分强求别人，应设身处地为他人着想。儒家的这些思想，闪耀着人性、正义和公正的光芒，将儒家的"仁爱"精神作为社会道德予以推广，培养人们之间互相关爱、同情他人的恻隐之心，从而保证做到"己所不欲，勿施于人"，实现"己欲立而立人，己欲达而达人"的目标，形成文明礼貌、奉公守法、助人为乐、爱护公物、保护环境的美好社会公德。

综上，社会主义核心价值观的构建需要汲取儒家思想中的精华部分，如丰富的哲学思想、人文精神、教化思想和道德理念等，为人们培育和弘扬社会主义核心价值观提供思想源泉，进而为社会稳定可持续发展奠定坚实的基础。

作者简介：王军，曲阜市文物局文博馆员。

参考文献：

［1］王少敏：《论诚信从儒家思想到社会主义核心价值观的转变》《人文天下》2016 年 20 期，第 71～76 页。

［2］高姗姗：《儒家诚信思想与社会主义核心价值观》，《人文天下》2016 年 20 期，第 56～65 页。

［3］李莉：《社会主义核心价值观中的儒家文化思想》，《学理论》2015 年 19 期，155～156 页。

冠（笄）之礼的历史流变及在文庙中的应用

吴　迪　鲁国胜

摘　要　党的十八大以来，在以习近平总书记为核心的党中央高度重视我国优秀传统文化的继承、发展和弘扬，传统文化在人们心目中的地位日益得到提升。发掘、整理、宣扬和传播我国优秀的传统文化成为当前有识之士为之积极奔波之事业，其中复兴汉服，在广大青少年中恢复冠（笄）之礼的呼声即为其中一例，然而，由于历史的原因，大多数人对"冠（笄）之礼"的历史渊源缺乏足够的认识和了解，以致造成许多误解。笔者不昧惴惴之情，试将"冠（笄）之礼"的历史流变整理如下以供方家参阅。

关键词　冠（笄）礼　演变　应用

《尚书正义》注："冕服华章曰华，大国曰夏。"《左传·定公十年》疏："中国有礼仪之大，故称夏；有章服之美，谓之华。"中国自古就被称为"衣冠上国，礼仪之邦"。重视衣冠、重视礼仪充分体现了我国五千年的华夏文明。

史书载，华夏衣裳为黄帝所制。"黄帝之前，未有衣裳屋宇。及黄帝造屋宇，制衣服，营殡葬，万民故免存亡之难。"（《史记》卷一《五帝本纪》）约五千年前，中国在新石器时代的仰韶文化时期，亦即黄帝时代，即已产生了原始的农业和纺织业，开始用织成的麻衣来做衣服，后又发明了饲蚕和丝绸，人们的衣冠服饰日臻完备。黄帝时代开始出现冕冠，冠服制度渐趋雏形。至夏商时代冠服制度初步建立，西周自周公制礼作乐之后，遂有了较为完备的冠服制度，并且在以后的三千余年里发展至成熟完善。

周公制礼作乐为此后的中国文化定下了"礼乐文明"的基调。《礼经正义序》："周公摄政六年，制礼作乐，颁度昌于天下，所制之礼则《周官》《仪礼》也。"周公对既有的夏、殷礼乐加以损益，改变了礼乐的性质和社会功能，《周官》统心、《仪礼》履践，外内相因、首尾是一，奠定了华夏礼乐文明的基础。周代的文化呈现出了与殷商文化不同的特质，中国从此走出了原始信仰，走上了非宗教的人文道路。

自周公"兴正礼乐"，冠礼就成为周代通行数百年的礼仪。《国语》《左传》《史记》中都不乏周代天子、诸侯行冠礼的记载。"彭名御戎，蔡景公为左，许灵公为右。二君弱，皆强冠之。"（《左传·成公二年》）"赵文子冠。"（《国语·晋语六》）"晋悼公冠襄公于卫。"（《史记·鲁周公世家》）"惠文君三年，王冠。"（《史记·秦本纪》）对于帝王而言，冠礼具有特殊的意义。周实行嫡长子继承制，在位之王去世，嫡长子无论年长或年幼都可以继位，但若未成年行冠礼则不可亲政。例如周成王幼年继武王之位，但周公摄政直至其成年。嬴政13岁即秦王位，但也是直到22岁，"冠，带剑"，方才亲政。从天子至士庶，冠礼都是"成人之资"，未行冠礼，"不可治人也"。

周代冠礼，士依《仪礼·士冠礼》，年二十而行，三加，初加缁布冠，象征将涉入治理人事的事务，即拥有人治权。缁布冠为太古之制，冠礼首先加缁布冠，表示不忘本初；再加皮弁，象征将介入兵事，拥有兵权，所以加皮弁的同时往往配剑；三加爵弁，拥有祭祀权，即为社会地位的最高层次。周代天子、诸侯、士大夫等阶层的冠礼各有不同，天子冠礼年龄，古籍说法不一，有12岁、15岁、19岁等。仪程或为四加，《大戴礼》云，"公冠四加，三同士，后加玄冕。天子亦四加，后加衮冕"。

男子有冠礼，女子则有笄礼。《礼记·曲礼》说："子许嫁，笄而字。"女子是在许嫁之后举行笄礼、取表字。笄礼的年龄小于冠礼，《礼记·杂记》："女子十有五年许嫁，笄而字。"如此，则许嫁的年龄是15岁。如果女子迟迟没有许嫁，则可以变通处理，《礼记·内则》郑玄注："其未许嫁，二十则笄。"笄礼的仪节，文献缺乏记载，《通典·女笄》只说："笄女礼犹冠男也，使主妇、女宾执其礼。"学者大多也认为应当与冠礼相似。

汉代尤重冠礼，《后汉书·儒林列传》载，周防年十六，仕郡小吏。世祖巡狩汝南，召掾史试经，见他"尤能诵读"，欲拜为守丞。而周防"以未冠"，不能从命。汉代皇帝冠礼称加元服，汉惠帝行冠礼，宣布"赦天下"，开帝王行冠礼而大赦天下之始。汉昭帝加冠，大加赏赐、减免税赋、普天同庆。昭帝加元服，为与臣下冠礼区别，还专撰冠辞，为后世帝王另撰冠辞之始。汉代士庶冠礼，据东汉与"经神"郑玄齐名的"学海"，经学家何休所致冠礼，参用《仪礼·士冠礼》而简化，为一加。

魏晋时，皇帝的冠礼在正殿举行，并且开始出现以乐伴奏。南北朝时期，南朝宫廷还尚存一些皇家冠礼，中原则完全陷入五胡乱华的空前动荡时期，故而这一时期冠礼制度一度遭到废弃而无法实行。隋唐时期渐恢复了汉家礼仪，天子、太子、亲王、品官等，都制定了各种等级的冠礼。然而，实行的并不是很多。经过汉后数百年战乱的冲击，冠礼呈现明显的衰弱之势。柳宗元在《答韦中立论师道书》中谈到，"冠礼，数百年来人不复行"，说当时有一位名叫孙昌引的人，"独发愤行之"，冠礼毕，仿当年赵文子见栾书等的故事，次日上朝，希望众卿士能对他有所教导。到外廷后，孙氏荐笄对卿士说："某子冠毕。"不料众卿士莫名其妙，京兆尹郑叔则怫然曳笏却立说："这与我有何相干？"文武大臣哄堂大笑。可见，许多朝廷的大臣已不明冠礼为何物。

到宋代，一些士大夫有感于佛教文化对民众的广泛影响和对儒家文化的巨大冲击，主张要在全社会复兴冠、婚、丧、祭等礼仪，以此弘扬儒家文化传统。司马光曾痛心疾首地说："冠礼之废久矣。近世以来，人情尤为轻薄，生子犹饮乳。已加巾帽，有官者或为之制公服而弄之。过十岁犹总角者盖鲜矣。彼责以四者之行，岂能知之？故往往自幼至长，愚呆如一，由不知成人之道故也。"认为废除冠礼，使得人情轻薄，自幼至长不知成人之道，造成了严重的社会问题。所以，司马光在其《书仪》中，制订了冠礼的仪式：男子年12至20岁，只要父母没有期以上之丧，就可以行冠礼。为了顺应时变，司马光将《仪礼·士冠礼》加以简化使之易于为大众掌握。此外，还根据当时的生活习俗，将三加之冠作了变通：初加巾，次加帽，三加幞头。《朱子家礼》沿用了司马光《书仪》的主要仪节，但将冠年规定为男子年15至20岁，并从学识方面提出了相应的要求，"若敦厚好古之君子，俟其子年十五以上，能通《孝经》、《论语》，粗知礼仪之方，然后冠之"。不过，宋代士大夫却在冠礼的年龄问题上发生了较严重的分歧和争论。有人援引《左传》中鲁襄公十二而冠的记载，主张将冠礼年龄提前到12岁，理学家程颐坚决反对。他说："此不可。冠所以责成人，十二年非可责之时。"他认为，既冠矣，就必须责以成人之事，否则就成了虚礼。如果冠礼之后不能责以成人之事，则终其一身都不能期望他成人，所以，"虽天子诸侯，亦必二十而冠"。

宋代一些学者为了进一步推行儒家文化，还重新构拟了士庶女子的笄礼，司马光的《书仪》以及《朱子家礼》都有专门的仪式。《朱子家礼》的笄礼与《书仪》大体相同。女子许嫁，即可行行笄礼。如果年已十五，即使没有许嫁，也可以行笄礼。《宋史》还载有公主的笄礼。

元朝蒙古人入主中原，史载："元之五礼，皆以国俗行之，惟祭祀稍稽诸古。"宫廷内虽没有冠礼，而民间却仍在实行。明朝建立后，迅速恢复了被破坏的华夏礼仪制度，冠礼得以实现了第二次复兴。明洪武元年诏定冠礼，从皇帝、皇太子、皇子、品官，下及庶人，都制定了冠礼的仪文。总的看来，明代冠礼比较完备并盛行。

明末清军入关，华夏传统文化再度遭受到空前严重的破坏，冠礼进入了自南北朝以来第二次长时间的沉沦期。清初剃发易服政策直接摧毁了华夏衣冠礼仪的文化土壤，衣冠发式俱毁，成为至深的民族耻辱和伤痛。清廷颁布"十从十不从"政策，其中，"老从少不从"使清初幼儿仍可保留汉族发式、着童子服，及至成年，还可勉强行冠礼，但行礼之日即剃发之时，汉民族从此告别了延续几千年的加冠礼仪。在社会整体全面满化的文化环境下，冠礼遂逐渐湮没在历史长河之中。在近代西风东渐、西化思潮的冲击下，冠礼为中国人所遗忘。直到今天，遍览整个中国社会，大多早已不知冠礼为何物。

纵观冠笄之礼历史演变的全过程，可以发现其随华夏文化起落沉浮的基本脉络：周代随华夏奠基而产生；汉代随儒学崛起而繁盛——南北朝时期，五胡乱华，中国陷入长期的巨大动荡，华夏文化遭到严重浩劫，冠礼进入第一次沉沦期；隋唐一统，冠礼随华夏文化的复兴在上层得到一定恢复；宋代儒学再度兴盛，冠礼实现全面复兴；元代游牧民族入侵，华夏文化虽再遭破坏，但因元祚短促，且统治者并未采取文化摧残政策，民间仍有冠礼延续；明代光复华夏，冠礼随华夏文化的回归实现了第二次复兴；清军入关，华夏文明严重倒退，冠礼陷入产生以来第二次、也是最严重的沉沦，冠礼几近湮灭，华夏人文精神彻底流失，民族精神彻底异变，其危害至今难以消除；近代以来，西化思潮泛滥，冠礼彻底消失；当代，随着人们认识的提升，民族传统文化的复兴运动，从而开启了冠礼制度浴火重生，第三次复兴的历史进程。

周始、汉盛、南北沦、唐继、宋兴、元沉、明复、清灭、近亡、今而重生。随华夏文明的起落而沉浮，经历了两次长期沉沦和两次复兴，正处在第三次复兴的过程中，这就是汉民族传统文化——华夏冠笄之礼——历史演变的基本过程。纵观"冠（笄）之礼"的历史流变过程，可以使我们深切地感受到冠（笄）之礼这一优秀的华夏文化传统，是伴随着民族的复兴而复兴，随着民族的沉沦而消逝。随着中华民族的再度富强，在我国青年人中恢复冠（笄）之礼等一些优秀的民族传统，是对华夏珍贵的历史文化遗产的继承和发扬，对振奋民族精神，弘扬民族文明，培养青年人树立良好的品格，激励青年人的健康成长均会起到良好的作用。而文庙，又称之为孔庙，是我国古代封建社会祭祀儒学创始人孔子的地方，是我国历代封建王朝提倡尊孔崇儒的礼制建筑，也是宣传儒家经典和教化的神圣场所。通过文庙这一神圣场所定期开展冠（笄）之礼活动，则更有利于广大青少年了解中国本民族的优秀传统文化，进而喜爱、继承和弘扬本民族的文明和精神，同时也有利于充分发挥文庙宣传儒家经典和教化神圣场所的功能。

作者简介：吴迪，洛阳古代艺术博物馆副研究员；鲁国胜，洛阳周公庙博物馆助理馆员。

刍议《论语》君子人格及其对现代的启示

刘　璀　曹亦男

摘　要　《论语》作为中华民族的源头性经籍，不仅是文化道德的重要载体，同时也是集古代圣哲的天人合一、体道悟道、修身明德为一体的智慧结晶。其中所倡导的君子人格，被誉为最能代表中国的理想型人格，在现代仍然具有巨大的启示作用。

关键词　《论语》　君子人格　孔子　启示

"君子"一词最早是在《诗经》和《尚书》中被提到的，是指"有官位的人"，后来演变成为一种理想人格及道德风尚。"君子人格"在先秦时期得以定型，并在《论语》中得以完善。《论语》中的君子人格，包含了一种积极的价值取向及人生态度，影响着中国几千年的民族风骨及道德风尚。当前，我国市场经济的发展及现代化建设，对健全公民的人格提出了更高标准。因此，深入挖掘《论语》君子人格的内涵及修养方法，并积极将其应用到现代健全自我人格的实践中，具有重要的意义。

一、《论语》中关于君子人格的内涵及修养方法

（一）君子人格的思想内涵及界定

在《论语》中，君子是有两种含义的：其一，君子是指地位高尚之人；其二，君子是指道德高尚之人。从总体上来讲，意思就是说君子即使是地位高尚，也必须是有德之人。理想人格最高者被称为"圣人"，而"君子"属于成为圣人必经阶段的上乘人格。这一阶段是具有可实现性的，也就是说只要个人通过努力是可以实现的。子曰："君子道者三，我无能焉：仁者不忧，知者不惑，勇者不惧。"子贡曰："夫子自道也。"点出了《论语》君子人格的三大主要构成因素，即"仁"、"知"、"勇"。

"仁"从汉字的构成上分析，是由一个"人"和一个"二"字组成，正好诠释了

"仁"的内涵："仁者，人也；仁者，爱人。"就是讲君子应该如何处理人和人之间的关系。"克己复礼为仁，一日克己复礼，天下归仁焉。"就是说在社会交往中，要以社会利益和他人利益为重，性情恬静，心胸豁达。仁是一种主观的心理状态，故"仁"为君子人格的核心内容。

"知"就是当下我们所说的"智"，是服务于"仁"并形成君子人格的重要手段。在《论语》中对"知"的涉及也很多，除了《乡党》一章外，基本都有涉猎。这里所说的"知"包括两方面，一方面是理论知识习得范围内的，这一方面在《论语》中说得较少，如"学而时习之不亦说乎"。另一方面说得比较多的则是指道德范围内的，意在指能够明辨善恶是非。如"知者不惑"，说的就是这个意思。

"勇"是孔子认为的君子人格另一必备道德要素，也是人内在崇高道德的构成要素之一。"勇者无畏"说的就是"勇"的基本内涵：无畏无惧。它更多属于对人的品格及意志方面的要求，面对艰险或困难时，要不畏惧，不退缩。儒家思想认为，无论在怎样的情况下，都要坚持道义及真理不动摇。儒家代表人物孟子在《孟子》中提出"富贵不能淫，贫贱不能移，威武不能屈"的人格。

（二）君子人格的修养方法

孔子认为，君子人格是可以通过人的后天努力而实现的。因此，也在《论语》中提及了一些修养方法。

首先，自省克己。这是实现人格自我修养的一种基本方法。"吾日三省吾身""为仁由己，而由人乎哉？""克己复礼为仁"，就是说道德的完善需要个人自己去努力自省，而不可能依靠别人。另外，真的"仁"是要做到能够克制自己。

其次，就是要亲身实践。把掌握的伦理准则及道德规范付诸实际行动，以期如对镜自省，端正并修正自我，从而养成君子人格。

第三，学思结合。要勤奋好学，并要得其法："学而不思则罔，思而不学则殆"、"温故知新"等。

第四，执两用中。凡事都不能够极端，时刻留有余地，善于变通。以"中庸之道"，行恰到好处的优雅之事。

第五，依礼行事，并以礼行事。君子所言所行，都必须循礼而为，"非礼勿视，非礼勿听，非礼勿言，非礼勿动"。只有按照君子的修养方法行事，才能养成君子人格。

二、"君子人格"在现代的价值启示

（一）以"仁"为道德基础

"仁"是《论语》的核心内容。颜渊问仁。子曰："克己复礼为仁。一日克己复礼，天下归仁焉。为仁由己，而由人乎哉？"讲在人与人的交往中，要努力自律及尊重别人，这与我们当前所倡导的社会道德标准有一定的相同之处。《论语》言："无终食之间违仁，造次必于是，颠沛必于是"。因此，君子人格要求我们要怀揣一颗爱心，对不同的对象，用适当的方法，对其进行关心、爱护和帮助。将整个社会缔结成为一个秩序井然、充满温暖、互敬互爱的和谐世界。这就是孔子穷尽一生所追求向往的理想社会，也是我们当前正需要用君子人格去构建实现的社会主义和谐社会。

（二）以"义"为价值尺度

子曰："君子喻于义，小人喻于利。"子曰："君子义以为质，礼以行之，孙以出之，信以成之。君子哉！"明确了君子人格中的"义"就应该是我们的价值尺度。市场经济条件下，人与人之间的交往常会出现因为利益不同，而引发冲突的情况，看似大家都没有错，那么此时应该如何对待处理呢？例如，它要求人们不取无义之财，不行无义之事，见义勇为，行义举，尽义务。这些都对当前我国社会的发展具有极大的借鉴意义。

（三）以"礼"为行为规范

子曰："道之以政，齐之以刑，民免而无耻；道之以德，齐之以礼，有耻且格。"子曰："兴于《诗》，立于礼，成于乐。""礼"是古代一种维持社会等级及秩序的规范，是法律的重要组成部分。有子曰："礼之用，和为贵。先王之道，斯为美；小大由之。有所不行，知和而和，不以礼节之，亦不可行也。"引申至现代，就是说人与人之间要以礼相待，以和为贵。个人行为应当遵循一定的道德行为规范，共同维护社会秩序，保证社会的和谐发展。

（四）以"知"为科学态度

子曰："由！诲女知之乎！知之为知之，不知为不知，是知也。"子曰："知及之，仁不能守之；虽得之，必失之。知及之，仁能守之。不庄以莅之，则民不敬。知及之，仁能守之，庄以莅之，动之不以礼，未善也。"我们说过，因为在《论语》中"知"通"智"，因此，"知"就具有两种含义。而这正是当前我们应当遵循的对待科学的态度。例如，一方面我们要勤学知识，努力丰富完善科学理论体系。另一方面我们应当有一种"智"的态度，即有能够明辨是非的态度。坚定立场，保持原则，绝不能在市场利益的诱惑下，丧失人格精神，迷失方向。"知""智"结合，为人类科学技术的进步不断努力，为中国的创新发展添砖加瓦，拓展思维改革创新。

（五）以"信"为操守准则

"人而无信，不知其可也。大车无輗，小车无軏，其何以行之哉?"子夏曰："贤贤易色；事父母，能竭其力；事君，能致其身；与朋友交，言而有信。虽曰未学，吾必谓之学矣。"人与人在交流合作的过程中，唯有坚守诚信，以诚相待，才能维持好彼此之间和谐的关系。"自古皆有死，民无信不立"，在这个社会上生存就要以诚待人，以信为做事准则。人没有信用就没有立足社会的根本，得不到支持，不利于长久稳定发展。

（六）以"道"为目标追求

子曰："道不同，不相为谋。"子曰："君子食无求饱，居无求安，敏于事而慎于言，就有道而焉，可谓好学也已。"《论语》中的"至于道"，说的是人应该把"道"定为人生目标。"道"也其实类似于我们现代所讲的"信仰、理想"。我国人民群众的信仰是马克思主义，它是社会主义核心价值观的内涵，是指导中国社会主义事业发展的理论根基，同时对于我们的世界观和价值观也有着极大的指导意义。"道"是我们活着的意义所在，不管遇到什么样的冲击与困难，都不能放弃。因此，我们必须坚持这一理想追求，凝聚全力，共同努力建社会主义和谐社会呈现出新常态。

三　结语

尽管《论语》中的君子人格产自封建的宗法社会，受到一定的封建意识的影响，但从整体上来讲对历史文化传承下来的道德规范，对其进行了去糙取精的剥离性吸收，有鉴别地加以对待继承。经过千百年的学习，君子人格已经深深地被渗入了我们中国人的血液及灵魂之中，影响着一代又一代的中华儿女。2013 年 11 月，习近平总书记在山东曲阜考察孔府和孔子研究院时指出："国无德不兴，人无德不立。"因此，在当代社会主义经济建设的重要时期，发扬《论语》中的君子人格、道德意愿，努力实现人与万物之间、人与人之间以及个人自身的身心之间的和谐，对构建社会主义和谐社会具有极其重要的启示作用。

作者简介：刘璀，女，曲阜市文物管理委员会文博馆员；曹亦男，女，曲阜市文物管理委员会工程师。

参考文献：

［1］马东辉：《〈论语〉君子人格及其现代价值分析》，《北京信息科技大学》，2013 年。

［2］莫医铭：《〈论语〉中的君子人格分析》，《成功》（教育版）2012 年 5 期，第 380～381 页。

［3］吴青山、赵静：《从〈论语〉成语探析孔子的君子观》，《宿州教育学院学报》2013 年 16 卷 1 期。

［4］韩绍杉：《〈论语〉中君子人格的当代德育价值》，《佳木斯职业学院学报》2016 年 5 期，第 152～153 页。

［5］朱晓晖，李海峰：《浅议〈论语〉君子人格及其当代价值》，《改革与开放》2012 年 20 期，第 192～193 页。

孔子行迹考

孟继新

摘　要　孔子对水情有独钟，他经常带领弟子们去观水。"子在川上曰，逝者如斯夫！不舍昼夜"。孔子说这句话的时候是在哪条河边？要搞清这个问题，还需到孔子当年生活的那个年代，去寻找答案。孟子说"孔子登东山而小鲁"。那么，孟子所说的东山又坐落何处？叫什么名字？长期以来，对于孟子留下的这个谜团，引来了许多猜测。跖，即柳下跖，是春秋末期活动于鲁国一带的著名人物。他聚众起义，占山为王，是一个不守道统的大盗。孔子曾到跖的住守之地，劝跖"改恶从善"。"四子言志"孔子独赞曾皙，除了二人的志向一致外，从某种程度上讲与孔子对舞雩台的常游和熟知也有一定的关系。

关键词　子在川上曰　孔子登东山而小鲁　劝跖改恶从善　四子言志

一、"子在川上曰"所在哪条河

《论语·子罕》说："子在川上曰：'逝者如斯夫！不舍昼夜。'"这是孔子面对奔流不停地河水，有感而发，说出的一句话。

那么，孔子说这句话的时候是在哪条河边？要搞清这个问题，还需到孔子当年生活的那个年代，去寻找答案。

孔子一生，观过无数水，渡过无数河。当年孔子周游列国时，曾有过"西河返驾"的经历。《史记·孔子世家》记曰："孔子既不得用于卫，将西见赵简子。至于河而闻窦鸣犊、舜华之死也，临河而叹曰：'美哉水，洋洋乎！丘之不济此，命也夫！'子贡趋而进曰：'敢问何谓也？'孔子曰：'窦鸣犊、舜华，晋国之贤大夫也。赵简子未得志之时，须此两人而后从政；及其已得志，杀之乃从政。丘闻之也，刳胎杀夭则麒麟不至郊，竭泽涸渔则蛟龙不合阴阳，覆巢毁卵则凤凰不翔。何则？君子讳伤其类也。夫鸟兽之于不义也尚知辟之，而况乎丘哉！'乃还息乎陬乡，作为《陬操》以哀之。"孔子在卫国得不到任用后，打算西行去见赵简子。来到黄河边而听说窦鸣犊、舜华被杀身死，他面对黄河而感叹：美啊，黄河的水，浩浩荡荡啊！我不能渡过它，是命中注定的啊！

　　同样是在周游的路上，孔子一行来到一条河边，却不知道渡口在哪里，孔子叫子路去问渡口在什么地方，《论语·微子》说："长沮、桀溺耦而耕，孔子过之，使子路问津焉。长沮曰：'夫执舆者为谁？'子路曰：'为孔丘。'曰：'是鲁孔丘与？'曰：'是也。'曰：'是知津矣。'问于桀溺。桀溺曰：'子为谁？'曰：'为仲由。'曰：'是鲁孔丘之徒与？'对曰：'然。'曰：'滔滔者天下皆是也，而谁以易之？且而与其从辟人之士也，岂若从辟世之士哉？'耰而不辍。子路以告。夫子怃然曰：'鸟兽不可与同群，吾非斯人之徒与而谁与？天下有道，丘不与易也。'"这是子路在打听渡口时，而引发的一段对话。

　　《韩诗外传》卷九，记载了一段"亡簪"的故事："孔子出游少源之野，有妇人中泽而哭，其音甚哀。孔子使弟子问焉。曰：'夫人何哭之哀？'妇人曰：'向者刈蓍薪，亡吾蓍簪，吾是以哀也。'弟子曰：'刈蓍薪而亡蓍簪，有何悲焉？'妇人曰：'非伤亡簪也，盖不忘故也。'"这真是一段带有民俗色彩、浪漫的爱情故事。绾住妇人头发的蓍簪，是曾经相爱的人所赠，蓍簪丢了，无疑是丢掉了以往那段美好的回忆，"亡簪"带来的哀思，便可想而知。这是孔子在一条河边的所见所闻。

　　"忠信济水"，是孔子观水的故事。《孔子家语·致思》曰："孔子自卫反鲁，息驾于河梁而观焉。有悬水三十仞，圜流九十里，鱼鳖不能导，鼋鼍不能居。有一丈夫，方将厉之。孔子使人并涯止之曰：'此悬水之三十仞，圜流九十里，鱼鳖鼋鼍不能居也，意者难可济也。'丈夫不以措意，遂渡而出。孔子问之，曰：'子巧乎？有道术乎？所以能入而出者，何也？'丈夫对曰：'始吾之人也，先以忠信；及吾之出也，又从以忠信。忠信措吾躯于波流，而吾不敢以用私，所以能入而复出也。'孔子谓弟子曰：'二三子识之，水且犹可以忠信成身亲之，而况于人乎？'"孔子从卫国返回鲁国，在桥上停车观赏河上的风景。河上的瀑布高达三十仞，旋转回流的水达九十里长，鱼鳖不能游走，鳄鱼不能停留。有一位壮年男子，从那里游渡过河，而且顺利地从对岸游出来。这看似不可能的事情，男子却做到了。孔子问之，男子回答"先以忠信"、"从以忠信"。孔子告诉弟子说，你们记住，用忠信成就自身尚且可以用来亲近水，更何况人呢。

　　孔子归鲁后，带领群弟子，讲道于洙泗之间，删《诗》《书》、定《礼》《乐》、赞《周易》，为传承中华文化，培养优秀人才，做出巨大贡献。洙泗实为儒家文化的"活水源头"。《礼记·檀弓上》记曰："吾与汝事夫子于洙泗之间。"

泗河是一条古老的河流。《禹贡》说："导淮自桐柏，东会于沂泗，东流入海。"《水经注》中，对泗水的源流有过较详细的记载。泗水源在泗水县东陪尾山，会洙水后经曲阜，西南流经兖州东北，折向南流，再西南流经邹县南，洸水自此汇入；经鱼台县东，菏水自西汇入；折向东南流，涓涓水和郭水东北汇入；折向南流，经沛县东，泡水自西汇入；经微山县夏镇西，至徐州北汴水自西汇入；又折向东南流，右纳武原水；至睢宁县古邳镇，沂水自东北汇入；再东南流，沭水西支自东汇入；经宿迁县，西来的濉水汇入，过角城，继续东南流，至淮阴西汇入淮河。

相传大禹成为天下共主后，用青铜铸了九个大鼎，在周鼎王四十二年（公元前327年），鼎沉入泗水中。后来，秦始皇从峄山祭祀回来时，在河中发现鼎，组织千人下水打捞，但未成功。

当年，孔子经常带领弟子游步于泗水岸边，一边望着流逝的泗河之水，一边给弟子讲道。刊刻于明代的《孔子圣迹图》中，有一幅"步游洙泗"，其文曰："鲁城东北有洙泗二水，夫子立教，与弟子游其上，步一步，颜子亦步一步，趋一趋，颜子亦趋一趋。"

我们通过以上对孔子所经临河流的了解，已经有了一个大概印象，发现孔子所面对的每一条河的情况和心境都是不同的。有的是哀叹"刳胎杀夭"、"覆巢毁卵"；有的是怃然于"鸟兽不可以同群"；有的是"亡簪"这样的浪漫故事；有的则体会到了"忠信成身"这样的人生哲理。以上诸例，似乎都与当时孔子说"逝者如斯夫！不舍昼夜"时的境况和气氛不大相符。唯有在泗河岸边的观水情况，最接近于孔子说这句话的环境，因为孔子讲道于洙泗之间，他可以带领弟子随时来到泗河岸边，一边看着奔流不息、昼夜不停地泗河之水，一边讲学。

由此，我们可以得出一个结论："子在川上曰：'逝者如斯夫！不舍昼夜'"的那条河，就是泗河。

孔子对水情有独钟，他经常带领弟子们去观水。对于孔子的这一爱好，他的弟子子贡曾专门向孔子请教。《孔子家语·三恕》记曰："孔子观于东流之水。子贡问曰：'君子所见水必观焉，何也？'孔子对曰：'以其不息，且遍与诸生而不为也。夫水似乎德：其流也，则卑下，倨邑必修其理，此似义；浩浩乎无屈尽之期，此似道；流行赴百仞之溪而不惧，此似勇；至量必平之，此似法；盛而不求概，此似正；绰约微达，此似察；发源必东，此似志；以出以入，万物就以化洁，此似善化。水之德有若此，是故君子见必观焉。'"

孔子观水，深刻揭示出乐水之德。他认为水生生不息，具有恩惠苍生的仁爱、遵循规则的道义、勇敢坚韧的意志等德行。孔子把这个也作为教学的一种方式，通过观川来教育学生感悟社会人生的目的。

二、"登东山而小鲁"是哪座山

《孟子·尽心上》说:"孟子曰:'孔子登东山而小鲁,登泰山而小天下。"东山,是鲁国境内的山。泰山是齐、鲁两国共有之山。泰山高于东山,故孔子在平地望不见鲁国时,不知鲁国地方之大小。及登东山之上,则知鲁地方,也不算大,故曰"登东山而小鲁"。及登泰山,因山愈高,所见愈广,觉得天下也不算大,故曰"登泰山而小天下"。

这里,孟子主要说是圣人之道至高至大,鼓励有志于道的人要志存高远,要向圣人学习,这里说的圣人就是孔子。在孟子看来,当时思想境界和思想理论的最高峰就是孔子和孔子的学说。在战国时期,以孔子为代表的儒家学说虽已产生了很大影响,但是并没有取得统治地位,各家学说异彩纷呈,"圣王不作,诸侯放恣,处士横议,杨朱墨翟之言盈天下。天下之言不归杨,则归墨","我亦欲正人心,息邪说,距诐行,放淫辞,以承三圣者;岂好辩哉?予不得已也,能言距杨墨者,圣人之徒也"。(《孟子·滕文公下》)对于孔子学说的价值和意义,孟子是坚定不移的。对于弘扬、发展、保卫孔子的学说,孟子是有使命感的。孟子说:"夫天未欲平治天下也;如欲平治天下,当今之世,舍我其谁也?"(《孟子·公孙丑下》)孟子说的"平治天下",不是用武力去征服,而是用圣人之道,用仁义,用儒家学说进行教化。

孔子登东山、登泰山,纵览天下。其圣人的博大胸怀,在孟子的话语中充分展现了出来。

孔子当年所登的两座山,一座是泰山,一座是东山。泰山已为世人所熟知,座落在山东省中部,被历代称为"五岳独尊"、"五岳独宗",在中国名山中久负盛誉。《诗经·鲁颂·閟宫》这样描述泰山:"泰山岩岩,鲁邦所詹。奄有龟蒙,遂荒大东。"孔子一生中多次登泰山。《列子·天瑞》说:"孔子游于泰山,见荣启期行乎郕之野。"又《礼记·檀弓下》:"孔子过泰山侧,有妇人哭于墓者而哀。"为纪念孔子登泰山的行迹,明嘉靖三十九年(1560年),在泰山脚下,建"孔子登临处"石碑坊。

那么,孟子所说的东山又坐落何处?叫什么名字?长期以来,对于孟子留下的这个谜团,引来了许多猜测。归纳起来,主要存有两种说法:其一,是指邹城境内的峄山;其二,是指今山东平邑县境内的蒙山。

持峄山说的主要依据是:孔子年少的时候,曾三次到峄山兰谷屯向老子学礼,年轻的孔子从中受益匪浅。孔子成年后多次登临峄山,有一次登上东峰后,望着家乡鲁国,突然觉得鲁国变小了;后来登上泰山,眼界变宽,觉得天下都变小了。孔子的继承者孟子把他"登东山而小鲁,登泰山而小天下"的感慨载入《孟子》的一书而流传后世。峄山小鲁台附近仍然保留着明代"孔子登临处"和"登东山小鲁"的石刻。峄山五华峰之阳有大通崖，崖下的孔子洞是当年孔子教授弟子的地方，也是峄山四大书院之一，春秋书院的旧址。

峄山说，看似很有道理，但仔细分析一下，却发现很多疑点。首先，孟子为什么不称"峄"或"峄山"，而偏偏说是"东山"？其实，在春秋战国时期，峄山就已名噪海内。《书经·禹贡》有"峄阳孤桐"之记载。《诗经·鲁颂》有"保有凫峄"之诗句。《左传》《史记》等历史典籍中也有关于峄山的记载。既然山有其名，孟子就应当像称"泰山"一样，将"东山"称为"峄山"。此为疑点之一。

其次，孟子所说的"东山"，从字面上已点名此山的方位，即鲁城东之高山。而峄山是坐落在鲁城的南面，显然不是指的峄山。朱熹在《孟子集注》中说："东山，盖鲁城东之高山。"

既然不是指的峄山，东山又是哪座山？

鲁城东之高山，唯蒙山称最，且近鲁，因此东山应当为蒙山。今人杨伯峻《孟子译注》就明确指出："东山，当即蒙山，在山东蒙阴县南。"蒙山为春秋时期鲁国东部边疆，只有到了边疆登上山顶，才能感叹天下之大，鲁国之渺小。

蒙山主峰，海拔 1156 米，在山东境内仅次于泰山，因其犹如一只巨龟伏卧于云端天际而得名。孔子登上蒙山绝顶，遥望四方，琅琊在其东，徂徕在其西，大岘处其北，抱犊位其南，鲁国山河尽收眼底。所以孔子登临时，才有"小鲁"的感觉。反观峄山，海拔仅有 582.8 米，登临其上，"小鲁"的感觉定没有蒙山的明显。

蒙山峰顶，有一巨松如苍龙过海，又如骄凤回首，名为"卧龙松"。在卧龙松的上方，有孔子小鲁碑，上书"孔子小鲁处"。据考证，孔子曾沿泗水、卞桥、仲村一线登上龟蒙顶。在蒙山西侧 10 公里处，有一村名为"子宿村"，说是孔子当年登东山的夜宿之地。

通过以上分析，孟子所说的"东山"，当是现在的蒙山。

三、孔子劝跖"改恶从善"的地点在哪里

跖，即柳下跖，是春秋末期活动于鲁国一带的著名人物。他聚众起义，占山为王，行为不法，抢掠财物，杀人滋扰，是一个不守道统的大盗。柳下跖与孔子是同时代的人。有的书上说他与柳下惠是亲兄弟。柳下惠因品行高尚，严于修身，待人温和友善，被称为"和圣"，柳下跖则被称为"盗跖"。意在证明，即便是亲兄弟，性格也完全不一样。其实，柳下惠是鲁僖公时的一位人物，跖则晚于柳下惠百多年。

据记载，跖领导的队伍，声势浩大，在短短的时间内，就发展到近万人。《荀子》曰："名声若明，与舜禹传而不息。"跖领导的队伍，主要活动于泰山以南的地区，同时，还到达过晋国、齐国的局部地区，在济宁市域内的曲阜、兖州、邹城、泗水，乃

至山东的章邱、河南的某些地区，都流下过柳下跖的行迹。

当年，孔子为劝说柳下跖"改恶从善"，曾亲自到达过他盘踞的山区进行面劝。不曾想，劝说不成，却引来了跖的痛加贬斥。此事见于《庄子·盗跖》，说孔子是"鲁国之朽伪的人"，"不耕而食，不织而衣，摇唇鼓舌，擅生是非"，"修文武之道，掌天下之辩，以教后世。缝衣浅带，矫言伪行，以迷天下之主，而欲求富贵焉，盗莫大于子。天下何不谓子为盗丘，而乃谓我为盗跖？"指出孔子的学说不适用当时社会，说他"再逐于鲁，削迹于卫，穷于齐，围于陈蔡，不容身于天下。子之道岂足贵哉？"并认为孔子称赞的圣王贤哲，"皆以利惑其真，而强反其情性。"提出人生一世，应当"说其意志，养其寿命"，以全性葆真……

那么，孔子面劝柳下跖的地点是在什么地方呢？

我们认为当在曲阜北境的凤凰山、九山一带。这里峰峦叠嶂，山势险峻，易守难攻，自古就是屯兵之地。

凤凰山是曲阜与宁阳县的界山，海拔 548.1 米，相传山上曾落过凤凰，故称"凤凰山"。

著名的齐鲁长勺之战就发生在这里。

据《左传》记载，鲁庄公十年（公元前 684 年），齐鲁两国发生著名的长勺之战。战场在长勺，即今山东曲阜北的凤凰山一带。

齐襄公在位时，因政令无常，诛杀不当，襄公的弟弟公子小白恐祸及于己，在鲍叔牙的保护下逃奔到莒国。鲁庄公八年冬，齐公孙无知弑杀襄公，自立为君。襄公的另一个弟弟公子纠也由管仲保护逃奔到鲁国。第二年春，公孙无知被齐人所杀，齐国出现无君的局面。鲁庄公准备借机立公子纠为君，与拥护公子纠的齐国大夫在蔇地结盟，亲自率兵送公子纠回国，并派管仲截击从莒国回国争位的公子小白。管仲在途中射中小白的带钩，小白假装中箭而亡，管仲却误以为真，因而使小白在内应下抢先进入国都，夺得君位，即齐桓公。庄公不肯罢休，继续进军。齐桓公出兵抵御，当年八月，鲁齐战于乾时（今名乌河，在山东桓台西南），结果鲁军战败。随之，齐桓公命鲍叔牙率兵至鲁，声言："子纠兄弟，弗忍诛，请鲁自杀之。召忽、管仲仇也，请得而甘心醢之。不然，将围鲁"。鲁国一时难以组织力量再战，只得照办。

庄公十年（公元前 684 年）春，齐国为报复纳公子纠之怨，又出兵伐鲁。战前，鲁人曹刿进见庄公，问将凭什么与齐军作战。庄公的不独享暖衣饱食、不擅增祭祀神灵的牺牲玉帛被曹刿认为不足挂齿，而对于庄公对大小的刑狱案件能据实情处理，曹刿认为凭借这点可与齐国一战。

庄公与曹刿同乘一辆战车，率军在长勺迎战齐军。列阵既毕，待齐军三次击鼓，勇气已衰时，曹刿才请庄公击鼓进攻，于是鲁军一鼓作气，冲杀过去，大败齐军。等看到齐军辙乱旗靡，确已溃败，曹刿才下令追击，一举把齐军逐出了鲁国。

据说，建于凤凰山上的凤凰城，还是当年吴起用于防御的军事要地。清乾隆《曲阜县志》记载："吴王城在九山之颠，或云吴起所筑也。"吴起，又称吴子。战国时法家、兵家。卫国左氏（今山东曹县北）人。师事过子夏、曾申。善用兵。初任鲁将，继任魏将，屡建战功，被魏文侯任为西河守。后因受魏文帝大臣排挤，入楚，任宛（今河南南阳）守。一年后，升为令尹。

当地还传为此城系宋代名将呼延庆屯兵所建。

另外，位于凤凰山南十余里的柳庄（今曲阜市吴村镇柳庄村），就是柳氏家族的故乡，这便为柳下跖聚众起义、占山为王提供了方便条件。

1957年文物普查时，对凤凰城进行了详细的勘探和调查。城墙顺山势而建，城墙多有破损，残存城墙最高3.50米，厚度一般在2米左右。山南坡堆积有大量人工加工过的方形石块及磨盘石，石上凿有磨眼。城中有望星台、范家寨、北城门、跑马岭、饮马泉、拴马桩、卧龙滩、轿顶台等遗迹。

《曲阜地名志》记载："1970年在凤凰城一带挖出青铜质箭头及人骨无数，有的骨头上还带有箭头、匕首等"；"近年在九山下掘土洞，发现许多人骨，有的头骨中插有箭头、匕首，还有青铜戈、矛、盾等，证明此地为古时战场，估计为鲁国军屯之所"；"峪口村北有九女堂北山，山上有平台。台上原有两口大钟，一铜一铁，大可合围"；"九山上有一个大石臼，舂米用"等。

综合实地考察和文字记载，凤凰山、九山一带，在先秦时期发生过激烈的战争。把凤凰城与南面的董大城结合起来看，它们之间是平阔的谷地，是齐鲁交往的必经之路。董大城位于地势开阔的谷地上，凤凰城则位于地势险要的山上且位于山顶，放眼北望，一直能看到泰山。假设齐军来犯，凤凰城的戍卒很快就能发现，放以狼烟等信号，董大城的守军立刻就可看见，很快做出御敌准备。而董大城的信号，鲁城之内也可看到。这是鲁国的军事防御系统，在齐鲁对峙的春秋战国年间，凤凰城是一个瞭望哨，有少量戍卒驻守，董大城则是鲁国军屯重地，担负着牙敌保护鲁国国都的重任，有大量鲁国军队驻守于此，鲁城则是最后一道防线。凤凰城、董大城、鲁城，就这样组成了一个完整的防御体系，其目的就是防御齐军，保护鲁国都城。

然而，在春秋末年，这里却一度被实力强大的柳下跖所占领。因此，才发生了这段孔子来此劝说柳下跖"改恶从善"的故事。

四、"四子言志"为什么孔子独赞曾点

"四子言志"，是儒家一则很著名的故事，流传甚广。

这则故事记载于《论语·先进》中：

　　子路、曾皙、冉有、公西华侍坐。子曰："以吾一日长乎尔，毋吾以也。居则曰：'不吾知也！'如或知尔，则何以哉！"子路率尔而对曰："千乘之国，摄乎大国之间，加之以师旅，因之以饥馑；由也为之，比及三年，可使有勇，且知方也。"夫子哂之。"求，尔何如？"对曰："方六七十，如五六十，求也为之，比及三年，可使足民。如其礼乐，以俟君子。""赤，尔何如？"对曰："非曰能之，愿学焉。宗庙之事，如会同，端章甫，愿为小相焉。""点，尔何如？"鼓瑟希，铿尔，舍瑟而作。对曰："异乎三子者撰。"子曰："何伤乎？亦各言其志也。"曰："莫春者，春服既成。冠者五六人，童子六七人，浴乎沂，风乎舞雩，咏而归。"夫子喟然叹曰："吾与点也！"三子者出，曾皙后。曾皙曰："夫三子者之言何如？"子曰："亦各言其志也已矣。"曰："夫子何哂由也？"曰："为国以礼，其言不让，是故哂之。""唯求则非邦也与？""安见方六七十、如五六十而非邦也者。""唯赤则非邦也与？""宗庙会同，非诸侯而何？赤也为之小，孰能为之大！"

　　上文中记录了孔子询问学生志向而对他们作出适当的评价。子路的志向是强国；冉求的志向是富民；公西华的志向是相礼。对以上三位弟子的志向，孔子均未表示赞同。而曾皙的理想，确实有点与众不同，别人在言志，他还在鼓瑟，等到孔子问到他时，才"鼓瑟希，铿尔"，在放瑟时说了"莫春者，春服既成。冠者五六人，童子六七人，浴乎沂，风乎舞雩，咏而归。"

　　在孔子听完曾皙的话后，脱口而出："与点！"清楚地表明赞同曾皙的这一志向。

　　曾皙，名点，曾参的父亲。春秋末年鲁国人，他拜孔子为师后，又叫他儿子曾参跟从孔子学习，所以他们父子二人都是孔子的学生。在思想上，曾皙和孔子的思想是一致的。《孔子家语·弟子解》说他"疾时礼教不行，欲修之，孔子善焉。"他笃信孔子学说，在学业上虽然还没有达到最高水平，但是也达到了上等水平。

　　"四子言志"的故事，应当是孔子周游列国后回到鲁国时发生的事。不是周游列国前说的，因为公西华也参加了谈话，而公西华比孔子小42岁，孔子离开鲁国前，公西华才11岁。这样一个童子，孔子不会收为学生，更不会和他讨论志向，也不是在周游列国途中，因为曾皙并没有跟随孔子周游。师徒五人这次对话的时间，只能是孔子回到鲁国后的事。

　　为什么孔子不赞赏子路，不赞赏冉求，不赞赏公西华，却偏偏赞赏曾皙？

　　孔子虽然不反对人们求取功名，但在他看来，最理想的生活方式不在于追求功名，而是在寻常的生活中营造一种洁净、和谐的环境和氛围，追求自然的情趣、人情的温馨，达到一种极高的精神和审美境界。

　　在阳光明媚的暮春三月，穿上春装，同五六个成年人，六七个小孩子，在沂水中洗澡，在舞雩台上吹吹风，然后唱着歌回家。这是何等的怡然自得，这是何等的心情宽舒！孔子赞同这种生活，让人们在道德的生活之外，更有一种心胸的开阔和难以言传的潇洒。

孔子还说过："知者乐水，仁者乐山。知者动，仁者静。知者乐，仁者寿。"（《论语·雍也》）也是追求自然情趣之言。"知者乐水"，是因为水的澄清；"仁者乐山"，是因为山的醇厚。聪明人智慧游动，好比水；仁厚的人稳重有德行，好比山。山水都是天地的精华，智者和仁者都是可贵的人。将山水意识与智、仁联系起来，实际上是将山水与人的不同思想修养、气质特点、个性品格联系起来，使山水人格化、气质化。孔子是个既爱山、又爱水，既主智又重仁的人。这段话，与"浴乎沂，风乎舞雩，咏而归"，有异曲同工之妙，对于理解孔子赞点之言，是有帮助的。

大家可能注意到，曾皙在说这句话时，提到了两处地方：一是沂河，一是舞雩台。

沂河，故称"沂水"，在鲁城南 1 公里处。沂河的发源地在邹城市东北的凤凰山，"山半出泉，冬夏不竭。至山麓汇而为川，逶迤西北合诸山之泉，其流始大。"（《续修曲阜县志》）"沂州诸山，西流之水会为一河，故名。绕平山北麓，西流折西北入曲阜境。"（《邹县乡土志》）沂河源头之水，从凤凰山北麓流出后，汇而为川，名为田黄河。逶迤西北，合诸山之水，其流始大。水行 15 公里，至尼山东南，伏入沙中不见，又北折 15 公里，两岸皆存河形，再 15 公里，水自河中流出，俗称"漏沙河"。水流至河套，分为两支，一支自村后西流，经古鲁城南，附近诸泉之水 20 余处皆汇入，又西经城南，西流 15 公里，至金口坝入泗河，此为沂河正流。另一支自河套前亦西南流，曲折 5 公里，经舞雩台以南，西流两公里，复合于沂河，以其近舞雩台，世称"雩河"，此为沂河分流。

沂河，堪称古鲁国的一条"母亲"河，丰沛的水流，滋养着鲁国的广阔沃土，为鲁国的农业发展提供了可靠保障。由于水源充足，鲁人向来有重视农业的传统。《左传·襄公七年》载："夏四月，三卜郊，乃免牲。孟献子曰，吾乃今而后知有卜筮。夫郊祀后稷，以祈农事也。是故启蛰而郊，郊而后耕。今既耕而卜郊，宜其不从也。"由于农业的发展，鲁国应是一派富庶和繁荣的景象。

在沂河的南岸，耸立着一座高大的人工筑建郊台。这就是曾皙提到的舞雩台，或称舞雩坛。

鲁国是周朝开国元勋周公旦的封国，因周公辅佐年幼的成王不能亲自就封，由其儿子伯禽替代，伯禽便成为鲁国的开国之君。周公父子对周王朝的建立作出了巨大贡献，所以在成王、康王时期给予了特殊关照和礼遇，赠以大辂、旗旌，允许鲁国国君使用王的礼仪与祭祀内容，举行至高无上的祭祀——祭天。于是，鲁国有了许多天子的礼乐、礼仪，并得以留存。

　　史料记载，天子每年祭天多达九次，即祭天的礼仪亦有九种，目的各有不同。其中鲁国享有两种："郊禘"与"雩"，这在当时的其他诸侯国是没有的，它象征着特权与优渥。郊禘与雩祭，目标一致而目的不同。郊禘，是表示对昊天上帝的崇敬；雩，则是一种祈求仪式。因我国原始文化元素认为南向为"阳"与天同属，故祭天之所必须筑坛于都城的南郊，其坛，后世称为"圆丘"或"天坛"。鲁国的祭天场所便建在都城的南部，后世以"舞雩坛"命名。

　　舞雩台，是当年古鲁国的重要建筑之一。这座台不但古，而且与孔子关联颇大。除了在"四子言志"的故事中提到过外，在《论语·颜渊》篇中也有记载："樊迟从游于舞雩之下，曰：'敢问崇德修慝辨惑。'子曰：'善哉问。先事后得，非崇德与？攻其恶，无攻人之恶，非修慝与？一朝之忿，忘其身，以及其亲，非惑与？"樊迟是孔子的弟子，是一位兴趣广泛，勤学好问的学生，他不但问"崇修慝惑"，还问"仁"，问"知"等问题；而且还"请学稼"、"请学为圃"。樊迟很年轻，能针对自己的缺点向老师请教，这需要勇气和改正缺点的决心，只有积极向上的人才能这样。樊迟跟随孔子游览舞雩台时，不失时机地向孔子问学，这师生二人的一问一答，至今叫人们津津乐道。

　　"四子言志"孔子独赞曾皙，除了二人的志向一致外，从某种程度上讲与孔子对舞雩台的常游和熟知也有一定的关系。

　　作者简介：孟继新，曲阜市文物管理委员会。

学儒学　会做人

谢卫星

摘　要　孔子创立的儒学以及在此基础上发展起来的儒家思想是我国传统文化的重要组成部分。从某种意义上说，儒学真正的学问就是学做人。从哲学层面上讲，儒学有着极为丰富的人生哲学、人生哲理等智慧思想。它深刻地揭示了做什么样的人、为什么要做人以及如何做人的道理。仁德是做人的根本，是处于第一位的。"己所不欲，勿施于人"和"己欲立而立人，己欲达而达人"都是孔子的重要思想，也是实行仁德的重要原则。在当前乃至今后相当长一段时期内，领悟、解读并将其运用于实践，对于构建和谐社会有着极其重要的意义。

关键词　儒学　做人　人学

儒家学说的核心是孔子。孔子创立的儒学以及在此基础上发展起来的儒家思想是我国传统文化的重要组成部分，在整个中国历史上都占据很重要的地位。其中尤为引人注目的是儒家所阐发的做人思想，意即教人如何做人。从某种意义上说，儒学真正的学问就是学做人。从哲学层面上讲，儒学有着极为丰富的人生哲学、人生哲理等智慧思想。它深刻地揭示了做什么样的人、为什么要做人以及如何做人的道理。宋朝著名理学家朱熹指出："圣贤千言万言，只是教人做人而已"，"圣人教人，只是为己"[1]。可知，儒学是一种"人学"，是教人如何做人的学问，包括怎样修身律己、成就理想人格，怎样善待他人、和谐人际关系[2]。

山东大学儒学高等研究院颜炳罡老师在《中国儒学的现代转化》一文中认为"儒学就是人学，'人'亦即'仁'，人学亦即仁学"。对此，他有比较精辟的论述：

儒学是人学，是为所有称之为人的人而设计的学问。从人禽之辨的角度说，儒学

---

①　黎靖德：《朱子语类》，中华书局，1986 年。

②　徐国明：《儒家文化的现代应用——以边检工作为例》，中央编译出版社，2014 年，第 47 页。

是人何以为人、人怎样才能成为人、人怎样做人的学问。从与一神教相比较的角度说，儒学不是出世的或者超世的神学，而是人世的学问；从其解决问题的角度看，儒学所要解决的问题不是天国的问题，不是来世的问题，而是现世的人世问题。

儒家与基督教、伊斯兰教不同。基督教，教内人是教友，教外人是不是没有说；伊斯兰教，天下穆斯林是兄弟，穆斯林以外如何，也没有说。而儒家则是普天之下、四海之内皆兄弟也。但这句话也有前提，即与"人敬而无失，恭而有礼。四海之内，皆兄弟也"。"敬而无失"指对人乃至做事认真、严肃、庄重而没有差错；"恭而有礼"是指无论何时、无论何地都要谦恭而有礼貌。只要一个人能够如此，那么普天之下皆视你为兄弟了。在儒家，天下一家，天下为公，无论非洲人、美国人，还是日本人、韩国人，只要是有教养、懂人伦，懂得人与人之间、国与国之间、民族与民族之间的相处之道，即"四海之内皆兄弟"[①]。

人生在世，如何立身处事？这是摆在每个人面前最重要的问题。孔子的学说中就包含了很多做人方面的真谛。有人向孔子问子产是怎样的人？子曰："惠人也。"又问到子西。曰："彼哉！彼哉！"又问到管仲。曰："人也。夺伯氏骈邑三百，饭疏食，没齿无怨言。"（《论语·宪问》）[②] 有人请孔子评论子产、子西和管仲三个人物的品行。孔子依次评述为"惠人"、"彼哉"和"人也"。很显然，孔子着重考虑的是他们做人的原则，肯定了子产和管仲。子产姓公孙，名侨，春秋时期郑国（今河南新郑）著名的政治家和思想家。他励精图治、勤政为民，深得百姓爱戴。在《论语》中，孔子对管仲的评价有四处。同是评说管仲，但前后褒贬不一[③]，此处却充满了赞许。

孔子似乎对子西有些不满，"他呀，他呀"。言外之意就是他做人有问题，不说也罢。春秋时期有三个子西：郑国的公孙夏、楚国的斗宜申和楚国的公子申。历代注疏对本文中所记子西，说法不一。据今人杨伯峻先生考证，楚国的公子申和孔子同时，斗宜申去孔子太远，公子申又太近，这人所问的当是公孙夏[④]。据《史记》记载，孔子周游列国时，楚昭王欲以"书社七百里封孔子"，子西以"今孔丘得据土壤，贤弟子为

---

① 国家图书馆：《部级领导干部历史文化讲座·传统文化中的治国理政智慧（下）》，国家图书馆出版社，2015 年，第 674 页。

② 文中所引《论语》：《孟子》书中语句的详细注解，分别参见杨伯峻《论语译注》，中华书局，1980 年；杨伯峻《孟子译注》，中华书局，1960 年。凡引书中原文语句，若无特殊说明，不再单独出注，只在引文后注明其所出自的篇章名。

③ 其他三处分别为：子曰："管仲之器小哉。"或曰："管仲俭乎？"曰："管氏有三归，官事不摄，焉得俭？""然则管仲知礼乎？"曰："邦君树塞门，管氏亦树塞门。邦君为两君之好，有反坫，管氏亦有反坫。管氏而知礼，孰不知礼？"（《论语·八佾》）子路曰："桓公杀公子纠，召忽死之，管仲不死。"曰："未仁乎！"子曰："桓公九合诸侯，不以兵车，管仲之力也。如其仁，如其仁。"（《论语·宪问》）子贡曰："管仲非仁者与？桓公杀公子纠，不能死，又相之。"子曰："管仲相桓公，霸诸侯，一匡天下，民到于今受其赐。微管仲，吾其被发左衽矣。岂若匹夫匹妇之为谅也，自经于沟渎，而莫之知也？"（《论语·宪问》）

④ 杨伯峻：《论语译注》，中华书局，1980 年。

佐，非楚之福"①。昭王听信谗言，对封赏孔子的事便不再提。孔子知道后，只好悻悻离开楚国。可能就是这件事让孔子对子西心存芥蒂，认为他是个小人。

"世事洞明皆学问，人情练达即文章"。然而，如何做到人情世事洞明，则是不一般的学问。无论做事还是为学，都要以做人为第一要务。子曰："弟子入则孝，出则悌，谨而信，泛爱众而亲仁，行有余力，则以学文。"（《论语·学而》）意谓孩子们在家要孝顺父母，出门要尊敬兄长，做人言行要谨慎讲话要讲究信用，广泛地友爱众人，亲近有仁德的人，这样做了还有余力，就用来学习各种文献知识。可见，如果你要精通学问之道，也只有从做人的体会入手，这样才能够学有所成，而不会变成书呆子一个。古往今来，有多少才子因为做不好"人"而身背奸臣骂名的。

仁德是我国传统崇高无尚的美德观念。其中，仁是孔子思想体系的核心概念，贯穿于人学学说的始终。在做人问题上，孔子强调的也最多。子曰："唯仁者能好人，能恶人。"（《论语·里仁》）孔子以为只有仁人才了解评判是非的标准，知道哪些人值得结交，哪些人要与他们注意保持距离。因此，他希望自己的弟子都要做有仁德的人。子曰："不仁者不可以久处约，不可以长处乐。仁者安仁，知者利仁。"（《论语·里仁》）人若没有仁德，就不能长期安于穷困，也不能长久通达富贵，而拥有仁德，就会有自己的底线和原则，在贫困之中就会守正乐道，在富贵之中就会约礼守信。孔子希望人们都能发扬仁道，穷则守之，达则不废。子曰："苟志于仁矣，无恶也。"（《论语·里仁》）立志于仁的人，行为不会作奸犯科，生活也不会放纵奢侈。人若失去了仁德之心，社会风气必然日益颓废。孔子希望天下所有的人都能立志于仁，这样礼乐才会恢复到兴盛的状态，国家才能摆脱动荡。子曰："我未见好仁者，恶不仁者。好仁者，无以尚之；恶不仁者，其为仁矣，不使不仁者加乎其身。有能一日用其力于仁矣乎？我未见力不足者。盖有之矣，我未之见也。"施行仁德并不是很困难，任何人都可以做到。很多人说自己想实行仁德但恐怕能力不够，其实这是一种借口，"为仁由己，而由人乎哉？"。（《论语·颜渊》）孔子认为，经过个人的自觉努力，完全可以达到仁德修养的境界，即"我欲仁，斯仁至矣"。（《论语·述而》）

仁德是做人的根本，是处于第一位的。"齐景公有马千驷，死之日，民无德而称焉。伯夷、叔齐饿死于首阳之下，民到于今称之。"（《论语·季氏》）穷也好，富也罢，一切都只不过是过眼云烟而已，终究会被人们遗忘，只有生前美好的名声会流传百世。齐景公马匹多得数不过来，但他死的时候，老百姓不认为他有可以称赞的德行，伯夷、叔齐虽饿死在首阳山下，老百姓却直到现在还对他们称赞不已。可见，只有仁

① 司马迁：《史记》卷47《孔子世家》，中华书局，1959 年。

德的人才能得到人们称颂。孟子曰："君子所以异于人者，以其存心也。君子以仁存心，以礼存心。仁者爱人，有礼者敬人。爱人者，人恒爱之；敬人者，人恒敬之。"（《孟子·离娄下》）

做人要以德为先，还表现为重义轻利。子曰："富与贵，是人之所欲也，不以其道得之，不处也；贫与贱，是人之所恶也，不以其道得之，不去也。君子去仁，恶乎成名？君子无终食之间违仁，造次必于是，颠沛必于是。"孔子承认任何人都有正当的欲望，希望能过上富贵安逸的生活，而不会甘于贫穷困顿，但这必须通过合法的手段去获取。"君子喻于义，小人喻于利"（《论语·里仁》）说的也是这个道理。

孔子的高足曾子也认为人生不论在任何条件下，都不能离开仁德。君子之道需要注意三个方面的规范："动容貌，斯远暴慢矣；正颜色，斯近信矣；出辞气，斯远鄙倍矣"。（《论语·泰伯》）君子使自己的容貌严肃，会远离粗暴和怠慢；使自己的脸色端正，会接近于诚信和无欺；使自己的言辞和悦，会远离鄙俗和错误。

我们无法想象没有仁德的社会将会变成什么样子。孔子谈到季氏，说："八佾舞于庭，是可忍也，孰不可忍也？"（《论语·八佾》）。据杨伯峻先生考证，季氏可能是季平子，即季孙意如[1]。如果人失去了仁德，就像作为诸侯的季氏那样僭越天子之礼乐，那礼乐还有什么存在的意义呢？对此，孔子表现出了极大的愤慨。他说："人而不仁，如礼何？人而不仁，如乐何？"（《论语·八佾》）意即：一个人没有仁德之心，那礼还对他有什么意思呢？一个人没有仁德之心，那乐还对他有什么意思呢？由此可知，仁德是礼乐的前提。

那么，怎样才能做到仁德呢？有一次，颜回向孔子请教如何才能达到仁的境界。子曰："克己复礼为仁。一日克己复礼，天下归仁焉。"（《论语·颜渊》）也就是说，努力约束自己，使自己的行为符合礼的要求。如果能够真正做到这一点，天下的人就会赞许你为仁人了。可见，仁不是生来就有的，而是后天"克己"的结果。

此外，孔子还提出仁德的外在标准。子曰："刚、毅、木、讷近仁。"（《论语·子路》）人若具备刚强、果决、质朴、言语谨慎，这样就接近于仁的最高境界了。《二程全书》云："刚、毅、木、讷，质之近乎仁也；力行，学之近乎仁也。"[2] 子张问孔子怎样才能做到仁？孔子曰："能行五者于天下，为仁矣。""恭、宽、信、敏、惠。恭则不侮，宽则得众，信则人任焉，敏则有功，惠则足以使人。"（《论语·阳货》）孔子告

---

①　杨伯峻：《论语译注》，中华书局，1980 年。

②　程颢、程颐：《二程全书·遗书四》，上海中华书局据江宁刻本校刊。

诉我们：能够将恭谨、宽厚、信实、勤敏、慈惠五种品德施行于天下，便可算是仁了。他说，对人恭谨就不会招致侮辱，待人宽厚就会得到大家拥护，交往信实别人就会受人信任，做事勤敏就会取得成功，给人慈惠就能够很好使唤民众。

在孔子看来，做人要重视修养的全面发展。子曰："君子博学于文，约之以礼，亦可以弗畔矣夫？"（《论语·雍也》）君子是孔子心目中的理想人格，具有"仁者不忧，智者不惑，勇者不惧"（《论语·宪问》）的德性。孔子说，君子广泛地学习古代的文化典籍，又以礼来约束自己，也就可以不离经叛道了。换句话说，君子不仅要博学多才，还要在行动上小心谨慎。

随着社会的不断进步和发展，人们的交往越来越密切。在日常生活和学习工作中，每个人身边都聚集着太多需要时刻打交道的朋友、同学和同事。无论做什么事，我们都要以爱己之心来对待周围的人，设身处地为他人着想。关心帮助他人最简单的表述就是"爱人"，学会尊重他人和富有同情心。为此，首先应做到"己所不欲，勿施于人"①。就是说，从自己的内心出发推及他人，你所不愿意要的，不要强加于别人。将心比心，这是仁爱的一种表现。然后，再进一步达到"己欲立而立人，己欲达而达人"。（《论语·雍也》）就是说，有仁德的人自己想要站得住，同时也要帮助别人站得住，自己想要事事达到目的，同时也要帮助别人事事达到目的，真正做到己立、立人，己达、达人。"己所不欲，勿施于人"和"己欲立而立人，己欲达而达人"都是孔子的重要思想，也是实行仁德的重要原则。

儒家学说中蕴含着丰富的做人真谛。孔子的人学思想虽然不能完全涵盖他的所有智慧，但它确实体现了儒学的精髓，即使现在看来仍然具有很强的指导意义，这是可以批判继承、古为今用的思想精华。在当前乃至今后相当长一段时期内，领悟、解读并将其运用于实践，对于构建和谐社会有着极其重要的意义。

作者简介：谢卫星，曲阜市文物管理委员会文博馆员。

参考文献：

［1］黎靖德《朱子语类》，中华书局，1986 年。

［2］徐国明：《儒家文化的现代应用——以边检工作为例》，中央编译出版社，2014 年。

［3］国家图书馆：《部级领导干部历史文化讲座·传统文化中的治国理政智慧（下）》，国家图

---

① 在《论语》中有两处提及"己所不欲，勿施于人"：仲弓问仁。子曰："出门如见大宾，使民如承大祭。己所不欲，勿施于人。在邦无怨，在家无怨。"仲弓曰："雍虽不敏，请事斯语矣！"（《论语·颜渊》）子贡问曰："有一言而可以终生行之者乎？"子曰："其恕乎。己所不欲，勿施于人。"（《论语·卫灵公》）

书馆出版社，2015 年。

[4] 杨伯峻：《论语译注》，中华书局，1980 年。

[5] 杨伯峻：《孟子译注》，中华书局，1960 年。

[6] 司马迁：《史记》，中华书局，1959 年。

[7] 程颢、程颐：《二程全书》，上海中华书局据江宁刻本校刊。

对"仁""礼"关系的一点理解

——从孔子对管仲的评论看

陆信礼　夹纪坤

摘　要　在《论语》这部语录体的著作中,有一部分是孔子对其弟子、时人学行评论的记述,这些文字也反映了孔子的思想。在被孔子评论的人物当中,有一个人特别值得注意,他就是春秋时期齐国的大政治家管仲。本文从孔子对管仲的评论入手,就孔子对"仁""礼"关系的论述作一点分析。通过分析,作者认为,仁和礼的关系是统一的。对管仲践仁却违礼的矛盾现象,必须采取历史的观点加以理解和说明。

关键词　仁　礼　孔子　管仲

新中国成立后的大陆学术界,对孔子思想的研究始终是一个热门话题。这其中,有一个问题曾一度引起学者们的较多关注,那就是:孔子的中心思想是什么?在所出现的几种观点中,"仁"中心说和"礼"中心说是比较集中的。这里,笔者不打算就此问题再作辞费,只想就孔子对"仁""礼"关系的论述作一点分析。因为集中体现孔子思想的是《论语》一书,所以笔者就以其中的资料为主谈这个问题。

在《论语》这部语录体的著作中,有一部分是孔子对其弟子、时人学行评论的记述,这些文字也反映了孔子的思想。在被孔子评论的人物当中,有一个人特别值得注意,他就是春秋时期齐国的大政治家管仲。在《论语》中,记述孔子评论管仲的文字有三段,为便于分析,在此先将其引录如下:

(1)子曰:"管仲之器小哉!"或曰:"管仲俭乎?"曰:"管氏有三归,管事不摄,焉得俭?""然则管仲知礼乎?"曰:"邦君树塞门,管氏亦树塞门。邦君为两君之好,有反坫,管氏亦有反坫。管氏而知礼,孰不知礼?"(《八佾》)

(2)子路曰:"桓公杀公子纠,召忽死之,管仲不死。"曰:"未仁乎?"子曰:"桓公九合诸侯,不以兵车,管仲之力也。如其仁,如其仁。"(《宪问》)

(3)子贡曰:"管仲非仁者与?桓公杀公子纠,不能死,又相之。"子曰:"管仲相桓公，霸诸侯，一匡天下，民到于今受其赐。微管仲，吾其被发左衽矣。岂若匹夫匹妇之为谅也，自经于沟渎而莫之知也？"（《宪问》）

第一则材料出自集中谈论"礼"的《八佾》篇，其中反映出的是孔子对管仲不俭、不知礼的奢侈行为的不满，认为这是管仲器量小的体现。第二、三则来自《宪问》篇。在第二则中，孔子学生子路认为：管仲不能像召忽那样效死于公子纠的行为是不仁，可能他听了孔子说的"无求生以害仁，有杀身以成仁"的话。孔子做出辩解并认为管仲做到了仁。在第三则中，子贡接着问同样的问题，不同的是他提供了一个新论据，那就是管仲不但不能效死于君而且还去辅佐杀死自己君主的敌人，孔子又作出了自己的解释。从这三则记述中，我们可以得知：管仲不知礼，但他却做到了仁。由此也可以说，仁和礼是没有统一性的，仁者可以不知礼，知礼者未必能做到仁。

作为孔子思想中主要观点之一的"仁"和中国传统社会主要规范的"礼"真的就没有统一性吗？这恐怕很难说得过去。因为从孔子一生的行为看，他不但模范地恪守周礼，而且还不遗余力地倡导仁。另外，从孔子对仁所做的各种界定看，二者确存在着难以割舍的关系。孔子的高足颜渊问仁，孔子的回答是："克己复礼为仁。"意思是要克制约束自己，按照礼的规定进行各种行为。这是为仁的总纲。接着，颜渊又问具体的细目。孔子说："非礼勿视、非礼勿听、非礼勿言、非礼勿动。"视听言动都按照礼的要求去做。颜渊说老师孔子对他"约之以礼"恐怕讲的就是这件事。孔子对其他学生如仲弓、司马牛、子张、樊迟问仁的回答也都包含了这个意思，即按照礼的要求约束自己的行为，比如"出门如见大宾，使民如承大祭"、"其言也讱"、"恭宽信敏惠"、"居处恭，执事敬，与人忠"等。

由孔子对学生问仁的上述回答可知，仁与礼之间存在着非常密切的关系。离开礼，仁是无法说清楚的。其实，孔子还有一个创新性的观点，那就是礼也不能离开仁，离开了仁，礼也就成了图具虚名的形式。《八佾》的第三章记载了孔子的这样一句话："人而不仁，如礼何？人而不仁，如乐何？"意思就是，人要是不仁，会怎么对待礼呢？会怎么对待乐呢？其实，孔子的这句牢骚话是紧接着该篇的上面两章来的：第一章讲季氏"八佾舞于庭"，僭用天子之舞；第二章"三家者以《雍》彻"，僭用了天子之乐。对这种礼崩乐坏的社会现象，孔子怎能不痛心疾首？所以，他做的工作就是用"仁"的精神重建礼乐社会。从他的这句话可以看出，在孔子的眼中，仁是礼的根本，二者是一种本质和现象的关系。我们从他与一个叫林放的人的对话即可得知。林放向孔子问礼的根本。孔子回答说：你问的问题太重要了！就一般礼仪来说，与其铺张浪费，宁可朴素俭约；就以丧礼来说，与其仪文周到，宁可悲伤哀戚。就是说，礼是一种外在的形式，其根本是作为它内容的道德情感。这种情感是什么呢？就是孔子经常讲的"仁"，这从孔子对丧礼的说明中不难理解。试想，在丧事中，如果参与者没有悲伤的情感，无论办得多么铺张体面也是没有意义的。

上面，笔者为说明问题，把孔子讲的"仁"径而解释为一种道德情感，显得有些突兀。因此笔者在此作一些说明。对仁，前文已经介绍了孔子"克己复礼"的解释。这个解释只是从主体——"己"的角度着手的，在意思表达上还不够完整。从写法上看，"仁"有"二"、"人"两字构成，意思是说只有两个人才谈得上"仁"，也就是汉儒郑玄讲的"相人偶"。它说明仁是指自己和别人之间的关系。这是一种什么关系呢？孔子也有一句很经典的说明，那就是："爱人。"讲的是自己对别人的亲善关系，用孔子的话说就是"己欲立而立人，己欲达而达人"。比如孔子讲的孝，表达的就是对父母的一种亲善关系。对父母之爱，当然在礼仪上有各种规定，但其本质是一种情感。这从他对子游问孝的回答即不难得知。孔子说，现在人们讲孝，就是说能够养活父母就行了。就是家里的狗马都能得到饲养，若没有尊敬之心，养活父母与饲养狗马有什么区别呢？可见，孝作为仁在处理父母关系的表现，本质上是一种道德情感。

由以上我们知道仁是礼的根本，没有仁的情感光有礼的仪式是没有任何意义的。这是不是说，在孔子那里，作为外在形式的礼就无关紧要、可有可无了呢？事实上也非如此。有一次，孔子学生子贡想要去掉每月初一祭祀祖庙的活羊。孔子对此明确表示不同意，说："赐啊！你在乎的是那只活羊，我关心的是那种礼。"对于表达对逝去祖先爱敬情感的祭祀之礼，孔子是非常重视的。《八佾》篇有这样一句记述："祭如在，祭神如神在。子曰：'吾不与祭，如不祭。'"其虔诚之心由此可以想见。其实，从哲学的角度对此也不难理解，因为本质是通过现象表示出来的，离开作为现象或者外在形式的礼，哪有所谓作为本质的内在情感的仁呢？没有那只活羊，告朔之礼恐怕就不复存在了。还有一个事例，就是孔子与宰我关于"三年丧"的讨论。其中，宰我觉得为父母守孝三年的丧期未免太长了，会影响自己的事业发展，问孔子改成一年行不行。孔子骂他不仁。可见，孔子对作为外在形式的礼同样是很重视的。

通过分析，我们知道仁和礼是统一的、密切联系的。有了仁，礼才有真实意义；有了礼，仁才能真正实现。那么，孔子一方面说管仲不知礼，同时又说他做到了仁该怎么理解呢？一些学者讲：管仲在道德行为方面虽有瑕疵，即僭礼；但是他在事功方面却做出了不凡的成就，霸诸侯匡正天下，免于被周边蛮夷民族统治，因此做到了仁。笔者认为，这样的解释是说不通的。不可否认，管仲"不以兵车""九合诸侯"，"一匡天下，民到于今受其赐"，体现了对"诸侯"和"民"的爱，称得上是"仁"。但是，管仲公然僭礼不能克己的行为恐怕也不能说成"仁"的。对于这件事，笔者的理解就是：一个人不是说在任何时候都能做到仁的。就像毛泽东主席在《吴玉章同志六十寿辰祝词》中所说的："一个人做点好事并不难，难的是一辈子做好事，不做坏事。"这一点从《论语》中也可以得到佐证。孔子虽然多次讲仁，但他不敢以仁者自居，说："若圣与仁，则吾岂敢？"对自己的心爱弟子颜渊，孔子也只是说做到了"三月不违仁"。有人问他的一些弟子或者其他一些杰出人物是否做到了仁，孔子从来没有给予肯定的回答。可以说，孔子对管仲的褒贬评价，采取了具体问题具体分析的态度。

因此，笔者认为，仁和礼的关系是统一的。对管仲践仁却违礼的矛盾现象，必须采取历史的观点加以理解和说明。

作者简介：陆信礼，中国海洋大学副教授；夹纪坤，曲阜市文物管理委员会文博馆员。

平凡的圣人——还原孔子的本真魅力

孔德铭

摘　要　孔子是我国古代伟大的思想家和教育家，儒家学派的创始人。在不同的历史时期，孔子总以不同的面目出现。自然而然，人们对孔子的评价截然不同。很多时候，引发大家论争的并不是同一个孔子。人们往往根据自己的需要，把孔子装扮成不同的形象。无论是被反复的过度神化，还是被尊奉为至圣先师，都不能使我们认识真实的孔子。今天，我们要传承思想文化，有必要认清孔子的真实面目。孔子首先不应该是神，而是一个有血有肉的人。还原本真魅力的孔子，最直接的办法还是读《论语》。书中保存了研究孔子的第一手资料，逼真地再现了孔子的形象与性格。他和普罗大众一样，有着普通人和正常人的七情六欲、喜怒哀乐，是个血肉丰满的性情中人。神化的孔子不可学，真实的孔子则人人可学。

关键词　孔子　论语　本真

孔子是我国古代伟大的思想家和教育家，儒家学派的创始人。在不同的历史时期，孔子总以不同的面目出现，"历史上，孔子的面孔曾被涂来抹去，一会是红脸圣人，一会儿是白脸奸人，有时候还成了花脸让人捉摸不透，有时候又成了鼻子上点了白点的丑角叫人觉得滑稽"①。自然而然，人们对孔子的评价截然不同。很多时候，引发大家论争的并不是同一个孔子。人们往往根据自己的需要，把孔子装扮成不同的形象。

孔子如圣贤，千百年来一直为后人所尊崇，尤其是后世汉儒及专制统治者们更是把他推上了圣人神坛的宝座。他著书立说、开坛讲学，传扬出中华优秀的传统文化。由此，后人对孔子及其思想的研究几乎从未中断过。孔子的形象也在不断发生着变迁，以至出

---

① 葛兆光：《中国经典十种》，中华书局，2008年。

现了真假孔子之分①。当代新儒学大家冯友兰先生在《中国哲学简史》一书中说：

> 他本来是普通教师，不过是许多教师中的一个教师。但是他死后，逐渐被认
> 为是至圣先师，高于其他一切教师。到公元前二世纪，他的地位更加提高。当时
> 许多儒家的人认为，孔子曾经真的接受天命，继周而王。他虽然没有真正登极，
> 但是就理想上说，他是君临全国的王。……再到公元前一世纪，孔子的地位提高
> 到比王还高。据当时的许多人说，孔子是人群之中活着的神，……这种神化可以
> 说是孔子光荣的顶点吧，……但是这种神化时期并没有持续很久。公元一世纪初，
> 就已经有比较带有理性主义特色的儒家的人开始占上风。从此以后，就不再认为
> 孔子是神了，但是他作为"至圣先师"的地位仍然极高。直到十九世纪末，孔子
> 受天命为王的说法固然又短暂地复活，但是不久以后，随着民国的建立，他的声
> 望逐渐下降到"至圣先师"以下。②

无论是被反复的过度神化，还是被尊奉为至圣先师，都不能使我们认识真实的孔
子。那么，孔子到底是一个什么样子的人呢？首先，他不应该是神，而是一个有血有
肉的人。有一点不可否认，孔子是传统文化的最主要代表。在大多数人的心目中，孔
子的身影穿越了数千年依然魁伟挺拔。其实，本真孔子在历史的文本里。

《史记》是西汉著名史学家司马迁撰写的一部纪传体史书，其列孔子为世家③。
《孔子世家》详细记录了孔子的生平经历及其活动功绩，是研究孔子生平思想的重要传
记。《太史公自序》说："先人有言曰：'自周公卒五百岁而有孔子。孔子卒后至于今
五百岁，有能绍明世，正《易传》，继《春秋》，本《诗》《书》《礼》《乐》之际'，
意在斯乎？意在斯乎？"④ 可见，司马迁深受孟子"五百年出一圣人"思想的影响。孟
子曰："由尧舜至于汤，五百有余岁，若禹、皋陶，则见而知之；若汤，则闻而知之。
由汤至于文王，五百有余岁，若伊尹、莱朱则见而知之；若文王，则闻而知之。由文
王至于孔子，五百有余岁，若太公望、散宜生，则见而知之；若孔子，则闻而知之。
由孔子而来至于今，百有余岁，去圣人之世，若此其未远也；近圣人之居，若此其甚

---

① 周予同：《孔子》（上海人民出版社，1934 年）："真的孔子死了，假的孔子在依着中国的经济组织、政治
状况与学术思想的变迁而挨此出现。汉武帝采用董仲舒的建议单独推尊孔子其实汉朝所尊奉的孔子，只是为政治
的便利而捧出的一位假的孔子，至少是一位半真半假的孔子，绝不是真的孔子。若使说到学术思想方面，那孔子
的变迁就更多了。所以孔子虽是大家所知道的人物，但是大家所知道的孔子未必是真的孔子"；匡亚明《孔子评
传》（南京大学出版社，2006 年）："历代王朝在孔庙里供奉的孔子，都是假孔子或半真半假的孔子，绝不是真孔
子"。

② 冯友兰：《中国哲学简史》，北京大学出版社，2012 年。

③ 邓莹、陆丽明：《关于〈史记〉列孔子为世家的原因——从世家的定义与其"世家"本身的矛盾而谈》，
《语言文学研究》，2011 年 2 月号上旬刊。

④ 司马迁：《史记》卷 47《孔子世家》，中华书局，1959 年。

也，然而无有乎尔，则亦无有乎尔。"①（《孟子·尽心下》）在司马迁的心目中，孔子是继周公之后的古代圣人。

在孔子本传中，他赞美孔子"高山仰止，景行行止。虽不能至，心向往之"，"孔子布衣，传十余世，学者宗之，自天子、王侯，中国言六艺者，折中于夫子，可谓至圣矣"②，确立了孔子至圣的历史地位。董仲舒向汉武帝的《对策》中要求统治者"罢黜百家，独尊儒术"，确立以孔子为代表的儒家思想为整个社会的统治思想。汉武帝推崇儒家，而司马迁一生与汉武帝相终始。

由于受时代条件的限制，司马迁也未能认清历史上真实的孔子。正如顾颉刚《春秋时代的孔子和汉代的孔子》所云："我们这一讲里，可知道：春秋的孔子是君子，战国的孔子是圣人，西汉时代的孔子是教主，东汉后的孔子又成了圣人。"③

除此以外，还原一个本真的孔子，最直接的办法还是读《论语》。大多数学者认为，《论语》记录了孔子的思想和言行。它真实地反映出孔子的原貌，对于我们客观地把握孔子提供了依据。著名学者李零先生说："《论语》有个优点，就是没有后人的那种虚伪劲儿。书中人物，夫子也好，十哲也好，都是普通人，喜怒笑骂，毫不遮掩。"④ 细读《论语》，我们完全可以获得一个具体而生动的孔子形象。李零先生的《丧家狗——我读〈论语〉》一书，就对《论语》进行了全新的解读，力图还孔子以本来面目，"读《论语》，要心平气和——去政治化，去道德化，去宗教化。目的无他，我们需要的是一个真实的孔子"⑤。

据粗略统计，《论语》中孔子自述的语录共有 47 章。这些语录是他在不同时期、不同情境下讲的，从中可以看出他的个性特点、处世态度、人生历程和志向情趣，是说明孔子真实面貌最强有力的证据。他并不把自己神秘化，也没有把自己装扮成一个高高在上的人。他不承认自己生而知之，更不相信自己生来就是圣人。他终老一生，毫无保留地向弟子传授学习文化知识的方法。所有一切，他都和盘托出。为帮助大家更完整、更准确地把握孔子的形象，笔者试着把分散在各篇中有关孔子思想言论的自我表述，择要稍作整理解说。

孔子出生在一个没落的贵族家庭，生活已经不十分富有。太宰问于子贡曰："夫子

---

① 文中所引《论语》《孟子》书中语句的详细注解，分别参见杨伯峻《论语译注》，中华书局，1980 年；杨伯峻《孟子译注》，中华书局，1960 年。凡引书中原文语句，若无特殊说明，不再单独出注，只在引文后注明其所出自的篇章名。

② 司马迁：《史记》卷 47《孔子世家》，1959 年。

③ 顾颉刚：《春秋时代的孔子和汉代的孔子》，《古史辨伪与现代史学：顾颉刚集》，上海文艺出版社，1998 年，第 104 页。

④ 李零：《丧家狗——我读〈论语〉》，山西人民出版社，2007 年。

⑤ 李零：《丧家狗——我读〈论语〉》，山西人民出版社，2007 年。

圣者与？何其多能也？"子贡曰："固天纵之将圣，又多能也。"子闻之，曰："太宰知我乎？吾少也贱，故多能鄙事。君子多乎哉？不多也。"（《论语·子罕》）《史记·孔子世家》也曾记载孔子幼年时的生活境况。诚然，他并不避讳自己出身低贱的事实，为了养活自己才"多能鄙事"。清苦的生活锻炼了孔子的意志，也让他学会了很多做人的道理。据弟子子贡说：我老师是天纵之才，学会了很多的手艺。子云："吾不试，故艺。"（《论语·子罕》）他进一步说自己年轻时没有被任用做官，所以学会许多技艺，同时也说明了孔子不认为自己是"圣人"。他始终把自己看作是平常人，不以从事身份低微，地位低下的那些行业为耻。

孔子博学多才，精通六艺。子曰："文，莫吾犹人也，躬行君子，则吾未之有得。"（《论语·述而》）他说自己文献知识非常丰富，评价自己同别人差不多，但至于做一个身体力行的君子还"未之有得"。可知，他把"躬行"看得比"文"更重要、更难得。"文"是才华方面的问题，而"躬行"则关系着学习目标的能否实现。《中庸》说："力行近乎仁"①。只有落实到行动中，才能接近仁德标准。孔子知行合一，算得上是真学问。

孔子是一个现实主义者。他怀才不遇，在外周游列国多年，"畏于匡，困于蔡，厄于陈"，"累累若丧家之狗"。在实现人生理想的路途上，风餐露宿，遭受冷遇。子曰："莫我知也夫！"子贡曰："何为其莫知子也？"子曰："不怨天，不尤人，下学而上达，知我者其天乎？"（《论语·宪问》）"不怨天，不尤人"，这是一种十分高尚的精神境界。他感叹没有人了解自己，但是不能因此埋怨天，也不责备人。在这种情况下，孔子通过学习文化知识，穷究其中的哲理，获得人生的真谛，相信终有苦尽甘来的那一天。孟子也说："君子不怨天，不尤人"。（《孟子·公孙丑下》）

孔子不是那种什么都不懂却妄自尊大的人。子曰："盖有不知而作之者，我无是也。多闻，择其善者而从之，多见而识之，知之次也。"（《论语·述而》）他提出对自己所不知的东西，应该多闻、多见，跟着好的人学习，牢记在心里。孔子承认自己不知，然后多听多看，这是孔子在学习方面的一个态度。子曰："知之为知之，不知为不知，是知也。"（《论语·为政》）在认识的过程中，应本着老老实实、虚心谨慎的基本精神，反对主观臆断，刚愎自用。对于自己所不知的事物，绝不能强不知以为知。孔子认识到这一点是很了不起的，这种认知态度对后世有较大影响。

孔子实事求是，不懂就问，这是他的可贵之处。子曰："吾有知之乎哉？无知也。有鄙夫问于我，空空如也。我叩其两端而竭焉"。（《论语·子罕》）通过"叩其两端"，进而发问探求，使自己由无知变为有知，直到会了为止，如此就会"竭焉"。

---

① 王文锦：《大学中庸译注》，中华书局，2008 年。

孔子对任何人毫无隐瞒，自己的行为光明正大，没有什么不可告人的目的。子曰："二三子以我为隐乎？吾无隐乎尔。吾无行而不与二三子者，是丘也。"（《论语·述而》）他这句话表白了自己的心迹，受到很多人的赞赏。他认为自己是有仁德的人，只有正直坦荡的人才能"无隐乎尔"。

我们常说，学无止境。即使学问再多也有不知道的，才能再高也有不能的，孔子也是如此。子曰："默而识之，学而不厌，诲人不倦，何有于我哉？"①（《论语·述而》）意谓：默默地将所见所闻记在心里，发愤学习从不感到厌烦，教导别人而不知疲倦。孔子很谦虚，他说自己没有真正做到这三点。他时刻反省自己的行为，外出服侍公卿，在家孝敬父兄，有丧事不敢不尽力去办，喝酒也不被醉倒。子曰："出则事公卿，入则事父兄，丧事不敢不勉，不为酒困，何有于我哉？"（《论语·子罕》）孔子忧虑自己的品德不能进步，学问不能增长，合乎道义的事情没有去做，有了过错不能改过。子曰："德之不修，学之不讲，闻义不能徙，不善不能改，是吾忧也。"（《论语·述而》）他把道德修养、读书学习、实践道义和知错即改几个方面的问题相提并论。在他看来，这些都是必须时时进行的人生必修课。

在儒家学者看来，仁、智、勇是三个重要德目。子曰："君子道者三，我无能焉：仁者不忧，知者不惑，勇者不惧。"子贡曰："夫子自道也。"（（《论语·宪问》））《中庸》说："知、仁、勇，三者天下之达德也。"凡事具备这三种德行，就可以成为真正的君子。当司马牛问孔子怎样成为一名君子时，子曰："君子不忧不惧。"曰："不忧不惧，斯谓之君子已乎？"子曰："内省不疚，夫何忧何惧？"（《颜渊》）君子的境界就是没有忧愁，没有恐惧，而达到这种境界的方法就是自我反省，对自己的所作所为问心无愧。曾子曰："吾日三省吾身——为人谋而不忠乎？与朋友交而不信乎？传不习乎？"（《论语·学而》）

圣人有德、有才、有位，是孔子理想中的人格，但他不肯以圣人自居。子曰："若圣与仁，则吾岂敢？抑为之不厌，诲人不倦，则可以云尔已矣。"（《论语·述而》）在《论语》中，他明确指出尧、舜、禹、汤、文、武是圣人。虽然他非常推崇周公，但对周公是否为圣人未加以断定②。有一点必须指出，圣人也是人，不是神。子贡曰："如有博施于民而能济众，何如？可谓仁乎？"子曰："何事于仁，必也圣乎！尧舜其犹病诸！夫仁者，己欲立而立人，己欲达而达人，能近取譬，可谓仁之方也已。"（《论语·雍也》）孔子认为，就博施济众而言，连尧、舜这样的圣人都还觉得难以做到。

孔子认为，自己只是努力成为圣人或仁者和教诲学生不厌其烦，这些只能算是成

---

① 本章又见《孟子·公孙丑上》："孔子曰：'圣则吾不能，我学不厌而教不倦也'"。
② 孟子说周公是："古圣人也"。（《孟子·公孙丑下》）荀子也认为周公是圣人，"履天子之籍"（《荀子·儒效》）。

就了一己之仁。实际上，自己未能在功业上有所建树，也没有使仁道推行天下。因此，能做到仁就已经是很高的层次了。孔子曾说："圣人，吾不得而见之矣！得见君子者，斯可矣。"（《论语·述而》）圣人和仁者在君子的人格之上，是极其难得一见而稀少的。从现实的角度来看，圣人和仁者是很难实现的，而既具有理想性、又具有现实性的君子还是可以达到的。

孔子对君子人格的描述很多，指出君子行为与小人行为的一些不同之处。如子曰："君子周而不比，小人比而不周"（《论语·为政》），是说君子会广泛地交往别人而不会结党营私；子曰："君子和而不同，小人同而不和"（《论语·子路》），是说君子与人相交往有争议但会坚持己见，不会为了迁就他人而人云亦云。

回顾平生，孔子给后人留下了人生整个发展过程的思考。子曰："吾十有五而志于学，三十而立，四十而不惑，五十而知天命，六十而耳顺，七十而从心所欲，不逾矩。"（《论语·为政》）这段话阐释了孔子不平凡的人生历程，也可以说是人生发展阶段的经验总结。他划分为六个阶段，人在十五岁之前应该立志求学，好学勤思，从而为自己走向社会做好准备；三十岁时做到刻意独立应付一些事情，不再为他人思想所左右；四十岁时说话做事有主张，不再为琐事困扰，学会淡定从容；五十岁时不埋怨上天，不责备别人，要顺乎天意；六十岁时能理解和包容别人，善解人意；七十岁时能自如从容地应对世间所有的事情，不会越出规矩法则。可以看出，孔子在各个年龄段所达到的高度，普通人基本上也是按照这个法则进行的。

除此以外，《论语·乡党》全篇记载了孔子生活饮食起居、衣着和待人接物的具体表现，也有助于我们认识孔子的人品和性格。限于篇幅，不再逐章列举分析。

从以上叙述可以看出，孔子说的都是真心话，不掩饰，不做作。他和普罗大众一样，有着普通人和正常人的七情六欲、喜怒哀乐，是个血肉丰满的性情中人。《论语》保存了研究孔子的第一手资料，逼真地再现了孔子的形象与性格，也是司马迁《孔子世家》的重要资料来源。颜回的甘贫、子路的率直、子贡的机敏，如是种种，从另一个侧面烘托出了孔子伟大的人格与胸怀。除《论语》外，《礼记》等典籍也有孔子生平事迹的片段介绍，但材料丰富程度远不及《论语》。这些历史文本距离孔子生活的时代不算久远，为我们了解真实而又平凡的孔子提供了可靠途径。

真实的孔子是人，而不是神，这一点是毋庸置疑的。他以天下为己任，是有着积极的入世精神和济世情怀的思想家与践行者。两汉以后推崇的孔子已远不是历史上的真实孔子，基本上都走了模样、变了味道。神化的孔子不可学，真实的孔子则人人可学。今天，我们要传承思想文化，有必要认清孔子的真实面目。文章的末尾，我们不妨以李零先生的一段话为结束语。他写道：

在这本书中，我想告诉大家，孔子并不是圣人。历代帝王褒封的孔子，不是真孔子，只是"人造孔子"。真正的孔子，活着的孔子，既不是圣，也不是王，根本谈不上什么"内圣外王"。"若圣与仁，则吾岂敢"，这是明明白白写在《论语》里面的（《述而》7.34）。子贡说，孔子是"天纵之将圣"，当即被孔子否认（《子罕》9.6）。读我的书，你会明白，为什么孔子不接受这个荣誉，而他的学生一定要给他戴上这顶帽子。

我宁愿尊重孔子本人的想法。

孔子不是圣，只是人，一个出身卑贱，却以古代贵族（真君子）为立身标准的人；一个好古敏求，学而不厌、诲人不倦，传递古代文化，教人阅读经典的人；一个有道德学问，却无权无势，敢于批评当世权贵的人；一个四处游说，替统治者操心，拼命劝他们改邪归正的人；一个古道热肠，梦想恢复周公之治，安定天下百姓的人。他很惶，也很无奈，唇焦口燥，颠沛流离，像条无家可归的流浪狗。

这才是真相①。

作者简介：孔德铭，曲阜市文物局三孔古建筑工程管理处副主任、中国孔庙保护协会副秘书长、中华孔子学会孔子后裔儒学促进会副秘书长、明清官式建筑保护研究国家文物局重点科研基地曲阜分基地副主任。

---

① 李零：《丧家狗——我读〈论语〉》，山西人民出版社，2007年。

明成化年间衍圣公的废立

尹　涛

摘　要　衍圣公是孔子嫡长子孙的世袭封号，在 880 年袭封史上，一直严格按照宗法制度父死子继，世代承袭，偶尔也有兄终弟及的时候，明成化年间的衍圣公、孔子第六十一代嫡孙孔弘绪有罪革职为民，其爵位由其弟孔弘泰继承，孔弘泰去世后，爵位复归孔弘绪子孔闻韶。

关键词　衍圣公　孔弘绪　孔弘泰　成化

自汉武帝"罢黜百家、独尊儒术"以后，历代封建统治者在利用孔子学说的同时，对孔子格外尊崇，一再追封加谥，对孔子嫡裔也代增隆重，备加优渥，直至册封为衍圣公。衍圣公这一世袭封号，始于宋仁宗至和二年（1055 年），历经宋、金、元、明、清、民国，直至 1935 年国民政府改封孔子第 77 代嫡长孙、末代衍圣公孔德成为大成至圣先师奉祀官为止，历时长达 880 年，成为中国历史上极为罕见的世袭罔替的特殊公爵。

一、孔子嫡孙封号简史

汉高祖十二年（公元前 195 年），刘邦封孔子九世孙孔腾为"奉祀君"，这是指定专人给予封号主持孔子祀事的开始。汉永光元年（公元前 43 年），汉元帝诏以孔子第十三代孙、褒成侯孔霸以所食邑祀孔子，为孔子后裔世袭爵位奉祀的开始。汉元始元年（公元 1 年），汉平帝封孔子第十六代孔均为褒成侯，食邑二千户，王莽举孔均为太尉，孔均因拒绝就职，失去褒成侯封号。东汉光武帝刘秀恢复孔氏中断的爵位，由孔子第十七代孙孔志袭封褒成侯。永元四年（公元 92 年），汉和帝改封孔子第十八代孙孔损为褒亭侯。汉安帝延光三年（124 年）封孔子第十九代孙孔曜为奉圣亭侯。魏文帝黄初二年（221 年）封孔子第二十一代孙孔羡为宗圣侯。西晋武帝泰始三年（267

年）封孔子第二十二代孙孔震为奉圣亭侯。北魏孝文帝太和十九年（495 年）改封孔子第二十八代孙孔灵珍崇圣侯。北周静帝大象二年（580 年），将孔子第三十一代孙、恭圣侯孔长孙改封为邹国公。隋炀帝大业四年（608 年）封孔子第三十二代孙孔嗣悊为绍圣侯。唐高祖武德九年（626 年）封孔子第三十三代孙孔德伦为褒圣侯。唐玄宗开元二十七年（739 年）改封孔子第三十五代孙孔璲之为文宣公。宋仁宗认为"孔氏子孙去国号袭谥号，礼之失也盖自此始。朕稽考前训，博采群议，皆谓宜法汉之旧，革唐之失，稽古正名，于义为当。朕念先帝崇尚儒术，亲祠阙里，而始加至圣之号，务极尊显之意。肆朕纂临，继奉先志，尊儒重道，不敢失坠，而正其后裔嗣爵之号不其重欤！宜改至圣文宣王四十六代孙孔宗愿为衍圣公"。曲阜孔氏家族受历代帝王追封赐礼，谱系井然，世受封爵。衍圣公因得益于先祖孔子荣耀，成为中国历史上经久不衰、声名显赫的特殊公爵，世人称为"天下第一家"。

二、衍圣公孔弘绪

孔弘绪（1448 年~1504 年），字以敬，号南溪，父亲去世时年仅 3 岁。代宗景泰六年（1455 年），8 岁袭封衍圣公并进京觐见，皇帝命宫人把孔弘绪的发髻剃掉，把剃掉的头发保存好交给他母亲，同时"又赐金、图书，印其文曰谨礼崇德①"。天顺元年（1457 年），英宗复辟后，10 岁的孔弘绪入京朝贺，进止有仪，英宗"握其手，置膝上，语良久②"，赐给一所府第。孔弘绪的原配夫人，为英宗天顺年间的内阁首辅、大学士李贤的次女。宪宗成化五年（1469 年），孔弘绪被弹劾坐罪夺爵，废为庶人，家居赋闲。

成化五年二月庚戌，太子少保兵部尚书兼文渊阁大学士彭时等，以衍圣公孔弘绪犯法，得旨械至京理问，上奏："弘绪贪淫暴虐，事已彰闻，依法提问，固所当然。但弘绪为宣圣嫡孙，宣圣乃万世名教宗师，历代崇尚，有隆无替，待其子孙与常人不同。今弘绪有罪，处之亦宜从厚。伏望皇上念先师扶世立教之功，免其提解，宽其桎梏之刑。待取至京，命多官议罪奏闻，然后处置为当。盖律有八议，弘绪正系合应议之例，如此处之于法而不碍，于理为宜。"疏入，上曰："宣圣子孙朕素所优礼，今弘绪自罹于法，殊玷家声，卿等欲俾其散行就逮，虽非所以处弘绪，而于待孔氏之道则得矣，其颂系之。"③从这段《明实录·宪宗实录》中可以看出，孔弘绪触犯法律，但因为孔子嫡裔从宽处置。

---

① （明）陈镐纂修：《前衍圣公南溪孔先生墓志铭》，《阙里志》二册，山东友谊出版社，1989 年，1842~1850 页。

② （明）陈镐纂修：《前衍圣公南溪孔先生墓志铭》，《阙里志》二册，山东友谊出版社，1989：1842~1850.

③ 《明实录·宪宗实录》卷 63。

成化五年三月癸卯，"衍圣公孔弘绪有罪革职。弘绪初为南京科道所劾，下巡抚山东都御史原杰按之，悉得其非法用刑，奸淫乐妇四十余人，勒杀无辜者四人状以闻。命官会问坐以斩。上念宣圣之后，特从宽，革职为民，仍命巡抚等官会勘族内应袭者奏闻区处"①。从这段《明实录·宪宗实录》中可以看出，孔弘绪的罪名为"非法用刑"、"奸淫乐妇"、"勒杀无辜"，被弹劾查处，本为死罪，从宽革职为民。

孝宗弘治十一年（1498 年），巡抚山东监察御史王一言奏："先圣六十一代孙孔弘绪初袭封衍圣公以罪革爵为民，至是二十余年，其族人希瑾等合词状称：弘绪能改过迁善，乞复旧爵，以奉宗祀。"命与冠带闲住②。在夺爵三十年间，孔弘绪"改过迁善"，地方官员上报朝廷，明孝宗命复冠带。在家赋闲的孔弘绪开朗豁达，与弟弟弘泰手足情深，相处很好，遇事相互磋商，共同维系孔氏家族事务。

三、衍圣公孔弘泰

孔弘泰（1450 年～1503 年），字以和，号东庄，明宪宗成化五年（1469 年）袭封衍圣公。成化六年五月乙未，国子监盐丞李伸言："前袭封衍圣公孔弘绪，自幼失学，长而狎近群小，以至于冒刑宪。圣明念先圣之裔，特加宽宥，革职为民，即命其弟荣泰袭封，恩至渥也。然不豫教之，诚恐复蹈前辙，伏望留之京师，赐以馆舍，俾之随侍班行获靓礼制，退则从游太学，受教师儒，俟其学成，遣归奉祀。"礼部复奏，从之③。《明实录》中还有多处史料记载了朝廷为避免孔弘泰重蹈覆辙，加大了教育力度，将孔弘泰留置京师，读书习礼，系统培训。

"弘泰以嫡弟从廷议，借袭衍圣公，侯弘绪有子，仍归其爵。其母夫人王氏病嘱之曰：官爵事须交付明白"④。孔弘泰的母亲王夫人在病故前嘱咐孔弘泰将爵位还给孔弘绪的儿子孔闻韶。孔弘泰与哥哥孔弘绪关系和睦，情义深厚，友爱相处，继任衍圣公期间，曾请其兄恢复爵位。孔弘绪说，我因年少而被下人所误，现在孩子还没长大，我怎么能考虑这事呢。孔弘泰"视兄子闻韶如己子⑤"，代其兄为孔闻韶求婚内阁次辅李东阳之女，这桩婚事轰动朝野。孔弘泰曾上书皇帝请求官员人等经过孔庙必须下马以示敬仰，奏请增广孔庙正殿为九间规模，发起并主持孔氏家族谱。弘治十二年（1499 年），孔庙发生重大火灾，孔弘泰引咎自责，请求辞去衍圣公职务。弘治十四年

---

① 《明实录·宪宗实录》卷 65。
② 《明实录·宪宗实录》卷 137。
③ 《明实录·宪宗实录》卷 79。
④ 《明实录·孝宗实录》卷 199。
⑤ 《明实录·孝宗实录》卷 199。

（1501 年），孔弘泰再次请求辞去衍圣公职务，朝廷没有批准。弘治十六年（1503 年），孔弘泰因病去世，其爵位仍由兄长孔弘绪之子孔闻韶袭封，孔弘绪竭尽全力为其弟治丧，半年后（1504 年）劳累过度病逝。

正德元年三月己卯，"特授故衍圣公孔弘泰之子闻诗，翰林院五经博士。初衍圣公弘绪以罪夺爵，礼部议以弘泰袭封，后弘泰卒，爵归弘绪之子闻韶，而闻诗充三氏学生。闻韶言：'文臣例有荫录，叔弘泰亦历爵三十余年，身没之后不邾一命，乞录闻诗，以荣其终身'。下吏部议无例，但弘泰效劳颇久，授其子一衔，亦足以昭圣明推恩先圣从厚之意，乃有是命"①。孔闻韶继承衍圣公爵位后，感恩其叔，上书朝廷，破例将孔弘泰儿子孔闻诗特授为翰林院五经博士。

李东阳为其亲家孔弘绪撰写了墓志铭，即《前衍圣公南溪孔先生墓志铭》，收录在《阙里志》中，篆书"六十一代袭封衍圣公南溪先生墓"碑文，碑方首，通高 408 厘米，宽 124 厘米，厚 43 厘米，碑身高 282 厘米，书法结体端谨，用意精到，至今在孔林内完整保存。"多情留客空杯酒，旧事伤心但柳条"②；"徒许心于挂剑，犹恋德于绨袍"③ 等诗文，表达对亲家的怀念之情。

孔弘泰袭爵三十多年，经常到北京公干，常与李东阳雅集宴饮，诗文唱和，李东阳对孔弘泰比亲家更熟悉亲切些，"东庄先生好古客，谓我作诗如作史。三十年前品旧题，山高水落依稀是"④；"月夕风晨，左书右诗。惠而过我，不醉而归。二十余年，敬久不衰"⑤。李东阳怀念京畿诗友的如烟岁月，然而倏忽已阴阳永隔，孔庙新构而主人其萎，悲痛之情，溢于言表。

"孔裔周启，爵以代崇。六十一传，兄弟迭封"⑥。在衍圣公袭封历史上，"一代两公"是非常偶然的特殊现象，具有十分鲜明的封建宗法特色，为研究孔子嫡裔继承制度提供了难得的历史资料。

作者简介：尹涛，曲阜市文物管理委员会。

---

① 《明实录·武宗实录》卷 12。

② （明）李东阳撰，周寅宾点校：《泛南池有怀南溪圣公》，《李东阳集》第一卷，岳麓书社，1985 年，第 580 页。

③ （明）李东阳撰，周寅宾点校：《祭南溪公文》，《李东阳集》第二卷，岳麓书社，1985 年，第 489 页。

④ （明）李东阳撰，周寅宾点校：《赤壁图，为衍圣孔公题》，《李东阳集》第三卷，岳麓书社，1985 年，第 479 页。

⑤ （明）李东阳撰，周寅宾点校：《祭衍圣公孔以和文》，《李东阳集》第三卷，岳麓书社，1985 年 218 页。

⑥ （明）李东阳撰；周寅宾点校：《明故袭封衍圣公以和墓志铭》，《李东阳集》第三卷，岳麓书社，1985 年，第 381 页。

参考文献:

［1］李景明，宫云维：《历代孔子嫡裔衍圣公传》，齐鲁书社，1993 年。

［2］曲阜市文物管理委员会编：《曲阜观览》，山东友谊出版社，1997 年。

［3］孔德平、彭庆涛：《游读曲阜》，泰山出版社，2012 年。

曲阜鲁司寇像中的孔子形象

张　帅　陈　晶

摘　要　孔子像以文物的形式佐证了孔子影响的深远存在，鲁司寇像是孔子像的重要一类。曲阜现存的鲁司寇像主要有三类：一是孔庙圣迹殿中的两石《孔子为鲁司寇像》，二是曲阜刻印古籍中的《司寇像》，三是孔府旧藏的《鲁司寇像》画像。审视这些描绘孔子任大司寇时的画作，仿佛再现孔子为官一任的坎坷和辉煌，透出孔子温厉、威严、恭安的人格。这些既是历史留给作者的孔子印象，也是绘者留给后人的孔子形象。

关键词　孔子像　鲁司寇像　孔子形象

孔子名丘，字仲尼，春秋时期鲁国人，是我国历史上著名的政治家、思想家、教育家。孔子一生之中有孜孜不倦的上下求索，有为官一任的坎坷仕途，有有教无类的曲径通幽，有颠沛流离的游历，有修编文献的笃定，更有磅礴恢宏的思想，这些让孔子成为集大成的历史伟人、思想巨人，受到后人的顶礼膜拜。孔子像就是这些尊崇与膜拜的历史遗存，它们也以文物的形式佐证了孔子影响的深远存在。

鲁司寇像是孔子像的重要一类。孔子在鲁国出仕是在鲁定公九年（公元前501年），时年51岁[①]，其先后被鲁公任命为"中都（今山东汶上城西）宰"、（小）司空、大司寇，后行摄相事。孔子为鲁司寇的时间从鲁定公十年（公元前500年）到鲁定公十二年（公元前498年），其任上先后有相夹谷，堕三都两件政治大事。后因堕三都未成，加之鲁君臣怠于政事，鲁定公十三年（公元前497年）春祭鲁公不送祭肉，孔子自感失礼乃去鲁。孔子为鲁司寇三年，这一时期的孔子执掌法度，御外安内，为国之图强计，不惧强权，胸怀邦国，为社稷长久计，体现了一代政治家的胸襟与气魄，化

为外在体现的是《论语·述而》中"子温而厉，威而不猛，恭而安"的气质。

曲阜的鲁司寇像主要有三类：一是孔庙圣迹殿中的两石《孔子为鲁司寇像》，二是曲阜刻印古籍中的《司寇像》，三是孔府旧藏的《鲁司寇像》画像。

一、孔庙石刻中的鲁司寇像

孔庙传世旧存的《孔子为鲁司寇像》石刻有两块，均保存在孔庙圣迹殿内，其一嵌于圣迹殿正中壁上，另一为圣迹殿西墙南起第三石。两石均高 134 厘米，宽 73 厘米，所刻划内容一致，均不存年号。查明弘治十八年（1505 年）刻本《阙里志》卷一、图像有《鲁司寇像》与圣迹殿所存《孔子为鲁司寇像》相同。根据明万历三十七年（1609 年）刻本《阙里志》所载："阙里行教像颜子从后者，顾恺之笔；杏坛小影像，吴道子笔；及近年司寇像，皆汉晋衣冠耳。"

相传，宋代以前曲阜孔庙大成殿中就有木刻孔子像用作祭祀，后因木刻易于损坏，宋代时改为石刻。明代以前，孔庙有反映孔子事迹的木刻图画，明万历二十年（1529 年）巡按御史何出光主持修建圣迹殿时改为石刻，由杨芝作画、章刻石，嵌在殿内壁上，这就是现存 120 幅的《圣迹图》。结合《阙里志》记载，两石很可能一为宋代原刻，一为明时何出光翻刻。

此版《孔子为鲁司寇像》传为吴道子所绘（一说为顾恺之绘），如若定论应为最早的鲁司寇像版本。两幅石像均以阴刻线条勾勒，线条明快，简洁通透，寥寥几笔，孔子威严刚正之形象即跃然石上。形象方面该版司寇像均遵循了文献中实写孔子异相的记载，画像虽为半身，但孔子身长腰阔的特征亦能体现，虽未达诸子所言的"身长九尺六寸，腰大十围"，却有此感受。孔子面部须髯浓密，五官延续了"七陋"之说，即"眼露白，耳露轮，口露齿，鼻露孔"，眼、耳、鼻为双，故为"七陋"。服饰上，春秋时孔子身为士族，按官阶当着司寇官服。"按夫子自云：'少居鲁，衣缝掖之衣；长居宋，冠章甫之冠。'至焉鲁司寇则有司寇之章服矣。"[①] 根据《礼记》所载："凡四代之服、器、官，鲁兼用之。是故鲁，王礼也，天下传之久矣。"《礼记》又载："朝玄端，夕深衣。""冠綦组缨，士之齐冠也。"孔子应着"玄端"、"玄冠"。画像中的孔子冠服形象也深刻影响了其后此类题材的画作。

二、曲阜刻印典籍中的鲁司寇像

曲阜刻书始于宋代，金、元、明、清，都有刻书。自宋至清，每代均未中断。查阅部分存世的曲阜刻印古籍，孔子像多以版画的形式刊于书前。其始为金正大四年

（1227 年），阙里孔氏曾刻过孔元措《孔氏祖庭广记》12 卷，可惜原本早佚。蒙古乃马真后元年（1242 年），阙里孔氏又据以重雕，书前图本有版画 12 幅，孔子像含《颜子从行小影》《凭几像》和《乘辂像》，虽无司寇像，但开曲阜典籍附孔子像之先河，其后的曲阜方志多在书前加附孔子像版画，遂成惯例。

明弘治十八年（1505 年）刻，嘉靖元年（1522 年）重刊的《阙里志》13 卷，明陈镐撰。书中卷一、图像中有《鲁司寇像》。如前所述该幅孔子像版画与圣迹殿司寇像同，旁注有文字：玉红色绿簪黄缨紫褐裘。

明万历三十七年（1609 年）刻本《阙里志》12 卷，明孔贞丛撰，据陈志重修。书中卷一、图像志有《司寇像》，该司寇像为全身像。该像孔子仪容、服饰与《孔子为鲁司寇像》如出一辙，但像为全身，孔子着"玄冠""玄端"，上衣下裳，领、袖、下齐缀有云纹。此幅画像孔子须髯更为浓密，双手执圭端拱，神情更为安详。

明崇祯刻清雍正增修本《阙里志》24 卷，明陈镐撰，孔胤植重修，清雍正增修。书中卷之一、图像志亦有司寇像，该像与前书神行相仿，服制基本与前书同，较为特殊的是冠无色，玄端布满云纹，领、袖、下齐缀有回纹。此幅版画孔子神态更为刚厉，更具威严之色。

由于手边掌握古籍资料不丰，刊刻鲁司寇像的典籍应还有不少。将在以后渐趋查补完善，以展古籍版画中孔子鲁司寇像的全貌。

三、孔府文物中的鲁司寇像

明清两代孔子画像传世较多，对孔子的形象描绘基本延续了宋元之制。孔子画像作为专绘孔子的人物肖像画，个人画像题材以司寇像、燕居像、行教像、冕旒像为主要类型，群像画作则以侍立像、讲学图等为主要题材。孔府旧藏孔子画像均为明清时期作品。这些作品中，既有名家手笔，又有托古名家的画作，也不乏出自佚名画家的上层之作。总体观之，孔子画像大抵出自文献中关于孔子形象的描述，有些更是借此直接临摹前人之作。明清时期画家以孔子为题材作画均力求有依有据，画作也必然突出文献中孔子容貌、服饰、境遇的典故，所以孔子画像以古代文献统领，意欲以此契合人们心目当中的至圣先师形象。

据孔子六十九代孙孔继汾乾隆二十七年编纂的《阙里文献考》载："又见家藏纸本像三，绢本像五。纸本者，一为燕居像，佚名；一为唐吴道子画司寇像；一为明蜀惠王朱申凿摹吴道子司寇像。绢本者，一为宋人摹吴道子司寇像，有明神宗书宋高宗赞；一为杏坛讲礼像，石壁下，老松盘曲，文杏杂列，先圣执如意，凭几讲授，弟子拱立受教者一人，执香炉立者一人，拱手侍者二人，群聚请业者十有六人，内一人抱琴，三人执卷，余或拱手，或敛袖，或曳杖，或行相问答，凡弟子在列者二十人，宋李唐画；一为观敧器像，明郭翊画；一为行教像，从二弟子衣裾书论语半部，一为冕服像，皆失名。"① 这里记述的 8 幅孔子画像中司寇像有 3 幅，吴道子画司寇像已经遗失。乾隆到民国，衍圣公府又收藏司寇像 1 幅，达到 3 幅的数量。20 世纪 50 年代初 2 幅调藏山东省博物馆，现仅存 1 幅藏于孔子博物馆。这些画像均为衍圣公收藏，代表了孔子嫡系后裔对先祖的崇敬、追思与寄托。画像中孔子的司寇形象跃然纸上但却不尽相同，我们细细品鉴，从中既可感知作者心目中为官一任时的孔子形象。

孔府旧藏的三幅司寇像均为卷轴画，分别为明中期《明神宗书宋高宗赞司寇像》、明中晚期《明蜀王赞司寇像》和清中晚期《同治跋明蜀王赞司寇像》。三幅画像构图基本一致，为孔子半身像，应均是临摹前代之作。形象方面三幅司寇像均遵循了文献中实写孔子异相的记载，三幅画像孔子服制相似，但具体形制每幅又略有不同。因春秋服饰均鉴于文献所载，未有具体参照之物，所以方心曲领，云龙纹饰及部分服饰色彩等可能为后人因时会意所添。

《明神宗书宋高宗赞司寇像》在《阙里文献考》中名为《宋人摹吴道子司寇像》，因孔继汾有言："为宋人摹吴道子司寇像，有明神宗书宋高宗赞。"可见孔继汾认为：画与赞并非同期，画为宋人绘制，赞为明人所加。经鉴定画亦为明中期作品。该画绢本设色，工笔重彩，画高 120 厘米，宽 63 厘米，孔子像高 100 厘米，宽 63 厘米。上部有楷书宋高宗赵构制《孔子赞》，10 行共 98 字，全文为："大哉宣圣，斯文在兹。帝王之式，古今之师。志则春秋，道牖忠恕。贤于尧舜，日月其誉。维时载雍，戢此武功。肃昭盛仪，海内聿崇。"文末有朱文印"虚斋"二字。画心为孔子半身像，左上有朱文印"宣和之宝"。画中孔子稍向右倾，戴嵌宝司寇冠，四角黼纹；着玄色司寇服，方心曲领；面部五官，丰润饱满，圆目而瞑，鹰隼隆鼻、嘴阔稍扬，双耳垂肩，成威而不猛，厉中带温之色。现藏于孔子博物馆。

《明蜀王赞司寇像》在《阙里文献考》中名为《明蜀惠王朱申凿摹吴道子司寇像》，鉴定为明中晚期作品。该画纸本设色，画高 160 厘米，宽 104.5 厘米，孔子像高 125 厘米，宽 104.5 厘米。画上方残存正书 6 行 32 字，该画字迹为明蜀王赞，已经模糊，原文应为："元气萃聚，圣智生成。天地之度，日月之明。帝王模范，古今准程。德尊万代，道著六经。"画心亦为孔子半身像，画中孔子稍倾向右侧，礼冠玄衣，方心曲领，面色凝重，眉目低沉，若有所思。现藏于山东博物馆。

《同治跋明蜀王赞司寇像》纸本设色，画高 147.5 厘米，宽 65.5 厘米，孔子像高 125 厘米，宽 65.5 厘米。上部有正书 10 行，为画像图名及明蜀王赞，内容与前画像同。因有 1862 年的跋文，画像出处与来源明确。跋文位于画像左侧，全文为："同治

---

① （清）孔继汾：《阙里文献考》，山东友谊出版社，1990 年，据乾隆二十七年（1762 年）刊本影印。

元年秋八月丁丑，圣诞前，武昌知府如山恭奉圣像至山左会馆致祭。裔孙宪彝、宪庚、宪谷、庆笃、庆籙、庆策皆为执事。越月，七十四代孙衍圣公繁灏展觐来京，因奉归里，敬谨藏于庙。壬戌九月一日，内阁侍读宪彝谨识。"该画与孔庙圣迹殿刻石《孔子为鲁司寇像》相似，仅仅衣服改以云龙纹饰，可能为临摹前者之作。画为孔子半身像，画中孔子稍向右倾，较前两幅幅度要小，司寇礼冠，云龙章服，方心曲领，面容威严刚正，又有敦厚温和之感。现藏于山东博物馆。

　　根据孔子不同的社会角色，孔子的形象极为丰富。审视这些描绘孔子任大司寇时的画作，仿佛再现孔子为官一任的坎坷和辉煌，透出孔子温厉、威严、恭安的人格。绘画中的孔子远比文献记叙中的孔子来得生动，也比史实中的孔子更显饱满。这些既是历史留给作画者的孔子印象，也是绘者留给后人的孔子印象。

　　我们可以说每个人心中都有一个不同的孔子，因为每个人都有不同的经历与阅历，所以对孔子及其思想的感悟与理解不同。在中国历史的长河中，人的思想也在不断汇聚，从上游的溪流到下游的江海，孔子仿佛源泉一样滋养着中华文明的水脉。当作者提笔，以线条与色彩描绘孔子，无论是石、是木、是纸、是绢，都凝结了当时的时代精神，画面富于时人的思想意志，孔子的形象也随之而改变，但其中亦有不变，那就是孔子带给后人的精神之财富。

　　作者简介：张帅，曲阜市文物管理委员会助理文博馆员；陈晶，女，曲阜市文物管理委员会文博馆员。

参考文献：

[1] 孔元措撰：《孔氏祖庭广记》十二卷，蒙古乃马真后元年孔氏刻本。

[2] 明陈镐撰：《阙里志》十三卷，明弘治十八年刻，嘉靖元年重刊。

[3] 明孔贞丛撰：《阙里志》十二卷，明万历三十七年刻本。

[4] 明崇祯刻清雍正增修本《阙里志》二十四卷，明陈镐撰，孔胤植重修，清雍正增修。

[5] 孔继汾编纂：《阙里文献考》一百卷，清乾隆二十七年刻本。

[6] 骆承烈、孔祥民编：《画像中的孔子》，上海古籍出版社，2003 年。

[7] 孔德平、彭庆涛编：《游读曲阜》，泰山出版社。

[8] 孔德平：《历代孔子造像考察》，中国艺术研究院 2008 届硕士毕业论文。

[9] 唐桂艳：《清代山东刻书史》，山东大学 2011 年博士学位论文。

曲阜祭孔乐舞考略

陈靖秋　孔　健

摘　要　祭孔乐舞是用于祭祀"至圣先师"——孔子的乐舞，曲阜孔庙的祭祀舞历史悠久，有文字记录可追溯至明、清两代遗存舞谱编排的祭孔乐舞，至今仍以"活文物"的形式保存于曲阜孔庙的祭孔仪式中，它将古代的祭祀礼仪、庙堂雅乐、宗教活动、家族风尚混合为一体，既带有浓厚的政治性，又带有鲜明的艺术性。本文借助于有关祭孔乐舞的文献资料，在前人研究的基础上对孔庙祭孔乐舞历史演变的过程加以梳理，并阐述祭孔乐舞所蕴含的思想文化和现实意义，对弘扬社会主义核心价值观，实现祖国伟大复兴有一定的借鉴意义。

关键词　祭孔乐舞　演变　礼乐　文化

孔子是中国古代著名的思想家、教育家、政治家，自汉武帝"罢黜百家，独尊儒术"以来，历代统治者对孔子极力推崇，不断加封追谥，每年春秋二仲的第一个丁日以及孔子诞辰日，均要在孔庙举行祭祀大典，以隆重的礼乐形式祭祀孔子。祭祀中，以曲阜孔庙祭祀乐舞伴及祀典的全过程，场面之隆重、规模之盛大，是当时各地的祭孔活动所无可比拟的。

一、祭孔乐舞的历史演变

《左传》记载："国之大事，在祀与戎。""祀"者，行礼乐之教化而尊天地鬼神也。在原始时代，"三人操牛尾，投足以歌八阕"的乐舞已经展现了人类征服鸟兽的自信心和荣誉感。而夏商的乐舞则体现出奴隶社会充满对立的血与火的时代风格。周代的乐舞经过周公的加工整理，乐舞、器乐、乐律等都得到了提升，到达了历史的第一个高峰。

舞蹈源自原始人类的生活需求，随着社会的发展，其娱乐功能和政治功能日渐突出，统治者可借以施政治国，广泛用于各种政治、社交、祭祀等场合，使舞蹈的专门化、仪式化程度不断提高。

乐舞用于祭祀，本是周朝旧制，称之为庙堂雅乐，雅乐泛指我国古代宫廷音乐、祭祀音乐和仪礼音乐，始于周代的"制礼作乐"制度，其中的祭孔乐舞是雅乐文化的重要组成部分。祭孔雅乐同样也继承了上古时代的原始乐舞，歌、舞、乐三位一体的综合艺术形式以及八音乐器、摆设、诗词、演奏乐律一直被沿用下来。

孔庙的祭祀乐舞由来已久，孔子去世后，其弟子后裔即采用传统礼法祭祀先哲，陪祭乐舞尤其重视。东汉时期，孔庙的祭祀乐舞已有相当可观的规模。南北朝时期，孔庙祭祀用的"轩悬之乐"和"六佾之舞"被定为永久法规。隋文帝时期，专用祭祀乐舞开始形成。明朝时期，祭孔乐舞几经调整更加丰富，趋向完整、成熟。到清代，祭孔活动达到顶峰，祭孔乐舞在继承明代的基础上不断丰富发展。孔庙祭祀乐舞一直流传到民国时期，两千多年不曾湮灭，而今我们看到的主要是明、清两个朝代的祭孔乐舞舞谱。当然，随着朝代的变异、时间的推移，祭祀乐舞也在反复地变化和更新，历代的乐器配置、服装设计、出舞人数、表演形式也不尽相同。

从祭孔乐舞发展演变的历史轨迹看，最初的祭孔活动，只是孔门弟子及孔氏后人的家事。后来，伴随着儒家思想官方化的形成，作为儒学宗师的孔子也备受尊崇，历经两千多年的发展，孔庙祭祀逐渐成为一种包含仪注、音乐、歌章、舞蹈等要素的规模庞大而完整的官方祭祀仪式，乐舞规格也就随之不断变迁。

曲阜孔庙私家传世的祭祀乐舞由专职的乐舞生进行表演，乐舞生仅在孔氏家族弟子以及周边地区的优秀少年中选拔，他们专职于祭祀活动，一经入选，就要接受严格的训练，终日学习、演练祭孔乐舞，以备祭祀时出场表演。这种有限范围的挑选与专师严格的训练，不但使孔家乐舞生具备了高超完美的艺术技能，而且使祭祀乐舞得以保存于世。

虽然祭孔活动经历了从民间祭祀到政府主导的变迁，但其中蕴含的礼乐观念已与古代社会迥然不同。孔子后裔在祭祀前辈的过程中，将陪祭的乐舞从烦琐死板的典仪中抽脱出来，加以改造和充实，排演成大规模的乐舞场面。直到1957年，孔庙祭祀还是沿用清乾隆八年颁定的祭祀乐舞，而20世纪80年代复兴的祭孔乐舞已经转向观赏性，后来就发展为曲阜孔氏家族专有的艺术展演——孔庙祭祀乐舞。

二、祭孔乐舞的思想文化内蕴和意义

(一) 祭孔乐舞的思想文化内蕴

祭孔乐舞是集礼、乐、歌、舞为一体的乐舞形式，其中的歌、乐、舞都是礼的附属，同时也体现了礼的形式。这里的礼就是传统儒家礼仪，孔子主张"克己复礼"，当时的"礼"是指周礼，可是由于春秋战国时期的诸侯割据，周礼已经失去了本身的作用。后来随着国家的大一统时代的到来，经过以董仲舒为代表的先贤大儒将儒家的思想和礼仪制服的不断完善和发展，使周礼又重新获得了活力，被封建统治者认同。经过历代的发展，儒家礼乐文化不断完善，成为中国两千多年的正统思想。

祭孔乐舞虽以尊孔为主题，但实质却是表现了独特的政治功能，宣扬了礼乐文化思想。在乐舞表演中，礼乐相辅相成，无论从旋律节奏还是乐章诗歌，都融合了孔子思想文化内蕴，充分体现了儒家思想中的"仁""礼""德"等教化功能，不仅对社会风气、人的道德修养产生了潜移默化的影响，同时使统治者在治理国家时能够达到巩固政权的目的。祭孔乐舞既表现了气势磅礴和端庄典雅的艺术风格，还体现了中国传统文化中的礼乐文化，通过乐舞的词体、曲调、旋律和肢体语言形式将儒家文化思想代代相传。

（二）祭孔乐舞的意义

1. 祭孔乐舞的政治意义

历代封建王朝祭祀孔子，不仅仅是纪念圣人孔子，更是为了借助祭祀孔子，将儒家文化的正统地位加以巩固。从汉武帝时，罢黜百家，独尊儒术，儒家思想就成为封建王朝的正统思想。儒家思想中以"仁、义、礼、智、信"为代表的"三纲五常"成为维护统治阶级统治的思想基础。历代统治者对儒家思想一直持认同与支持的态度，主要是因为孔子政治思想中的"仁爱""克己复礼"等观念，符合统治阶级的政治要求，有利于维护皇权统治。统治者每年祭祀孔子，就是要让天下儒生在文化层面对统治者有认同感和归属感，这样的话最高统治者就把广大的士大夫阶层笼络到自己的身边，维护自己的封建统治。

2. 祭孔乐舞的文化意义

祭孔乐舞从古至今，其形式内容、规格用途都与孔子地位的升降荣辱密切相关，乐舞在传统仪式的基础上，融入形象的艺术语言颂扬孔子及其思想学说，既反映了中国传统艺术文化的精髓，又表达了对孔子的缅怀之情。古代的历代封建帝王以隆重而繁缛的礼仪程序、庄严肃穆的乐舞形式来表现对孔子的尊崇，而现代祭孔是当代社会和人民对孔子及其思想的现代解读和再认识，是为弘扬中华民族优秀的传统文化，通过祭孔大典仪式中乐舞表演等活动，众多地区国家的学者参与到挖掘整理祭孔乐舞中来，搭建了一个世界文化交流平台，扩大了中国传统文化对中国乃至世界的影响。

三、祭孔乐舞的启示

本文借助于有关祭孔乐舞的文献资料，在前人研究的基础上对孔庙祭孔乐舞历史演变的过程加以梳理，并初步探究祭孔乐舞所蕴含的文化和现实意义。在文化和现实的意义中，我们也得到了一定的启示，这就是思想文化对社会教化和政治建设起到了一定的作用，思想文化和社会发展、政治文明建设是相辅相成的。祭孔乐舞让人更多感到的是"和谐""秩序"的审美情结，具有一种特殊的感染力。结合当下的时代背景，我们的社会正处于转型期，各种社会矛盾和不同思想、价值观的相互冲撞带来动荡与不安，社会经济快速发展，造成了一定的贫富差距，也产生了一定的社会矛盾，而儒家文化对秩序、和谐、均衡的重视，为贫富不均的地区提供了哲学、道德和人生价值的引导，对于缓和社会矛盾，促进社会和谐发现，实现中国的伟大复兴具有一定的意义。

作者简介：陈靖秋，女，曲阜市文物管理委员会文博助理馆员；孔健，曲阜市文物管理委员会文博馆员。

参考文献：

［1］王赛时：《古代孔庙的祭祀乐舞》，《文史杂志》1987 年。

［2］吕钢文：《孔庙乐舞的发掘》，《中国档案》，1999 年。

［3］文启明：《祭孔乐舞的形成和对外传播》，《中国音乐学》，2000 年。

［4］段妃：《对中国儒家文化复兴的思考——谈祭孔乐舞的文化寓意》，《舞蹈》2006 年。

有道、足兵、谋战、慎战

——浅析孔子的兵学思想

孙胜利

摘 要 孔子创立博大精深、源远流长的儒家思想,以"礼"、"仁"为核心,以"德"、"礼"为治国之道。通常认为"仁、义、礼、智、信",道德文章就是其全部,"文圣"的熠熠光芒遮掩了孔子在兵学上的思想。其实在孔子的言语间,零散而跳跃式闪烁着许多军事智慧亮点。孔子不提倡战争,主张以"修文德"来制衡,先礼后兵。在"孔丘知礼而无勇"的定论下,隐藏着孔子"志于道,据于德,依于仁,游于艺"教化下的"义战、备战、慎战、谋战"思想。

关键词 有道 义战 备战 慎战 谋战 文治 武备

孔子,素以温文尔雅、知书达礼的文士形象见于世人,"文圣"的熠熠光芒遮掩了孔子在兵学上的思想。孔子所处的春秋晚期,正是中国历史上一个社会大变革时代的开端,当时社会动荡不安,各诸侯国尔虞我诈,互相倾轧,导致战祸不断,民不聊生。孔子眼见礼崩乐坏、战争频仍的局面,不可避免地对用兵之道提出自己的见解。"远人不服,则修文德以来之"。(《论语·季氏》)孔子不提倡战争,主张以"修文德"来制衡,先礼后兵。在《左传·定公十年》"孔丘知礼而无勇"的定论下,隐藏着孔子"志于道,据于德,依于仁,游于艺"教化下的"义战、备战、慎战、谋战"思想。

一、兴"有道"之兵,倡导战争的正义性,占领舆论的制高点。

孟子曰"得道多助,失道寡助",发动一起战争首先要正名,师出有名,则天下归心。自古以来,大凡发动战争者,多会于战前发动舆论攻势。历史上有名的周武王讨伐商纣王的战斗檄文《泰誓》《牧誓》,三国陈琳《讨曹操檄》,唐骆宾王《讨武曌檄》,朱元璋《北伐檄》及曾国藩《讨粤匪檄》莫不是申明正义,讨伐叛逆,占据到"道义"的制高点。春秋末期战火弥漫,孔子以他的"道"为政治标准衡量当时的战争，区分战争的性质。《论语·季氏》载"天下有道则礼乐征伐自天子出，天下无道则礼乐征伐自诸侯出"。孔子的战争观是从有道与无道的判断中得来的，把战争明确划分为正义战争和非正义战争两大类。凡是拯民于水火，吊民罚罪，为维护大一统局面，为实施仁政开辟道路的战争都是义战，应该支持和拥护。相反，诸侯间争名逐利，戕害生灵，恃强凌弱的兼并战争都属于不义之战，应该坚决反对和谴责。据《论语·宪问》记载："陈成子弑简公。孔子沐浴而朝。告于哀公曰：'陈恒弑其君，请讨之。'公曰'告夫三子!'"公元前481年，齐国大夫陈恒杀死了齐简公。孔子马上沐浴上朝，请求鲁君出兵征讨陈恒。可见孔子并不反对战争，而是勇敢地向违反道义者宣战。孔子的战争观立足于战争的性质，从战争与政治的关系看战争的功能与作用，因而反对不义的侵略战争，反对违背道义原则的战争。

孔子把义的概念引入战争，系统地提出义战理论，这是孔子军事教育思想的一个根本观点，它揭示了军事与政治之间的内在关系，从而使其战争观在哲学上得到升华，在理论上趋于成熟。

二、"足兵"，重视日常的战备，强调军事、经济及民心的统一性。

《论语·颜渊》载："子贡问政。子曰：'足食、足兵、民信之矣。'子贡曰：'必不得已而去，于斯三者何先?'曰'去兵'。子贡曰：'必不得已而去。于斯二者何先?'曰：'去食。自古皆有死，民无信不立。'"子贡向孔子请教国家政务的问题，孔子说，只要有充足的粮食、充足的战备以及人民的信任就可以了。孔子将"足兵"作为治理国家的条件之一，足以说明孔子对于国家战备的重视。"足兵"不仅是兵员上的配置，更是武器装备和后勤保障的统一。孔子把民信放在首位，高度重视取信于民的重要性，认为人心向背是决定战争胜负的首要条件。

"足食"是富民的标志，就是要发展经济，使人民富裕、国家富强，有强大的经济实力。孔子强调富民以争取民心归附。他认识到富民对战争的根本意义和重大作用。兵源来之于民，装备及后勤保障也来源于民。攻战依赖民众，民力强，攻战才能有起码的保障。

2013年3月在出席十二届全国人大一次会议解放军代表团全体会议时，习近平总书记强调："要按照打仗的要求搞建设、抓准备，确保部队招之即来、来之能战、战之必胜。"这既体现了总书记对国防战备的高度重视，同时也为新形势下军队建设提出了新的更高的要求。在实现在中华民族伟大复兴"中国梦"的路上，在国富民强的今天，国家的安定、人民的幸福更需要"足兵"提供坚强保障。

三、重视教化及训练，指出强军的关键在于"教民"。

"国之大事，在祀与戎"，作为关乎国家兴亡的大事，孔子非常重视教化，强调政治思想教育在军队中的重要作用。《礼记》说："以之田猎有礼，故戎事闲也；以之军旅有礼，故武功成也。"孔子主张以"礼"治军，这就要求军队在训练或实战中严守军纪，官兵有序，则武事可兴，战无不胜。子曰："能执干戈以卫社稷，可无殇也。"这是孔子对"执干戈以卫社稷"者的讴歌，为国捐躯者可得超常的礼遇。孔子赞扬守土有责的爱国主义精神的同时，也为激励士卒奋勇向前提供强大动力。

子曰："善人教民七年，亦可以即戎矣。"这是提高军队作战和防卫能力的军事教育观，战争的经验告诉人们，打仗固然要靠勇敢精神，但是，光凭勇敢而不懂战术技术，也是不能打胜仗的。"从战争学习战争"，这是在战争环境下提高部队作战技能的重要方法，但在和平条件下，抓好平时的教育训练，乃是提高部队军事素质的基本途径。平时教育训练卓有成效，战时才能多打胜仗，否则，就要吃败仗。

子曰"以不教民战，是谓弃之"，大凡要兴兵打仗，必须首先训练部队学会怎样作战。全军将士只有平时经过严格训练，全面掌握疏开、收拢、集结、分散的战术方法，完全熟悉停止、行动、前进、后退的作战号令，那么，使用这样的部队对敌作战时，他们在看到指挥旗帜的不同挥动而应变自如，听见鸣金击鼓的不同声响而进退得当。这样，就能战无不胜。这种以扎实的训练作为军队战斗力及克敌制胜基础的思想，符合军事学客观规律。

孔子教习六艺：礼、乐、射、御、书、数，其中的"射"和"御"，既可视为体育和生活技能，也可用于军事用途。据《史记·孔子世家》记载，公元前484年（鲁哀公十一年）是年齐师伐鲁，孔子弟子冉有帅鲁师与齐战，获胜。季康子问冉有指挥才能从何而来？冉有答曰"学之于孔子"。这表明，孔子不仅懂军事，而且向学生传授过军事方面的知识，教民战也是孔子教学的一部分。

四、"尚勇"、"谋战"是战争取胜之本。

《孔子家语》载："战阵有列矣而勇为本。"勇敢为战争取胜之本，这一思想为后代兵家所普遍接受。"夫战，勇气也。""器械为宝，勇斗为首"，"三军勇斗，莫我能御。"战争是勇敢者的舞台，"勇"成为传统武德之一。孙子把勇列为将领五德之一，后代类似提法虽略有差异，但"勇"不可或缺。《六韬·论将》称："将有五材：勇、智、仁、信、忠"，更把勇排在了将德的首位。孔子倡导义勇，他认为遵循道义的行为才称得上勇敢，勇要接受仁义的统帅和支配，要把勇纳入仁义的轨道。认为"仁者必勇"，"见义勇为"，"知耻近乎勇"。

《论语·述而》载：子谓颜渊曰："用之则行，舍之则藏，惟我与尔"，子路曰："子行三军，则谁与？"子曰："暴虎冯河，死而无悔，我不与也。必也临事而惧，好谋而成者也。"临事而惧，不是害怕而是重视，不是犹豫彷徨而是殚精竭虑。俗话说，易事者必难，难事者必易。有的工作，难度极大，却能够马到成功；有的事情，举手之劳，却办得一塌糊涂，一个重要原因在于，干事情的人是临事而惧、周密谋划还是临事不备、仓促上阵。态度不同，结果迥异。孔子倡导智勇，教导只有勇敢是不够的，勇敢不仅受仁义的制约，还要以智谋为依凭。只有刻苦学习以砥砺自己，才能成为有勇有谋的人。

五　"慎战"，不打无把握之仗，战必胜之。

《论语·述而》载"子之所慎，斋、战、疾。"孔子将争战看作和"斋戒""疾病"一样，足见其谨慎。孔子作战，必求"临事而惧，好谋而成"的人，因为它关乎国家存亡安危。孔子对于战争持十分审慎的态度，反对鲁莽行事、打无准备之仗，更反对欺负弱小的不义战争。孔子懂军事，并教习军事知识。然而在卫灵公问陈时却说："俎豆之事，则尝闻之矣；军旅之事，未之学也。"（《论语·卫灵公》）孔子不愿与其谈论军事，是基于对卫灵公的了解，与好战分子卫灵公谈用兵之道，无异于"为虎作伥"。孔子极力倡导"和为贵"，战争是不得已的选项。孔子的"慎战"思想，是出于对战争的危害性深刻认识，然而孔子的"慎战"并非"不战"，战争是需要深思熟虑、慎之又慎后做出的重大决定。从孔子支持和赞扬冉有指挥抗齐，又坚决反对季氏伐颛臾（《论语·季氏》）等可看出孔子的"慎战"思维，也可进一步看出他对于正义与非正义战争的鲜明态度。

六　倡导文治，不废武备。

据《史记·孔子世家》载，孔子奉行"有文事者必有武备，有武事者必有文备"，孔子任鲁司寇的那年夏天，齐景公派人使鲁，约定两国君主在齐鲁边境之夹谷会见。因鲁国历来拥晋不附齐，齐景公便打算这次武力迫使鲁国服齐。孔子作为负责外交的官员，准确预见到齐国的目的及可能手段。孔子提出建议说："我听说外交活动中，须有军事准备，而在战场上，必须以外交手段辅之，文武交互为用。"鲁定公采纳了孔子的建议，命左右司马带兵同去。孔子主持"相礼"，齐人使"莱人"持兵器"鼓噪而起，欲执鲁君"时，他指挥士卒还击，齐君见鲁国有备而来，便喝退了"莱人"。孔子更是以"礼"服人，要回齐国占用鲁国田地。兵法云："不战而屈人之兵，战之上者也。"孔子在夹谷的胜利，不是这种"不战而屈人之兵"的"上"战的最好的例证吗？

有文事者必有武备，有武事者必有文备，即外交活动必须有武装力量做后盾，军事活动必须有外交上的互动。孔子在两千五百多年前提出的这一卓越的战略思想，已成为当今世界各国处理国际事务普遍奉行的准则。

孔子创立博大精深、源远流长的儒家思想，以"礼"、"仁"为核心，以"德"、

"礼"为治国之道。通常认为"仁、义、礼、智、信",道德文章就是其全部,其实在孔子的言语间,零散而跳跃式闪烁着许多军事智慧亮点。滴水可折射阳光,那么把孔子兵学智慧亮点聚集放大,就可看出明晰的孔子兵学思想。

作者简介:孙胜利,曲阜市文物管理委员会文博馆员。

参考文献:

[1] 杨伯峻:《论语译注》,中华书局,2006 年。

[2] 司马迁:《史记》,中华书局,1959 年。

[3] 倪乐雄:《儒家战争观及其历史命运》,《史学月刊》1993 年 2 期,第 14~19 页。

[4] 艾新强:《试论孔子军事思想及其历史地位》,《固原师专学报》(社会科学)1998 年 4 期,第 36~40 页。

[5] 杨德春:《从颊谷之会看孔子的军事思想》,《军事历史研究》2012 年 3 期。

[6] 李清津:《从〈论语〉看孔子的慎战军事思想》,《社科纵横》2009 年 6 期。

[7] 宋广梅:《略论孔子的军事思想》,《开封教育学院学报》1991 年 4 期。

[8] 高尚刚:《略论孔子的军事思想》,《河南大学学报》(哲学社会科学版),1986 年 4 期,第 31~34 页。

[9] 林东旭:《孔子军事文化遗产与传承》,《福建省社会主义学院学报》2004 年 4 期,第 47~51 页。

浅析《仪礼》的现代价值

邢海波

摘　要　《仪礼》是我国古代重要文化典籍，属于礼经，位列儒家经典"十三经"之一，在思想、文化、政治、教育、军事等方面都产生过重要影响。由于时隔久远，其内容在现代生活中体现得很少，造成《仪礼》以难读著称，现代人读过《仪礼》的恐怕已经很少了。尽管如此，《仪礼》一书，依然有其不可抹杀的现代价值，尤其对于传统文化爱好者来说几乎就是必读书。作为既能承接传统文化，又能发挥现代功能的文庙来说，在展示《仪礼》中记载的礼仪方面还有很大的空间可以发挥。

关键词　传统文化　仪礼　价值

中国素有"礼仪之邦"的称呼，就是说中国礼制完备、礼在国家社会生活中占有非常重要的地位。如果没有看过"三礼"——《周礼》《仪礼》《礼记》，尤其是《仪礼》，而只是按照日常生活来判断，会感觉我们与"礼仪之邦"这个称呼有些隔膜。《仪礼》可以在一定程度上填补这个不足。读完《仪礼》，给笔者的感觉是"不读不知道，一读吓一跳"，对于中国文化爱好者来说，认识和了解《仪礼》是十分必要的。

一、《仪礼》概述

《仪礼》具体记录了周代（或有商代内容）的士冠礼、士昏礼、士相见礼、乡饮酒礼、乡射礼、燕礼、大射、聘礼、公食大夫礼、觐礼、丧服、士丧礼、既夕礼、士虞礼、特牲馈食礼、少牢馈食礼等十五种礼仪，其中以士大夫的礼仪为主。在先秦时期，只单称《礼》，在汉代还被称过《礼记》。究竟何时出现《仪礼》的名称，已经很难准确考证。据说，孔子及其后学弟子编订过《仪礼》。后世高度重视《仪礼》，很多大学者都予以注疏。由于传统社会是礼治社会，《仪礼》的产生和广泛流传是有原因的。但《仪礼》中记载的各种烦琐的礼节，在古人看来已经不切实用了。尽管如此，笔者认为《仪礼》在当今社会中依然具有一定的现代价值。

二、《仪礼》的现代价值

中国古代社会是礼治社会，礼仪的范畴要比今天广泛得多，几乎涵盖了国家政治、经济、文化各个方面的典章制度及个人的修养、规范和准则。尽管如此，古人很早就感觉到《仪礼》记载的内容不切实用，但它依然被奉为经典，仍然作为仪礼、制礼的重要依据。随着传统社会的结束，《仪礼》所记载的各种繁缛的礼仪制度，已经失去了存在的社会基础，成了历史陈列品。但作为一部重要的传统文化典籍，除了对于历史研究者之外，对于普通的传统文化爱好者和普通国民也具有一定的现代价值。

（一）《仪礼》是了解中国，认识中国人的必读书。

向别人推荐传统文化必读书目，很多人会推荐《三字经》《百家姓》《千字文》，几乎没有人会将《仪礼》列在其中。这也不奇怪，的确，相比于那些为人处世的道理和经典历史故事，《仪礼》的内容实在太枯燥、难懂，读起来并不舒服，并且严重脱离现代生活，似乎找不到能指导读者现实生活的内容。但是要充分认识一种文化，最好的方式是与其他文化相比较，就像梁漱溟先生撰写的《中国文化要义》，不只是自说自话，自言自语，而是从中西文化对比入手，将中国文化的要义阐述更加明确清晰。在百余年的中外文化对比当中，我们发现礼是我们与外国文化最明显的差异，"如果用一个字代表中国古代文化，那么答案非'礼'莫属"，所以如果有人想直观地了解中国，了解中华文化，了解中国人思维方式和思想成果，了解中国独特的人文美学，《仪礼》这本书是不能忽视的。

（二）《仪礼》是学习国学，学习儒学的必读书。

由于历史和现实的多种原因，现在社会上出现"国学热"的现象，许多普通人都有阅读国学经典的愿望。虽然国学包含内容十分广泛，但其主要内容还是儒学，而儒学的基本观念和解决问题的办法离不开礼、乐。"抽象的道理远不如具体的礼乐"，与《论语》《孟子》《大学》《中庸》等阐述道理，以及《春秋》记述史实的经典不同，《仪礼》则是将儒家的理想信念和价值追求用礼的动作、言谈生动形象地展示出来，有助于读者对儒学形成直观的认识和理解。另外，《仪礼》是儒家礼制著作的源头之一，"合抱之木，生于毫末；九层之台，起于累土"，如果不读《仪礼》，阅读其他儒家经典就会费力很多。

（三）提高生活仪式感，有利于个人内心修养。

现在人们在生活中，很少能体会到仪式感，在婚礼和丧礼等仪式上能接触到仪式，但和个人的内心修养也没有太多关系。通过研读《仪礼》中的礼节，则有助于读者实现内心的"清明安和"，达到崇信理性的效果，从而清除愚蔽偏执、强暴冲动等不理性的情绪，达到提高品格、完善人格的效果。

（四）启发人们进行广泛而深刻地思考

经典著作，都能启发人们的思考，《仪礼》也是如此。比如通过阅读《仪礼》可以启发读者思考天与人的关系，人与人的关系，秩序与自由的关系，心灵与身体的关系，宗教与道德的关系，中西文化的差别，传统与现代的关系等等问题。现在已经进入 21 世纪，不可能也没必要恢复古代的礼仪制度，但要思考中国现在和未来的有关国家、社会和个人的诸多问题，《仪礼》则是可以启发人们思考的经典著作。

三、文庙应在传统礼仪展示工作中发挥更大作用

中国的传统礼仪，按照《周礼》的说法，可分为五类，即吉礼、宾礼、凶礼、军礼、嘉礼，也合称为"五礼"。每种礼又包含若干种类的具体礼仪。这些传统礼仪存活到现在的已经是凤毛麟角。它们所依存的礼制建筑也已损失殆尽，百不存一。文庙（又称孔庙、夫子庙等）则有所不同，不但在古代兴盛异常，时值当代依然备受关注。每座文庙基本都会有礼仪展示活动。以长春文庙为例。为了丰富市民精神文化生活，每年举行免费传统文化活动数十次，在元旦、腊八、春节、元宵节、端午、清明、中秋、重阳等传统节日，都要免费开放，免费发送节日食品和传统文化书籍，满足市民游客对国学知识的需求。其中规模最大的，也是最有文庙特色的是国家级非物质文化遗产——祭孔大典。另外，涉及传统礼仪表演的还有启蒙礼、成人礼、春节祈福、清明祭祖等。其他更大规模的文庙举办的礼仪活动更是五花八门。

作为为数不多幸存下来的礼制建筑，文庙在发挥传统礼仪展示方面还有很大的发挥空间。笔者认为，有条件的文庙，可以组织专家学者和相关人员，尽可能地复原《仪礼》中记载的礼仪，定期面向受众进行表演。通过这种活人表演的展览，让《仪礼》复活，使更多传统文化爱好者，能够直观地认识中国传统经典，认识中国，从而启发更多热爱思考的人们去思考与礼仪有关的问题，尽最大可能发挥《仪礼》的现代价值。

作者简介：邢海波，长春市文庙博物馆馆员。

参考文献：

［1］杨天宇：《仪礼译注》，上海古籍出版社，2016 年。

［2］阴法鲁、许树安、刘玉才：《中国古代文化史》，北京大学出版社，2008 年。

［3］蔡元培：《中国人的修养》，中国长安出版社，2012 年。

［4］梁漱溟：《中国文化要义》，上海人民出版社，2011 年。

［5］王梦鸥：《礼记今注今译》，新世界出版社，2011 年。

［6］蒋伯潜：《十三经概论》，上海古籍出版社，2010 年。

［7］程学轩、樊丽娟：《一生有礼——图解中华传统礼仪》，中华书局，2016 年。

［8］科大卫：《明清社会和礼仪》，北京师范大学出版社，2016 年。

［9］费孝通：《乡土中国》，人民出版社，2015 年。

［10］傅佩荣：《国学与人生》，东方出版社，2016 年。

浅析《论语》的法文译本

张晓微

摘 要 《论语》是中国儒家文化的代表，是人类文明的共同财富。《论语》的译作对于中国传统文化的传播有着重要的影响。本文主要梳理了《论语》法译本的出现和发展历程，对《论语》法译本作者及其译作目的进行简要介绍和分析，并对《论语》主要法译本的特点进行概括，希望能为在文庙及儒学研究机构工作的各位同仁提供一些帮助和线索。

关键词 论语 法译本

儒家经典之作《论语》记载着儒家学派创始人孔子及其若干弟子的言语行事，"字字精金美玉，实人类千古不磨之宝典"。被称为"二千年来国人思想之总源泉"的《论语》与博大精深的孔子思想，不仅影响了中国文明史，也在国际社会中广泛流传，在中西方文化交流中扮演了重要的角色。《论语》先后被翻译成拉丁、法、德、英、俄、日、瑞典和罗马尼亚等语言，成为西方人了解中国的重要途径。《论语》还在2014年庆祝中法建交50周年的书籍评选活动中，位列"在法国最有影响的十部中国书籍"榜榜首。

一、《论语》法译本的出现和发展历程

法国向来是欧洲汉学的中心，《论语》在西方的传播主要也是以拉丁文与法文的译介发祥的。《论语》在欧洲的翻译和传播大致可分为四个阶段。

一是《论语》拉丁文译本的出现。《论语》的拉丁文译本最早出现在16世纪末，是意大利传教士利玛窦（Matteo Ricci，1552～1610年）最先用拉丁文翻译了"四书"（"Quatre livres"），于1594年前后在中国韶州完成，但此译著后来散佚了。几乎在同一时期，意大利传教士罗明坚（Michele Ruggieri，1543～1607年），在欧洲将有关孔子的

著作翻译成拉丁文。这是东西方文化的首次碰撞，也标志着"东学西渐"的开始。1687 年，比利时传教士柏应理（Philippe Couplet，1623～1693 年）在巴黎以拉丁文出版了《中国哲学家孔子，用拉丁文解释中国人的智慧》（《Confucius, Sinarum Philosophus, sive Scientia Sinensis Latine Exposita》）一书，中文标题为《西文四书直解》（实为三书，无《孟子》）。此书是柏应理和几名欧洲传教士多年工作的结晶，是 17 世纪欧洲介绍孔子及其著述的最完备的书籍。其中《论语》是由意大利传教士殷铎泽和葡萄牙传教士郭纳爵用拉丁文合译的。1711 年，比利时传教士卫方济（Franciscus Noël，1651～1729 年）在布拉格出版用拉丁文翻译的"四书"。

二是 18 世纪儒家思想在西方的传播。这一时期，《论语》及其他儒家经典的法译本数量并不多，但是儒家思想的传播对中西文化的交流却产生了巨大的影响。1735 年，法国神父、著名汉学家杜赫德（Jean Baptiste du Halde，1674～1743 年）依据在华传教士寄回法国的大量书籍和信件，整理编辑了一套条理清晰、内容丰富的著作《中华帝国志》，该书全名是《中华帝国及其所属鞑靼地区的地理、历史、编年纪、政治和博物》（《Description géographique, historique, chronologique, politique et physique de L'Empire de La Chine et de la Tartarie Chinoise》），被称为法国古汉学的不朽著作，直到 19 世纪末，这部书都被看作是中国问题的知识手册。在这一时期，儒家思想在欧洲的传播引起了一场前所未有的"中国热"，影响了整个欧洲启蒙运动。伏尔泰、魁奈、狄德罗等思想家对儒家学说推崇备至，但也有一些思想家持不同的看法，如孟德斯鸠、黑格尔等人就对儒家文化进行了理性的批判，推动了西方汉学的讨论和发展。

三是 19 世纪汉学研究趋向成熟，《论语》法译本走向完整。1814 年末，法国法兰西学院正式开设汉学课程并设汉学教授席位，标志着西方汉学进入了成熟期。1852 年，法国汉学家颇节（Jean – Pierre Guillaume Pauthier，1801～1873 年）翻译了包含《论语》在内的"四书"（"Confucius et Mencius：les quatre livres de philosophie morale et politique de la Chine"）。1895 年，法国传教士顾赛芬（Séraphin Couvreur，1835～1919 年）出版了《论语》的法文全译本（《Entretiens de Confucius et de ses disciples》）。至此，完整的《论语》法文译本代替了之前的节译版本，成为这一时期影响力最大的巨著。

四是 20 世纪后《论语》译著走向深入，出现复译热潮。著名翻译家许钧老师说"翻译不可能有定本。"的确是这样，在这一时期，《论语》法译本层出不穷，得到了不断复译与诠释，掀起新一轮《论语》复译热潮。其中主要译作有：

1. *Entretiens de Confucius*, trad. Anne Cheng, Seuil, 1981.（1981 年瑟伊出版社出版程艾兰翻译的《论语》）

2. *Les entretiens de Confucius*, trad. Pierre Ryckmans, Gallimard, 1987.（1987 年伽利玛出版社出版皮埃尔·利柯曼的译本《论语》）

3. *Entretiens avec ses disciples*, trad. André Lévy, Garnier – Flammarion, 1994.（1994 年弗拉马里翁出版社出版雷维安翻译的《论语》）

4. *Entretiens*, trad. DONG Qiang, Editions d' enseignement et de recherche des langues étrangères, coll. "Bibliothèque des classiques chinois, Chinois – Français", 2010.（2010 年外语教学与研究出版社出版的董强翻译的《大中华文库丛书——论语：汉法对照》）

二、《论语》主要法译本译者的文化学术背景及译作目的分析

从《论语》被翻译成拉丁文开始到现今的几百年时间里，《论语》的法译者多为知名传教士与著名汉学家，由于他们的身份、文化和时代背景、译介目的与处理方式都不尽相同，因此不同时代的译本也有着不同的形象，早期的译作中也不乏曲解与误读，但随着时间的推移，孔子的西方形象随着《论语》译作的不断完整变得更加丰满充盈。

一是早期《论语》拉丁文译作的传教士及其译作目的。《论语》的拉丁文译本多是由传教士完成的，最初的翻译目的都是为了服务宗教。意大利传教士利玛窦最先翻译了《论语》，他是天主教在中国传教的最早开拓者之一，也是第一位阅读中国文学并对中国典籍进行钻研的西方学者。曾和他一起在华传教的意大利传教士罗明坚，在对中国语言文字的研究方面，以及在中国典籍的西译方面，也都作出了重大贡献。有观点认为他们应共同被称为"西方汉学之父"。柏应理是一位在华传教 20 余年的传教士，也是一位对东西方文化交流做出杰出贡献的历史人物。与其他传教士不同的是他通过自己的中文著作将西方宗教和哲学输入中国，又将中国文化介绍给欧洲。但是，柏应理在其著述的《西文四书直解》序言中开宗明义地说明，这本书并不是为欧洲读者写的，也并非想使欧洲学者了解中国的知识和智慧，而是为了传教所作，为了给传教士提供方法以使中国人改宗皈依。相比未曾亲身到过中国传教，只因工作关系接触到大量的在华传教士信函的杜赫德却认为，传教士收集的关于中国的资料不应仅仅服务于传教，应当让欧洲的平民百姓也能了解中国。而法国传教士顾塞芬，作为最早的《论语》法译本完整版作者，也是 19 世纪和 20 世纪法国汉学家中翻译和研究中国典籍成绩的最卓越者之一，被称为近代西方汉籍欧译三大师之一。他用拉丁语和英语同时对汉语进行翻译，几乎翻译了所有的中国经典。在别人诋毁中国文化的时候，他会毅然站出来为之辩护，可见他对中国文化的认知和热爱程度。由此我们也可以看出，随着时间的推移，传教士对于《论语》进行法译的目的也在不断发生着变化。

二是完整孔子形象的译作者介绍。20 世纪后半叶，《论语》的法译者和法译作品呈现出百花齐放、百家争鸣的盛景。诸多汉学者试图通过自己对汉学的研究将经典《论语》再现于西方读者面前，其中最具代表性的译者有知名法籍华裔学者、知名法国

汉学家、中国著名学者等。

1. 程艾兰，法籍华人、知名学者，法国著名华裔学者程纪贤先生（法兰西首位亚裔院士）的女儿，接受了完整的法国教育，深受欧洲古典人文思想影响。1975 年毕业于巴黎高师，曾留学复旦大学，致力于中国文化研究。1981 年翻译《论语》。曾在法国国立东方语言文化学院等机构任教，是法国大学科学院高级院士、法兰西学院中国思想史教授。

2. 皮埃尔·利柯曼，汉学家、作家、散文家、文学评论家，翻译过包括《论语》在内的一些中文著作。其《论语》译本被多次再版。他曾这样评价《论语》：除此之外，没有任何一部著作对这个世界人口大国产生过如此持久的影响，而且"不抓住这个关键，就无法接触到中华文明"。

3. 雷维安，法国研究中国古典文学的知名学者和翻译家。著译甚丰，主要有《十六、十七世纪中国白话小说》《中国古典文学概览》《西游记》《聊斋志异》《牡丹亭》等，为西方读者广泛阅读，在法国汉学界有较大影响。

4. 董强，著名学者、翻译家，中法文化比较研究专家，文学史家，中法文化交流使者。毕业于北京大学西语系，赴法留学，旅居巴黎 12 年。2016 年 10 月当选法兰西道德与政治科学院外籍终身院士，现任北京大学法语系主任，全国傅雷翻译出版奖组委会主席。译著、专著 30 余部。

三、《论语》主要法译本特点分析

任何一部译作都在很大程度上依赖于译者对原文的理解和把握，与译者本身的文化背景、所处时代息息相关，因此每一部译作都会因多方面的因素形成自身的特点。下面以《论语·学而》开篇之句"子曰：'学而时习之，不亦说乎？有朋自远方来，不亦乐乎？人不知而不愠，不亦君子乎？'"为例，简要分析顾赛芬、程艾兰和董强的法文译作特点。

1. 顾赛芬在诠释《论语》的过程中，逐字逐句地直译汉语原文，尽量避免个人的解释和评论，使译文显得精练可读。他的译作具有严谨简洁、行文自由等特点，为后人研究提供了比较客观的依据。

译文：Le Maître dit：《Celui qui étudie pour appliquer au bon moment n'y trouve – t – il pas de la satisfaction？Si des amis viennent de loin recevoir ses leçons，n'éprouve – t – il pas une grande joie？S'il reste inconnu des hommes et n'en ressent aucune peine，n'est – il pas un homme honorable？》

2. 程艾兰的译本与辜鸿铭所译的《论语》英文版并称双璧，与其他法译本相比最具文学性。对于《论语》的翻译，她认为最困难的是做到忠实性与文学性的平衡，在翻译实践中，她选择了更加偏向文学性的翻译方式。由于她中法混血的特殊身份，加之她对儒家文化的深刻理解，使得她的译本用词准确到位、句式灵活、修辞丰富，表达贴切，同时兼顾文化和审美层面，呈现出一种诗歌的和谐美。

译文：Apprendre quelque chose pour pouvoir le vivre à tout moment, n'est – ce pas là source de grand plaisir? Recevoir un ami qui vient de loin, n'est – ce pas la plus grande joie? Etre méconnu des hommes sans en prendre ombrage, n'est – ce pas le fait de l'homme de bien?

3. 董强的译本强调抓住作品的核心价值，注重一致性和连贯性。他认为翻译《论语》是他遇到最大的一次挑战，因为孔子的语言离我们很远，文言文变化很大，所以需要大量阅读，需要对历史、文学史有基本把握。翻译过程中他参考了大量的解读，采用了最可行、最可信的说法，也通过加注方法提示读者可以有另外一种理解。

译文：Le Maître dit：《 Apprendre et réviser régulièrement, n'est – ce pas un plaisir? Des amis viennent le loin, n'est – ce pas un plaisir Les gens ne me comprennent pas et pourtant je ne ressens pas d'aigreur, n'est – ce pas une attitude d'Homme de Bien?

季羡林先生曾说过，要选择翻译对中华文明有用的东西并将其介绍出去。而《论语》就是这种需要我们用心去介绍、去弘扬的东西，它作为中华文明的精华部分，外译工作尤其值得研究。随着中外文化交流的日益频繁，人们对翻译也提出了越来越高的要求，不仅限于要求译文优美流畅、可读性强，还要求译文要传达特有的文化意向。我们期待在中、外译者与儒学研究专家合作的新模式下，有更多精彩的法文译作来呈现《论语》这部经典。

作者简介：张晓微，女，长春市文庙博物馆助理馆员。

参考文献：

［1］杨伯峻：《论语译注》，中华书局，2009 年。

［2］周新凯：《〈论语〉在法国的译介历程与阐述》，《中国翻译》2015 年 11 期。

［3］郝运丰、梁家涛：《传统文化法译策略研究》，《长江翻译》2016 年 4 期。

［4］易昂倩：《论程艾兰〈论语〉法译本中的句法修辞美》，2016 年 10 期。

［5］梁启超：《读书指南》，中华书局，2010 年。

［6］http：//wengu. tartarie. com/Biblio/Biblio_ fr_ classiques. php

［7］Séraphin Couvreur. *Les Entretiens de Confucius.* （PDF 版）

［8］DONG Qiang. *Entretiens*, Editions d'enseignement et de recherche des langues étrangères, 2010.

浅析儒家思想的人文精神

祝业精

摘　要　随着我国经济社会的不断发展与变化，从文化与思想的角度来回顾近百年来中国经历的巨变，不难发现这一切离不开儒学人文精神的影响。儒学思想中的人文精神在当代也越来越受到人们的关注，特别是对社会的发展，其蕴含丰富的文化价值与内涵，有着不可替代的作用与意义。本文就儒学人文精神的形成、发展及其特点等进行分析，以探讨儒学在今天的当代意义。

关键词　儒学思想　人文精神　作用意义

儒家思想历经两千多年的历久弥新，对中华民族文化的发展有着非常重要的作用，影响至深至远。正是这种具有悠久历史的优秀传统文化，如何在当代新的历史时期重新焕发光彩，如何与时俱进的推动社会发展和发扬光大。对此类问题的深入讨论，具有划时代的理论意义与实践意义。我们仔细审视当前社会，新型的复杂的人际关系取代了旧时代的人际关系，原有的社会秩序在随着社会转型而变化的同时，一个完善的全新的制度在慢慢出现，但目前的速度与旧秩序消失的速度不匹配。大量需要消化的东西让人来不及仔细思考。当今社会生活水平及人们的物质生活条件有了很大的提高，同时也激发了人们更多的欲望。但是一切的发展都需要"和谐"二字来平衡统一。这就需要儒家"仁义礼智信"等内容的人文精神来感染我们。只有这样，才能让人和社会达到美的境界。

一、儒学人文精神的形成及其特点

儒学的创始人孔子生活于社会大变革的春秋末期，他在总结前人思想的基础上提出的仁与礼，第一次明确肯定了人的本质与价值，探讨了人之本质与价值的实现，奠定了儒学人文精神的基本特色。传统的中国文化所蕴含的实质上是以"人"为本的思想体系，着重地考虑到围绕人产生的人生本质，是其根本宗旨。作为中国传统文化的为主体思想的儒家学说，本着对人性、人生以及人生信念与理想等围绕人生的问题体现的人文精神，正是我们需要探索的。中国拥有悠久的文化传统，在人们思想中的宗教观念以及传统的哲学思维都有着悠久的历史。在传统的中国哲学中，在人们身上所体现的是对现实生活的追求与不懈努力。中国文化博大精深，千百年来形成了许许多多流派，也畅想着不同的思想与文化，但它们殊途同归，最终都是对现实生活、对人生的不懈追求，对人文繁荣发展的不懈追求。而在其中脱颖而出的就是与中国社会发展相适应的体现人文关怀的儒家思想，并且稳稳地占据了中国主流思想的重要地位，自此形成了中国文化中儒学的人文精神。

在儒学的表现的特点上，其内部也有着不同的观点。在人性上，有性善论和性恶论两种对人性的阐释。其中，性善论告诉我们通过圣人的思想与哲学的感化的同时，进行自我道德修养的约束，这是一种可能性。而性恶论强调此类事情的必要性。但是其最终目标都是让人们树立伦理道德观，通过这样的模式，建立出理想化的人与社会的相处模式。在天人关系上，儒学中既有"大天而思之，孰与物畜而制之；从天而颂之，孰与制天命而用之"（《荀子·天论》）的大气之语，也有"人副天数"、"天人感应"的对天的尊敬与畏惧。前者固然体现了"人定胜天"的信心，而后者又何尝不是期望顺应天意从而达到理想的社会与完美的人生。从历史上看，儒家思想中对人的重视，在孔子"问人不问马"的态度中就已得到了体现，"天地之性人为贵"（《孝经·圣治》）是儒家思想中始终推崇的思想，而陆九渊的"天、地、人之才等耳，人岂可轻！人字又岂可轻！"（《象山先生全集》卷三五）更能看出，儒家对人们能够实现自身价值而表示出地重视与肯定。当中所提到的"人"，既包含了人类又包括了人的个体。我们不难看出，儒家思想是产生在中国封建社会这样一个特殊的历史时期的，由于封建社会有着君臣父子的特殊社会关系的时期，他们是以血缘关系为基础发展起来的。所以，儒家思想在发展过程中就不得不更注重人文的问题，采用迂回的方法曲折的向前进，阐释出人的本质与人生价值的问题的一系列回答。

总的来说，儒家思想与理论的主干是宗法伦理道德，而对"人"的关注是其理论发展的根本基点与中心。对人的重视与对人伦关系的强调是解开儒家文化之谜、发掘儒家人文精神之现代价值与意义的关键。

二、儒家人文精神及其主要内容

在我们中华优秀传统文化中，"人文"一词最早见于《周易·象传》，是与"天文"一词相对提出的。"天文"所代表的是自然界的运行规律，"人文"则是指人类社会运行所形成的秩序、条理以及由此所形成的伦理规范，也就是社会中以人为本的伦理道德。我们通常说的人文精神，每个人都有不同的理解。但是终究是对人的自身价值的一种认可，也是人类发展的以人为中心、以人为本的精神。

首先，儒家的人文精神中以"仁爱"为代表，就是"仁者人也，仁者爱人"，强调以人为本，提倡道德自觉，以此衍生出以民本升华为民主的人文精神形成的过程。明末清初思想家黄宗羲提到过"天下人民为主，君为客"的理论，就是传统儒家"仁爱"精神与民本思想向民主思想初步转型的体现。在儒家人文思想中，仁是由心散发出来的，礼是外在修饰的。孔子提出仁，开辟了人们内在无限的人文思维与想象。也开启了包含儒学思想的中国文化广泛延展的无限可能。仁则发挥了其增强人文气息以及加强人文践行的作用，也是渗透进人伦纲常的内在化表现。以仁为价值发展导向，不断填充夯实礼乐文化内在含义，从而使人类文明向更高层次迈进，才是孔子的本意。

其次，"和谐"体现的是人类与自然、人类与社会、人类与人的共同繁衍生息的人文精神。这是对人类理想社会境界的探索，是人类永恒发展的必然需要。《礼记·礼运》宣传的"大同"构思，在根本上体现出"多元和谐"的"太和"的人生理想。所谓"太和"，便是高度的人文和谐愿望。孔子的弟子有子说过"其为人也孝弟，而好犯上者，鲜矣。不好犯上，而好作乱者，未之有也。君子务本，本立而道生。孝弟也者，其为仁之本与！"（《论语·学而》）孟子讲"尧舜之道，孝弟而已矣"等等。当代的许多专家学者对儒家思想人文精神中人际关系的和谐之道，也进行了深入研究。

再次，人文精神中"诚信"体现了诚朴求是、尊重客观规律、遵守诚信、遵守礼仪、遵守法度精神。"诚"即内心真诚、思维无妄，"信"对"诚"起到了守护维持的作用。在儒家人文思想中一直建议人们对"诚信"付诸行动中，重视言行一致、知行合一。"诚信"之德，是个人安身之本，是国家立国之策。

最后，儒家思想中"中庸"即推行"中道"也体现着人文精神，告诉人们远离极端，体现了自我规范、自我修持、自我提醒、自我完备。告诉我们树立公平、求是、协调的人文作风。我们知道的"执其两端，用其中也"，是一种辩证统一的、和谐的思想思路与行事作风。中庸思想融入到了天地万物的各个方面，从日常生活的方方面面到人与自然社会，繁复的人类社会与自然界，都遵循着和谐的平衡的人文生存方式。孔子认为，中庸不是一成不变固有的，"中"的方法准则要根据时代以及形势的变化而与其相适应。但不论外在世界怎么变化，衡量对与错的标尺是永远不变的。这是孔子中庸思想体现真理性的地方，体现了儒家以建立和谐秩序、谋求和谐发展为最终目的的人文精神实质。

三、儒学人文精神的当代体现

人类总要不断吸取经验，寻找发现，创新发明，努力创造，才能有所前进。尤其是在今天，国力竞争日趋激烈，时代更是需要创新发展。儒家思想中始终提倡格物致知，知天道，晓天理，明天命，以能"制天命而用之"。

中华民族优秀传统文化是中华民族精神的基础，中华民族五千年源远流长的灿烂文化，是我们培育当代民族精神的永恒的起点，而儒家人文精神构成了优秀传统文化的精髓。这些文化精神经过整合，在马克思主义观点引导下，延续着以人为本的重要原则和创新发展原则，辨析其优点、长处与缺陷，审度扬弃，做出科学的选择，与实际结合，从时代高度予以科学阐释并赋予新的内涵，就可以实现其现代化转换，做到推陈出新、古为今用。经过这种现代化转变加工，传统文化精神被加入新的内涵，就可以在时代要求和当代实践结合中而获得新的意义和价值，成为当代民族精神的丰厚土壤，从而成为新时代民族精神的必备元素。

因而，对待儒家人文精神，要协调好传统与现代、继承和创新的关系，要坚持与时俱进、潜心培育的原则，以推进社会进步，适应中国特色社会主义发展要求为宗旨，做到既不割断历史又不失去方向，既紧跟时代步伐又不超越当下。同时，还应当坚持"以我为本，为我所用，辩证取舍，择善而从"的宗旨，博采众长，"一切有利于加强我国社会主义建设的有益经验，一切有利于提高我国人民精神境界的文化成果，一切有利于发展我国社会主义文化事业和文化产业的管理方式，都要积极借鉴。"将世界各民族的优秀文化成分学习、融合到我国当代民族精神的培育中。只有这样，才能使我们的民族精神，既表征民族的根本利益，又体现个人成长；既保持民族个性，又具有人类现代文化的共性、时代性、先进性，真正实现"融会贯通"，在文化的民族性与普遍性之间保持一种适当的凝聚力，使和谐社会的发展既继承民族精神的传统，又带有世界的宽广眼界。当代中华民族精神的培育，必将对走向新的轴心时代的人类文化做出自己新的更大贡献。

四、儒学人文精神的现代意义

儒学以人的价值为研究对象，从人与人之间的人伦道德角度出发，经由中华民族五千年的悠久文化所铸造，形成了长幼有序的人伦道德关系。然而，有着悠久历史的儒学作为中国传统文化的主流，毕竟包含着对人类有价值的东西。

首先，人生活在社会中，人与动物有着本质上的区别，这就在于人有区别于动物的思维、道德、理性认识，所以，人们必须不断完善自我修养与道德品质，同时还要不断适应顺应社会的伦理与秩序。要做好这些方面，我们可以在儒学思想中找到理论依据。

儒学思想中，"己欲立而立人，己欲达而达人"，把个人的品质与国家的建设绑在一起，联系而同一。从"修到齐"再到"治与平"，只有经过这样一个过程，才能从根本上体现个人的修身。这种将个人与社会紧密联系在一起，并且再从社会转向人的方式，流露出的正是人文精神的要义，同时也体现着真正的作用与意义。现代社会中，我们每个人在实现自我价值的同时，要勇于承担自己的社会责任。每一个人都发挥自己应有的一分力量，这样才能更好地传承儒家思想中的人文精神，才能焕发其生命力。

其次，为了更好地顺应时代的发展，儒学也在不断地调整自身适应时代的发展方式。同时也在世界上出现不同的世界文化，不同的文化也就注定了对人生有不同的解答，这都为儒学的不断更新提供了源源不竭的动力。这样才能让儒学焕发生机，同时在中国乃至世界上充分发挥积极作用。在当今社会儒学的人文精神要与科学发展观相辅相成，进而立于不败之地。

第三，在现代社会中，儒家思想中所蕴含的人文主义精神，需要我们深入挖掘与创造。古代的儒学是依托封建社会的制度产生的，所以在一定程度上，受其束缚，所以产生了一些个人与社会之间不符合逻辑的现象，从而也致使个人自身的束缚。所以我们在继承与传承的过程中，既不能否定其在封建社会的积极作用，也不能对其在当时社会发挥作用的思想进行批判。我们要打破原有的束缚，深入挖掘出旧的思想，适合现代社会发展的精华，把其中有意义有价值的内容加以构建。这样才能让现代的人文精神趋利避害，发扬光大。

第四，历史上的儒家是以现实存在和社会存在为依据的，进而分析人的问题，从而有针对性地提出改革措施。所以，我们要依据现实社会事实情况来分析儒家的人文精神。如果将其思想与社会脱离开来看，那是不符合发展要求的。人们不但生存在社会中，也寓于自然中。儒家的人文思想也提到了这一点。儒家将人与天、地并称为"三才"，也突出了人生存在天地间的重要作用与地位。这对现代社会人们改善人与自然的关系以更好地实现人之自我，无疑具有重要的启示。

五、结　语

儒学的人文精神，内容丰富，蕴义深刻，体系完整。人文精神就是对人的生命尊严的充分理解，致力于价值理想的追求，它也是中国传统文化精神的基础。人是文的本位，而文则是人的本性，两者的紧密联系充分展现在人与人之间、人与社会之间协调关系当中，从而得以教化社会大众，并进而延伸出仁爱、礼乐、伦理等方面的文化。由于儒学在人文精神、人道主义、人生关怀、人伦道德、政治伦理等，具有以上诸方面的科学性、真理性、合理性、有用性，所以它能适合人类历史发展，成为几千年中国传统思想文化的基础和社会意识形态的主流，并对人类文化的发展做出了独特的贡献，有许多思想在当今依然有其重要的价值。我们可以断定：儒学在未来的世界发展中，必将对人类文明建设做出新的更大的贡献，闪烁出其所独具的光彩。我们应当继承和发展儒学的思想精华，高扬儒学的人文精神，同时吸取和借鉴人类其他的优秀文化，加以综合创新，为创建新世纪的人类文明而共同努力！

作者简介：祝业精，长春市人大常委会原主任、中国孔庙保护协会名誉会长、中国孔子基金会副会长、长春市慈善会会长。

参考文献：

［1］石少颖：《论语中所见孔子人文关怀精神新论》，《大同职业技术学院学报》2005 年 3 期。

［2］曹全祥：《儒家思想的人文精神及其现代意义》，《理论月刊》2003 年 12 期。

［3］姜国柱：《论儒学的人文精神》，《咸阳师范学院学报》2003 年 1 期。

［4］牛国永：《重拾孔子"儒学"对人性的终极关怀——对"仁学"思想的审视》，《华北水利水电学院学报》（社科版）2010 年 5 期。

［5］那国祥：《"儒学与当代社会发展"学术研讨会综述》，《武汉理工大学学报》2005 年 11 期。

［6］赵启平：《儒家人文精神对民族精神培育的当代价值》，华中师范大学硕士论文。

浅谈《论语》中的政治智慧

王睿智　朱年涛

摘　要　《论语》中涉及了如何安邦定国的良策和解决社会问题的方式，充满了哲理和智慧。从儒家的视角来看，仁德是崇高无上的信念，执政者治理好国家需要具备仁德之心。仁是《论语》中孔子及其弟子谈论的最重要的话题，也是孔子人生追求的终极目标。孝悌是孔子仁道最根本的内容，也是社会安定的重要保证。德是一个国家统治的根基，是政权稳定的重要保证。以德治国是儒家学派一贯主张的政治思想。执政者必须以身作则，加强自身道德修养；坚持民本主义原则，以民为本。

关键词　论语　政治　智慧

"半部《论语》治天下"的典故源于北宋著名政治家赵普①。五代后周显德七年（960年），赵匡胤在陈桥发动兵变，部下诸将给他披上黄袍，拥立为皇帝。赵匡胤推翻后周，建立宋朝，史称北宋。乾德二年（964年），赵普被任命为宰相。宋太宗赵匡义即位后，有意让赵普继续留任宰相一职。当时，有的大臣认为赵普学问不深，仅喜

---

① 通过检索，我们发现有以下几则史料提及"半部《论语》治天下"一说。它们分别为：南宋学者罗大经在其笔记《鹤林玉露（乙编）》中记载："赵普再相，人言普山东人，所读者止《论语》……太宗尝以此语问普。普略不隐，对曰：'臣平生所知，诚不出此。昔以其半辅太祖定天下，今欲以其半辅陛下致太平。'"与罗大经同时代的林駉，也有类似的说法。《古今源流至论》前集卷八《儒史》记载："赵普，一代勋臣也，东征西讨，无不如意，求其所学，自《论语》之外无余业。"这几句话下面有一小注："赵普曰：《论语》二十篇，吾以一半佐太祖定天下。"高文秀元杂剧《遇上皇》（全称《好酒赵元遇上皇》）第三折："每决大事，启文观书，乃《论语》也，此时称小官以半部《论语》治天下。"元代张光祖编《言行龟鉴·学问门》："赵韩王为相，每朝廷遇一大事，定一大议，才归第，则亟合户，启箧取一书而读之，有终日者，虽家人不测也。及翌日出，则是事决矣。后普薨，家人始开箧见之，则《论语》二十篇。太宗欲相普，或潜之曰：'普，山东学究，惟能读《论语》耳！'太宗疑之，以告普。普曰：'臣实不知书，但能读《论语》佐太祖定天下，才用得半部，尚有一半可以辅陛下。'上意释然，卒相之。"由此不难推知，元杂剧和《言行龟鉴》中的"半部《论语》治天下"应取材于南宋时期的《鹤林玉露》和《古今源流至论》。至于这个典故究竟是否与赵普有关，还有待考证。有学者认为这种说法未见于《宋史》本传而提出质疑。《宋史·赵普传》仅记："普少习吏事，寡学术，及为相，太祖常劝以读书。晚年手不释卷，每归私第，阖户启箧取书，读之竟日。及次日临政，处决如流。既薨，家人发箧视之，则《论语》二十篇也。"由于这个问题不在本文讨论范围之内，故在此不予多述。

读《论语》一书而已，够不上做宰相的资格。

宋太宗对此提出异议，不太相信别人的议论。于是，他便就此事询问赵普。赵普谦虚地说自己也只读过一半《论语》，但当年就是凭着半部《论语》辅佐太祖赢得天下，以后也能继续用这半部《论语》帮助您治理好国家。此说对后世很有影响，成为以儒学治国的名言。

学术界普遍认为，《论语》是儒家的经典代表性著作，以孔子及其弟子的言行学说为主要内容。它语句精炼，寓意深刻，蕴含了丰富的哲学思想，许多言论至今仍被人们视为至理名言，影响了中国古代几千年的历史。赵普"半部《论语》治天下"虽有夸大其词之嫌，却从另外一个侧面告诉我们孔子思想所具有的治国安邦功效，强调了治理国家需要学习儒家经典的重要性。

具体来说，作为一国之主的君王如何治理国家呢？从儒家的视角来看，执政者治理好国家需要具备仁德之心。《论语》中涉及了如何安邦定国的良策和解决社会问题的方式，充满了哲理和智慧。可以说，每一篇章对此都有大量的表述，而且无一例外地强调要充分照顾到民众的利益。历代先贤学人对《论语》中体现的政治智慧也有过很多探讨，但大都零散琐碎。本文将以此为线索，试着对相关问题做一番梳理。

在儒家看来，仁德是崇高无上的信念。仁是《论语》中孔子及其弟子谈论的最重要话题，也是孔子人生追求的终极目标。樊迟问仁，子曰："爱人。"（《论语·颜渊》）① 诚然，从"樊迟问仁"章确实可以断定，孔子所谓的"仁"是发自于个人内心中的真情实感。基于这种认识推而广之，作为孔子学说核心的"仁"是存在于世间具有普遍意义的大爱。另据《说文解字》："仁，亲也，从人从二。"② 也就是说"二人为仁"，又实则说的是人与人之间的关系。孔子的学生有若所言："其为人也孝弟，而好犯上者，鲜矣！不好犯上，而好作乱者，未之有也。君子务本，本立而道生。孝弟也者，其为人之本与！"（《论语·学而》）他把孝悌看得非常重要，认为孝敬父母，友爱兄长是实行仁的根本。凡是具备这种品质的人，就不会以下犯上。因此，当季康子问孔子如何才能"使民敬忠以劝"？孔子回答说："临之以庄，则敬。孝慈，则忠。举善而教不能，则劝。"（《论语·为政》）有人对孔子说："子奚不为政？"孔子说："《书》云：'孝乎惟孝，友于兄弟。'施于有政，是亦为政，奚其为为政？"（《论语·为政》）孔子还认为学习知识之前应先尽孝道。子曰："弟子入则孝，出则弟，谨而信，泛爱众，而亲仁。"（《论语·学而》）后生小辈在家里要孝顺父母，出门要尊敬兄长，言行

---

① 文中所引《论语》《孟子》《礼记》书中语句的详细注解，分别参见杨伯峻《论语译注》，中华书局，1980 年；杨伯峻《孟子译注》，中华书局，1960 年；王文锦《礼记译解》，中华书局，2001 年。凡引书中原文语句，若无特殊说明，不再单独注，只在引文后注明其所出自的篇章名。

② 段玉裁：《说文解字注》，中华书局，2013 年。

谨慎说话讲究信用，广泛地爱护众人，亲近有仁德的人，做到这样以后若还有余力，就用来学习各种文献知识。

从某种意义上说，孝也是爱，爱也是孝。古人认为："忠臣必出孝悌之家"，说的就是这个道理。可见，孝悌是孔子仁道最根本的内容，也是社会安定的重要保证。统治者如果能够以慈爱之心对待臣民，则百姓就会心悦诚服地服从其统治。由于这个问题以往学界论述甚多，此处不再过多涉及。

下面我们再来说一下"德"。德是一个国家统治的根基，是政权稳定的重要保证。儒家认为"不恒其德，或承之羞"（《论语·子路》）。立德是做人的根本，无德实际上是自取其耻。在我国古代，没有"以德治国"的提法，只有以"仁政"、"德政"和"王道"等为主题阐发的学说。子曰："为政以德，譬如北辰居其所而众星共之。"（《论语·为政》）为政就是治理国家。统治者施政的指导思想是以道德原则治理国家，就像北极星那样，停留在某个位置，其他星辰环绕着它周围。也就是说，若要治理好国家，君主首先需有良好的道德品行。

孟子继承孔子的德治思想，反对武力征伐，力倡施行仁义，"以力假仁者霸，霸必有大国。以德行仁者王，王不待大。汤以七十里，文王以百里。以力服人者，非心服也，力不赡也。以德服人者，中心悦而诚服也。"（《孟子·公孙丑上》）通俗地说，孟子提倡的"以德行仁者王"就是王道政治。王道与霸道相对，是一种以仁义治理天下的政治主张。君子治国，应施以王道。由此可知，以德治国是儒家学派一贯主张的政治思想。

对于统治者来说，要做到以"仁"、"德"为原则，就需自身有良好的品德素质，能够与百姓同甘共苦。那么，自然而然会得到所有臣民的尊重和爱戴。否则，"如有周公之才之美，使骄且吝，其余不足观也已。"（《论语·泰伯》）对此，执政者应如何学会做一个有高尚道德的人呢？

首先，必须加强自身道德修养，以身作则。

修身是指修养身心。《大学》云："自天子以至于庶人，壹是皆以修身为本"[1]，《中庸》也云："修身则道立。"[2] 修身养性，这是儒家做人的最基本精神，是儒士"齐家、治国、平天下"理想的基础。离开修身养性这个原则，一切都无从谈起。

在《论语》中，这方面论述尤其透彻。子曰："德之不修，学之不讲，闻义不能徙，不善不能改，是吾忧也。"（《论语·述而》）子曰："苟志于仁矣，无恶也。"（《论语·里仁》）。在这个过程中，修身要注意修养自身品德，勤于研究学问，去做符合道

---

[1]　王文锦：《大学中庸译注》，中华书局，2008 年。
[2]　王文锦：《大学中庸译注》，中华书局，2008 年。

义的事情，努力改正自身的缺点。孔子学生曾子说："吾日三省吾身，为人谋而不忠乎？与朋友交而不信乎？传不习乎？"（《论语·学而》）自省是一种自觉的行为，也是不断完善和提升修养的有效手段。继孔孟之后的儒家大师荀子也认为："君子博学而日参省乎己，则知明而行无过矣。"（《荀子·劝学》）①

统治者必须培养自己的品德，端正自己的行为，然后才能感化臣民。樊迟请求孔子教学种庄稼。季康子问孔子为政的道理。他认为："上者，民之表也。表正，则何物不正？"（《礼记·主言》）孔子对曰："政者，正也。子帅以正，孰敢不正？"（《论语·颜渊》）正即正道。为官从政，就要端正自身，公道公正，不偏不倚。鲁哀公问政，孔子也说："政者，正也。君为正，则百姓从政矣。"（《礼记·哀公问政》）《管子·法法》也指出："政者，正也。正也者，所以正定万物之命也。是故圣人精德立中以生正，明正以治国。"②

身正以范，才能行不言之教，对臣民产生潜移默化的影响。子曰："苟正其身，于从政乎何有？不能正其身，如正人何？"（《论语·子路》）如果能够端正自己的行为，从事政治何难之有？若不能正己，如何正人？换言之，孔子主张从政者要先正自己，后正别人。自己不正，则无法去正别人。子曰："其身正，不令而行；其身不正，虽令不从。"（《论语·子路》）君王本身行为正当，即使不发命令事情也能行得通；他本身的行为不正当，即使三令五申百姓也不会信从。

统治者的行为恰如其分，老百姓才会顺从。子曰："吾不如老农。"请学为圃，曰："吾不如老圃。"樊迟出，子曰："小人哉樊须也！上好礼，则民莫敢不敬；上好义，则民莫敢不服；上好信，则民莫敢不用情。夫如是，则四方之民，襁负其子而至矣，焉用稼？"（《论语·子路》）居上位的人喜欢什么，在下面的人必定有什么爱好。《礼记·缁衣》中说："上有所好，下必甚焉"。又曰："上敬老则下益孝，上顺齿则下益悌，上乐施则下益谅，上亲贤则下择友，上好德则下不隐，上恶贪则下耻争，上强果则下廉耻"。（《礼记·主言》）孔子又说："君子笃于亲，则民兴于仁，故旧不遗，则民不偷。"（《论语·泰伯》）为进一步说明这个问题，孔子打比方说："君子之德风，小人之德草。草上之风，必偃。"（《论语·颜渊》）这是说统治者的德是风，百姓的德是草，风向哪边吹，草会立刻向哪边倒，以此生动形象地说明了上行下效的道理。反之，当统治者放纵自己的时候，社会风气也会随之败坏。"民之离道，必于上之佚政也。"（《礼记·子张问入官》）佚政即失政。这句话强调统治者的"佚政"会造成社会道德的沦丧，与孔子的看法一样，都是点中了问题的要害。民谚所谓"上梁不正下梁

---

① 王先谦：《荀子集解》，中华书局，1988 年。
② 姜涛：《管子新注》，齐鲁书社，2006 年。

歪"，就是针对这种现象的生动概括。

道德修养是统治者治国安邦的重要条件。如果执政者自己都不正派，处事不公道，那么下面的人就会跟着学。居上位的人必须以正道行事，通过正身影响到他人。因此，孔子时刻把在上位者"正己"作为施政的前提。

其次，必须坚持民本主义原则，以民为本。

孔子所生活的时代诸侯纷争，战乱频繁。他周游列国期间，亲眼目睹百姓流离失所、困苦不堪的惨象。面对乱世，他积极思考如何治理好国家的良策。孔子主张把百姓的衣食所需置于首位，希望统治者通过实行仁政调整好贵族阶层和下层民众之间的关系，从而促进社会和谐。

在《论语》中，谈论养民、使民的话题有多处。子曰："道千乘之国，敬事而信，节用而爱人，使民以时。"（《论语·学而》）孔子生活的时代，千乘之国已经称不上大国。子路说："千乘之国，摄乎大国之间"（《论语·先进》）。那么，千乘之国的国君应该如何役使百姓呢？孔子认为要把握好敬事、信、节用、爱人、使民以时等方面，也就是说统治者做事严肃认真、恪守信用、节约用度、关爱臣民、依据时令使民。郑国大夫子产是春秋时期的政治家和思想家，执政期间颇多建树。孔子评论他有君子的四种德行："其行己也恭，其事上也敬，其养民也惠，其使民也义。"（《论语·公冶长》）可见，孔子对子产的评价甚高。在孔子看来，君子具有高尚的品德和完美的人格。他曾说："圣人，吾不得而见之矣！得见君子者，斯可矣！"（《论语·述而》）孔子的人生愿望和理想也是成为君子。其实，君子之道就是为政之道。子产做到了"亲亲而仁民"，爱民如子。孔子说子产后两种德行为用恩惠养民、使民不违农时，认为治国安邦就应当具有子产这种重民的意识。

作为仁德之君，治国要以民为本，重视民生，做有利于百姓的事情。子张向孔子问仁。孔子曰："能行五者于天下，为仁矣。""请问之？"曰："恭、宽、信、敏、惠：恭则不侮，宽则得众，信则人任焉，敏则有功，惠则足以使人。"（《论语·阳货》）孟子曰："仁言不如仁声之入人深也，善政不如善教之得民也。善政，民畏之；善教，民爱之。善政得民财，善教得民心。"（《孟子·尽心上》）可见，执政者唯有实行仁政，才能得到百姓信任。

统治者必须把民众放在首位，才会得到拥护；只有博施于民，才能成为仁君。子贡曰："如有博施于民而能济众，何如？可谓仁乎？"子曰："何事于仁！必也圣乎！尧舜其犹病诸！夫仁者，己欲立而立人，己欲达而达人。能近取譬，可谓仁之方也已。"（《论语·雍也》）孔子认为，能够给百姓广施恩惠，这个人就可以称得上仁人了。凡事推己及人，要想自己站得住，就需帮助别人一同站得住；要想自己前途通达，就需帮助别人前途通达，这是实行仁道的方法。

所谓"己欲立而立人，己欲达而达人"，通俗地说就是"你怎样对待别人，别人就会怎样对待你"。换句话说，成己成人。从这点上分析，统治和被统治的双方是互动的关系。孟子曰："人不足与适也，政不足间也，唯大人为能格君心之非。君仁莫不仁，君义莫不义，君正莫不正，一正君而国定矣。"(《孟子·离娄上》)孟子告齐宣王曰："君之视臣如手足，则臣视君如腹心；君之视臣如犬马，则臣视君如国人；君之视臣如土芥，则臣视君如寇仇"(《孟子·离娄下》)。统治者只有以身作则，民众才能得到教化，进而俯首称臣。因此，君主本身行为首先要合乎准则，国家才能得到很好的治理。人们常以孔子所说的这句话称为道德金律，而把讲求恕道的"己所不欲，勿施于人"称为道德银律。"金律"与"银律"都是充满伦理智慧的"道德黄金律"。在《论语》中，其区别相当于"忠"和"恕"的区别。对此，冯友兰先生解释说："如何实行仁，在于推己及人。'己欲立而立人，己欲达而达人'，换句话说，'己之所欲，亦施于人'，这是推己及人的肯定方面，孔子称之为'忠'，即'尽己为人'。推己及人的否定方面，孔子称之为'恕'，即'己所不欲，勿施于人'。"①

在这个前提下，国君视民如子，臣民就会发乎内心的拥护。子贡问孔子如何处理政事时，孔子曰："足食，足兵，民信之矣。"(《论语·颜渊》)富余的粮食、充足的兵马以及百姓的信任哪个最重要？孔子认为统治者最紧要的任务是民众的信任。只有做到这样，才能使政策得以推行，天下才会安定。这种以民为立国之本的观念，就是要求国君重视百姓在立国安邦中的地位和作用，以达到"民惟邦本，本固邦宁"(《尚书·五子之歌》)的目标。子曰："所重：民、食、丧、祭。"(《论语·尧曰》)孔子认为，统治者的首要任务是百姓、粮食、丧礼、祭祀。他把百姓放在首位，重视"民"的利益，"百姓足，君孰与不足？百姓不足，君孰与足？"

孔子对百姓的疾苦充满了深切的同情，是一种真正发自内心的关爱。统治者能够做到惠民，这是他们必备的道德规范。这种思想顺应了时代发展的潮流，逐渐成为我国古代居于主体地位的统治思想。

综上所述，仁德理念是儒家政治智慧的重要原则。以《论语》为代表的儒家文化思想博大精深，学之不尽，始终对历史发展产生着深远的影响。在构建和谐社会的今天，我们会不断汲取先人的智慧，尤其在治国理念和政治智慧方面的独到见解和远见卓识，使其继续发挥更为重要的作用。鉴于笔者学识浅薄，解读文献材料的能力有限，文中所讨论的问题只能点到为止，进行一些较为初步的分析。今后，笔者会不断地熟读儒家经典，以便对该问题进行更深一层次的解析。

---

① 冯友兰：《中国哲学简史》，北京大学出版社，1996年，第39页。

作者简介：王睿智，女，曲阜市文物管理委员会文博馆员；朱年涛，曲阜市文物管理委员会文博助理馆员。

参考文献：

［1］罗大经：《鹤林玉露》，上海古籍出版社，2012 年。

［2］张光祖：《言行龟鉴》，辽宁教育出版社，2001 年。

［3］林駉：《古今源流至论》，上海古籍出版社，1992 年。

［4］钟嗣成：《录鬼簿》，上海古籍出版社，1978 年。

［5］脱脱：《宋史》，中华书局，1977 年。

［6］杨伯峻：《论语译注》，中华书局，1980 年。

［7］杨伯峻：《孟子译注》，中华书局，1960 年。

［8］王文锦：《礼记译解》，中华书局，2001 年。

［9］段玉裁：《说文解字注》，中华书局，2013 年。

［10］王文锦：《大学中庸译注》，中华书局，2008 年。

［11］王先谦：《荀子集解》，中华书局，1988 年。

［12］姜涛：《管子新注》，齐鲁书社，2006 年。

浅谈《论语》的历史流变

颜培建

摘　要　《论语》是研究孔子及其儒家思想的可靠史料。从成书时间上看，至少秦汉之前它就已成书并流传于世，但以《论语》命名的时间却要晚很多。从史志目录上看，《论语》作为一个类目首次出现在刘歆的《七略》中。自此以降，各种史志目录、官修目录、私家目录，都把《论语》作为一个固定的类目加以著录。《论语》在历代书目中所在的位置并不是一成不变的，而是经历了漫长的历史流变过程。从《论语》在这些书目中所处的位置，可以判断其地位变化。期间，它从"诸子"的位置跻身到"传"、"记"的行列，进而上升到"群经之首"。可以说，《论语》的经典化过程是伴随着孔子地位的不断提高而得以完成。

关键词　论语　流变　目录

《论语》是研究孔子及其儒家思想的可靠史料。相较于其他经学典籍，《论语》是属于篇幅较短的。然而，它的历史地位却是最高的，居群经之首。作为我国古代最著名的经典之一，《论语》历来备受学人推崇。今天的学术界，大多数学者已达成一致共识，《论语》是由孔子的弟子和再传弟子所撰集的语录。书中包含的思想极为丰富，记载了不少孔子当初真实的原话和经历。由此，它自然成为人们走进真实孔子，解读儒家思想，探寻传统智慧最便捷和最可靠的途径。正如一代国学大师钱穆所说："《论语》一书，乃孔子遗训所萃，此为中国最古最有价值之宝典。"[①] 笔者不才，兹依据文献学方面的知识，结合后世研究成果，希冀对其历史流变稍作梳理以作为探得《论语》入门的一条捷径。

《论语》这一书名，最早出现于何时？由于缺少可靠的文献记载，学界仍没有明确

---

① 钱穆《论语新解》，三联书店，2002 年。

的说法。东汉王充在《论衡·正说》中云："夫《论语》者，弟子共纪孔子之言行，敕记之时甚多，数十百篇，以八寸为尺纪之，约省怀持之便也。……汉兴失亡，至武帝发取孔子壁中《古文》，得二十一篇，齐、鲁、二河间九篇，三十篇。至昭帝女读二十一篇①。宣帝下太常博士，时尚称书难晓，名之曰传，后更隶写以传诵。初孔子孙孔安国以教鲁人扶卿，官至荆州刺史，始曰《论语》。"② 据此说法，《论语》是孔子第十世孙孔安国用来教授鲁人扶卿时而命名。黄寿祺先生说："《论语》，初名《传》，至孔安国弟子扶卿，始名《论语》。"③ 据《汉书·艺文志》（以下简称《汉志》）载："武帝末，鲁共王坏孔子宅，欲以广其宫，而得《古文尚书》及《礼记》《论语》《孝经》凡数十篇，皆古字也。"可知，《论语》的古本与《古文尚书》及《礼记》《孝经》等在鲁壁中同时被发现。

　　周予同认为："《论语》的名称始见于《礼记·坊记》及《孔子家语·弟子解》。《孔子家语》为王肃伪造，不足凭信；《坊记》，沈约以为出于《子思子》，当具有史料价值。则《论语》之称为'论语'，已始于弟子撰集的时候。"④ 朱维铮先生认为："先秦流传的只是零章散篇……《论语》的结集，时间可能晚得多，不是在公元前五世纪，而是在公元前二世纪的西汉景、武之际。"⑤ 赵纪彬先生说："实际上，《论语》一名，初见于汉"，"《论语》之书，在先秦本名《孔子》"⑥。杨伯峻先生论定《论语》书成于曾子弟子之手："我们说《论语》的著笔当开始于春秋末期，而编辑成书则在战国初期，大概是接近于历史事实的。"⑦ 可见，各家说法观点不一，却都有道理。从成书时间上看，至少说明秦汉之前它就已成书并流传于世，但以《论语》命名的时间却要晚很多。

　　关于《论语》一书的得名，重大的考古发现也给我们提供了出土文物的依据。1973 年，考古工作者在河北定州八角廊村 40 号汉墓（西汉中山怀王刘修墓）之中出土了大量《论语》竹简，其中许多残损严重："定州汉墓竹简《论语》是目前发现最早的《论语》抄本"，"这部《论语》虽是残本，因中山怀王刘修死于汉宣帝五凤三年（公元前 55），所以它是公元前 55 年以前的本子，是时有《鲁论》、《齐论》、《古论》

---

①　二：此处疑为衍文；女：据《汉书·昭帝纪》当删。
②　杨忠宝：《论衡校笺》，河北教育出版社，1999 年，第 881 页。
③　黄寿祺：《群经要略》，华东师范大学出版社，2000 年，第 186 页。
④　周予同：《周予同经学史论著选集（增订本）》，上海人民出版社，1996 年。
⑤　朱维铮：《〈论语〉结集脞说》，《中国经学史十讲》，复旦大学出版社，2002 年，第 104 页。
⑥　赵纪彬：《论语新论导言》，《中国哲学》第十辑，三联书店，1983 年。
⑦　杨伯峻：《论语译注》，中华书局，1980 年。

三种《论语》存在①。它的特异之处，是研究《论语》的新材料。"②

就著者而言，孔子称自己"述而不作，信而好古"（《论语·述而》)③，也就意味着孔子没有自己的作品，那么为什么我们今天能够看见他所撰写的著作呢？当然，那可能是他谦虚的一种说法。

孔子广收学徒，教育学生"有教无类"（《论语·卫灵公》)。相传他有弟子三千，贤者七十二人。他们与孔子朝夕相处，不但向孔子学习各种知识技能，而且还陶冶性情品德。孔子周游列国时，他们与孔子形影不离，患难与共。孔子讲学内容多由弟子记录下来，为了使老师的学说发扬光大，成为放诸四海而皆准的真理，有心的弟子自然会想到将这些言论结集出版，《论语》便应运而生。也就是说，孔子开创了自己学派的核心思想体系，弟子们大多数只是做了整理和汇编工作，个别还做了引申和发挥的工作。他们自觉地以"某子"署名，却不愿自署其名。刘向认为："《鲁论语》二十篇，皆孔子弟子记诸善言也"④。可见，《论语》主要由孔子弟子及其再传弟子追述孔子的言行思想撰述而成。不过，古书中并未指明《论语》究竟由哪位弟子所撰，故而成为后世学者争相讨论的一个问题⑤。

有学者认为《论语》最初只有单独的某篇，而编定成书要在汉代以后⑥。它成书之后，一直为孔氏后裔世代相传。

从史志目录上看，《论语》作为一个类目首次出现在刘歆的《七略》中。这是我国最早的官修目录学图书，全书分为辑略、六艺略、诸子略、诗赋略、兵书略、数术略和方技略七大类。《论语》《孝经》两书列入六艺略。清人王鸣盛说："《论语》《孝经》皆记夫子之言，宜附于经，而其文简易，可启童蒙，故虽别为两门，其实与文字同为小学。小学者，经之始基，故附经也。"⑦ 王国维在《汉魏博士考》一文中认为向、歆父子于六经之后，"附以《论语》《孝经》、小学三目。六艺与此三者，皆汉时

---

① 秦始皇焚书坑儒，凡"诗、书、百家语"全部焚毁。据《汉志》记载，到西汉时仅剩下了三种《论语》版本流传："《论语》古二十一篇，出孔子壁中，两《子张》。《齐》二十二篇，多《问王》、《知道》。《鲁》二十篇，……凡《论语》十二家，二百二十九篇。"上述《论语》的各种版本，《齐论语》和《鲁论语》是用汉代通行的隶书写成的，后代称之为今文《论语》，而《古论语》是用先秦时期的篆书写成，后代称之为古文《论语》。这些本子，只有《鲁论语》流传了下来。西汉末年，安昌侯张禹精治《鲁论语》，参照《齐论语》，撰成《张侯论》。东汉末年，经学大师郑玄以《张侯论》为依据，又融入了《齐论语》《古论语》的内容，作《论语注》，共二十篇，成为我们今天看到的本子。《论语注》流传后，《齐论语》、《古论语》便渐佚失。

② 河北省文物研究所定州汉墓竹简整理小组：《定州汉墓竹简〈论语〉》，文物出版社，1997年。

③ 文中所引《论语》书中语句的详细注解，参见杨伯峻：《论语译注》，中华书局，1980年。凡引书中原文语句，若无特殊说明，不再单独注，只在引文后注明其所出自的篇章名。

④ 刘向《别录》，约唐末五代时已散佚，班固《汉志》保留其部分篇章。

⑤ 详见郭沂：《郭店楚简与先秦学术思想》，上海教育出版社，2001年；梁涛：《定县竹简〈论语〉与〈论语〉的成书问题》，《管子学刊》，2005年。郭沂、梁涛两位学者对此有较为详细的考述，可资参考。

⑥ 梁涛：《定县竹简〈论语〉与〈论语〉的成书问题》，2005年第1期。

⑦ 王鸣盛：《蛾术编》，上海书店出版社，2012年。

学校诵习之书"①。自此以降，各种史志目录、官修目录、私家目录，都把《论语》作为一个固定的类目加以著录。从《论语》在这些书目中所处的位置，可以判断其地位变化。

由于《七略》已佚，《汉志》便成为现存最早的图书目录文献。《汉志》是东汉班固根据西汉经学家刘歆的《七略》增删改撰而成，"删其要，以备篇籍"，对《七略》所记载的图书基本上按照原样进行著录。据书中所记，汉代《论语》著述："凡十二家，二百二十九篇"②。"论语类"居于《春秋》之后，列于"六艺"。

先秦时期，《论语》尚未获得很高的地位。它在目录排序中位置靠后，地位并不突出。秦始皇焚书坑儒，"不燔诸子，诸子尺书文篇俱在"③。据此，戴维先生说："《论语》为诸子书，可能未列入焚毁之目。即使被焚，博士手中也存有，各地儒生手中也有漏网之鱼。既有儒生，又有文本，又可能还不在所焚所禁之列，秦代《论语》的研习与传授应该还是可观的，只是文献缺略，无从叙述。"④ 西汉时期，儒学逐渐发展成为正统思想。为了维护统治的需要，《论语》也相应地从"诸子"的位置上升到"传"、"记"之列。

在《史记》、《汉书》等书中，《论语》常以"传"、"记"来引述。《史记·封禅书》："《传》曰：'三年不为礼，礼必废；三年不为乐，乐必坏。'"（《论语·阳货》）《史记·李将军列传》："《传》曰：'其身正，不令而行；其身不正，虽令不从。'"⑤（《论语·子路》）《汉书·宣帝纪》："《传》曰：'孝弟也者，其为仁之本与？'"（《论语·学而》）《汉书·东方朔传》："《传》曰：'时然后言，人不厌其言。'"⑥（《论语·宪问》）《后汉书·赵咨传》："《记》曰：'丧虽有礼，哀为主矣。'又曰：'丧与其易也，宁戚。'"⑦（《论语·八佾》）

何为经、传、记？皮锡瑞有比较清楚的解释："孔子所定谓之经，弟子所释谓之传，或谓之记。弟子辗转相授谓之说。……《论语》记孔子言而非孔子所作，出于弟子撰定，故亦但名为传。汉人引《论语》多称传。"⑧ 显而易见，"传"、"记"可以作为《论语》的别名⑨。

---

① 王国维：《观堂集林》，中华书局，1959 年。
② 班固：《汉书》卷 30《艺文志》，中华书局，1962 年。
③ 张宗祥：《论衡校注》，上海古籍出版社，2013 年。
④ 戴维：《论语学史》，岳麓书社，2011 年，第 44 页。
⑤ 司马迁：《史记》，中华书局，1959 年。
⑥ 班固：《汉书》，中华书局，1962 年。
⑦ 范晔：《后汉书》，中华书局，1965 年，第 1315 页。
⑧ 皮锡瑞：《经学历史》，中华书局，2004 年，第 39 页。
⑨ 郭沂在：《郭店竹简与先秦学术思想》一文中认为："在《汉志》中，真正'解释《论语》意者'都称为'说'"，"《传》本来就是《论语》的别名"。

西汉时期，孝文帝设立传记博士。东汉赵岐《孟子题辞》云："汉兴，除秦虐禁，开延道德。孝文帝欲广游学之路，《论语》、《孝经》、《孟子》、《尔雅》皆置博士，后罢传记博士，独立'五经'而已。"① 《文心雕龙·指瑕》云："孝文时，《论语》《孝经》《孟子》《尔雅》皆置博士。"《四库全书总目·经部·四书类》云："《论语》自汉文帝时立博士。" 从以上文献引述可以看出，汉初的官方已立《论语》博士。《论语》《孝经》《尔雅》成为儒学普及必读教材。其中，《论语》一书成为社会上广为诵习的基本典籍，有"传莫大于《论语》"② 的说法。王国维在《汉魏博士考》中说："汉时但有受《论语》《孝经》，小学而不受一经者，无受一经而不受《论语》《孝经》者"，"然则汉时《论语》《孝经》之传，实广于'五经'，不以博士之废置为兴衰也。"③ 有学者据此也认为："西汉时，《论语》《孝经》虽不在'五经'之列，但也受到相当的重视。《论语》《孝经》不过是在传习的场所、对象方面有所变化罢了，而它们在封建统治者心目中的作用，并未随着博士之位的取消而消失。"④

《论语》是西汉历朝皇帝的必读书目。据《汉书·昭帝纪》记载："朕以眇身获保宗庙，战战栗栗，夙兴夜寐，修古帝王之事，诵《保傅传》《孝经》《论语》《尚书》，未云有明。"《汉书·宣帝纪》记载："孝武皇帝曾孙病已，有诏掖庭养视，至今年十八，师受《诗》《论语》《孝经》，操行节俭，慈仁爱人"。⑤

汉武帝主张以孝治天下，由此《论语》《孝经》地位逐渐升级。"六艺"之后，《汉志》开始分述儒家、道家、阴阳家、法家、名家、墨家、纵横家、杂家、农家、小说家等诸子十家，很鲜明地将《论语》《孝经》等单独划分出来，推崇至与"经"并列的地位。值得一提的是，《汉志》在"六艺"之后，首排《论语》，其次是《孝经》。周予同先生说："按《汉书·艺文志》'六艺略'分'六艺'为九类。'六经'之后，附《论语》、《孝经》及小学。由上可知，汉代'以孝治天下'，宣传宗法封建思想，利用血缘作为政治团结的工具。于是，贵族子弟先授《论语》《孝经》，连同《诗》《书》《礼》《易》《春秋》'五经'，合称'七经'。"我国现存最早的私家书目《郡斋读书志》谓："《论语》《孝经》，自班固以来，皆附经类。夫《论语》，群言之首；《孝经》，百行之宗，皆《六经》之要，其附于经固不可易。"⑥ 这基本上是汉代《论语》地位提高的原因。

随着《论语》的广泛流传，其重要性实际上已经与"经"不相上下。赵岐《孟子

---

① 孙奭：《孟子注疏》，上海古籍出版社，1997 年，第 2663 页。

② 班固：《汉书》卷 87《扬雄传》，中华书局，1962 年。

③ 王国维：《观堂集林》，中华书局，1959 年，第 182 页。

④ 汤志钧、华友根、承载、钱杭：《西汉经学与政治》，上海古籍出版社，1994 年，第 121 页。

⑤ 班固：《汉书》卷 8《宣帝纪》，中华书局，1962 年。

⑥ 周予同：《中国经学史讲义》，上海文艺出版社，1999 年，第 22 页。

题辞》曰："《论语》者，'五经'之管辖，'六艺'之喉衿也。"①《论语》成为了解、把握"五经"的重要凭借。前文述及的"七经"名目，历来说法略有不同，但《论语》为"七经"之一，则分歧较小②。《后汉书·赵典传》："典少笃行隐约，博学经书，弟子自远方至。"③唐代李贤注引谢承《后汉书》云："典学孔子'七经'、河图、洛书、内外艺术，靡不贯综，受业者百有余人。"又《张纯传》："纯以圣王之建辟雍，所以崇尊礼义，既富而教者也，乃案《七经谶》、明堂图、河间《古辟雍记》、孝武太山明堂制度，及平帝时议，欲俱奏之。"④李贤注云："谶，验也，解见《光武纪》。'七经'，谓《诗》《书》《礼》《乐》《易》《春秋》及《论语》也。"清代全祖望《经史问答》明确地说："'七经'者，盖'六经'之外，加《论语》。东汉则加《孝经》而去《乐》。"⑤从某种程度上来说，《论语》"经"的地位并没有被官方正式认可。"七经"之说虽只是民间流传的说法，但也反映了它由"传"正在向"经"过渡的状态。此后，《论语》由"传"逐步升格到"经"。

　　魏晋时期，道教的兴起和佛教思想的传播，使儒家思想的统治地位进一步削弱，但《论语》的传播和影响，并未受到严重冲击。以何晏《论语集解》和皇侃《论语义疏》为代表的《论语》注疏经典著作以玄学方式注解《论语》，开创出新的注释方法和路径。在郑玄《论语注》流行的基础上，何晏首创"集解"体制："前世传受师说，虽有异同，不为训解。中间为之训解，至于今多矣，所见不同，互有得失。今集诸家之善，记其姓名。有不安者，颇为改易，名曰《论语集解》。"⑥为此，这时期著名的玄学家几乎相继仿效，出现了许多《论语》注释方面的著作。皇侃《论语义疏》是现存经籍注疏中义疏体的代表作，集六朝玄学《论语》注释之大成，在《论语》学术史上占有独特的地位。

　　李唐王朝自认为是老子后裔，规定老子地位高于孔子。《论语》地位曾一度大不如以前。在《隋书·经籍志》、《古今书录》（《旧唐书·经籍志》）《崇文总目》《新唐书·艺文志》等书目中，改变了《汉志》将《论语》排在《孝经》之前的著录方式，而将《孝经》列于《论语》之前。《旧唐书·经籍志》与《新唐书·艺文志》著录有关《孝经》的著述也明显多于《论语》，其后的私家目录《郡斋读书志》《直斋书录解题》

---

　　① 孙奭：《孟子注疏》，上海古籍出版社，1997年，第2662页。

　　② 许道勋、徐洪兴在《中国经学史》（上海人民出版社，2006年，第66页）中说："'七经'之目共有三义：一以《诗》《书》《礼》《乐》《易》《春秋》《论语》为'七经'；二以《诗》、《书》、《礼》、《易》、《春秋》《论语》《孝经》为'七经'；三以《诗》《书》《仪礼》《周礼》《礼记》《易》《春秋》为'七经'。以上三说，以第二说为较多学者采纳。"

　　③ 范晔：《后汉书》卷57《赵典传》，中华书局，1965年。

　　④ 范晔：《后汉书》卷65《张纯传》，中华书局，1965年。

　　⑤ 全祖望：《经史问答》，四部丛刊本。

　　⑥ 高华平：《论语集解校释》，辽海图书发行有限公司，2011年。

也是如此安排，这就显现出唐代《论语》的地位已大不如《孝经》。一直到元朝马端临《文献通考·经籍考》以后，《论语》位次才列于《孝经》之前。①

唐玄宗命徐坚作《初学记》，增"五经"为"九经"②，立于学官，用于开科取士。即使如此，由于儒学的影响所及广泛而深入，《论语》与《孝经》仍是唐代科举考试中"明经科"必考科目。据《新唐书·选举志上》记载："试一大经、一小经，或二中经，或《史记》、前后《汉书》、《三国志》各一，或时务策五道。经史皆试策十道，经通六，史及时务策通三。皆帖《孝经》《论语》，共十条，通六为第。"③

宋代是我国经学发展史上的高峰，《论语》受到了前所未有的重视，"据《宋史·艺文志》、《宋史·艺文志补》和朱彝尊《经义考》，研究《论语》的著作共计有二百五十余部，比以前所有时代研究数量的总和多出了一倍多"④。二程认为"《论语》为书，传道立言，深得圣人之学者矣"⑤。伴随着《孟子》从子部升到经部⑥，《论语》和《孟子》合称为"语孟"。陈振孙《直斋书录解题》云："《孟子》之书，固非荀、杨以降所可同日而语。今国家设科，《语》《孟》并列于经。而程氏诸儒训解二书常相表里，故合为一类"⑦。从此，《论语》和《孟子》这两部经典时常放在一起成为理学家心目中的标准教材。张载谓："古之学者便立天理，孔孟而后。其心不传，如荀杨皆不能知"，"要见圣人，无如《论》《孟》为要。《论》《孟》二书于学者大足，只是须涵泳"，"学者信书，且须信《论语》《孟子》"。⑧ 二程谓："孔子没，传孔子之道者，曾子而已。曾子传之子思，子思传之孟子。孟子死，不得其传。至孟子而圣人之道益尊"，"学者先须读《论》《孟》。穷得《论》《孟》，自有个要约处，以此观他经，甚省力"⑨。集理学大成的朱熹称"某于《论》《孟》，四十余年理会。"⑩

宋以前，《论语》皆是作为单行本流传于世。后来，朱熹倾尽毕生心血，将《礼记》中的《大学》《中庸》两篇单独拈出，与《论语》《孟子》合编为一套书同时刊

① 　详见姚名达：《中国目录学史·四部分类源流表》，上海世纪出版集团，2005 年。需要注意的是，南宋尤袤《遂初堂书目》不列"孝经类"，而将之附于"论语类"。

② 　"九经"一名始见于《旧唐书·儒学传上》："谷那律，魏州昌乐（今濮阳南乐）人也。贞观中，累补国子博士。黄门侍郎褚遂良称为'九经库'。寻迁谏议大夫，兼弘文馆学士。"顾炎武《日知录》云："自汉以来，儒者相传，但言'五经'，而唐时立之学官，则云'九经'者，'三礼'、'三传'分而习之，故为九也。"皮锡瑞《经学历史》："唐分'三礼'、'三传'、合《易》《书》《诗》为九。"

③ 　欧阳修：《新唐书》卷 44《选举志上》，中华书局，1975 年。

④ 　高会霞、杨泽：《宋代经学哲学研究·儒学复兴卷》，上海科学技术文献出版社，2015 年，第 174 页。

⑤ 　朱熹：《河南程氏遗书》，商务印书馆，1935 年。

⑥ 　王铭：《唐宋间"四书"的升格过程》，《咸阳师范学院学报》，2004 年第 5 期，第 18 页。

⑦ 　陈振孙：《直斋书录解题》，上海古籍出版社，1987 年。

⑧ 　张载：《张载集》，中华书局，1978 年。

⑨ 　朱熹：《河南程氏遗书》，商务印书馆，1935 年。

⑩ 　黎靖德：《朱子语类》，中华书局，1986 年。

行，称为"四书"。自南宋至清末，"四书"遂成为学校教育的主要教科书，科举必读之经典，地位逐渐超出"五经"，成为皇帝钦定的官方教科书。《论语》单行本逐渐减少，其流传和著录情况也变得复杂起来。《四书章句集注》是"四书"的重要注本，分为《大学章句》《中庸章句》《论语集注》及《孟子集注》。作为理学的重要著作，它不仅是朱熹儒学体系的基础，而且是儒家学说的集大成，成为后世学者必需研读的经典。

南宋时期，《论语》与《孟子》《尔雅》《孝经》一起，加上原来的"九经"，构成"十三经"。"十三经"是由汉朝的"五经"逐渐发展而来的，最终形成于南宋，"汉人以《乐经》亡，但立《诗》《书》《易》《礼》《春秋》'五经'博士，后增《论语》为六，又增《孝经》为七。唐分三《礼》、三《传》，合《易》《书》《诗》为九。宋又增《论语》《孝经》《孟子》《尔雅》为十三经"。① 清嘉庆年间，阮元根据宋本重刊并主持校刻了《十三经注疏》，对十三部儒家经典作了一次大规模的集中整理。其中，《论语注疏》尽可能地复现了古本《论语》的原貌。

就这段时期书目著录来看，《宋史·艺文志》有"经部"列"论语类"，陈振孙《直斋书录解题》把《论语》和《孟子》合二为一，出现了"语孟类"，《文献通考·经籍考》因袭了这一类目。《文渊阁书目》首先设立"四书类"收录有关《四书》的书籍，确定以朱熹理学作为建国立制的根本指导思想，并诏示称："一宗朱子之书，令学者非'五经'孔孟之书不读，非濂、洛、关、闽之学不讲。"明成祖则命儒臣纂修《五经大全》、《四书大全》和《性理大全》，并亲自撰序，颁行天下。② 《千顷堂书目》有"经部"列"论语类"，《明史·艺文志》归入《经部·四书类》，《四库全书总目》（包括存目）归入"经部·四书类"。③ 《四库总目提要·经部·四书类》清晰地指出："《论语》、《孟子》，旧各为帙。《大学》、《中庸》，旧《礼记》之二篇。其编为'四书'，自宋淳熙始。其悬为令甲，则自元延祐复科举始。古来无是名也。……今从《明史·艺文志》例，别立'四书'一门，亦所谓礼以义起也。朱彝尊《经义考》于'四书'之前仍立《论语》《孟子》二类；黄虞稷《千顷堂书目》，凡说《大学》、《中庸》者，皆附于礼类：盖欲以不去饩羊略存古义。然朱子书行五百载矣，赵岐、何晏以下，古籍存者寥寥；梁武帝《义疏》以下，且散佚并尽；元、明以来之所解，皆自'四书'分出者耳。《明史》并入'四书'，盖循其实。今亦不复强析其名焉。"④ 这段提要揭示了《论语》与《大学》《中庸》《孟子》的合流情况，即其从单独的"论语类"

① 皮锡瑞：《经学历史》，中华书局，2004 年，第 39 页。
② 刘蔚华、赵宗正：《中国儒家学术思想史》，山东教育出版社，1996 年。
③ 黄虞稷：《千顷堂书目》，上海古籍出版社，1990 年；《宋史》等其他所选书目皆采用中华书局标点本。
④ 纪昀：《四库全书总目》，中华书局，1984 年。

进入"四书类"的过程。自此,《论语》及其相关书目正式定于"四书类"。

　　总的说来,《论语》在历代书目中所在的位置并不是一成不变的,而是经历了漫长的历史流变过程。期间,它从"诸子"的位置跻身到"传"、"记"的行列,进而上升到"群经之首"。可以说,《论语》的经典化过程是伴随着孔子地位的不断提高而得以完成。

　　　　　作者简介:颜培建,曲阜市文物管理委员会文博馆员。

参考文献:

[1] 钱穆:《论语新解》,北京三联书店,2002 年。

[2] 杨忠宝:《论衡校笺》,河北教育出版社,1999 年。

[3] 黄寿祺:《群经要略》,华东师范大学出版社,2000 年。

[4] 周予同:《周予同经学史论著选集(增订本)》,上海人民出版社,1996 年。

[5] 朱维铮:《〈论语〉结集脞说》,《中国经学史十讲》,复旦大学出版社,2002 年。

[6] 赵纪彬:《论语新论导言》,《中国哲学》第十辑,生活·读书·新知三联书店,1983 年。

[7] 杨伯峻:《论语译注》,中华书局,1980 年。

[8] 河北省文物研究所定州汉墓竹简整理小组:《定州汉墓竹简〈论语〉》,文物出版社,1997 年。

[9] 郭沂:《郭店楚简与先秦学术思想》,上海教育出版社,2001 年。

[10] 王鸣盛:《蛾术编》,上海书店出版社,2012 年。

[11] 王国维:《观堂集林》,中华书局,1959 年。

[12] 班固:《汉书》,中华书局,1962 年。

[13] 张宗祥:《论衡校注》,上海古籍出版社,2013 年。

[14] 戴维:《论语学史》,岳麓书社,2011 年。

[15] 司马迁:《史记》,中华书局,1959 年。

[16] 范晔:《后汉书》,中华书局,1965 年。

[17] 皮锡瑞:《经学历史》,中华书局,2004 年。

[18] 孙奭:《孟子注疏》,上海古籍出版社,1997 年。

[19] 汤志钧、华友根、承载、钱杭:《西汉经学与政治》,上海古籍出版社,1994 年。

[20] 周予同:《中国经学史讲义》,上海文艺出版社,1999 年。

[21] 孙奭:《孟子注疏》,上海古籍出版社,1997 年。

[22] 许道勋、徐洪兴:《中国经学史》,上海人民出版社,2006 年。

[23] 全祖望:《经史问答》,四部丛刊本。

[24] 高华平:《论语集解校释》,辽海图书发行有限公司,2011 年。

［25］ 姚名达：《中国目录学史》，上海世纪出版集团，2005 年。

［26］ 宋祁：《旧唐书》，中华书局，1975 年。

［27］ 顾炎武：《日知录》，上海古籍出版社，2014 年，

［28］ 欧阳修：《新唐书》，中华书局，1975 年。

［29］ 脱脱：《宋史》，中华书局，1977 年。

［30］ 高会霞、杨泽：《宋代经学哲学研究·儒学复兴卷》，上海科学技术文献出版社，2015 年。

［31］ 朱熹：《河南程氏遗书》，商务印书馆，1935 年。

［32］ 陈振孙：《直斋书录解题》，上海古籍出版社，1987 年。

［33］ 张载：《张载集》，中华书局，1978 年。

［34］ 朱熹：《河南程氏遗书》，商务印书馆，1935 年。

［35］ 黎靖德：《朱子语类》，中华书局，1986 年。

［36］ 刘蔚华、赵宗正：《中国儒家学术思想史》，山东教育出版社，1996 年。

［37］ 黄虞稷：《千顷堂书目》，上海古籍出版社，1990 年。

［38］ 纪昀：《四库全书总目》，中华书局，1984 年。

［39］ 梁涛：《定县竹简〈论语〉与〈论语〉的成书问题》，《管子学刊》，2005 年。

［40］ 王铭：《唐宋间"四书"的升格过程》，《咸阳师范学院学报》，2004 年第 5 期。

浅谈中庸思想的修身功用

韩　冰　彭保建

对于儒家学者来说，修身是完善人格的首要和根本选择。《大学》有云："自天子以至于庶人，壹是皆以修身为本。"① 无论是天子还是庶人，首先要学会修身，进而就需要思考应如何对待他人。从某种意义上说，修身即是做人，两个方面是相互依存的关系。子路问孔子怎样做一个君子？子曰："修己以敬。"曰："如斯而已乎？"曰："修己以安人。"曰："如斯而已乎？"曰："修己以安百姓。修己以安百姓，尧舜其犹病诸？"（《论语·宪问》)② 修己是前提，安人、安百姓是修己的目标。修己之道贵在态度恭敬，在待人接物中言行举止要合乎礼仪规范。这体现了儒家对自身内在的最基本要求，每个人都应该身体力行。

曾子是孔子七十二弟子中才能出众的一位。曾子曰："吾日三省吾身：为人谋而不忠乎？与朋友交而不信乎？传不习乎？"（《论语·学而》）这句话就出自曾子之口。我们知道，曾子名参，字子舆，春秋末年鲁国南武城（今山东嘉祥）人。他勤奋好学，颇得孔子真传。为了修身养德，他每天都在检点自己的言行得失，发扬光大好的一面，不断克服不足之处，从而达到至臻完美的境界。他强调从自身出发修养品德的重要性，正是曾子一生修养的出发点和值得称道的地方。他每天都要再三反省自己：帮助别人办事是否尽心竭力了呢？与朋友交往是否讲信用了呢？老师传授的学业是否温习了呢？

修身养性是儒家学说的重要内容，自我修身的重要性不言而喻。如果人们能恰到好处地修身，人性就能达到完美的境界。为此，古人都非常重视修身。自古以来，修身的途径有很多，中庸之道就是修养身心的必修课。

众所周知，中庸是儒家学派思想学说中的重要概念。在孔子那里，中庸是修身之

---

① 朱熹：《四书章句集注》，中华书局，1983 年。
② 文中所引《论语》书中语句的详细注解，参见杨伯峻：《论语译注》，中华书局，1980 年。凡引书中原文语句，若无特殊说明，不再单独出注，只在引文后注明其所出自的篇章名。

道，也是治国之法。它为后人提供了一种立身处世和治国理政的根本方法。孔子并未给出中庸的具体含义，但后儒根据经典文献中的零散记述，明确将中庸解释为用中之道。《中庸》云：“中也者，天下之大本也；和也者，天下之达道也。”①

中庸是让人的本心和行为达到适度，做事情不要有过和有不及。东汉经学大师郑玄说：“名曰中庸者，以记中和之为用也。庸，用也。”② “不易之谓庸”，庸就是稳定不变的东西。宋代理学家程颐阐释道：“不偏之谓中，不易之谓庸。中者，天下之正道；庸者，天下之定理。”朱熹援引程氏这句话并发挥说：“此篇乃孔门传授心法，子思恐其久而差也，故笔之以书，以授孟子……其味无穷，皆实学也。”③ 关于“中庸”一词，朱熹认为：“中者，不偏不倚、无过不及之名。庸，平常也”，“中庸者，不偏不倚，无过不及，而平常之理，乃天命之所当然，精微之极至也。”④ 可知，中庸为用中常道，即是日常用行中坚持的适度原则，使天地万物归于和谐。

历代对中庸思想的诠释，自然离不开儒家经典文本。记述孔子思想言行的《论语》一书，比较深入地诠释了中庸思想，对后人的思想行为产生了深远影响。虽然在《论语》中“中庸”一词仅出现过一次，但中庸的思想却贯穿整部著作的始终。蔡尚思先生说：“子温而厉，威而不猛”，认为“人而不仁，疾之已甚，乱也”，是他待人的中庸；“子钓而不纲，弋不射宿”，是他对物的中庸；季文子三思而后行，子闻之曰：“再，斯可矣”，是他做事的中庸；“见危授命”与“危邦不入”，是他处理生死的中庸；“师也过，商也不及”，是他评价人物的中庸；“乐而不淫，哀而不伤”，是他审美的中庸；“敬鬼神而远之”，是他对待鬼神的中庸；“周而不比”“和而不同”，是他交友之道的中庸；既要‘亲亲’，又要‘尚贤’，是他选用人才的中庸；“礼之用，和为贵”，是他治国之道的中庸⑤。

为了更具体地论述这个问题，以下我们针对《论语》中与“中庸”有关的部分择其要进行考察：

1. 子曰：“中庸之为德也，其至矣乎！民鲜久矣。”（《论语·雍也》）

按：孔子继承上古时期的尚中传统，首次将“中”和“庸”联系起来。他认为中庸是一种最高的德行，但人们往往忽略这种道德，做事经常走向极端。为此，孔子发出感慨之声。

说得简单一点，中庸是指做事恰当，把握分寸，无过无不及。哲学上讲，任何事

---

① 朱熹：《四书章句集注》，中华书局，1983 年，第 18 页。
② 郑玄：《中庸注》，十三经注疏本。
③ 朱熹：《四书章句集注》，中华书局，1983 年，第 17 页。
④ 朱熹：《四书章句集注》，中华书局，1983 年，第 17 页。
⑤ 蔡尚思：《孔子思想体系》，上海人民出版社，1982 年，第 115 页。

物都有正反两个方面。中庸之道告诉我们做事之时要在它们之间找到一个平衡点，不会偏向于哪一方面。这个平衡点就是把握好"度"的问题，不管做什么事情都不要太过分，也不要有不足的地方。这是一种极高的人生智慧，需要时刻坚守的准则。

2. 子贡问："师与商也孰贤？"子曰："师也过，商也不及。"曰："然则师愈与？"子曰："过犹不及。"（《论语·先进》）

按：师是子张，商是子夏，都是孔子的高足。有一次，子贡问孔子，子张和子夏两个人哪一个比较好？孔子说子张太过了，子夏不及。两人不合乎中庸之道，同样都不好。据说，子张好学深思，意向也广，但"师也辟"，往往不切合实际，所以孔子认为有一些过分。子夏学识渊博，重视躬行实践，"至于为《春秋》，笔则笔，削则削，子夏之徒不能赞一辞。"① 由于生活较为清寒，造就了他的孤独傲慢，孔子说他不够贤明。"过"与"不及"是人思想行为的两极，过犹不及即是中庸思想的具体说明。《中庸》说："道之不行也，我知之矣。知者过之，愚者不及也。道之不明也，我知之矣。贤者过之，不肖者不及也"，"执其两端，用其中于民，其斯以为舜乎？"②

3. 子曰："不得中行而与之，必也狂狷乎！狂者进取，狷者有所不为也。"（《论语·子路》）

按："狂"与"狷"是两种对立的品质。"狂者"积极进取，矢志不渝；"狷者"随波逐流，有所不为。有"中国最后一位大儒家"之称的梁漱溟说："狂者，志气宏大，豪放，不顾外面；狷者狷介。有所不为，对里面很认真"，"狂狷虽偏，偏虽不好，然而真的就好。——这便是孔孟学派的真精神真态度。"③

中庸强调做事守其"中"，故也称中行、中和。孔子认为，中行指行为合乎中庸，就是不偏于狂，也不偏于狷。子曰："吾有知乎哉？无知也，有鄙夫问于我，空空如也，我叩其两端而竭焉。"（《论语·子罕》）朱熹认为："两端，犹言两头。言始终、本末、上下、精细，无所不尽。"④

任何事物都是对立统一的矛盾双方，在这个相对的中间，有一个中和的道理。"中庸"要求为人要不偏不倚，一切要做到"以和为贵"，所谓"致中和，天地位焉，万物育焉"。《礼记·中庸》写道："喜怒哀乐之未发谓之中，发而皆中节谓之和。"⑤ 杨树达《论语疏证》云："事之中节者皆谓之和，不独喜怒哀乐之发一事也。和今言适合，言恰当，言恰到好处。"⑥

---

① 司马迁：《史记》卷47《孔子世家》，中华书局，1964年。
② 朱熹：《四书章句集注》，中华书局，1983年。
③ 汪东林：《梁漱溟问答录（增订本）》，湖南出版社，1988年，第46页。
④ 朱熹：《四书章句集注》，中华书局，1983年。
⑤ 朱熹：《四书章句集注》，中华书局，1983年。
⑥ 杨树达：《论语疏证》，上海古籍出版社，1986年。

4. 子曰："君子和而不同，小人同而不和。"(《论语·雍也》)

按：孔子说："君子能够听取不同意见，也能提出不同意见来讨论，强调团结协作；小人则不同，只会逢迎拍马，盲目附和，从来不提不同意见，也不能容纳不同意见，总是拉帮结派，搞一言堂。""和"与"同"是孔子哲学思想的范畴。"和"是指不同事物之间的和谐、协调；"同"与"和"相对，指事物的绝对等同、同一。和而不同是通过把握事物各方面的联系，寻找事物的最佳状态。朱熹注曰："和者无乖戾之心，同者有阿比之意。"①

张岱年在《中国唯物论史》中曾指出：

"和"是两个对立面的统一。"他"和与他相对立的另一个"他"，处于"平"的状态，"平"指统一。"以他平他"，亦即对立面的统一。而"同"是将两个以上相同的东西相加在一起，亦即是非对立的相同的东西的总和。史伯认为，只有对立面的统一才能产生新的物；而相同的物的总和是不能产生新的物的。这就是史伯所说的"和实生物，同则不继"。②

5. 子问公叔文子于公明贾曰："信乎？夫子不言，不笑，不取乎？"

公明贾对曰："以告者过也。夫子时然后言，人不厌其言；乐然后笑，人不厌其笑；义然后取，人不厌其取。"子曰："其然？岂其然乎？"(《论语·宪问》)

按：公叔文子，春秋时期卫国的卿大夫。孔子周游列国时，在卫国停留的时间最长，他对公叔文子评价很高，《论语》中有两次提及③。公明贾，姓公明，名贾。孔子向他请教关于公叔文子的为人，说明他和公叔文子的关系应该很近，可能为朋友或部属。

在这里，孔子听别人说公叔文子"不言、不笑、不取"。孔子不相信这些传言，于是向公明贾求证。据公明贾所说，公叔文子能做到"时然后言"、"乐然后笑"、"义然后取"，这就是说该他说话的时候才说话，心里感到高兴的时候他才笑，合乎道义的财利他采取。经过一番解释，孔子还是不太相信，"他是这样的吗？他真的是这样的吗？"言外之意，如果真的是这样，那就太好了。

孔子通过公明贾评价公叔文子，进一步阐释了公叔文子的处世之道很了不起。不论说话做事，公叔文子都能做到恰到好处。他这样做的结果就是为自己赢得了好声名，所有的人都对其"不厌"。

---

① 朱熹：《四书章句集注》，中华书局，1983 年。
② 张岱年：《中国唯物论史》，河南人民出版社，1994 年，第 14 页。
③ 另外一处：公叔文子之臣大夫僎与文子同升诸公。子闻之曰："可以为'文'矣"。(《论语·宪问》)

　　孔子曾说："天下国家可均也，爵禄可辞也，白刃可蹈也，中庸不可能也。"① 意谓天下国家可以治理，官爵俸禄可以放弃，雪亮的刀刃可以践踏而过，中庸却不容易做到。这句话说明恪守中庸之道很难。既然如此，如何践行中庸之道呢？他说："庸德之行，庸言之谨，有所不足，不敢不勉，言顾行，行顾言。"② 可以说，孔子一生都在这样做，"非礼不动，去谗远色，贱货而贵德，好学近乎知，力行近乎仁，知耻近乎勇"③。他认为，爱好学习，接近于智；努力行善，接近于仁；知道什么是羞耻，接近于勇。孔子认为智、仁、勇是"天下之达德也"，即是说天下通行不变的美德。这三者是修身养性的基础，也是行中庸之道的主旨。

　　晚清重臣曾国藩有"屏除一切，从事于克己之学"④ 的言论。所谓"克己之学"，就是严于律己，克制自己私欲的学问。无论为官从政还是待人接物，他都非常重视这一点。可以说，曾国藩一生都在克己反省。他对儒家的中庸推崇备至，并以此践行。他率领湘军打败太平天国时，担心功高震主。于是，他有意请辞兵权，以此明哲保身。正所谓："天道忌盈，业满招损。"说到底，这是一种生存的智慧。历史表明，曾国藩行事低调、不露锋芒的处世态度，使得他一生保盈持泰、安享尊荣。在当时，他被推崇为"中兴第一名臣"，官至两江总督、直隶总督、武英殿大学士，封一等毅勇侯。

　　中庸思想是一种人生的智慧，是生活中的最高境界。从某种意义上说，它可称得上修身哲学。"自诚明，谓之性；自明诚，谓之教。诚则明也，明则诚也。"⑤ 这种"无过无不及"的"恰到好处"是儒家思想的重要组成部分。因此，它成为人们终身受用的最高准则。只有达到儒家道德最高的中庸境界，人生才会变得更加丰富多彩。

　　作者简介：韩冰，曲阜市文物局；彭保建，曲阜市文物管理委员会文博馆员。

---

① 朱熹：《四书章句集注》，中华书局，1983 年。
② 朱熹：《四书章句集注》，中华书局，1983 年。
③ 朱熹：《四书章句集注》，中华书局，1983 年。
④ 张淑辉：《曾国藩家训译评》，中国戏剧出版社，2006. 年 6 月，第 48 页。
⑤ 朱熹：《四书章句集注》，中华书局，1983 年。

简述儒学在元代的传播情况

徐文朋　宋　健

摘　要　儒家思想在我国古代历史上长期占有统治地位。元代是我国第一个由非汉民族掌握国家政权的朝代，它是儒家文化发展的一个特殊阶段。元代儒学特色鲜明，在儒学史上起着承上启下的作用。经过儒士的积极倡导，宋代理学得到了继承和发展，成为官方主流意识形态和治国指导思想。中原儒家主流文化与北方草原游牧文化交融共存，政治经济协同发展，使元朝成为中华民族文明发展史上的重要时期。

关键词　儒学　元代　传播

从广义上讲，元朝是指蒙古族统治者于太祖元年（1206 年）到至正二十八年（1368 年）间建立的王朝，是我国历史上第一个由非汉民族建立的统一政权。尽管该政权存在的时间较短，但它对中国历史发展产生的影响还是非常深远的。经过成吉思汗的东征西讨，蒙古帝国的势力范围横贯亚欧大陆，但起自北方草原的游牧文明与中原地区的农耕文明之间的冲突并未随着一个朝代的覆亡而终止。在文化思想上，具体表现为以蒙古统治者代表的蛮夷文化与以南宋遗民代表的儒家文化之间的对抗。有关这一历史时期儒家思想文化的发展状况，今人对其已作过相当多的探讨和研究。笔者试在现有资料的基础上，对儒家思想在元代的传播情况作简要叙述，意在引起更多人对它的关注。

早在先秦时期，儒家在诸子百家中无疑是最有影响的学派。《庄子·渔父》中有一段道家对儒家的评论："性服忠信，身行仁义，饰礼乐，选人伦，以上忠于世主，下以化于齐民，将以利天下"①。同样，《汉书》中说："儒家者流，盖出于司徒之官，助人君顺阴阳明教化者也。游文于'六经'之中，留意于'仁义'之际，祖叙尧、舜，宪

---

① 沙少海：《庄子集注》，贵州人民出版社，1987 年。

章文、武，宗师仲尼，以重其言，于道为最高"①，揭示的也是相同道理。西汉武帝时期，儒家思想开始成为官方的统治指导思想。

元代是儒家文化发展的一个特殊阶段，北方少数民族文化与汉地儒家文化碰触，其后得到统治者的认同。蒙古占领富庶的中原地区后，面临着如何统治农业文明社会的问题。为了适应汉地的生产生活方式，元朝在实现大统一的过程中，积极推行汉化政策。这样做的结果不仅实现了自身的汉化，而且吸收了儒学思想文化。通过推行汉化政策，尊崇儒学，元朝统治者巩固了自身政权和大统一的局面，促进了儒学的继承和发展。有"新儒学"之称的理学开始上升为官方学术地位，由此被尊崇、传播。

其实，套用儒家的一整套学说规范社会秩序，这不仅是统治者政治上的考虑，还有赖于理学家的提倡与努力。这些理学家以儒家传统为己任，以此积极地去影响居上位者。其中，赵复、许衡起的作用最大。

赵复，生卒年月不详，字仁甫，德安（今湖北安陆）人，学者称江汉先生。元兵南下攻取德安时他不幸被俘，姚枢送其到燕京（今北京）。后来，赵复在太极书院讲学，选取二程、朱熹等遗书广为散播。当时，朱熹是理学的集大成者。在此之前，北方人虽知有朱子，但未能尽见其书。至此幸赖赵复，才得亲见其书，亲闻其论。他为学"简在心得"，鄙弃事功，认为"君子之学，至于王道而止"。②《新元史》以赵复北上为元代儒学的开始，"自赵复至中原，北方学者始读朱子之书"③。

许衡（1209～1281年）字仲平，学者称鲁斋先生，河内（今河南沁阳）人，元明之际学者。他继承朱熹的思想，强调"进学之序"和"践履力行"。在治学方法上，他强调"慎思"，又主张防于"人欲之萌"。④许衡最突出的贡献是主持了元初国学，对程朱理学的传播和朱陆合流起了重要作用。此外，他的劝谏影响了元朝统治者的治国之策，使儒学得以尊崇，士大夫得以重用。

除赵复、许衡外，元代名儒还有吴澄、刘因、许谦等人。他们都对元代理学的传播与发展起了重要的作用。限于篇幅，恕不一一详论。在这些著名理学家的共同努力下，元朝的理学得到了很大发展。韩儒林先生曾说："理学由北宋兴起，南宋朱熹集其大成，元代始定为'国是'，成为官学，而沿至于明清两代，成为统治阶级的统治思想。但就朱学来说，在形式上虽然成为元、明、清的官学，可是也从元代开始，朱学本身的思想却是更多的兼融陆学。理学在元代的这种趋向，是成为后来王学出现的消息。同时，也在元代的理学中，许衡的'圣人之道'和'治生'论，刘因的返求六经

---

① 班固：《汉书》卷30《艺文志》，中华书局，1962年。
② 宋濂：《元史》卷189《赵复传》，中华书局，1976年。
③ 柯劭忞：《新元史》卷234《儒林传》，艺文印书馆，1955年。
④ 宋濂：《元史》卷158《许衡传》。

和'古无经史之分'，又是明清思想的滥觞。所以，元代的理学，在宋到明清之间是上承下启，有着重要的地位。"①

推崇儒学成为元代历朝帝王的基本文教政策。1271 年，忽必烈取《易经》"乾元"之义，以"元"为国号，表明他对汉族文明的推崇。在耶律楚材、杨惟中、姚枢等潜邸儒士的帮助下，忽必烈逐渐懂得了利用儒学思想维护统治的重要性，并以宽容和尊礼的态度对待佛教、道教。他深知要巩固元朝的统治，必须用汉法以治汉人。为此，忽必烈在《中统建元诏书》中提到："稽列圣之洪规，讲前代之定制"②，意在既要考虑大蒙古国前几位大汗的"洪规"，又要采用中原历代"汉法"，"以国朝之成法，援唐宋之故典，参辽金之遗制，设官分职，立政安民，成一代王法"③。在保持蒙古祖制的基础上，利用儒家文化的优越性逐渐建立蒙汉等多元混合的政治体制。他一方面采纳汉儒"附会汉法"的建议，吸收中原汉族传统的王朝统治形式定内外之官，并设立儒学等各类学校培养人才。

自西汉武帝以来，孔子一直受到统治者的推崇，先后被追谥为"先师"、"先圣"、"文宣王"、"玄圣文宣王"。至元三十一年（1294 年），元成宗即位后下诏全国各地都必须尊奉孔子④。大德十一年（1307 年），元武宗加封孔子为"大成至圣文宣王"，使其美誉达到无以复加的程度，孟子等历代名儒也获得了很高的封号⑤。元仁宗在位期间，下令将宋儒周敦颐、张载、程颢、程颐、朱熹、张栻等人列为从祀孔子的对象。此时是元代儒学发展的关键时期，从隋唐时期开始实行的科举考试制度也发生了重大转变。皇庆二年（1313 年），朱熹所著《四书集注》列为科举考试的定本，标志着理学取得官方独尊的学术地位⑥。元朝在中国历史上首次专门设立"儒户"阶层，"愿充生徒者，与免一身杂役"⑦。儒士的社会地位有了极大提升。

通观有元一代，硕儒名士入朝为官，品居高位者也不少，比如刘秉忠、张文谦、姚枢、赵璧、许衡等人。尤其是许衡、刘因被称为"元之所以借以立国者也"⑧。刘秉忠奉忽必烈旨意，与诸儒议定各项制度。凡立中书省，改元中统，置十道宣抚司，颁布条画，选用官员，他都起了重要作用⑨。他们在建置学校、师承传授方面更是功不可没。同时，蒙古、色目中深受儒学影响的也大有人在，如安童、不忽木、廉希宪、赛

①　韩儒林：《元朝史》，人民出版社，1986 年。
②　宋濂：《元史》卷 4《世祖一》。
③　郝经：《陵川集》卷 32《立政议》，秦雪清点校，山西古籍出版社，2006 年。
④　宋濂：《元史》卷 18《成宗一》。
⑤　宋濂：《元史》卷 22《武宗一》。
⑥　宋濂：《元史》卷 24《仁宗一》。
⑦　宋濂：《元史》卷 81《选举一》。
⑧　黄宗羲：《宋元学案》卷 91《静修学案》，中华书局，1986 年。
⑨　宋濂：《元史》卷 157《刘秉忠传》。

典赤·赡思丁等人。经过儒学教育方面的熏陶，他们不仅会说汉话、写汉字，还会吟诵诗词歌赋。为官一方，也能做到恪尽职守，政绩卓著。有关元帝和众多儒士接受儒家教育和学习儒家经典的情况，相关学者已有论及，此处不再赘述①。

在儒学教育上，元代继承了两宋以来庙学合一的制度。孔庙是祭祀先圣孔子的场所，学校是传授儒家思想的主要场所。

随着元帝推行汉法和汉化程度加深，对儒家的尊崇也日趋隆重。早在蒙古攻下燕京，宣抚王楫就请以金枢密院为宣圣庙。由于尊孔活动的升级，全国各地的孔庙也得以相应发展。孔庙属于国家祀典之一，每年依时祭祀。中统二年（1261年），忽必烈颁发诏书："宣圣庙及管内书院，有司岁有致祭，月朔释奠，禁诸官员使臣军马，毋得侵扰亵渎，违者加罪"②。至元四年（1267年），朝廷下令拨款重建孔庙。大德元年（1297年），又有一次持续六年的大规模修复。阎复有言："殿蠹重檐，兀以层基，缭以修廊，大成有门，七十二贤有庑，泗沂二公有位"，"缔构贤贞，规模壮丽，大小以楹计者，百二十有六。费用以缗计者十百有畸"③。大德十年（1306年），元成宗创建大都孔庙，下令州县皆兴建孔子庙，均供奉孔子塑像，孔庙遂遍于全国各地④。至顺二年（1331年）和至元二年（1336年）两次颁发诏令，元帝向上都孔庙赐碑⑤。孔庙得到尊崇，儒学也广为传播。元代著名文人虞集认为："夫庙无与于学也，然而道统之传在是矣，学于此者诵其诗，读其书，习礼明乐于其间，诚其道也"⑥。

国子学是元代庙学的重要组成部分。作为全国最高学府，专为教习儒家经典而设。元太宗六年（1234年），设国子总教及提举官，以冯志常为国子总教，命侍臣子弟十八人入学受业⑦。宪宗四年（1254年），"世祖在潜邸，特命修理殿廷。及即位，赐以玉斝，俾永为祭器"⑧。至元七年（1270年），"命侍臣子弟十有一人入学，以长者四人从许衡，童子七人从王恂"，"次年（1271年），命设国子学，增置司业、博士、助教各一员。以许衡为集贤馆大学士、国子祭酒，教国子与蒙古大姓四怯薛人员。选七品以上朝官子孙为国子生，随朝三品以上官得举凡民之俊秀者入学，为陪堂生伴读。"⑨至元十三年（1276年），授提举学校官六品印，遂改为大都路学，署名提举学校所。二十四年（1287年）迁都后，立国子学于大都城东，乃以南城国子学为大都路学，并

---

① 参见王红梅、杨富学：《论元代畏兀儿人的儒学》，《兰州学刊》，2009年第10期。
② 宋濂：《元史》卷4《世祖一》。
③ 苏天爵：《元文类》卷19《曲阜孔子庙碑》，四部丛刊本。
④ 宋濂：《元史》卷18《成宗一》。
⑤ 宋濂：《元史》卷35《文宗四》、卷39《顺帝二》。
⑥ 虞集：《道园学古录》卷8《新昌州重修庙学记》，四部丛刊初编本。
⑦ 宋濂：《元史》卷2《太宗纪》。
⑧ 宋濂：《元史》卷81《选举一》。
⑨ 宋濂：《元史》卷87《百官三》。

定其制。国子监始置监祭酒一员，从三品，司业二员，掌学之教令。国子学"设博士，通掌学事，分教三斋生员，讲授经旨，是正音训，上严教导之术，下考肄习之业。复设助教，同掌学事，而专守一斋；正、录，申明规矩，督习课业。凡读书必先《孝经》《小学》《论语》《孟子》《大学》《中庸》，次及《诗》《书》《礼记》《周礼》《春秋》《易》"①，"许衡又着诸生入学杂仪，及日用节目。"② 生员"课诵少暇，即习礼或习书算。少者则令习拜跪、揖让、进退、应对，或射，或投壶，负者罚读书若干遍。"③ 可见，为能更好地研习儒家典籍，国子学制订了一套严格的学习准则，以保证学员的功课效果。若达不到要求，还会受到老师的惩罚。

国子学官"秩正七品"，职责分工是非常明确的，"置博士二员，掌教授生徒、考较儒人著述、教官所业文字。助教四员，分教各斋生员。大德八年（1304年），为分职上都，增置助教二员，学正二员，学录二员，督习课业。"④ 生员食宿也由官府指定专人供给，"典给一员，掌生员膳食"⑤。

至于生员之数，"其百人之内，蒙古半之，色目、汉人半之"，后又"命生员八十人入学，俾永为定式而遵行之"。⑥ 武宗至大四年（1311年），生员扩大为三百人，并立国子学试贡法，"蒙古授官六品，色目正七品，汉人从七品。试蒙古生之法宜从宽，色目生宜稍加密，汉人生则全科场之制"⑦。初国子学中无南人，元代后期逐渐允许南人入国子学。仁宗延祐二年（1315年），又增置生员百人，陪堂生二十人。虞集曾提到"弟子员"达"五百六十人"，并采用集贤学士赵孟頫、礼部尚书元明善等所议的国子学贡试之法⑧。各人所用的经史子集诸书，由国家典藏书籍中发给，学生膳食和其他费用由国库拨用。

程朱理学成为官学，全国各地修缮和兴建孔庙，国子学和书院以儒家学说为主要讲学内容。这些都说明，即使在蒙古族统治者建立的元朝，儒学仍然起着不可忽视的作用，其在思想领域的地位日益彰显，中华优秀传统文化也得以延续，并发扬光大。

历史发展到今天，儒家已经不单单只是通常意义上的学术或学派了。可以说，儒家思想已成为我国传统文化的内核，是固有价值系统的表现。漫长的古代历史已经证明，治国离不开儒家。从本质上看，儒家思想一直就没有中断过，哪怕在异族统治的

①　宋濂：《元史》卷158《许衡传》。
②　宋濂：《元史》卷81《选举一》。
③　宋濂：《元史》卷158《许衡传》。
④　宋濂：《元史》卷87《百官三》。
⑤　同上。
⑥　宋濂：《元史》卷81《选举一》。
⑦　同上。
⑧　虞集：《道园学古录》卷6《国子监学题名序》，四部丛刊本。

元代，其生命力也是非常强的，约束规范着社会的一切层面。

作者简介：徐文朋，曲阜市文物管理委员会；宋健，曲阜市文物管理委员会文博助理馆员。

参考文献：

［1］沙少海：《庄子集注》，贵州人民出版社，1987 年。

［2］班固：《汉书》，中华书局，1962 年。

［3］宋濂：《元史》，中华书局，1976 年。

［4］柯劭忞：《新元史》，艺文印书馆，1955 年。

［5］韩儒林：《元朝史》，人民出版社，1986 年。

［6］郝经：《郝文忠公陵川文集》，秦雪清点校，山西古籍出版社，2006 年。

［7］黄宗羲：《宋元学案》，中华书局，1986 年。

［8］虞集：《道园学古录》，四部丛刊初编本。

［9］苏天爵：《元文类》，四部丛刊本。

从《论语》看孔子的学习观

夹纪坤　陆信礼

对于一个读书人来说，最为熟悉、最为重视的活动恐怕就是"学习"了。为什么学习，学习什么，怎么样学习，这些问题，也是每个读书人要反复思考的问题。只有把这些活动想清楚了，"学习"活动才会有针对性，才会更有效率。这里，我想给大家介绍的是我国著名教育家孔子对这一问题的思考。对"学习"，孔子是极为重视的。在记载他言论的《论语》一书中，《学而》篇居首，可见其意义之重大。据笔者统计，"学"字在《论语》出现有 65 次之多。其意思不外有两个：一个是动词的意义，可以解释为"学习"，如"学而时习之"；另一个就是名词的意义，也就是"学问"的意思，比如"吾十有五而志于学"。我要解释的，就是第一方面的含义。

一、为什么要学习？

对于每一个求学的人来说，"为什么学习"（或说学习的目的是什么）恐怕是要首先考虑的。这个问题如果不能得到解决，求学也就没有方向，最后会一无所获。对此问题，《论语》中大致讲了三个方面，具体内容如下：

第一点就是"自立"。在《季氏》篇当中，曾经记载有孔子学生子禽（陈亢）与孔子之子孔鲤的一则对话，其原文是：

> 陈亢问于伯鱼曰："子亦有异闻乎？"
>
> 对曰："未也。尝独立，鲤趋而过庭。曰：'学诗乎？'对曰：'未也。''不学诗，无以言。'鲤退而学诗。他日，又独立，鲤趋而过庭。曰：'学礼乎？'对曰：'未也。''不学礼，无以立。'鲤退而学礼。闻斯二者。"
>
> 陈亢退而喜曰："问一得三，闻诗，闻礼，又闻君子之远其子也。"

从上面的对话当中，我们一方面为孔子教育平等的观念而赞叹不已，另一方面也不难推测，孔子让儿子读《诗》、学"礼"的目的，不外使他在社会上能够自立。事实上，孔子本人就是一位学以自立的光辉典范。像他在儿童时期，就"常陈俎豆，设礼容"，15岁又"志于学"，而且做到"学而不厌"，终于在30岁的时候就能在社会上自立了。所以，对任何人来说，要想自立于社会，学习是一个不可或缺的关键环节。

第二点就是"得道"。对一个传统的儒家知识分子来说，学习以自立于社会是必要的。然而这仅仅是一般性要求。除此之外，还有一个更为高远的目标，那就是"得道"。孔子曾经说："士志于道"，又说："朝闻道，夕死可也。"（《论语·里仁》）从这里可以看出，孔子所要致力的学问就是"道"。不过，孔子所说的道，并不是西方思想家们所说的真理，也就是"科学之道"，而是对人生之感悟，也就是"人生之道"。在《论语》中的这样一则对话很能体现这一倾向，其原文如下：

> 子曰："莫我知也夫！"子贡曰："何为其莫知子也？"子曰："不怨天，不尤人，下学而上达。知我者其天乎！"（《宪问》）

就是说，孔子本人以及他教学生的最终目的在于"上达"，也就是"得道"。这也为以后的儒家知识分子的人生理想奠定了一个基调。他们都是以"得道"为人生的最终目标，并且认为"学不见道，枉费精神"。

第三点就是"成德"。儒家学者最重修身，成就一个人的个人品德也是每个读书人一生所追求不已的目标。然而，若想成就个人的品德，学习可以说是必经的环节。在古代最流行的蒙书《三字经》中曾记载这样一句话："玉不琢，不成器；人不学，不知义。"它的意思是说要想成为一个有德之人，就必须学习。《论语·阳货》所载孔子与子路对话颇能说明此问题：

> 子曰："由也！女闻六言六蔽矣乎？"对曰："未也。"
>
> "居！吾语女。好仁不好学，其蔽也愚；好知不好学，其蔽也荡；好信不好学，其蔽也贼；好直不好学，其蔽也绞；好勇不好学，其蔽也乱；好刚不好学，其蔽也狂。"

此段话就是历史上有名的"六言六弊"说，这里面的"言"就是"德"。根据孔子的观点，仁、智、信、直、勇、刚六种美德，如果运用不当，就会产生愚、荡、贼、绞、乱、狂六种弊病。所以，想要免除这六大弊病，成就自己的美德，唯一的方法就是要加强学习，以此提高自己的学养。当然，孔子的这段话是针对学生子路的缺点而提出的，然而它却揭示了一个普遍性的道理。那就是：个人之品德修养提高必须通过学习来培育。

二、学习什么？

既然知道了学习的原因，那么下一个问题"学习什么"，也就是学习的内容问题。对这一问题，《论语》一书有两段直接的记述，它的原文是这样的：

> 子以四教：文，行，忠，信。(《述而篇》)
>
> 德行：颜渊，闵子骞，冉伯牛，仲弓。言语：宰我，子贡。政事：冉有，季路。文学：子游，子夏。(《先进篇》)

这两段话可以说是孔子教学内容的总纲。它们两相对照，互为发明。并且，我们由此也可以推知孔子教学大体内容，具体说包括以下四个方面：

其一为"诗"(文)，也就是文献知识方面的学习。对于这一方面，孔子是非常重视的，从下面的两则语录中就不难得知。

> 子曰："小子何莫学夫诗？诗，可以兴，可以观，可以群，可以怨。迩之事父，远之事君；多识于鸟兽草木之名。"(《阳货》)
>
> 子谓伯鱼曰："女为《周南》、《召南》矣乎？人而不为《周南》、《召南》，其犹正墙面而立也欤？"(《阳货》)

这两章可以说是孔子重视文献知识教育的最有力明证。当然，里面主要讲的是《诗经》的教育。事实上，当时的孔子就是用六经 (《诗》《书》《礼》《乐》《易》《春秋》) 对学生进行文献知识教育的。

其二为行 (礼)，行为教育或礼仪教育是孔子教育学生的另外一个内容。这一内容也是孔子教育特别强调的内容。《论语》中有这样两则对话直接体现了这一点：

> 卫灵公问陈于孔子。孔子对曰："俎豆之事，则尝闻之矣；军旅之事。未之学也。"明日遂行。(《卫灵公篇》)
>
> 樊迟请学稼。子曰："吾不如老农。"请为学圃。曰："吾不如老圃。"
>
> 樊迟出。子曰："小人哉，樊须也！上好礼，则民莫敢不敬；上好义，则民莫敢不服；上好信，则民莫敢不用情。夫如是，则四方之民襁负其子而至矣，焉用稼？"(《子路篇》)

由以上可见孔子对"礼"教育 (也就是行为教育) 的重视。对这一方面的教育，南宋大学问家朱熹称为"小学"，也就是"洒扫、应对、进退"的学问。近代学者马一浮先生称之为"礼教"。实际上，孔子就是想通过礼的教育以培养人的品德。在这一方面，他的学生颜渊、闵子骞、冉伯牛、仲弓表现最为突出。

其三为忠（言），大致上指的是言语方面的教育，因为《论语》中有"言思忠"的说法。一般人会认为，孔子是不重视言语教育的，因为他经常指责那些花言巧语的人，认为："巧言令色，鲜矣仁！"《学而》事实上，这句话并不能推知孔子不重视言语教育的。比如，他曾经讲："不有祝鮀之佞，而有宋朝之美，难乎免于今之世矣。"《雍也》可见，他也是很重视言语教育的。只不过，孔子在言语教育方面强调要坚持"谨"的原则，在《论语·乡党》中曾对他的行为这样描述说："孔子于乡党，恂恂如也，似不能言者。""其在宗庙朝廷，便便言，唯谨尔。"

其四为"信"（政）。这里所说的"信"，实际上指的孔子从事政治的基本原则："取信于民"，并不是交朋友中所讲求的诚信原则。这从子贡与孔子的一则对话里可以得知。

> 子贡问政。子曰："足食，足兵，民信之矣。"
>
> 子贡曰："必不得已而去，于斯三者何先？"曰："去兵。"
>
> 子贡曰："必不得已而去，于斯二者何先？"曰："去食。自古皆有死，民无信不立。"（《颜渊篇》）

可以看出，为政教育也是孔子教授学生的重要内容。从《论语》一书中，我们可以看到很多孔子及其弟子、时人关于此话题的探讨，事例太多，笔者就不再一一列举了。

三、怎样学习？

既明了学习的目的，又知道了学习的内容，那么，下一个问题就是学习的态度和方法了。这就是"怎样学习"的问题。对这两方面，《论语》中的记述也有很多，现分析如下：

（一）学习态度：乐学

对于学习态度，孔子的态度就是"乐学"，也就是说他提倡的是快乐教育。比如他讲过这样的话："学而时习之，不亦说乎？有朋自远方来，不亦乐乎？人不知而不愠，不亦君子乎？"（《学而篇》）"默而识之，学而不厌，诲人不倦，何有于我哉？"（《述而篇》）"知之者不如好之者，好之者不如乐之者。"（《雍也篇》）可见，孔子教育学生，主要是让他们树立一个乐学的理念。不论是学习文献知识，还是学习礼法，再或是进行修身的实践，都要有一种快乐的心态。在这个方面，孔子的学生颜渊表现得最突出，因此也得到孔子的赞扬。孔子是这样说的："贤哉，回也！一箪食，一瓢饮，在陋巷，人不堪其忧，回也不改其乐。贤哉，回也！"（《雍也》）后来，明代的学者王艮把孔子所提倡的"乐学"态度概括为一首《学乐歌》，他的内容就是："学是学此乐，乐是乐此学，不学不是乐，不乐不是学。"

（二）学习方法：好学

孔子关于学习方法的论述，主要集中在他对"好学"一词的阐释方面。"好学"一语在《论语》书中曾出现很多次。对于"好学"这个词的含义，《论语》中曾有两处记载：一是在《学而》篇，其原文是："子曰：'君子食无求饱，居无求安，敏于事而慎于言，就有道而正焉，可谓好学也已。'"这里的"好学"实际上可以概括为"志学"，就是以学习为目的，不以学为手段（如"求安"、"求饱"），清末思想家曾国藩提出的"莫问收获，但问耕耘"的格言最能体现孔子的这一思想了；二是在《子张》篇，其原文是："子夏曰：'日知其所亡，月无忘其所能，可谓好学也已矣。'"这里的"好学"可以概括为"日新"，就是每天都有进步。在《论语》书中，曾被孔子推许为好学的仅有三人，就是孔子本人、颜渊和孔文子。其原文如下：

> 子曰："十室之邑，必有忠信如丘者焉，不如丘之好学也。"（《公冶长》）
> 哀公问："弟子孰为好学？"孔子对曰："有颜回者好学，不迁怒，不贰过。不幸短命死矣，今也则亡，未闻好学者也。"（《雍也》）

子贡问曰："孔文子何以谓之'文'也？"子曰："敏而好学，不耻下问，是以谓之'文'也。"（《公冶长》）

从《论语》对他们三人学行的记述中，我们可以看出孔子所说的"好学"大致表现有如下方面：

第一，"好问"。众所周知学问都是从问题来，无问题，一切知识，一切思想皆无从谈起。所以，好学者一定好问。《论语》中所说的三个好学者都可以说是"好问"的典范。像孔文子，能做到"不耻下问"；像颜渊，能做到"以能问于不能，以多问于寡"；像孔子，其能做到"入太庙，每事问"。其中，最能体现这一倾向的是孔子的求师思想。《论语》中讲："子曰：'三人行，必有我师焉：择其善者而从之，其不善者而改之。'"又说："卫公孙朝问于子贡曰：'仲尼焉学？'子贡曰：'文武之道，未坠于地，在人。贤者识其大者，不贤者识其小者。莫不有文武之道焉。夫子焉不学？而亦何常师之有？'"

第二，"改过"。能够切实地纠正自身过错，也是好学的重要体现。孔子是非常强调"改过"的。比如他讲："德之不修，学之不讲，闻义不能徙，不善不能改，是吾忧也。"也就是说，一个好学的人应该是一个勇于改正错误的人。他的学生颜渊是在此方面表现最突出的典范，因为他做到了"不贰过"，这对一般人来说，是根本无法想象的。

第三，"足发"，也就是善于引申发挥，不拘泥于之前所学。在这方面，表现突出的是颜渊和孔子本人。比如颜渊，孔子曾表扬说："吾与回言终日，不违，如愚。退而兴其私，亦足以发，回也不愚。"孔子高足子贡曾称赞颜渊是"闻一知十"，自己不过是"闻一知二"。另外，孔子本人也是非常善于发挥的，他曾自述道："吾有知乎哉？无知也。有鄙夫问于我，空空如也。我叩其两端而竭焉。"

第四，"一贯"。一贯是"一以贯之"的缩略语。也就是说，一个人所学的知识必须有一个中心或者主导。在孔子看来，那些片断的、零星的知识是谈不上"学"的。《论语》中关于"一贯"的记述有很多，比如："子曰：'赐也，女以予为多学而识之者欤？'对曰：'然，非欤？'曰：'非也，予一以贯之。'""子曰：'参乎！吾道一以贯之。'曾子曰：'唯。'子出，门人问曰：'何谓也？'曾子曰：'夫子之道，忠恕而已矣。'"另外，孔子还有"博学于文，约之以礼"的说法。其实，这也可以视为孔子"一贯"的另一表述。

在今天这个终身教育的时代里，学习已经成为每一个人要从事的经常性活动。想要获得好的学习效果，那就必须对学习的规律有所认识。在这方面，我们是可以从中国古代大教育家孔子那里获得很多有益启示的。

　　作者简介：夹纪坤，曲阜市文物管理委员会文博馆员；陆信礼，中国海洋大学副教授。

浅谈明万历年《孔子圣迹图》
中的孔子为学事迹

马　跃

摘　要　我国古代著名教育家、思想家孔子思想丰富，精神感人，学问渊博，受到当时以及后世人们的尊崇。他能有这样的事迹和地位，与他一生勤奋学习是分不开的。孔子众多爱学习爱思考的故事一直流传至今，被人们铭记传颂。在我国第一部连环画作品《孔子圣迹图》中就描绘了孔子不同学习阶段的事迹。本文选取《孔子圣迹图》中有关孔子为学的几幅作品，发扬孔子的学习精神。

关键词　孔子　为学　孔子圣迹图

孔子是我国古代著名的教育家、思想家，有很多宝贵的思想和论述至今依然对我们有所启迪。他能有这么高的成就，离不开他执着的学习态度、严谨的学习作风、广博的学习内容。可以说，他的学习精神依然启发和激励着我们。

一、孔子博学成圣

孔子在古代被尊奉为"天纵之圣"、"天之木铎"，被后世统治者尊为孔圣人、至圣、至圣先师、大成至圣文宣王先师、万世师表。孔子能承圣源于"好学"，孔子学无常师"三人行必有我师"、"学而不厌"（《论语·述而》）。"十室之邑，必有忠信如丘者焉，不如丘之好学也。"（《论语·公治长》）。孔子好学善学，才使得博学，才能孜孜不倦地教授给学生。孔子教弟子三千，贤者七十有二，学生们对孔子服膺和崇敬有加。颜回叹孔子"仰之弥高，钻之弥坚，瞻之在前，忽焉在后。"（《论语·子罕》）；子贡谓"譬之宫墙，赐之墙也及肩，窥见室家之好；夫子之墙数仞，不得其门而入，不见宗庙之美、百官之富。得其门者或寡矣，夫子之云不亦宜乎！"（《论语·子张》）。孟子评价其为"出乎其类，拔乎其萃，自生民以来未有盛于孔子也"（《孟子·公孙丑上》）

和"孔子之谓集大成。集大成也者，金声而玉振之也。金声也者，始条理也，玉振之也者，终条理也"（《孟子·万章下》）

二、《孔子圣迹图》概述

《孔子圣迹图》是至圣先师孔子的生平大事图说，画作构图精练，造型完美，生动传神，不但反映了孔子的伟大思想，而且能使世人知晓至圣先师的善德懿行、人文内涵，也表达了人们对孔子的崇仰之意。明万历年《孔子圣迹图》共104幅，既有孔子事迹画面，又有标题及文字说明，展现出孔子为仁人志士所效法的人格，孔子的思想则成为中华民族传统文化的主流、古今伦理道德规范的依据。孔子可谓"德侔天地，道冠古今"（明·陈凤梧《孔子赞》），朱熹曰："天不生仲尼，万古如长夜"（《朱子语类》卷九十三）。明万历年《孔子圣迹图》中《俎豆礼容》《入平仲学》《琴学师襄》《访乐苌弘》《太庙问礼》《问礼老聃》等画作展现了一个好学乐学善学博学的孔子。

三、《孔子圣迹图》中孔子为学事迹举例

《图六、俎豆礼容》

"孔子五六岁时，为儿嬉戏，常陈俎豆，设礼容，与同戏群儿逾异，盖天植其性，不学而能也。由是群儿化效，相与揖让，名闻列国。"

孔子孩童时便表现出不同常人的学习意识。五六岁时，和儿童做游戏，摆上俎豆等礼器，演习礼仪，与其他儿童不大一样，是因为他天生好学，重礼仪。众儿童仿效他，也揖让有礼。这件事传到诸国。

《图七、入平仲学》

"世传孔子七岁，入晏平仲学，按平仲治东阿，意或孔子蒙学之时尝入平仲所设之乡学也。"

孔子7岁时，到晏平仲办的学校学习。这是孔子求学的开始，孔子学无常师，"三人行必有我师"从入平仲学开始，孔子学琴师襄、访乐苌弘、太庙问礼、问礼老聃。"朝闻道，夕死可矣"（《论语·里仁》）。

《图十一、学琴师襄》

《史记·孔子世家》也描述，孔子学鼓琴于师襄子，十日不进。师襄子曰："可以益矣。"孔子曰："丘已习其曲矣，未得其数也。"有间，曰："已习其数，可以益矣。"孔子曰："丘未得其志也。"有间，曰："已习其志，可以益矣。"孔子曰："丘未得其为人也。"有间，（曰）有所穆然深思焉，有所怡然高望而远志焉。曰："丘得其为人，黯然而黑，几然而长，眼如望羊，如王四国，非文王其谁能为此也！"师襄子辟席再

拜，曰："师盖云文王操也。"

孔子向师襄子学琴，学了十天仍没有学习新曲子，师襄子对他说："可以增加学习内容了。"孔子说："我已经熟悉乐曲的形式，但还没有掌握方法。"过了一段时间，师襄子说："你已经会弹奏的技巧了，可以增加学习内容了。"孔子说："我还没有领会曲子的意境。"过了一段时间，师襄子说："你已经领会了曲子的意境，可以增加学习内容了。"孔子说："我还不了解作者的志趣。"又过了一段时间，孔子神情俨然，仿佛进到新的境界，时而神情庄重穆然，若有所思，时而怡然高望，志意深远；孔子说："我知道他是谁了，那人皮肤深黑，体形颀长，眼光明亮远大，像个统治四方诸侯的王者，若不是周文王还有谁能撰作这首乐曲呢?"师襄子听到后，赶紧起身拜了两拜，回答道："老琴师传授此曲时就是这样说的，这支曲子叫作《文王操》啊!"

孔子学琴，锲而不舍，学习一首琴曲，不单会弹，还要深入到更深的层次里。纵然师襄子说可以了，要进一步教孔子别的，但对孔子而言，还不算真正学会。于是，孔子不断深入，从会弹，到掌握技巧，又进一步到了解它的意趣，进而再去领会曲子所描述的人物。表现出专心一致、刻苦钻研的学习态度和锲而不舍的求学精神。"习其曲"、"习其数"到"得其志"、"得其为人"，孔子生动地诠释着一个好学的学子形象。学习，不断琢磨，反复咀嚼，一段一段学习、体会，在磨炼中达到技艺纯熟，并掌握乐曲的内在韵致，把握乐感。完全将乐曲融化在心，彻底理解音乐的内涵与意境，得心应手，再将它表达出来，音乐才会随意之所至，自然地从心中流淌而出，而不再囿于技艺雕琢的包袱。孔子的善学可见其知音之深，也可见孔子作为文王、周公一系的中国上古文化人文传统的继承、整理和弘扬者，其意志、心性与古圣贤一脉相承。

《图十四、问礼老聃 》

"孔子与南宫敬叔入周，问礼于老子。朱子曰：'曾为周柱下史，故知礼节文所以问。'"

孔子在东都洛邑考察期间，因要阅读周王室藏书，必须拜会周王室管理文典的史官老聃。孔子第四次拜访，才见到老聃，允许阅读和抄录了周王室收藏的一批重要文书典籍。后来，孔子重新编纂这些文献，成为经典，即《诗经》《尚书》《礼经》《易经》《春秋》，成为儒学的五种基本经典。孔子从周京洛邑返回鲁国，投奔他门下的弟子逐渐增多。以后孔子还多次拜会过老聃（老子），得到许多有益的教诲。

子曰："周监于二代，郁郁乎文哉! 吾从周。"（《论语·八佾》）周朝继承了夏、商二代，创造出灿烂的文化，孔子极为推崇周礼。"鲁中诸儒尚讲诵育习礼乐，弦歌之音不绝。"（《史记·儒林列传》）孔子极为推崇周礼。问礼老聃给了孔子良好的学习周礼的机会。正是对周礼的学习，使孔子认识到周礼是在夏、殷两代礼制的基础上历史演进形成的，更加完备，更加成熟，是理想的社会制度。而孔子一生积极入仕，希望建构完美的理想社会可见孔子对周礼的推崇影响之大。

《图十五、访乐苌弘》

"孔子访乐苌弘。既退。与刘文公曰：'孔子有圣人之表，言称先生，躬履谦让，洽闻强记，博物不穷，抑圣人与。'刘文公曰：'圣将安施？'弘曰：'尧舜文武之道，或弛而坠，礼乐崩丧，正其统纪。'孔子闻之，曰：'吾岂敢哉？亦好礼乐言也。'"

公元前 518 年，孔子前往成周访问著名的博学者、音乐大师苌弘，向他学习音乐理论和天文知识，并对音乐曲式结构作深入探讨，充分估价音乐在政治、军事、文化和人类社会生活中的作用。公元前 495 年，孔子为了学术文献大业，又到周都拜访苌弘，学习音乐理论。孔子请教了："周舞《武乐》演奏前，击鼓警示众乐手，以便各有表情。可为什么准备那么久？""长吟慢叹，表现何意？""起舞时挥袖飞扬，踏地顿足，脸色威严，忽生开战模样。乐舞怎么理解？""舞人一会儿右膝跪地、左膝离地，为什么？""乐声深沉到贪鄙的商音，怎么理解？""《韶乐》《武乐》谁优谁劣？"等问题。苌弘一一回答。孔子走后，苌弘对周朝贵卿刘文公说，孔子生有异相，仪表非凡，志存高远，"言称先王，躬礼谦让，洽闻强记，博物不穷前途远大。尧舜文武之道，已被今人抛弃。当今之世礼乐崩丧，应该出现圣者，正其道统！"孔子听说他们的谈后，回应说："我又怎敢期望成为圣人呢？我不过是礼乐的信徒而已。"

子曰："兴于《诗》，立与礼，成于乐。"（《论语·泰伯》）。孔子认为用诗与礼激发人们的感情，激发学习的兴趣，使人知礼懂礼，最后以音乐言其志趣，抒其情感。孔子把音乐和政治紧密地联系在一起，为很好地从政治国，就要很好地学习音乐。子曰："人而为仁，如礼何？人而不仁，如乐何？（《论语·八佾》）"。礼与乐都是外在的表现，而仁则是人们内心的道德情感和要求，所以乐必须反映人们的仁德。这里，孔子就把礼、乐与仁紧紧联系起来，认为没有仁德的人，根本谈不上什么礼、乐的问题。所以孔子十分重视礼乐，认为礼乐是国家中最大的事。学习，首先要学习礼乐。孔子有很好的音乐素养，既能演奏，如鼓琴、击磬、鼓瑟，又能歌咏，"三百五篇孔子皆弦歌之"。《史记·孔子世家》"子与人哥而善，必使反之，而后和之"（《论语·述而》）。足见其学习态度的积极，在音乐上不断进步，遇到音乐水平高的人，一定虚心求学。

《图十二、太庙问礼》

"孔子尝助祭太庙，每事问。或曰：'孰谓鄹人之子知礼乎，入太庙，每事问。'子闻之，曰：'是礼也。'"

孔子在洛邑考察期间，曾入觐参观周王室太庙，他每事必问，不厌其烦地向庙执事者请教有关周礼及典章文物的知识。因此有人讥嘲孔子，说："谁说陬邑来的那个小子懂得古礼？看他在太庙里对什么都感觉新鲜，无事不问！"事后，有人把此话转告孔子，孔子说："欲求知必有所问。我问，正是为了学习制度和礼仪啊！"孔子有不断学习与提高的愿望与实践。

　　孔子是一位对我国古代学习理论与实践都做出突出贡献的大教育家。他关于学习有众多论述，如"敏而好学，不耻下问"、"见贤思齐焉，见不贤内自省也"。他告诉我们学习要虚心求教，以学为乐，实事求是，学思结合，学行结合，反复巩固。值得后世继承发扬。明万历年《孔子圣迹图》中关于孔子为学事迹，表现了他崇高的理想情操，"学而不厌"的为学精神，为后人展现了孔子为学的诸多画面。

　　　　作者简介：马跃，女，满族，长春市文庙博物馆讲解员。

参考文献：

［1］孔海钦译注：《论语课本》，中华书局。

［2］朱熹译注：《孟子》（宋），上海古籍出版社。

［3］中华书局编辑部著作：《史记》，中华书局。

［4］（宋）黎靖德编：《朱子语类》，中华书局。

［5］张焕君 谢耀亭著：《一本书读懂儒家文化》，中华书局。

［6］骆承烈　楷木编著：《孔子论学》，新华出版社。

［7］《〈孔子圣迹图〉和版本概述》http：//blog. sina. com. cn/s/blog_ 7037f39a0101vzwp. html

［8］《孔子圣迹图》对现代人的启示　https：//wenku. baidu. com/view/f9c0517c192e45361166f543. html? from＝search

［9］《为何要扛"周礼"大旗》https：//wenku. baidu. com/view/f0faa8db0d22590102020740be1e650e53eacf43. html? from＝search

［10］《孔子的好学精神》　林桂榛著　https：//wenku. baidu. com/view/e52f6f292af90242a895e523. html? from＝search

［11］《孔子圣迹图》http：//www. rushiwowen. org/category－06－80－000. jsp

孔庙研究

传统文化对于老年人的意义

李 丹

摘 要 弘扬传统文化，关注其对老年人的意义是当今我国社会发展的一项重要工作。广大的老年人在各自不同的工作岗位上为我国的社会发展作出了贡献，今天仍有部分老年人依然在为社会的发展作出贡献。因此，他们应该受到社会的尊重，应当同其他社会成员一样，共享物质文明和精神文明的成果。中国传统文化可以帮助更多的老年人充实晚年生活，虽然是几千年前的文化，但是人的思想哲学及做人的根本是不会变的，老祖宗几千年的文化与思考的积累是最好的人生指南针，也是对老年人具有重要意义的里程碑。

关键祠 传统文化 老年人 意义

21 世纪是中国的世纪，世界各国都在不断地了解中国，特别是中国的传统文化、东方智慧开始风靡世界。很多国家都开设了孔子学院，学习中国的儒家思想，并应用到各个领域中。当世界都认可中国传统文化的时候，作为炎黄子孙的我们不是更该了解自己国家的文化吗？尤其是曾经活跃在祖国建设第一线的群体，他们现在已经步入老年的行列。中国传统文化主要是哲学思想上的著作，和西方截然相反。我们的祖先在中国传统文化与生活相结合后，衍生出很多具有中国特色的文化，如武术、饮食文化。了解中国传统文化，将会使我们的生活更加丰富多彩，更能理解中国的文化底蕴。老年人的学习劲头不逊于年轻人。这些充满了东方智慧的人们将会把中国带到世界舞台最闪耀的位置。

一、当代的老年人学习传统文化的背景

2013 年 11 月 26 日，习近平总书记来到历史文化名城山东曲阜，参观考察孔府、孔子研究院并同专家学者座谈。他强调，中华优秀传统文化是中华民族的突出优势，

中华民族伟大复兴需要以中华文化发展繁荣为条件，必须大力弘扬中华优秀传统文化。

中华民族具有五千多年连绵不断的文明历史，创造了博大精深的中华文化，为人类文明进步做出了不可磨灭的贡献。中华文化积淀着中华民族最深沉的精神追求，包含着中华民族最根本的精神基因，代表着中华民族独特的精神标识，是中华民族生生不息、发展壮大的丰厚滋养。中国共产党自成立之日起，就既是中华优秀传统文化的忠实传承者和弘扬者，又是中国先进文化的积极倡导者和发展者。要用中华民族创造的一切精神财富来以文化人、以文育人，绝不可抛弃中华民族的优秀文化传统。

要对传统文化进行创造性转化、创新性发展。中华优秀传统文化与社会主义市场经济、民主政治、先进文化、社会治理等还存在需要协调适应的地方。弘扬中华优秀传统文化，要处理好继承和创造性发展的关系，重点做好创造性转化和创新性发展。创造性转化，就是要按照时代特点和要求，对那些至今仍有借鉴价值的内涵和陈旧的表现形式加以改造，赋予其新的时代内涵和现代表达形式，激活其生命力。创新性发展，就是要按照时代的新进步新进展，对中华优秀传统文化的内涵加以补充、拓展、完善，增强其影响力和感召力。

我国老龄化发展速度很快。根据《中华人民共和国老年人权益保障法（修订草案）》说明中介绍，1999 年，我国 60 周岁以上老年人口占到总人口的 10%，至 2010 年底，我国 60 周岁以上老年人已达 1.78 亿，占总人口的 13.26%。据统计，到"十二五"期末，老年人口达到 2.21 亿，平均每年增加 860 万，老龄化水平提高到 16%。预测到 2025 年突破 3 亿，2033 年突破 4 亿。这样庞大的老年群体蕴藏着潜能的发挥，他们在小康社会建设征程中日益显现的社会作用是不可估量的。那么，传统文化的传播，在老年人中又有什么意义呢？

2002 年 4 月，在西班牙首都马德里召开了第二届世界老龄大会，通过了《政治宣言》它所确认的"老年人的潜力是未来发展的强有力的基础。社会依靠老年人的技能、经验和智慧，不但首先能改善他们自己的条件，而且还能积极参与社会条件的改善"这一说法是有科学根据的。但是在实践中，老年群体和老年人能够发挥社会作用的理念并没有真正地被树立；他们所具有的潜能并没有真正地被调动；老年人对自己的思想追求也没有真正做到理性的思考。党和政府应该不断地引导老年人进行"正能量"的追求，把他们从蕴藏潜能的梦境中唤醒，让他们明明白白地去享受生活、自然而然地去融入社会、真心实意地去服务人民。

人是不能没有思想、没有理想的，因此也就不能没有追求。追求是个人或集体为达到一定目的、通过不同手段和方式而进行的一种寻求和探索的学习和实践。追求是一种品格，因寻求与探索使追求变得真实，因学习和实践从心理上得到充实而感到幸福。树长者风范，做风范长者就是追求的一种正能量，一种高境界和高水平；树长者风范，做风范长者的追求就是为使个人思想修养和道德水平的"应有"，通过学习和实践达到真正显示具有辐射作用和影响力的，作为德高望重、具有典范和风度的老年人的"实有"。它对教育子孙后代、促进社会正气的形成将发挥不可替代的作用。

二、当代的老年人学习传统文化的途径

（一）开展形式多样的学术活动

退休的老年人，他们原来所从事的工作不同、文化层次不同，城乡差异对文化活动的需求各有差异。在满足他们对活动要求的同时，组织各项适合不同群体的各种学习班及讲座，在各方面提高他们的综合素质，使老年文化活动向健康方向发展。

（二）开展形式多样的文化活动

老年书画协会、摄影协会，每年都举行有几次书法、绘画、摄影等各种展览、比赛。应开展些群众性、地方性、民俗性的传统文化活动，如：成立秧歌协会。把有爱好的老年人组织起来，按照他们所生活的社区组成秧歌队、健身舞队、太极拳队和太极扇队。定期举办各种比赛，还应组织各队参加市省及全国各种大赛，给他们展示的机会，激发他们的兴趣。组织健身队参加全民健身百日行健身舞大赛，组织成立老年艺术团，其中包括老年合唱团、老年舞蹈队、乐器合奏、独奏等。

另外还要多开展适合老年人欣赏习惯又便于老年人独自动作的文化活动。如棋牌室、图书室。还有一些夫妻同台、老少同乐的文化活动。戏迷会、老年时装表演队这些活动既丰富老年人的文化生活，又能促进老年人的身心健康。

三、当代的老年人学习传统文化的意义

（一）追求生活幸福，过幸福生活

党的十八大为我们制定了"到2020年实现国内生产总值和城乡居民人均收入比2010年翻一番"的伟大目标，老年人应该带头为实现这一伟大目标而尽其所能。"追求"是受价值观支配的，是有层次之分的，所以我们必须坚持正能量的追求。譬如过去有的人追求的是"两亩地一头牛，老婆孩子热炕头"的生活，认为这就够了。改革开放之前，曾经流传过"一对小夫妻，两个小把戏；三间茅草屋，四季换身衣；五分

自留地，六只老母鸡；吃穿都不愁，管它东和西"这样的顺口溜，对他们来说，这就是"幸福"的。随着社会的进步，有的人在解决了老有所养和老有所医之后，开始有了更高层次的追求，追求老有所学；有的人不仅坚持老有所学，而且常年坚持老有所为，乐于为社会多作贡献，他们认为这才是幸福的快乐的。

老年人在追求幸福、安度晚年的生活中，一方面是尽情潇洒地享受生活、享受天伦之乐；另一方面也要有博大胸襟去关怀他人、服务社会。"神龟虽寿，犹有竟时。螣蛇乘雾，终为土灰。老骥伏枥，志在千里。烈士暮年，壮心不已。盈缩之期，不但在天。养怡之福，可得永年……"曹操的这首诗是以神龟、螣蛇、老骥作为比喻，表明宇宙万物生必有死，是自然规律。人应该利用有限之年，始终保持昂扬乐观的积极进取的精神去建功立业。古人尚能如此，何况生活在中国特色社会主义国度里的吾辈！

幸福是什么？幸福是一种感受，是受价值观支配的，是由我们树立的人生观、世界观、宇宙观决定的。马克思主义的幸福感具有三个特点，这就是创造和享受的统一，物质生活和精神生活的统一，个人幸福和整体幸福的统一。幸福和快乐紧密相依。有幸福就有快乐，这种快乐具有时间的持续性，但快乐并不等于就是幸福。老年人追求幸福是整个晚年生活的幸福，与此同时，也要量力地去做一些有益于社会的事情，为"培育知荣辱、讲正气、作奉献、促和谐的良好风尚"做出努力，这才是长者的风范。

（二）追求学习，完善自我

老年人通过学习做到内在和外在的统一，道德认识与道德行为的统一，修养与风度举止的统一，这是完善自我的本质要求。学习，是人生永恒的话题，是认识学习重要性的重要途径，是长者在构建学习型社会中应有的胸襟。

1. 老年人学习的驱动力是需要

人不学不知义。中华民族优秀的传统文化博大精深，但由于历史和社会的原因，当代老年人文化素养不高，这就需要学习，需要"补需"；又由于科技的发展、社会的进步，老年人也应该与时俱进。老年人只有不断学习，不断自我完善，才能避免被"边缘化"。其次，老年人的学习是一种正能量的"顺应"，顺应大势，顺应历史潮流，顺应全民学习、终身学习的学习型社会的构建，顺应党的十八大提出的两个目标和两个倍增的完成，顺应文化强国和小康社会的建成。

2. 追求学习是老年人不断进取的表现

老年人要不断树立学习的大局观、全局观，要在为提高全民族的整体素质方面认识学习的意义。学习首先是自己要学好，要提高，这是"小我"。不仅要不断提高自己学习的技能，还要提高自己对学习的认识，思考更多的老年人步入学习行列的社会意义。这是从"小我"向"大我"过渡的思想准备。老年人完善自我不是明哲保身，而是提高自己的思想道德水平，为建设学习型社会量力地付出自己的劳动，这就是"大我"。不少老领导、老同志带领一班人为1983年开始创建的中国特色老年教育、举办的各级各类老年大学和老年学校付出了艰苦劳动，做出了巨大努力，建立了伟大功勋。现在我们可以看到，老年教育已经结出了果实，而这些丰硕的成果充分体现了他们的风范和价值。现在，朝气蓬勃的年轻一代人也加入了老年教育的队伍，中国特色老年教育事业的发展欣欣向荣，前途似锦！

当前，老年人晚年生活的安排差异较大。有的老年人家务较重，有的身体状况不佳，有的性格内向又没有什么爱好，所以他们活动范围狭小，甚至"足不出户"，与社会交往越来越少；有的被棋牌和麻将牢牢锁住，形成了单一而稳固的生活模式；有的积极参加文娱或体育方面的社会活动，不但向往提高自己，而且愿意服务社会；有的投身于关心下一代活动之中，不断进取，乐于奉献；有的参加社区或老年大学、老年学校的学习，或通过现代远程教育媒体进行自学，把坚持老有所学、学有所乐、乐有所为当作提高自己晚年生活和生命质量的一种生存方式。构建学习型社会是时代的要求，各个专业和门类的学习是自己的选择。但是，坚持中国特色社会主义理论体系，重品行、作表率，做社会主义道德的示范者、诚信风尚的引领者、公平正义的维护者，不仅是老年人学习内容的首要选择，而且是老年人应该具有的风范和气质！

3. 追求学习是老年人的历史责任

响应党和政府在确定的构建全民学习、终身学习的学习型社会的号召中不断地完善自己，是老年人应该具备的最起码的政治觉悟；以自己的经验和影响完成承上启下、教育子孙后代的历史任务，是长者所具备的自觉意识和应有的典范和气度。

(三) 追求和谐，正确处理好各种关系

思想上树立和谐理念，行动上向着和谐目标追求，处世方面逐渐形成和谐的习惯、和谐的人际关系才会产生，和谐社会才能建立。这是长者应具有的品格。

中国的传统文化源远流长、博大精深。中国传统文化精神是忠、孝、仁、爱；是勤劳、朴实、宽厚、大度；是诚实、信义、奉献、和平；是艰苦奋斗、不屈不挠、坚持正义、追求真理。所有这些，都不仅应该看作是中国传统文化的共同精神，也是从中获取的民族精神和形成的民族性格。这是一个从多方位、多侧面融和为一体的多么和谐的人间社会，多么和谐的民族家庭，多么和谐的人生世界，多么和谐的人际关系。为了这一"和谐"局面的实现，人们曾经进行过长期的不屈不挠的斗争。

老年人在每个家庭中都意味着传承与延续。老年人学习传统文化，更是必不可少、百利无一害的。希望更多的老人加入学习优秀传统文化的队伍，把我国优秀的传统文化在每一个家庭中都继续的传承与延续下去。

作者简介：李丹，女，长春市文庙博物馆办公室主任。

从儒学碑刻看"东南学宫之首"

孙　庆

摘　要　在苏州文庙近一千年的传承发展中，共历经大小修缮 30 余次，文庙在最鼎盛时期面积曾达十万平方。历史上有各类文庙府学碑石 500 余方。如今保存完好的文庙府学碑刻不足 50 方，其勒石年代由宋讫清，基本展现了苏州文庙的历史沿革，尤其是对研究苏州古代科举的兴盛，教育的发达起到重要参考作用，具有极高的文物价值和史料价值，本文就这些现存的文庙府学碑刻，对苏州科举之盛的原因作一介绍和阐述。

关键词　文庙府学　碑刻　科举

苏州自古人文荟萃，是第一批国家历史文化名城，由唐至清，苏州一地出了近 3000 名进士和 50 名状元，数量位居全国前列。所以一谈到苏州的文化教育，就不能不提被誉为"东南学宫之首"的苏州文庙府学。苏州文庙府学是在北宋名臣范仲淹出任苏州知州的第二年（1035 年），在南园遗址上设学立庙，并聘请当时著名教育家胡瑗为教授，因为办学有方，一时名闻天下，成为各地州、县学效仿的楷模。此后历经拓建到明清两代文庙府学的规模就很大了，清乾隆时期占地面积近 200 亩，当时位列全国第二，仅次于山东曲阜孔庙。20 世纪 80 年代，这里开始筹建苏州碑刻博物馆，现存的重要建筑有棂星门、大成门、大成殿、崇圣祠、七星池、明伦堂等，另有数十棵古银杏及廉石、文天祥石刻像等文物点缀其间。2001 年，"苏州文庙及石刻"被国务院列为全国重点文物保护单位。

据《苏州府学金石录》和《吴县志·文庙》等资料记载，苏州文庙府学在 1000 年的历史传承中，陆续刻有近 200 方历代儒学碑刻，可惜大部分因为战火等原因都已湮没在历史长河中，如今保存完好的文庙府学碑刻不足 50 方，这是前人留下的珍贵历史文化遗产。宋代以来，苏州一地科举之盛，执天下人文之牛耳。苏州文庙府学从北宋景祐二年（1035 年）创立起，风风雨雨经历了近千年的演变：北宋初建，称为苏州州学；北宋政和年间，升苏州为平江府，学校改叫平江府儒学；到元代，苏州改称平江路，学校随即改名平江路儒学；明清时是苏州府，学校则叫苏州府儒学，简称苏州府学。苏州的社会风气也是在这一历史时期才逐步由尚武而变为尚文，苏州这才真正成为书香社会、礼仪之邦，从而极大地推动苏州科举的兴盛，成为名副其实的"状元之乡"。下面，笔者以儒学碑刻为重点，从四方面阐述苏州文庙府学为何称得上是"东南学宫之首"：

一、名相办学，庙学一体。

范仲淹在景祐初年被贬回苏州任知州，他以"不以物喜，不以物悲"的豁达胸怀，高瞻远瞩，割南园之地奏办苏州州学，此事在他提倡的庆历新政改革之前，所以苏州州学的创办，意义非凡，不仅破天荒为苏州办了第一所公办学校，更是庆历新政的先声，具有重大的历史意义。苏州城内，原先就有一座孔庙，位置在城东南，地势低湿，又矮又小，不足以崇敬礼拜孔圣人。范仲淹在办学时，将孔庙迁来，置于学校的左侧。古人尊左，以左为上，表示对孔圣人的尊崇，这就开创了史无前例的左庙右学、庙学一体的新规制。

关于这一点，"前人之述备矣"，即如苏州府学的碑刻中也洋洋洒洒地写满了赞美之辞。略举数则："天下州县之学，莫盛于江浙，江浙之学，莫盛于吴。宋景祐间，范文正公守乡郡，始割南园地而创为之，又择沃壤为赡学田。及公参预大政，首为仁宗言诏州县皆立学，然则天下之有学，自吴郡始也。"

"苏州郡学，自范文正公割南园地为之，而规模始著。"

"东南之学，莫大于吴郡，其制度本末，见于郡乘旧矣。范公创之，子大其规模，父子相承，德符志合，其所以嘉惠郡人者至矣。"

州学始建，学生仅二十余人，有人说学校规模太大，浪费，范仲淹却说："吾恐异日以为小也。"后来的事实，又一次证明范公的远见卓识。

自范公办学之后，文脉千载相承，薪火代代相传，弦诵之声不绝于耳，苏州文质彬彬成为礼仪之邦，范仲淹为苏州成为历史文化名城奠定了坚实的基础。

二、分斋教法，声名鹊起。

范仲淹不仅献宅地建造了苏州州学，还为我们"首迎安定胡先生以为学者师。"安定胡先生，名瑗，字翼之，泰州海陵人，世居陕西路安定堡，人称安定先生。胡瑗乃北宋"三先生"中最著声名者，时正在苏州私塾教授经学。作为教育家，我们历来这么认为，一须有自己的教育理论，二须有丰富的教育实践和经验，二者缺一不可。胡瑗作为教育家,他的教育理论是"分斋教学"法。斋,是教室,书舍。分斋,相当于后世中专、大学的分系科。虽说当时胡瑗只分经义(相当于儒家经典理论研修班,大学程度)、治事(相当于行政方法手段培训班,学习农田水利、丈量土地、粮食管理、赋税征收、治兵打仗等,中专程度)两斋,但在一个教师、数个学生的私塾里是无法实行的。

范仲淹创办苏州州学后,有了较多的教师,有了成群的学生,胡瑗的"分斋教学"理论才有可能成为现实。因此我们说胡瑗是"分斋教学"的创造者,范仲淹是"分斋教学"的催生者,苏州州学则是"分斋教学"的诞生地。数年之后,滕子京把胡瑗请到湖州,担任湖州州学的教授把"分斋教学"法带到了湖州,湖州是"分斋教学"的发展地,该法因此又被叫作"苏湖教学"法。州(府)学教授是州(府)学的负责人,类似于后来的校长,但又有不同之处,教授是行政一把手,又是学术带头人,还是教学的直接参与者。再后来胡瑗由欧阳修上奏章荐举而成为国子监祭酒(主管),将"分斋教学"法带到国子监推行,形成了全国影响,也奠定了胡瑗教育家的地位。

"分斋教学"法,纵向在苏州府学得到了很好的继承和发扬,后来增至四斋、六斋甚至八斋、九斋,分斋越来越细,研究及教学工作也越来越深入。除胡瑗为首任教授外,后来又有许多名流充任苏州府学教授,例如张伯玉、朱长文、仲并、崔敦礼、陈造、陈长方、林潜、陈耆卿、郑元祐、周伯琦、洪焱祖、邽经、黎扩、林智、钱德洪、王汝玉、袁华、王行、程邑、陈厚耀、孙乔年、浦起龙、顾敏恒等等,造就了无数专家学者。这里再次拿状元作为衡量标准,我们苏州的文状元从唐代开始总共是45位(据李嘉球《苏州状元》一书统计),除去唐代7人,还有38人。一般士子从私塾启蒙,入县学,再进府学,然后才有资格去省城参加乡试,去礼部参加会试,去紫禁城参加殿试,方有可能成为状元。如果按这个顺序推测,这38位状元绝大多数应该是府学的学生。如有确切的文献记载,清代状元彭启丰、石韫玉、吴钟骏、钱棨、翁同龢、陆润庠等都在苏州文庙府学学习过,而清代苏州出了状元26个,数量之高,令人咋舌。教学层次之高,可见一斑!

所以,后人对范仲淹办学、胡瑗首任掌教的成就及影响,尤其是"分斋教法"评价极高,择要录于下:

"此地自范文正公兴学,胡安定公立教,于今六百余年,名卿巨儒,项背相望。"

"吴,故泰伯之邦,而言游氏之乡也,郡学则范文正公之所经营,而胡安定先生之所设教也……由是诸生咸知经义、治事为有益,而不溺于词章记诵之陋。"

"吴郡之学创于景祐间,至元祐而规制益拓。自元至明,屡经修葺,崇敞壮伟，为东南学宫之首。"

"宋世人才之盛，实基于范立学，胡掌教事。"

"（文正）公于所在开设学校，以教育多士。至吴郡，则以己地建学，规制崇广，迨公之子恭献公（纯礼）复割田以成公之志。当是时，天下郡县未尝皆置学也，而学校之徧天下，自公始。"

"至于公而后开学校，隆师儒，诱掖奖劝，以成就天下之士，且以开万世道统之传，则公之有功名教夫同岂少哉！"

苏州府学声名鹊起，这是名至实归，是数百年来众多师儒共同努力的必然结果。

三、设立学田，修缮学宫。

学田，是赡学田的简称。学田，就是用来维持学校正常运行的专门田产。产权属于学校，分租给农民，按契约收取租米，用以开支学校的各项用途。

学田的来源，大致有以下几种：（1）由皇帝直接下诏书拨给。例如苏州州学创办之初，仁宗皇帝就拨五顷田作为学田；（2）由地方官将罚没田、无主田、荒滩荒地划拨给学校充学田；（3）由地方官将财政羡余划拨学校，再由学校出面购置学田；（4）学校用学田收入羡余购置学田；（5）乡绅捐钱粮由学校购置，或乡绅直接捐良田作为学田。

苏州府学的学田分布在吴县、长洲县、吴江县、常熟县等地，仅常熟县一地，就有学田千余亩之多。由于学田分散，管理上往往鞭长莫及，学田或被寺僧占为庙产，或为豪绅霸为己田，有的转租扑佃，有的瞒租拖欠，直接影响了学校的收入及正常业务的开展。

明代洪武刻《苏州府学之图》的识中即反映这一种现象："夫何梵宇旁逼，豪邻则峙，日朘月削，比比效尤。"尤其是近在咫尺的尊经阁后 540 余丈隙地，"为邑卒、为里长日肆朘削，卒致专有其地。"曾经申告到郡府，官员相维，经两年也没有下落，直至新郡守魏观查阅文档，洞察其奸，直接插手，方才得以重归府学管控。

学田的维护、发展，其中必然少不了贤明官员的公正剖析和大力支持，所以在府学碑刻中，有相当数量就是有关学田的，有的将购置学田的经过、坐落方位、面积大小、四方界址、花费几何刻在碑上，有的直接将官府划拨的公文刻在碑上，也有将官府如何理直所属重归府学经过刻在碑上，这一方面说明学田对学校的重要性，另一方面也说明围绕学田的经济斗争异常激烈。

四、历代政府对庙学的重视和修缮

除了有学田作为府学运行保障外，定期对府学建筑进行修缮并逐渐扩大规模也是促进教育发展的重要原因。据《吴县志》和《苏州府志》等资料所载，"景祐元年，范文正公仲淹守乡郡，固州朱公绰等请以闻于朝。二年乃诏苏州立学，并给学田五顷，公即以所购钱氏南园巽隅地，旧欲卜宅者割以创焉。""左为广殿，右为公堂，泮池在前，斋室在旁"，从中我们不难看出，苏州府学文庙初创时的规模不是很大，但环境清幽，高木清流，高荫环酾。原南园故地留下的水系与林木也都在，如辛夷、百杆黄杨、公堂槐、鼎足松、双桐、玲珑石等，景物故旧宜人。嘉祐二年（1057 年），知州富严以"学本之余钱就工市材，直公堂去南临泮池建六经阁"，花费了 1200 钱盖起了 16 屋。熙宁二年（1069 年），又以南园地扩充。一直到元祐二年（1087 年），朱长文执掌苏州府学文庙，当时到府学来学习的人日益增多，府学的面貌也焕然一新，教学质量与水平不断提升。苏州府学文庙在建立 50 年后，取得了一个较为辉煌的发展时期。

南宗建炎年间，由于金兵南下，苏州城被破坏严重，成为废墟，苏州府学亦不能幸免。因此在绍兴十一年（1141 年），梁汝嘉对苏州府学文庙进行了较大规模的修缮。据《苏州府学金石录》中的碑文资料记载，在梁汝嘉修缮文庙之后，有宋一代，苏州文庙又经过多次维修与扩充。

绍兴十五年（1145 年），王唤又重绘两庑，祀像，创讲堂辟斋舍。

乾道四年（1168 年），姚宪辟正路。疏泮池。

乾道九年（1173 年），重建传道堂。

淳熙元年（1174 年），黄度又修茸二斋。

淳熙二年（1175 年），赵彦古建仰高亭、采芹亭。

淳熙十四年（1187 年），赵彦操在六经阁故地建御书房，藏宋高宗御书房六经石刻。

宝庆三年（1227 年）秋，风雨大作，自然灾害造成殿阁皆摧已倾倒。

绍定二年（1129 年），江泰享请复豪占所占田得租缯以新之，王杙与李涛明相继完成修建工程，费时 9 个月，耗资 350 万钱，使府学七百五十楹房屋全部得到修缮，于是"吴学益奂然甲东南矣"。

淳祐六年（1246 年），一些地方官员自发地捐款修建府学，如魏峻因、何德新请捐五万缯，复加修茸房间 213 间。

宝祐三年（1255 年），学士赵与筹拓地凿池。在水系上作桥门，移采芹亭与外门相映，建斋室九处。教宗室子弟者曰敏行。育德、中立、就正、隆本。习武举之士者曰立式。教童子者曰养正。处士之俊秀者曰兴贤登俊。又建成德堂于六经阁后。建观德亭与射圃。采芹亭则改建于棂星门内西。在传道堂后则建泳淮书堂，道山亭则建于立雪亭右土阜。

到了明清两代，对府学的修缮就更频繁了，达到了 30 余次，府学的规模也因此越来越大，面积达到 10 万平方，进入了鼎盛发展时期。对照迄今保留下来的明洪武六年（1373 年）《苏州府学之图》原碑，以及清乾隆五十五年（1790 年）、清同治七年（1868 年）《苏州府学之图》二碑拓片来看，文庙府学的范围是逐渐扩大的，苏州府学明清两代更是人才辈出，特别是清代 260 多年间全国共出 114 名状元，苏州府就占有 26 名状元，占全国比例近四分之一。姑苏文盛出状元，苏州一地状元、进士数量就超过了全国其他各省。故后人认为"天下郡学莫盛于宋，然其始亦由吴中"文庙府学的不断修缮扩大、地方官员对于教育的重视，使得府学的规模和体量能够让这些学子享受到优质的教育，从而促进苏州科举的发达，这是一个不可忽视的重要因素。

范仲淹创立的苏州文庙府学走过了 980 多年的历史，我馆藏儒学碑所蕴含的信息是多方面的，本文就其中相关之处作了些剖析，这既是对苏州文庙府学近千年灿烂辉煌历史的缅怀，也是对苏州"崇文尚德"传统的真实写照。历史有惊人相似之处，有对比才有鉴别，古代的科举教育对比今天的学校教育和社会道德状况，这些碑刻会给我们很多启示，也许这就是研究碑刻的现实意义所在。

作者简介：孙庆，苏州碑刻博物馆副馆长、苏州文庙管理所副所长。

参考文献：

[1] 清代抄本《苏州府学金石录》。

[2] 曹允源，李根源纂：《民国吴县志》，江苏古籍出版社。

[3] 《宋代官制辞典》，中华书局。

[4] 《孔子研究》，2015 年 6 期。

[5] 杨镜如：《苏州府学志》，苏州大学出版社。

[6] 张晓旭：《苏州碑刻》，苏州大学出版社，1998 年。

[7] 《苏州碑刻博物馆馆藏碑刻系列——儒学碑刻》，古吴轩出版社。

从长春文庙科举制度展看古代科举

葛　彤

摘　要　我国科举制始于隋大业元年（605 年），消亡于清末（1905 年），有着 1300 年的历史。科举制度不仅是历代封建王朝选拔官吏的一种制度，在漫长的历史岁月中更是一种特殊的文化现象。科举制度是中国家喻户晓的一项制度，不但存在时间长久，而且深刻影响着现代教育制度和国家官员制度的形成，被称为"中国第五大发明"。长春市文庙博物馆以 2011 年扩建孔子文化园为契机，在西庑展厅举办专题展览《开科取仕——中国科举文化专题展》，赢得了游客与市民的好评。

关键词　长春文庙科举制度展　古代科举

长春文庙始建于清同治十一年（1872 年），由当时的士绅朱琛集资兴建。后来分别在 1894 年和 1924 年，分别由知府杨同桂和县知事赵鹏第主持先后进行过两次大规模修缮和扩建。新中国成立后，被学校占用，后因年久失修，损坏殆尽。2002 年由市政府出资，对文庙进行复建。直到 2012 年扩建为孔子文化园。

在长春文庙基础上扩建的长春孔子文化园，由中、东、西三个区域组成，占地总面积约 5 万多平方米。长春孔子文化园的核心区域——文物保护区，主体建筑群的样式和风格，具有鲜明的中华民族特色，整个文物保护区内设有泮池、泮桥、棂星门、大成门、大成殿、东庑、西庑、魁星楼等儒家特色古建筑。整个建筑群斗拱飞檐、雕梁画栋、古朴壮丽。

文化园项目，除改建、增建了一些建筑外，于西庑展厅布置了专题展览《开科取仕——中国科举文化专题展》。整个展览将中国科举制度的内容与形式融合为一体，不仅有与科举有关的知识，也有对科举制度的反思，使游客们从历史与现实两个方面，对科举制度有所认识和启迪，从而获得审美的愉悦和思想的升华。

一、科举文化的生成与演变

（一）萌芽与创始

展厅中第一单元为科举文化的产生与演变，科举文化始于隋朝、确立于唐朝、完善于宋朝，在元朝达到了鼎盛，最终衰败于清朝末期。1300 多年的历史，占中华文明史的三分之一。

在科举制度出现之前，也出现过多种选官制度，原始社会末期，天下为公，选贤与能，有尧舜禹的禅让制，贤能的人把位置让给比他还贤能的人；在先秦时期广泛应用的是世卿世禄制，皇帝或者诸王诸侯包括贵族，父亲去世后，官职由儿子继承；春秋战国时期又有了军功爵制，军功越高官职就越高，从而确定身份的高低。汉朝时期开始实行由地方长官在辖区内考察、选取人才推荐给上级或中央，经试用考核合格后再任命官职的察举制、征辟制。但长此以往，这种考核制度出现了种种弊端，当时流行一句话"举孝廉，父别居；举孝才，不知书"，到了三国时期，魏文帝的九品中正制这样的现象更为明显。九品中正制在我国古代社会非常重要的三大选官制度之一，其上承两汉察举制，下启隋唐科举制，有着重要的历史地位。本应该是以行状来定品，到了后期却发展成只看家世来定品。所以这种制度出现了"上品无寒门，下品无士族"的现象。由于以上这些选官制度出现了严重的弊端与不公平，滋生了科举制度这种相对公平的选官制度。隋末，朝廷开始采用公开竞争，平等考试，择优录取的方式来选拔官员，平民百姓可以通过考试改变命运，一展抱负。

582 年，隋文帝下令各地方把有识之士推举到朝廷，规定每年有三个名额，将这些人统一集中到一个固定场所进行考试。再到 589 年，隋文帝下令朝廷五品以上官员都可以推举人才到中央。603 年，再次下诏到州县，要求把博古通今、对政治有独到见解的人，不限人数，都可以举荐。此时的隋朝基本抹掉了九品选官的印记。隋文帝这一创新的选官形式，到了隋炀帝时得到了更好的完善，隋炀帝在各个地方设置学校，通过学校举荐吸纳人才。大业三年（607 年），隋炀帝号召全国所有品行敦厚、弘毅正直、品学兼优、骁勇善战的人，都可以被推举到朝廷任用。两年后，又诏令以"四科举人"作为推举标准。至此，科举的雏形基本形成。

隋朝科举属于初始阶段，是察举制过渡到科举制的阶段，考试时间没有固定，考试规则也不完善，因此考试题目和内容都没有限制。科举制度让统治者把新生力量吸纳进统治阶级，同时也让学子们在认真读书后积极应考，成为为国效力的官员，实现身份和命运的转变。

由于隋朝历史较短，大约只举行了四五次考试，总共秀才、进士只有 12 人。

（二）形成与定制

展厅中第二板块展出的是唐朝继承隋朝科举制度的基础上，对其做进一步完善。由此，科举制度逐渐完备起来。唐朝时期考试有两类。每一年定期组织的叫作常科，由于某种原因中央临时组织的叫制科。其中，常科内容有很多：俊士、明法、明字、秀才、明经、进士、明算等50多种。当时有一句话，"三十老明经，五十少进士"，30岁考过了明经科是考生里年纪最大的，而50岁考过了进士科，是里面年纪最小的，可见考中进士科非常困难。

科举制度的发展，促进了唐代官学的形成。唐高祖进驻长安之后，天下局势未稳，就下令设立学校，要求贵族子弟和其他青年直接接受教育。在唐代科举的发展中，不能不提到的一位重要人物就是女皇武则天，她对科举的发展有着重要影响。有记载称：女皇亲自"策问贡人于洛成殿"，这是我国科举制度中最高等级的考试——殿试创始。到长安二年（702年），武则天首创了通过武艺为国家效力的选拔形式，由兵部主考，考试科目有马射、步射、平射、马枪、负重、摔跤等，一改以往科举考试只考书本知识的局面。

进士及第，又称"登龙门"，头名被称为状元或状头。和状元同榜人要凑钱举行庆贺活动，全部的考生来到杏园集体宴会叫作"探花宴"。著名的唐代放榜图，主要描述的就是科举考试结果公布时的情景。其中，没有中榜的人垂头丧气，而榜上有名者则兴高采烈。唐代诗人孟郊曾有诗描述"春风得意马蹄疾，一朝看遍长安花"的诗句，因此，春风得意也成进士及第的代称。

唐代还有著名的十八学士的称谓，具体指房玄龄、孔颖达、许敬宗等18人，房玄龄为十八学士之首。唐代十八学士缘起于唐武德三年，秦王李世民平定王世充归来，高祖非常高兴，李世民抓住机会，开文学馆，秦府十八学士应运而生，其中很大一部分是隋朝时期的科举中考者。唐武德九年，秦王李世民带兵入玄武门，诛幼弟李元吉，杀皇储李建成，废长夺嫡，入主东宫，这就是历史上著名的"玄武门之变"。可以说，在李世民篡嗣夺嫡的斗争中，十八学士发挥了重要作用。

（三）鼎盛与衰落

科举制度发扬光大在明朝。唐宋时的考试，录取名额非常少，一科只录取几十人。明朝实行扩招，学子们纷纷以读书为业。

明代有一位赵秉忠，出身官员之家，父亲赵僖曾经做过礼部右侍郎。明万历二十六年赵秉忠高中状元，后因性格刚直，被削职还乡。当前大陆唯一的殿试状元卷真迹，就是赵秉忠的状元卷。全卷2640个字。题目为《问帝王之政和帝王之心》，卷头"第一甲第一名"六字，为当时的皇帝朱翊钧御书，下钤"弥封关防"长印，精辟阐述了改善吏治、兴邦治国的对策，此状元卷现存青州市博物馆。

在中国历史上，科举制度流传了1300多年，一直到清朝末期结束。当今全国各地都遗留有很多与科举有关的文物建筑，如北京国子监及清代进士题名碑，曾作为殿试场所的故宫太和殿和保和殿，各地的文庙书院等。

科举制度在清朝发展过程中，也增添了许多考试形式，如复试，顺治十五年，要求乡试复试制。康熙五十一年，实行会试复试制。道光二十三年，要求各省的举人全部来到中央所在地京师进行复试，同时要求没有通过复试的举人不能参加会试。这样的改革措施虽然有效地防止作弊及维护考试的公正，但还不能完全达到选拔真才实学的学子的目的。

二、科举文化的内容与形式

中国科举制从隋开始，各朝考试科目都在不断变化。科举制主要以儒家著作为考试内容，完备时期形式上依次是童试、乡试、会试和殿试等几个等级。通过科举考试，使得儒家学说在社会制度的层面上得到了发扬与传承。

唐玄宗开元年间建立的考试场所叫作贡院，是省试的管理机构和考试场所。演变到宋朝，由于考试人数不断增多，各地方创建贡院开始普及。江南贡院位于江苏省南京市，最初面积约三十万平方米，东起姚家巷，南临秦淮河，为南京夫子庙地区重要建筑之一，著名的秦淮河畔也由于贡院、夫子庙的存在而一度闻名于世。贡院中的明远楼，是考试期间的考务中心，考官和执事官员发号施令的地方。

完备的科举有以下几个考试阶段：童试，即参加科考的资格考试，在唐、宋时称州县试，明、清称郡试，包括县试、府试和院试三个阶段的考试，考取者被称为"秀才"。乡试，是明、清时在各省省城和京城所组织的考试。要求每三年举行一次，参加者是具有秀才身份的府、州、县学生员、监生、贡生。考试一般在八月举行，因此叫"秋闱"，每场考三天，乡试第一名称举人。会试是中国古代科举制度中的中央考试。所谓会试，即各省乡试的举人，于次年二月（清乾隆以后改在三月），参加由礼部主持，在京师举行的考试，又称"春闱"。录取者称为"贡士"，第一名称为"进士"。我国历史上有许多著名的进士，如宋代苏轼、王安石和清代林则徐等，他们都曾在中国的政治舞台上和社会发展中起到过重要的历史作用。殿试为科举考试中的最高级别，皇帝亲自对会试中选的贡士面试。明清殿试后分为三甲：一甲三名赐进士及第，通称状元、榜眼、探花；二甲赐进士出身，第一名通称传胪；三甲赐同进士出身。

状元是中国科举制度历史上最闪耀、最光荣的一个称号。进士考试的第一名为状元。"状"也就是"投状"，"元"就是第一居首的意思。唐朝要求，各地推举的学子都要在考试之前上交到礼部自己的履历表和解状，统称为"投状"，即报名。考试合格后，礼部将学子的成绩与之前上交的材料一起呈给皇帝，称为奏状。第一名就是状头。起初在区分上只有甲乙等，没有状元之名。到武则天首创殿试之后，在礼部的考试的基础上进行复试，开始把按成绩排在第一的称状头或状元。状元之名，自此而起。在1300多年中，共考试745次，有据可查的文状元共653人。

千年科举为读书人提供了相对公开公平的晋升之道，学子们可以通过"开科取士"，跻身于官僚阶层，从而获取功名利禄，成为封建王朝的中坚力量。"金榜题名"被称为"登科"，也是在学子间最高荣誉，随着中国社会的发展，科举制度也出现了部分时弊。主要表现在科举成为束缚知识分子思想的枷锁，也让许多知识分子在学术和思想上毫无创新，教育和科学技术的发展停滞不前。

三、科举文化的时弊与影响

唐朝时期，不论中央还是地方都有官学，通过这样的形式号召鼓励青年人学习上进，谋求仕途。这些官办学校都归国子监（类似于今天的教育部）管辖。明朝时期的中央对学校教育非常重视，针对这一点推出了比较完备的制度和措施。官学分中央官学和地方官学两大类。在当时，书院的方式和私学的方式也比较发达。在中央，国子监下不再设任何学校。在地方，则只在都司、府、州、县、卫等设立儒学。

科举制延续到清代，日渐衰落，弊端日趋凸显。清代朝廷对科场舞弊的处分虽然特别严厉，但由于科举制本身的弊病，舞弊愈演愈烈。作弊形式花样百出，而最常见的几种考试作弊方式是夹带纸条进入考场，将事先准备好的考试答案藏在鞋中等。

中国的科举文化，从宋朝开始东渐西传，越南、朝鲜也开始推行中国的科举制度。在西学东渐的过程中，科举制成为西方向中国学习的唯一制度。

科举文化在中国的历史上绵延千余年，其影响之大，可以说家喻户晓、妇孺皆知。科举制度从确立到消亡的历史命运，并不在于科举制度本身，而是由中国封建社会性质所决定的。可以说，科举对今天的中国也有着十分深远的影响，我国现行的教育制度和干部选拔制度，也是对古代科举文化的传承与发展。长春文庙的科举制度展以古代社会与科举文化发展为主线，集历史照片、文献、文物于一体，从多维的角度展示了科举制的兴衰。通过展览，能够使广大观众在休闲的同时，对我国科举文化有一个更为深入的了解。

作者简介：葛彤，女，长春市文庙博物馆助理馆员。

参考文献：

［1］李麟：《官僚和科举文化常识》，北岳文艺出版社，2010 年。

［2］加农辑：《中国古代科举考试》，《语文教学与研究》2016 年 30 期。

［3］陈升槐：《简析中国古代的科举制度》，《科学咨询：科技·管理》2012 年 1 期。

［4］谭丽梅：《中国古代科举制度的兴衰》，《兰台世界》2010 年 1 期。

［5］孙丽青 邵艺：《中国传统文化概观》，复旦大学出版社 2014 年。

［6］左南 李哲 陈强《长春文庙恢复设计》，《中国园林》2007 年 6 期。

关于中国文庙在当今社会的
价值与利用探究

乔　亭

摘　要　中国文庙客观地反映着地区文化和教育的演变历史，具有明显的政治教化、社会文化教育、劝学等传统教育功能，千百年来，一直是传承儒家文化和扩充中国教育历史的"活化石"。作为历史留给当代社会的一种珍贵文化遗产，中国文庙在当前的利用状况值得人们加以关注。中国文庙在当代社会的生存和利用存在着一定的困境，但也有一些文庙在探索如何有效利用自身价值的道路上作出了有益的尝试。中国文庙在当代社会应以文庙传统功能的延续和拓展为主线，积极探索多种利用方式，方能实现自身保护与利用的可持续发展。随着社会的发展与变迁，其教育遗产价值发生了重大变化，只有立足于时代发展的需求，寻求传统与现代的合理对接，重构中国教育遗产现代价值体系，才能使文庙深厚的文化和教育底蕴得以发扬光大，才能使中国文庙在弘扬优秀传统文化中发挥重要平台作用。

关键词　中国文庙　当代社会

　　文庙是古代祭祀思想家、教育家孔子的场所，又被称为孔庙、圣庙、夫子庙等。孔子逝世第二年，鲁哀公将孔子三间旧宅改建为庙堂，庙内收藏孔子生前所用衣冠琴车书等物，并且定期进行祭祀和供奉。据《史记·孔子世家》记载："故所居堂、弟子内，后世因庙，藏孔子衣冠琴车书，至于汉代二百余年不绝。"自公元前478年改宅为庙伊始，经历战国再到汉代，对于孔子的祭祀活动就一直未曾间断过。在我国两千多年的文化融合中，中国文庙的功能早已被扩大，不仅是供奉和祭祀孔子的标志性建筑，更是传授儒家经典和宣传教化思想的文教圣地，凝聚了历史上各个时期统治者对于儒家思想的认同和推崇，成为中华民族文化的象征。面对中国文庙所留给我们的这份宝贵的教育文化遗产，我们只有取其精华弃其糟粕，为坚守社会主义核心价值观服务。

一、文庙在当代社会的保存现状

明清时期，只要是国家设立的县以上行政区域均设有孔庙。清末，全国的府、州、县设立的孔庙数量达 1560 多处。根据不完全统计，中国现存孔庙建筑尚有 300 余处，九成以上为县级文物保护单位，属于省级文物保护单位的 100 余处，截止到 2006 年，属于全国重点文物保护单位的有 40 余处。根据各地文庙在历史年代、建筑规模等级、人文内涵及保存状况的不同，大致可分以下三种类型：一是主体建筑大成殿及部分建筑尚存，但保存状况不佳，或因为历史原因，尚被当地的学校或其他部门占用的。这种类型的文庙在全国现存文庙中还占有相当大的比例。二是历史悠久、建筑完整，文物遗存较为丰富，具有一定社会知名度的文庙。如云南建水文庙、贵州安顺孔庙、陕西韩城孔庙、青海西宁孔庙等。三是历史悠久、规模宏大、保护完整、文物丰富、社会知名度高、影响大的文庙，这一类型的文庙文化遗产价值最高，在全国文庙中仅属少数，如山东曲阜孔庙、北京孔庙、四川德阳孔庙、浙江衢州南宗孔氏家庙等。

二、中国文庙的文化遗产价值

（一）历史研究价值。历史研究价值是指文庙这种文化遗产作为历史上的客观存在而反映出的与其自身密切相关的历史进程中的社会政治、思想、文化等各个方面的相关信息，这些信息能够帮助我们认识一个群体的文化史。中国文庙见证了中国两千多年封建社会发展的历程，在长期的历史发展过程中，它已经不仅仅具有最初的祭祀及后来所产生的教育功能，是思想、道德和传统构成的有机整体，是中华民族物质财富和精神财富的复合载体。在各地文庙的发展史上，都留下了丰富的历史遗存和历史资料，如碑刻、匾额、楹联、诗词歌赋、造像雕塑等，这些遗存和资料包含着大量有价值的历史信息。通过对有关文庙所保存的历史信息进行挖掘、整理和研究，可以了解到各地文庙建筑与祭孔活动的兴衰，透视中国封建时代中央和地方政治、经济及文化发展的状况，对儒家乃至中国古代思想文化的发展演变进行深入的探讨，并能够通过这些研究和探讨，达到还原历史的目的。

（二）审美艺术价值。审美艺术价值是指文庙这种文化遗产作为历史上的客观存在而在其建筑设计构造、建筑情调、装饰等方面带给人们精神上或情绪上的审美感染力，或者是它所展示的特殊的设计、风格、艺术上的进步和高水准的技艺。建筑是人类创造的最珍贵的文明成果之一。我们的祖先从开始建造房屋以来，在漫长的历史时期中形成了民族特有的审美情节，创造了灿烂辉煌的建筑艺术成就。中国文庙是中国传统建筑体系中的重要组成部分，是东方建筑风格的具体体现，文庙以主题鲜明的建筑类型、传承有序的时空环境、博大精深的文化内涵、行事风格的象征含义独步于建筑艺术之林。

（三）科学研究价值。中国文庙内所具有的丰富的建筑、碑刻、雕塑、园林植物等资源，包含了从古到今大量的科学信息，在考古学、艺术学、生物学等各学科领域都具有不可多得的珍贵价值。文庙内严整有序的各类建筑是研究中国古代建筑及装饰技术的珍贵样本，其丰富的碑刻、雕塑、匾额是研究中国古代雕塑和雕刻技艺及书法艺术的珍贵资料，而文庙内数量极多、历史悠久的各类植物又是生物学研究中不可多得的资源。

（四）文化传承和文化认同价值。文化传承和文化认同价值是指文庙这种文化遗产作为历史上的客观存在所能够体现出的中华民族在长期历史发展进程中所积淀而形成特有的文化基因和精神特质，这种文化基因和精神特质通过文庙这种载体得以代代传承，标志了一个群体的文化认同感，并至今深深影响着当代社会。传承中华文化，重建文化认同，必然要求我们重新审视自己的历史和文化，并从中寻找出最具代表性的元素为当代人所用。中国文庙是物质财富和精神财富的复合载体，它已经不单纯是祭祀孔子的殿宇，同时也是地方历史社会文化的组织形式，是思想、道德和传统构成的有机整体，是中华民族文化的重要载体。在中国两千多年的文化融合中，文庙的功能已经远远超出了它最初纪念性建筑的本身含义，成了中华多民族文化的象征之一。文庙之所以在历史上和当今社会中受到人们的关注，就在于它体现了一种源远流长的人文传统。孔子是中国历史上著名的教育家、思想家和政治家，他的思想、言行在两千多年间一直影响着中国人的思想和行为模式。以孔子为代表的儒家思想的精华，对中国社会的文明进步曾产生过深远影响，至今仍有许多合理的成分值得我们去继承和发扬。文庙作为以儒家文化为代表的传统文化的一个文化象征及文化符号，在当今经济全球化带来的文化亦趋同时代背景下，对中华文化的传承和价值认同上具有不可多得的重要价值。

（五）现实的文化教育价值。从中国文庙的发展史中不难看出，文庙在其传统上除具有祭祀孔子的功能外，还具有文化教育与社会教育的功能。历史上的文庙曾是文化教育的主要场所。文庙在各地的大量兴起源于立学，并在历朝历代的文化教育史上都发挥了重要作用。中国文庙能够从最初的孔子故里扩展到全国，以至于跨出国门，走向世界，除了儒学本身博大精深、极具凝聚力与感召力之外，文庙在中国各地曾经相当普遍的存在和它相应的社会教育功能的充分发挥也有着不可低估的作用。

中国文庙所具有的深厚历史文化积淀、所蕴藏的丰富的历史文化信息，使它成为对国民尤其是青少年进行文化教育、提高人文素质的最佳场所。学生们走进文庙这庄严肃穆的殿堂，重温孔子的生平事迹和七十二贤人的学习生活，能够了解到"学而不厌"的刻苦学习精神，能够了解到"知之为知之，不知为不知"的谦虚学习态度，能够了解到"学而时习之"的严谨学习方法以及"学而不思则罔，思而不学则殆"的学习与思考的辩证关系。在文庙中所体会到的中华文化的博大精深，将会激励他们的民族自豪感和自信心。文庙所体现的深重历史文化氛围以及丰富多彩的建筑文化、雕塑文化、雕刻文化等，也能够成为提升国民文化艺术素养的重要工具。

三、文庙在当今社会的文化遗产价值的利用

文庙具有重要的文化遗产价值，但如果没有人去关注它，也没有人对它加以利用并从那里获得对于自身有益的收获，这样的文化遗产便失去了存在的意义。文庙需要融入现实社会并实现其自身的文化遗产价值，现实社会也需要利用文庙的文化遗产价值来达到实现中华民族优秀文化传承、增强中华民族文化认同感和提高社会整体文化素养的目的。当今社会，中国传统文化的魅力正在重回众人视野中，人们对于在中国优秀传统文化中寻找自己文化上的认同感具有一种迫切感的当下，"回归儒学"、"回归传统"的口号已经成为一种热潮。适应这种社会热潮，作为中国传统儒家文化标志之一的文庙在当代社会显示出了其得天独厚的文化优势。文庙所蕴含的丰富历史文化内涵，使得它能够成为了解、宣传儒家学说的媒介和传承中国传统文化的场所，这正是文庙所具有的现实价值的具体体现。在目前全国保存状况尚为良好的一百多处文庙中，已有相当一部分得到了良好的保护和重修重建，并在加强保护的基础上面向社会进行了各种方式的利用尝试。

1. 文庙应成为城市历史文脉的象征

城市是历史发展的产物，凝聚着不同历史时代的智慧结晶，城市的人文历史不仅能够通过文字档案进行记录，还可以通过城市中保留的各种历史建筑和历史遗存等载体而得到见证。一座城市的传统建筑，是承载这座城市物质文化和精神文化的重要载体。保护古代建筑就是保护城市的记忆。保护城市的建筑物，就能保留当地的传统风貌及文化传统，使一个城市的特色不至湮灭。分布于大江南北城市的文庙，不论大小，虽经历各种天灾或人祸的破坏，但总是旋毁旋修，生生不息。文庙之所以具有如此顽强的生命力，是因为其是以儒家文化为主体的中国传统文化的象征的文庙，是以体现尊崇孔子与儒家文化的载体而出现。文庙既是过去当地府、县实施礼乐教化的中心，也是衡量该地文化水平的重要依据。文庙是固守一个城市文脉的重要载体，也是中国历史上一道浓墨重彩的文化景观。

2. 文庙应成为当代社会宣传传统文化的重要阵地

一个国家或民族的传统文化是其历史生命和灵魂，当讲到一个国家或民族的传统文化还存在不存在时，主要是看其是否还活在某个民族现实生活中。改革开放以来，弘扬优秀传统文化，越来越得到党和国家的重视。儒家思想是中国传统文化的核心和

重要组成部分。文庙蕴含者丰富的历史文化内涵，使得它在当代社会可以成为了解和宣传儒家学说的重要场所。目前掀起的"国学热"、"读经热"可以看出，"国学"的本质就是指中国优秀传统文化。这个概念，既有抵制西方文化入侵的意图，也有弘扬本国文化、挺立民族文化脊梁的时代意义。国学热是改革创新时代精神的反映，是民族文化自信心增强的表现。中国文庙应作为中国传统文化的宣传主阵地，通过文庙的各种教育活动，弥补整个当代社会在传统文化上的知识性匮乏，从而应对当代中国所存在的信仰危机。

3. 文庙的利用要与发展旅游业结合起来

将中国文庙作为旅游吸引物以开展文化旅游的方式进行利用，是文庙文化遗产价值利用的一种非常重要的方式。发展旅游事业的目的是有效保护和利用文庙这种珍贵的文化遗产，最终谋取文庙社会效益和经济效益的和谐与可持续发展。在进行旅游开发过程中，应注意文庙周边环境与文庙景点相结合，将文庙纳入一定的城市文化遗产旅游线路中，成为相关旅游线路的有机组成部分，通过相关旅游资源的联合和整合，提高文庙作为旅游吸引物的利用度。在将文庙作为旅游资源开展观光旅游的过程中，应重视旅游节庆活动的良好促进作用，如每年以孔子诞辰日祭祀大典为契机举办的曲阜国际孔子文化节，已经成为国家旅游局确定的国家级、国际性"中国旅游节庆精选"之一。同时，应有好的创意，开发高品位的旅游产品，提高相关旅游产品的文化附加值同时要注意相关旅游配套设施的建立，如景区内服务接待中心、停车场等。在进行旅游业开发过程中，尤其应注意保持文庙这种文化场所的严肃性，使得旅游业的介入对于文庙这种文化遗产的消极因素降低到最小。

4. 文庙的利用要与博物馆建设有机结合起来。

现阶段国内各地孔庙一般为各级博物馆、文馆所的馆（所）址，博物馆设在文庙内，加强和推动文庙的保护工作，又可以充分利用文庙的殿堂亭台等建筑，举办各种类型的陈列、展览。文庙是儒学的象征和载体，应当成为中国传统文化的宣传基地。对文庙进行博物馆利用，可以举办各类反映孔庙历史原貌的复原陈列和介绍孔子、儒家文化的辅助陈列，对孔子、儒家进行充分的展示和评价。而当今博物馆事业发展方向表明，大而全的综合性博物馆为主体的单一模式已经被打破，各种类型的具有地方特色的专业博物馆不断涌现。在文庙的馆庙结合的情况下，除了进行与文庙历史及儒家文化相关的陈列展示，博物馆必须兼顾其综合职能与弘扬民族优秀文化的关系，因地制宜，探索有自身特色、切合实际的发展道路。在陈列方式上，应在传统单一的静态陈列方式上，进行多种现代陈列方式的探索。同时，在进行博物馆模式利用时，应该使馆舍的外观与博物馆的性质功能、展品内容能够有机契合，同时在进行陈列的同时，不能偏废文庙本身的价值，即既要突出博物馆特色，又不能使文庙自身的文化遗产价值被掩盖。

其他相关利用方式。任何事物都处在不断发展变化的状态中，文庙也不例外。当代中国文庙的文化价值利用方式伴随各地文庙实践的不断发展也存在一个不断发展和进步的过程。相信随着时代的发展、社会的进步和中国文庙文化遗产利用实践的不断丰富和发展，将有更多和更有效的利用方式不断出现。

作者简介：乔亭，女，曲阜市文物局办公室。

参考文献

[1] 孔德懋：《研究中国孔庙发展史 弘扬中华优秀传统文化——序〈中国孔庙〉》，《中华文化论坛》，2005 年 2 期。

[2] 范小平：《中国孔庙》，四川文艺出版社，2004 年，89 ~ 91 页。

[3] 田增志：《中国庙学教育实践及其启示》，《内蒙古民族大学学报》，2009 年 5 期。

[4] 彭蓉：《中国孔庙研究初探》，北京林业大学，2008 年.

[5] 于学斌：《孔庙的教育功能试论》，《哈尔滨学院学报》，2008 年 9 期。

[6] 孔祥雷：《孔庙及其社会价值》，《沧桑》，2006 年 4 期。

[7] 李建初：《浅谈资中孔庙的保护与利用》，《四川文物》，2004 年 2 期。

[8] 唐红炬：《文庙的保护与利用—应在冲突中寻求和谐》，《中国文物科学研究》，2007 年 2 期。

广州番禺学宫与明清海上丝绸之路

吴石坚

摘　要　广州番禺学宫是岭南文脉之所在，还与海上丝绸之路有着密切联系，是广州海上丝绸之路的重要文化史迹。番禺学宫不仅培养陈子壮、黎遂球等抗清英雄，培养潘有为、潘正炜、梁纶枢、梁肇煌等著名十三行行商家族子弟，走出陈澧、张维屏等著名学者，走出状元庄有恭、许应骙等一代名宦，他们也是清代广州城一府两县广州人中担任职务最高的官员。十三行行商潘有度以及梁经国家族等大力参与番禺学宫的修缮，多次慷慨捐资兴学。

关键词　番禺学宫　海上丝绸之路　明清　十三行

明清时期，广州府管辖 13 到 14 个县，范围包括珠江三角洲的大部分地区。其中，广州城有二县，即番禺县和南海县。因此，在广州城有广府、番禺和南海三座学宫，即孔庙，番禺学宫是其中之一，并保存至今。魏雅丽在《清代广东行商家族与番禺学宫》，论述十三行行商与番禺学宫因缘际会的历史①。番禺学宫是岭南文脉之所在，还与海上丝绸之路有着密切联系，是广州海上丝绸之路的重要文化史迹。

一、番禺学宫生员与南明

番禺学宫是岭南儒学文化的重要阵地，培养了大批士子和人才。番禺学宫建于明洪武三年（1370 年），是广州府番禺县的县学、文庙，位于广州城内。陈子壮、黎遂球等番禺学宫生员，成为明代著名的抗清英雄，对南明史有着积极的影响。南明特别是永历政权，又与海上丝绸之路有着密切关系。

顺治元年（1644 年），李自成领导农民军攻陷北京，崇祯帝在景山自缢，明朝灭

---

① 　魏雅丽：《清代广东行商家族与番禺学宫》，《岭南文史》2007 年第 2 期。

亡。不久，摄政王多尔衮率清军进入北京，清世祖福临迁都北京，清朝开始建立对全国的统治。同年，福王朱由崧在南京称帝，改元弘光，史称南明。陈子壮任礼部尚书。陈子壮是广东南海人，番禺县学生员，万历四十七年（1619 年）探花。

顺治二年（1645 年），清军攻破南京，弘光帝被清军俘获，后被杀。不久，唐王朱聿键在福州称帝，改元隆武。陈子壮任东阁大学士、礼部尚书，未赴任。黎遂球任兵部主事，赴赣州抗击清军。黎遂球是广东番禺人，番禺县学生员，为陈子壮的弟子。他是广东著名诗人，曾与陈子壮等人在广州创立著名的南园诗社。

顺治三年（1646 年），清军攻取赣州，黎遂球殉国。隆武帝追赠兵部尚书，谥忠愍。同治《番禺县志》卷四十二云：“遂球，性忼易通爽，两目如岩下电，双肩削耸，欣然玉立，足扬举，颇不屑文缛。或以为傲物，然与人交，握手沥肺腑，断断然，于是非邪正之介不少混也。”① 不久，隆武帝在福建汀州被俘，绝食身亡。

同年，在广西巡抚瞿式耜等倡议下，永明王朱由榔在广东肇庆监国，不久称帝，改元永历，建立永历政权。陈子壮任东阁大学士兼兵部尚书，他积极支持永历政权。

顺治四年（1647 年），陈子壮与兵部主事陈邦彦在广州起兵，张家玉在东莞起兵，共同抗击清军，兵败均被杀害。永历帝追赠陈子壮为番禺侯，谥文忠。追赠陈邦彦为兵部尚书，谥忠愍。追赠张家玉为武英殿大学士兼吏部尚书、增城侯，谥文烈。陈子壮、陈邦彦和张家玉，被后人称为岭南三忠。

南明特别是永历政权，有两件事与海上丝绸之路有着密切关系。具体有：一是永历帝派传教士卜弥格访问欧洲。二是郑成功收复台湾，驱逐荷兰殖民者。这体现南明王朝的进步意义。

在肇庆时期，永历帝与西方传教士有直接交往。永历政权中有两位耶稣会士，一位是德国人瞿纱微（Andreas Koffle），一位是波兰人卜弥格（Michel Boym），由司礼监掌印太监庞天寿所委派。瞿纱微负责与澳门联系，购买佛朗机炮，一度在桂林保卫战中击退清军。顺治七年（1650 年），委派卜弥格和中国人游击陈安德（Chin Andreas），持王太后书、庞天寿上罗马教皇书，出使罗马。顺治八年（1651 年）初，清军进攻广东，永历帝被迫放弃肇庆，退往广西。顺治十二年（1655 年），卜弥格带着罗马新任教皇亚历山大七世（Alexander Ⅶ）回复王太后和庞天寿的信返回中国。顺治十五年（1658 年），卜弥格和陈安德回到中国边境，但是清朝在全国的统治已经基本稳固，永历政权被清军赶到云南边境。次年，卜弥格卒于中国广西和交趾的边境。

卜弥格的出访，并没有达到目标，但是这是中欧之间的第一次外交接触。德国著名学者、耶稣会士基歇尔（Athanasius Kircher）根据他的学生卜弥格等人带回来的资料

---

① 同治《番禺县志》卷 42，《黎遂球传》。

写了著名的《中国图说》一书，系统介绍中国文明，在欧洲引起强烈反响，给欧洲人打开一条通向中国思想世界的道路。

郑成功收复台湾是永历政权时期的重大历史事件。早在隆武政权时期，隆武帝赐郑成功姓朱，因此，郑成功被称为国姓爷。顺治六年（1649 年），永历帝封郑成功为延平郡王。顺治十五、十六年（1658、1859 年），郑成功两次会同在浙东坚持抗清的南明兵部左侍郎张煌言部北伐南京，但未能成功。顺治十八年（1661 年），郑成功率军驱逐荷兰殖民者，统一台湾，荷兰台湾总督揆一（Frederick Coyett）投降。沦陷 38 年的台湾回归祖国，这是郑成功建立的伟大历史功勋。

郑成功收复台湾，他是以南明的虚弱力量，驱逐欧洲海上强国的荷兰殖民者，体现中国在国际上具有的重要地位。这说明在 17 世纪海上丝绸之路中，中国不仅在经济文化上对世界产生重要影响，在军事实力上也与世界强国是分庭抗礼的。

二、番禺学宫与行商子弟教育

番禺学宫与行商子弟教育有着密切联系。行商致力于发展对外贸易的同时，十分重视儒学教育。著名行商潘启家族和梁经国家族的多位子弟曾为番禺县学生员。著名的有潘有为、潘正炜、潘正亨、梁纶枢、梁肇煌、梁肇晋等人。因此，番禺学宫是明清海上丝绸之路的重要史迹。

潘有为，十三行著名行商同文行潘启次子，潘启四子、第二代潘启官潘有度兄。他是番禺县学生员，曾任中书舍人。光绪《广州府志》卷一三〇载："乾隆庚寅顺天举人，壬辰进士，官内阁中书。久宦京华，以校四库书例得议叙，与权贵忤，卒不迁。退居林下，足迹罕入城市。所居擅园林花竹之胜，诗名籍甚，有《南雪巢诗》。"[1] 他是十三行行商潘家担任职务最高的人。

潘正炜，潘有为子，从兄正亨，史番禺县学生员。他接替潘有度为同孚行行商，是第三代潘启官。道光二十九年（1849 年），他与乡绅番禺许祥光、行商南海伍崇曜等拒绝英国人入城，为两广总督耆英奏请朝廷嘉奖，恩赐花翎、道员衔。次年，潘正炜去世。

到其子潘师征时，潘家产业转移到昆季手中。民国《番禺县续志》卷十九载："性孝友。析产时以腴田广厦让诸昆季，自守故园，聊蔽风雨而已。善画梅，世人多珍之。"[2] 这时，族人潘仕诚崛起为一代著名的行商，外商也称他为第四代潘启官。潘仕诚是晚清时期与梁纶枢齐名的著名行商。

---

① 光绪《广州府志》卷 130，《潘有为传》。
② 民国《番禺县续志》卷 19，《潘师征附传》。

而潘师征诸子均考取功名，县志有记载。长子宝鏸，光绪二年（1876 年）进士，任翰林院编修、广西乡试副考官等职，后主讲越秀书院。次子宝琳，光绪十五年（1889 年）进士，任翰林院编修等职，后主讲越秀书院。三子宝珩，光绪八年（1882 年）举人，辛亥革命后任广州电力公司总经理等职。

潘正亨，潘有为从子，是番禺县学生员，捐刑部员外郎。潘正亨负用世志，熟悉外贸。嘉庆二十五年（1820 年）曾建议广州知府程含章，免除洋米舶税，解决广州米荒问题。光绪《广州府志》卷一三〇载："负用世志，尝言于广州知府程含章，令洋船随时载米，免其舶税。含章以其言白大府，行之。于是，洋米船络绎而至，广州遂鲜荒患。"[1] 正亨从弟正衡，正衡子定桂都是番禺学宫生员。

梁纶枢，梁经国三子，弟梁同新，官至顺天府尹，为梁经国四子。十三行天宝行著名行商。他是番禺县学生员，后捐职番禺县学候选训导。道光七年（1827 年），接管天宝行，后议叙道员、盐运使等职衔。民国《番禺县续志》卷十九云："盖自咸丰改元而后，内讧外侮，筹饷筹防，时局多故。而纶枢以老成谙练，岿然负鲁灵光之望。每有大事，大府造庐咨询，纶枢于时局利弊，民生病苦，知无不言，言无不中，故为大府倚畀如此。"[2] 同治元年（1862 年），两广总督劳崇光奏请，加盐运使二品衔。同治三年（1864 年），两广总督毛鸿宾、署理广东巡抚郭嵩焘奏，赏花翎。同治八年（1869 年），曾孙梁广淞亦为番禺县学生员。

梁肇煌，十三行著名行商梁经国孙，梁经国四子、顺天府尹梁同新次子，是番禺县学生员。咸丰二年，以妇翁太常寺少卿、顺德人龙元僖为同考官，回避未与试。咸丰三年（1853 年）进士。曾任奉天府尹、江宁布政使等职，积极协助左宗棠，疏浚朱家山河工、建桥、增储义仓谷米等事，左宗棠屡次向朝廷保荐，评价他为才大心细、办实事心。参加中法战争，负责办理福建后路粮台和云南军装协商事宜，外固国防，内筹军饷，料理缜密。民国《番禺县续志》卷十九云："论事侃直，为世所忌。故文襄虽屡腾荐牍，卒未能大用，盖时为之也。平日训子庆桂曰：'汝曹毋废学，毋忧贫，毋忘国恩，毋堕先业。'世咸叹为名言。"[3] 其三子庆暄也是番禺县学生员。

梁肇晋，梁同新第三子，是番禺县学生员。同治十三年（1874 年）进士，曾任礼部主事，后主讲禺山书院。他作为乡绅，积极为地方服务。民国《番禺县续志》卷十九载："清远石角围崩溃，潦灾极巨。大吏筹款兴修，函请肇晋与顺德李侍郎文田及爱育堂绅士董其役。肇晋履勘督筑，不辞劳瘁。又函请禁挖蚝壳，豁免洋米船钞，皆有

① 民国《番禺县续志》卷 19，《潘正亨附传》。
② 民国《番禺县续志》卷 19，《梁纶枢传》。
③ 民国《番禺县续志》卷 19，《梁肇煌传》。

益桑梓。"①

除了行商子弟教育外，番禺县学的著名生员还有陈澧、张维屏、许应骙、许应鏴和梁鼎芬等人。陈澧是清代著名大儒，担任学海堂山长，著有《东塾读书记》，是清代著名的经学著作。张维屏是清代著名诗人，曾任江西南康知府等职，著有《国朝诗人征略》，还有《三元里》《三将军歌》等著名诗篇，反映广州人民抗英斗争。许应骙是著名的大盐商许拜庭之孙，广西按察使、加布政使衔许祥光之子，历任工部尚书、礼部尚书、闽浙总督等职，是清末的重臣。许应鏴也是许拜庭之孙，许祥光之子，曾任浙江布政使、护理浙江巡抚等职。梁鼎芬是张之洞的幕僚，曾任湖北按察使、署理布政使等职。

三、番禺学宫修缮与行商

番禺学宫建立以来的多次修缮，均得到名宦、学者的支持，行商积极参与其中，反映中国商人捐资办学的优良传统。这也是商学合一在番禺学宫中的体现。

乾隆四年（1739 年），番禺学宫出了广州城的唯一状元庄有恭，名声在外。庄有恭历任浙江、江苏巡抚等职，官至刑部尚书、协办大学士，后任福建巡抚。他积极支持番禺学宫的修缮。乾隆十八年（1753 年），庄有恭撰写《重修番禺县学碑记》说："计所费有数千数百金有奇。是役也，选工庀材，费不及国，勾稽有籍，率作有程，人谓是俗之好义也，贤者之能董成也，而溯厥所由，则振兴鼓舞，先后宰斯土者之功，不可忘也。"②

庄有恭老师车腾芳主讲番禺县学，后任海丰县学教谕，为推动番禺学宫的修缮，功为多。他在《重修番禺学宫碑记》说："是役也，合珠江文阁计用万金。"又说："惟芳等十一人始终厥任，戮力同心，工宜兴者兴，费宜省者省，矢公矢慎，以克副邑侯委重之意，而无负邑人乐捐之举，非敢言功也，亦期以告无罪云耳。"③

这次番禺学宫的维修经费计用白银一万两，都是邑人乐捐，费不及国。除了名宦外，更多的乡绅、行商赞助修缮学宫。以后番禺学宫的修缮，有明确的行商赞助的记载。

行商潘有度赞助番禺学宫的修缮。乾隆五十六年（1791 年），番禺知县吴政达在《重修番禺县学宫碑记》记载，董其事者有理问潘有度，理问即顾问。④潘有度是著名的十三行行商，潘启四子，是第二代潘启官。他继承同文行，后成立同孚行。清代著

①　民国《番禺县续志》卷 19，梁肇晋附传。
②　庄有恭：《重修番禺县学碑记》，民国《番禺县续志》卷 36，金石志四。
③　车腾芳：《重修番禺学宫碑记》，民国《番禺县续志》卷 36，金石志四。
④　吴政达：《重修番禺县学宫碑记》，民国《番禺县续志》卷 37，金石志五。

名诗人张维屏在《艺谈录》有其传。

行商梁经国家族参与修缮番禺学宫。梁同新是著名十三行行商天宝行梁经国之四子，广州府学生员。道光十六年（1836年）进士，官至顺天府尹。他与外舅凌旭升积极支持番禺学宫的修缮。道光二十六年（1846年），梁同新在《重建学宫记》说："适予外舅凌公旸谷主讲禺山，诸乡先生有是议，得书，喜其不谋而合也。以岁饥，事不果。甲子，予南归，共举前议，讲于官，得行。"① 凌公旸谷，即凌旭升，梁同新的外舅。乡绅许其光在《梁太夫人墓铭》说："太夫人番禺凌氏。凌故望族，嘉庆中有安邱知县旭升者，起家甲科，为县令。太夫人即安邱第六女也。比长，归于故顺天府府尹京兆公实，生今顺天府府尹肇煌。"② 凌旭升，嘉庆六年（1801年）进士，曾任山东安邱知县，晚年主禺山书院讲席，后建彬社书院。两广总督邓廷桢为凌旭升同年进士，高其义，义倡僚绅酬金恤其遗孤，乡人祀其木主于彬社。

梁同新在《重建番禺学记》说："而是役也，费不及官，率私钱者，为金三万四千有奇。其任事者，又勤慎廉明，治官事如私事，终始五年而不倦，果孰迫而孰求欤。"③

这次学宫的维修费用为白银三万四千多两，费不及官，均为乡绅、行商所赞助。而梁家中，梁纶枢、梁肇煌等都是番禺学宫的生员，梁纶枢还是捐职番禺学宫候选训导，潘家中，潘有为、潘正炜也是学宫的生员，捐资兴学是义不容辞的责任。

番禺学宫不仅培养陈子壮、黎遂球等抗清英雄，培养潘有为、潘正炜、梁纶枢、梁肇煌等著名十三行行商家族子弟，走出陈澧、张维屏等著名学者，走出状元庄有恭、许应骙等一代名宦，他们也是清代广州城一府两县广州人中担任职务最高的官员。十三行行商潘有度以及梁经国家族等大力参与番禺学宫的修缮，多次慷慨捐资兴学。番禺学宫不愧为岭南文脉之所在，是广州海上丝绸之路的重要史迹。

作者简介：吴石坚，广州毛泽东同志主办农民运动讲习所旧址纪念馆办公室主任、馆员。

---

① 梁同新：《重建学宫记》，同治《番禺县志》卷16，建置略三。
② 许其光：《梁太夫人墓铭》，民国《番禺县续志》卷39，金石志七。
③ 梁同新：《重建学宫记》，同治《番禺县志》卷16，建置略三。

吉林文庙复建白山书院之现实意义

李士心

摘　要　清廷吏部尚书铁保谪戍吉林所题的"白山书院"匾额现为国家二级文物，藏于吉林市文庙博物馆。致力于成为吉林市儒家文化基地的吉林文庙希望以白山书院为依托，更好地传播优秀传统文化，"庙学合一"完善文庙的教育功能，重建白山书院便顺理成章。吉林文庙对白山书院进行复建，在历史价值、强化教育功能、传承优秀传统文化等方面具有十分重要的作用。

关键词　吉林文庙　白山书院　国学教育

我国古代的书院教育始于唐代，是指朝廷收藏、校勘图书的地方，经唐末五代至宋元真正形成书院制度，此后直至明清，逐步发展成以私人创办为主，聚书研修、讲学授徒的独特教育组织形式。随着社会历史条件的变化，书院作为一种制度、一种文化组织，已经有一千多年的历史，遍布中华大地。在古代，书院既是教书授徒的教学机构，也是士人研究学术、传承文化、实施教化的重要基地。书院继承、发扬了我国优良的教育传统，是中国古代教育发展中最具特点的教育机构。

一、白山书院的历史沿革

吉林省最早的书院建于清嘉庆十九年（1814 年）的白山书院。吉林因地处边塞，地广人稀，气候酷寒，开发尚晚，文化普及较迟。清代的东北和经济政策封禁一样，对于文化教育也实施封禁政策。乾隆元年（1736 年）清廷下令兴建永吉州文庙（吉林文庙的前身），这种文化封禁政策才有所改变。直至嘉庆十九年，始由富俊，置民房五间代用，创办起吉林省第一所书院，名曰"白山书院"。后因该地处于市中心繁华地段，遂辟地新建院舍，地址在当时的省城参局街（今吉林市船营区）。"白山"，撷取了吉林风光之最，又颇蕴风雅文采。建院初，适逢清廷吏部尚书铁保谪戍吉林，题"白山书院"匾额（见图一），悬于书院，并为之作跋："此邦人士，重武备而略文事。将军富俊，副都统松筱首创书院。延前归德守熊酉山之书，前经历朱慎崖、宇泰，前福建令朱玉堂，履中主讲席，彬彬弦诵，文教日兴。余喜其创始之难，乐观其成也，于是乎书。"（《吉林外记》）

图一　白山书院匾，铁保手书，现藏于吉林市文庙博物馆

光绪二十七年（1901 年），清廷下诏将各省城书院改为大学堂，各府书院改为中学堂，各州县书院改为小学堂，并多设蒙养学堂。至此书院完成其历史使命，融入近代学校教育之中。吉林省档案馆保存着将白山书院改为蒙学堂的档案，即光绪三十二年（1906 年）七月二十一日，总办学务处花翎候选知府刑部主事黄为拟将白山书院改为白山蒙学堂。

二、吉林文庙复建白山书院

清廷吏部尚书铁保谪戍吉林所题的"白山书院"匾额现为国家二级文物，藏于吉林市文庙博物馆。致力于成为吉林市儒家文化基地的吉林文庙希望以白山书院为依托，更好地传播优秀传统文化，"庙学合一"完善文庙的教育功能，重建白山书院便顺理成章。

2002 年 9 月 6 日，由吉林市文庙博物馆联合吉林市孔子研究会、北华大学以及社会各界文化名人、有识之士共同发起，"白山书院"在吉林市文庙博物馆重新揭匾。书院以吉林文庙为基地，以定期举办经典诗词专修班和不定期举办国学讲座等形式开展活动。

2016 年，吉林市文庙博物馆投资 70 余万元，将吉林文庙东庑房辟为白山书院公益国学讲堂，面积 241.36 平方米，内设 108 个座位，全仿古装修。由 20 余名学者组成白山书院讲师团定期进行国学普及活动。除此之外，书院有各类国学、文史图书 1000 余册，为市民和游客提供免费图书借阅服务。

三、吉林文庙复建白山书院的现实意义

吉林文庙对白山书院进行复建，在历史价值、强化教育功能、传承优秀传统文化等方面具有十分重要的作用。

（一）吉林文庙复建白山书院具有特殊的历史意义

吉林省在清代建立了 10 所书院，但尚有残迹遗存的只有位于通化市建于光绪年间的佟江书院。白山书院虽然没有建筑遗址，却有文物遗存。清史部尚书铁保谪戍吉林后，手书"白山书院"匾额，悬于白山书院。清政府重视书院建设，皇帝每每题匾赐额，康熙赐额尤多，国内著名书院，如白鹿洞书院、岳麓书院，以及其他书院获此殊荣者多达 20 余家。白山书院建院较晚，光绪年间，也经吉林将军"凑准"，委教习。可以说也受到了皇帝的关注和重视。而铁保，位尊虽不及帝王，却是著名书法家。"白山书院"匾额，民国年间经李敬山保存移藏于北山关帝庙，现被珍藏于文庙博物馆。白山书院作为吉林省创办最早的书院，具有特殊的历史价值。如今，吉林文庙复建白山书院具有特殊的历史意义。

（二）白山书院强化了吉林文庙社会教育功能

教育是国家发展和民族振兴的基石，现代社会已经进入了一个终身教育的时代。终身教育，既需要学校教育，又需要社会教育；既需要正规教育，也需要非正规教育。我国现行的学校教育制度已相对完善，但社会教育往往会被人忽视。吉林文庙在古代充当了相当重要的教育载体，并且在现在教育文化遗产价值上，依然具有文化传承和社会教育功能，而白山书院的复建大大强化了吉林文庙的社会教育功能。

白山书院在社会教育方面与传统学校教育相比，在教育对象上更具有广泛性，突破了正规学校的框架限制，无论男女老幼、贫富差别皆可参与教育活动当中，教育活动具有广泛性、全民性。白山书院在活动形式上有讲座、论坛、沙龙、少儿讲堂等多种形式，充分考虑到受众群体的年龄及层次的差异性。根据受众人群的不同、活动形式的不同，在教育活动内容的选取上也有所侧重。白山书院国学讲座的内容以四书五经等儒家经典为主，侧重于对受众进行国学普及教育；白山书院论坛每期选取一个与传统文化相关的课题，进行学术研讨；白山书院国学沙龙活动的主题多以书法、诗词、篆刻等国艺为主，致力于传承推广优秀的传统艺术；而白山书院少儿讲堂则主要讲授《三字经》《弟子规》等传统蒙学为主，配合少儿茶道等形式，进行国学启蒙教育。习近平总书记曾多次强调"立德修身"的重要性，白山书院社会教育活动的侧重点也正

是"立德修身"。白山书院社会教育活动充分体现了传统文化教育和思想道德教育的内涵，是一种庄严而又卓有成效的德育方式。

白山书院秉承古代书院的优良传统，以传承国学文化，振兴儒家教育思想为宗旨，在一定程度上继承了古代传统书院的教学方式和方法，又吸收现代学校教育的先进理念，并且充分利用当代先进的教学技术，以便能更好地服务当前社会的发展。

（三）白山书院的复建对于传承优秀传统文化方面有积极意义

吉林文庙建立至今已有近四百年的历史了，作为东北的文脉之源，在中华优秀传统文化传播继承方面有着不可替代的作用，而白山书院的复建对于吉林文庙在传承优秀传统文化方面有着十分重要积极意义。

吉林文庙以白山书院为平台，定期邀请国学专家学者分享学习国学的体会，并不定期组织国内外知名国学专家学者进行专题讲学，宣传中国传统文化，更好地发挥了吉林文庙儒家文化传承基地的作用。白山书院国学公益活动在继承优秀传统、弘扬中华美德、提高民族素质、促进社会和谐、推动城市文明等方面起到了积极的作用。

作者简介：李士心，吉林市文庙博物馆助理馆员。

参考文献：

[1] 郭梅、李霞、张威：《从古代书院教育的特点看我国当代高等教育》，《河南财政税务高等专科学校学报》，2006 年 4 期。

[2] 刘凤云、刘文鹏：《清朝的国家认同："新清史"的研究与争鸣》中国人民大学出版社，2011 年。

[3] 李澍田、刁书仁：《吉林船厂考略》，《吉林师范学院学报》，1994 年 3 期。

[4] 第十二届"挑战杯"省赛作品《东北儒学教育遗产的保护与传承——东北文庙现状、问题与对策》，2011 年 1 月。

深入整理庙学文献　活化地方文脉资源

——以嘉定孔庙为例

江汉洪　张　鹃

摘　要　自唐太宗诏令各州县学皆立孔子庙，形成庙学合一的建制，孔庙于是遍及全国。孔庙又称作庙学、文庙和学宫等，并成为所在地的文脉源头。千百年来，孔庙在人们心目中有着无比尊崇的地位，有关庙学的文献史料、碑记诗篇汗牛充栋。只是由于种种原因，这些文献史料、碑记诗文，或残缺，或散失，或毁佚，不知凡几，虽有方志记载，但难窥全豹，也鲜见全面系统反应地方庙学历史文化的专著。

关键词　嘉定孔庙　文脉资源　活化利用

孔庙是祭祀春秋时期我国儒家学说的创立者孔子（公元前551年至公元前479年）的庙宇。孔子逝世后第二年（公元前478年），其弟子将曲阜孔子"故所居堂"改成庙堂，即孔氏家庙。公元前195年，汉高祖刘邦亲临曲阜祭祀孔子，家庙便上升为国庙；至唐代，唐太宗诏令各州县学皆立孔子庙，孔庙于是遍及全国，且形成庙学合一的建制，故而孔庙又有学庙、文庙、先师庙、庙学、儒学、学宫等称谓，孔庙也由此成为当地的文脉源头。千百年来经久不衰，文献记述汗牛充栋，然而全面系统反应地方庙学历史文化的专著，则较罕见。为此，试做探索，并就教于同道。

一

嘉定建县于800年前的南宋嘉定十年十二月（1218年）。嘉定十一年仲冬，始创县治。"其明年春三月，营学宫，乃度地于邑之南。面势轩豁，规摹显焕，士民翕然。……殿、堂、门、庑，高壮华好，庙貌、祭器、斋舍、庖湢，罔不具备。"① 嘉定人民由此一

---

① （宋）沈璞：《嘉定县学之记》，嘉定孔庙东角门是碑。

改陋习，"父兄诏其子弟，负笈抱经，相欢以趋。乃立弟子员，有庾廪以充其食，有课试以较其艺，彬彬乎邹鲁之风矣。"① "屋以楹计者，县百有奇，若丞、若簿四十有五，尉五十有五，学宫四十，仓廪惟半。"② 淳祐九年（1249 年），又塑圣像，凿泮池，筑外垣，树兴贤坊，建当山楼和直舍等，规制进一步扩大完善。尊孔崇儒，重教向学，开始形成风尚，嘉定文脉自此生根发芽，开枝散叶。

元代元贞二年（1296 年），嘉定因户口繁庶，以例由县升州，县学随之晋级州学。大德十一年（1307 年），元武宗加封孔子为"大成至圣文宣王"。嘉定行政建制的调整，孔子及其儒学地位的进一步巩固提升，给嘉定孔庙带来了空前的发展机遇。至大三年（1310 年）首先重建明伦堂。堂落成，"跂翼翚飞，视昔有加。来游来歌，莫不咨其伟，骇其速。……使州郡学必来取法焉。"③ 成为州郡学的典范。

天历元年（1328 年），巡按御史韩镛视察嘉定拜谒孔庙，见庙学布局不合礼制，当即指示："庙与学，毋相亵，当析而二之。"④ 由此，嘉定孔庙开始了历史上第一次全面改造。天历二年，首先重建明伦堂于原址东南二十步，使儒学"讲肄有堂，坐师有舍，门庑庖湢悉具。"⑤ 至顺元年（1330 年）再重建孔子庙，"崇基美材，苍珉虬兽，照耀层汉，为吴庠最。洎两庑百六十楹。广廿一丈（约 60 余米），深卅一丈有畸（近 100 米）……肖先圣、四配、十哲像其中，绘从祀百有五人于两庑，植柏六十本于庭。焕然而丹腹，隆然而礜砌，闳敞壮丽，视昔倍而有加。"⑥ 建制规模，达宋始建时的四倍。至此，嘉定孔庙形成左学右庙各自相对独立的建制，"吴中第一"的地位由此确立。至正年间，又先后增建棂星门、育才坊、碑亭、燕居殿、土地祠等，明伦堂因灾再度重建。

明代早期以前，嘉定科举不振，术士以为系学前留光寺"陵压文庙"所致。有鉴于此，天顺四年（1460 年）增筑应奎山以障之。此后又于正德、万历间先后四次对应奎山进行或增或减的重大改造，尤以正德时规模最大。先于正德元年（1506 年）"起故积，培新壤，筑其址，加辟增以崇高，而渐杀其巅。甫及三旬，其址绵亘二十余丈，深一十丈，崇高如深二之一，视旧倍其五。冈势蜿蜒分五岭，购奇峰，低昂树之，中峰起自沈氏义塾（夜光石），宋时物也。"⑦ 山势起伏成五峰，东西绵延 75 米（东与陆岸相连，横沥河西折环山绕行），南北纵深 60 米，高 15 米，中峰置元代大场沈氏义塾

① （宋）沈璞：《嘉定县学之记》，嘉定孔庙东角门是碑。
② （宋）高衍孙：《创县记》，明《（万历）嘉定县志·疆域考上·建置》。
③ （元）牟巘：《嘉定州重建明伦堂记》，清顾沅《吴郡文编·学校（一六）》，上海古籍出版社，2011 年。
④ （元）智玉成：《嘉定州重建庙学记》，嘉定孔庙西角门是碑。
⑤ 同④。
⑥ 同④。
⑦ （明）龚弘：《儒学应奎山记》，《（万历）嘉定县志·文苑一》。

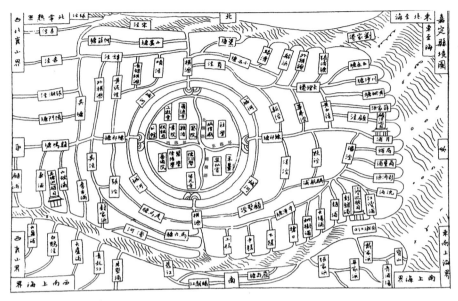

明正德《练川图记·嘉定县境图》

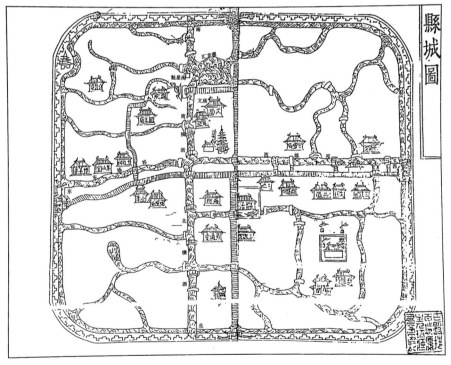

明万历《嘉定县志·县城图》

所立宋代奇石——夜光石。再于正德四年，"移山稍上西南十有四武，其崇视旧六寻有二尺，修加如崇之数，广加二深有三尺。……漫山杂植桧、柏、松、桂千数百本。"① 又于万历十六年（1588 年）开凿汇龙潭，"纵横匝围，方广可二百余丈。"② 万历三十一年的最后一次改造，又增建魁星亭，基本形成现在的格局。应奎山、汇龙潭，成了明代嘉定科举兴盛的福山，人才滋长的甘泉。映奎山色、丈石凝辉、聚奎穿阁、汇龙潭影，"嘐庠八景"占其半。

嘉定孔庙汇龙潭南、北对景

此外，明代还先后于洪武间增建神厨、库房、省牲所、会馔堂、号楼、泮池石桥；天顺间重建大成殿、两庑、大成门，增建文昌阁；成化间增建尊经阁并东西号楼；正德间增建应奎坊（仰高坊）；嘉靖间增建名宦、乡贤祠、训导署；万历间增建文昌阁、桃李园等。

清代，先后于康熙间重建学宫，雍正间重建明伦堂、尊经阁、名宦、乡贤祠及仰高、兴贤、育才三坊。尤其是乾隆间辟建当湖书院，祀名儒、康熙间嘉定清廉知县陆陇其，并为课士之所。嘉定孔庙由此形成全国罕见的庙、学、书院三者合一的建制。同治间又重建当湖书院。光绪二年（1876 年）至五，再度陆续重建明伦堂、大成殿、两庑、名宦、乡贤、土地诸祠等。

① （明）都穆：《儒学重筑应奎山记》，清顾沅《吴郡文编·学校（一六）》，上海古籍出版社，2011 年。
② （明）徐学谟：《新浚汇龙潭记》，《（万历）嘉定县志·文苑二》。

明万历《嘉定县志·庙学图》

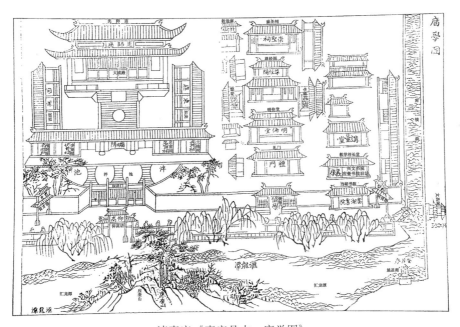

清嘉庆《嘉定县志·庙学图》

二

嘉定孔庙，经宋、元、明、清历代重修、重建、增扩，尤其自元代重建后，即称雄吴中。碑记谓："吴中诸学，而吾嘉独称雄，概明堂开敞，可容万马。"[1] 至清光绪间重建，计有庙制大成殿及其东西两庑、大成门及其东西角门、泮池、省牲所、祭器乐器库、棂星门、忠孝、乡贤、名宦、土地诸祠、崇圣祠及其东西两庑、仰高坊、兴贤坊、育才坊、魁星阁等；学制明伦堂、礼门、儒学门、尊经阁及其号楼、致斋所、洒扫公所、教谕廨等，以及书院讲堂、教学相长堂、仪门等。建筑规模共120余间。其中大成殿五楹、崇基、重檐歇山顶、五架梁；明伦堂五楹、硬山顶、七架梁，前轩三楹。基地"东至横沥河，西至南大街，南至汇龙潭，北至废耆英巷，计二十六亩五分四厘有奇，凡六千三百七十步；外汇龙潭、应奎山，共十六亩六分七厘；龙门（文昌阁）二分四厘。"[2] 总计43亩余。至清末，嘉定孔庙有史料记载的修建等事项多达100余次。

嘉定孔庙现虽仅存旧时规模的十分之六七，也仍然是嘉定规模最大的古建筑群，全国保存最为完整的庙学之一。尽管多为清光绪间重建，但大成殿、明伦堂依然保留着明代风格。而大成门前年近700岁的元代桧柏，犹如饱经沧桑的慈祥老者，一如既往地默默守护着自己的家园，迎送着来来往往的学子、宾客。

嘉定孔庙，除大成殿供奉孔子及四配、十二哲神位外，还于崇圣祠供奉孔子先世肇圣、裕圣、诒圣、昌圣、启圣五王神位，东西两庑供奉宋至清79名先贤神位和74名先儒神位，崇圣祠两庑供奉5名先儒神位，名宦祠供奉37位名宦神位，乡贤祠供奉50位乡贤神位。

嘉定孔庙，是嘉定文脉发祥之地，更是嘉定万千子弟崇儒向学的圣殿。据不完全统计，明清两代，嘉定学宫共培育生员（秀才）约7000名，中举人者450余位，金榜题名者160余位，状元3位，贡生470余位。其中的杰出代表，有明代工部尚书、秋霞圃主人龚弘，礼部尚书徐学谟，"嘉定四先生"中的唐时升、娄坚、李流芳，"嘉定竹刻"的开创者朱缨（小松）、朱稚征（三松），杰出科学家、嘉定天主教创始人孙元化，明末抗清志士侯峒曾、黄淳耀；清代乾嘉学派代表钱大昕、王鸣盛，康熙时状元王敬铭、乾隆时状元秦大成、同治时状元徐郙（官至礼部尚书、协办大学士），吏部尚书、军机大臣廖寿恒；近现代外交家吴宗濂，开发浦东第一人童世亨等等。

嘉定孔庙称雄吴中，教学相长，人才辈出，与嘉定人民崇文重教，乐善好施的优

---

① （明）徐学谟：《新浚汇龙潭记》，《（万历）嘉定县志·文苑二》。
② （清）光绪《嘉定县志·学校志》。

秀品格密不可分。历史上，嘉定屡遭战乱等人祸天灾，嘉定孔庙因而常有"士类多而廪粟不继"之虞。每当此时，民间善士就会纷纷解囊，倾力捐助，子孙相承。如大善士王子昭先于宋咸淳元年（1265 年）捐田 635 余亩，元至元二十五年（1288 年）再捐田 2767 亩余，使嘉定学宫"由是学廪充足。主讲席者，岁不乏人。"①王子昭共捐田 3400 多亩，创嘉定捐田助学历史记录。继之，咸淳五年，太学生林楙捐田 202 亩；元至治元年（1321 年），权学事林畴捐田 78 亩，以充学宫营膳。元至顺元年（1330 年），知州赵道泰重建大成殿暨两庑，善士瞿懋捐田 100 余亩，其子元辅助钱 1300 缗、捐田 50 亩；林畴五子仁、义、礼、智、信助钱 6500 缗，共襄以成；至正十六年（1356 年），明伦堂遭灾，又有杨溪、杨仁捐田 200 亩以助重建。明成化十年（1474 年）创建尊经阁，地偏窄，善士李毓买周边九家地捐入学宫，始得竣事；万历间修孔庙，侨居嘉定的歙人、鲁府典膳任良佑捐金蒇事，又有举人周维新捐 37 亩助学。清雍正十一年（1733 年），太学生俞秦锦捐田 43 亩有奇，以资营膳。以上民间大宗捐田累计达 4100 余亩。善士义举，名垂史册，为嘉定人民世代敬仰。

三

嘉定孔庙除建筑之外，前人还为我们留下了上百篇相关碑记，保存至今的历代碑刻，也有多达 60 余通。包括（一）宋碑 6 通，其中有嘉定孔庙第一碑——《嘉定县学之记》，记述嘉定孔庙创始过程，宋绍定二年（1229 年）知县沈璞撰；有嘉定孔庙宋代重修第一碑——《嘉定县重修县学碑并铭》，淳祐六年（1246 年）华文阁直学士、金坛王遂撰。（二）元碑 9 通，其中有嘉定孔庙礼制第一碑——《平江路嘉定州儒学大成乐记》，至治三年（1323 年）天台周仁荣撰；有嘉定学官第一碑——《嘉定州儒学教授题名记》，泰定二年（1325 年）立，起自元贞二年（1296 年），续刻至至正十八年（1358 年），计 20 位教授及其任职时间；有重建嘉定孔庙第一碑——《嘉定州重建庙学记》，详述嘉定孔庙第一次全面改扩建经过，至顺三年（1332 年）教授智玉成撰；有记述捐田助学第一大善士王子昭善举的巨碑——《故宋东祁王先生归田兴学记》，是碑通高 290 厘米，碑阴详刻所捐田亩细数等，至正九年（1349 年）嘉定儒学教授薛元德撰，堪称嘉定民间捐资助学的不朽丰碑；有名家第一碑——《嘉定州重建儒学记》，至正二十一年（1361 年）著名诗人、文学家、书画家、戏曲家杨维桢撰。（三）明碑 22 通（组），其中有嘉定孔庙第一卧碑——《学校禁例》卧碑，洪武十五年（1382 年）礼部颁立；有嘉定孔庙礼器第一碑——《嘉定县大成礼器记》，正德七年（1512 年）教谕邓璞撰文并立；有嘉定科第碑——《嘉定县儒学乡贡题名记》，起自洪武三年（1370 年），正德

①　（元）薛元德：《故宋东祁王先生归田兴学记》，嘉定孔庙大成门是碑。

九年（1514年）知县王应鹏等立；有宋朱熹法书——《朱文公书易碑》，正德十年（1515年）教谕邓璞摹刻，也是唯一由左至右竖读的奇碑，堪为存世珍品。（四）清碑28通（组），其中有嘉定孔庙景观第一碑——《嘷庠八景诗》，顺治十年（1653年）教谕周建鼎作，记颂嘉定孔庙八个景观，今存五个；有当湖书院第一碑——《新建陆公书院碑记》，乾隆三十年（1765年）知县杜念曾撰，记述康熙时清廉知县陆陇其政绩及建造书院缘由；有当湖书院经费第一碑——《当湖书院养士经费记》，嘉庆三年（1798年）钱大昕撰并书；有嘉定环境保护第一碑——《奉宪永行严禁》（俗称《禁汇龙潭停泊粪船碑》），系乾隆三十一年奉江苏巡抚谕令刻立。这通碑，不仅是针对嘉定孔庙环境保护的一项政令性法规，也是嘉定历史上有关环境保护的首项法规，开创了嘉定环保立法的先河。

嘉定孔庙部分碑刻

除上述碑刻外，嘉定孔庙还保存着唐至民国时期的墓志及有关经济、社会等方面的政令法规、名家法书等碑刻数百通（方），其中有：唐故京兆宋府君墓志（盖）；宋故苏州乐善居士赵君（铸）墓志、宋嘉定周氏家族墓志等；元倪云林墓铭小象碑，吕师说撰、孙元规书创建永寿禅寺记碑；明开国将军故太仓卫指挥王将军（得）圹志，唐时升、李流芳家族墓志，娄坚撰并书修复真际庵记，垦荒斗则碑；清抚按道禁革铺户当官碑，奉宪禁革脚夫碑，沈白书太上感应篇，王昶撰、伊秉绶书、钱坫篆额钱大昕墓志铭，以及苏轼、米芾、黄庭坚、褚遂良、文徵明、祝允明、王稚登、董其昌、沈周、刘墉等法书碑。内容涉及各个方面，成为研究古代嘉定政治、经济、社会和文化艺术等弥足珍贵的实物资料。

2005 年，全国首个全面反映自隋至清 1300 年科举历史的基本陈列——"上海中国科举博物馆"陈列在嘉定孔庙落成开放，庄严的庙学建筑与科举文化融为一体，相得益彰。2013 年，嘉定孔庙被公布为全国重点文物保护单位。嘉定孔庙既是嘉定文脉的发源地，也是传承、弘扬中华民族优秀传统文化的重要阵地，有着深厚的文化底蕴。鉴于上述丰富的历史信息，我们进行了系统研究，搜集、整理出数十万字的文献史料，初步编纂成《嘉定孔庙志》，以填补 800 年嘉定孔庙专门志书的空白，更冀以活化地方文脉资源，使庙学文化为建设社会主义精神文明、凝聚中华儿女向心力、实现中华民族伟大复兴，发挥更大的作用。同时，也为同行开展相关研究做个探路者。

作者简介：江汉洪，嘉定博物馆馆员；张鹏，女，嘉定博物馆。

附：《嘉定孔庙志》简目

卷首：图志（历代嘉定县志庙学图、近现代影像等）、大事记；卷一：礼制（包括庙学建制、祭祀仪礼、乡饮、重游泮宫等）；卷二：庙学田产；卷三：历任学官；卷四：碑记诗文；卷五：诸生名录；卷末：现存其他碑刻、古树名木一览。

参考文献：

［1］明正德《练川图记》。

［2］明《（嘉靖）嘉定县志》《（万历）嘉定县志》。

［3］清《（康熙）嘉定县志》《（乾隆）嘉定县志》《（嘉庆）嘉定县志》《（光绪）嘉定县志》。

［4］（清）顾沅《吴郡文编·学校》，上海古籍出版社，2011 年。

［5］民国《嘉定县续志》。

［6］民国吕舜祥《明清嘉定诸生录》，中华书局，2009 年。

［7］《上海乡镇旧志丛书》（1～15 册），上海社会科学院出版社，2004～2006 年。

建在汶上县衙内的孔庙——思圣堂

黄登欣　刘建康

摘　要　思圣堂位于汶上县老县衙后堂之西，为孔子宰中都的纪念性建筑群，创建旨在"求孔子之意而行其政"。堂内塑孔子坐像，孔子弟子冉耕和抗金名将岳飞配享，得到汶上县历任主政者的重视，也成为文人墨客描写汶上的重要题材。

关键词　中都宰孔子　思圣堂　冉子　岳飞

思圣堂位于山东省汶上县老县衙大堂之西"过化祠"内，为过化祠的核心建筑，故习惯将整个院落统称为"思圣堂"。思圣堂为单一院落，门前有坊，坊额为金字榜书"过化祠"，其义取自《孟子·尽心上》"夫君子所过者化，所存者神，上下与天地同流"之语。正殿匾额题"思圣堂"，堂内塑孔子坐像，孔子弟子冉耕和抗金名将岳飞配享。院内有杏坛厅，始建于唐代。明万历《汶上县志》记载，"思圣堂在县堂西，宋元祐间县令周师中创建，以祀孔子。"[①]　思圣堂是孔子宰中都的纪念性建筑，此建筑为各地县衙所无，在一定意义上说，思圣堂是建在县衙内的孔庙。

一、思圣堂的创建旨在"求孔子之意而行其政"

汶上县古称中都，位于济宁市最北部，周边与梁山县、兖州区、任城区和泰安市东平县、宁阳县接壤。公元前501年，"（鲁）定公以孔子为中都宰，一年，四方皆则之。由中都宰为司空，由司空为大司寇。"[②]　在这一年多的时间里，孔子"制为养生送死之节，长幼异食，强弱异任，男女别途，路无拾遗，器不雕伪，为四寸之棺，五寸之椁，不封不树；行之一年，而四方之诸侯则焉。"[③]　因孔子作宰中都，日后来汶居官者，首先感到

---

① （明）王命新《汶上县志·卷二·建置》。

② （西汉）司马迁：《史记·孔子世家》。

③ （三国）王肃注：《孔子家语·相鲁篇》。

自身得继先师而宰汶为荣，诸处以孔子之遗风遗教而自惕，以求继美中都，名垂后世为目标。因此，在周师中为汶上令的第二年，欲以"政令之弛张，刑赏之取舍。凡举而措之民者，必反复而尽心焉。求其有当于圣人之意而后已。"① 于是，"宋元祐三年（1088年），邑宰周师中，构堂于公宇之西，而名之曰'思圣'，是能求孔子之意而行其政者。"②

二、思圣堂内的孔子有冉子和岳飞配享

汶上县志载，思圣堂内塑孔子坐像，"以冉伯牛、岳武穆配焉"。冉子在思圣堂内配享孔子，因孔子为中都宰时，"伯牛尝侍侧，定公召孔子为司空，以伯牛代之。"③ 冉子在孔子之后继任中都宰，使孔子的思想和主张得以在中都继续推广实施。冉子以德惠民，以仁施政，政绩卓著，深得民心。冉子去世后，葬于汶上城西门外感化桥畔，直到宋代才迁葬"东原"。据传说岳飞北上扫金时曾为中都留守，故得以配享孔子。岳飞在思圣堂内配享孔子开始于明永乐七年（1409年），这一年，汶上县令史诚祖扩修思圣堂，将岳飞像并入思圣堂配享孔子，同时，刻岳飞语录"文官不爱钱，武官不惜死"于石，警戒在汶上大小官吏。明代汶上县志记载，"旧传武穆为中都留守。今按本传，未尝涉汶境也。但曾为河南北诸路招讨使，遣梁兴等过河，人心愿归朝廷，两河豪杰歇兵固堡，以待王师，自燕以南金之号令不行。岂中都于此时亦遥为策应耶。"④ 冉伯牛为孔子弟子，是以德著称的十二哲之一，岳飞为精忠报国的良将。二人皆为汶人仰慕，故明清时孔、冉、岳三姓中各定一人奉祀，岁时在思圣堂致祭。

三、思圣堂得到汶上县历任主政者的重视

自宋元祐三年（1088年），县令周师中"构堂于公宇之西"，思圣堂得到汶上县历任主政者的重视，历任主政者诸处以孔子之遗风遗教而自惕，以求继美中都，名垂后世，因此，思圣堂也得以多次重修。据县志记载，元至元年间，汶上令尹王居敬"笃志兴举，既作思圣堂、杏坛厅于县治"。大德八年（1304年），知县孙善乡重修；明永乐七年（1409年），县令史诚祖扩修；嘉靖十六年（1537年），兖州知府陈仲禄复倡大修；万历四十八年（1620年）知县辛我德重建；清顺治十三年（1656年），县令雷一龙重修；康熙十四年（1675年），县令孟遇时重修；康熙四十五年（1706年），县令甘国墀重修；清雍正四年（1726年）知县于斐重修；民国时期有过修葺，但未留下姓

---

① （宋）初西美《思圣堂记略》，选自（明）王命新《汶上县志·卷八》。
② （明）项诚《重修思圣堂记碑》，选自（明）王命新《汶上县志·卷八》。
③ （明）王命新《汶上县志·卷二·建置》。
④ （明）王命新《汶上县志·卷二·建置》。

名。此外，还有多次重修思圣堂内杏坛厅的记载。特别是明代洪武、永乐年间的史诚祖，任汶上县令长达 29 年，成为汶上县有记载以来任职最长的县令。任职期间，史诚祖"廉以处己，惠以及人，其善政嘉猷，令闻伟绩，日益宣著。"据《明史》记载，永乐七年，成祖北巡，遣御史考核郡县长吏贤否，还言诚祖治第一。赐玺书劳之曰："守令承流宣化，所以安利元元。朕统御天下，夙夜求贤，共图治理。往往下询民间，皆言苦吏苛急，能副朕心者实鲜。尔敦厚老成，恪共乃职；持身励志，一于廉公。平赋均徭，政清讼简，民心悦戴，境内称安。方古良吏，亦复何让。特擢尔济宁知州，仍视汶上县事。其益共乃职，慎终如始，以永嘉誉，钦哉。"① 而此时，思圣堂已是"但所存者，故台遗址，崩摧于断砖败瓦之间而已。"看到此景，史诚祖感到"诚祖于治人之事，固已得其大□矣。但思圣堂旧基未获兴复，于予心实有谦焉。""由是捐割己俸，倩工雇匠，运木材，购砖瓦。卑下者高广之，废坠者增修之。不数日，堂宇廊庑，丹腹粉垩，灿然一新。"② 顺治八年，北直通州人雷一龙以进士出任汶上县令。雷一龙性纯孝，为政廉慈兼施，尤喜与士子讲书课艺，岁无虚日，人称有夫子作宰之遗风，后升礼科给事中。去之日，士民遮道攀辕呼号挽留，为其建"雷公生祠"于县城隍右。雷一龙在任期间亦修思圣堂。"县署之西又有思圣堂……一已景前徽。"故受到汶上历任主政者的重视，如明代万历中县令栗可仕尝云："余小子诵法圣贤，今既得使为汶，窃窃然喜得从圣贤之后也。矢心自许曰'所不愿学孔子苟禄自润，以上负朝廷设官之意，下背父师拳拳之教者，非夫也。'"③ 清康熙县令闻元炅亦发肺腑之言曰："夫汶为古中都，先圣之所过化，倘敷政莅民，罔所观法，不惟遭旷贻羞夙昔诵法圣贤，奈何服官而忘之耶。"④

四、思圣堂受到文人墨客的关注

今日汶上，古之中都，孔子初宰之邑。孔子为中都宰，制养生送死之节，行之一年，四方则之，表现出卓越的政治才能，从而迈出了走向鲁国政坛的第一步，这在孔子一生政治生活中至为关键。思圣堂作为孔子宰中都的纪念建筑，受到历代文人墨客的广泛关注。元代杨奂《东游记》，"自西而东行六十里，宿汶上县刘令之客厅。汶上，古中都地也。鲁定公九年，先圣宰此，今县署之思圣堂也。"⑤ 明代湛若水往谒孔林，取道中都汶上。"汶上乃古中都，吾夫子所尝为宰于此者也。县中有思圣堂，县堂有古石准坎其

① （清）张廷玉等《明史·列传169》。

② （明）项诚《重修思圣堂记碑》，选自（明）王命新《汶上县志·卷八》。

③ （明）王命新《汶上县志·后序》。

④ （清）闻元炅《续修汶上县志·序》。

⑤ （元）杨奂《东游记》选自李修生主编《全元文第一册》，江苏古籍出版社，1998 版，第 136 页。

中，书大'准'字，游鱼在四隅，取平政之义，或曰：'盖孔子遗物也'。"并赋诗曰："沿流及汶上，问是古中都。宣尼有流化，男女别行途。有堂表思圣，遗准存圣模。"①明代内阁大学士李东阳，因其女嫁孔府六十二代衍圣公孔闻韶，在其到曲阜探女中，来汶上瞻仰孔子宰中都遗迹，而有诗作，锈刻于思圣堂中。"东入齐鲁疆，始见圣迹存。曰兹中都地，宰此社与民。大哉堪与内，何者非吾人。平生辙环志，且复先乡邻。损也不宰费，顾此逃权臣。迹跌本同义，于道谅有闻。见贤且思齐，希圣复何云。徘徊古祠下，感叹伤心神。"②

五、思圣堂的保护有重要的现实意义

新中国成立前，汶上县衙拆为平地，而思圣堂院落却秋毫无犯，巍然独存。新中国成立之后，又在原址建立新的县政。思圣堂整个院落仅存系硬山式正殿三间。1993年，汶上县人民政府公布思圣堂为县级文物保护单位。思圣堂是汶上县境内保存较为完整的古建筑，建筑从宋代一直延续并保存至现在，处处彰显着凝重的历史痕迹，虽不免破败，但气势犹存，具有极高的历史研究价值。思圣堂作为儒家文化的载体，承载着众多的历史信息，是研究孔子及儒家思想的重要资料。

2013年11月26日，习近平总书记在济宁考察时强调，对历史文化特别是先人传承下来的道德规范，要坚持古为今用、推陈出新，有鉴别地加以对待，有扬弃地予以继承。公元前501年，孔子被鲁定公任命为中都宰，孔子宰中都期间，根据实际民情制定了行之有效的施政措施，一年后，在孔子治理下的古中都境内物阜民丰，达到了夜不闭户、路不拾遗的安定局面，在这期间孔子的施政管理措施得到各地诸侯的充分肯定和纷纷效仿，在中都形成的教化方法和施政理念奠定了儒家文化的思想基础，儒家思想得到进一步的传承和发展。自北宋元祐年间思圣堂建成后，汶上县历任新上任县令都要到思圣堂进行祭祀，表示有幸到孔子教化之地做官，将依孔子之意而行其政。汶上县将积极以思圣堂为依托，充分挖掘"孔子初仕中都"独特历史文化资源，发挥其现实教育作用，积极打造干部政德教育基地。

作者简介：黄登欣，文博馆员，主要从事汶上县地方历史文化研究和文化遗产保护；刘建康，山东省汶上县人，文博馆员。

---

① （明）湛若水：《汶上县作》载中山大学中国古文献研究所编《全粤诗》第6册，岭南美术出版社，2009年，第698页

② （明）李东阳：《过汶访思圣堂》载杜建春编《济宁历代诗选·上》中国社会出版社，2011年，第243页。

孔府灯谜浅析

谭　淡　王义正

摘　要　孔子世家明清文书档案（散档）中保存有 20 条灯谜，反映了清朝中后期，以诗礼传家的衍圣公府在子女教育和生活文化方面的内容；同时，作为展现传统节俗活动的历史档案类实物，具有一定的历史和学术研究价值。

关键词　孔子　衍圣公府　灯谜　孔府档案

孔子世家明清文书档案（即孔府档案）是山东曲阜孔氏家族在各项活动中形成的私家档案。孔府（即衍圣公府）是孔子后裔中长子长孙居住的府第。所藏档案起自明嘉靖十三年（1534 年）迄于 1948 年 7 月，以清代档案为主。内容包括衍圣公封袭，祀典，先贤，宗族事务，家谱编纂，属员、庙庭官员及府内官员的铨选，各项租税的征收，徭役任使，刑讼案件，各种灾情记录及府内庶务文书等 12 个大类的内容，有 25.8 万件，目前仍在继续整理中。孔子世家明清文书档案数量浩瀚、内容丰富、文体繁多、时代持续、体系完整，堪称中国文献档案的典范，具有重要的史料价值，从政治、经济、文化、民俗等角度全面反映了孔子世家衍圣公府的政治关系和社会生活状况。在这些档案中，有很多民俗类原始档案资料，如反映衍圣公府公子小姐传统节俗文化活动的灯谜，虽然仅有数纸，但能够从微观层面反映出以诗礼传家的衍圣公府的文化生活状况，具有一定的历史和学术研究价值。

在传统节俗中，各种游艺活动是节俗的重点。节俗的存在因于人们在生产生活之余，需要集体的欢娱，寻求群体协作的安全心理。世俗与高雅地分歧，便产生了底层民众节俗活动与上层士绅节俗活动两种风格不同的娱乐方式。打灯谜是一种常见的传统民俗娱乐活动，在士绅阶层比较流行。其目的在寓教于乐，既能增添节俗的娱乐性，满足孩子玩的天性，又能将所学与游戏结合，让孩子领会活学活用的快乐，深化对知识的理解。

《红楼梦》二十二回《听曲文宝玉悟禅机，制灯谜贾政悲谶语》中对元宵灯节贾府制灯谜、猜灯谜活动有生动的描写。

> 贾母见元春这般有兴，自己越发喜乐，便命速作一架小巧精致围屏灯来，设于当屋，命他姊妹各自暗暗的作了，写出来粘于屏上，然后预备下香茶细果以及各色玩物，为猜着之贺。贾政朝罢，见贾母高兴，况在节间，晚上也来承欢取乐。设了酒果，备了玩物，上房悬了彩灯，请贾母赏灯取乐。

> 且说贾母见贾政去了，便道："你们可自在乐一乐罢。"一言未了，早见宝玉跑至围屏灯前，指手画脚，满口批评，这个这一句不好，那一个破的不恰当，如同开了锁的猴子一般。

由贾府里灯节的热闹喜庆可以想见曲阜衍圣公府内公子小姐打灯谜的趣味场面。

一、孔府灯谜简介

2015 年，全国第一次可移动文物普查期间，笔者有幸参与了孔子世家明清文书档案（散档）的清理建档和上报工作。在清理建档的过程中，发现了 21 条约 2 寸宽的纸条，上面写有灯谜及奖励，其中 20 条为灯谜，竹纸；另有 1 条单写答案，为花笺纸。其内容分为两大类：一是四书诗文；二是名物。有 14 条记录有答案。

四书诗文类灯谜共 13 条。如：

1. "淮阴典籍偏流传"，打"四书句一"，奖励为"乐枣乙封"。旁记答案"尽信书"。

2. "临去秋波那一转"，打"唐诗句一"。

3. "病入膏肓"，打"两汉文句二"，奖励为"笔两支"。尾注"答过"两字。

花笺纸条写有该条灯谜的答案"病入膏肓，虽有扁鹊不能为矣。"下有批注"笔二支"。

4. "凌波结冻"，打"《西厢》句一"，奖励为"毫笔四支"。旁记答案"修鞋冰透"。

5. "弓拉不开"，打"字一"，奖励为"茶叶一包"。未记答案。

名物类灯谜共 7 条。如：

1. "飞鸟"，打"星名二"，奖励为"笺纸乙束"。下记答案"张翼"。

2. "骨格端方，有点子轻狂，未临盆即声张。"打"物名一"，奖励为"毫笔二支"。旁记答案"骰子"。

3. "溟涬生尘"，打"药名一"，奖励为"茶叶乙封"。未记答案。

4. "一物生来四寸长，专堵窟窿不漏汤"，打"物名一"，奖励为"乐枣一封"，旁记答案"水槌"。

5. "京城小旦",打"县名一",奖励为"纸一束"。未记答案。

从灯谜的纸质和内容方面分析,清代大量使用价廉的竹纸,而孔子世家明清文书档案的用纸也以竹纸为多;"京城小旦"一词与京剧联系密切,京剧为康乾时期,由徽剧、汉调融合而成,并在清朝中后期异常繁荣,成为时代文化的潮流。衍圣公府养有私家戏班,唱演京剧、昆曲、山东梆子、柳子戏等剧种。由此可以大概认定,这20条灯谜所记内容当为清代后期的事情,衍圣公府尚在财力有余之时。从词汇来看,这些灯谜并非出自一人之手,当为多人共同完成。

二、灯谜的限题范围

从孔子世家明清文书档案(散档)中发现的灯谜来看,以四书诗文占主导,这反映出八股取士在社会文化层面的主流地位。四书成为学习的根本,诵读、识记、理解成为学子们日行的功课。知识固化反映到了节俗娱乐活动中,打灯谜不失为一种非常有效地考察学子记忆和诵读效果的方式。

而以诗书传家的孔子世家嫡系衍圣公府,为了维护儒学正统,保持自家不受朝代更替而变的社会地位,并顺应政治潮流,将集中反映先祖孔子思想的四书作为日常考核子女的对象,有其必然性。衍圣公府虽有历代受恩宠,得荫庇的殊荣,但毕竟受益人数有限,大多数男子仍要借助八股取士的途径,获得功名地位。孔府档案馆馆藏有大量八股文集,且孔氏家族也有擅长八股的学士。所以,灯谜多以四书诗文限题,符合时代文化要求。

在"正统"的四书诗文之外,其他灯谜所记内容仍旧有士族大家生活的影子。曲阜作为一个县城,在传统农业经济的大环境下,普通百姓的生活极其艰苦。从现存新中国成立前的历史照片中可以看出,曲阜城区及周边绝大多数普通民众精神面貌很差,物质生活和精神生活贫乏。而恩渥倍加,代增隆重的衍圣公府,其人员生活优渥,西学请有专门教育子女的先生,皆是饱读诗书的名士,讲授四书五经。从孔府旧藏图书所涉及类目,亦可看出孔府大家族知识涉猎之广泛。天文、历法、算学、地理、医药、军事、外语、道经、佛经等等。加之府内出入官员学士讲谈仪风的熏染,在小小的曲阜县城,衍圣公府内少年儿童的学识见解自非一般子弟可比。因而,灯谜中出现"水"、"飞鸟"打星名,"溟(淂)生尘"、"异乡"打药名,以及"骰子"、"水槌"便不足为奇了。

三、灯谜的奖励

在奖励设置中,有10条奖励为"茶叶乙封"或"茶叶一包";7条奖励为"纸一束"或"毫笔"。另外3条奖励，其中2条奖励"乐枣乙封"，1条奖励"青果一色"。

这些奖励对于士绅家族来说是非常普通之物，然而，仍能从细微处反映世家大族的生活和文化状态。诗书茶乐属于高雅的生活内容，饮茶的礼仪在士绅阶层教化和身份彰显中具有重要意义。从少年儿童时期便培养他们的饮茶礼仪观念，对于家族文化传承和阶层利益巩固能够起到一定的作用。《红楼梦》四十一回《栊翠庵茶品梅花雪，怡红院劫遇母蝗虫》，贾母等人至栊翠庵一坐，妙玉献茶论水一段，从言行之中可以看出妙玉对品茶的态度：品茶功夫首在茶具，而重在品水，茶叶倒在其次。此论虽然过于清高孤傲，但仍可见士绅阶层对于饮茶文化的看重。

而纸笔作为奖励，其意蕴更为明显，鼓励孩子读书作文。正如民间的抓周习俗，如果孩子抓到纸笔书本，阖家人定会欣喜不已，认为孩子以后一定是读书求仕的好苗子，于家族门第有光。

至于乐枣和青果，因为打灯谜的参与者是少年儿童，对于游戏和食物的获取是有其天性的，满足他们的这些天性，才有节俗活动趣味的价值。

一个有趣的地方是，"凌波结冻"，打"《西厢》句一"，唯有此条灯谜奖励为"毫笔四支"，其他灯谜奖励毫笔的都是两支，此处可以大胆地臆测，编写此条灯谜的人对《西厢记》非常喜爱。而打出灯谜的衍圣公府公子小姐也会是异常高兴的。在传统宗法社会，保持文化的正统地位是极其重要的。而《西厢记》被认为是"淫词艳曲"，不利于礼仪教化，多在封禁之列。从《红楼梦》二十三回《西行记妙词通戏语，牡丹亭艳曲惊芳心》宝黛二人偷看《西厢记》便可获知。

> 宝玉听了喜不自禁，笑道："待我放下书，帮你来收拾。"黛玉道："什么书？"宝玉见问，慌的藏之不迭，便说道："不过是《中庸》、《大学》。"黛玉笑道："你又在我跟前弄鬼。趁早儿给我瞧，好多着呢。"宝玉道："好妹妹，若论你，我是不怕的。你看了，好歹别告诉别人去。真真这是好书！你要看了，连饭也不想吃呢。"一面说，一面递了过去。林黛玉把花具且都放下，接书来瞧，从头看去，越看越爱看，不到一顿饭工夫，将十六出俱已看完，自觉词藻警人，余香满口。

当时世家大族对子女读书内容的限制极为严格。虽然如此，但是，好的文章和书籍仍旧能够得到广泛传播。现孔府档案馆古籍库房内有孔府旧藏《西厢记》清刻本，此条《西厢记》灯谜的存在也顺理成章。在儒学正统之家，并未禁止子女阅读此书，眼界与胆识是做学问的一种天然要求。

总的来说，从仅存的20条灯谜中，可以体会到传统宗法社会世家大族在世俗与正统、宗法和娱乐中的有机融合。顺应时代要求，发挥家学的教化功用，巩固社会地位，细微处多有良苦用心。

作者简介：谭淡，孔子博物馆文博助理馆员；王义正，济宁市文物保护中心助理馆员。

参考文献：

［1］曲阜县文管会：《曲阜孔府档案史料选编·第一编》，齐鲁书社，1980年。

［2］曹雪芹、高鹗：《红楼梦》，人民文学出版社，2008年。

孔府建筑体现的儒家思想初探

刘　芳

摘　要　儒家思想对中国古代建筑的影响不可小觑。孔府是孔子嫡裔世代居住的官邸，从建筑本身体现出儒家思想的丰富内涵：有序的礼制等级观、不偏不倚的中庸之道、天人合一的生态伦理观。

关键词　孔府建筑　儒家思想　初探

儒家思想，奠定了一个民族的文化根基，塑造了一种民族精神；孔子本人造就了一个家族的命运和历史，延传了被称为"天下第一家"的孔府。

儒家思想对中华民族的形成、巩固和发展起着巨大的作用，其渗透在中国古代社会生活各个层面，对中国古代建筑的影响更是不可小觑。孔府，即"衍圣公"府，是孔子嫡裔世代居住的官邸，从建筑本身体现出儒家思想的丰富内涵。

一、有序的礼制等级观

孔子以懂"礼"著称于当时。《论语》之八佾篇，林放问礼之本。子曰："大哉问！……"孔子把礼当作天下最大的事。《论语》季氏篇中，孔子曾教育儿子伯鱼"不学礼，无以立"。孔子提倡的礼，指的是周礼，即上下有别，尊卑有序的等级观念和社会秩序。后来西汉董仲舒提出三纲五常，成为新儒家思想的内容，也属于儒家思想的礼。

孔府是按照明代一品官员的府第形制建造的，严格遵守明代百官衙第的营造制度，一律不用重檐重拱、歇山转角，是典型的"礼制"建筑。建筑格局《明史》载，明朝规定："一品、二品，厅、堂五间、九架、屋脊用瓦兽、梁、栋、斗拱、檐角青碧绘饰。门三间、五架、绿油、兽面锡环。"孔府中路建筑九进，大堂按规定五间九架，前庭深阔，两侧厢房矮平，主体突出，显示出整个建筑群的中心所在。

孔府经过明、清两朝的多次重修扩建，最终形成现在的规模。其建筑格局是由多种因素形成的，实际上是封建社会的宗法制度与伦理观念在建筑上的反映，以符合和体现封建宗法的要求。整个布局，将功能不同的建筑，以中轴对称排列，主次分明，秩序井然，突出礼制主体。孔府的建筑格局正是遵循这一原则，把使用功能各不相同的建筑主次分明地进行排列。在三路建筑中，居中为尊，从大门至后堂楼的八进建筑中是孔氏宗子所居用，充分体现了宗子在家族中的尊贵地位。后宅部分与孔氏次子所居一贯堂对比，建筑高大，位置居中，也体现了孔氏宗子在家族中的尊贵地位。正房与厢房，通行中门与侧门的区分反映出主人与差人的尊卑差别。

二、不偏不倚的中庸之道

《论语·庸也》："中庸之为德也，其至矣乎。"中庸之道，指不偏不倚，折中调和的处世态度，是儒家核心伦理观之一。

在孔府建筑上也是这样。孔府建筑的形式大都是：在全部建筑中突出中心，然后设一中轴线，两旁协调相配。给人以一种严肃、规整、协调的感觉。见图一。

孔府布局"居中为尊"，中轴前部以三门、三堂组成官署，象征衍圣公的官秩和权力。大门为对外门户，三间三门，中门上悬"圣府"匾额，旁立门对，庄重威严。进二门，是一个南北纵长的封闭院落，正北大堂，高大庄严，是衍圣公处理公务、举行重大仪式的地方，是权力的象征和宗法统治的中心建筑。堂前露台，宽旷方正，两厢建筑，低矮平直，衬托出大堂的雄伟，表示其主宰的地位。庭院中心立有仪门，比例均称，造型庄重，纯为礼仪之用，平时关闭，逢喜庆大典、迎接圣旨、重大祭祀方能开启。

东西厢房，依次为管勾厅、典籍厅、知印厅、百户厅、司乐厅、掌书厅，为衍圣公属官办公场所。大堂与二堂，以灰瓦卷棚穿厅相连，然后是三堂。三堂亦称为退厅，功能是处理族务、府务、亦是官员拜谒叙礼之处。东西厢为处理府务的册房、书房、司房。

中轴后部，为孔氏宗子所局，以内宅门为前衙后宅的分界线，三间五檩，中柱设门，北檐设屏，门房低矮，关防严密，内外分隔，严守礼教。其后为衍圣公接待近支族人、举行家宴及婚丧礼仪的前上房，东为衍圣公签押房，西为客厅。再后为衍圣公居住的前、后堂楼，均为清代建筑，七檩悬山，两层楼房，上下出廊。楼上栏杆云板，层高低矮，不宜居住，楼下格扇坚窗，层高较高，起居方便。两侧东西厢房、东西配楼等均为管家奴仆居住，或堆放什物之用。

三、天人合一的生态伦理观

"天人合一"思想是儒家学者处理人与自然关系的一个重要原则。汉儒董仲舒曾明

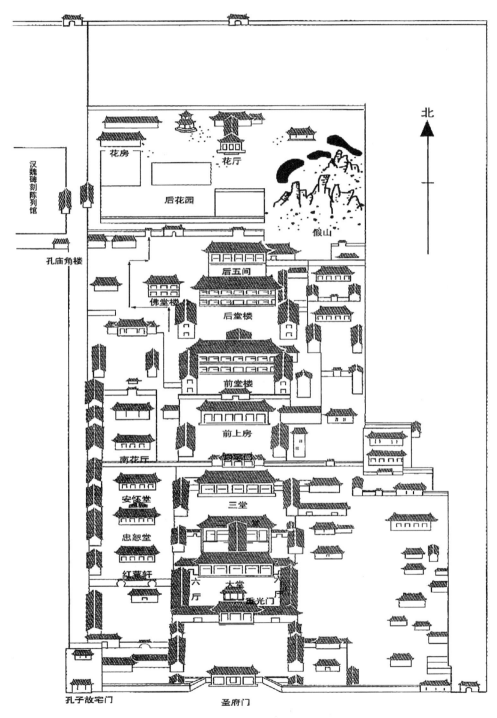

图一　孔府平面示意图

注：图片由曲阜市文物管理委员会提供

确提出："天人之际，合而为一"，成为两千年来儒家思想的一个重要观点。

人的社会生活应尊崇自然，追求自然，力求与自然达到和谐。体现在建筑上，布局讲究高低错落，方整规则，对称均衡；各个细部，相互协调，相互衬托；将大自然景观艺术化缩微到咫尺庭院中，人工造设石、木、池，象征大自然中客观存在的山、林、湖、海，使建筑与自然更好地交融在一起。

孔府大堂庭院，古柏森森，宽旷方正，庄重肃穆；三堂庭院小巧别致，两颗冲天挺拔的苍桧树并列于庭院的两旁，6 个石雕巨盆内各设立一块奇怪的上水石，把这个小院装扮得古朴典雅；前上房东西两侧各有一株高大茂盛的十里香花树，每当春夏交节时，浅黄色的花朵散发出阵阵的芳香，使人心旷神怡；后堂楼花木茂密，灰瓦卷棚，格扇坐槛，生动自然，恬静舒适。

孔府后花园，占地面积 20 余亩，有山、水、竹林、曲桥、花坞、水榭、亭台、喷泉、水中石岛、乘凉的花厅、赏月的山顶凉亭。清乾隆年间，乾隆曾把女儿下嫁给七十二代孙、衍圣公孔宪培为一品夫人。孔府再次扩建花园，把各地能工巧匠汇集于此，从各地名山搬来奇石怪岩，移植名花奇草，使花园变得焕然一新。花园从初建到乾隆年间，共经三次大的扩建重修，形成现在的规模。

作者简介：刘芳，女，曲阜市文物管理委员会文博中级馆员。

参考文献：

［1］王成刚：《建筑设计中的中庸思考》，《中外建筑》，2008 年 6 期。

［2］孔德平：《游读曲阜》，泰山出版社，2012 年。

鲁国青铜器研究综述

邢成朋

摘　要　鲁国青铜器是鲁文化的重要组成部分，对其进行系统的研究，具有重要意义，可以为鲁文化的研究提供新的视角和资料。本文搜集了鲁国青铜器的资料并对鲁国青铜器的研究进行了部分整理和归纳。

关键词　鲁国　青铜器　考古学年代

周朝灭商以后，为了加强对各地区的统治，遂在统治地区建立诸侯国。而在山东泰山之阳，商奄势力较强，周人在征服这个区域后，便将伯禽分封至此，于是鲁国建立。

在周朝众多的封国中，作为周公之子伯禽的封国，鲁国是姬姓"宗邦"、诸侯"望国"，故"周之最亲莫如鲁，而鲁所翼戴者莫如周"[①]；《左传》昭公二年，晋侯派韩宣子出使鲁国，见《易》《象》与《鲁春秋》曰："周礼尽在鲁矣，吾乃今知周公之德与周之所以王也"[②]。从上述文献记载可知，鲁文化中保留了大量的周文化传统，到春秋晚期仍然被其他诸侯国视为周文化的代表。因而，鲁国青铜器虽然具有一定的地域特征（如鲁国故城甲组墓出土青铜器），但由于鲁文化与周文化一脉相承，这就决定了鲁国青铜器基本上与中原地区青铜器保持着同步发展的态势。鲁国青铜器作为鲁文化的有机组成部分，对其进行系统的研究，有助于为鲁文化的研究提供新的视角和材料。

一、鲁国青铜器资料总结

本文主要对鲁国出土青铜器做了搜集整理，传世铜器由于较为分散，且多数器物仅见铭文拓片，其器型、纹饰均不详，在此文中不再论述。已发掘与鲁国青铜器相关

---

① 高士齐：《左传纪事本末》卷一，中华书局，1979年。
② 李学勤：《春秋左传正义》卷四十二，北京大学出版社，1999年。

遗址有 5 处，出土青铜器 210 余件。

（一）1965 年邹县七家峪一墓葬出土铜器 23 件，计有鼎六、鬲五、罍二、盘一、匜一、簠八、穿带壶一。其中铜鬲有铭文"鲁宰驷父作姬□媵鬲，其万年永宝用"；盘铭文为"伯驷父作姬沦媵盘，子子孙孙永宝用"1 号簠和 2 号簠铭文为"射南自作其簠"；3 号簠铭文为"胄自作口簠，其子子孙孙永宝用享"①。

（二）1969 年秋曲阜北关发现一批青铜器，有簠六、豆二、车軎一、铜铃六，系出自一座墓葬，早年曾被盗扰②。

（三）1970 年山东历城北草沟出土鼎、簠各一③。簠有铭文："鲁白大父作季姬嬉媵簠，其万年眉寿，永宝用。"

（四）1977 到 1978 年山东鲁国故城出土一批青铜器，报告根据随葬器物和葬制的不同将墓葬分为甲乙两组墓④。

1. 甲组墓中随葬铜器的计 8 座，共出土铜器皿 22 件，器型有鼎、盆、盨、盘、匜、盖豆、舟等，另有少量兵器和车马器。报告中发表的器物有：

（1）M201：鼎一、盆一、舟一、戈二、镞若干、车軎二、辔饰若干、衔镳二。

（2）M203：舟一。

（3）M202：盆一、盘一、匜一、舟一，其中盘有铭文"鲁白者父乍孟姬媦媵盘"。

（4）M305：舟一。

（5）M116：鼎一、盨一、匜一、豆一。

（6）M103：舟一。

（7）M115：舟一、戈一。

（8）M111：戈一。

2. 乙组墓中随葬铜器的计 12 座，共出土铜器皿 46 件，器型有鼎、甗、盨、簠、簠、壶、罐、缶、盘、匜、鐎壶、钵等，另有少量兵器、车马器和装饰器等。报告中已发表的器物有：

（1）M30：鼎一、盨一、盘一、匜一、壶一、车軎一、车辖二、镳二、铃十八、铜细腰二、铜鱼八、铜节约二、饕餮头二、环二、铜腰带饰一、铜銮一、戈二，其中盨有铭文："鲁白悆用公龏，其肇作其皇考皇母旅盨簠，悆夙夙，用追孝，用祈多福，悆其万年眉寿，永宝用享"。

---

① 王轩：《山东邹县七家峪村出土的西周铜器》，《考古》1965 年第 11 期。

② 齐文涛：《概述近年来山东出土商周青铜器》，《文物》1972 年第 5 期。

③ 朱活：《山东历城出土鲁伯大父媵季姬簠》，《文物》1973 年第 1 期。

④ 山东省文物考古研究所、山东省博物馆、济宁地区文物组、曲阜县文管会：《曲阜鲁国故城》，齐鲁书社，1982 年。

（2）M48：鼎三、盨二、匜二、盘二、簋二、甗一、壶一、戈一、环一、篚一、铃四、车軎一、车辖一、铜銮五、**饕餮头二**、铜鱼一、辔饰一、节约一、镳一、衔一、铜细腰一。其中鼎（M48：3、23）有铭文："鲁中齐肇作皇考鼒鼎，其万年眉寿，子子孙孙永宝用享"；甗有铭文："鲁中齐作旅甗，其万年眉寿，子子孙孙永宝用享"；盨（M48：1、2）有铭文："鲁司徒中齐肇作皇考白走父 盨簋，其万年眉寿，子子孙孙永宝用享"；簋有铭文："嫚中乍甫妖朕匜，子子孙孙永宝用"；盘有铭文"鲁司徒中齐肇作盘，其万年永宝用"；匜有铭文："鲁司徒中齐肇作皇考白走父宝匜，其万年眉寿，子子孙孙永宝用享"；壶有铭文："侯母乍侯父戎壶，用征行，用求福无疆"。

（3）M49：簋二、盘一、匜一、鼎一、铜鱼一、铜铃一。

（4）M3：戈二、铜镜一、壶五、器盖一、□一、镞一、弩机一、带钩一。

（5）M52：弩机一、罐一、错金银铜带钩一、鐎壶一、环二、器座一、盘一、铲一、□一、镞一、削二、器帽一、剑一。

（6）M58：环一、剑一、镦一、壶三、钵一、匜一、鼎一、鐎壶一、罐一、缶一、盘一、削一、鎏金嵌玉铜带钩一、嵌金银铜带钩一。

（7）M23：鼎一、戈一。

（8）M11：鼎一、戈一、铃二。

（9）M20：鼎一、戈一。

（10）M46：鼎一、簋一、车軎一、戈一。

（11）M14：鼎一。

（12）M42：鼎一、戈一、铃一。

（五）1982 年在泰安城前村一座墓葬出土鼎二、簋二、壶一、镞二十九，鼎有铭文："鲁侯乍姬翏媵鼎，其万年眉寿永宝用"；簋有铭文："鲁侯乍姬翏媵簋，其万年眉寿永宝用。"①

二、考古学年代

（一）1965 年邹县七家峪出土的铜器，发掘报告根据"这批铜器的花纹、铭文、制作形式和同时出土的玉器来观察，应当属于西周后期，或者是再早一些"②。《汶泗河流域商和西周青铜研究》③ 认同报告中给出的年代，认为"邹县七家峪墓葬时代应在西周晚期"，但《山东金文集成》④ 将宰驷父鬲定为春秋早期。

---

① 程继林、吕继祥：《泰安城前村出土鲁侯铭文铜器》，《文物》1986 年 4 期。

② 王轩：《山东邹县七家峪村出土的西周铜器》，《考古》1965 年 11 期。

③ 王文轩：《汶泗河流域商和西周青铜研究》，硕士学位论文，陕西师范大学，2013 年。

④ 山东省博物馆：《山东金文集成》，齐鲁书社，2007 年。

（二）1969 年秋曲阜北关，齐文涛将其归为西周晚期至春秋中期[1]。吴伟华认为"其年代在春秋早期偏早"[2]。朱凤瀚先生认为"从形制应属西周晚期"[3]。

（三）1970 年山东历城北草沟出土铜器，朱活认为"鲁伯大父媵季姬簠"应为春秋初到中叶[4]。吴伟华认为约属春秋早期[5]。

（四）鲁国故城出土青铜器的年代也将按照甲乙两组墓分别进行论述。

1. 甲组墓

发掘报告认为 M201、M202、M203、M305 约属于春秋早期[6]。《东周时期海岱地区青铜器研究》[7] 将 M201 中盆定为春秋早期偏晚、鼎为春秋中期偏早、舟为春秋中期偏早，M202 匜属春秋早期偏晚，敦、舟、盘则属春秋中期偏早，M203 舟属春秋中期偏早。王恩田认为 M201、M202 应定为春秋中期为宜[8]。

发掘报告将 M103、M111、M115 及 M116 定为春秋晚期。《东周时期海岱地区青铜器研究》将 M115 定为春秋晚期偏早。王恩田认为 M115、M116 的"年代应定为战国早期"。

2. 乙组墓

发掘报告将 M30、M48、M23、M11、M20、M46、M42 定为西周中期[9]。吴伟华认为 M23 中出土的鼎"年代约为西周中期偏晚"，M11、M20、M27、M46M14 中出土的鼎"属西周晚期偏晚"[10]。王恩田认为这批墓葬的年代在春秋早期，唯"M23 的年代也只能是西周晚期到春秋早期"[11]。许宏则认为 M23 属西周中期，M11、M30、M46、M48、属西周晚期，M20、M26 属春秋早期[12]。

发掘报告将 M49 定为西周晚期、M14 为西周末期。崔乐泉认为 M49、M14 为西周晚期到春秋初期[13]。许宏则认为 M14 为西周晚期、M49 为春秋早期。

发掘报告将 M3 定为战国早期，M52、M58 为战国中晚期。崔乐泉认为上述三墓属

① 齐文涛：《概述近年来山东出土商周青铜器》，《文物》1972 年 5 期。

② 吴伟华：《东周时期海岱地区青铜器研究》，博士学位论文，南开大学，2012 年。

③ 朱凤瀚：《古代中国青铜器》，南开大学出版社，1995 年。

④ 朱活：《山东历城出土鲁伯大父媵季姬簠》，《文物》1973 年 1 期。

⑤ 吴伟华：《东周时期海岱地区青铜器研究》，博士学位论文，南开大学，2012 年。

⑥ 山东省文物考古研究所、山东省博物馆、济宁地区文物组、曲阜县文管会：《曲阜鲁国故城》，齐鲁书社，1982 年。

⑦ 吴伟华：《东周时期海岱地区青铜器研究》，博士学位论文，南开大学，2012 年。

⑧ 王恩田：《曲阜鲁国故城的年代及相关问题》，《考古与文物》1988 年 2 期。

⑨ 山东省文物考古研究所、山东省博物馆、济宁地区文物组、曲阜县文管会：《曲阜鲁国故城》，齐鲁书社，1982 年。

⑩ 吴伟华：《东周时期海岱地区青铜器研究》，博士学位论文，南开大学，2012 年。

⑪ 王恩田：《曲阜鲁国故城的年代及相关问题》，《考古与文物》1988 年 2 期。

⑫ 许宏：《曲阜鲁国故城之再研究》，《三代考古》2004 年。

⑬ 崔乐泉：《山东地区东周考古学文化的序列》，《华夏考古》1992 年 4 期。

战国中期。

（五）1982 年在泰安城前村出土铜器，《泰安城前村出土鲁侯铭文铜器》① 将其年代定为西周晚期至春秋早期。《东周时期海岱地区青铜器研究》② 认为此组器物属春秋初期。《山东金文集成》③ 将"鲁侯乍姬𡥈朕鼎"、"鲁侯乍姬𡥈朕簠"定为西周晚期。

三、鲁国青铜器源流

鲁国作为姬姓"宗邦"之国，鲁文化保留了较多的周文化传统，鲁国青铜器也多受中原地区青铜文化的影响。

西周时期鲁国青铜器的随葬组合和形制均与周王畿地区相同，如鲁国故城乙组墓M11、M20、M42 的青铜器随葬组合在西周晚期周王畿地区小型墓中常见（扶风上康村M2④，长安张家坡 M103、M105⑤ 等）。这说明鲁国贵族受封至国之后，将周人礼器制度带到鲁国并长期使用，至西周晚期之时，仍然与周王室保持一致。这与文献记载鲁国具有浓厚的宗周文化传统是相合的。

到春秋时期，鲁国春秋铜器墓随葬青铜器组合形式既与中原地区存在一定的相似之处，同时又有一定的区别。其中，乙组墓与中原地区较为接近，而甲组墓则与中原地区有明显的区别（鲁国墓葬中单出酒器舟的组合形式，在中原地区未见）。这说明乙组墓的族属为周人，较多地继承了周文化的传统，甲组墓的族属为原住民，有选择性的接受周文化，造成其青铜器与中原地区的差别。

目前，有关鲁国青铜在考古学等方面的研究已有诸多论述，并取得丰厚的成果。但在鲁国青铜器与鲁文化及其周边地区文化关系方面的研究还相对较弱。进一步的研究不仅能增加对鲁文化的认识，更是对鲁国史的研究具有重大意义。

作者简介：邢成朋，曲阜市文物管理委员会助理管员。

---

① 程继林、吕继祥：《泰安城前村出土鲁侯铭文铜器》，《文物》1986 年 4 期。

② 吴伟华：《东周时期海岱地区青铜器研究》，博士学位论文，南开大学，2012 年。

③ 山东省博物馆：《山东金文集成》，齐鲁书社，2007 年。

④ 陕西省文物管理委员会：《陕西岐山、扶风周墓清理记》，《考古》1960 年 8 期。

⑤ 中国社会科学院考古研究所洋西发掘队：《1967 年长安张家坡西周墓葬的发掘》，《考古学报》1980 年 4 期。

略论儒家思想在曲阜孔庙中的体现

彭保建

摘　要　中华传统文化博大精深、源远流长，而儒家思想作为中华传统文化的重要组成部分，自其产生之时就对中国社会有着重要的影响。特别是经过两千多年不断地变化和发展，儒家思想逐渐成为中华传统文化的精髓，影响着社会的方方面面。曲阜孔庙作为中国三大古建筑群，不仅在中国古建筑史上占有重要地位，而且作为祭祀孔子的本庙，也集中体现了儒家思想。

关键词　儒家思想　曲阜孔庙　古建筑

古建筑是传统文化的载体，传统文化是古建筑的灵魂。古建筑与传统文化相互渗透，密不可分，作为中国传统文化和古建筑的代表——儒家思想和曲阜孔庙也存有密不可分的关系。因此，本文从分析、介绍儒家思想所表现的精神入手，说明儒家思想的重要影响力，进而探讨曲阜孔庙中所表现出来的儒家思想。

一、儒家思想的主要精神

西周末年，社会发生巨大变革，从西周建立起来的以氏族血缘为基础的封建宗法制度，此时发生了动摇和分化，一是诸侯国之间兼并战争连绵不断，促使大国间相互争霸，周天子的权威与中心地位日渐式微，出现"陪臣执国命"[①] 的局面。然而，无论小国被兼并，抑或公室分裂乃至国君被弑，都使维护宗法等级秩序的礼乐制度开始崩坏，"天下无道，则礼乐征伐自诸侯出"[②]。而这种局面就导致了文化下移，许多没有贵族身份的"庶人"反而有了接受贵族文化诗书礼乐的机会，从而为私学的出现准备了条件。孔子就在此时开创了首家私学学派，其弟子有三千之众。他教弟子学习"六艺"

---

① 杨伯峻：《论语译注》，中华书局，2006 年，第 196 页。
② 杨伯峻：《论语译注》，中华书局，2006 年，第 196 页。

（礼、乐、射、御、书、数），而以礼乐为先，《史记·孔子世家》记载："孔子去曹适宋，与弟子习礼大树下"。自此，儒家思想就逐渐发展起来了。

依据中国儒学发展的基本事实，可将儒家思想的发展划分"五大阶段"：先秦（儒学的奠基时代）——两汉（儒家经学的独尊时代）——魏晋隋唐（儒、道、佛的斗争与交融）——宋明（儒学发展的新阶段：宋明理学）——清代（中国传统儒学的清理与总结）①。儒家思想经过孔子的倡导和后世的发展、完善形成一个庞大而完整的思想体系。

一般认为"仁"是儒家思想的核心。孔子解释仁为"爱人"。"爱"是友爱、亲近之意，是带有极强主观感情色彩的投入。在上古时代，这个爱更多地表现在血缘关系的紧密程度上，这就给"仁"赋予了血缘的最初本义。因此，孔子将最初的范围限定在"事亲"，在个人范围内，儒家提倡"诚意、正心、格物、致知、修身、齐家、治国、平天下"的进取精神。然后推而广之，施之于社会成员，上至君王，下至黎民。"仁"由主观感情的投入开始，延伸于社会并运行于"礼"的范畴之内。这就将内在的情感外化为行为的规范，表现出来的就是封建宗法制度。这就是儒学的精妙之处。

通过"仁"，外在的等级制度转化为内在的道德自觉。在儒家天人合一的世界观影响下，这种源自主题的"仁"，代表作为人类的地位是和自然统一和谐：一方面沟通了社会秩序；另一方面也是打通天人的唯一工具。"仁"乃人之本性，而人的本性与天相沟通，体现着"天理"的必然。

"礼"是中国文化人伦秩序与人伦原理最集中的体现，可以说，儒家的伦理规范就是"礼"的秩序。"礼"原先是尊敬和祭祀祖先的仪式、典章或规矩。后来在长期的社会发展中逐步演变为以血缘为基础、以等级为特征的伦理规范，并渗透在君臣、父子、夫妇、兄弟等各种人伦关系和社会生活的各个领域之中。

"礼"的突出特征就是它有上下等级、尊卑贵贱等明确而严格的秩序规定。如荀子说："礼者，贵贱有等，长幼有差，贫富轻重皆有称者也"。《礼记·曲礼》说的也提到："夫礼者，所以定亲疏、决嫌疑、别同异、明是非也。"而且，作为一种统治秩序和人伦秩序规定的"礼"往往把强调整体秩序作为最高价值取向。而个体是被重重包围在群体之中，每个人首先要考虑的是应该在既有的人伦秩序中安伦尽份，维护整体利益，而个人的权利显然不那么重要。

儒家认为"中"的标准就是以"仁"为内在核心，以"礼"为外在形式的伦理道德观。这就把儒家所谓"内外之道"贯通起来：一方面，"中"是内在的，指人内心的某种主观状态；另一方面，"中"又是外在的，也即表现在外部行为"中节"的前

---

① 谢祥皓：《中国儒学的发展的基本脉络》，《理论学刊》1996 年 1 期。

提，而行为的中与节，则是内心之"中"的外化、对象化。同时，这个"中"也把天道与人道贯通了：因为它一方面是内在于人心中的，另一方面却又是受之于天，是天所赋予的"命"，其实也就是指人之所以为人的内在的和必然的要求。中庸正是这样一种内与外、天与人的关系①。

二、曲阜孔庙中所体现的儒家思想

中国封建社会历来把儒学视为中国文化的正统，儒家思想的创始人、集大成者——孔子，自然也受到封建统治者的重视，孔庙建筑作为这一特定意义的建筑，体现了当时的社会文化意义。中国历代帝王、文人和思想家对孔子非常崇敬，为了宣传儒家思想、巩固统治，不仅对孔子不停地加封，追封他为圣文宣王，大成至圣先师等，同时还扩建孔庙，祭祀孔子，这就使孔庙具备了深厚的文化内涵，并在多方面体现了儒家思想。

1. 仁德为本

"仁"与"德"是儒家思想的核心，"仁"主张"爱人"，"德"提倡"修养"，这是构成儒家思想的两大支柱。曲阜孔庙作为传统的封建礼制建筑，其运用的各种传统吉祥装饰纹样，在图案的选择、形象立意创作上都是选择创造对人们有益的形象，无论植物、动物、人物，写实还是抽象，所表达的都是亲善、祥瑞的以"仁德"为本的思想内容。

如在孔府装饰纹样中运用比较广泛的卷草纹，其特点是卷曲和绵延不绝，通常以波状缠枝的连续纹样形成意味非凡的起伏姿态，风格颇具自由活泼之感，枝叶繁盛，视觉效果强烈。又如曲阜孔庙的门窗木雕装饰、墙体石雕装饰等都大量用到如意纹。如意纹是由灵芝和云纹组合而成，灵芝是名贵的中药材，数量稀少，非常珍贵，被视为仙草，因此古人把灵芝视为祥瑞的征兆。加之灵芝本来就有药物和营养的双重功效，据说服用后可以长寿，甚至能够起死回生，固有"不死药"的别称，因此便逐渐延伸出"长寿健康"之寓意。曲阜孔庙正是用这些吉祥纹样来体现着儒家的"仁德"思想。

2. 建之以礼

孔子提倡人类社会应平衡于一定的等级秩序中，用一定的礼仪制度来约束人们的行为，孔庙的建筑形制和孔庙中的活动也充分体现了这一思想。

首先，"礼"作为建筑营造必须遵循的原则，"礼"的内容一直对曲阜孔庙建筑形制的发展施加着影响。"礼"就像一张无形的网，覆盖到孔庙建筑的每个角落。从整体上讲，孔庙自公元前478年开始修建，经历代帝王对其重修、扩建，形成现在的规模。每一次的修建，都按照当时的礼制要求，力图突出孔子圣人的地位，如天子五门之制，

---

① 徐克谦：《从"中"字的三重含义看中庸思想》，《学术月刊》1984年10期。

从前到后有圣时门、弘道门、大中门、同文门、大成门并设九进院落以显大数。再者，大成殿作为曲阜孔庙的核心建筑，从九脊重檐歇山顶，红墙黄瓦，雕梁画栋，八斗藻井饰以金龙和玺彩图，到殿前十根雕龙石柱都处处体现着礼制思想。在细节方面，棂星门外东西两侧，各有一幢下马碑，也是一种显示古代礼仪的标志。

其次，曲阜孔庙的祭祀活动，也严格按照礼制的要求进行。孔庙的祭孔活动自鲁哀公十七年（公元前 478 年）将孔子故宅立为庙"岁时奉祀"起，以后持续了 2000 多年，直至当代，曲阜孔庙仍在举行祭孔活动。据史料记载，自汉高祖刘邦于公元前 195年以太牢祀孔开始，历史上有 12 个皇帝 19 次亲自来曲阜祭祀孔子。其中，又以乾隆十三年（1748 年）二月的祭孔最为隆重。此次祭孔，乾隆要求祭孔按照古制进行，56 岁的皇太后钮祜禄氏随行，陪祀的有七十一代衍圣公孔昭焕及孔、颜、曾、孟、仲五氏后裔中为官者，乾隆在孔庙大成殿行三跪九叩大礼后住泮池行宫。而且这次祭孔还赐予孔府十件商周时期铸造的青铜礼器，《曲阜县志·图考》记载："皇上临幸释奠特降圣谕，前岁修葺太学告成，因念阙里庙堂设有牺象诸尊，爰择镌藏周范铜鼎、尊等十事，陈之大成殿用备礼器。兹临幸曲阜祗谒先师，阅所列各器，不过后汉时所造，且色泽亦不能甚古。惟兹昌平圣里，宜陈法物，以为观美。著仿太学之例，颁内府所藏姬朝铜器十事，备列庙庭，用惬从周素愿。俟朕回銮后，慎选邮发，交与衍圣公孔昭焕世守勿替，以副朕则古称先至意。钦此。"

3. 中庸之道

孔庙的历代扩建，自始至终遵守着一条中轴线，无论哪一个时期的哪一次扩建，都力求最大限度地达到左右对称的目的。如德侔天地坊与道冠古今坊的对称、快睹门与仰高门的对称、明代御碑的位置对称、东西斋宿的对称、东西华门的对称、承圣门与启圣门的对称、神厨与神庖的对称等等。特别是金丝堂，金丝堂本身是为纪念孔子九代孙孔鲋藏书而建的，原址在孔庙东路，宋真宗天禧年间扩建孔庙时有"正殿东庑门外曰燕申门（现在的承圣门），其内曰斋厅，厅后曰金丝堂，堂后则家庙"（清乾隆版《曲阜县志》）的记载，明弘治年间扩建孔庙，因金丝堂、故宅井、诗礼堂、鲁壁等纪念性建筑的纪念始因均发生在孔子故宅附近，而孔庙西路则建筑物较少，为达到东西对称的目的，将金丝堂改建于启圣殿之前，又建乐器库以达到与诗礼堂东配房相对称的效果。宋元时期的孔庙正门称中和门，后改名为大中门，其本意亦是标榜中庸之道。

4. 大同思想

整体建筑格局的完美性亦体现出这一思想。特别是以奎文阁为主体的前后一组建筑群体，前为大中门和同文门，尤其是同文门，本意取自《礼记》"书同文，行同伦"，意为统一语言、统一文化、统一思想，使整个人类思想统一到儒学思想上来。如同队伍行军，须得步调一致。奎文阁前有四幢明代御碑，后为唐、宋、金、元、清等朝代御碑五十余幢，以孔子思想的感召力将历代的帝谕帝诰有序地统一在奎文阁的周围，象征着朝代更替和否定造成的基本思维的隔阂在孔子大同思想下的化解，昭示着人类走向大同的追求和向往。

5. 教育思想

孔庙建筑重点突出了孔子在教育上的思想和成就。在孔庙的中心院落即大成殿院的最中心建造建筑规格最高的"杏坛"，其作用就是烘托孔子的教育成就。孔庙的每个个体建筑，其规模、式样、结构、等级标准等，既考虑到它的特殊作用，又考虑到它所处的环境因素，以达到整体的协调和显示它特殊作用的效果。杏坛位于大成殿院内正中，主体建筑大成殿坐落在高台之上，特别高大突出，两边用东西两庑相配，前有大成门及"金声"、"玉振"二门与两庑相连，后有寝殿及两侧门与两庑相连，一百间长廊连接着大成门和寝殿形成一个严谨的廊庑院落，在这个院落中祭祀着孔子、孔门弟子及历代先儒们，均尊孔子为祖师，中间配以杏坛，尽管它不是主体建筑，但恰到好处地体现了孔子伟大成就之核心。

6. 博大精深

曲阜孔庙也体现着儒家思想的博大精深。孔庙的第一道石坊称"金声玉振"坊，句意出自孟子语"孔子之谓集大成，集大成者，金声玉振之也。金声也者，始条理也，玉振之也者，终条理也"（《孟子·万章下》）。孟子以完美无缺的乐曲来比喻孔子思想，赞扬孔子思想集古圣贤之大成。孔庙内大成殿、大成门均出此意。在建筑格局上，门前以"金声玉振"坊、"棂星门"坊、"太和元气"坊、"至圣庙"坊作引子，两侧以"德侔天地"、"道冠古今"二牌楼作呼应，以比较密集的排列方式渲染出孔子思想的深奥性。

总之，作为中国传统文化主导的儒家思想，为了协调人与人、人与社会之间的关系，制定了一整套仁义礼乐规范，并形成了完整的教人如何做人、如何待人的道德人本主义价值观。这种价值观同样也造就了孔庙本身，使其在一定的礼制下不断发展。儒家思想作为中国两千多年封建社会的主流思想，一直在意识形态方面占据主导地位，曲阜孔庙的规模不断发展和壮大就是最好的例证。曲阜孔庙是在儒家思想的影响下直接产生的，所以孔庙无论在细部，还是在整体，抑或是孔庙的其他方面，都直接体现了对孔子的尊崇以及儒家思想的博大精深、源远流长

作者简介：彭保建，曲阜市文物管理委员会文博馆员。

民国时期天津文庙祀孔活动概述

陈　彤

摘　要　天津文庙是古代祭祀孔子的庙宇。民国时期，天津地方文人、学者积极组织祀孔活动，传承中华传统文化。本文就民国时期天津文庙祀孔活动及其历史价值做一简要概述。

关键词　天津文庙　民国时期　祀孔

祀孔礼乐是封建王朝按照"定制"在曲阜孔庙和各地文庙举行祀孔大典时配备的乐舞，是封建国家最高祭祀礼仪之一，是集礼、乐、歌、舞四位一体的庙堂艺术。由于祀孔大典多定在每年农历二、八月的第一个丁日举行，故祀典又称"丁祀"，乐舞也因之称"丁祀乐舞"。明清至民国，天津文庙一直延续祀孔活动。现就民国时期天津文庙祀孔情况做一简要概述。

一、天津文庙建制形成

明朝永乐二年（1404年）天津设卫筑城，后增设"天津左卫"和"天津右卫"，三卫戍守军士达16800人，随军家属人口众多。"按《河间府志》称，天津卫儒学在左卫东，明正统元年（1436年），提学御史程富欲令武职子弟诣静海肄业，左卫指挥使朱胜，请照陕西按察司佥事林时建言事例，奏准开设。本官遂将住宅一所施为学宫，首建堂斋公廨，十二年大成殿成。景泰五年（1454年）塑像，行释菜礼。①"可见，为解决卫戍子弟教育，提学御史程富提出上奏，要求设立天津地方学校"卫学"。这一奏议得到天津左卫指挥使朱胜的支持，捐出自己的住宅一所作为校址，地点在今南开区东门里。"卫学"是儒学的一种，又称文学，是天津首座官办学校。据记载："天津三

---

① 《天津通志·旧志点校卷（中）》，南开大学出版社，1999年，第82、83页。

卫前未有学，正统纪元，圣天子嗣位之初，以武臣子弟，皆将继其祖父之职业以效用于时，不可不素养而预教之，乃命天下凡武卫悉建武学而立之师，选武官与军事子弟之俊秀者充弟子员，于是天津及左右卫始有学。"① 天津文庙是因学设庙，明正统十二年（1447年）府庙大成殿落成，奉祀孔子牌位，形成庙学合一格局，其后又增建了东西两庑。

清雍正三年（1725年），天津卫改天津州，后又升为直隶州。清雍正九年（1731年）升州为府，另置天津县。卫学亦改为州学，后又升为府学，文庙也随之升为府庙。雍正十二年（1734年）在府学西侧另建县学②，形成天津文庙府、县两学（两庙）毗邻的独特格局。

天津文庙是天津市文物保护单位、天津市爱国主义教育基地。它是明清两代天津地方官员祭祀我国古代伟大的思想家、教育家、儒学创始人孔子的庙宇，也是天津最早的学宫所在。现占地1.5万平方米，由并列的府、县两庙及明伦堂组成，是天津市区内现存规模最宏大、保存最完整的明清建筑群。

1954年天津文庙被列为天津市首批文物保护单位。1986年设立天津文庙保管所，1989年正式对外开放，1991年更名为天津文庙博物馆，2000年与天津戏剧博物馆合并成立天津戏剧博物馆文庙博物馆管理办公室。

府、县两庙毗邻的天津文庙

---

① 天津市地方志编修委员会：《天津通志·旧志点校卷（上）》，南开大学出版社，1999年，第1130页。

② 《天津县志》记载：天津县学，在东门内，府学西。雍正十二年，总督宫保尚书李卫题建。《天津通志·旧志点校卷（中）》，南开大学出版社，1999年，第83页。

二、民国时期天津文庙祀孔活动

天津文庙祀孔活动自明代开始一直沿袭到民国时期。旧时天津每年有三件大事：三月天后宫皇会、四月城隍庙鬼会和春秋季文庙祭孔。而文庙的祭孔典礼，因为事关文教，因此也就最为庄严隆重。

辛亥革命以后，废除府治，府庙祭孔改为由驻天津的最高地方官主祭，县庙则由地方士绅主祭。祭祀典礼以农历八月二十七日孔子诞辰日最为隆重，典礼进行时"钟鼓齐响，笙歌共鸣"，非常隆重。届时地方官员都要到文庙参拜孔子参加祭祀典礼。同时，文庙还举办《孔子圣迹图》及有关祀孔用祭器、乐器等文物展览。这一天，所有的学校都要放假，学生要集体向孔子行礼，还要吃一顿捞面，聊表纪念"孔诞"之意①。

在"五四运动"中，祭孔活动受到了严重冲击。但到了 20 世纪 30 年代，由于受到战乱的伤害，人们需要心灵的慰藉，祭孔活动又恢复起来，于是，那段时期，天津历史上出现了几次重要的祭孔活动。

天津孔教会、与祭洒扫社、天津社会教育办事处等是民国初年活跃在天津的重要尊孔组织。其中 1915 年 7 月 1 日在天津西北城隅成立的天津社会教育办事处，更加致力于兴办天津本地的尊孔活动，并得到当地政、商、学界的有力支持，成为天津尊孔活动中最主要的力量。它的成立与天津著名教育家林墨青有着密不可分的关系。林墨青（1862～1933 年），名兆翰，字墨青又字伯嘿，晚年号更生，天津人，1887 年入县学为附生。清末，林墨青与高凌雯等人一起，致力于开办新学，并且建树颇丰。1902 年，林墨青首创民立第一小学堂，为天津新制小学之始。自清末，为恢复天津祀孔典礼，林墨青及社会教育办事处做了很多工作。为此，经多方联系最终在江苏重新购置了祀孔典礼中必不可缺的特磬、编磬等乐器②。于 1917 年 4 月前往北京学习乐舞表演、乐器演奏，并采购相关乐器。同年暑期期间，他又偕社会教育办事处附设的音乐练习所教员杨芝华、辛树人等，到北京练习乐舞。学成后教授于私立第一小学校各生，并得到该校校长以及教员陈星彩等人的支持。至 1917 年秋丁，天津文庙的乐舞终于完备③。

1918 年 10 月，徐世昌就职中华民国大总统后，实行了有利于尊孔的政策。在此时期，社会教育办事处开始着手举办更大规模的祀孔活动。1920 年后，其祀孔活动多以与祭洒扫社的名义进行。与祭社与洒扫社皆是民国之前便在文庙中存在的组织。社会教育办事处成立后吸收与祭社为其附设机构。

据《社会教育星期报》记载，自 1921 年至 1923 年，社会教育办事处先后组织了

---

① 《一次隆重的祭孔大典》，《天津日报》2010 年 1 月 10 日。
② 《纪天津文庙重置特磬编磬之始末》，《社会教育星期报》，"纪事"，1919 年 9 月 28 日，第 214 号。
③ 《纪天津孔庙秋丁乐舞之完备》，《社会教育星期报》，"报告"，1917 年 9 月 23 日，第 111 号。

1921 年的圣诞节；1922 年的春丁、秋丁、圣诞会；1923 年的春丁、秋丁、圣诞节，共七场祀孔典礼。其中五场在天津文庙举行，而 1923 年的秋丁祀典和 1923 年的圣诞节因文庙工程未竣工，分别在江苏会馆和东马路讲习所举行。

　　1921 年至 1923 年，在天津文庙举行的祀孔典礼程序大致是：上午九点，致祭者、与祭者开始行礼（在春、秋丁祭时，行礼者还常包括行政长官）。行礼活动一般从上午九时开始，一直持续到午后六点闭会，社会各界皆可参与行礼、观礼，并无身份上的限制。除在孔庙行礼外，祀孔活动还包括演奏礼乐（小嘉兴、大嘉兴、元宵乐等）、讲演物理、化学知识，并进行相关科学实验。除此之外，还有讲演天津乡贤及模范人物事迹，警察厅乐队演奏音乐，组织学生唱歌做游戏等活动①。从 1922 年春丁开始，与祭社还仿照山西洗心社举办讲述经传活动②。以 1922 年壬戌春丁讲经录为例，讲经的内容主要为：孔子之家世、孔子之生卒、孔子之历史、孔子之好学、孔子之担道、孔子之伤道等有关孔子生平事迹的介绍，以及对儒家文化的赞颂③。自 1922 年春丁及以后的祀孔活动期间，与祭社还组织了多次古物陈列活动，吸引了大批游人前来参观。因人员众多，为安全起见，主办方不得不采取分流措施④。此外，社会教育办事处还组织其附设机构正俗新剧社社员表演戏剧，陈设仪器标本，展示书法字帖，组织表演改良双簧、改良大鼓、表演相声、猜灯谜等活动。1922 年圣诞会，还组织中华武士会来文庙表演，并且在棂星门外组织了幻术表演。

　　据《社会教育星期报》刊文介绍，参加祀孔典礼及其相关活动的人员众多，甚至达到六七千人的水平⑤。其中参祭者除了官员、与祭洒扫社成员和绅商外，许多学校的学生也参与其中，甚至包括蒙养园的蒙养生⑥。组织如此规模宏大的祀孔活动，花费很大。1922 年春丁、秋丁、诞祭总共花去银三百一十九元五分九厘⑦，单靠与祭洒扫社原有经费并不足以偿付，因此需要靠捐款作为补充。以 1922 年春丁为例，为组织此次活动，截至 1922 年 2 月 26 日已有 32 人向与祭社捐款。其为筹集更多款项，特将此事登载于该日发行的《社会教育星期报》上⑧。1922 年全年，与祭社共筹得银三百五十二元，支出后尚有盈余⑨。社会教育办事处的尊孔活动虽然得到了官方的支持，但由于民国初年政府财政紧张，因此民间捐助实际上是天津尊孔活动的主要经费来源，足见

---

　　① 《春丁纪事》，《社会教育星期报》1921 年 10 月 9 日，第 318 号。

　　② 《启示》，《社会教育星期报》1922 年 2 月 12 日，第 335 号。

　　③ 《壬戌春丁讲经录》，《社会教育星期报》1922 年 4 月 9 日，第 343 号。

　　④ 《春丁纪盛》，《社会教育星期报》，1922 年 3 月 12 日，第 339 号。

　　⑤ 《春丁纪盛》，《社会教育星期报》，1922 年 3 月 12 日，第 339 号。

　　⑥ 《圣诞节纪盛》，《社会教育星期报》，1921 年 10 月 9 日，第 318 号。

　　⑦ 《孔庙与祭社壬戌年捐款收支报告》，《社会教育星期报》，1923 年 3 月 25 日，第 392 号。

　　⑧ 《与祭社捐启照录》，《社会教育星期报》，1922 年 2 月 26 日，第 337 号。

　　⑨ 《孔庙与祭社壬戌年捐款收支报告》，《社会教育星期报》，1923 年 3 月 25 日，第 392 号。

各界民众的支持。

据学者章用秀记述：天津最盛大的一次祭孔活动是 1934 年农历八月二十七日举行的祀孔典礼。"此在天津为恢复祀孔后之第一次，故省府及各界均郑重其事，典礼亦极为隆重。"上午 9 时，各机关、团体、学校及军警各界，纷至东门内文庙，省府方面事先颁发入门证，凭证入场。所有参与祭祀的公务人员，全部着藏青色制服，其前为主席台，台下为参与祭典的各界人员，入门设签到处，大门内外，由警队分别警卫。首先由当时的省主席于学忠报告纪念孔子的意义，之后，依次由张伯苓、魏鉴、王韬演说。于学忠称："尊崇孔子，不仅在形式，需要了解孔子的精神，遵从孔子的遗训，希望来此举行纪念的，都能注意到实际的尊崇。"教育家张伯苓说："有人以为孔氏之学说，未必合于现代，实则孔氏学说中，合于中国现代之病症者甚多，果能对症下药，必能沉疴立起。"①

1936 年天津文庙春季祭孔仪式，大成殿陈设
（图片由天津记忆文化遗产保护志愿者团队提供②）

民国时期，《益世报》等媒体常有关于祭孔盛况的报道。如 1936 年举行春丁祀孔典礼，市长萧振瀛为主祭官，"于上午九时许，即到孔庙"，后"由各学校当局率领中小学生陆续往祭"。1946 年孔子诞辰，"又为中央规定之教师节"，天津市各机关特放假一日，并分别举行孔诞纪念会及敬师运动大会，可知当时的教师节即为孔子诞辰之日③。

① 《文庙，见证祭孔的今时与往日》，《城市快报》2013 年 11 月 19 日。

③ 中国社科院考古所：《新中国考古发现与研究》，文物出版社，1985 年。

天津文庙祭孔典礼

　　当年的祭孔乃天津最重要的活动之一，不亚于过春节，故典礼程序纷繁复杂，不能出现任何差错，据说共包括 33 个步骤。祭孔时除了供祭品外，还要奉献歌颂孔子的乐舞。据老人们讲，在天津文庙里，有一个训练"乐舞生"的组织。天津社会教育办事处印过一种《圣迹图》，祭孔时要用哪些古乐器，摆哪些祭品，行什么礼，乐舞生全都很熟悉。他们在举行祭孔典礼时，穿古代服装，担任奏乐、献供、唱礼、引导等服务工作，事后每人可以分得一点祭肉。① 从民国时期祭孔照片看，当时参祭人员是穿长袍马褂的。中华民国九年三月重印的《政事堂礼制馆刊行祀孔典礼》记载，当时祀孔典礼中的乐舞，迎神、彻馔、送神有乐无舞，初献、亚献、终献既有乐也有舞。初献舞干戚之舞即武舞，亚献、终献舞羽籥之舞即文舞，可见民国时期天津文庙祭孔乐舞是武舞与文舞并行的。②

　　2013 年 4 月中国著名歌唱家李光曦故地重游，来到天津文庙，回顾 1942 年他在天津文庙参加祭孔典礼的情景。据 1929 年出生在天津的李光曦回忆，那年他 13 岁，参加了那一年的天津文庙春季祭孔典礼。

三、祀孔的历史价值

　　祀孔乐舞作为封建时代祀孔大典的礼仪形式内容在今天的国内大陆早已消失了，

1942 年天津文庙春丁祭孔，右为李光曦。（照片由李光曦家属提供）

---

① 中国社科院考古所：《新中国考古发现与研究》，文物出版社，1985 年。
② 《文庙丁祭礼式》，1920 年 3 月。

但作为一种延续二千余年的社会历史现象，本身所具有的历史价值却很值得研讨。

1.是研讨我国古代宫廷雅乐和祀孔制度的形象资料。从文庙馆藏乐器及舞具的形制特征看，明显地属于宫廷雅乐范畴。雅乐原是周代用于祭天祀祖、宫廷礼仪等大典的乐，其器具和乐舞内容都有规定。如乐舞内容主要是《六代之乐》，即分别颂扬黄帝、尧、舜、禹、汤、武文治武功的《云门大卷》《大咸》《大磬》（大韶）《大夏》《大濩》《大武》等六乐①。其中前四乐歌颂前四帝"文德服天下"，又称"文舞"，后二乐宣扬后二王"武功取天下"，又称"武舞"。由于孔子生前对《大韶》《大武》，尤其对《韶》极为赞赏，谓"尽美矣，又尽善也"。即认为从政治内容到艺术形式都完美无缺，所以极力推崇

1942 年天津文庙祭孔，李光曦（左）任施礼生。（照片由李光曦家属提供）

并潜心学习，从而使《韶》《武》二乐成为文武二舞的最高典范②。这是《韶》《武》二乐，尤其《韶》得以在鲁国流传的原因，也是历代封建统治者多用二乐为祭祀乐舞（包括祭孔乐），并逐渐形成宫廷雅乐基调和内容的原因。祭祀乐舞作为封建王朝专为祀孔大典设置的乐舞，政治上特定的功用、目的和规格，决定其只能由国家颁布，而不同于一般的宫廷雅乐，也有别于一般民间乐和寺庙乐，基本保持了集歌、舞、乐为一体的中华传统乐舞，尤其是宫廷雅乐的艺术特色风格以及相关的礼乐制度。如以"金石"乐悬为标志（金石乐为目前天津地区所仅有），以清雅的管弦乐器为主奏的"八音"和奏形式，采用孔子生前盛誉过的温柔和畅的《韶》乐为基调，手持特定形制纹饰器具的文武二舞，按纵横有序进退整齐划一的舞步，以及遵照严格礼制设置的舞人队形，和四字一句八句一章的《诗经》体例等，都未因王朝的更迭而发生变化，并以祭孔乐舞形式一脉相承保存至今，不仅在我国独一无二，而且在世界艺术史上也是罕见的。祭孔乐舞所展示出的鲜明民族性和历史继承性，使其具有的特殊历史价值是显而易见的。所以，天津文庙现存的天津地区唯一的一套"金石"乐及其相关资料，确是认识和研讨我国古代，尤其清代宫廷雅乐和礼乐制度绝好的形象资料。

---

① 《周礼·春官·宗伯下》（周礼卷第六），林尹注译：《周礼今注今译》，天津古籍出版社，1988 年，第 231 页。

② 《论语·八佾》，康有为：《论语注》，中华书局，1984 年，第 44 页。

2. 为研究天津城建史和文化史，以及地方音乐艺术史提供宝贵资料。天津文庙始建于明，直至清初二百余年中，天津城市始终作为军事防御的卫所而存在，因此，天津地方城建和文化也未有大的起色，只有到康熙以后，天津城市建设才纳入快速发展轨道。清康熙年间，清王朝正处于上升阶段，天津地方也进入由单纯的军事卫所向政治安定、经济文化发展的大城市转变历史时期，所以，天津文庙祭孔乐舞的兴办，成为封建王朝特定历史时期政治文化兴衰的晴雨表。"盖学校者王政之本也，故古者政治之盛衰，每视其学之废兴……"①。天津出现祭孔乐舞，正是天津文庙兴盛的标志，也是当时天津政治稳定、经济发展，文化昌明历史现实的客观反映。如前所述，天津地处"九河下梢，水路通衢"，但文化起步很晚，尤其涉及早期的音乐艺术资料记载极少。就目前公布的资料看，明清时代的天津地区有民俗乐、寺庙乐，而作为阳春白雪的宫廷雅乐，即祭孔乐舞至迟出现在清代前期，并对天津地方的文化艺术发生特殊影响，从而为我们探讨古代天津地方的音乐、舞蹈及有关的民俗艺术发展变化史提供难得的"物证"②。

3. 加深对孔子"乐教"思想的认识和理解。孔子生前十分重视礼乐的政治作用，并为宣扬周代礼乐文化及其社会功能奔波一生。孔子认为："礼也者，理也；乐也者，节也。君子无礼不动，无节不作"③，"移风易俗莫善于乐，安上治民莫善于礼"④，"礼乐不兴，则刑罚不中；刑罚不中，则民无所措手足"⑤。因此，在其看来，一个人的成长过程必定是"兴于诗，立于礼，成于乐"⑥，一个国家也只有在"礼乐刑政"相提并论情况下才能得以治理和安定，所以，竭力宣扬礼乐治国的主张和"乐教"的思想。据不完全统计，仅《论语》中涉及"乐"的语录就有 70 多条，"礼"则有 102 条之多。但其提倡的"乐教"，并不是简单地传播周代礼乐文化，而是将乐教与现实联系起来，充分注意发挥乐舞的审美特征和教化作用。简言之，是将乐教活动，与培养"仁"的理想道德的人相结合的审美教育过程，即通过形象生动，活泼感人的艺术形式，将枯燥乏味的礼治说教与激动人心的乐教结合起来，最大限度地发挥乐舞的社会教化作用。这是孔子教育思想的闪光点，也是历代封建王朝接受礼乐治国思想，一再强调注重"乐教"的原因所在。祭孔乐舞正是通过乐舞生谦恭的舞姿，平和的曲调，舒缓的旋律，文雅的歌词，象征性地表现了孔子一生经历和对孔子集古大成丰功伟绩的尊崇，

① 《天津县新志》卷二十四之二《重修天津卫学宫碑记》。

② 陈嘉瑞：《解放前天津地区的音乐生活》，天津市文化局史志办编辑，《天津文化史料》第三辑，1994 年，47 页。

③ 《礼记·仲尼燕居》（卷九），宋元人注《四书五经》中册，天津市古籍书店，1988 年。

④ 兆玉编著《孝经·广要道》，中国友谊出版公司，1997 年。

⑤ 《论语·子路》，康有为：《论语注》，中华书局，1984 年，第 191 页。

⑥ 《论语·泰伯》，康有为：《论语注》，中华书局，1984 年，第 113 页。

使每个参与者的心灵受到净化，思想受到激励和升华，更深刻地领悟孔子提倡的"仁"和"礼"，并身体力行，使自己言行符合"仁"，合乎"礼"，从而在维护社会等级制度的同时，创造一个和谐相处的人际社会。可见，祭孔乐舞是封建王朝利用乐舞的审美特征和教化职能的集中表现，也是对孔子即儒家宣扬的礼乐思想的最好诠释。

4. 有助于了解民国初年天津地方文人心态。天津文庙祭孔乐舞实物和资料，几经战乱、历尽磨难保存至今，这在全国都是罕见的，这不能不与清亡以后，天津地方文人对传统文化的保护、整理和继承密切相关。民国初年一段时期内，天津文庙及其祭孔乐舞即受到当时著名的文人学者，诸如华璧臣、严范孙、林墨青等人的关注，这与当时天津已成为全国重要的经济文化大都市所应有的文化氛围也相适应。清亡不久，天津先后成立"文庙敬事会"、"文庙岁修办公处"等民间组织负责文庙维修和保护。1915 年，文庙还派专人到北京学习祭孔乐舞，并复制埙、篪、排箫等乐器，回津后组织市第一小学师生演习，"演奏娴熟"，致使当年"秋丁""衣冠俎豆，礼乐咏歌，其盛为向来所未有"。1919 年"春丁"祭孔后，又重新更换了"日久破损，不适于用"的特磬、编磬，直至 1937 年"七七事变"前，天津祭孔乐器一直得到很好的保护。当时祭孔乐舞生多由小学师生充任，有时乐队多达百余人，乐曲参照曲阜和北京孔庙进行演习，从而构成天津文庙独特人文景观①。笔者认为，这除了当政者的特殊需要而加以提倡的原因外，还与当时天津文化界对祭孔乐舞所代表的中华传统文化的留恋情结有关，正是这一点才使乐舞器具和资料得到妥善的保护。

综上所述，昔日文庙作为祭祀孔子、演习乐舞的殿堂，多少帝王名相、文人墨客曾经拜倒在大成殿前。"萧瑟秋风今又是，换了人间。"而今，天津文庙馆藏的乐舞器具，以及"八音"乐器为主奏的祀孔乐舞，连同文庙古老的建筑，共同组成天津文庙富有特色的人文景观，并成为云蒸霞蔚、博大精深的中华传统文化遗产的一部分，理所当然地受到天津人民的热爱和保护。

作者简介：陈彤，女，天津文庙博物馆副研究馆员。

参考文献：

[1]《天津通志·旧志点校卷》，南开大学出版社，1999 年。

[2]《社会教育星期报》，1917 年，111 期；214 期；1922 年 3 月 12 日，第 339 号；1923 年 3 月 25 日，第 392 号等。

---

① 《纪天津文庙秋丁乐舞之完备》，《社会教育星期报》，1917 年，111 期；《纪天津文庙重置特磬编磬之始末》，《社会教育星期报》，1917 年，214 期。

［3］林尹注译：《周礼今注今译》，天津古籍出版社，1988 年。

［4］《文庙丁祭礼式》，中华民国九年三月印，天津文庙博物馆馆藏。

［5］宋元人注《四书五经》中册，天津市古籍书店，1988 年。

［6］天津市文化局史志办编辑：《天津文化史料》第三辑，1994 年。

明清时期广西书院与儒学传播之刍议

张　伟

摘　要　书院是我国古代特有的教育组织形式和文化载体，自唐宋以来历经千余年的发展，分布于各省区城乡。明清时期广西书院得到了极大的发展，在其漫长的发展过程中，它传承了传统文化，传播了儒家学术思想，开创了一代学风，丰富和发展了广西古代教育思想，在培养人才、文德教化、儒学传播等方面作出了重大贡献，对后期广西的政治、文化、教育等各方面都产生过重要而深远的影响。

关键词　明清时期　广西书院　儒学传播

一、广西书院概况

广西地处祖国西南边疆地区，受历史背景及地理环境的影响，文化不及中原地区发达，但一些开明官吏、南下文人以及部分名儒乡绅受到当时社会环境的影响，纷纷效仿中原及邻省兴建书院。据广西地方志记载，广西书院始建于南宋绍兴年间，迄于民国，期间历时近八百年，共创办书院三百多所[①]，关于广西书院创办的总数，有多种统计方法、数据和说法，高敏贵在《广西的书院》（《广西教育学院学报》，2000 年第 5 期）中认为共有 347 所；陈业强在《广西书院研究》（《广西地方志》，2004 年第 2 期）中也认为共有 347 所，但具体朝代不同；《广西通志·教育志》（广西人民出版社，1995 年版）中统计共有 303 所；蒙荫昭、梁全进主编的《广西教育史》（广西人民出版社，1999 年版）中统计有 305 所；邓洪波编著的《中国书院史》（上海：东方出版中心，2004 年版）中统计有 265 所。本文暂采用《广西教育史》中的统计数据进行分析。

---

① 蒙荫昭，梁全进主编：《广西教育史》，广西人民出版社，1999 年。

广西始有书院之名起于南宋时期，南宋广西共建书院 11 所，其中最早的一所书院是在绍兴年间建于柳州的驾鹤书院和建于容县的勾漏书院，其中又以全州的清湘书院和桂林的宣成书院最为著名。然而，在随后的元代，广西地区的教育呈现整体衰退的现象，在书院的创建上元代广西仅有书院 3 所。

明代历时 277 年，此时期广西建书院达 70 所，占广西自南宋至民国所建书院总数305 所的 23%，是广西建书院的第一个高潮期。与此同时，全国创办书院 1200 余所，广西 70 所，占全国的 5.8%。其中最有名的当属全能大儒王阳明在南宁办的敷文书院，"敷文"二字有"诞敷文德"、"以远来人"的含义。自其创设敷文书院后，邻县风从，影响甚大。明嘉靖六年（1527 年），王阳明以两广总督兼巡抚来到广西镇压思恩、田州苗民起义和黔江流域的大藤峡瑶民起义。起义镇压下去后，王阳明认为必须兴教育，用文德来感化，才能使广西长治久安，于是他创办了敷文书院。他在《敷文书院记》中说："宋仁谒往事师，勿以兵歼，其以德绥，迺班师撤，散其党翼，宣扬至仁，诞敷文德，凡乱之起，由学不明，人失其心，肆恶纵情，遂相侵暴，荐成叛逆，中土且然，而况夷狄。"[1] 王阳明不仅过问敷文书院的日常经费、课程外，还亲自上讲堂宣扬他的"知行合一"学说。敷文书院建立后，桂林、武鸣、隆安也相继兴建阳明书院，一时间书院蜂起，王阳明在广西所待时间仅为一年，但对广西文教的影响却深远。敷文书院旧址现为广西壮族自治区储备物资管理局，即今南宁市北宁街 42 – 1 号。（图一）现在在其门口北侧的墙壁内仍镶嵌有一通石刻，上刻有"王文成公讲学处"。（图二）

图一

---

① 王阳明：《敷文书院记》，载（清）汪森编辑，黄陆盛等校点：《粤西文载校点》，广西人民出版社，1990年 385 页。

清代广西书院的创建达到了全盛的时期，清代历时268年间，在广西建立书院221所，平均每年兴建1所，占南宋至民国时期广西兴建书院305所的72.4%，由此可见清代广西书院之盛。清代雍正十一年（1733年），朝廷重新认可书院的作用，认为书院"于士习文风有裨益而无实弊"，转而对书院采取利用扶持的政策，谕令各省总督、巡抚在各省省城建立书院。其中桂林的宣成书院和新建立的秀峰书院还得到了雍正皇帝的赐银，以充膏火。清代，全国建书院3000余所，广西221所，比宋、元、明任何一个朝代都多，占全国书院数量的7.3%。由此可见，广西虽僻处南疆，但在明清之际，书院教育的发展还是基本上跟上了全国的步伐。综上，明清时期的广西书院几乎遍布于各个城乡之间，对发展广西的文化教育事业，作出了历史性的贡献。

图二

二、培育大批文化人才

书院的重要功能和基本宗旨是培养人才。书院教育在其存在的一千多年时间里，为封建社会和国家培养了大批的有用之才。古代广西的众多书院，尤其是有一定规模的大书院，由于规制较为完备，基本设施较好，环境优美，是士子读书治学的好地方，加上有不少名师鸿儒执教，办学质量较高，吸引了四方士子纷纷前来求学解惑。

据此统计，在科举考试的一千三百年间，广西共出进士1127人，其中唐代14人，宋代279人，元代10人，明代239人，清代585人①。广西进士人数在各朝前后变化极大，从唐代初创时的稀少，到宋代急剧上升为历代的第二高峰，元代突然骤降至低谷，此后明代迅速爬升至清代达到历史顶峰。

唐代广西进士人数较少，主要由于科举制尚处于初创阶段，但是它为后期宋代科举的进一步发展和进士群体的崛起奠定了良好的基础。元朝统一中国后，一度停办科举，至元延祐二年（1315年）才复办。受此影响，广西应试学子人数极少。宋代建立的官学和书院在元代也迅速衰退，官学先后减少了7所，书院也只剩下3所。加之当

---

①　广西历代进士人数统计，据《广西通志·教育志》（1995年版）的各代进士表统计所得，只另据（唐）徐松《登科记考》、《中国历代文状元》和《历代广西状元评传》增列裴说、裴谐两兄弟；行政区划据现今区划，其中涉及的历代地名沿革转换，参考了张明康、张明聚《中国历代区划》（中国华桥出版社，1996年）、谭其骧《中国历史地图集》（中国地图出版社，1982年）。

时广西社会动荡，各地民变此伏彼起，前后爆发了 26 次之多①。以上种种最终导致广西进士急剧减少，由宋代的 279 人锐减到 10 人。明清两代经过元代的中落之后，儒学文教得到大力推崇和发展，两代的进士数量合计 824 人，占历代进士总数的 73%，这些人才为广西的哲学、文学、科学、政治等方面做出了突出的贡献，对广西教育的发展也有着重要影响。这些出类拔萃的人才中，有不少出自于书院。由此可以看出，明清之际广西书院的发展对于儒学文教的助推作用十分显著。

三、书院兴起原因初探

明清之际广西进士数量突飞猛进，书院教育事业得到极大发展，探其原因，主要受民族融合的大历史背景的影响，其客观上也加速了少数民族地区的开化程度及文教事业的发展。

首先，根据明代广西进士的地理分布来看，"桂林府 108 人，柳州府 34 人，庆远府 12 人，梧州府 32 人，太平府 1 人，南宁府 11 人，浔州府 7 人，平乐府 16 人，思恩府 3 人，廉州府 15 人"②。可以看出，桂北及桂东的桂林府、柳州府、梧州府的进士数量位居前三。明清时期，广西的经济移民不断增多，这其中以湖广移民和广东客商为主，这些移民不同于唐宋时期只聚集在桂北和桂东一隅，而是向西南进行扩张迁徙。由于明清时期桂北和桂东的梧州、贺州等地区产业相继饱和，大批广东客商开始沿西江进入南宁，然后经左、右江深入崇左、百色等地区，这批移民显著带动了西江经济带的发展。随着大批移民的进入，广西各地经济文化发展迅速，经济的提升也带动了文化教育的发展，大批书院开始动土兴建，桂西南等长期没有进士的地区，在明清也实现了历史性的突破并有所发展。

其次，明清时期广西部分少数民族地区时有动荡，朝廷派兵镇压平叛，一定程度上带动了军事移民的增加，这客观上促进了民族地区的开化程度。明代广西的大藤峡、古田和八寨等地区先后爆发民变，为此，明王朝在广西设置卫所，组织大军征讨广西各地"叛蛮"。③但兵罢之后，其卫所的军士大多没有北返，而是就地屯戍，军士有了土地，得以安居乐业。所以，这一时期军事移民与少数民族的交流融合更胜于前朝，一定程度上促进了民族地区开发，有利于汉文化的传播和文化教育事业的发展。同时这一时期，周边各地移民、客商涌入广西也达到高峰，从某种程度上而言，进士的分布与移民的分布也有着重要关联，桂北和桂东地区历代作为移民的主要聚集区，历史

---

① 黄体荣：《广西历史地理》，广西民族出版社，1985 年。
② 滕兰花：《清代广西进士分布的差异及其形成原因》，《广西民族研究》，2007 年 2 期。
③ 据《明代广西卫所的设置与迁徙》（范植清：《中南民族学院学报》，1993 年 2 期）考证，明皇朝自明洪武元年（1368 年）起，在广西设置了 10 个卫，20 个千户所，形成了卫所制度。

上拥有进士的数量也最多。事实上，广西作为地处南疆的少数民族地区，与中原语言不通，文化殊异。而科举作为传统汉文化教育的一部分，民族融合是最直接提升文化认同的渠道之一。

四、儒学传播之载体

书院是学术形成和发展的基地，也是中华民族主体文化——儒家文化的客观载体，并始终推动着儒家文化的发展。书院为学术文化的研究提供了浓郁的文化氛围，同时也为学术的传播和交流提供了良好的场所。刘伯骥在《广东书院制度沿革》的绪论中说："考宋明理学所以特别发达，一方面固然因它本身价值有扩大的可能性，另一方面还因为它有宣扬的凭借之所，足以养成风气。"① 这里的"凭借之所"指的就是书院。因而，书院为儒学传承和交流提供了物质基础。

在明清时期广西书院中，忠、孝、仁、爱、礼、义、廉、耻、尊老爱幼、和谐合作、爱国爱家是其教育的核心内容，而这些内容正是中华民族优秀文化的重要组成部分。正所谓"修身、齐家、治国、平天下"，说明了做事先要从做人开始。所以培养具有高尚道德修养的高素质人才，是古代书院乃至中华传统教育的最大目标，广西书院在其存在的漫长历程中，有一个相当突出的特点，即始终重视思想品德修养教育，把做人与治学结合起来，"知行合一"是书院办学的宗旨核心。

明代开始，广西的书院开始传播阳明心学，如南宁的敷文书院一度成为传播阳明心学的中心，这和王阳明在广西的大力提倡有关。明代，王阳明在广西广设书院，以宣传其"知良知"学说，把他对"心"学的研究和教学结合起来，并亲自在书院主讲。因此可知，当时学术争鸣的气氛还是比较宽松的。王阳明到各地书院去讲学，阐述自己对理学的见解。清代，受乾嘉学派的影响，广西部分书院转向研究经学，博习经史辞章，注重训话和考证。如桂林经古书院就是一个典型的以学习经史辞章为主的书院，注重经史文辞的学习，培养经世致用的人才，从其命名就可以看出书院的旨向。

同时根据古代"左庙右学"的礼制，在孔庙建成的当年，在孔庙西侧，建国子监，又称太学。从此格局上便不难看出古时儒家思想对封建王权的影响和渗透，这一点在广西书院建制上也有充分的体现。

清道光十四年（1834 年），广西巡抚布政使郑祖琛于桂林丽泽门内孔庙东侧（今桂林中学校内）创建榕湖书院，又名经古书院、榕湖精舍。因书院专课"经古文辞"，地址接近桂林名胜榕湖，因而以"榕湖"和"经古"来命名。精舍建有讲堂 3 间，宿舍 17 间，其西 3 间，其南 14 间，又按类别分为 28 舍，以聚众生。同治十年（1871

---

① 刘伯骥：《广东书院制度沿革》，商务印书馆，1939 年。

年）重修，广西巡抚布政司使臣康国器奏请谕书"经明行修"匾额悬院内①。同治十一年（1872 年），迁到桂山书院内一起办学。榕湖精舍以培植生员为主，客观为儒学的广播开枝散叶。

融入孔庙建筑比较著名的当属全州的清湘书院。清湘书院在南宋建立，后毁于战火。元朝元统元年（1333 年），州守柳宗监重修书院，规模比宋代扩大，计有房屋 158 间，建有应门、重廊、燕居堂、明伦堂等。明正德九年（1514 年）知州顾璘重修书院，增建斋舍亭幔，规模比以前增大。修建后的书院，正室为孔子的燕居堂，堂后为柳候祠，祠后为率性堂，堂之左为甲峰亭、右为寸月亭，稍北为熙熙亭，有寒泉从石龙咀潺潺流出，名曰"应泉"。沿山而上则有俟贤亭、登青台、极高明亭、仰高亭等。自燕居堂而下，路过杏坛，经咏归、静观、育德诸亭，而后自莲花石山翠微路，曲折连绵。时人有诗赞曰："谁谓岭南无好景，清湘仿佛小蓬莱"②。由此可见，书院的修建，在注意依山水林泉之胜布局的同时，也更多地融入了孔庙的建筑规制，使学人在学习之余，闲庭信步于儒家氛围之中，受教于无形，接收儒学的启发和熏陶。

五、崇儒尚文之风盛行

儒学在不同阶段的传播和推广中，一些文化人中的有识之士受到儒学影响，审时度势，克服困难，自发开办了学堂、书院，为培养人才，改变本地区千百年来落后的文化面貌倾心尽力。

（一）土官办学，发展文教

在明代，广西著名土司、马山籍壮人岑瑛尚学重教，关心人才培养。正统十二年（1447 年），他在乔利的塘流屯创办一所土司学府，招收壮人生徒，传授汉语儒学。此学府续办 80 余载，培养了一批批壮族人才。在明代，广西共培养出举人 5098 人，其中思恩府 163 人，列少数民族地区前茅。清末民初，宾阳县黎明乡黄茶村壮人卢炎山，领中将衔，晚年解甲还乡，倡办了私立开智初级中学，任董事长。南宁知县陆杏林，得知家乡隆安县筹建隆安中学，当即捐资大洋 1000 元，解决了隆安中学办学的经费问题。

（二）文化能人，桃李天下

明末清初，李萃东，今马山县合群乡合作村百禄屯人，一个普通的庠生。他看到

---

① （清）谢启昆修、胡虔纂，广西师范大学历史系中国历史文献研究室点校：《广西通志》，广西人民出版社，1988 年 2827 页。

② （民国）谢祖萃、陈寿民修、莫炳奎纂：《邕宁县志·学校一·书院志》（影印本），台湾，成文出版社有限公司，1967 年 885 页。

周围乡间没有学校，于是就创办了白山土司丙等小学堂，自任校长十余年，培养各类人才不下千人。

潘受莹，清代科举制末班拔贡，隆安县城厢镇震东村人。平生未涉仕途，把毕生精力倾注到教育事业上。先在本村开办私塾，1931 年到镇东乡创办县立第十小学，执教 12 年。原国民党隆安县长在他 73 岁寿辰之日，挥毫书赠"重游泮水"匾额，并亲自登门祝贺。

周泰，上林籍壮族人，光绪年间考上进士，却辞官不吃皇粮，回到家乡上林无虞乡不孤村办学。他利用后山的一个大岩洞当教学场所，取名"鼓岩书院"，培养出了一批批的人才，单周姓家族就出了 4 名举人。仅清代一百多人口的不孤村就出庠生、贡生、武举 20 多人，成为当地著名的"状元村"。随着少数民族地区的文教之风的盛行，明清两代书院实现了如火如荼的大发展，明清时期官学书院逐渐遍布八桂。私塾、社学和义学在明清的兴起，助力儒学教育蒸蒸日上，广西科举从而也进入了鼎盛时期。

六、结　语

广西书院从无到有，从少到多，虽然发展不及江浙、两湖一带，但受广西经济的不断发展、中原先进文化的进一步传播、民族融合进程的加快、统治者加强对广西的开发、广西人民对教育事业的重视等综合因素影响，明清时期广西书院发展迅速，遍布于广西各城乡。颇具特色的书院制度和书院文化，对于古代广西文化教育事业的发展和社会生活，均起到了相当大的作用，产生了深刻的影响，打破了原来单纯的官办教育系统的垄断局面，推动了教育由上层贵族向下层社会的移动，为下层社会的子弟争得了读书的机会与权利。彻底改变学生的成分，改变唯官家子弟是教的传统，打破"学在官府"特权，推动教育向平民化发展。真正实现了孔子"有教无类"的教育理念。古代广西人才辈出，这与包括书院在内的整个教育事业的发展有直接的重要关系。明清时期广西书院，不仅对当时和后世的广西教育与社会产生了多方面深刻的影响，而且，在古代广西书院的发展历程中，也积累了大量宝贵的经验，这对于今天我们如何办好各类各级的学校，留下了颇多有益的启示，值得我们思考和借鉴。

作者简介：张　伟，南宁孔庙博物馆馆员、文物部主任。

明代长泰庙学与科举成就

林海南　黄志亭

摘　要　长泰县学文庙在明代最受重视，规制最为完备，长泰科举取士亦在明代达到巅峰，二者都是尊师重教的结果。明代长泰科举成就的取得，首先是因为构建了较为完整的以文庙县学为核心，包括乡村社学在内的学校体系。其次是儒学教育的兴盛与当时科考的良性互动，主要体现为科举人才对于当地社会的反哺，表现为襄助官学，推动文庙建筑的修缮和改扩建；创办私学，开设书院，促进长泰地方文教事业的发展；修建功名坊，激励乡人重视教育。

关键词　明代　县学文庙　科举成就　反哺

儒学文庙和科举入仕是传统社会地方文化繁荣与否最重要、最直接的表现形式，明代长泰县儒学文庙建设和科举取士在闽南地区具有一定的典型意义。本文对长泰文庙的发展与明代长泰科举等相关问题进行梳理，探讨长泰文庙对于长泰本地文化发展的促进作用。长泰县自宋以来就比较重视地方文化教育。早在北宋早期就有兴学传统，长泰庙学宋初在登科山麓，绍兴三年（1133 年）主簿张牧移到祥光寺东面，淳熙年间，文庙在县西南，嘉定年间，学在县东南，宋绍定六年（1233 年），县令陈纯仁、县丞叶惟寅重修迁踞县衙东侧，从此固定下来。其后历代地方政府及地方名士整修扩建，到嘉靖四年（1525 年），文庙规制基本完备，外到内依次为照壁、棂星门、泮池、戟门（大成门）、两庑、大成殿，庙前有训导衙，庙后的附属建筑有名宦祠、乡贤祠、崇圣祠。清康熙年间进士林莹在《重修文庙碑记》中说："泰邑自宋以来，巍科硕辅，后先相望继，自今瞻仰庙貌以肃以恭，吟诵学宫以游以息，蔚为国华媲美，前哲当于庙学之聿新焉，券之矣"①。

庙学是长泰地方的最高学府，亦是长泰地方人文兴盛的主要标志。明代乡贤戴燿

---

①　长泰县地方志编委会：清乾隆庚午版《长泰县志》重印本，《艺文志》，第 206 页。

在《管侯重修庙学记》中提到"吾邑虽偏小，逢掖章甫之徒，在圣世，代有通显。或三策冠南宫，或五经魁畿辅，其他衡鉴法从之选，屏翰持宪之英，扬声卿执垂勋彝常者，间亦不乏称彬彬焉。而溯渊源所自，莫不由学。"①

明代长泰地方的文化教育事业得到了最为长足的发展，具体表现为科举取士的辉煌成绩。明代长泰高中举人以上的士子（文举）达到110人，其中进士36人，举人74人，是历史上闽南各县市中人数较多的地区；并创造了许多奇迹，如万历十六年、万历二十二年、万历二十六年，每科各有4人以上中举；万历二十六年、万历三十五年、万历四十年，每科各有2人中进士；甚至还有戴氏"祖孙四进士"，崇祯元年会试"一榜三进士"，永乐十八年"一榜七举人"等，以及明宣德五年，长泰林震状元及第，成为漳州府及所辖县治中唯一获此殊荣的学子。

长泰科举取士的高峰出现在明代，究其究其原因主要有两个，一是以县学文庙为核心的学校体系。二是儒学教育的兴盛与当时科考的良性互动。

（一）以县学文庙为核心的学校体系。明制，府、州、县均设官学，府学设教授，州学设学正，县学设教谕，各置1人，主管各级官学。各学设置训导作为副职，县学2人。教官荐举儒士，以及除授副榜举人和考选下第举人为主。生员之数，屡有增加。洪武初规定县学20人。正统十二年（1447年），规定在增广额外，增取民间俊秀子弟入学待缺补充增广，不限额。至此，明代福建各府、州、县学的生员基本上由廪膳生、增广生和附学生3部分组成。廪膳生，府学设40人，州学设30人，县学设20人。增广生如廪生之数。附学生，没有人数限制。

在县学文庙的带动下，明清长泰地方还修建了一些民间的书院和义学。特别是乡村的"社学"，在清代长泰农村已经形成了相当的规模。据清乾隆《长泰县志》记载，乡村的主要社学有②：

在坊社学四，东街及联魁坊、和平坊、大夫坊各一。今俱废。

人和里社学四，一在锦江社，一在张山社，俱废，余无考。

钦化里社学四，一在五通，后被民侵，一在小陂社，一在京原社，一在古溪社，俱官废。

方成里社学三，乡、社，久无考。

恭顺里社学二，一在山重，名龙兴，一在胡坂小坂尾，今废。

彰信里社学四，乡、社，久无考。

石铭里社学四，一在下洋山，洋中，余无考。

① 长泰县地方志编委会：清乾隆庚午版《长泰县志》重印本，《艺文志》，第203页。
② 长泰县地方志编委会：清乾隆庚午版《长泰县志》重印本，《学校志》，第54~55页。

　　旌孝里社学四，一在萧宅，今为庵堂，余无考。

　　善化里社学四，一在林泉村，余无考。

　　县学文庙乃至于乡村社学的兴盛，营造了长泰地区尊师重教、崇文尚学的社会风气。据《长泰县志·风土志》，早在宋代，长泰"士宗诗礼，教易而不烦，民乐耕桑，讼简而不费"。到了明代，长泰"故当途言，庭无溷迹，案无混牍，必称泰士"。向学的社会风气，有效带动了长泰地方科举的繁荣和人文事业的进步。在文庙建立之前，长泰科举寥落，仅北宋熙宁六年（1073 年），彰信里人戴瑜以特奏名出仕[①]。在文庙建立后，绍兴二十一年（1151 年），杨械率先高中进士，开创长泰科举考试的历史。绍定六年（1233 年）文庙迁踞县衙东侧后，带来了长泰科考的初次辉煌，绍定六年以后的南宋最后 46 年里，长泰共出现了 7 位进士，尤其 1244 年到 1256 年间，出现五科四科有进士[②]。宋代长泰县仅有 16 人高中进士（特奏名 5 位），而明代共有 110 人士子高中举人，高中进士达到 36 人，以上数据也充分说明了长泰文庙在促进长泰地方科举及文教事业的卓越成就。

　　（二）儒学教育的兴盛与当时科考的良性互动，主要体现为科举及第人才对于当地社会的反哺。体现为以下三个方面：一是襄助官学，推动县学文庙建筑的修缮和改扩建。县学文庙是当时长泰本地的最高学府，完善县学文庙建设，无疑是推动文教事业发展的重要举措。长泰县学文庙从明初洪武二十年（1387 年）第一次重修开始，至万历十七年（1589 年）最后一次重修，共计 12 次，平均 17 年重修一次，可谓频繁，这与当时的很多乡贤名宦，带头捐俸捐资，修庙修学是分不开的。《县志》载，建文元年（1399 年）建明伦堂，"既以兴学倡于前，其徒之向义协作，唐泰等二十余人，夙夜勤拳，而戴同吉尤加焉"[③]。正统乙丑年（1445 年），县令刘奎，县丞谢贵，作新学宫而易以碑，邑人状元林震为之记[④]。万历二十八年（1600 年），县令管橘重修文庙，管橘带头捐俸若干，士绅亦出资捐助，邑人进士戴燝为之记[⑤]。纵观长泰文庙发展历史，在封建王朝历代中，明代时期的长泰文庙修建最为频繁，规制最为完整，建筑配套最为完善，有力促进当地教育的发展。

　　二是创办私学，开设书院，促进长泰地方文教事业的发展。明朝长泰陆续创办 5 所书院，分别为泰亨书院、龙津书院、钟馗书院、状元书院、文公书院（由泰亨书院改办）。这些书院，在长泰不足 1.8 万人口中培养造就了许多国家栋梁之材。[⑥] 其中最

---

①　长泰县地方志编委会：清乾隆庚午版《长泰县志》重印本，《选举志》，第 127 页。

②　长泰县地方志编委会：清乾隆庚午版《长泰县志》重印本，《选举志》，第 124 页。

③　长泰县地方志编委会：清乾隆庚午版《长泰县志》重印本，《艺文志》，第 200 页。

④　长泰县地方志编委会：清乾隆庚午版《长泰县志》重印本，《艺文志》，第 201 页。

⑤　长泰县地方志编委会：清乾隆庚午版《长泰县志》重印本，《艺文志》，第 202 页。

⑥　陈建标：《福建长泰的明代功名坊与地方教育》，《闽台文化交流》，2010 年第 1 期。

为著名的是钟馗书院，其创办人是明永乐年间的进士唐泰：

> 唐泰，字师廓，号东里。资禀颖异，一览辄成诵，经籍无不通晓，尤邃於《易》。登永乐十三年进士，授祁州知州，有惠政。后以文学辟荐召入，御试文渊阁，赋《麒麟颂》、《明伦论》、《野渡横舟歌》，称旨，欲大用之。会大驾北征，遂乞归侍养，事父母以孝，不逐纷华。四方之士，受业者日众，乃筑草舍百余间以居之。随材诲诱，皆有成就，如陈布衣真晟，谢侍郎琏，林修撰震，陈考功璧，皆出其门①。

　　唐泰的主要成就并不是科考及第后在官场上的作为，而是在致仕归乡后创办了在闽南地区有深远影响的钟馗书院。钟馗书院办学规模较大，校舍的规模达到一百多间，培养出优秀人才，其中的优秀人物有林震、谢琏、陈真晟、陈璧等。林震，字敦声，号起龙，长泰人，宣德五年状元，授翰林院修撰兼修国史；谢琏，字重器，龙溪人，明宣德二年探花及第，参与编写《宣宗实录》《大明会典》《圣鉴日历》等，著有《五堂藏集》等，历升南京户部右侍郎，兼掌兵部务；陈真晟，字剩夫，其后以布衣自号，今龙海市人，著有陈真晟集四卷、《四库总目》传于世；陈璧，漳浦人，官至吏部考功司郎中，著有《使游录志》等。正是有一批类似唐泰这样的人物在退隐后或是兴办书院或是担任教职，促进了长泰甚至是闽南地区教育事业的发展。

　　三是修建功名坊，激励乡人重视教育。功名坊是中国古代王朝为纪念地方进士、举人，或表彰地方有功官绅所建的牌楼式建筑，其标志着地方的科举成就。根据县志的记载，长泰县志记载的53座明代牌坊中有38座功名坊②，如甲第传芳坊、状元坊、聚奎坊、双桂坊、登科坊、祖孙执法、春风桃李秋水鱼龙坊、进士坊、解元世科坊、五经解元坊，不一而足③。

　　上述功名坊大多数毁于清代和民国时期，目前尚存于世的是矗立在中山南路的3座跨街功名坊，现简要介绍如下：

　　祖孙执法坊位于县城南街，建于明万历二十三年，为纪念正德九年（1514年）进士、都御史戴时宗，明万历十四年（1586年）进士、监察御史戴燝而设立。戴时宗于正德九年（1514年）中进士，授刑部主事、历吏部文选考功司郎中、太仆大理寺少卿、都察院协理院事、左金都御史。在位执法刚正不阿，以谏阻正德帝游江南，名声大振，任官二十五载，所至皆有恩于民，最后得罪权贵，被诬回籍。④ 戴燝是戴时宗的孙子，明万历十四年年中进士，初授行人，历任御史、巡按直隶、贵州督学、四川按

① 长泰县地方志编委会：清乾隆庚午版《长泰县志》重印本，第142页。
② 陈建标：《福建长泰的明代功名坊与地方教育》，《闽台文化交流》，2010年第1期。
③ 长泰县地方志编委会：清乾隆庚午版《长泰县志》重印本，《规制志》，第45页。
④ 长泰县地方志编纂委员会：《长泰县志·人物》，方志出版社，2005年，第1015页。

察使、赠太常寺卿。戴燝善词工吟咏，工书画，礼贤下士，廉政执法，卒于官①。

春风桃李秋水鱼龙坊，建于明万历四年（1576 年），与"祖孙执法"坊相距约 50 米，是为隆庆、万历年间的历科进士、举人戴耀、唐尧钦、戴燝、戴仕衡、卢硕、林秉汉等人而建。戴耀，隆庆科举进士，曾任两广总督十三载，屡建奇功，加兵部尚书、太子少保，妇孺传颂，被称为"戴两广"，后因遭奸人逸言，解职归隐家乡②。唐尧钦，明隆庆五年（1571 年）进士，授中书舍人，后升迁兵、工两部给事中，凡事敢于直谏，后弃职归乡③。林秉汉，万历二十三年联捷进士，万历三十年（1602 年）任巡按广东监察御史，疏劾广州税使李凤，三奏章，请罢采珠，让人民休养生息，得到百姓的赞赏，后因议勘"楚藩假王"疑案，而遭人嫉恨，被降秩五级，不久弃职回乡④。戴仕衡，万历十七年（1589 年）进士，曾任吏部给事中⑤。卢硕，万历二十年（1592 年）进士，官至户部主事⑥。

解元世科坊，建于明嘉靖七年（1528 年），为云贵解元举人第一名薛炳、举人薛春所立的。可惜长泰地方志书没有为二人立传，民间也无故事流传，故难寻其为官为政的事迹⑦。

一座座功名坊矗立于长泰的主要街道，百姓往来其间，在潜移默化中鼓舞着更多的人重视文化，投身科举，同时也是明代长泰地方文化教育长足发展的历史见证。

明代是长泰县学文庙修建最为频繁的时代，长泰科考亦在明代达到巅峰。明代长泰县人重视县学文庙的修建是其重视教育的一个重要的外化表现，带来的是长泰科考在明代达到巅峰。深层的原因是长泰儒学教育和科举取士获得良性的互动发展。以文庙儒学为核心，包括书院、社学在内的儒学教育体系为王朝选官提供了源源不断的人才。同时科考及第的长泰士子也对长泰进行"反哺"，在出仕期间对晚辈学子形成良好的示范作用，一座座功名坊在潜移默化中激励着后学。在致仕归乡后，资助官学，兴办私学，形成完善的教育体系，促进当地教育的发展。在这互动中，县学文庙居于核心地位，县学文庙是士子科举之路的起点，士子充分认识到县学文庙对科举取士的重要性，这也是明代长泰十二修县学文庙，而士子鼎力相助的原因。

作者简介：林海南，福建长泰县文庙管理处；黄志亭，福建长泰县文庙管理处馆员。

---

① 长泰县地方志编纂委员会：《长泰县志·人物》，方志出版社，2005 年，第 1020 页。
② 长泰县地方志编纂委员会：《长泰县志·人物》，方志出版社，2005 年，第 1018、1019 页。
③ 长泰县地方志编纂委员会：《长泰县志·人物》，方志出版社，2005 年，第 1018 页。
④ 长泰县地方志编纂委员会：《长泰县志·人物》，方志出版社，2005 年，第 1021 页。
⑤ 长泰县地方志编委会：清乾隆庚午版《长泰县志》重印本，第 125 页。
⑥ 长泰县地方志编委会：清乾隆庚午版《长泰县志》重印本，第 125 页。
⑦ 陈建标：《福建长泰的明代功名坊与地方教育》，《闽台文化交流》，2010 年第 1 期。

浅谈孔庙的社会功能及其作用

——以萍乡孔庙为例

李 妍

摘 要 孔庙是祭祀我国古代伟大的思想家、教育家、政治家孔子的庙宇，本文从孔庙的发端和类型入笔，结合萍乡孔庙的历史沿革和现状，孔庙的功能和社会作用，浅谈萍乡孔庙的保护与利用。

关键词 孔庙 功能 社会作用 保护 利用

孔庙，又称文庙、先师庙、夫子庙、文宣王庙等，是祭祀我国古代伟大的思想家、教育家、政治家、儒家学派的创始人孔子的场所。本文从孔庙的发端和类型入笔，结合萍乡孔庙的历史沿革和现状，孔庙的功能和社会作用，粗略地谈一谈萍乡孔庙的保护与利用。

一、孔庙的发端和类型

中国最早的祭孔始于公元前478年，即孔子去世后的第二年，鲁哀公下令在曲阜阙里孔子的旧宅立庙，将孔子的衣、冠、琴、车、书册等保存供奉其中，按岁时祭祀，以示对孔子的尊崇与怀念之意。这就是历史上第一座而且是影响最大的孔庙。在当时这是一种家庙建筑和祭孔建筑相结合的场所。《史记·孔子世家》对此有明确的记载："故所居堂弟子内，后世因庙藏孔子衣冠琴车书，至于汉二百年不绝。"汉代儒学取得独尊地位后，经过历朝历代连续不断的尊孔崇儒，孔庙得到了很大的发展，尤其是唐太宗两次下诏建孔庙后，全国各府州县均建有孔庙，到明清时期，孔庙有1560余座。孔庙从公元前478年发端，经历数千年的发展，成了中国历史上不可或缺的重要组成部分。

孔庙根据其性质或类别可以分为三种类型，一是孔氏家庙，二是国庙，三是学庙。家庙即孔氏家族祭祀孔子的场所，中国历史上有两座孔氏家庙，一是山东曲阜孔庙，二是宋室南渡后，在浙江衢州建立的孔氏南宗家庙。因而孔氏家庙分南宗和北宗，南庙和北庙。国庙是封建帝王为代表的封建统治者代表国家祭祀孔子的地方，是封建帝王、地方官员祭祀孔子的专用庙宇，全国只有曲阜孔庙和北京孔庙。在古代中国，作为国庙性质的孔庙是国家的一种精神象征。而学庙，也称庙学，是以办学为宗旨的，是将学习儒家经典的学校与祭祀孔子的礼制性庙宇相结合的国家行政教育场所和祭孔场所，由政府教育行政主管部门直接管理。学庙重在"学"字。除国庙和家庙外，中国其他的孔庙都属于学庙的性质。本文中涉及的萍乡孔庙就是以学庙的形式保存下来的。

二、孔庙的功能与社会作用

在中国封建王朝时期，孔庙的功能主要有两种：一是祭祀孔子的功能；二是文化传承和教育功能。

祭孔，是华夏民族为了尊崇与怀念至圣先师孔子，在孔庙举行的隆重祀典，两千多年来从未间断。历史上，汉高祖刘邦首开帝王祭孔的先河，汉武帝独尊儒术后，历代皇帝每年都会祭孔，唐玄宗封孔子为"文宣王"后，祭孔活动的规模逐步提升，明清时期达到顶峰，被称之为"国之大典"。因此，孔庙的祭祀逐渐成了一种包含仪注、音乐、歌章、舞蹈等要素的规模庞大而完整的官方祭祀仪式，成为传统社会中国家祀典的重要组成部分，同时也成为世界祭祀史和人类文化史上的一个奇迹。

在中国历史上，孔子首创私学，一生从事教育事业，与学校结下了不解之缘，祀奉孔子的庙宇常常设在学校内。从唐代开始就因庙设学，孔子庙是学校的主体，建筑等级和规模都远远超过了学校，其规制是"庙学合一"。作为学庙的孔庙，它是一座古代儒学教育的殿堂，是培养封建文化人才的摇篮。儒学作为中国古代的正统官学，更是古代中国社会长治久安的支柱，可以说，教育功能其实是孔庙实质性的功能，封建王朝的统治阶级通过孔庙的教育，通过思想的渗透和灌输牢牢地控制人民的思想，实现"德化天地"和"礼仪四帮"的目的。

清末以后，封建社会开始没落和瓦解，孔庙的祭孔功能和教育功能逐渐弱化，到1949年，大陆基本取消了祭孔活动。新中国成立后，全国各地的孔庙大多被设立为各级博物馆、文化馆，因此而赋予了孔庙新的使命，不仅加强了对孔庙的保护，同时还充分利用孔庙举办各种文化活动及陈列展览，使孔庙当之不愧的成为中国传统文化的宣传阵地。但在"文化大革命"时期，很多孔庙的文物古迹遭到破坏，直到1984年，曲阜孔庙才恢复民间祭孔。2004年9月28日，孔子诞辰2555周年纪念日，在山东曲阜举行了新中国建立后首次官方公祭孔子的仪式。

传统的祭祀文化有着丰富的内涵，它保留着中华民族独特的文化记忆，有着维系家庭、宗族乃至整个民族的强大精神凝聚力，是我国人民共享和谐社会的历史见证。历朝历代对孔子的褒封和祭祀，起到了引导士子、推动文化和弘扬教化的作用。在当代社会恢复孔庙的祭祀功能，对孔子和先圣先贤进行祭祀，即保证了孔庙的完整性和真实性，又满足了社会文化的需要，其意义就不再是封建时代宣扬纲常礼教的手段了，而是为了表达整个中华民族对中国传统文化杰出代表的崇敬之情。因此，要延续和拓展孔庙传统的祭祀功能，就要剔除祭祀礼仪中的糟粕，保留其精华，使孔庙的传统祭祀活动更加适应时代的要求及人类文化的发展和进步。

中国的孔庙，不论是哪一种类型，都是一座文化的殿堂，在历史的长河中积累着文化艺术，其建筑、碑刻、礼乐器及祭祀礼仪、音乐、舞蹈等都是十分珍贵的文化遗产，它有着岁月的痕迹，留下了历史的烙印。它是历代统治者尊儒祭孔活动的历史见证；是综合体现中国传统思想文化的载体；更是劳动人民智慧的结晶。孔庙的存在，体现了儒学在中国传统文化中的主流地位。孙中山先生说过："孔子的学说是中华民族思想上的大动脉，中国的民族精神文明之所以巍然独立，屹立不摇，也就在此"。毛泽东主席也曾说过："从孔夫子到孙中山，我们应当给以总结，承继这一份珍贵的遗产。"作为中华传统文化的儒学精华正积极发挥它的社会文化功能，对中国社会的发展产生重大而深远的影响。

三、萍乡孔庙的历史沿革

萍乡孔庙在全国现存的孔庙中兴建较早，年代仅晚于山东曲阜孔庙，是江西省保存较为完好的孔庙之一，始建于唐武德年间（618～626年），至今已有1390多年的历史。当时正值萍乡县城西迁，孔庙和新城由当时的县令唐萼主持建造，就在原宝积寺右侧兴建了第一座萍乡孔庙。《昭萍志略·学校志·学宫》记载："唐武德时，县令唐萼初建学于县南宝积寺左，宋绍兴（1131～1162年）时因兵毁，知县事郭涛徙建于尉司左，二十二年（1152年），知县事程昌时迁建县右，乾道四年（1168年），知县事赵公廪主持薄，袁采徙萍治后车田，淳熙十年（1183年），知县事孙逢吉修嗣，是知县事周世昌、林环皆葺治焉。"元皇庆二年（1313年），知州燕琦重修，元至正十二年（1352年）又毁于兵火。　明洪武四年（1371年），知县李顺英重建文庙，大体按照宋朝旧制，根据明御史简迪撰的《重修县学记》记载，当时建了大成殿、明伦堂、棂星门、东西二庑，还有讲堂、斋舍、筑、圃、司、教之宅，其后二十八年（1395年），知县袁均正增建尊经阁；明正统元年（1436年），知县刘敬建馔堂；正统十一年（1446年），知县邓福建讲堂；弘治元年（1488年），因水圯，知县江吉将孔庙迁建于西隅沈家冲后；弘治十七年（1504年），知府朱华、知县张时孜将孔庙改建在县南宝积寺东面。正德十年（1515年），知县徐琏、知府俞廷济、从教谕章复，又将孔庙建于沈家冲原址；十二年，知县高桂增修。到嘉靖三年（1524年），副使查约金事余珊又将孔庙改建于西隅大街，也就是现在孔庙一带。清康熙四年（1665年），知县台瞻斗纠诸生重建。清雍正十二年（1734 年），知府薄复青、橄知县熊我苏集绅士改建于明伦堂左，以旧址为明伦堂，就是现在孔庙的所在地。

萍乡孔庙建成后，各朝的历届地方官多次对孔庙进行修缮、增建和补建。根据史料记载的年代主要有：宋淳熙十年（1183 年）；元皇庆二年（1313 年）；明正德十二年（1517 年），嘉靖三十五年（1556 年），万历四年（1576 年）、七年（1579 年）、十年（1582 年）、十二年（1584 年）、十三年（1585 年）、二十二年（1594 年）、三十六年（1608 年）、四十二年（1614 年）、四十七年（1619 年）；清顺治十年（1653 年），康熙四年（1665 年）、八年（1669 年）、二十年（1681 年），乾隆四十六年（1781 年），道光二年（1822 年），咸丰七年（1857 年），同治十年（1871 年），民国二十三年（1934 年）。新中国成立后，1980 年对孔庙进行维修，修补了"文革"时期被毁的云龙石柱、蟠龙石板上的龙头和糟朽的天棚以及露台四周的石栏，并对整体建筑进行油漆。1985 年修缮明伦堂，1987 年改建训导斋，1989 年重建棂星门，1995 年至 2005 年，对孔庙进行了保护性维修，2015 年 12 月至 2016 年 9 月，更换了孔庙大成殿、东西二庑、乡贤祠、名宦祠室内及回廊、露台、天井的地砖，对主体建筑进行油漆。唐武德年间至今，萍乡孔庙经历了 1300 多年的风风雨雨，八次迁建，六易地址，重建 12 次，大修 18 次。可见历朝历代的统治者对孔庙兴衰的高度重视。

四、萍乡孔庙的现状及保护与利用

（一）现状

随着时间的流逝、岁月的变迁、战乱和天灾的影响，特别是 20 世纪以来西学的冲击和对传统文化的批判，全国各地的很多孔庙被拆除、被占用，塑像、雕刻被砸、被毁，保存完好的孔庙凤毛麟角。萍乡孔庙也不例外。清朝初年，萍乡孔庙规模很大，据清同治《萍乡县志》记载，当时的孔庙有房屋一百多间，包括：礼殿、棂星门、戟门、东西二庑、乡贤祠、名宦祠、崇圣祠、忠孝祠、训导斋、明伦堂、教喻斋、土地祠及讲堂、斋舍、经阁、筑、教、圃、司等。时任县令孟宗舜撰写的《重建萍乡县学记》描述："孔庙规模壮丽，栋宇峥嵘，圣贤昭布森列"。

萍乡孔庙现存建筑系清雍正十二年（1734 年）重建，坐西北朝东南，仅存面积4706 平方米，建筑面积 1558 平方米，按纵向排列分别为：棂星门、大成门、天井、露台、东西两庑、大成殿和后花园，西侧有附属建筑明伦堂、训导斋。棂星门为四柱三间牌坊式，由花岗岩石构成。大成门和大成殿均为四阿重檐歇山顶木架建筑。大成门面阔五间，进深四间，左右两间分别是名宦祠、乡贤祠。大成殿面阔五间，进深四间，有回廊环绕，立有石檐柱 40 根。檐间斗拱风格独特。中门檐柱云龙缠绕，每间安装格扇门。梁、柱、天花板、藻井均彩绘花鸟、云龙麒麟、人物故事等图案。布局严谨，规模宏伟，具有我国清代宫廷式木构建筑的特点。1982 年，上海同济大学教授、著名建筑学家陈从周来孔庙考察时赞叹："这是典型的清皇宫式建筑。"1987 年，萍乡孔庙被列为江西省重点文物保护单位。

（二）保护与利用

在世界文化趋同化的今天，以儒家文化为核心的中国传统文化为世界所关注并重新被人们学习和研究，孔庙的价值再次为人们所重视，孔庙得到了更好的保护与利用，全国许多的孔庙在维修和补建，恢复室内陈设及祭孔活动。

萍乡孔庙是现今城区保存的唯一一座古建筑。历来是萍乡人民的文化活动中心，民国时期，孔庙里设立了大成图书馆。新中国成立后，1950 年设立县民教馆，后与图书馆合并为县人民教育馆、县文化馆；"文革"时期曾开辟为阶级教育展览馆，文化馆改为文化站，1979 年文化站分为四个单位，萍乡博物馆成立，其他文化单位（图书馆、群众艺术馆、文联）先后搬迁出孔庙，孔庙成为博物馆馆址，利用大成殿、东西两庑、名宦祠、乡贤祠、明伦堂、训导斋陈列了各种展览，常年开放接待观众，并成为萍乡市爱国主义教育基地及青少年科技创新实践基地。1990 年，为了更好地保护孔庙，设立了萍乡孔庙管理处。2010 年 10 月，由市委、市政府拨款新建的萍乡博物馆正式开馆，博物馆由孔庙内迁出，孔庙由管理处负责日常管理，陈列了三个基本展览：《孔子圣迹图展》，《杏林讲学图展》及《孔庙图片展》，并在大成殿供奉了孔子塑像及四配十二哲的牌位，设置了祭祀的礼乐器，面向社会免费开放，每逢高考和中考期间，一些家长带着考生，买上香烛和鞭炮前来孔庙祭拜孔子，祈求孔子保佑考生考上好的学堂。近年来，来孔庙参观的游客数量逐年上升。2012 年 10 月萍乡孔庙加入了中国孔庙保护协会，此后每年都参加协会召开的年会，积极向孔庙同行学习、取经。

2014 年 9 月 28 日孔子诞辰日，萍乡孔庙成功举办了首届学童开笔礼仪式，本地媒体和电视台都做了相应的报道并全程录像，得到了学生家长和社会群众的一致好评，取得了良好的社会效应。开笔礼活动流程中有一项是"茶敬亲师"，很多家长在这一过程中都相当激动，一位家长说："现在的孩子在家都是小皇帝、小公主，平时哪里会端茶给父母长辈，而在这里却喝到了孩子敬的热茶，心中感慨万千啊！"与孔庙合作开展开笔礼活动的萍乡师范附属小学的邱校长说："古朴庄重的开笔礼是对孩子心灵上的洗礼和智慧上的启迪，希望每年都开展此类有意义的活动，把优秀的传统文化继续传承下去。"2015 年、2016 年又分别举行了第二届和第三届学童开笔礼仪式，此间，还举行了"少儿诵读《弟子规》"、"小小讲解员讲孔庙"和国学大讲堂等活动。

2015 年 10 月萍乡孔庙所在的南正街开始拆迁，政府出资打造以孔庙为中心的历史文化街区，其中涉及了孔庙外围及周边环境的改造。20 世纪八、九十年代，孔庙作为萍乡博物馆的馆址，单位为了缓解经济压力，在棂星门的两侧及孔庙的东面建造了以房当墙的门市出租，破坏了孔庙的整体外貌，极不符合孔庙的建筑规制。此次南正街拆迁改造工程将拆除这些门市，恢复孔庙的围墙，并在棂星门前建立儒林广场，复建万仞宫墙和泮池状元桥，孔庙将展现一个新的面貌，成为老城区一道亮丽的风景线。因此，求创新、求发展，充分利用好孔庙这个人文遗产，最大限度地发掘其蕴含的文化内涵，宣传其历史价值和当代价值，满足群众日益增长的文化需求，将成为孔庙保护和利用工作的核心。

萍乡孔庙作为一个省级文物保护单位，目前存在的问题主要有：安防、消防、防雷设施设备不齐全；陈列展览老化陈旧；孔庙的建筑规制和基本配置缺失。如何更好地保护、开发和利用孔庙，笔者认为应该配合城市规划、旧城改造和内部设施提升工程进行。着手做好以下几点：（1）向上级部门申请专项资金，完善和健全各项安防、消防设施；（2）进一步开发未利用的场所，扩充展览面积，更新充实展览内容；设立和完善为观众服务的机构。（3）完善孔庙建筑规制和基本配置，恢复室内陈设，努力争取市委市政府及相关部门的支持，利用此次老城区拆迁改造，尽量恢复孔庙原有建筑面积，按照古建筑保护的标准要求，留出适当的控制保护范围；（4）充分借助政府和民间的力量，逐步开展具有孔庙特色的各种文化活动，如国学大讲堂、儿童开笔礼、青少年成人礼、敬老礼、祭孔大典等等，进一步扩大孔庙儒家传统文化的社会影响力。

昔日的孔庙，如今是弘扬儒学文化的新天地，我们要充分的保护好、利用好孔庙，挖掘孔庙的内涵，充分的发挥儒学的精髓，最大限度地发挥孔庙的传统文化功能和社会作用。相信在不久的将来，萍乡孔庙一定会焕发生机，显现辉煌！

作者简介：李妍，女，江西省萍乡博物馆馆员、孔庙管理处主任。

参考文献

［1］《史记·孔子世家》

［2］《昭萍志略·学校志·学宫》

［3］《萍乡县志》

［4］清同治九年《萍乡县志·艺文志》，孟宗舜《重建萍乡县学记》

［5］张晓旭：《中国孔庙发展史纲》，《南方文物》，《中国孔庙研究专辑》，2002 年 2 期。

［6］《孔庙文化功能的当代价值》

浅谈平遥文庙和超山书院（平遥中学）

张文俊

摘　要　平遥古城位于山西中部的晋中平遥，是一座具有 2700 多年历史的文化名城，与同为第二批国家历史文化名城的四川阆中、云南丽江、安徽歙县并称为"保存最为完好的四大古城"，也是目前我国唯一以整座古城申报世界文化遗产获得成功的古县城。世界遗产委员会评价：平遥古城是中国境内保存最为完整的一座古代县城，是中国汉民族城市在明清时期的杰出范例，在中国历史的发展中为人们展示了一幅非同寻常的文化、社会、经济及宗教发展的完整画卷。平遥文庙、超山书院（平遥中学）是其亮点。

关键词　平遥文庙　超山书院（平遥中学）

一、平遥文庙的历史沿革

平遥文庙位于平遥城内东南隅，始建于唐贞观初年，其大成殿为金大定三年（1163 年）重建，至今保存原貌，已有 854 年的历史，是中国现存各级文庙中历史最久的殿宇，是全国文庙中仅存的金代建筑。在 1957 年地震后，县政府揭瓦维修时发现，殿脊梁下就有"维大金大定三年岁次癸未四月日辛酉重建"的墨迹，平遥文庙历来为县学所在地，当时很有名气超山书院就建在此，曾任广西巡抚、福建巡抚、署理闽浙总督（正二品），并著有《瀛寰志略》一书的徐继畬，曾在超山书院担任十年山长。为平遥票号业的繁荣培养了大量人才，直至清光绪末年废除科举后，县学才停，改名为"平遥县实业学校"，开始了新学。到了 1923 年，一些商贾财东捐资在文庙办起了"平遥励志中学"，县长郭学谦还题写了校名门额，后改为官办平遥中学校。1950 年太岳中学同平遥中学合并，校址又设在文庙，其建筑基本保存原貌，只拆除了棂星门，西学，省畜所。20 世纪 50 年代末，修建平遥中学教学楼时，拆除了超山书院、敬一亭、尊经阁，1997 年平遥古城被列为世界文化遗产，2001 年 6 月 25 日，平遥文庙也被列为全国重点文物保护单位。在中共平遥县委，县政府、平遥中学和上级有关部门的大力支持下，平遥中学于 2003 年全部迁至东城外新校址，文庙得以重新复原，成为平遥古城的主要文物旅游景点之一。2004 年正式向游人开放。

二、超山书院

1. 超山书院的创建与平遥票号业的兴起

超山书院的修建经历了一个漫长的过程。它的前身为康熙四十二年（1703 年）前后，知县王绥"奉中丞命，捐俸创建"，取名"河西书院"。康熙四十二年置地 1 顷 94 亩，发租所在各村，田租用以延师办学。乾隆末年官场腐败，僚属侵吞，农田租佃银无法保障，经费日益亏损，书院废坠。同期有康熙二十三年（1684 年）知县黄汝钰创设的义学（其经费为 67 亩学田）与之并存。数十年后，义学与书院一同渐衰而废。

嘉庆二十四年（1819 年），知县杨霖川与平遥城里的诸位士绅商议，决定利用省里修建贡院摊派银的 1200 两余额为本金创建书院，并很快从城内商家募捐白银 700 两，在文庙明伦堂与尊经阁之间修建讲堂三间，于明伦堂两侧空地各建房 15 间，建起了书院的基本设施，称"古陶书院"，取义于平遥为古陶唐遗废地。虽有了讲学地，但因束修膏火之资，不能延师，书院因而停建。道光十九年（1839 年），知县靳廷钰组织动员平遥商绅们捐修文庙，在他的亲自带动下，商绅们踊跃捐款，文庙竣工后还结余白银 9800 两，后凑足 10000 两白银，以六厘半的利息，分存全县各商号，每年得利息 650 两白银。计划山长束修伙食 300 两，生童膏火杂费 300 两，剩余 50 两用作维修使用，并仿照祁县、榆次等地的经验，订立章程，由 24 位董事轮流值年，全权管理书院事务，官吏概不经手。从此，书院开始延师招生，1842 年，知县陈昆玉进一步扩建，竣工后正式改名超山书院，以期平遥的文风文运与超山同高齐名。

超山书院创建之时，正值平遥商帮的鼎盛时期。道光三年（1823 年）晋商的第一家票号"日升昌"首先在平遥诞生，继而富商豪贾们纷纷投资办票号，在不长的时间里，平遥的票号就遍布全国各大城市及商埠重镇，形成了庞大的汇通天下的金融网络。他们还与清政府建立起了密切的关系。一些较大票号，多有清廷高级官员作后台，凭借这种关系，平遥票号承担了清政府财政和银行的部分职能，由前期以商业放款、汇兑为主大量转向揽办军饷、协饷、账款、税银汇解等官款业务，汇兑数量和票号盈利达到了顶峰。

成为全国金融中心的平遥城，财源滚滚而来。富商们纷纷把目光投向了教育事业，既为商业的扩展提供所需的人才，也满足他们"造福桑梓，名垂千古"要求，从而使得超山书院的经济来源有了充足而可靠的保证。

如前文所述，超山书院仅启动资金就达一万两白银，以 6 厘半的利息，分存全县各商号，每年利息达 650 两，仅此一项就高出了当时同级书院办学所需要的费用。另外，平常还有些富商时不时捐银给书院。据记载："光绪八年五月，李五玉之母二品诰命夫人李王氏一次捐银三千两，用助书院膏火之费，现已发商生息"。光绪六年（1880年）由蔚盛长票号带头，各商家共捐银 13800 两，成立了平遥"宾兴文社"，并推举 20人担任董事，负责资金的管理和使用，以保证每一分钱都能用在对考生的服务和帮助上。总之，由于平遥商绅提供了充足的资金保障，使超山书院一直保持着生气勃勃的发展势头。据立于光绪三十年（1904 年）的《子钦朱老父师德教碑》记载：当时欢送山长朱善元（字子钦）升任降州的学生中有举人 1 名，禀生 8 人，增生 6 人，附生（自费秀才）就达 20 人，童生 6 人。光绪帝废除科举制（1905 年）的前一年，一个县级书院，仍有如此门类齐全，数量又多的学生就读其中，足见超山书院之繁荣了。

2. 杰出山长"徐继畬"

一般来讲，名气越大的书院，对山长的要求就越高，非大儒名宿莫属。超山书院则是以重金延请一流名师，复以名师而闻名的。聪明的平遥商绅从书院筹办期，就深知书院山长作为书院的"灵魂性人物"，对书院影响巨大，所以他们从一开始就决计要以重金延请名师做山长。果然充足的资金与平遥商绅的自信，使超山书院在当时山西的县级书院中延请到了资质最好的山长：徐继畬。

徐继畬不但人品、学识、文采过人，更具有普通进士没有的为官经历。他曾先后任广东按察使、福建布政使、广西巡抚、福建巡抚、署理闽浙总督，官至正二品。工作中因他在处理外事方面的一些正确主张和做法受到朝廷猜忌，于咸丰六年（1851年）被召回京。1856 年辞职回家的徐继畬，婉言谢绝了当时山西省府晋阳书院的邀请，而接受了时为全国金融中心的平遥商绅们的延聘，从此成为超山书院山长，执教长达10 年之久。徐继畬能成为超山书院的山长，大约与超山书院由"董事二十四家轮流值年管理，官吏概不经手"的管理制度有些关系，但一个小小县城能延请曾经的二品大吏，也足见当时平遥发达的经济与开放的观念影响力的强大。虽然超山书院为山长开出了年三百两白银的高薪，与当时一个县令的年俸相等，徐继畬又在当地为富豪人家当私人教师一年可得二三百两，但要维持一个二品封疆大吏的开销，还是远远不够的。他养活着 8 口之家，又要捐款防务，还要资助贫困学生，所以经济还是不宽裕，依然每日粗茶淡饭，过着俭朴的生活。平遥的商绅们看着徐继畬过得清贫，多次提出给他加薪，他坚守信诺，概辞不受。后来，聪明的教谕和书院的董事们就想办法去弥补。他们暗中为山长承揽书写有钱人家的寿幛、墓志铭、碑碣、门额等，富商们借徐继畬的名望光耀门庭，经常以"润笔"的名义超常奉送，徐继畬心领神会，感动之余，更加敬业。在双方的默契中智慧地解决了彼此的供需矛盾。

　　名师毕竟是名师。徐继畬主持超山书院之后，首先带领地方绅士重新集资整修扩建了书院，修建了周边道路，装饰了门面，使"书院之规模乃大备"。当然徐继畬对于超山书院更大的贡献还是在育人方面。徐继畬就任超山书院的时期，平遥的商贸事业可以说已经崛起，但平遥的教育从某种意义上讲，却下行至了其低谷，这时期的平遥人莫说进士，就连中举者，也寥寥无几，几乎是去世一个举人，才能中一个举人。这种局面甚至于在超山书院投入运行的最初一段时间里，都没有得到明显的扭转。自从徐继畬任职超山书院以来，在短短十年时间里，平遥人在乡试、会试中得中者很多。他的"受业门人中举人四名，副榜举人四名，拔贡两名"，使超山书院很快成为"山西省内最有成绩的书院之一"。为此徐继畬深得平遥人民的敬仰，1862年，徐继畬考虑到自己年纪已大，欲归故里，平遥人说什么也不让其走。"官绅揽袪，投辖坚留，不听其去"，徐继畬就又在超山书院主讲三年，直至1865年5月，同治帝召其回京的圣旨下达，方离开超山书院。据记载，平遥县各界人士及诸生弟子，为徐继畬举行了极其隆重的欢送仪式。欢送的轿车排成长列，徐继畬的轿车已经到达距平遥22公里处的祁县，后面的轿车还在平遥城排队。在徐继畬的一再阻止下，才让少数轿车陪送其回五台，在当地留下佳话。

　　3. 超山书院与当时平遥人的思想观念

　　平遥商人不惜以重金投资超山书院，一方面受晋商中流传的尊师重教的儒教观念影响，另一方面由于晚清政府在政治、经济、文化各个方面都陷于内外交困、自身难保的境地，基层政府的财库已空，官方的"兴教助学"已流于空谈，使培养人才的责任历史地落在了晋商人的肩上，而最重要的原因则是：平遥票号业的兴起与迅速发展，对于高端文化与高层次人才产生了旺盛的需求。以平遥商人为代表的晋商，能够在中国大地上叱咤风云几百年，一直地与其背后巨大的人才和智力支持是分不开的。正当平遥票号业兴起与兴盛的时期，由平遥商帮投资复修了超山书院，其目的不仅仅要为晋商培养高层次的经营性人才，而是要成为整个平遥商帮智力与文化上的支持，体现了晋商中流传的"学而优则商"的价值理念。

　　在平遥，学与商相联系有着悠久的历史。平遥自古人多地少，土地贫瘠，农业文明相对落后。这就使平遥人在巨大的生存压力之下，走上了经商的道路。平遥人的这一选择，在"学而优则仕"的价值观念通行天下，"商"被列于四业之末的历史背景下，无疑使他们承受了诸多的责难与冷漠。但也正是在全社会都不重视商业的大环境之下，他们作为先行者而获取了商业的第一桶金。实践是检验真理的标准，那看得见、摸得着，实实在在的白银有力地改变了当地人的传统观念，慢慢地，经商成为平遥人从业的首选。他们认为读书做官远不如读书经商来得实惠。当地曾经流传着"买卖兴隆把钱赚，给个县官也不换"的谚语，可见平遥人对经商是十分偏爱的。但经商不像务农，它需要有基本的文化素质，需要发展教育，重视知识与人才，这就逐步形成了平遥商人重视教育，重视人才的基本观念。不过，在平遥人的心目中，教育的最佳归宿即是经营商贸，"学而优则商"的价值观念不知不觉中深入人心。以当地流传有"生子有才可作商，不羡七品空堂皇"的口头禅为证。长期以来，在平遥当地形成了"学"与"商"之间一种简单而直接的联系："以学保商，以商养学"，通俗地讲就是：学是商的敲门砖，商是学的天花板。

这种重实利而轻名分的办学理念，使平遥商绅不惜代价投资的教育，在整个明清时期出现了一种尴尬的局面，就是平遥人对教育投入多，但进士及第者少。明清两代600多年中，会试大约200场，平遥无一进士及第者，中进士者仅有十余人。这种情况在超山书院由徐继畬执教以来，明显好转，从此中举不再困难，但以其雄厚的师资，与充足的经费，超山书院在其60多年的历史中，始终没有能让平遥城里走出一名进士，这恐怕也绝非偶然。主要的原因还在于，在平遥人的思想观念中，以金钱所代表的财富始终占据其价值世界的首要地位。商场就是他们人生的大舞台，他们以纯粹的商人角色在商言商，挥洒自如。"学"被他们以各种形式赋予"商"的价值意义，而"商"则被他们奉为最高价值。这一点从超山书院的生源可以简略说明。1904年树立的《子钦朱老父师德教碑》记载，其学生中举人1名，禀生8人，增生6人，童生6人，而附生（自费就读于书院的秀才）就多达20人，几近其学生总人数的一半。而这些为数庞大的自费生在书院学习的主要目的在于，能够证明自己是超山书院某某进士的徒弟，也可以说主要是为了一种名师效应。所以从某种意义上讲，名声大振的超山书院及其名师，是威震一时的平遥商人的一张鲜亮的文化底牌。

三、平遥中学

1924年由超山书院的弟子、清末的举人赵鸿猷、武维康、侯福昌、董允文、宋梦槐等人把高等小学堂发展为私立中学，地址在超山书院原址，校名为励志中学，高等小学堂校长李光宾随之成为励志中学校长。1928年，励志中学收归县办，改名为平遥中学。

1947年，与1940年由薄一波、裴丽生等创办的太岳中学合并，地址仍在平遥文庙，命名为山西省立平遥中学。1951年加办高中，1958年增设大专班，改命为平遥综合大学，1963年综合大学下马，又改名为山西省平遥中学。"文革"后，平遥中学被确定为山西省首批重点中学。2001年荣获全国五一劳动奖状，2007年9月，以优异的成绩通过了山西省普通高中示范学校评估验收专家组的验收，成为山西省示范高中学校，每年的高考成绩及达线率都名列晋中市前列，神九航天员刘旺就是从这里走出去的，平遥中学一直以一流的教育、教学质量而享誉三晋。

综上所述，平遥文庙一直是平遥教育的中心，为平遥不同时期的经济和社会发展培养了大量的人才，为平遥票号业称雄华夏提供了强大的智力支撑，对平遥各个方面的发展起了巨大的推动作用。

作者简介：张文俊，平遥文庙副院长。

参考文献：

［1］董培良：《平遥文庙》，山西经济出版社。

［2］王欣欣：《山西书院》，三晋出版社。

［3］杨学勇：《徐继畲与平遥超山书院》，《文史月刊》。

浅谈曲阜孔庙的匾额

张晓文

摘　要　匾额作为古建筑中的重要组成部分，是中华传统文化中的一块瑰宝。曲阜是孔子的故乡，历史悠久，文化灿烂。曲阜孔庙是全国孔庙的祖庙，规模宏大，气势雄伟，现仍保存有大量的匾额，具有十分重要的历史价值、学术价值、文物价值和艺术价值，成为我们今天研究孔子文化发展的实物例证。

关键词　匾额　曲阜　孔庙　古建筑

曲阜是全国第一批历史文化名城，历史悠久，儒家文化遗存特别丰富，现有各级文物保护单位 208 处，曲阜孔庙、孔林和孔府列入世界遗产名录。孔庙、孔府是全国三大古建筑群之一，孔庙建筑群包括五殿、一阁、一坛、两庑、两堂、十七碑亭，规模宏大，气势雄伟，布局严谨，极具东方建筑特色，被古建筑专家称作世界建筑史上唯一的孤例，这些古建筑上的匾额，画龙点睛，醒目庄重，至今仍熠熠生辉，意境深邃，令人回味无穷，生趣盎然。

一、匾额的类别和历史简介

匾额，又称扁额、扁牍、牌额，简称为扁、匾或额。"匾"字古也作"扁"字，《说文解字》对"扁"作了如下解释："扁，署也，从户、册。户册者，署门户之文也"[1]。而"额"字，《说文解字》作"頟"字，"頟，颡也，从页，各声"[2]，即是悬于门屏上的牌匾。有一种说法认为，横着的叫匾，竖着的叫额。通俗地来说，匾额是悬挂于门屏上作为装饰，反映建筑物的名称和性质，表达人们情感之类的一种文学艺术形式。

---

① 王贵元：《说文解字校笺》，学林出版社，2002 年，第 88 页。
② 王贵元：《说文解字校笺》，学林出版社，2002 年，第 372 页。

根据匾额的材料质地，可以分为悬挂式木质匾额和镶嵌式石质匾额，当然也有金属质地和灰制匾额等。匾额按其性质用途来说，大体可分为三类，一类是建筑标识匾，标识建筑物的名称；一类是旌表贺颂匾，多用以歌颂、称赞、旌表、庆贺；再一类是商铺字号匾，如"荣宝斋"、"同仁堂"、"六必居"等。

匾额起源于何时，众说纷纭，学术界尚未有统一意见，据清代训诂学家段玉裁考证，汉高祖六年萧何题写了"苍龙"、"白虎"两块匾额，如果从那时算起的话，匾额产生已有2200多年的历史了。到了宋代，从张择端的《清明上河图》上可以看到"赵太丞家"字号横匾，此外尚有四块商业店铺竖匾。明清时期，匾额相当盛行，形制十分完备，匾额已经渗透到人们生活的方方面面，斋堂雅号、官府门第、修身立志、旌表贺颂等式样繁多，各种功能咸备。

二、曲阜孔庙匾额文本解读

曲阜孔庙门前的第一道石坊为"金声玉振"坊，乾隆题坊额，语出《孟子·万章下》："集大成也者，金声而玉振之也。金声也者，始条理也；玉振之也者，终条理也。始条理者，智之事也；终条理者，圣之事也"[1]。先敲钟发众声，结束时以磬收众音，奏乐从始至终，音韵响亮、和谐。比喻孔子知识渊博，才学精到，声名远播，尽善尽美。

泮水桥后是"棂星门"，乾隆题写坊额，汉代纬书《龙鱼河图》云："天镇星主得士之庆，其精下为灵星之神"[2]，古代祭天，先要祭祀灵星，以棂星命名孔庙大门，象征祭孔如同尊天，孔子可与天上施行教化、广育英才的文曲星相比，意味着天下文人学士汇集于此，统一于儒学的门下。

在孔庙的第一进院落内的东西两侧，各有一座牌坊，东为"德侔天地"，喻孔子其德与天地齐同，与日月同辉；西为"道冠古今"，喻孔子其道泽被万世，古今无双。两坊额比喻孔子对人类做出的贡献如天地一样大，思想空前绝后，从古至今引导着人们的行为。

位于"棂星门"和"至圣庙"坊之间的是"太和元气"坊，"太和"指天地、日月、阴阳会合、冲和之气；"元气"原意为形成世界的原始物质，喻指孔子思想体现了整个人类最精华、最高贵的方面，如同天地生育万物一般，到达一种至高无上的境地。

"至圣庙"坊位于"太和元气坊"后，司马迁《史记·孔子世家》称赞孔子"可谓至圣也"，至圣就是说孔子道德最高尚，是至高无上的人。

---

①　万丽华、蓝旭译注：《孟子》，中华书局，2006年，第219页。
②　商衍鎏：《明清史学术文库·清代科举考试述录》，故宫出版社，2014年，第19页。

清雍正帝于雍正八年（1730 年）钦定孔庙正门为"圣时门"，乾隆题写匾额。语出《孟子》记载："孔子，圣之时者也"①，意思是说，在圣人之中，孔子是识时务之圣人，最适合时代。

璧水桥南有东西二门，甬道相连，东匾"快睹门"，语本韩愈《与少室李拾遗渤书》"朝廷之士，引颈东望，若景星凤皇之始见也，争先睹之为快"② 语，即"先睹为快"之意；西匾"仰高门"取自《论语》"仰之弥高，钻之弥坚"③ 语，赞颂孔子学问十分高深。

"弘道门"由清雍正八年（1730 年）根据《论语》"人能弘道，非道弘人④"钦定命名，乾隆题写匾额，赞颂孔子阐发了尧舜禹汤和文武周公之道。

"大中门"为孔庙第三道门，乾隆题写匾额，《易经·大有》"柔得尊位大中而上下应之"⑤，"中者，天下之正道；庸者，天下之定理"⑥，赞颂孔子的"中庸"之道。

"同文门"为孔庙第四道门，乾隆题写匾额，据《中庸》"书同文"⑦ 命名，赞扬孔子对我国文化的统一做出了重大贡献。

过了"同文"门即见著名的木建筑"奎文阁"，乾隆题写匾额。"奎"是星名，二十八宿之一，纬书《孝经援神契》中说道："奎主文章，仓颉效象。"宋均注云："奎星屈曲相钩，似文字之画"⑧。后人进而把奎（魁）星演化为文官首。为赞颂孔子，封建帝王将孔庙藏书楼命名为奎文阁。这个院东西对称各有一门，东为"毓粹门"，西是"观德门"，俗称东华门、西华门。

"大成门"为孔庙第五道门，"大成"二字出自《孟子·万章下》"孔子之谓集大成者"⑨，清雍正皇帝题匾，孔庙由这里起分为三路布局，这一道五门，左边是"金声门"，右边是"玉振门"，再往西为"启圣门"，再往东为"承圣门"。

"杏坛"匾额系乾隆御书，《庄子·渔父篇》载："孔子游于缁帷之林，休坐乎杏坛之上。弟子读书，孔子弦歌鼓琴"⑩。

"大成殿"由清雍正皇帝手书，殿内有雕龙贴金、精美华丽的木匾 10 方，由康熙至同治八代皇帝御笔，依次为："万世师表"（康熙），"生民未有"（雍正），"与天地

① 万丽华，蓝旭译注：《孟子》中华书局，2006 年，第 218 页。
② 商务印书馆辞书研究中心著：《新华成语词典》第 2 版，商务印书馆，2015 年，第 878 页。
③ 杨伯峻：《论语译注》，中华书局，2006 年，第 103 页。
④ 杨伯峻：《论语译注》，中华书局，2006 年，第 190 页。
⑤ 高亨：《周易大传今注》，齐鲁书社，1979 年，第 171 页。
⑥ （宋）程颢，（宋）程颐著，王孝鱼点校：《二程集》，第 2 集，中华书局，1981 年，第 100 页。
⑦ 杨洪，王刚注译：《中庸》，甘肃民族出版社，1997 年，第 66 页。
⑧ 本社编：《纬书集成》（全二册），上海古籍出版社，1994 年，第 2101 页。
⑨ 万丽华，蓝旭译注：《孟子》，中华书局，2006 年，第 219 页。
⑩ （清）郭庆藩撰，王孝鱼点校：《新编诸子集成》，中华书局，1961 年，第 1023 页

参"、"时中立极"、"化成悠久"（乾隆），"圣集大成"（嘉庆），"圣协时中"（道光），"德齐帱载"（咸丰），"圣神天纵"（同治），"斯文在兹"（光绪）。

"万世师表"颁至全国各文庙一体刻制悬挂，意为孔子是千秋万世值得永远学习的老师和表率，语出《论语》"温故而知新，可以为师也"①。又有《三国志·魏书·文帝纪第二》赞誉孔子："昔仲尼资大圣之才，怀帝王之器……可谓命世之大圣，亿载之师表者也"②。

"生民未有"颁至全国各文庙一体刻制悬挂，语出《孟子·公孙丑》："自有生民以来，未有孔子也"③。意为自有生民以来，世上就只出现了孔子这一位有史以来，无人能够企及的圣人。

"与天地参"颁至全国各文庙一体刻制悬挂，赞誉孔子品德可与天地并列。语出《中庸章句》："唯天下至诚……可以赞天地之化育，则可以赞天地之参矣"④。朱熹注："与天地参，谓与天地并立为三也"⑤。《易·说卦》称："参天两地而倚数"⑥。

"时中立极"颁至全国各文庙一体刻制悬挂，语出《中庸》"君子之中庸也，君子而时中"⑦。赞誉孔子思想合乎时宜，无过与不及。

"化成悠久"颁至全国各文庙一体刻制悬挂，语出《周易》"圣人久于其道，而天下化成"⑧。赞誉孔子思想可以教化天下。

"圣集大成"颁天下学宫，语出《孟子·万章下》"孔子之谓集大成者"⑨。寓意孔子集古代诸圣贤之长于一身。

"圣协时中"颁天下学宫，语出《中庸》"君子之中庸也，君子而时中"⑩。朱熹注："以其有君子之德，而又能随时以处中也"⑪。寓意尊崇孔圣中庸之道，顺应时代潮流，合乎客观实际，凡事处置得体，恰如其分。

"德齐帱载"颁至全国各文庙一体刻制悬挂，语出《中庸》"仲尼祖述尧舜，宪章文武，上律天时，下袭水土，辟如天地无不持载，无不复帱"⑫。赞美孔子的学术思想和个人品德，可以经纬天地，无所不包，完美无缺。

① 杨伯峻：《论语译注》，中华书局，2006 年，第 17 页。
② （晋）陈寿：《三国志》，中华书局香港分局，1971 年，第 77 页。
③ 杨伯峻：《孟子译注》，中华书局，1960 年，第 63 页。
④ 杨洪，王刚注译：《中庸》，甘肃民族出版社，1997 年，第 54 页。
⑤ （宋）朱熹：《四书章句集注》，中华书局，2010 年第 33 页。
⑥ （清）卞斌述；（清）宋书升著：《周易通解 周易要义》，山东友谊出版社，1989 年，第 218 页。
⑦ （战国）子思：《中庸全鉴》第 2 版，中国纺织出版社，2014 年，第 16 页。
⑧ 高亨：《周易大传今注》，齐鲁书社，1979 年，第 297 页。
⑨ 万丽华，蓝旭译注：《孟子》，中华书局，2006 年，第 219 页。
⑩ （战国）子思：《中庸全鉴 第 2 版》，中国纺织出版社，2014 年，第 16 页。
⑪ （宋）朱熹：《四书集注》，岳麓书社，1987 年，第 27 页。
⑫ 杨洪，王刚注译：《中庸》，甘肃民族出版社，1997 年，第 71 页。

"圣神天纵"，圣指无事不通，神指异乎寻常，天纵指无所放任、上天赋予。语出《孟子·尽心下》"充实之谓美，充实而有光辉之谓大，大而化之之谓圣，圣而不可知之谓神"①。朱熹注引程子注："圣不可知，谓圣之至妙，人所不能测。非圣人之上，又有一等神人也"②。又《论语》"太宰问于子贡曰：'夫子圣者耶？何其多能也。'子贡曰：'固天纵之降圣，又多能也'"③。赞扬孔子乃顺就天时应运而生的圣人，有着上天赋予的学识和高超的品德。

"斯文在兹"，语出《论语》"文不在兹乎？天之将丧斯文也，后死者不得与斯文也"④。朱熹注："道之显者谓之文，盖礼乐制度之谓"⑤。"后死者"为孔子自称之词。意指世间所有文化皆源于孔子。

"大成殿"东的院内有"诗礼堂"和"崇圣祠"匾，"诗礼堂"为纪念孔子教育儿子孔鲤"不学《诗》，无以言……不学《礼》，无以立"⑥而建，清乾隆皇帝题额，"诗礼堂"内原有乾隆皇帝题写的"则古称先"匾；西院内有"金丝堂"和"启圣殿"匾额，金丝，指鲁恭王拆除孔子故居时，听到金石丝竹之声，从鲁壁中发现《尚书》《论语》等古本儒家经典著作，此堂为纪念秦始皇焚书坑儒后"鲁壁出书"这一中国学术史上的文化盛事而建，清乾隆皇帝题额。

"文化大革命"期间，这些珍贵的匾额首当其冲被当作封建的糟粕，砸毁焚烧，付之一炬，十分可惜。1966年11月，北京师范大学红卫兵组织"井冈山"头目谭厚兰到曲阜"造反"，与曲阜师范学院红卫兵组织联合行动，将大成殿的"万世师表"等大匾摘了下来，拉到孔林西南角纵火焚毁，并在二十多天内疯狂砸毁、焚烧、盗窃孔庙孔府孔林内的文物。一组黑白老照片记录了孔庙匾额遭受破坏的惨况。据曲阜县文物管理委员会1973年2月24日《关于"讨孔联络站"破坏情况的汇报》中，"各种匾额毁掉六十九块（其中大型雕刻匾二十三块），木对联毁掉十八副，其中有历代帝王书法四副"。

---

① 杨伯峻：《孟子译注》，中华书局，1960年，第334页。
② （宋）朱熹：《四书章句集注》，中华书局，2010年，第370页。
③ 杨伯峻：《论语译注》，中华书局，2006年，第101页。
④ 杨伯峻：《论语译注》，中华书局，2006年，第100页。
⑤ （宋）朱熹撰：《四书章句集注》，中华书局，2010年，第110页。
⑥ 杨伯峻：《论语译注》，中华书局，2006年，第201页。

曲阜孔庙匾额分布情况一览表

名称	类别	题写	时间	典故出处	作者职务
金声玉振	坊额	胡缵宗	嘉靖十七年（1538 年）	《孟子》	山东巡抚
棂星门	坊额	乾隆	乾隆十九年（1754 年）		皇帝
德侔天地	坊额	不详	永乐十三年（1415 年）		
道冠古今	坊额	不详	永乐十三年（1415 年）		
太和元气	坊额	曾铣	嘉靖二十三年（1544 年）		山东巡抚
至圣庙	坊额	不详	雍正七年（1729 年）	《史记》	
圣时门	门匾	乾隆	乾隆十三年（1748 年）	《孟子》	皇帝
快睹门	门匾	不详	弘治十三年（1503 年）		
仰高门	门匾	不详	弘治十三年（1503 年）	《论语》	
弘道门	门匾	乾隆	乾隆十三年（1748 年）	《论语》	皇帝
大中门	门匾	乾隆	乾隆十三年（1748 年）	《易》	皇帝
同文门	门匾	乾隆	乾隆十三年（1748 年）	《中庸》	皇帝
奎文阁	阁匾	乾隆	乾隆十三年（1748 年）	《孝经》	皇帝
毓粹门	门匾	不详			
观德门	门匾	不详			
大成门	门匾	不详		《孟子》	
启圣门	门匾	不详			
承圣门	门匾	不详			
杏坛	亭匾	乾隆	乾隆十三年（1748 年）	《庄子》	皇帝
大成殿	殿匾	雍正	雍正七年（1729 年）	《孟子》	皇帝
万世师表	匾额	康熙	康熙二十三年（1684 年）	《论语》	皇帝
生民未有	匾额	雍正	雍正四年（1726 年）	《孟子》	皇帝
与天地参	匾额	乾隆	乾隆三年（1738 年）	《易》	皇帝
时中立极	匾额	乾隆	乾隆十三年（1748 年）	《中庸》	皇帝
化成悠久	匾额	乾隆	乾隆三十六年（1771 年）	《易》	皇帝
圣集大成	匾额	嘉庆	嘉庆三年（1798 年）	《孟子》	皇帝
圣协时中	匾额	道光	嘉庆二十五年（1820 年）	《中庸》	皇帝
德齐帱载	匾额	咸丰	道光三十年（1850 年）	《中庸》	皇帝
圣神天纵	匾额	同治	同治元年（1862 年）	《论语》	皇帝
斯文在兹	匾额	光绪	光绪十四年（1888 年）	《论语》	皇帝
诗礼堂	堂匾	乾隆	乾隆十三年（1748 年）	《论语》	皇帝
崇圣祠	祠堂匾	不详			
金丝堂	堂匾	乾隆	乾隆十三年（1748 年）		皇帝
启圣祠	祠堂匾	不详			
则古称先	匾额	乾隆			皇帝

资料来源：根据《曲阜胜迹匾联》（孔祥林编，山东友谊书社，1999 年）整理。

三、曲阜孔庙匾额的人文价值

曲阜孔庙始于孔子死后的第二年（公元前 478 年），作为祭祀纪念孔子的重要场所，历经 2500 多年来历代崇孔尊儒，礼制规格高，匾额作者位高权重，身份显赫，除少数为山东地方行政长官外，大多由国家最高统治者御笔题写，带有浓厚的儒家思想烙印，威严、尊贵、庄重、肃穆，赞颂推崇和旌表教化功能十分明显和突出。清初统治者为了笼络汉族士大夫之心，消弭满汉差别，代增隆重，备加恩渥，把孔子推崇到无以复加、登峰造极的境地，颂扬虽有夸张，但也说明孔子的思想博大精深、人格修养完美。清朝历代皇帝为巩固皇权，维护统治利益所题写的孔庙匾额，内容典故出自儒家文献，言简意赅，字字珠玑，可谓用心良苦，含蓄隽永。

匾额以古建筑的构件出现，既起到一种烘托装饰作用，又达到画龙点睛的艺术效果，与古典建筑得以水乳交融、交相辉映，实现完美和谐，意趣隽永，典雅工丽，历经数千载的积累与演变而不衰，使古建筑生机盎然，意境深邃，思接千载，回味无穷，形象地阐发了古建筑的文化价值和精神功能。作为中国传统文化的一种独特载体，她融辞赋诗文、书法篆刻、建筑艺术为一体，集字、印、雕、色之大成，文辞之美与工艺之美相得益彰，文学形象与造型艺术巧妙结合，具有极大的艺术感染力，成为中华文化园地中的一朵奇葩。匾额的视觉冲击力强，在款式、内容、材质、风格、书体、纹饰等方面都积淀了浓郁丰厚的文化内涵，从语言艺术、书法艺术、绘画雕刻艺术的不同维度，可欣赏到题词的凝练传神，书法的遒劲俊逸，雕刻的精湛细致，具有极高的艺术价值、文化价值、社会价值和历史价值，成为中华民族珍贵的文化精品遗产，需要我们继续加强传承研究，珍惜保护和发扬光大。

作者简介：张晓文，曲阜市文物管理委员会文博馆员。

参考文献：

［1］潘谷西：《曲阜孔庙建筑》，中国建筑工业出版社，1987 年。

［2］孔祥林：《曲阜胜迹匾联》，山东友谊出版社，1999 年。

［3］孔繁银：《曲阜的历史文名人与文物》，齐鲁书社，2002 年。

［4］孔德平，彭庆涛：《游读曲阜》，泰山出版社，2012 年。

［5］陈新民：《中国建筑上的匾额和楹联》，《南方文物》，2003 年 3 期。第 95～96 页。

［6］樊磊：《匾额传媒功能初考》，《青年记者》，2008 年 18 期。第 105 页

［7］李艳华：《匾额文化初解》，《重庆三峡学院学报》，2008 年 24 期。第 130～134 页。

［8］《孔庙的建筑文化和匾额文化》，《南方文物》，2002 年 4 期。第 43～47 页。

［9］刘亚伟，王良：《1966 阙里纪事 曲阜政协文史委内部资料》，2015 年。

浅谈曲阜孔庙祭孔大典的历史与传承

孔 健 刘 璀

摘 要 祭孔大典是曲阜孔庙专门祭祀孔子的大型庙堂乐舞仪式活动，是集乐、歌、舞、礼为一体的综合性艺术表演形式。随着时代的发展，曲阜在保留传统祭孔大典精华内核的基础上，从活动规模、表现形式、主题内涵等方面都进行了丰富完善和深度拓展，使祭孔大典既有儒雅古韵，又有时代气息，保持了历史传承和与时俱进的和谐统一。

关键词 孔庙 祭孔大典 历史 传承

孔庙，即孔子庙，又称作文庙，是我国历代封建王朝祭祀春秋时期思想家、教育家、儒家学派的创始人孔子的庙宇，位于孔子故里山东曲阜城内，又称"阙里至圣庙"，是第一座祭祀孔子的庙宇，是分布在中国、朝鲜、日本、越南、新加坡、美国等国家2000多座孔子庙的先河和范本。

祭孔大典是曲阜孔庙专门祭祀孔子的大型庙堂乐舞仪式活动，是集乐、歌、舞、礼为一体的综合性艺术表演形式，场面极为盛大而隆重，于每年阴历8月27日孔子诞辰时举行。现在的祭孔大典一般从9月26日持续到10月10日。自2004年曲阜公祭孔子以来，至2016年是第13次祭祀孔子。

一、祭孔大典的历史流变

祭孔，是华夏民族为了尊崇与怀念至圣先师孔子，主要在孔（文）庙举行的隆重祀典，而在中华民族尊天敬祖的祭祀活动中，祭孔是一项最神圣、最隆重的祀典。两千多年来从未间断，成为世界祭祀史、人类文化节史上的一个奇迹。

祭孔活动可追溯到公元前478年，孔子卒后第二年，鲁哀公将孔子故宅辟为寿堂祭祀孔子，孔子故居成为世界上第一座孔庙。汉高祖刘邦过鲁，以"太牢"祭祀孔子，开历代帝王祭孔之先河。汉武帝罢黜百家、独尊儒术后，各地纷纷建孔庙，至县县有孔庙的盛况，孔庙逐渐演变成封建朝廷祭祀孔子的礼制庙宇。元、明、清三个朝代皇帝为孔子举行国家祭奠的主要场所在北京孔庙。随着历代帝王的褒赠加封，祭典仪式日臻隆重恢宏，礼器、乐器、乐章、舞谱等也多由皇帝钦定颁行。历代帝王或亲临主祭，或遣官代祭，或便道拜谒，总计达 196 次。

祭孔大典在古代被称作"国之大典"。自唐玄宗于 739 年封孔子为"文宣王"后，祭祀孔子的活动开始升格。宋代后祭祀制度扶摇直上，明代已达到帝王规格。至清代，祭祀孔子更是隆重盛大，达到了顶峰。清朝仅乾隆皇帝一人就先后 8 次亲临曲阜拜谒孔子。

民国政府明令全国祭孔，其程序和礼仪做了较大变动，献爵改为献花圈，古典祭服改为长袍马褂，跪拜改为鞠躬礼。1986 年，沉寂了半个世纪的祭孔大典经曲阜市文化部门挖掘整理，在当年的"孔子故里游"开幕式上得以重现。

祭孔有国祭和家祭两种，也称"公祭"和"私祭"。祭孔日期根据各种不同的祭仪各有其时。孔子去世后只在每年的秋天由其族人家祭，至东汉元嘉二年（152 年）汉恒帝刘志下诏，令祀孔子依社稷春秋行礼，始春秋两祀制。其后发展到四时（每年的春夏秋冬）祭祀等名目繁多的祭祀。明代洪武元年（1368 年）又恢复春秋两祭，清代基本沿袭此制，以春秋两祭为主，秋季为重。自实行公历以来，祭孔大典在阳历 9 月 28 日举行，属于"秋祭"。

二、中国古代庙堂文化活化石——祭孔乐舞

祭孔大典是由乐、歌、舞、礼四部分构成的综合性大型庙堂祭祀乐舞。祭孔大典中的乐舞表演，继承了上古时代汉民族祭祀天地和庆祝丰收与战功的原始舞蹈形式，是集乐、歌、舞、礼为一体的庙堂祭祀乐舞，有"闻乐知德，观舞澄心，识礼明仁，礼正乐垂，中和位育"之谓，是唯一保留下来的汉民族舞蹈，自古以来具有巨大的文化和艺术价值。2005 年被列入中国首批非物质文化遗产名录。

祭孔之乐谓之雅乐，源于虞舜时代的《韶乐》，故史称祭孔之乐为萧韶遗响；祭孔之歌歌颂孔子之丰功伟绩，抒发缅怀追思之情，演唱"永长"；祭孔之舞承袭了夏禹时代的《大夏》之舞，凡队形变化及舞蹈动作，皆具有独特文化含义和象征意义。舞容典雅端庄，古朴大方，犹如汉雕，故史称有"汉雕之美"。祭孔乐舞规模宏大，分为"八佾舞"（$8 \times 8 = 64$ 人）和"六佾舞"（$6 \times 6 = 36$ 人）不同的形式。历代祭孔之舞用八佾还是六佾，均有帝王钦定。祭孔舞蹈虽无情节，但非一般的情绪舞蹈，它以"中、和、祗、庸、考、友"六德标准为舞蹈语言基础；在思想内容方面集中体现了"德"，在形式方面突出体现了"礼"，在艺术性上它承袭了"中和"之乐的美学观点，是中

国唯一完整保留下来的雅乐舞。

大典用音乐、舞蹈等集中表现了儒家思想文化，体现了艺术形式与政治内容的高度统一，形象地阐释了孔子学说中"礼"的含义，表达了"仁者爱人"、"以礼立人"的思想，具有较强的思想亲和力、精神凝聚力和艺术感染力，对于弘扬优秀传统文化、营造和乐氛围、构建和谐社会、凝聚民族精神具有不可替代的社会作用。

祭孔大典之礼是整个祭祀活动的核心。乐、歌、舞都是紧紧围绕"礼"而进行的。祭孔的最重要议程是三献礼，主祭人要先整衣冠、洗手后才能到孔子香案前上香鞠躬，鞠躬作揖时男的要左手在前右手在后，女的要右手在前左手在后。所谓三献，分初献、亚献和终献，以及由此而展开的六个议程，即迎神、初献、亚献、终献、撤馔和送神。礼仪总的要求是"必丰，必洁，必诚，必敬"。

初献帛爵，帛是黄色的丝绸，爵指仿古的酒杯，由正献官将帛爵供奉到香案后，主祭人宣读并供奉祭文，而后全体参祭人员对孔子像五鞠躬，齐诵《孔子赞》。亚献和终献都是献香献酒，分别由亚献官和终献官将香和酒供奉在香案上，程序和初献相当。

三、当代祭孔大典的传承发展

祭孔大典不同于一般的祭祀乐舞，也有别于单纯的音乐歌舞，它是集中而形象的阐述孔子学说中的"德"与"礼"含义的大型庙堂祭祀乐舞，是历代帝王推崇儒学，宣扬封建伦理道德的一种形式，即具有历史传承印迹，又具有鲜明的时代特征。因此，进入 21 世纪，随着人类的文明进步和时代发展的要求，曲阜在保留传统祭孔大典精华内核的基础上，从活动规模、表现形式、主题内涵等方面都进行了丰富完善和深度拓展，使祭孔大典既有儒雅古韵，又有时代气息，保持了历史传承和与时俱进的和谐统一。

这些重大变化主要表现在：

一、艺术表现形式和活动规模有新的突破，极大地增强了文化感染力和心理震撼力。

如今的曲阜祭孔大典共分为明故城开城仪式、孔庙开庙仪式、现代公祭和传统祭祀四个部分。在音乐、舞蹈和服饰等方面都有了新的发展。首先是音乐新，重编的祭孔音乐，引入了交响乐，合唱乐团的表现形式，大气磅礴，震撼人心。其次是舞蹈新，改编的祭孔舞蹈，大典参照《中国历代孔庙雅乐》等有关文献图谱，对祭孔乐舞进行了重新编排，在严格保留古代舞蹈语言精髓的基础上，更加完美地演绎出中国气质，使其更具感染力。再者是服饰新，演出使用的明代服装和道具经过重新设计制作，准确体现了明代祭孔的规模和盛况。更加古朴、庄严、凝重，展现了"千古礼乐归东鲁，万古衣冠拜素王"的盛况。

2005 年"全球孔庙联合祭孔"首次突破了传统祭孔仅在孔庙的局限，由前奏部分明故城开城仪式、现代政府公祭和传统家祭三大板块构成。一是前奏部分，即明故城开城仪式，将人们从现实生活中带到遥远的古代，进入庄严神圣的祭祀氛围。二是现代公祭部分，古老的孔庙内九进院落的大门依次打开，浩荡的祭孔队伍伴着凝重的乐曲，沿孔庙中轴线徐徐前行，来到肃穆的大成殿前；曲阜市市长诵读祭文，表达当代人对孔子和儒学的认知和理解，尊崇与感怀；六个篇章的祭孔乐舞在悠扬的乐曲中依次上演，把大典推向高潮。三是传统祭祀部分，全景再现明代祭孔的祭祀程序和乐舞，让人们从中感受古代文化的魅力，领悟古代祭祀的精髓。参加祭典的澳大利亚墨尔本大学教授安黛丽·霍尔说："儒家思想的精要之语对世人可以起到警醒作用，儒家的一些价值观念正在融入世界文化主流。"2006 年"同根一脉·两岸祭孔"则进一步提升和完善，除延续开城仪式、开庙仪式、朗诵祭文、乐舞告祭、敬献花篮、论语诵读之外，又将活动空间拓展到孔子诞生地尼山、孔庙神道、万仞宫墙、孔庙中轴线和大成殿等，活动内容环环相扣，渐次推进；调动诸多现代艺术手段，在孔庙神道南向延伸线上建设了一条充满古代气息的"朝圣大道"，更好地完成了人们时空观念在心理上的转换，以及在情绪上完成从现代情景到历史氛围的心理铺垫。同时第一次使用仿古马车，组成了浩浩荡荡的祭孔行进方队，给人以强烈的视觉和心理冲击。

2016 年山东专门组织专家学者进行了科学严谨的考据和论证，对现行祭孔大典的名称、时间、场地、主要程序、重要礼制、祭品祭器、乐舞祝文等进行了规范，既致力于参照古制程序、重现传统魅力，又努力提升庆典效果、凸显文化品位，形成了《曲阜孔庙公祭孔子大典标准》。比如在服饰方面，主祭人员将穿着统一的祭孔服装参祭，仪仗、诵读等人员的服饰也重新规范，礼生、乐生、舞生的服装因其职能不同在颜色、款式上又各有讲究，更加古朴、庄严、凝重，展现了"千古礼乐归东鲁，万古衣冠拜素王"的盛况。规范后的祭孔礼制主要环节包括：迎宾开城、开庙仪式、启户仪式、乐舞告祭、恭读祭文、行鞠躬礼等，今后的祭孔大典将严格按照该标准执行，该标准也被推荐给了各地的孔庙和孔子学堂等机构参照执行。

二、20 世纪 80 年代中期，曲阜作为孔子故里，恢复了在祭祀孔子的礼制庙堂孔庙进行祭孔的活动，至 2016 年已连续举办了 33 次，影响逐步扩大，规格逐步提升。尤其是从 2004 年起，经历了由民间祭祀转为官方公祭，由清代模式转为明代模式，由曲阜本地的活动转为国家部委和省政府参与、央视现场直播等诸多重大转变。此举表明了在中华民族伟大复兴和现代化进程中，传统文化的价值所在，意义深远。

三、为更好地体现当代人对孔子、对儒家思想的认识和解读，将古代祭祀的六个乐章即宣平之章、昭平之章、秩平之章、叙平之章、懿平之章、德平之章，改为天人合一、与时偕行、万世师表、为政以德、九州重光、天下大同，从标题到唱词内容都很好地实现了由古代祭祀单纯的歌颂与缅怀，到更加准确地把握和体现孔子思想真谛与精神本质的转变，对当今世界人类和平与发展以及各种文明和谐共存等时代命题具有深刻的启示意义。

四、为缅怀古代伟大的教育家、思想家孔子，将尘封在古籍中的古老风俗生动地展现在人们面前，丰富中外游客的文化体验和精神感受，2008 年曲阜首次恢复了传统的春季祭孔，这是自 20 世纪 80 年代中期曲阜恢复孔庙祭祀活动以来第一次春祭。这既是对传统文化的弘扬，又是对祭孔大典这一国家级非物质文化遗产的丰富与完善。盛大的春季祭孔仪式是以《曲阜县志》、《圣门礼志》、《阙里志》等典籍记载为史料依据，以清明节孔子后裔孔林扫墓祭祖程式为创意依托，通过场景布置，音响效果等现代技术手段，诵读祭祀等推陈出新的仪式程序，艺术地再现清明时节孔林祭祀孔子的盛大场景。对吸引公众目光，增加游客感受，拉动游客市场，扩大曲阜影响都有积极的作用。至此，春秋两祭大典之传统已全部恢复，这是对祭孔大典这一人类非物质文化遗产的重大保护。

新的历史时期的祭孔大典，不仅将成为中华民族优秀群体集体缅怀先圣、继承优良传统、弘扬中华美德、提高民族素质、加强民族凝聚、增强民族自信、振奋民族精神、激励后辈奋进、促进世界和谐、推动人类文明的有效途径和方式，同时也将在中国文化史、世界祭祀史、人类文明史上留下浓墨重彩。

在当今世界，保护和传承祭孔大典，可以让全球炎黄子孙团结在中华民族优秀传统文化旗帜之下，提升国家竞争力，维护民族利益和形象，为世界和平与人类文明发展与进步做出新的贡献。东方圣人——孔子及其倡导的儒家文化所代表的价值、精神、智慧，亦将因之弘扬光大，造福中国千秋万代，泽被世界人类。

悠悠两千年，祭孔香火不息。综观祭孔大典两千多年的历史演变，万变不离其宗，历朝历代无不循例而制礼作乐，借以形象地阐释孔子学说中"仁"与"礼"的含义，表达出强烈的人文关怀。唯其如此，祭孔大典这一古老的东方艺术瑰宝才得以千古流传和不断发扬光大。

作者简介：孔健，曲阜市文物管理委员会文博馆员；刘璀，女，曲阜市文物管理委员会文博馆员。

浅谈长春文庙在当代社会中的功能与保护

黄春艳

摘　要　"独尊儒术"之后，最有影响的学派非儒家莫属。儒家并非仅仅是传统意义上的学术或流派，而是作为一种标志中华文化的价值体系而存在。与其他的思想文化一样，儒家思想的萌芽和发展的历史，是中华民族自古以来在改造自然、解放生产力、建设家园的奋斗史，记载了奋斗过程中开展的精神活动、创造的文化成果，反映了中华民族生生不息、蓬勃向上的拼搏精神。从历史的角度来看，孔庙作为儒家思想的载体与象征，在各朝各代占据着无可替代的地位，到了清朝末年，尊孔敬孔的情况更为普遍。本文通过对长春文庙的历史沿革、建筑布局的研究，进一步发现长春文庙的功能和价值。从还原历史的角度出发，须严格依据文献档案资料、尊重历史，尊重科学，在维护的过程中严把质量关，将对文庙建筑群的修复与周边环境修复结合起来，在文庙保护和利用过程中，全面深入挖掘其历史文化内涵，从而进行全方位、深层次、多方面的研究。

关键词　长春文庙　当代功能　保护

从先秦时起，儒家虽是诸子之一，但却具有特别深远的影响。

"儒"，从关系上来说是谦称，儒家的称号是墨家对孔子这一学派的称呼，而不是孔家的自封。儒家发展到秦始皇时，在"焚书坑儒"的时候受到重创，又在汉武帝统治时期实行的"罢黜百家，独尊儒术"的思想束缚下兴起。与其他的思想文化一样，儒家思想的萌芽和发展的历史，是中华民族自古以来在改造自然、解放生产力、建设家园的奋斗史，记载了奋斗过程中开展的精神活动、创造的文化成果，反映了中华民族生生不息、蓬勃向上的拼搏精神。近些年，中国文化在国际上越来越火，人们对国学文化也越来越重视。国学之所以备受关注，是因为其蕴含了中华几千年的文化底蕴，通过"国学教育"，引导人们从根本上了解中华民族优秀的传统文化，汲取其精华，学习前辈的优秀品质，接受其人文熏陶，从而增强我们的民族自信心、自豪感，增强民族的凝聚力，激发本民族的爱国主义情怀，让每一个中国人都意识到我们有责任，更有义务去为中华民族的伟大复兴而奋斗，进一步提升国家的"软实力"。

孔庙，作为儒家思想的载体与象征，随着历史的车轮，在各朝各代占据着无可替代的地位，到了清朝末年，尊孔敬孔的情况更为普遍，全国孔庙共有 1560 多座①。孔庙又称文庙、夫子庙、文宣王庙，是人们祭祀孔子的地方。经过两千多年文化的变迁、发展和融合，孔庙再不是仅限于简单的祭祀的场地，而是拥有更多功能，是中华民族优秀文化的象征。它的存在，向世界宣告了儒学文化在中国传统文化中不可撼动的地位。

一、长春文庙概况

（一）历史沿革

清朝中后期，由于长春经济的快速发展与对文化教育资源需求的日益强烈，当地的士绅认为他们应该拥有属于当地居民的孔庙和儒学。他们联名起来呼吁在当地建设孔庙，传儒学。最后，同治皇帝批准了请求，长春文庙得以建设，儒学得以传播。

据《长春县志》记载，长春文庙始建于清同治十一年（1872 年），由士绅朱琛捐资兴建，位于当时老城内二道街。清光绪二十一年（1894 年）和 1924 年由长春知府杨同桂、长春县知事赵鹏第主持进行过两次大规模维修和扩建。新中国成立后，被学校占用，后因年久失修，损坏殆尽。2002 年长春市人民政府出资，对文庙进行恢复重建。

（二）建筑布局

由于儒学在国家中的重要地位，全国的孔庙基本上都是由皇帝亲自下令建造的，遵守着同样的建筑规格和规则。孔庙的本源是山东曲阜孔庙，其他地区的孔庙都是依循曲阜孔庙而建。作为祭祀孔子的殿堂，孔庙的建筑恢宏大气，气势雄伟。整个建筑沿传了中国古代对称性特征，均衡美观，以纵轴线为主，横轴线为辅。各地孔庙建筑一般可分为前导、主体、后部等三部分②。

长春文庙属于三进院式仿古建筑群，由殿堂和门庑围合而成。由南向北依次为照壁、泮池、泮桥、棂星门、东、西更衣厅、大成门、东庑、西庑、大成殿以及崇圣殿。文庙的布局严谨，错落有致。2011 年，又将其西侧 2.4 万平方米空地"收入囊中"，建

---

① 张晓旭：《中国孔庙研究专辑》，《南方文物》，2002 年 4 期。
② 孔祥雷：《孔庙及其社会价值》，《历史研究》，2006 年 4 期，15～17 页。

成孔子文化园。长春孔子文化园分为中、东、西三个区域，中部为文物保护区，东部为教育区，西部为文化区，占地面积约 5 万平方米。文化园的建设，将中国传统文化与现代功能相结合，宫廷楼阁通过均衡的空间布局与高超的建筑手法，将古建筑群巧妙的融为一体，每一座建筑，斗拱飞檐，雕梁画栋；中部崇圣殿、东、西庑开辟了展览室，为游客提供了学习传统文化的场所。

二、文庙的功能与价值

（一）政治教化功能

文庙之所以可以流传千年而不衰，一个最重要的原因就是它不可忽略的政治教化功能。在东北地区，人们都以聚居为主，通过文庙对人们进行思想教育，进而实现"德化天地""礼仪四邦"的长远政治目标，最终达到维护地区稳定和国家长治久安的目的。

（二）文化精神象征

文庙是按照传统儒家礼仪精神与教育意图构造的礼制性建筑。文庙，除了可以看到的木石建筑之外，更是一种精神文化的象征。摆放在大成殿的儒家圣像，并不仅是泥雕木偶。每个名字的背后，都有一长串的文化典故。当然，在展厅内，祭器、乐器、碑刻、课本、科举试卷、牌匾、楹联等物品、照片，在可见的表象下面，也都有着不同寻常的历史内涵。参观者一旦置身于这个古朴的文化环境中，蕴藏在这些静态文物景观背后的历史文化意象，就可以无声的方式向参观者们传达信息，使之受到感悟，得到启发。

（三）建筑艺术价值

文庙的建筑艺术价值主要体现在其作为一种文化遗产，在其建筑设计、景观布局、艺术风格等方面为我们所带来的积极的、丰沛的艺术情感教育[①]。文庙作为东方建筑风格的重要代表，充分显示了我国古代人民的高度智慧和创造才能，在中国古代建筑史上占有重要地位。孔庙的建筑遵从了我国传统建筑群中贯轴线，左右对称的原则，布局严谨。

---

① 彭蓉：《中国孔庙研究初探》，北京林业大学，2008 年。

三、文庙文化的保护

（一）还原历史。文庙的保护与修缮工作中应该遵循"整旧如故，以存其真"原则①，无论是修缮还是保护，我们要尊重历史，客观的还原其建筑形制、建筑结构、工艺技术，以其本来的面貌展现于世人。

为确保文庙的真实和完整性，我们要严格按照历史资料和文献档案，不能随意改变历史，哪怕是一块砖，一片瓦都不可忽视。尊重历史，尊重文庙本身，不轻易改变历史，还历史本来的模样。

（二）严控工程的质量。对于需要复建的工程，必须经过严格的规划和评估，逐级审批和复核，保证工程的质量和效率，严禁偷工减料。技术上的严谨与科学是保证工程质量的关键所在。

（三）整体性修复。对文庙的修复不应仅仅只是将庙宇单独的保护和修复，还要对文庙建筑群和周边环境整体修复。这就要求我们要对文庙的修缮具有完整性的特点，在修缮时应将周边的环境也纳入到同步改造的计划中去。

（四）加强对文庙历史文化的深入研究。在文庙保护和利用过程中，要全面深入挖掘其历史文化内涵，特别是对文庙内的碑记、石刻、匾额、楹联，以及文庙所藏铜器、杂器、乐器上的铭文等，都应该进行全方位、深层次、多方面的研究。

文庙作为弘扬中华传统文化的载体，承载着对历史文化遗产的尊重和敬仰。文庙的研究和传承也不是一朝一夕的事情。在文庙的研究和保护中，要时刻秉承还原历史、严控质量、整体修复和深入研究的原则，切实做好文庙的保护和传承工作，让文庙文化在世界的舞台上大放异彩。

作者简介：黄春艳，女，长春市文庙博物馆助理馆员。

---

① 阮仪三：《护城纪实》，中国建筑工业出版社，2003 年。

浅谈资中文庙的经济与公益价值

王 芳

摘 要 本文结合市场经济的特点，通过对资中文庙的具体分析，探讨资中文庙所能体现的经济价值与公益价值及其相互关系，提出资中文庙经济价值与公益价值的发展策略，旨在做好资中文庙的保护和利用。

关键词 资中文庙 经济 公益 价值

2013 年 11 月，习近平总书记在山东曲阜考察孔府和孔子研究院时强调：一个国家、一个民族的强盛，总是以文化兴盛为支撑的，中华民族伟大复兴需要以中华文化发展繁荣为条件。资中文庙作为我国文庙及孔庙中的重要建筑群之一，是四川省重要的文化建设基地。资中文庙的建设与发展，关系到内江市及四川省历史文化建设的发展进步。在以习近平总书记为核心的领导下高举中华民族复兴及中华民族文化复兴时，势必要做好资中文庙建设，实现其经济价值与公益价值的双赢，不断推动资中文庙的建设与发展，契合中华文化发展繁荣的伟大目标。

一、资中文庙的历史、发展及概况

资中文庙，坐落在资中城北外状元街，是成都至重庆迤逦千里的巴蜀道上保存最完整的一座古代建筑，为全国重点文物保护单位。在四川"四大文庙"中，资中文庙建造时间最古老，建筑工艺最精致，系巴山蜀水一处名闻遐迩的旅游胜地。

资中文庙于北宋雍熙年间（984～987 年）始建县城东街，清道光九年（1829 年）将文庙迁北外南宋状元邑人赵逵居游过的洗墨池（即今址）。

清光绪二十一年（1895 年）邑人骆成骧考中乙未科状元，圆了清代四川仕子的状元梦，荣归故里，州、县士绅出资四百银圆维修文庙。

据名宦祠《资州移建文庙碑记》碑文记载"工竣计大成殿五楹，东西庑五间，由大成殿左转是为崇圣祠，祠别一区，戟门五间兴大成殿，称此外为泮池、为灵星门、为宫墙，罔不如法而形势之尊重，规模之宏大，丹艧辉煌视旧庙则倍焉。"

资中文庙坐北朝南，长 168 米，东西宽 68 米，是一组平面呈长方形的古建筑群，可分为三路走。中轴线上由南向北有：万仞宫墙、月池、华表、照壁、灵星门、泮池、大成门、大成殿主体建筑，东面有："文武官员至此下马碑"、礼门、明成化四年"御制重修孔庙碑"、乡贤祠、钟楼、东庑、崇圣祠。西面有："文武官员至此下马碑"义路、清康熙三十三年御书"四书·大学篇"碑，名宦祠、鼓楼、西庑。东西建筑两边对称，排列均衡，布局合理，完全符合我国孔庙建筑的格局。

大成殿内藏有清康熙、雍正、乾隆、嘉庆、道光、咸丰、同治、光绪八位皇帝书写的匾额及民国时蒋介石、林森题写的匾额，有全国在大成殿内唯一的一尊孔子站像，以及镂空雕刻九龙二凤盘绕金底黑字、全国最大的明"至圣先师孔子神位"。明成化年间"御制重修孔子庙碑记"、清康熙皇帝御书"大学碑"尤为珍贵。最具资中地方特色的照壁壁间七孔镂空壁塑，图案精美，由云海波涛、蟹虾鱼龙、坊塔石树、鱼跃龙门等构成故事，寓意古代仕子如江河中之鱼，只有不断努力进取，经尊孔尊儒的教化，才能最终跳龙门由鱼成龙达到人生光辉顶点。作为四川地区的孔庙建筑群，资中文庙以其历史悠久、布局严谨、造艺精湛、特色显著、内涵丰富、古朴典雅、保存完整倍受中外人士称赞。先后收录于《中国名胜大词典》《中国旅游名胜大词典》《四川文物览胜》等。

二、资中文庙的经济价值与公益价值

资中文庙的经济价值是指资中文庙通过自身的条件及优势实现了经济转化，给资中文庙带来一定的财政收入，支持资中文庙的建设与发展。资中文庙的公益价值是指资中文庙作为博物馆应有的社会职能，即历史文化的保护职能、历史文化宣传职能、社会文化服务职能等公益性服务。资中文庙的经济价值与公益价值相互关系，相辅相成，是资中文庙未来发展的重要任务。

1. 经济价值是公益价值的核心体现

资中文庙是资中县重要的公益性社会组织机构，其重要的社会职能是做好资中文庙的建筑群的有效保护，对儒家文化进行发掘、开发、传播，提升文庙的社会地位及社会价值，扩大儒家文化的社会影响力。我国文庙保护的具体管理者以博物馆、文管所为主，其首要的责任是实现文庙的公益价值。然而，随着市场经济的快速发展，文庙在对建筑群进行保护儒家文化发掘开发的同时开始注重其带来的经济效益。经济价值也成为公益价值的核心体现。

2. 公益价值对经济价值引导与启发

资中文庙现在呈多元化发展，既承担着文庙建筑群及历史文化保护职能，还承担儒学的发掘、分析、研究、传播等职能。在市场经济快速发展的今天还承担着地方文化品牌建设、地方旅游经济发展、地方文化经济发展等经济职能。然而，资中文庙的公益价值是对经济价值起到引导和启发的。我国文庙及博物馆承担着重要现代公共文化服务体系建设的职责，具有成熟的公益服务模式及方法，给社会带来重要的文化影响力。这种成熟的服务模式及方法对经济价值的实现具有重要的参考借鉴意义。

3. 经济价值是公益价值的实现基础

资中文庙的建筑群的修护保护需要大量的资金支持，经济是推动文庙基础建设的重要保证，是推动文庙儒文化挖掘及传播发展的驱动力。这些都是文庙的公益价值的体现。经济价值是公益价值实现的基础。目前文庙建设与发展相对资金紧张，一定程度上影响文庙的进步与发展。文庙需要通过自身的努力实现经济效益转化，满足文庙快速发展的经济需求，提升文庙的社会文化服务质量，进一步打造文庙文化品牌，促进文庙的经济效益转化。

三、资中文庙的经济价值与公益价值提升策略

1. 提升资中文庙工作人员的素养

文庙的发展核心是人才。人才决定建筑群的修复程度、建筑群的保护质量、儒文化的发掘深度、儒文化的传播力度、儒文化的有效利用程度。所以说人才是资中文庙发展的核心，也就是说是资中文庙的经济价值与公益价值实现的核心力量。

一是引进优秀的专业技术人才。人才引进是近年来国家各单位的重要人才战略计划。资中文庙要积极响应政策，从全国范围内引进优秀的专业技术人才，也可以通过交流学习的形式引进优秀的专业技术人才。专业技术人才引进的作用是能够为资中文庙带来更加宽阔的文庙建设视野及创新思路，也能够激发文庙建设的人才队伍的活力及工作积极性。

二是内部建立培训晋升机制。培训是员工最大的福利。好的培训机制及体系能够改变工作人员的工作思维，让工作人员学习到更加渊博的知识，不断开阔视野及思维。晋升是员工最大的动力。建立良好的晋升机制可以积极地鼓励工作人员参与文庙建设工作，最大限度地发挥其才能。

三是加强与其他文博单位交流学习。交流学习是最有效的进步方式。文庙工作人员可以在交流学习中学习到其他同行的优秀经验及创新思路，并能够通过交流学习解决自己工作中遇到的困难与阻碍，能够通过成功的实践促进资中文庙的建设与发展。

2. 加强资中文庙社会影响的宣传

资中文庙要想更好的实现公益价值，就必须不断提高资中文庙在四川省乃至全国文庙的地位及影响力。这种影响力会给资中文庙带来良好的经济效益转化。社会影响

的大力宣传是促进资中文庙良性发展的有效途径。

一是通过文庙文化品牌建设。文化品牌是无形的财富与资产。在内江市"青石文化""大千文化""苌弘文化"等诸多文化品牌建设的东风下，资中文庙要积极利用自身的文化优势，打造资中文庙文化、儒文化等诸多文化品牌。这样能够积极促进资中文庙社会影响的宣传。2006年资中县文庙申报全国重点文物保护单位以来，资中县政府投资近4000万元，修护保护了资中县著名的历史文化街区状元街。在全国也是独一无二的文化品牌。资中县文庙可以根据文庙的特色与优势打造独具一格的文化品牌，塑造具有影响力的文化魅力。

二是通过新媒体文化建设。随着互联网信息技术的发展，资中文庙需要充分利用互联网信息技术，加速资中文庙的社会影响宣传。例如建立资中文庙门户网站，建设快捷的网站导航。也可以通过微博、微信公众号等诸多自媒体进行资中文庙社会影响宣传。

三是通过旅游文化建设。文庙作为博物馆形式的一种，是重要的旅游资源。内江市作为四川省重要的旅游城市之一，资中文庙可以积极地通过旅游文化建设，扩大资中文庙的社会影响力，吸引儒文化爱好者及广大社会旅游人士，引导他们自发地进行文庙宣传。

3. 做好资中文庙历史文物的保护

文庙只有具有完整的建筑群、完善的文物设施，才能够实现其经济价值及公益价值。因此，资中文庙需要积极地做好历史文物的保护。资中文庙建筑群本身是具有重要历史价值的文物，资中文庙历史文物的保护要从建筑群的修复保护开始做起。

一是积极修护保护好文庙建筑群。从1998年开始，资中县文庙开始了大规模的修护保护工作。1998年到1999年，资中县文庙维护保护经费投入近100万元。2006年申报为全国重点文物保护代为以来，县政府加大了资中文庙的维修保护工作，2008年资中县县政府投资近4000万元，对文庙进行了三个方面的维修工程：一是常年性保养维护工程；二是抢救性加固工程；三是重点进行修复工程，使资中文庙得到更好的保护。2013年，资中文物部门积极完成国保资中文庙维修立项工作，争取到国家文物局资中文庙维修资金1744.85万元，此笔维修资金分两期拨付对资中文庙进行全面维修，目前第一期投资490万元完成了大成门、东庑、西庑及相关边廊工程的修复。第二期投资1250万元完成文庙全部建筑的修缮工程，目前已完成总维修工程的80%，预计于2017年年底全部竣工。资中文庙建筑群得到有效的保护才能够积极地发挥其公益价值及经济价值。

二是积极进行儒文化发掘保护。资中文庙的核心是儒文化发掘保护利用。资中文庙要通过儒文化的发掘保护利用提升资中文庙的历史地位与价值，实现资中文庙的积极传播与发展。资中文庙还需要通过儒文化的发掘保护利用扩大儒文化研究的维度，不断地扩大我国儒文化的影响力，从事实现传统文化的教育警示功能。

4. 增加资中文庙建设发展的资金

资金是文化建设不可或缺的基础资源，是推动文化建设与发展的不竭动力。因此，资中文庙要想更好地实现经济价值与公益价值必须要增加资中文庙的建设发展资金。目前，我国文庙建设资金的主要来源于国家文物局的财政拨款，一定程度上具有局限性，不利于文庙建设发展的推进。

一是增加国家文物局对文庙建设的财政拨款。政府的财政拨款在文庙建设的短期内必定是主要的资金来源，并且也是主要来源。因此，资中文庙建设要利用其在四川省的重要影响，实现省市县等政府财政充足的资金支持，以利于资中文庙的建设，从而提升资中文庙的公益价值及经济价值。

二是通过社会公益资金的支持。目前，我国儒文化研究者及爱好者较多，特别是一些成功的文化企业，资中文庙可以通过公益性的资金融入，建立完善的公益资金管理制度，充分利用公益资金实现资中文庙的建设与发展。

三是实现自我价值的经济转化。资中文庙作为四川省乃至全国重要的文庙，具有丰富的价值。例如旅游价值，资中文庙可以通过旅游价值实现经济转化，实现创收；可以通过利用文庙收藏的优秀书法文献实现经济转化，增加文庙的财政收入；还可以通过儒文化研究出版实现经济转化。增加资金的重要途径是自我价值的经济转化。

资中文庙作为我国重要的文庙之一，其建筑群及儒文化等历史文化具有重要的研究价值。在市场经济快速发展的今天，资中文庙需要通过自身的努力实现资中文庙的经济价值及公益价值的双赢，才是真正地实现了资中文庙的重要历史价值。

作者简介：王芳，女，四川省资中县文物管理局文博馆员。

参考文献：

［1］张剑玺：《武威文庙及其旅游经济价值研究》，《中国商论》，2016 年 18 期，第 106～107 页。

［2］柳雯：《文庙在当代社会的利用对策研究》，《人民论坛》，2011 年 23 期，第 206－207 页。

［3］黄治荣：《旬阳文庙的历史价值》，《中国科技投资》，2016 年 19 期。

［4］柳雯：《中国文庙文化遗产价值及利用研究》，山东大学，2008 年。

［5］闫波，杨宝容：《哈尔滨数字文庙的审美特征与文化价值》，《哈尔滨工业大学学报（社会科学版）》，2009 年 11 期，第 93～98 页。

［6］柳雯：《中国文庙文化遗产价值构成初探》，《飞天》，2009 年 24 期。

［7］金起和，朴姿垠，姜雪今：《作为文化产品的文庙释奠祭礼及其价值》，《文化遗产》，2014

年 6 期，118～125 页。

［8］金萍，孙太雨：《历史与载体：东北文庙教育遗产现代价值研究》，《淮阴师范学院学报（自然科学版）》，2011 年 10 期，522～524 页。

［9］李绍先，袁能先：《德阳文庙文化价值论略》，《四川工程职业技术学院学报》，2015 年 2 期，75－79 页。

［10］孙太雨，付艳：《文化遗产视角下东北文庙教育功能与价值探究》，《辽宁教育行政学院学报》，2012 年 29 期，19～22 页。

［11］张磊：《论数字技术语境下的文庙建筑艺术再创作》，《哈尔滨工业大学》，2008 年。

［12］吉丽娜：《山西文庙旅游资源开发利用研究》，山西大学，2011 年。

［13］金丽昕：《浅析孔庙的保护与利用》，吉林省博物馆协会学术研讨会，2011 年。

浅析孔子博物馆的展陈设计特色

李　涛　徐文朋

摘　要　博物馆的展陈设计是以可移动文物为主，在一定空间内，运用灯光、声音及辅助展览品，沿时间线路、主题线索，达到一定艺术欣赏水平和宣传教育作用的总体。它是博物馆一项十分重要的工作，是博物馆事业发展和实现传播文化及社会教育功能至关重要的一环，在博物馆的陈列展览中，灵魂是主题，只有鲜明的指导思想才能产生有感染力、有核心竞争力的展陈作品①。2017 年 7 月 12 日，孔子博物馆展陈设计方案原则通过，标志着孔子博物馆即将进入具体施工落地展现设计成果的阶段，本文旨在对孔子博物馆展陈大纲、方案进行简要的分析介绍，突出其自身的展陈设计特色。

关键词　孔子　博物馆　展陈设计　特色

博物馆的宗旨是为社会和社会发展服务，展览陈列是博物馆面向公众传播的一种方式和手段，展陈设计的作用在于最大限度地让参展者更好地了解历史、感受历史②。所以每一个博物馆都应深刻发掘文物内涵，在展陈设计中展示文物的内涵和外延。孔子博物馆展陈以孔子文化为核心，以文物为基本载体，以高科技为手段，以服务大众特别是青少年学生为主要目标，突出互动体验与感悟，努力打造具有自身特色、有价值的博物馆。

一、博物馆展陈设计含义

《中国大百科全书》对"陈列设计"的定义是"依据陈列主题要求、对陈列内容进行构思、确定陈列风格、总体要求，并运用各种艺术、科技手段有机地组合陈列品

---

① 李冰凌：《浅谈博物馆展陈设计的认识》，《才智》，2017 年 5 期。
② 张彩铃：《试论博物馆展陈设计创新的研究》，《旅游管理研究》，2015 年 8 期，下半月刊，44 页。

的工作"。由此可知，博物馆展陈设计是在博物馆展览空间内，通过艺术化、科技化的设计对馆藏文物、标本等进行合理组合，最大限度地为观众传达知识和信息。展陈内容顾名思义就是指收藏的文物，展陈的形式是指运用艺术手段达到的效果，展陈空间就是展陈室。博物馆展陈设计包括了三大要素，第一是展陈的主题内容，第二是展陈的形式，第三是展陈的空间，三个要素有机结合组成一个完整的博物馆展陈设计体系。

博物馆展陈设计不同于纯艺术的创作，而是一种服务于文化教育、信息传播和审美欣赏的实践活动，有着自身的创作思维和表现手段。因此，它须符合相关的陈列主题，并根据该主题确定陈列风格，最终利用综合、多维的表现手段将展品进行有序的展示。

二、孔子博物馆展陈内容定位

长时间以来，由于受传统博物馆陈列观念的影响，重"物"轻"人"的倾向一直相当普遍地存在着，博物馆只是单向发送信息，观众却无法反馈和沟通，这一观念在现代展陈设计中有所转变，观众是博物馆生存和发展的社会基础。正视和尊重人的情感和审美需求，体现"以人为本"的设计观念，使观众从陈列展览中受到教育和启迪，并得到一种美的享受①。成功的展陈设计应是对展陈主题内容的一种全方位、多层面的全新诠释，孔子博物馆从地域人文环境和历史文化沉淀中提取和挖掘设计元素，让观众解读博物馆蕴藏的深厚历史文化底蕴，领会展陈内容主题的精神实质。

展陈设计质量是衡量一个博物馆价值的直观天平。孔子博物馆展陈方案经过八年的锤炼，历经了各个不同层面和专业角度的评审，听取了多位国内知名儒学大家、博物馆专家的指导意见，展陈设计团队多次派出专家对曲阜当地文物进行了实地调研，不断地修改完善，使展陈达到较高水准。在孔子博物馆展陈方案最终评审会上，与会专家给予了这样的评价：该展陈立意高、材料丰富、逻辑关系完整、框架结构合理、视觉大气、特色突出，展陈内容与该馆建筑空间衔接度高，体现出了博物馆思想性、政治性、学术性、艺术性等方面的基本要求，具有可操作性，确保孔子博物馆有了一个明确的定位。

孔子博物馆展陈主旨明确，充分利用了现有的文物资源，紧紧围绕孔子作为一个伟大的思想家、教育家、儒家学派创始人的事迹和主要贡献，对世界的深刻影响这一主线；以"当代中国人领悟孔子智慧与贡献的新杏坛、探寻和承续中国传统文化优秀基因的祖庭、全方位展现圣地曲阜历史文化遗产的明堂"为定位，充分发掘和利用国内外的孔子文化遗产资源和当地文物藏品资源，发挥孔子博物馆在弘扬中国优秀历史

---

① 王雄：《博物馆展陈空间艺术设计浅析》，《鲁迅美术学院》2006 年 5 期，203 ~ 205 页。

文化，宣传曲阜当地的文化遗产保护成果的作用，通过保护文物、利用文物来达到国民教育的目的。

孔子博物馆的展陈设计就是民众接触的核心，首先注重吸引观众的注意力，吸引力是实现有效的知识传达的首要条件；其次保证文化传递的持续性，建立和完善了孔子博物馆观众参与的长效机制。两者之间的平衡保证了与公众最有效的交流①。

三、孔子博物馆展陈形式特色

博物馆的展陈设计并不是文物、展品的罗列，也不是单纯的以文物实体进行研究、观看的集合，而是以文物、展品为基础衍生出的精神文化进行带入和分析，是一个经过反复推敲、不断以创新手段来进行组织和展示的经典作品。虽然文物有等级之分，但是展陈设计的优劣之分不以文物等级和数量多少而区分，它是依托于主题设定和展陈形式表现的，孔子博物馆在适当控制文物展品数量的基础上，保持了展览故事线的完整性，融入大量儒家"仁"、"礼"等思想因素，使观众看到一个完整的时代兴衰变迁、圣贤孔子一生的境遇及对中华文化和世界文明的影响，确保了观众的思维逻辑清晰合理。

孔子博物馆按照新型博物馆的设计新理念要求，坚持策划第一、观众需求第一、博物馆发展第一的原则，以政府主导、专家领衔、大众参与、科学设计为根本，突出儒家文化特色。倡导世界博物馆发展的新趋势"绿色陈列"与可持续发展的新理念，实木浮雕、浮雕石刻、实物卷轴画等使陈列设计具有较高的学术艺术定位，以人为本，满足广大观众的审美心理，寓教于美，寓教于乐，达到雅俗共赏的效果。

此外，场景也是体现博物馆展览陈列主题的有效手段，通过形象的景观、背景和环境展示对文物展品起到烘托和突出的作用，用直观的空间语言和立体语言深化展览主题思想。场景设计是一种通俗易懂的展陈形式，结合了实体和实景，是多种艺术品类的和谐统一，能够准确地交代文物的特点环境，烘托出主题气氛，具有直观性、艺术性和科学性，是多学科综合的设计成果②，有助于观众更好地了解展品的丰富内涵，理解展览的精神所在。

孔子博物馆通过展陈设计的多样性来满足不同层次的参观人群对展陈品质的各种需要，尽可能地让观众参与到博物馆所有的活动中去，使博物馆成为观众情感与情绪的寄托之地。在孔子博物馆圣迹图互动体验厅，设有大型步入式互动场景，观众可以通过体感手势与墙面投影互动，行走路线的变化实现与地面的互动；在孔学堂互动体

---

① 张易婷：《博物馆展陈设计与观众注意力研究》，山东大学，2014 年。
② 张丹、江屏：《谈博物馆的展陈空间设计》，《建筑与结构设计》，2016 年 3 期，20 页。

验厅，模拟孔子讲学堂建筑场景，讲学抽象场景人物塑像群，互动式蒲团座椅投影讲学故事动画，观众站立在蒲团上时背景墙上会显示孔子著名的某弟子与孔子的对话和相关故事动画短片；在永远的孔子互动厅场地中央悬挂互动屏幕，若干屏幕组成倒挂的树的形状，寓意生命智慧之树，观众可以通过肢体动作与屏幕内容互动。通过典型场景的再现，观众可以迅速地融入展览空间，解读展览主题和展品内涵，获得直观的教育体验或娱乐体验，达到宣传教育的职能。

四、孔子博物馆展陈空间特色

博物馆展陈空间为人们的感知活动提供了场所，成为展陈内容与观众对话的一种媒介语言，典型的场所空间将所需传递的信息展现于公众面前，成为连接公众与展陈内容的媒介，是内容的承载体。通过展陈设计来展现博物馆特有的文化内质和精神场所，并不断拓展和充实展陈内涵，营造一个与博物馆内容主题、文化特征、环境特质相吻合的"空间场所"。

孔子博物馆由两院院士吴良镛先生规划设计，总建筑面积5.5万平方米，其中主馆4.2万平方米，东部平台1.3万平方米。主馆包括展陈面积1.1万平方米、文物库房面积7000平方米、文物修复中心面积1000平方米，各类馆藏文物70多万件，闻名于世的藏品包括明代以来直至1948年的30多万件孔府私家文书档案、宋代以来4万多册善本古书、8000多件明清衣冠服饰以及大量的与祭祀孔子有关的礼乐器等。在空间上共分为上下两个展陈线，以"孔子的时代、孔子的一生、孔子的智慧、孔子与中华文明、孔子与世界文明、永远的孔子"六大部分构成，作为展示孔子文化的上行空间展线，以孔府家传文物及孔府历史为下行空间展线，另外设一个特色展厅展陈曲阜著名的汉魏碑刻及汉画像石。

以现代的艺术手法表现传统文化，是孔博展陈的统一设计理念之一。在"孔子的智慧"部分的展厅流线简洁明快，有丰富的视觉变化。根据建筑结构布局设置了几个主要的分割造型，交通廊的穿插关系避免交通廊的视觉单调和简单，视线上的通透又能引导观众的参观，书架装置作为主要的参观指引，完成展厅各个单元内容的参观。白色的发光体，本身能透光的同时，在其内布置各单元的故事场景，全部采用透光的白色材料辅以灯光进行表现，放大整馆"光"的概念。

汉魏碑刻及汉画像石展厅主要展示西汉至三国时期的曲阜石刻精品，其中西汉石刻7块，东汉碑刻17块，三国魏碑1块，汉代石人石兽2件。主要反映鲁国历史、孔庙祭祀和汉代书法，是本展厅中最为重要的环节，彰显出国家级历史文化名城丰富的物质遗产。将这些自东汉以来曲阜本地修缮孔庙、祭祀孔子留下来的历代石刻的碑文连缀在一起，便书写出一部厚重的曲阜祭孔文化编年史书，体现出祭孔文化的源远流长，以及世人对孔子的敬仰之情。

孔子博物馆展陈设计根据陈列体系与内容构架，从整体到局部、空间均衡、重点突出、富于变化，观众参观路线顺畅，安全通道清晰，不刻意强调和突出展示的视觉效果、装修豪华程度以及表现手段，通过大空间、大体量、大尺度的整体环境效果，体现孔子博物馆的历史文化品位，让人们走进孔子、感悟孔子思想，体味儒家文化的哲理性、思想性，使心灵和情感得以升华。

五、孔子博物馆展陈新技术运用

在现代信息技术飞速发展的今天，博物馆在展览陈列过程中要充分应用多媒体技术，让展陈内容更加丰富，并切实提升博物馆的服务质量和水平。所以在博物馆今后的展陈设计中，多媒体技术已是必然选择。多媒体作为一种新兴的艺术表现形式，被广泛用于博物馆的展陈设计中，它集文字、语言、音乐和图像等于一体，融合了计算机、电视机、录音机、录像机和游戏机等技术，形成多媒体和观众之间交流互动的介质，改变了传统博物馆展示信息传达的单向性，使博物馆和观者之间建立了更加直接高效的互动关系[1]。

孔子博物馆实现了由传统博物馆的展示模式向新型博物馆的互动教育模式转化，运用了三维立体幻影成像技术、多媒体无线技术、触摸屏技术、屏幕影像技术等多媒体技术，做到让文物来说话，让文物成为一个引子，来诉说一段传奇故事。

在孔子博物馆展陈设计中，对鲁国故城的地面采用三维立体城市布局微缩模型，叠加投影描述城邦的历史变化，展台通过屏幕互动，观者可以选择不同的历史时期，以投影动画方式描述城邦的结构分析和历史变迁；制作孔府缩微模型，让观众能够了解孔府的建筑构成。以三维立体的动画表现自宋代开始，孔府在建筑景观上的变更，通过互动触屏选择不同时间的孔府建筑布局，动态沙盘相应放大布局变化。在"孔子的一生"部分"君子好礼"单元中，通过体感互动，让参观者模仿祭祀行礼；"诲人不倦"单元中，参观者可以弹拨激光虚拟琴弦，周边设置环绕音响系统反馈乐音；"周游列国"单元中，地面为孔子周游列国地图，墙面为影片投影，墙上的影片内容随着参观者在地图上的移动而变化，即到相应的位置播放相关联的影片。在"孔子的智慧"部分"圣者仁心"单元中，通过投影配合墙面浮雕，以动画短片形式介绍"仁"字的核心理念、字形与器物之间的关系以及字形的演变等；"德政礼治"单元中，以动画短片形式介绍"礼"字字形的来源和演变。通过对多媒体技术的有效应用，在生动、有趣、具体的故事情节里面融入展品的信息，让人们掌握到丰富的知识，同时在声光、

---

[1]　应娜：《论多媒体技术在博物馆展陈设计中的应用》，《图书情报与档案管理》，2016 年 5 期，173 页。

色彩和音效之下，观众不仅可以进行视觉欣赏与听讲解员讲解，还可以参与互动，使整个展示也更具戏剧、韵律、节奏的效果。

博物馆最本质的功能是宣传教育，教育的最佳手段是互动参与。孔子博物馆通过多媒体技术的有效应用，极大增强了人们的体验，收获乐趣，并在真实与虚拟中得到了大量信息，在情感上引起了人们的共鸣，创设出良好和谐的参观环境，可以真实地展示出某些复杂的过程，借助高清晰和高亮度的效果，对人们造成强烈的视觉冲击，极大提升人们对展品的兴趣，实现孔子博物馆的宣教功能。

博物馆展陈设计的一个根本使命就是把博物馆蕴涵的潜在精神揭示出来，给予彰显，使博物馆展品与环境共同构成一个具有显著特性的统一整体。它的质量直接展现了一个博物馆藏品水平、研究水平团队素质和职业良心，一个博物馆的学术素养和艺术气质，进而彰显国家、地区和民族的精神风貌，只有不断地学习研究，取长补短，充分运用创新思维和团结配合，才能打造让人流连忘返的陈列展览。随着孔子博物馆展陈方案的最终审校通过，孔子博物馆进入一个新的阶段即具体施工落地展现设计成果的阶段，实现孔子博物馆建成对外开放的目标，向社会呈现高水准、富有特色的孔子文化盛典。

作者简介：李涛，曲阜市文物管理委员会；徐文朋，曲阜市文物管理委员会。

参考文献：

［1］《中国大百科全书·文物 博物馆》，中国大百科全书出版社，1993 年。

［2］王宏钧：《中国博物馆学基础》，上海古籍出版社，2001 年 8 期，第 34～35 页。

［3］李立群：《现代博物馆陈列展览设计》，《群文天地》2013 年 7 期，第 49～50 页。

［4］滕学荣：《博物馆艺术风格的创新》，《文化产业》2008 年 2 期，第 11～12 页。

［5］张雪：《现代博物馆革新发展》，《文化产业》2014 年 7 期，第 49～50 页。

［6］杨晓、王坤茜：《谈博物馆展陈设计创新的几个问题》，《中国市场》2012 年 682 期，第 36～37 页。

［7］杨岭：《当代博物馆展陈的智能交互体验设计研究》，《包装世界》2015 年，第 70～71 页。

［8］王国彬：《展陈设计中交互式博物馆的理念剖析》，《包装工程》2015 年，第 26～29 页。

［9］宋向光：《当代我国博物馆展陈发展现状及趋势》，《中国博物馆》2015 年，第 82～87 页。

曲阜孔庙石碑的初探

宋　健

摘　要　曲阜孔庙石碑是历代祭祀孔子的见证，也是研究儒家文化的重要载体，但是由于历史悠久，石碑受到了破坏，因此保护石碑成为一项非常重要的任务。本文就对石碑破坏的成因进行了初步探究，并且提出相应的保护方法。

关键词　孔庙石碑　破坏　保护　文化遗产

孔庙是祭祀至圣先师孔子的场所，曲阜是孔子的故里，因此曲阜孔庙的地位就格外重要。历代在祭祀孔子之后都会立碑记录，所以曲阜孔庙就形成了规模庞大的碑林。曲阜孔庙碑林是中国四大碑林之一，不但历史跨度大，从唐宋一直到清末民国历朝历代都有刻石，而且石碑形制等级齐全，上至皇帝所立御碑，中有名人大家名碑，下至普通书生的瞻仰。

孔庙石碑不仅仅在中国书法艺术上有深远的影响，还对研究儒家思想的发现轨迹有着重大意义。因此，保护孔庙石碑就是一个非常重要的事情，本文就初步对孔庙石碑进行研究。

一、曲阜孔庙石碑的简历

曲阜孔庙是祭祀至圣先师孔子的庙宇，她不但是孔氏祭祀的家庙，同时也是国家祭祀孔子的官庙，因此受到了历代统治者的重视。孔庙中现存的石碑最早的为汉代所立，至今已经有两千多年的历史，历代的皇帝官员，文人雅士所立的石碑数以千计。由于孔庙石碑数量巨大。本文不能一一详述，仅举其中具有代表性的石碑加以说明。

1. 御碑：成化碑

孔庙大成门前有 13 座重檐黄瓦的古亭，高大的亭子分两行排列，南八北五。因为这些石碑都是由历代皇帝所立，以赑屃作扶，习称"十三碑御碑亭"，简称"十三碑亭"。其中，南排中间两座分别建于元代至元五年（1268 年）和元大德六年（1302年）。元代碑亭两侧的两座建于金明昌六年（1195 年），是孔庙现存最早的古建筑之一。其他 9 座均系清代建筑。

在奎文阁稍前的东西两侧有两座御制碑亭和两通露天巨碑，东为成化碑、洪武碑，西为弘治碑、永乐碑。在这四通石碑中，成化碑是最为著名的一通。碑身通高 785 厘米，宽 227 厘米，厚为 50 厘米。立于成化四年（1468 年），是孔庙中体积最大的石碑。碑文将孔子思想评价到绝对高的地位，认为有孔子之道则有天下，无孔子之道则无天下。文中："朕惟孔子之道，天下一日不可无焉"，"孔子之道在天下，如布帛粟菽，民生日用不可暂缺。"极力强调孔子思想是治国安邦不可缺少的重要支柱。通碑书体端庄结构严谨，成为正楷书法临摹的典范。该碑曾在"文革"时期遭到破坏，1982 年得以修复。

2. 名碑：奎文阁赋碑

奎文阁是孔庙中重要的建筑之一，明清时期是北方著名的藏书阁，也是中国古代十大名阁之一。奎文阁始建于宋天禧二年（1018 年），原名藏书楼，金明昌二年（1191 年）重修时改名为奎文阁。明弘治十二年（1499 年），孔庙遭遇雷火，奎文阁被大火焚烧，于次年开始重修扩建，至弘治十六年（1503 年）完工。奎文阁廊下东侧有一通汉白玉石碑，为《奎文阁赋》，由明代著名诗人李东阳撰文，著名书法家乔宗书写。这通石碑就是记录当时奎文阁被雷火焚烧之后，皇帝深为震惊，于是下旨重修奎文阁的事情。奎文阁赋碑碑文如字字珠玑，展现出李东阳的渊博的知识，书写更如行云流水，使得奎文阁赋碑成为历代书法爱好者临摹的佳作。该碑同样曾在"文革"时期遭到破坏，20 世纪 80 年代，由文物部门修复，现石碑外加装玻璃钢箱体加以保护。

3. 碑林

在十三碑亭东西两侧就是碑林，尤其以西侧居多，这些石碑多是历代书生文人前来瞻仰孔子时留下的。因为受到封建时代等级观念和个人财力的局限，他们所立的石碑大多体积较小，石碑石质较差，碑文也雕刻的文字较浅较轻。这些石碑在"文革"时期同样遭到破坏，80 年代也在文物部门的努力下进行了修复。

二、孔庙石碑遭到破坏的因素

因为中国古代对儒家思想格外重视，并且官方设立专门的人员负责孔庙的保护，所以孔庙在古代得以完好保存到现在。但是由于"文革"时期的运动，使得孔庙遭到了巨大的破坏，石碑被拦腰砸断。后来在文物部门的不懈努力下，才将石碑进行了修复，基本恢复原来的状态。本文对石碑除了被砸破坏以外的保护现状加以初步探究。

1. 石碑破坏的自然因素

岩石在太阳辐射、大气、水和生物作用下出现破碎、疏松及矿物成分次生变化的现象，导致上述现象的作用称风化作用。暴露在地壳表面的大部分岩石都处在与其形成时不同的物理化学条件下，而且地表富含氧气、二氧化碳和水，因而岩石极易发生变化和破坏。表现为整块的岩石变为碎块，或其成分发生变化，最终使坚硬的岩石变成松散的碎屑和土壤。岩石在地表条件下发生的机械碎裂和化学分解过程称为风化。风化作用按其性质可分为：物理风化作用、化学风化作用和生物风化作用。

a. 物理风化作用

地表岩石在原地发生机械破碎而不改变其化学成分也不形成新矿物的作用称物理风化作用。如矿物岩石的热胀冷缩、冰劈作用、层裂和盐分结晶等作用均可使岩石由大块变成小块以至完全碎裂。

曲阜属于温带季风性气候，气候特点为夏季高温多雨，冬季寒冷干燥。正是由于曲阜的气候特点，夏季石碑受到太阳的曝晒，除十三碑亭的石碑有碑亭遮挡免受日晒之外，其他石碑碑体温度可高达60多度，如果当天遇到雷雨大风等强对流天气时，石碑被温度低的雨水，甚至是冰雹袭击后，石碑碑体表面温度急剧下降，而石碑里面温度无法迅速降低，受物体热胀冷缩原理作用，石碑表层石质可能发生裂纹甚至脱落；冬季如果石碑上有裂痕并且有水时，当温度降到冰点以下时，水就会结冰。因为同等质量的水和冰，冰的体积更大，在裂痕内的冰将膨胀变大，把原来的裂痕扩大，这就是冰劈作用。

b. 化学风化作用

化学风化作用是指地表岩石受到水、硫化物和氮氧化物等化合物的作用而发生化学成分和矿物成分变化，并产生新矿物的作用。主要通过溶解作用、水化作用、水解作用、碳酸化作用和氧化作用等方式进行。

（1）硫化合物

硫化合物主要指二氧化硫和硫化氢，是空气中分布广、危害性大的一种酸性气体，是大气污染物的主要成分之一。二氧化硫很容易和空气中的水蒸气化合成为亚硫酸，或者在金属盐类的催化下被氧气氧化为硫酸。石碑材质不管是花岗岩还是石灰岩其化学成分主要是碳酸钙，当空气中的亚硫酸或者是硫酸和碳酸钙接触时，就会发生化学反应，腐蚀石碑表层。

（2）氮氧化物

氮氧化物主要是指一氧化氮和二氧化氮。它们和水作用形成硝酸，由于硝酸和硫酸同样是强腐蚀酸，因此同样会对石碑有腐蚀作用。孔庙附近是曲阜的城市中心，每天来往的车辆较多，排出的汽车尾气中含有大量的一氧化氮和二氧化氮，这些氮氧化物经过和水蒸气的化学反应而形成硝酸腐蚀石碑。

（3）灰尘

灰尘是指空气中悬浮的固体颗粒物。曲阜周边城市煤炭开采业兴旺，受到季风风向和风力的共同作用，使空气中碳的含量增加。灰尘一来会影响到石碑的美观，二来经过一系列的物理化学作用而形成盐类颗粒物，这些含有不同化学成分的颗粒物一旦沉降到石碑碑体上就很难清理。

c. 生物风化作用

生物作用可以加速或促进化学风化作用的进行。菌类、藻类及其他微生物对岩石的破坏作用十分巨大，它们不仅直接对母岩进行机械破坏、化学分解，而且本身分泌出的有机酸，有利于分解岩石或吸取某些元素变成有机化合物。

因为孔庙古树参天，为众多鸟类提供了天然的栖息地，相传孔子有三千乌鸦兵，由此可见孔庙内的鸟类数量之多。栖息在孔庙内的鸟类以鹭鸶为主，它们主要以泗河里的鱼类为食，其鸟粪呈酸性，对石碑碑体具有腐蚀性。另外，遮天蔽日的树木，让地表的湿度变大，为地衣、苔藓等菌类、藻类提供了生长繁殖的条件。地衣、苔藓等其他微生物对石碑的破坏作用也是十分明显的，它们不仅对依附的石碑进行机械破坏，同时自身会分泌出有机酸，对石碑有一定的腐蚀作用。

2. 石碑破坏的人为因素

除了自然因素对石碑产生破坏，人为的因素也不应小视。人为破坏石碑主要分为两大类，一类是游客用手触摸石碑，另一类是不合理的临拓石碑上的碑文。

在曲阜本地，人们口耳相传着"摸摸腔不生病"的俗语。这里的腔就是指的碑扶赑屃的屁股，因为赑屃外形酷似乌龟，本地居民都称它为龟。随着现在孔庙景区旅游的开发，不少导游为了增加游客的体验感，就将这句俗语向外地的游客进行讲解，还会怂恿游客去摸摸赑屃。由于孔庙每天接待的游客成千上万，在日积月累的积累下，有不少的赑屃，被游客的手触摸地失去了原来的花纹。这些破坏一方面是人手的机械磨损，另一方面是人们手上或多或少的会有一些汗渍，这些汗液会对石碑有一定的侵蚀作用。

另外一种人为破坏石碑的因素——临拓碑文现在已经不常见了。孔庙石碑中，有许多名人大家的笔墨，许多书法爱好者为了获得大家的真迹，往往会在石碑上临拓碑文。临拓虽然也是中国传统文化的宝贵财富，但是它也会对石碑产生一定的破坏。因为临拓碑文要不断地拍打石碑，偶尔的临拓对石碑的伤害不大，但是如果长时间的临拓碑文会对石碑造成损伤。

三、解决石碑破坏的对策

孔庙石碑遭到的破坏，主要还是集中在"文革"时期，80 年代文物部门充分发挥能动性，巧妙的采用了锯锅锯盆的传统手艺，将在"文革"时期被砸断的石碑加以修复，这也是当时文物管理者的聪明才智的体现。本文不对因"文革"时期遭到破坏的石碑进行阐述，仅对上文已经分析出石碑遭到破坏的各个因素，有针对性的加以说明和探讨相应的保护对策。

1. 针对石碑自然风化的问题，其实不管是物理风化还是化学风化或者是生物风化，保持石碑碑体整洁干净，然后隔绝碑体和外界空气、生物等的接触就可以将这一部分的问题解决。

由于雨水的冲刷、热胀冷缩作用和冰劈作用，石碑会被侵蚀出裂痕甚至剥落。针对物理侵蚀的破坏，应当首先将已经产生的裂痕里面进行清理，然后再将已经剥落的石片黏合到石碑上面。针对化学侵蚀和生物侵蚀，我们要做的还是先对石碑进行清洗，将一些化学沉积物和鸟粪、苔藓等彻底清理干净。

清理石碑之后，就要加强对石碑的保护。对特殊石碑可以安装玻璃保护罩或者保护亭等保护性设施，将石碑于外界环境隔离开来；还有就是要保持石碑的整洁干燥，防止苔藓等菌类生长。对于鸟粪的侵蚀，一方面可以给石碑上面安装简易碑亭，这样既可以保护石碑不受鸟粪侵扰，又可以让石碑避免风吹日晒；另一方面可以利用模拟鸟类天敌的声音将鸟类驱离石碑附近。

2. 对人为行为对石碑的破坏。首先要向人们宣传文物保护的相关法律法规，让广大的民众树立保护文物的意识，树立保护文化遗产为荣，破坏文化遗产为耻的观念，动员广大人民一起保护石碑，保护文化遗产。

其次要充分利用现代科技保护石碑。对于临摹石碑碑文的问题，由于现在计算机科学技术的不断发现，电脑已经可以在原来临摹的基础上做出一模一样的拓片，因此临拓对石碑的破坏已经解决。为了更好地保护文物，给子孙后代留下珍贵的文物，文物部门可以借助现代三维立体成像技术，将石碑的三维数据进行采集，录入相关数据库中，在计算机的帮助下，形成石碑的三维立体模型。如果这样的话，即使将来石碑遭到毁灭性的破坏，后人仍然可以通过数字化的方式找到相关石碑的全部数据。

四、结束语

多年来，经过文物部门工作人员的不懈努力，除了"文革"中破坏严重之外，孔庙石碑得以很好的保存。但是，曲阜孔庙石碑数量多，时间跨度大，这些都对石碑保护造成了巨大的挑战。因此，保护孔庙石碑，保护文化遗产，不能仅仅依靠文物部门自身力量，还要广泛发挥人民群众的智慧，更好的保护石碑，保护文化遗产。

作者简介：宋健，曲阜市文物管理委员会文博助理馆员。

参考文献：

［1］孔德平，彭庆涛：《游读曲阜》，泰山出版社，2012 年。

［2］陈洪兴：《孔庙文化的守望与拓展》，吉林文史出版社，2016 年。

入庙从祀——历代文人之崇高追求

上官茂峰

摘　要　孔庙作为儒家思想的建筑载体，历代统治者不仅主祭孔子，也一并祭祀陆续从祀的儒家圣贤，逐渐形成了孔庙祭祀制度，对历代文人的人生价值观产生了重要影响。

关键词　孔庙　先贤　先儒　从祀

在中国两千多年封建社会的进程中，孔子所创立的儒家思想无疑是影响最大的。儒家"仁政"、"德治"的核心思想不仅对封建社会的统治起到了支撑作用，对世界历史的进程也产生了重大影响。孔庙由最初的孔子故居纪念性建筑发展而来，经历朝历代的不断扩建修缮、先贤先儒的陆续入庙从祀，逐渐变成了儒家思想的建筑载体，具有丰富的文化内涵，不仅遍布全国，也广泛分布于世界各地。历代统治者建设如此数量众多的孔庙，除了能借此体现当时最高的建筑水平外，更多的是想借助修建孔庙这一最直接的手段体现对孔子及历代儒家圣贤的尊崇，将孔庙建设成统治者意识形态的象征。历代统治者如此隆祀孔子、推崇历代儒家圣贤，背后是有深刻的原因的。

1. 儒家思想的形成是孔子及历代圣贤改造补充的结果，也是统治者选择的历史必然。

春秋时期，礼崩乐坏，战事频频，社会动荡，学术和思想界却因人才的频繁流动而空前活跃，各家学派就在这样的背景下应运而生。儒家学派的创始人孔子首开私塾、广收门徒、整理古籍、周游列国。孔子推行的"仁政"、"礼治"的治国思想显然与当时的社会形势格格不入，并未被当时的统治者采纳。孔子去世后，其弟子之徒散游诸侯，儒学影响渐广。但儒学内部很快引起分化，史有"儒分八派"之说。战国时期最具代表性的是孟子、荀子两家学派，后世因孟子发展了孔子的仁学传统而视之为嫡传，儒家也被广泛称之为孔孟之道。秦朝奉行法家学说，儒家几乎灭迹。秦朝的迅速覆灭使后来的汉朝统治者意识到法家思想治世的不足，开始寻找更加适合的思想体系。汉高祖十二年（公元前 195 年），刘邦至曲阜以太牢之礼祭祀孔子，开创了历代皇帝祭祀孔子的先河。在西汉初期较为宽松的环境下，儒学逐渐复苏，经学开始出现。汉武帝时期，大臣董仲舒"罢黜百家、独尊儒术"的建议被采纳，儒学开始成为封建社会的主体思想。后经北宋周敦颐、程颢、程颐、南宋朱熹等人的归纳阐述，程朱理学问世，它恢复了先秦儒学的人文精神，冲淡了两汉经学的神学色彩，较之道教和佛教，比较注重社会现实问题，包含着许多人生和社会常道，对群体和个体都有借鉴意义，起到缓解矛盾、维护安定的作用。从南宋到清末，程朱理学一直被奉为正统思想。历代统治者所推崇的儒家思想虽由孔子创立，但并非一成不变，而是由历代儒家圣贤改造补充而来，先后经历先秦儒学、两汉经学、程朱理学等发展阶段。时至今日，新老思想交汇而成的新儒学，仍然引起国内外学术界的广泛关注。

2. 历代统治者利用孔庙的修建和祭祀来体现对孔子的尊崇，同时借助从祀人物巩固自己的统治。

孔庙占地面积约 15 万平方米。现存建筑面积约 1.6 万平方米，孔庙建筑包括五殿、一祠、一阁、一坛、两庑、两堂、17 座碑亭、53 座门坊，共有各类建筑 400 多余间。孔庙的修建可以从孔子死后的第二年即鲁哀公十七年（公元前 478 年）算起，"立庙于旧宅，守陵庙百户，即阙里先圣之故宅，而先圣立庙自此始也。"[①] 后历经汉、魏、晋、隋、唐、宋、金、元、明、清、民国先后大修扩建 15 次，小修数百次，才有了现在这样宏大的规模。

与此同时，孔庙的功能也悄然发生改变，由祭祀孔子的纪念性建筑逐渐变成了祭祀圣贤、教化民众的宏伟庙堂。据统计，至民国八年（1919 年）颜元、李塨最后入庙从祀，孔庙内从祀孔子的儒家圣贤达 172 人之多。这些入庙从祀的人物是随着历史的发展、朝代的变迁不断增减变动的。东汉永平十五年（72 年）明帝刘庄东巡至鲁，诣阙里宅庙，祀孔子及其十二弟子，为孔子弟子从祀之始。三国魏正始二年（241 年），齐王曹芳遣太常寺卿以太牢祭孔子于辟雍，以颜子配享。唐贞观四年（630 年）诏州、县学皆立孔子庙。贞观二十一年（647 年），诏以左丘明、穀梁赤、戴圣、毛苌等 22 人配享孔子庙，为先儒从祀孔庙之始。唐开元八年（720 年），定十哲配祀孔子庙，以颜子为十哲之首，为十哲配享之始。元延祐三年（1316 年）诏春秋释奠孔子以颜子、曾子、子思、孟子配享，为孔庙四配之始。经明代厘定完善，在孔庙从祀的儒家圣贤分"配享"、"配祀"、"从祀"三类。"配享"和"配祀"人物共 16 人，位于孔庙主体建筑大成殿内。"配享"是陪祭的第一等级，共 4 人，为复圣颜子、宗圣曾子、述圣子思

---

① （金）孔元措编撰：《孔氏祖庭广记》卷第三。

子（孔子孙子孔伋）、亚圣孟子，被尊称为"四配"。"配祀"为第二等级，有 12 人，为孔门弟子闵损、冉耕、冉雍、宰予、端木赐、冉求、仲由、言偃、卜商、颛孙师、有若 11 人，南宋朱熹因"注释群书、阐发道理"对儒家的影响较大，也破格进入大成殿与孔子弟子并称"十二哲"。"从祀"属第三等级，包括先贤、先儒两类，分列于大成殿旁的东西两庑内。先贤共有 79 人，主要是孔子弟子及孔子推崇的同代贤人，既有公孙侨、澹台灭明等孔子弟子，也有左丘明、周敦颐、程颢、程颐等对儒家共贡献较大人物。先儒共有 77 人，专指因阐发儒学而特许从祀孔庙的著名文人，如谷梁赤、董仲舒、王守仁、顾炎武等。

　　两庑内从祀的先贤、先儒位置并不稳定，随着历朝统治者的需求可随时变迁和更换，比较著名的是北宋的政治家、思想家王安石、王雱的父子从祀经历和明朝开国皇帝朱元璋对孟子的态度。北宋崇宁三年（1104 年）王安石入庙配享，位列于亚圣孟子之后，塑像于大成殿内，其子王雱从祀。靖康元年（1126 年）保守派反复上书，以各种借口攻击王安石父子，迫使皇帝先免去了王安石的配享资格，进入两庑从祀，其子从祀资格被废。但保守派仍继续发难，宋理宗无奈之下，于淳祐元年（1241 年）下令，"王安石谓天命不足畏，祖宗不足法，人言不足恤，为万世罪人，岂宜从祀孔子于庙庭，黜之！"王安石父子最终被赶出了孔庙。明洪武五年（1372 年）明太祖朱元璋在翻阅《孟子》一书时，因对部分内容的断章取义而大发雷霆，罢免了亚圣孟子的从祀地位。后在一些大臣的上疏和权衡利弊下于次年又昭告天下，言孟子"辩异端、正邪谈"，又恢复了孟子的配享地位。以上可以看出，历代统治者对儒家贤儒的配享和从祀也是根据自己的统治需求来进行遴选和增减的。

　　孔庙供奉儒家圣贤的空间除大成殿外，主要分布于两侧的东、西两庑内。两庑始建于唐代，明代扩建到一百间。明、清两次毁于雷火，现存两庑为清代建筑。从祀的先贤先儒以木主形式被供奉在神龛内。这种供奉形制也是几经变化，至明代确定为木制牌位才沿用至今的。儒家圣贤陪祀的记载见于东汉永平十五年（72 年）明帝刘庄东巡至鲁，诣阙里宅庙，祀孔子及其十二弟子。那时孔门弟子以何种形式从祀，不得而知。"后汉灵帝光和元年（179 年）二月，始置鸿都门学，画先圣及七十二弟子像"[①]。儒家圣贤第一次以较为直观的形式接受后人的供奉。东魏孝静帝兴和元年（539 年），兖州刺史李仲琁筹措资金，大修孔庙后塑孔门十弟子像，时称"十子"，分列站立于孔子塑像两侧。唐开元八年（720 年），唐玄宗李隆基改"十子"为"十哲"，改站像为坐像，另绘七十二贤及左丘明等 22 人像于四周墙壁，此时孔庙形成了主祀为塑像、从祀为画像的祭祀形式。明嘉靖九年（1530 年）十二月，更定孔庙祀典，以尊圣贤"盛德之容"

---

① （金）孔元措编撰：《孔氏祖庭广记》卷第三。

的名义，诏令天下学宫将塑像尽行裁撤，代之为木主，独曲阜孔庙兼是孔氏家庙的缘故塑像而得以保留。清乾隆三年（1738年），曲阜孔庙在雍正八年（1730年）重塑孔子塑像的基础上增塑十二哲塑像，供奉于大成殿内，其余圣贤皆用木主，供奉于东西庑神龛内，形成我们今天所看到的祭祀格局。

3. 孔庙从祀制度既起到了教化作用，也满足了历代文人的精神需要。

历代统治者在对孔子不断追谥加封的过程中，对从祀的儒家圣贤也一并加封。唐显庆二年（657年），尊孔子为先圣，颜回为先师，开孔子弟子追谥先河。唐总章元年（668年），诏赠颜回为太子少师，曾参为太子少保，配享孔庙。大中祥符二年（1009年）宋真宗大规模、高规格的封谥儒家圣贤。进封颜回为兖国公，闵损等以下十哲为郡公，颛孙师以下七十二贤为侯。后代进封公、侯各异。明嘉靖九年（1530年）厘定祀典，四配称圣、余下称先贤、先儒，凡前代王、公、侯一律更正。清雍正元年（1723年）追封孔子上五代祖先为王，以"四配"颜回、曾子、子思、孟子四圣的父亲配享，以宋代周敦颐、张载、程颐、朱熹、蔡沈五人之父从祀于崇圣祠内。这种追祀制度，既提倡孝道，也很好地体现了古代"子虽齐圣，不先父食"的法度。孔庙遍布各州县，虽规模大小不一，但从祀圣贤制度基本相同，能入庙从祀，受万人膜拜，成了历代文人的毕生追求。现存于曲阜汉魏碑刻陈列馆的《清故平度州学政虞阶毛公墓志铭》由文学家孔尚任撰写，文中引用毛干霄的一句"吾一生处心作事，不求两庑里吃得胙上，求阎罗殿前过得去。"①，此话不仅是他发自内心的表白，也道出了历代文人的奢求。

作者简介：上官茂峰，曲阜市孔子博物馆文博馆员。

---

① 摘自《清故平度州学政虞阶毛公墓志铭》铭文，现存于汉魏碑刻陈列馆。

上海中国科举博物馆馆藏科举文物选介

林介宇

摘　要　上海中国科举博物馆位于上海嘉定孔庙内，是国内第一家科举专题博物馆。经过数十年的努力，该馆已经建立起丰富而又相对完整的科举文物藏品体系。本文择其馆藏之状元筹、升官图及浮票做简要介绍。

关键词　状元筹　升官图　浮票

一、状元筹

民国《嘉定县续志》卷五《风土志·风俗》之"节序·新年"："取科目名色制筹为局戏，新年聚博，以六骰掷之，得状元者为胜，取及第争先之谶，谓之'状元筹'"①。民国《嘉定疁东志》卷六"节序"："（正月初一）至十五日，旧以六骰掷之为戏，得状元为胜，谓之掷状元骰。今则不多见。"②邻近嘉定的上海县也流行"状元筹"，清人张春华《沪城岁事衢歌》中有竹枝词曰："不教黑白斗松揪，豪兴呼卢互结俦。蓦地六红齐入手，锦标夺得状元筹"③。清人顾禄的《清嘉录》对状元筹有专门记录，并载有无名氏《状元筹乐府》：

> 升官图里夸捷径，科甲丛中更争胜。
> 献岁惊闻笑口开，果然夺得状元回。
> 举人进士唾手得，何物秀才不出色。
> 博取功名只如此，安用六经廿一史。

---

① 上海市地方志办公室、上海市嘉定区地方志办公室编：《上海府县旧志丛书 嘉定县卷》第四册，上海古籍出版社，2012年版，第2826页。
② 吕舜祥，武嘏纯编：《嘉定疁东志》，上海社会科学出版社，2004年，第120页。
③ 雷梦水，潘超，孙忠铨等编：《中华竹枝词》第2册，北京古籍出版社，1997年版，第1037页。

一筹莫展者谁子，那不呼卢喝为雉。①

《清嘉录》卷一《状元筹》又载郭麐诗曰：

牙筹一握长短排，上有细字书官阶。

玲珑骰子数用六，纷纷五色迷人目。

就中状元贵无比，入手争看色为喜。

无心一掷竟全红，失意终朝或三褫。

其余琐细但中程，千佛亦足称名经。

只有秀才众所易，了无宠辱关轻重。②

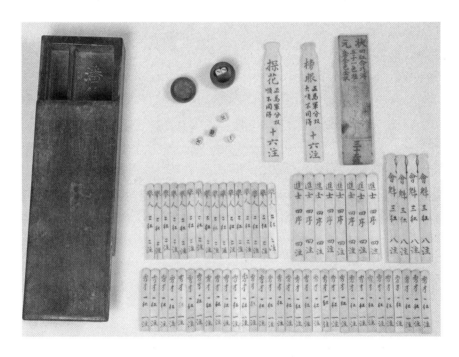

状元筹常用木头或竹子粗制而成，上写状元、榜眼、探花、会魁、进士、举人、秀才等科第诸名目，有尺寸大小统一的，也有按科名高低大小不一的，适宜普通人家玩耍。富裕人家使用的状元筹，则可能是采用象牙或骨头精雕细琢而成，形状规整，图案精美。此外，还有铜、银等金属制品，甚至还有制成花钱形式的状元筹。古时的骰子与现在的不同，其"四点"为红色，掷出一个四点称"一红"。

明清两代，状元筹流行于全国汉族地区。不同地区的状元筹，科名类别和戏玩规

---

① （清）顾禄撰、来新夏点校：《清嘉录》，上海古籍出版，1986年版，第13页。

② （清）顾禄撰、来新夏点校：《清嘉录》，上海古籍出版，1986年版，第14页。

则可能会有一些不同之处，但游戏的原理应该是大致相同的。嘉定博物馆收藏的这套状元筹，主要包括：状元一枚 32 注；榜眼、探花各一枚，皆 16 注；会魁 4 枚，每枚 8 注；进士 8 枚，每枚 4 注；举人 16 枚，每枚 2 注；秀才 32 枚，每枚一注。其具体玩法大致如下：

> 骰子六颗，每人掷一次，不论有无，有则照例取筹一枝，无则下家掷。若掷得某式，应得之筹已尽，则降一等取一筹，再尽则再降一等。
>
> 一红，取秀才一枝。
>
> 二红，取举人一枝。
>
> 四序，取进士一枝。不论幺二三五六，四个一色的点数，即为四序，也称"四聚"。红为贵，故四红不为四序。如四序之外，所余二骰，或一红，或二红，可以兼取秀才或举人一枝。
>
> 三红，取会魁一筹。
>
> 两一两二两三，得探花。
>
> 两四两五两六，得榜眼。
>
> 四红或合巧，可得状元。合巧，即掷得有四颗点数相同，而其余两枚点数之和恰巧等于这四颗之点数。状元有争夺，当状元被得走后，若有人再掷出五子（五颗相同）可"夺状元"。先掷出五个一而得者，后掷出五个二者夺之，三夺二，五夺三，六夺五，四夺六。若六子皆同，为一二三五六，将盘中所余之筹，以及状元，全部取走。若六子皆红，可将盘中所余及各人已得者，全部夺去。

状元筹的出现与科举考试密切相关，反映了科举社会里民众对科名的尊崇。而玩状元筹者，非限士子，亦多孩童和闺阁女辈，很多明清小说中都有描述妇女博戏状元筹的场景。晚清吴友如还绘有《状元瞎眼图》，描绘江浙慈溪人余某前往岳父家拜年，夜里家人齐聚一堂，共掷状元筹为戏，余某因欣喜过望，不慎眼睛被水烟袋所伤，终至失明，可谓乐极生悲①。

二、升官图

说起飞行棋，可能大部分现代人小时候都玩过。而在新中国成立前，尤其是在明清科举社会中，也有一种类似于飞行棋的游戏流行于民间，名曰"升官图"，亦称"选官图"、"百官铎"等。

民国《嘉定县续志》卷五《风土志·风俗》之"节序·新年"："以官阶升降为

---

① 李兵、林介宇编著：《科举旧影录》，湖南大学出版社，2011 年，第 180 页。

图，亦以六骰掷之，取入阁之谶，谓之'升官图'。"在当时，升官图是嘉定民众比较乐于玩耍的游戏之一，在春节里则玩得更多，因此嘉定旧县志会在记录春节习俗的时候特别提到它①。

　　其实，"升官图"在唐代已开始流行。宋徐唐《却扫编》："彩选格，博戏具，宋赵明远、尹师鲁仿唐李郃升官图法，作彩选格。"②传说明代文人倪元璐曾制升官图，并传之后世，故后世流行升官图之官名皆从明代。

　　与状元筹一样，升官图这种游戏在全国很多地方都比较流行。不同的地方，升官图的样式和玩法也是大同小异。玩升官图游戏，除了一张升官图，还需要配备的道具，

　　① 上海市地方志办公室、上海市嘉定区地方志办公室编：《上海府县旧志丛书 嘉定县卷》第四册，上海古籍出版社，2012年，第2826页。

　　② 叶大兵、乌丙安主编：《中国风俗辞典》，上海辞书出版社，1990年，第654页。

就是陀螺或者骰子。陀螺，或骨制或木制，四面分书德、才、功、赃。骰子，则以四为德，以六为才，以二、三、五为功，以么为赃。以德则超迁，才次之，功亦升转，遇赃则降罚。也有用四颗或六颗骰子的，需约定掷得某式可代表德、才、功、赃。

著名作家梁实秋（1903～1987年）曾回忆年少时玩过的升官图游戏：

> 门口打糖锣儿的就卖升官图，一张粗糙亮光的白纸，上面印满了由白丁、秀才、举人、进士以至太师、太傅、太保的各种官阶。玩的时候，三五人均可，围着升官图，不用"明琼"（骰子之别称），用一个木质的方形而尖端的"拈拈转儿"，这拈拈转儿上面有四字："德"、"才"、"功"、"赃"，一个字写在一面上，用手指用力一捻，就像陀螺似的旋转起来，倒下去之后看哪一个字在上面，德、才、功都有升迁，赃则贬抑。有时候学优则仕，青云直上，春风得意，加官晋爵。有时候宦情惨淡，官程蹭蹬，可能"事官千日，失在一朝"，爬得高跌得重，虽贵为台辅，位至封疆，禁不住几个赃字，一连几个倒栽葱，官爵尽削，还为庶人。一个铜板就可以买一张升官图，可以玩个好半天。[①]

这显然是一种寓教于乐的游戏，可以鼓舞人们学优而入仕的兴趣。而且，升官图的游戏规则中，没有旁门左道，必须经由德行、才能、事功三方面的优良表现，一旦贪赃，必有惩戒，赏罚严明。这样的科举游戏，可谓是满满的正能量！

三、浮票

现代考试中普遍使用准考证，应试时考生将准考证放置于桌面，开考前监考官会核查其身份，以防替考。通过比对考生的准考证、实际相貌、身份证，要甄别其身份并不难。而在科举时代，考官又是怎样核验应试者身份的呢？

清代科举考试的准考证为"浮票"。目前常见的科举浮票，以童生试和岁科试为主。

应试者拿到考卷时，卷面上粘贴着浮票一张。上书考生姓名、试场座次、弥封编号等，并有满汉考点大印，一般为骑缝章。考生交卷时，必须将卷上的浮票揭去，并妥为保存，以备发案时比对之需。

---

① 罗竹风主编《中国新文学大系1949－1976》（第六十一集，杂文卷），上海文艺出版社，1997年，第763页。

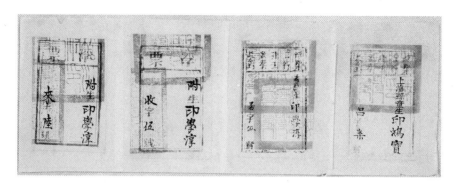

现代的准考证上一般都有考生的照片，便于监考官核查考生身份，以防枪替。而在浮票上，一般还书写有考生的身高、脸型、有无胡须、胎痣等信息。如上海中国科举博物馆藏文童印鸿宝之浮票，其相貌表述为"面形方，面色白，身中，无须"，并言"五官另有疵疾之处，均要注明"，可谓详细。考官根据浮票上的相貌特征描述来核对应试者身份。清末苏州人俞达的小说《青楼梦》中有《县试竹枝词》十首，其四《点名》："头门号炮放三声，大令公然坐点名。字异音同容易误，诸君浮票认分明"①。

有的考试，其浮票上没有注明考生的相貌特征，考官则通过面貌册来核查应试者的身份。清钱泳编著《履园丛话》卷二一《面貌册》记述了这样一则故事：胡高望，字希吕，号豫堂，浙江仁和人，乾隆二十六年（1761 年）榜眼，曾任江苏学政，以严谨著称。有一年，有常熟县籍考生沈廷辉，因微蓄胡须，在报填"面貌册"时注明"微须"。考前他突然意识到胡高望习惯将"微"训为"无"，有须而填"微须"，将不能入场。为了顺利应试，他拟请书吏修改面貌册，因联络不到，不得已擅将胡须剃去。而参与考务之书吏因与沈廷辉熟识，不明其已剃须，好心帮其将"微须"改为"有须"，未料酿成大祸。胡高望见沈廷辉并未蓄须，而面貌册上却书有须，以为冒名顶替，将其逐出考场②。这或许只是一个笑话，其真实性无从考证。

浮票的使用，既方便考官核验应试者身份，也方便考生在发案时比对，此外，它还是应试者在考后领取奖励的凭证。在科举时代，有一定经济实力的宗族会对参加科举考试以及取得好成绩的族中子弟提供赴考费用和奖金，浮票则是考生领取奖励的凭证。如苏州《彭氏族谱》卷一二《庄规》规定："县、府试正场助五百文，每覆一次及考性理三百文，生童岁试、科试正场及经古复试与县、府试同，均于正案已发后支总汇报各人每场名次，并以逐次浮票为凭，按规支发，无票不发"③。

太平天国时的科举考试也用浮票。其《钦定士阶条例》规定："拟京试例设卷官二员，向在诏命官内选派，于每届试期，先行照知刷书官备办文卷多本，编列字号，卷面用浮票填写姓名坐号，卷后用弥封。缴卷时令士子揭去浮票，其弥封俟正总裁评定，方行对号拆封，奉献真圣主圣览，御定悬榜。至字号底簿，该员交总阅收存，以备拆封时应用"①。

近代新式学堂的学业考试，比如求是大学堂，也曾使用浮票。学堂有定期考试，考试结束时，浮票由应试者保管。考毕评定等级，颁发奖励的时候，学生需凭浮票方可领奖。倘若浮票遗失或比对不符，概不发奖。

1905 年 9 月，科举考试停废。宣统年间，学部颁布政令，规定各类考试之应试者须在报考时提供照片，否则取消考试资格，浮票也从此成为历史。

作者简介：林介宇，上海嘉定博物馆研究部，任《科举学论丛》执行编辑，现为中华炎黄文化研究会科举专业委员会理事、嘉定竹刻协会理事、上海市青联委员。

---

① 杨学为等编：《中国考试制度史资料选编》，黄山书社，1992 年，第 553 页。

苏州文庙府学古代廉政文化资源的
挖掘与利用

张劲雷

摘　要　苏州文庙府学为北宋名臣范仲淹创办，苏州文庙府学廉政文化资源丰富，苏州府学是培养科举人才的中国古代官办重要教育机构。它不仅是状元、进士的摇篮，也是培养古代官员的摇篮。苏州文庙府学不仅有全国著名的"廉石"为主题的廉政文化教育资源，还遗存有众多与廉政文化相关的教育资源，如：清代《石经》、文庙乡贤名宦祠、府学廉政碑刻、府学清官等。本文从"文庙廉政文化"、"府学廉政文化"、"碑刻廉政文化"等三大方面就文庙府学廉政资源挖掘与利用进行详细的分析、阐述。儒家思想作为中国传统文化的主流思想，博大精深，源远流长。廉政思想是儒家思想的重要组成部分，儒家赋予了"廉政"以深刻的内涵，值得我们去进一步借鉴，进一步挖掘和利用，它将对我国当代廉政教育起到重要作用。

关键词　苏州文庙府学　廉政文化资源　挖掘与利用

苏州文庙府学为北宋名臣，著名的政治家、军事家、思想家、教育家范仲淹于景祐二年（1035 年）创建的，迄今已有 960 多年历史，史上有"东南学宫之首"，"江南学府之冠"之誉。1986 年在文庙府学原址上筹建苏州碑刻博物馆，该馆是专门收藏、研究、陈列和复制古代碑刻的专业性博物馆。馆藏碑刻 1100 余方，其中以宋代《平江图》《天文图》《地理图》《帝王绍运图》碑刻具有代表性。2001 年"苏州文庙及石刻"被国务院公布为全国重点文物保护单位。

苏州文庙府学（苏州碑刻博物馆）廉政文化资源丰富，苏州府学是培养科举人才的中国古代官办重要教育机构，它不仅是状元、进士的摇篮，也是培养古代官员的摇篮。范仲淹创办府学之初就注重"德教之风"、"环境育人"的办学理念。范仲淹认为"德"即元、亨、利、贞，用人、育人以此为准。他大力提倡兴学，屡次上书主张，教育本于学校，只重科举考试，不重视教育，是只管收获不管耕耘，国家应注重育人。因而，除了以陆绩与廉石为主的廉政教育题材，苏州文庙府学遗存廉政文化教育资源还很多，概括起来可分为三大方面，即"文庙廉政文化资源"、"府学廉政文化资源"、"碑刻廉政文化资源"。

一、文庙廉政文化资源

孔庙，即孔子庙，又称作文庙，是纪念伟大思想家、教育家"至圣先师"孔子的祠庙，文庙在历史上还有一个重要功能是儒家文化传承与教化功能。

儒家思想作为中国传统文化的主流思想，博大精深，源远流长。廉政思想是儒家思想的重要组成部分，在儒家思想几千年的发展历程中，儒家赋予了"廉政"以深刻的内涵。儒家的"廉政"是以道德教化为基础。儒家主张以德治国，而廉政治理又是国家治理的重要组成部分。所以，儒家认为廉政治理应以德治为基础，既需要为政者的道德自修，也需要对为官者进行思想教化。

无论是"仁义礼智信"、"修身慎独"、"礼义廉耻，孝悌忠信"、"舍生取义"等积极思想，还是"为政以德"、"民为邦本"及重民尊民等民本观念，无论是孔子强调的"德政"，还是孟子提倡的"仁政"，从理论上说，都逻辑地蕴涵着"廉政"思想。这些儒家学者们杰出的治国感悟和政治智慧，具有无法替代的强大功能，对我们今天的廉政建设具有重要的意义。苏州文庙作为中国古代地方重要学庙，在近千年的发展历程中，形成其自身地方特色，仅在文庙方面与廉政文化教育相关的内容既有三方面可以挖掘与利用，它们是："文庙大成殿孔子文化石刻"、"文庙乡贤名宦祠"、"文庙德善书院教育"。

（一）"经典教育"——孔子文化石刻

2001 年苏州文庙完成"大成殿孔子文化陈列"，2015 年在此基础上进行整体更新提升，增设至圣先师孔子牌位、"四配"圣像和部分释奠陈设礼器，使大成殿陈设进一步规范和完善。殿内三面墙壁陈设的"孔子文化石刻"是苏州文庙大成殿的一大特色。石刻含《石经》《七十二弟子像》和《孔子圣迹图》《孟子圣迹图》等著名石刻。《石经》为清代金匮钱梅溪汉石经双沟本，时任浙江督学院文达（阮元）督刻，本应送山东曲阜的，后因其调离，幸存苏州文庙，石经共 80 方。《孔子七十二弟子像》是清代光绪五年（1879 年）常熟邹文瀚根据杭州府学中宋代原刻的藏碑所刻，共刻有 86 弟子。《孔子圣迹图》是连环画的方式将孔子一生表现出来，是根据明万历年间拓本翻刻的。《孟子圣迹图》则表现了孟子的一生，包括"孟母三迁""断机喻学"等著名故事，该图是根据清代印本翻刻的。

《石经》是指《论语》《中庸》《大学》《孝经》等四部儒家石刻经典。儒家赋予了"廉政"以深刻的内涵，尤其在儒家经典中，处处深含廉政思想。品味儒家经典，感悟中华传统美德，从中汲取营养，提高内心修为，以德为政，儒家经典是很好的廉政教育题材。为此，碑刻博物馆专门编写了"经典教育讲解词"。此外《孟子圣迹图》中包括"孟母三迁"、"断机喻学"等著名故事，这些都是很好的儒家传统伦理道德、孝廉文化的经典教育，文化底蕴深厚，极具传统孝廉教育特色。2016 年，苏州市纪委把"大成殿孔子文化石刻"列为市廉政教育重要内容。

（二）"见贤思齐"——文庙乡贤名宦教育

苏州文庙府学自创办以来，一直秉承范文正公办学之理念，注重"德教之风"、"环境育人"。在西学设有不少"乡贤名宦"祠，清代乾隆年间所刻的《苏州府学之图》所示，文庙"乡贤名宦"祠共有 12 处，如：纪念韦应物、白居易的"韦公祠"、"白公祠"；纪念范仲淹、胡瑗的"范公祠"、"胡公祠"；纪念张伯行、汤斌的"张公祠"、"汤公祠"等。这些都是著名的乡贤名宦，廉吏楷模，也是文庙宝贵的廉政教育资源。

（三）德善书院——传统道德教育

德善书院位于文庙崇圣祠内，是由苏州市文明办、文广新局、教育局等单位联合主办，苏州碑刻博物馆具体承办的公益性地方书院。书院长期举办儒家经典传习班和传统文化教育活动。2014 年，为了更好地在我市机关干部中，开展道德教育和廉洁教育活动，苏州市文明办决定把苏州市道德讲堂总堂设在文庙德善书院，目的是充分利用文庙儒家传统文化教育资源和环境开展中华传统道德教育。市纪委等部门在书院经常组织举办大型传统道德教育讲座和廉洁文化教育活动。目前，德善书院已是苏州市开展国学传播、德善教育的品牌。

二、府学廉政文化资源

北宋范仲淹首创的苏州府学，是培养科举人才的中国古代官办重要教育机构，苏州府学廉政文化资源更为丰富。近年来，苏州碑刻博物馆在市纪委指导下，进一步挖掘、利用文庙府学内所有与廉政教育相关的文化资源，如：府学廉石、府学廉政碑刻、府学清官等。打造以廉石文化陈列为主的，文庙府学相关廉政教育题材为辅并具有传统文化和地方特色的苏州廉政文化教育基地。

（一）廉石文化教育

"廉石"位于苏州文庙府学内，又名"郁林石"，为中国古代著名的廉政文物，苏州廉政教育的品牌和标志，在全国有一定影响。苏州古代清官陆绩在郁林为官时，清正廉洁，两袖清风，廉石压舟，回归故里，取名"郁林石"；明弘治九年，监察御史樊祉仰慕陆绩清廉，命人将巨石移入城内，取名"廉石"，作为百官之诫；清康熙四十八年，苏州知府陈鹏年奉命将此石移至苏州文庙府学内，作为为官清廉的楷模；周恩来同志在世时，听"廉石"的故事后，曾指示：要妥善保存好这块石头；在改革开放的今天，党和人民政府时刻关注着反腐倡廉这件大事，在这个问题上陆绩及其廉石文化均可以作为我们的镜子；近年来苏州市纪委不断探索挖掘廉石文化内涵，广泛开展廉石文化教育活动，2010 年"廉石"品牌成为我国廉政建设史上首例廉政文化商标和年度全国廉政文化十佳事件之一。廉石文化教育活动开展至今已接待来自全国各地近百万观众，"廉石"已经成为当代廉政教育的一面旗帜和灯塔，它是廉洁文化的精髓、苏州风尚的缩影。廉石历经两千余年，至今依然闪烁着璀璨的光芒。

1. 打造"廉石"文化教育观览专线

为了充分发挥利用廉石这一著名廉政教育品牌，自 2005 年起，苏州碑刻博物馆在市纪委等有关部门指导下，开辟了从苏州文庙"廉石"为起点的全国首条廉石文化观览专线，之后在全市范围内建立了连接 12 个市区、80 多个反腐倡廉教育基地和 30 多个廉洁文化主题景观，接待观众 80 余万人。碑刻博物馆还特此编写了"廉石文化教育讲解词"，培训廉教专职讲解员，并围绕廉政教育更新陈列。近年来，党和国家领导人以及中央纪委领导人多次视察苏州文庙及廉洁文化教育参观专线，受到中央领导的好评。

2. 开展"廉石"进校、进社区活动

围绕"弘扬'廉石'精神，促进时代发展"主题，开展了"廉石"文化系列活动，推进廉洁文化向纵深发展，配合市纪委在文庙创办"廉石长廊"，宣传展示"廉石"精神，增设明伦堂范仲淹陈列，宣扬"先忧后乐"精神。通过各种形式开展教育活动，让"廉石"品牌深入人心。近年来，还将"廉石"图片及廉政教育相关的馆藏拓片送到市景范中学展出，学生们参观展览后深受教育。2012 年与苏州工业园区独墅湖高教区和湖东社区建立长期博物馆社区教育基地，把"廉洁文化教育参观专线"纳入其中，并且配合市纪委积极开展廉石文化进机关、进社区、进学校、进企业、进农村、进家庭等系列活动，收到了良好的效果。

3. 开拓创新载体，增强"廉石"品牌文化辐射

（1）打造文庙"廉石"品牌

为了打造"廉石"品牌，市纪委将苏州文庙府学"廉石"作为廉政文化商标上报国家工商行政管理总局，2008 年 8 月，经国家工商行政管理总局审定，"廉石"成为中国廉政史上首例廉政文化商标，成了宝贵的廉洁文化符号。此外，"廉石"品牌还被中

国检察报评为全国廉政文化十佳事件之一。

（2）开拓创新"廉石"文化载体

以"廉石"为媒，先后开发运用了"廉石网站"、"廉石专版"、"廉石电视栏目"、"廉石视点"、"廉石专刊"、"廉石台历"、"廉石笔记本"等20多个系列文化载体，多方位、多视角宣传文庙廉石文化。

（3）廉石文化研究

近年来，苏州碑刻博物馆文史专家配合市纪委开展廉石文化研究，市纪委等部门召开了全市廉洁文化经验交流会，编印《廉洁文化建设经验汇编》、编辑出版《廉石》专刊、《廉石千秋——苏州清官廉吏史话》、《廉石的力量》、《廉石赞》、《廉石印象2012》等书籍，两次赴廉石故乡采访调研，发表廉石研究专业论文《明代廉石碑和它的主人》等。

（4）打造"廉石文化教育专题陈列"

为了更好发挥廉石文化教育功能，丰富廉石文化教育内涵，2016年，在文庙府学内筹建《廉石文化教育专题陈列》。原来文庙府学仅有廉石实物遗存，缺少廉石文化教育的辅助性陈列，廉石作为苏州市廉政教育的品牌，应当有相关的史料陈列，该陈列将对提升苏州廉石文化教育有着重要作用。该陈列由"陆绩与廉石"、"廉石故乡探访"、"府学廉政碑刻"、"府学清官"、"当代廉石文化教育"等五大部分组成。以碑刻、实物、图文、影像等形式向大家展示陆绩与廉石这段历史，以及古代苏州府学与廉政相关的史料和苏州当代廉石文化教育。

（二）明伦堂"范仲淹与府学教育陈列"

为了展示范仲淹创办苏州府学历史，以及古代府学教育成果，2006年推出明伦堂《范仲淹与府学教育陈列》。苏州府学为北宋名臣范文正公创办，范仲淹"先忧后乐"思想境界是后人为官之楷模。明伦堂内有范仲淹陈列和苏州府学古代教育陈列两块内容，其中，范仲淹手书《伯夷颂》《道服赞》、苏州古代名贤像、苏州府学古代教育历史等内容，都是很好的廉政教育题材。

（三）府学清官

苏州府学历史上被誉为"状元、进士之摇篮"，培养出诸多状元、进士，可谓人才辈出。他们中有不少是德才兼备、为官清廉的楷模。与苏州府学相关的名人、廉官也很多，尽管他们职位不同、专事相异，但他们各有政声，清操示人。不论是归乡载石千秋赞的陆绩，还是"先忧后乐"的范仲淹；不论是连任十三载苏州知府的况钟"况青天"，还是清廉爱民的白居易；以及被誉为"天下第一清官"的张伯行……他们恪尽职守，公而忘私，深得百姓爱戴，这里仅列举四位杰出代表。

1. "济时良相"范仲淹

范仲淹（989～1052年）字希文，宋代吴县（今江苏苏州）人。北宋杰出的政治家、军事家、文学家、教育家。他出将入相，护国安民；为政清廉，廉洁奉公；体恤民情，造福于民；济困助乏，兴建公益。

景祐元年（1034年），45岁的范仲淹奉命调任苏州知州，在任期间，勤政为民、兴水利、建义庄，深得百姓爱戴。范文正公的"不以物喜，不以己悲"，"先天下之忧而忧，后天下之乐而乐乎"这些历久弥新的千古名句，早已穿越了历史的时空，成为范仲淹的个人标签，也是后人处世自省的楷模。王安石尊他为"一世之师"；黄庭坚赞誉他是"当代文武第一人"；朱熹称他为"第一流人物"；清朝康熙和乾隆皇帝则分别亲题了"济时良相"和"学醇业广"的匾额。

2. "况青天"况钟

况钟（1388～1442年），字伯律，号龙岗，明宣德五年出任苏州知府，他是明代一位受百姓尊敬的清官，苏州人民称他"况青天"，和包拯"包青天"海瑞"海青天"，并称中国民间的三大青天，昆剧《十五贯》，以歌颂况钟而使其妇孺皆知。况钟曾主持重修苏州府学，并亲撰《苏郡儒学先贤祠记》，清代苏州府学设况公祠。

3. "天下第一清官"张伯行

张伯行（1651～1725年），字孝先，号恕斋，清代著名理学家。每至一地即办学造福一方，捐钱助学。任江苏巡抚后，为江南科考舞弊案与两广总督打官司，案子三上三下，最后康熙皇帝亲自裁决，革去两广总督噶礼职务，誉张伯行为"天下第一清官"。张伯行在府学尊经阁后创设紫阳书院，康熙御赐匾曰"学道还淳"。

4. "香山居士"白居易

白居易（772年～846年），字乐天，号香山居士，唐敬宗宝历元年（825年），白居易53岁，任苏州刺史。任职虽然只有17个月，但他体恤民情，勤政爱民。白居易到苏州后，访问民间疾苦，发现阊门城外陆路不畅、水路不通、河堤坍塌、河道淤塞、旱涝并仍，决定从阊门始，直达虎丘山下，清淤排涝，使河道畅通，并利用河中挖起的泥土，顺势拓展河堤，垒石加固，构筑了七里山塘。白居易离任后，苏州百姓把山塘街称之为"白公堤"以作纪念，清代府学内设"韦白公祠"。

三、碑刻廉政文化资源

文庙府学所藏众多古代廉政相关碑刻，其中最具代表的有：宋代司马光手书《思无邪公生明碑》、清代《俞樾书格言立轴碑》以及苏州儒学碑刻等。

（一）宋代司马光手书《思无邪公生明》和《戒石铭》碑

《思无邪 公生明》碑

碑文由北宋名臣司马光（谥文正）手书，其隶书为唐隶八分书，端劲凝重。南宋淳祐元年（1241 年）摹刻。"思无邪"，出自《论语》："子曰：诗三百，一言以蔽之，曰：'思无邪'。""公生明"，语出《荀子·不苟》："公生明，偏生暗。"此碑原置于苏州三元坊书院巷江苏巡抚衙门内，以激励、警示官员勤政爱民，廉洁奉公。后迁入苏州文庙。

《戒石铭》碑

宋灭蜀后，宋太宗鉴于前后蜀政治腐败、不战而败的历史教训，将《颁令箴》缩写为 4 句 16 字：尔俸尔禄，民膏民脂，下民易虐，上天难欺。这 16 字就是《戒石铭》，于太平兴国八年（983 年）颁示天下，至南宋绍兴二年（1132 年）高宗又把诗人黄庭坚书写的这一祖训，颁于各府州县刻石立于大堂前。明太祖朱元璋进一步明令立于甬道中，并建亭保护，故有"戒石亭"之称。清人后因出入不便，改为牌坊，称为"戒石坊"，以进出熟规，铭记不忘。

（二）俞樾书《格言》碑

俞樾，字荫甫，自号曲园居士，清末著名学者、文学家、经学家、古文字学家、书法家。现代诗人俞平伯的曾祖父，章太炎、吴昌硕、日本井上陈政皆出其门下。清道光三十年（1850 年）进士，曾任翰林院编修。"惜食惜衣不但惜财尤惜福，求名求利只须求己莫求人"。告诫人们珍视衣食，珍视生命，持惜福之道；劝诫世人勤奋努力，做堂堂正正的人。

（三）文天祥书《正气歌》碑

《正气歌碑》为馆藏古代书法碑刻之一，《正气歌》是南宋诗人文天祥在狱中写的一首五言古诗，全诗感情深沉、气壮山河、直抒胸臆，充分体现了作者崇高的民族气节和强烈的爱国主义精神。

（四）赵雍书《义田记》碑

《义田记》，作者钱公辅，碑文为元代大书法家赵孟頫的儿子赵雍书写，文章通篇以"义"字作线眼，旨在表彰范文正公自奉俭约，购置义田，以养济群族之人的高风义行。

（五）《重建三贤祠碑记》

该碑为乾隆十三年殿试头名状元梁国治撰文，记载重建三贤祠经过，"三贤"指的是曾担任江苏巡抚的三位廉官：被誉为"大清王朝第一清官"的汤文正公（汤斌）、被康熙誉为"清廉为天下巡抚第一"的宋公（宋荦）、被康熙称誉为"天下清官第一"的张清恪公（张伯行）。

为了让参观者更好地了解廉政碑刻，感悟其中文化内涵，近年来，苏州碑刻博物馆成立了"碑刻技艺展示体验中心"，复制了一些馆藏廉政碑刻，供观众体验。这批碑刻还配有说明册、电子触摸屏、二维码，让观众深层次了解碑刻历史及内容。"碑刻技艺体验"已成为对外社教和廉政教育的一个知名品牌，深受市民欢迎。

当前，以习近平总书记为首的党中央高度重视以儒家为首的中华传统文化。习总书记视察曲阜，参加纪念孔子诞辰 2565 周年国际学术研讨会并发表了重要讲话。儒家的"礼义廉耻，孝悌忠信"和孝廉文化是中华民族的优秀传统文化，蕴含着仁爱、亲民、自律等思想，在抵制腐败现象、遏制腐败行为方面具有导向功能、约束功能、凝聚功能。中国古代的廉政思想、民本思想、德治思想等有待于我们去进一步借鉴，进一步挖掘和利用。它将对我国当代廉政教育起到重要作用。

作者简介：张劲雷，苏州文庙管理所（苏州碑刻博物馆）副所长、副馆长。

提升吉林文庙影响力的路径和对策研究

张　颖

摘　要　随着世界的不断发展，文化对一个国家的长远发展显得愈发重要，所以本文先解释吉林文庙的文化影响力，再说明中国儒学文化的源远流长和其对世界影响力。进而指出吉林文庙如提升在本民族的优秀文化中的影响力，以及提升本民族文化影响力的重要性。结合中国文化和国际的大环境，找出提升吉林文庙影响力的途径和对策。

关键词　吉林文庙　影响力　高科技　新媒体　东北儒学

吉林文庙是清代在关外修建的第一座文庙，作为东北儒学文化的最早代表，它雄伟壮观、殿宇轩昂、历久弥新。自乾隆皇帝在吉林首倡立庙兴学，整个东北地区文治为之一新，曾经是边关塞外的苦寒之地，吹进一缕兴学立教的春风，东北儒学文明自此发祥。吉林文庙兴建时，恰逢朝廷将祭孔的等级和规模提升为国家最高的级别，吉林建制也刚好在这一年，促成了吉林文庙的高等级。保存至今、气势非凡的吉林文庙为东北地区满族文化的发展立下汗马功劳，也是东北儒学文化的最早代表。至此，东北满人下马走向文明，关外风气由荒蛮转为礼教。

吉林文庙作为东北地区最为显著的文化历史丰碑，除去雕梁画栋、气势雄伟的古代建筑，庙内还供奉着"大成至圣先师孔子之神位"、四位儒学大师像、朱熹等 12 位先哲牌位、历朝历代德操高尚的社会贤达 79 位。由于历史文化原因，东北鲜有宗族祠堂，更少有祭祖开祠的礼仪传承，而吉林文庙对历代先贤的供奉和每年祭孔仪式的开展，恰恰就成了整个东北大宗祠的代表。儒家思想传承至今，千年而不绝，经百折而不灭，始终指导着中华文明以足够的韧性和巨大的包容性不断发展，在当代仍是为人向学、齐家治国的思想根基。吉林文庙应秉承传承儒学思想、尊重传统文明、弘扬东北文化特色的目标，使文庙成为江城文化名片，将承载着儒学礼教的东北文化推向世界。

当今社会文化泛滥，信息爆炸，就文化产业而言，首先应当有意识地将儒家思想注入文化产品中。文化的传承需要载体，儒学思想的精髓应在实际活动中逐步渗透，从而影响社会观念。

一、吸纳高科技手段以创新

在文化传播进行的过程中，科技的创新是不可忽视的一个重要的推动要素，因此，在提升文化传播的实践过程中必须以创新精神为基本切入点，积极创新技术力量，从而成功地出现一种新型的活动方式。每年吉林文庙都会开展诸多形式的文化活动和节日庆典，其中包括"开笔礼"、"成人礼"、"奖学助学活动"、"元宵节猜灯谜活动"及祭孔仪式等。在这些活动中，可以大量加入科技手段，使活动新颖、生动。随着影音效果的发展和舞台声光技术水平的提高，可以在活动中将 3D 全息投影特效和舞台融为一体。从二维到三维的提升，为以时间和空间为要素的舞台艺术开辟了一条新的发展道路和探索模式。相比于以前单一的演出场地，集综合艺术门类于一体的多功能的演艺场馆将更为观众所喜爱。在活动现场设置 LED 屏和立体音效，让观众拥有更好的感官享受。

使用高科技技术，能提升观众的参与度和新鲜感。在谭盾的《风与鸟的密语》音乐剧中，他用笙、琵琶等 6 种中国乐器模拟鸟鸣，录制后上传到互联网。演出前，观众将这些声音下载到手机上，演出过程中谭盾引导观众用手机播放鸟鸣声，与台上乐队互动，观众反而借助手机成为演出的一部分。吉林文庙也可以逐步打造科技文化旅游项目，大量运用高科技的全息影像技术为主要手段再现历史场景，展示演绎"孔子讲学"和"状元登科"，实现科技与娱乐、文化与旅游的结合。在文庙大成殿中，将影像、真人的表演和现场布景相融合，参观者身处多媒体包围的主题故事中，走动着欣赏、走动着聆听、走动着感受、走动着想象，极大丰富了吉林文庙旅游的文化内涵，增强了文庙的文化附着力和感染力。

二、灵活运用新媒介以推广

现如今，人们对于文化交流观念逐渐产生变化，大众对于文化和审美的要求相较传统有了不同的改变，因此在文化传播中必须要有效地运用新媒体的高科技，才能够及时地创新文化形态，对文化传播提升产生影响。这样一来，出现了新的文化互动，在一定情况下做到了在新时代上的文化高度创新，不但对文化在大众中的传播产生影响，还能在互动中增添文化活力。微博、微信等社交媒体的极高覆盖率，恰好可以为吉林文庙的宣传提供良好的平台。

通过建立微博账号、微信公众号，吸纳社会关注度，将吉林文庙的实时活动、节日安排在社交媒体即时公布。如四川都江堰文庙，通过设计极具特色的专门网站、微博账号等，在新媒体创新上已形成独有风格。我们也可采取申请微博账号的方式，实时更新吉林文庙的最新动态、最新活动日程安排，甚至可以通过回复留言的方式，与粉丝交流互动。相对于千篇一律的报纸新闻、电视采访，这种宣传方式更为灵活便捷，应用起来成本较低，传播范围更为广泛，还能及时得到市民反馈。建立吉林文庙微信公众平台，定期发送儒学知识、论语故事，将文化无形中逐步渗透于大众之间。

还可以通过"一直播"、"斗鱼"、"新浪直播"等网络直播平台，全程直播文庙大型活动，为没有参与现场活动的关注者提供参与平台。甚至可以通过即时对话，与网络观众互动，看到观众的建议回复，令现场活动更加生动灵活。传统的文化活动宣传几乎只针对本市市民，打破文庙活动的地域局限，让身处外地的观众参与进来，对活动产生兴趣和向往，对提升吉林文庙的影响力至关重要。这种网络传播看似简单随意，却能吸引大批关注参与者。以吉林市微博账号"吉林大冷面"为例，就拥有近 40 万的粉丝数量；某知名网络红人直播，在线观看就有近 500 万人。

所以，吉林文庙在活动开展和文化传播渠道中，需要及时的更新传播手段，有效地促进文化方式的创新，把经典的文化转变成职能的文化。再运用最高端的新媒体方法，在文化传播中发挥更大的作用，使现代的新媒体呈现本身独特灵活性的特点。此外，新媒体技术的发展，能够降低活动宣传成本，并且是一种绿色的文化传播手段，就能够保障吉林文庙的宣传工作更为长远[1]。

三、打造东北儒学之特色

吉林文庙历史悠久，蕴含着丰富的教育和文化内涵，见证了中国的主流传统文化——儒家文化在东北地区的发展，凝聚了历史上各个时期统治者对于儒家思想的认同和推崇，经历了最初以祭拜孔子，到"庙学合一"，再到教育史上各大名儒名贤被请进文庙加以祭拜褒扬[2]。吉林文庙既是供奉和祭祀孔子的标志性建筑，也是传授儒家经典和宣传教化思想的文教圣地，堪称东北文明发展的重要见证。

在吉林文庙今后的发展中，应当注重其物质遗产和非物质遗产的双重特性，加大其在传承中国传统文化和教育的重要作用。以东北特色文化遗产为研究视角，探寻东北文庙自身所特有的教育遗产价值体系，提出切实可行的保护与利用对策。其中，在满人汉化的过程中，便继承了儒学伦理的忠孝节义，忠君、孝亲、有爱、和睦、信义

---

① 郭思缘：《浅谈新媒体形式——微博在文化传播发展中的影响和作用》，《戏剧之家》（上半月），2013 年 3 期。

② 第十二届"挑战杯"省赛作品《东北儒学教育遗产的保护与传承——东北文庙现状、问题与对策》

成了满族伦理道德的核心①。这在当今仍有现实意义，我们可以将文庙作为今后吉林省爱国主义教育基地，结合满人儒学伦理的孝悌忠信、礼义廉耻思想，面向社会进行教育宣传。比如评选出年度孝子，将他们的事迹予以表彰宣扬；举办纪念古今爱国英雄的活动，教育市民、学子忠于国家；大力颂扬爱岗敬业、见义勇为、为教育做出贡献的杰出人士。

　　打造具有民族特色的儒家文化博物馆。与其他地区文庙不同的是，吉林文庙承载着儒学与满族伦理文化融合的成果，打造出独一无二的文化表现形式，更好地吸引各地游客。例如湖南的"女书"文明，云南的民族特色节日，湖北"神农架"风景区，都成了当地文明发展的重要名片。我们也应着力打造"吉林印象"，以文庙为基石，推陈出新，将吉林特色文化展现出来，通过活动、表演、舞台剧、歌曲的形式，再现盛况。如在"吉马赛"这种国际大型比赛中，便可以借此平台展现吉林满族风情，比如在起点终点设置当年满人骑射的场景，为全世界带去八旗子弟英姿。举办满族特色节日，邀请全市市民参与，再现盛景，展示地方文化特色。

结　语

　　吉林文庙作为儒学教育重要的载体，其珍贵的现实价值日益凸显，无论是传承中国传统文化，还是深入研究东北文化、教育历史，都具有得天独厚优势。在今后的保护及利用中，不仅要将文庙作为教育遗产进行研究，探讨该儒家文化元素在传统儒学发展史上重要价值，更要将吉林文庙合理利用起来，分析面临困境，总结经验教训，致力于发挥其教育遗产的价值，做好中国传统文化的传承者。

　　作者简介：张颖，女，吉林市文庙博物馆副馆长、馆员。

---

① 邢丽雅、于耀洲：《略论儒学在东北少数民族中的传播》，《黑龙江民族丛刊》（双月刊），2009 年 1 期（总第 108 期）。

文德意象的寄寓之地——旌德文庙

方光华

摘　要　文庙在现实社会中的地位，比历史上任何一个时候都显得暗淡无光，它只等同于一件文物。尽管穿上了国家或省市县级重点文物保护单位的外衣，昔日儒家文化的标志建筑如今只是一个符号，祭祀孔子以及"文官下轿，武官下马"的各种礼仪全都退到了历史的大幕之后。尽管如此，文庙对一个地方文化教育的影响力总能穿透厚重的方志，闪烁出绚烂之光。

关键词　旌德文庙　文德意象　寄寓之地

文庙在现实社会中的地位，比历史上任何一个时候都显得暗淡无光，它只等同于一件文物。尽管穿上了国家或省市县级重点文物保护单位的外衣，昔日儒家文化的标志建筑如今只是一个符号，祭祀孔子以及"文官下轿，武官下马"的各种礼仪全都退到了历史的大幕之后。尽管如此，文庙对一个地方文化教育的影响力总能穿透厚重的方志，闪烁出绚烂之光。

曲阜孔庙，发端于孔子去世的次年——公元前478年。唐代以降，只要是国家设立的县以上行政区域一般均设有孔庙。据曲阜孔府档案统计，至清末，全国府、州、县设孔庙达1560多处。现存保护完好，或有遗址遗迹可寻的近500处。

孔庙为祭祀孔子的庙堂，还有文庙、至圣庙、文宣王庙、先圣庙、夫子庙、先师庙、鲁司寇庙、儒学庙、学宫、黉学、府学、州学、卫学和县学等不同称谓。

安徽现存文庙建筑10余处，大多兴建于元、明、清时期。主要有桐城文庙、蒙城文庙、芜湖夫子庙、望江文庙、霍山文庙、霍邱文庙、绩溪文庙、泗县文庙、太和文庙、旌德文庙、寿县孔庙、萧县文庙等。其中，桐城文庙、寿县孔庙、旌德文庙为全国重点文物保护单位。

一、旌德吉地建文庙

地方孔庙作为礼制建筑，是古代城池中的主要建筑之一。中国传统建筑从选址、规划、设计到营造，无不受风水理论的影响，都邑、村镇、宫宅、寺观、陵墓，以及道路、桥梁概莫能外。孔庙的基址，必须选择"风水宝地"，还得注重在城市中的方位。《阳宅三要》云："阴阳之理、自古攸分，二者不和，凶气必至。故公廨要合法，而庙亦不可不居乎吉地……"《相宅经纂》说得更具体："文庙建甲、艮、巽三方，为得地。庙后宜高耸，如笔如枪，左宜空缺明亮，一眼看见奎文楼，大利科甲。"（甲为震，东方；艮为东北；巽为东南。）按照风水理论，南方丙丁火，具有炎热向上的特性；东方属于甲乙木，具有生发、通达的特征。东南是日出之地，是城市中日照最长的方位，是一个生机勃发、欣欣向荣的方位，寓意着朝气和昌盛，适合建文化建筑。

天下大建孔庙的唐太宗时期，东南方位就已积累起丰富的文化内涵——充满文德意象，朝气蓬勃的东南，就是建孔庙最得体的位置。

清嘉庆《旌德县志》载："宋徽宗崇宁元年，诏兴学宫，县令严适创建庙庑，在县治尉廨间。"900多年过去了，旌德文庙一直位于县府之左。前面案山，是形状酷似笔架的梓山，左向为由南往北流的徽水河（护城河）。

"庙学合一"位于城市中心，利于统治者对百姓进行教化。文庙中的学宫是科举时代州县的学府。读书人考中秀才叫"进学"，进的就是学宫，所以秀才又称生员。不过秀才平日读书并不在学宫，一般一年只需来两次。一次是孔子诞辰来拜祭；另一次是参加一年一度的检测考试，即"岁考"。为了阻隔市嚣，文庙四周都建有高大的围墙。

安徽文庙的基本形制是：大成殿居中，前有月台，殿前左右设东西庑，殿正前为大成门（戟门），再前为棂星门和万仞宫墙照壁，泮池位于棂星门内外，崇圣祠位于大成殿的北部或东北。此外，由于"庙学合一"，还有明化堂（实施儒家教化的大讲堂）、尊经阁（存放儒家经典的图书室）和魁星楼（供奉文昌帝君，文庙学宫张贴榜文之所）等教学建筑，不少文庙还设有乡贤祠（祭祀本地对儒学传播做出贡献的人）、名宦祠（祭祀本地区有政绩的官员）等从属性建筑。

孔庙建筑群的命名，同样体现了儒家"仁、义、礼、智、信"的精神内核。"万仞宫墙"表现儒家思想的博大精深；"泮池"表示儒家思想"孔泽流长"，半圆形状，取意学无止境，永远不满。"棂星门"表示尊孔如尊天。"大成门"（仪门）表示进入此门者应衣冠整洁，仪表堂堂，体现对孔子的尊敬。"大成殿"（先师殿、先圣殿）表示孔子为"集古圣先贤之大成"。至于"金声""玉振""德配天地""道冠古今"坊名，无不透露出尊孔颂儒之意。通观文庙建筑群体，表达的是方正、对称、闭合、等级制、中庸之道。中轴线上的核心建筑——大成殿的设置，体现的就是追求"向心内聚""官为本"的思想。大成殿供奉孔子坐像,两侧四配:颜回、曾参、孔伋、孟轲。外为十哲或十二哲:闵损、冉雍、端木赐、仲由、卜商、有若、冉耕、宰予、冉求、言偃、孙师、朱熹。

建筑同样是一种语言,只是与文字不同的符号而已。文庙从殿、堂、门、坊的称谓,到门窗、阑额的装饰图案,处处展现儒家文化的内涵。此外,文庙常常因种植高大的四季常青树木形成良好的和谐生态环境,象征儒学的生命常青、常新,经久不衰。

二、旌德文庙修建史

安徽文庙有"北桐南旌"之说,这自然是相对文庙建筑群保存完整和规模而言。

桐城文庙由门楼、棂星门、泮池、状元桥、大成门、大成殿、东西长庑组成,占地 4859 平方米,建筑面积 1670 平方米。

旌德文庙占地面积 6670.65 平方米,由大成殿、东西庑、东西斋房戟门、名宦祠、乡贤祠、泮池、泮桥、文昌塔等构成,建筑面积 1479.46 平方米。

关于旌德文庙兴建的时间,清嘉庆《旌德县志》是这样表述的:"考唐贞观四年(630 年)诏州县皆立孔庙,时尚未有旌邑也。宝应建邑以后,谈学之制无闻,邑之学宫自宋崇宁元年(1102 年)始。"也就是说唐朝之初,朝廷就要求各县建孔庙,只是旌德当时还没有建县。宋崇宁元年(1102 年)建的学宫,自然成了旌德建县后最重要的建筑。

旌德文庙历经南宋、元、明至清顺治十四年(1657 年),屡受兵火之灾,大修 24次,重建 5 次,现存建筑为顺治二年(1645 年)所建。

虽说文庙累代修缮,迁建不一,修造之勤,皆历历可考。在此不凡罗列一下,看看文庙系列建筑在一个江南小县是如何慢慢建成的。

宋崇宁元年(1102 年),县令严适创建庙庑。宣和间毁于兵。

绍兴十三年(1143 年),县令赵伯杰重建。东移十步左右,改子午向。正殿与讲堂并列,堂曰言仁,斋曰育才、进德、待聘、兴贤、稽古、辨理。凡屋百五十八楹。

乾道间,县令齐胄重修殿堂、两庑、六斋。

淳熙中,县令沈作霖复修。

绍熙中,县令李瞻修学舍。

嘉定初,县令秦箎修文庙、庑舍。

嘉定间,县令方俞俌建殿庑,拓斋舍。

嘉熙四年(1240 年),县令赵时燧重修。德祐元年(1275 年),兵毁。

元至元十四年(1277 年),县尹葛师亮命主薄汪必成重建。十九年(1282 年)县尹单执中复加整饰。二十八年(1291 年),县尹郝弼修盖大成殿。三十年(1293 年),

县尹刘瑞修东西两庑，饰圣像，绘从祀于壁，筑宫墙，濬沟渠，造棂星门。

元贞间，县尹王祯倡修殿堂、斋庑，砖石甃砌。

后至元间，县尹刘性以庙貌倾圮，重建殿庑、堂斋，置祭器、书籍，捐俸买铜三百九十斤铸香炉、爵豆、牺樽诸器，勒石记之。至正九年（1349年），达鲁花赤亦怜真暨县尹榻宝宝兴学校、塑诸贤像。末年毁。

明洪武三年（1370年），知县朱铎重建。

永乐中，知县谭青加修。

正统三年（1438年），县丞陈贤重建，塑圣像及四配像。十一年（1446）知县冯本继葺，作戟门两庑。

景泰四年（1453年），知县曹祥捐俸买民地造神厨、库房，建棂星门，修饰圣贤牌位。

成化初，知县彭贤塑圣贤像，增置祭器。成化中知县尹清，修砌文庙丹墀，雕饰四配牌位。

嘉靖十年（1531年），知县柳应阳奉钦正先师祀典，撤塑像，用木主，改大成殿额，称"先师庙"，升革从祀诸贤。应阳奉行未毕，解任去。十二年同知叶尚文摄县事，完之。

万历三年（1575年），知县秦文捷改建庙庑。七年（1579年），知县卢洪春续修。二十六年（1598年），殿庑、六斋俱雨坏，知县苏宇庶重修。

天启七年（1627年），教谕周民初建泮池于棂星门外。

崇祯七年（1634年），训导王焞重改儒学门，迁亥山巳向。末年兵毁。

清顺治二年（1645年），教谕吴邦俊倡捐银二百两、徽宁道张文衡一百五十两创建。六年，徽宁道郝璧、知县李滋发各捐资助修。七年，徽宁道袁仲魁捐俸二百两，建东西两庑及月台、仪门，庙貌始整。十一年，徽宁道孙登第复增修之，改凿泮池于棂星门内。十四年，知县王融续前令周一熊创始之工，捐资修整。教谕毛元策亦捐银五十两，训导卞日郅、刘完人、刘其液皆后先相继，与邑人共董其事。劝输生员宋璞、饶奎、方显儒、周震、郭承抡、汪永祉、方瑗、张谱等督工，耆民黄文尚、张本任、曹世杰、姚天馥、张文奎、程天昂、黄应翰。

康熙四十年（1701年），知县夏文炳、教谕张孝扬、训导顾英集众绅士议，移县内署于西北阜改建文庙。劝合邑捐输获二千余金，即"明伦堂"旧址并县署，让地创筑"大成殿"，迁建"明伦堂"于殿左。凡两庑、戟门、棂星门、泮池、暨斋房及名宦乡贤祠，概行改建。考定宫墙位向，坐壬朝丙，内加亥巳，外加子午。总理督建举人汪振汉、汪廷简、贡生周吉、吕启纶、江焕章、吕永吉、江起槐、监生汪廷翰、倪兴晃、饶琪、生员饶维屏、宋光炜、刘灏、叶世英、姚秉衡、刘游、经历姚秉理。劝输首事生员张谦、吕世绪、饶梦龙、黄甲、汪廷笃、倪元铫、姚云期、姚秉钧、吕建臣、宋序、张文元、舒又敬、汪元龙、汪元及、姚俊臣、吕遇廷、饶径元、饶吉、饶元玛、周笃、汪淑、周一中、汪廷达、张裔、程家相、周道瀛、宋光义、方建国、张镐、宋兆祝、宋敏元、叶芳春、汪振拔、汪永清、黄其任、汪振轩、吕梦琦、郭纬、吕建廷、汪鼎元、张问达、李允方、汪廷干、吕文焕、程绅、周俊、倪天镖。

雍正十年（1733 年），知县纪咸率邑绅士建泮池上石桥、立"德配天地""道冠古今"二坊，照壁一堵。

乾隆八年（1743 年），知县苏一圻、教谕王英，合众绅士议建"尊经阁"，合邑捐资，越岁工成。又仪修"圣殿"，生员方璧自愿输财，命其子蛟（郡庠生）督工。当年冬天，从"大成殿"及两庑、斋房、甬道、戟门、泮池、石桥、棂星门、照壁、牌坊，并名宦、乡贤二祠，概行修葺，增砌月台陛石，计费千三百两有奇，阅三载讫工。九年，生员方然遵父禄遗命，捐资赢千金，改建"崇圣祠""魁星楼""云路门"，阅岁告竣。先是邑中士庶共输三千余金，建"尊经阁"及成；即继创"文昌塔"。一时工役齐举，焕然鼎新，为邑中胜事。董事：举人江素、姚青澄、汪建绩，贡生姚秉义、汪际泰、方城，协运饶信，劝输贡生黄徽、方馨、生员吕文中、郭份、方昆、张震、方蛟、汪建中、王烈、饶建业、吕振扬。

乾隆二十六年（1761 年），知县张洞率邑绅士重修学宫。董事职监：张梦麟、宋廷臣、贡生周凤、王学益、监生王祚传、刘建章、生员饶辉元、张士珂。书碑：拔贡生刘玉乔。

从史料的复述中，不难得出这样一个结论：几乎每任县令都把修建文庙视为当时最大的政绩工程。一代接着一代干，才使文庙的规制趋于完整。

当时文庙及附属建筑包括：先师庙、两庑、斋房、戟门、名宦祠、乡贤祠、泮池、牌坊、棂星门、崇圣祠、尊经阁、明伦堂、土地祠、忠孝祠、礼义门、半月池、文昌塔、魁星楼、云路门、节妇祠、照墙、学前余地、教谕署、训导署等。

三、文德意象寄寓地

今天我们见到的旌德文庙，大致是清顺治的产物。

文庙主体建筑大成殿，初名文宣王庙，宋崇宁四年（1105 年）始改称大成殿。长宽均 17 米，占地 289 平方米。基高 3.33 米，殿高 18.66 米，重檐歇山顶。屋面为滚龙亮背，上下两层，各有 4 条垂脊，正脊中嵌火焰宝珠；正脊两端及垂脊角均嵌有鱼尾走龙，抬梁式木结构。殿周用石柱，上覆灰瓦，窗牖雕刻精致，檐牙高啄，气势宏伟。殿内四根硕大银杏通顶木柱，表通天之意。殿内藻井两层彩绘，内容为凤、鸡、鹤、龙、象、鹿、麒麟及牡丹花卉等，并有八仙容颜，最高最醒目的则是文曲星。纵观大小数十幅彩图，画面栩栩如生，寓意明显，无非是寄望旌德子孙文星高照，大显神通。

大殿四周红墙簇拥，早先殿对面有照壁，门口为左右二坊，"文革"中被拆，旧址曾为县公安局办公大楼，楼基紧挨着泮池，文庙进出大门只好移至东向。"旌德文庙"门额为旌籍名人周而复手书。泮池上建有三拱石桥，池东为礼门，西为义路，池后为戟门。戟门左右分别是名宦祠和乡贤祠。两祠与两庑历代均崇祀名宦乡贤，元代许道传《兴学记》中说，"自金乡侯以下及汉唐宋诸贤"图像"凡一百又五位"。以后名宦祠祀宋元明清32位；乡贤祠祀7位，分别是汪澥（宋代国子监祭酒）、姚裕（明代翰林院检讨）、江汉（明代户部郎中）、张斯昌（明代惠安知县）、汪浤（明代四川按察司副使）、周希旦（明代应天府府丞）、郭建邦（明代工部侍郎）。穿过青石板甬道，上台阶至长方形月台，再上台阶方到大成殿。无论是地势还是建筑，大成殿都给人以雄伟肃穆之态。文庙院内两株参天樟树，"文革"时期公安局常将人犯铐锁树旁。如今，每到秋冬季节都会吸引不少白鹭来此栖息。

文庙附近的尊经阁和明伦堂，虽无原物，但有助于理解文庙的教化功能，值得一提。尊经阁，始建年代失考，清乾隆八年（1743年）复建。姚秉义在《重建尊经阁记》中对尊经阁的位置、规模及风格有着详尽的记载：

> 爰辟地于明伦堂东，学宫之震方，筑石台为址，高三尺许，宽广纵横三丈四尺，而建阁于其上。第一层高一丈六尺，二层三层以次而至脊顶，按之绳墨，共得五丈二尺。敞角重檐，凌空高矗，窗棂栏槛，轩爽玲珑，画栋雕梁，丹碧跃彩。方向廻抱学宫，翼然左护，势若穿天心而探月窟，经尊而阁亦尊也。

明伦堂在学宫左侧，与大成殿同时建造。原名讲堂、"言仁堂"。明伦，顾名思义是为师生讲明三纲五常之道。对于明伦堂修德养身的作用，清吴稠《旌德学建明伦堂记》中说得十分清楚：

> 堂宇之新，匪直为美观也，冀士习与之俱新。视堂之广大高明，必致广大而极高明也；视堂之八窗洞达，必洞然八荒皆在我阔也；视堂之四方平直，则必履其方平由其正直也。

以后，尊经阁与明伦堂均毁。阁与堂的责任全转由文庙担当。

清嘉庆年间鲁铨的《新修旌德县庙学》记，对于文庙关乎人心风俗作了精彩说明：

> 旌德处万山中，灵淑钟孕，代有伟人。今兹庙学聿新，窃于多士有厚望焉。夫孔子之道配乎天地日月，而其实不外于日用之间，有志之士诚能忠信以为基，廉耻以为界，仁以为宅，义以为路，礼以为门，六经以为堂奥，四子以为阶梯，

而又培厚增高，葆坚持久，实措诸践履行习之地，树其孝友睦姻任恤之风，声以待他日为栋梁，为藩翰，而近亦足以化其井里，油油然返漓于淳，则士之修其身心与今之修庙学何以异？仅云撷科第，拾青紫，犹末也，多士勉乎哉！

儒学的发展过程中，多次受到佛、道思想的冲击和影响，儒学圣地孔庙同样吸收了佛道的文化艺术，文峰塔的进入就是佛塔儒化在建筑上的一种吸纳。

科举时代，儒生求功名心切，寄望于直指苍穹的文峰塔张扬文气，在人们的内心是想借佛法灵力佑助科举高中。在文化象征意义上，将佛的虔诚祈祷与对世俗功名利禄的热切向往熔于一塔。

旌德属程朱理学影响至深之地，对于风水影响文运的事，古人的虔诚后人只能望其项背。

文昌塔与文庙一路之隔，东临穿城而过的徽水河。

文昌塔塔基原为文昌阁旧址。文昌阁始建于 1522 年，为木制三层八角式。明万历年间重修，清顺治中再修。清人王融在《重建文昌阁记》中说："《史记·天官书》称，斗魁戴匡六星曰文昌宫。"《神契》云："文者精所聚，昌者扬天纪。其六星中，贵相所以理文绪，司禄所以赏功进士，盖主天下文事之宿，禄命之所系也。"

天下士子的功名与福禄归文昌星管。要想一地公卿蝉联，人文表著，那一定要有文昌阁。为子孙后代计，木制的文昌阁倒了一回，毫无疑义地重建了一次。

重建以后的文昌阁到了雍正年间，又是一幅倾颓覆压的状态，到了不得不拆的地步。文昌阁夷为平地之后，重视风水的大人先生们一看，文庙的东边显得太空，西向的玉屏山大有强逼过来之势，这样的风水对学宫显然不利。为了保住文运，此地要有新的建筑。

补全风水上民间也有一说：旌德县城地形像"五龟出洞"，如果让龟出走了，就会带走文运和财气。此外，县城西南方有一座形状似火的梓山，导致城里经常失火。必须建塔来"定龟"和"镇火"。

风水无小事，关系一地之文脉更是人心所向。所以，产生"易阁而塔，易木而砖，易三层而为七层"的决策，概在情理之中。

县里一批方案，修建者便以勃勃雄心组织实施，精心和诚心都写在行动上。

先是在文昌阁旧址上用大石头下基脚，然后用杨桃藤煎汁和石灰浆浇灌，这样构造起牢固的基础。等基脚上砌起八角石台后，又择吉日用银匣盛八宝安置在塔基中心，用铜皮八块，朱砂画八卦，按方位排列石台的八个角，才开始往上砌砖。

可是好事多磨，细细核算所有的银两，正在建的尊经阁用去一半，加上城中疏通水道，修葺司训衙斋，预算中的经费所剩无几。想造七层的宏愿，因为银两缺位，砌到第三层就不得不停工了。

要追加预算，和今天的办法相似，得请绅士们开会商议。这个时候坚持建七层之塔的意见，在缺金少银这点上短了气。即便是图纸改成五层，一样要设法请南乡巨族出钱，还要动员百姓义捐。好在南乡大族开了口，义捐又得到了百姓的响应。于是开始复兴工作，这回估量财力，建个五层合尖，也算是本县一大壮景了。上塔顶的那一天，县主率同城官绅祭告，总算是大功告成。

建塔的时序是这样的，乾隆八年（1743 年）建第一层；九年（1744）建第二、第三层；十一年（1746 年）建第四、五层。最后奉文武二帝于五层之上，已经是十二年（1747 年）的夏天了。前前后后花了五年时间，通计匠工、砖瓦、灰泥、金铁等项，用银二千一百九十六两。对于好义乐输者，将姓名镌碑二座，竖在尊经阁中，以垂不朽。姚秉义在《重建文昌塔记》中特地给第一线的劳动者留下了笔墨，记清了能工巧匠的姓名，"砖匠贺富、石匠刘初、木匠阮勤，皆良工，勤谨密致，例得附载。"当时用"厚实坚固，可以永久不敝也"的文句来评价这座民居环绕的古塔，260 多年后的今天看来，一点都不过分。

文峰塔类建筑，在旌德除县城外今天还有五处之多。

独具一格的要算蔡家桥镇乔亭村的文峰塔。不独旌德，全国恐怕也不多见。塔是用块石砌成的实心塔，简单到了大智若愚的地步。

乔亭村《刘氏宗谱》载：明嘉靖九年（1530 年）动工，落成于次年春，至今已逾480 年，是旌德县最古的人工建筑之一。一块"文峰塔记"的石碑，就在塔旁的农户院内放着，可惜碎成了三块。从碑文的记叙中我才知道，刘氏最初是当上门女婿到了乔亭，最后繁衍出二千户三万人的一个大家族。文峰塔是按《易》经八卦兴筑的，其目的是想凭借风水之利，使刘姓家族从此人文蔚起，世代簪缨，跻身于阀阅巨族之林。

文峰塔系方形花岗石砌成，内填泥沙。呈圆锥形，顶扣葫芦形石，高 11.7 米，底径 6 米，顶径 1.5 米，其状如卓笔，因名"石峰文笔"，刻着"石峰"二字的石块一直在塔脖子上砌着。峰旁 50 米处为堃湖，疏凿于清道光元年（1821 年）。"周广二十余亩，甃石廻澜，澄鲜一色，旁建敞轩数楹。"湖边建有文笔峰，倒映水中，恰如笔投砚池。原先在湖塔之间，有亭状如笔架，恰似一支毛笔搁置于墨池旁。加上"十里三村"的乔亭、汤村、朱旺地势空旷，犹如一张巨幅的宣纸。这样，笔、墨、纸、砚就齐全了。"文笔投池"四个字一下子就让"文房四宝"生动起来了。

此后，刘姓的文风昌盛，人杰地灵，就这样简单地归之于风水之功了。民间的理由，任何一个时代都少不了传奇色彩。

传说多有附会，但刘氏宗族由此兴盛却是不争的事实。此后几百年间，乔亭村文脉不断，人才辈出。祖孙同科、父子同科、叔侄同科、兄弟同科者数见不鲜，以功名进仕者不胜枚举。"其时士则应试者以百数，科举未尝或间，殷实之家各皆有，而称小户者则指不胜屈……"

旌德虽为皖南小县，但崇文重教之风，代代相袭。

宋天禧五年（1021年），新建村汪文谅不受皇帝赏金，要求换赐经书，以"教吾子孙，使之明习诗书礼乐"，并建义学，"四方英才皆来受教"。仿效他的义举，后人捐款输田、办学兴教蔚为时尚。

清代中叶，旌德人因商致富，兴建学馆更多。

乾隆末至嘉庆初（1794~1796年），旌德洋川商人谭子文分家产之半，捐银二万两在家乡创办毓文书院。三年中筑房舍堂馆一百多间，重金礼聘名师，招江南四府一州（宁国、徽州、池州、太平府和广德州）之士肄业其中。他节省衣食、日用，搜购经、史、子、集等书籍供师生学习，奖励师生之勤勉者。对于谭子文疏财办学，重视后辈的培养教育，山长洪亮吉说：他的贡献远非赈饥恤贫，修桥补路，施医舍药等一般善举所可以比拟。抗日战争前夕，安徽省图书馆吴景贤先生在撰写《安徽书院志》《安徽图书馆沿革考》时，披览了全省宋、元、明、清269所书院的有关记载后，将毓文书院与同时代各书院进行比较，赞誉毓文书院是：乾嘉时代安徽讲求汉学书院之翘楚。非特可补紫阳书院之不足，实亦堪与当时杭州之"诂经精舍"广州之"学海堂"鼎立媲美。

光绪年间，旌德全县有书屋、文会、书院、县学100多处。旧志载，"旌俗重诗书，勤课诵，多延名师以训子弟。又设文会，聚族人士每月有课，寒暑不辍，凡城乡皆然"。从建县到清末，学有成就者代不乏人，仅有姓名可考者就有举人206人、进士143人，其中状元、榜眼、探花各一人。

在这样一方土地上，对于"释奠先师先圣"的文庙以及学宫百姓们不仅崇敬有嘉，爱护之心天地可鉴。

文昌塔的最终落成是因为私人捐款助了一臂之力。翻阅方志，不难发现旌德文庙的修缮多以私人捐款为主。清张泰交《重建文庙记》中就有"鼎新圣庙，出自绅士乐输，具见旌阳义举，亦足征该令鼓舞作兴、上下相信之效也"的表述。嘉庆十年（1805年），文庙倾颓朽坏，朱旺村的贡生们呈请独立修建，"自大成殿暨两庑、斋房、丹墀、甬道、戟门、名宦祠、乡贤祠、泮池、石桥、左右二坊、棂星门、照墙、崇圣宫、尊经阁、土地祠、魁星楼、云路门，概行修建齐整"，"规模较旧闳敞，工材倍加壮丽"，计费白银三万多两。

那时的文庙，是士子和百姓心中永远神圣的殿堂。文庙的一土一木都关乎礼仪，关乎文运，谁都不可以冒犯。重修大成殿时，儒生们认为原先"形势低洼，文星不现，且县署高压，士气不扬"，重建时将基高由八尺提到一丈，殿高由四丈六尺提到五丈六尺。即使是学前余地，学宫照样设四条戒约进行管理："一学前空地毋得造店，一通邑水沟毋得阻塞，一伺察泮池不得蓄鱼，一看守水闸不许盗诀。"

寄托文运的文庙，说它是民心所育，一点都不过分。正因为有此强大的后盾，文庙在沧桑变化中的一次次劫难均能得以化解。即便是"文革"期间，旌德文庙成了县公安局的办公场所，一次转身却是一次转机，使得文庙今天依然能够耸立于世。

动手写作这篇文章的时候，我再次走进刚刚维修完毕的文庙内，先是绕外围转了一圈，而后穿过戟门从甬道一步一步走向大成殿，环视庙内的建筑及其布局，在方正、对称、中轴线等等建筑语言中，我分明感受到了儒家"仁、义、礼、智、信"的厚重内涵。

今天的文庙尽管重拾不了昔日的辉煌，听凭岁月如何磨蚀，谁都不会否认它对于一个地方文化仍然起着潜移默化的作用。

作者简介：方光华，旌德文化学者。

参考文献：

[1] 陈炳德主修，赵良澍总修：清嘉庆《旌德县志》。
[2] 王椿林主修，胡承珙总修：清道光《旌德县续志》。

文庙对于未成年人的教育意义

王亚芳

摘　要　随着时代的发展，文庙的功能已不仅仅体现在纪念或祭祀上，而体现更多的则是对于传统文化的传承和对未成年人的教育。让更多孩子走进文庙，感受传统文化的魅力，使他们的心灵得到升华，对他们的未来将产生润物细无声的影响。

关键词　成人礼　启蒙礼　科举文化　传统文化

文庙，又被称作夫子庙、至圣庙、先师庙、先圣庙、文宣王庙，是纪念和祭祀我国伟大思想家、政治家、教育家孔子的祠庙建筑。

孔子被历代的帝王尊崇，被称为"天下文官祖，历代帝王师"，所以历代封建王朝把修庙祀孔作为国家大事来办，到了明、清时期，每一州、府、县治所所在都有孔庙或文庙。其数量之多、规制之高，建筑技术与艺术之精美，在中国古代建筑类型中，堪称是最为突出的一种，是中国古代文化遗产中极其重要的组成部分。

早在唐太宗时期，就有在各地都建文庙来祭祀孔子之说，所以中国历史上有文庙1600 多座，而目前国内保存较好的只有 300 余座，列入国家重点文物保护单位的有 21 座。

几千年来，传统文化一直被人们视为修身、齐家、治国、平天下的重要依据。然而，如今这个处处充斥着流行和竞争的年代，时尚快感代替着人们对传统的需求，更多时候传统文化只在理想层面发挥一点作用，更多的人还在想象它应该在社会的发展中扮演重要的角色。实际生活中，传统在离我们渐行渐远，人们忙于各种应酬，忙于生存的条件下，更对传统文化少有问津了。有统计显示，中国的非物质文化遗产至少有 1 万项，但是它们每天都在减少。

曾经有人在大中小学作过一份调查，调查的结果"在课本上学到的往往都是古诗词文学、历朝历代简史，主要是为考试服务，十分枯燥乏味，晦涩古板"——"和我所学和以后发展的方向没有太大联系"，有很多同学认为自己所学的专业（尤其是工科和理科），跟古代经史子集在很多方面没有共同之处，读古代经典文学会成为负担。——"我很不喜欢这些东西，它们过于乏味、枯燥，没有创新。"初次阅读和接受它们，很多人都会产生误解，认为它们是一成不变的，是过时的。如今，人们很少主动学习传统文化的原因，很大部分要归结于传统文化自身离平常人还有一定差距，整个社会提供给人们学习的机会比较少，在大中小学校园里的我们少有机会接触这样的传统文化。在传统文化这一方面，素质更加全面的大学生群里，仍显得十分缺乏，出现调查中的数据也就是意料之中的了。

有的一些学校教育，为了得高分，拼命背诵经典，但不理解意思，导致学生们知其然不知其所以然，曾经有调查问卷显示，大多数同学认为传统文化对当下中国社会有重要作用，少数同学认为有一些作用；大部分同学认为有必要学习古代先哲的思想，并表示会主动学习。可见，大家对于传统文化非常普遍的认同，基本都认识到了传统文化中的积极因素在对国家建设和个人发展方面的促进作用。当问及对经史子集的态度时，答案就不像上面两题的答案那么集中，相对来说，选择"偶尔翻阅"的最多，其次是"敬而远之"。不少人一听到经史子集，就将其与"刻板、过时、食古不化"之类的词语等同起来，甚至说"没有听过"。曾经听过一句话"百姓日用而不知"，现在的传统文化对于大家来说就是这样，人们对传统文化没有一个系统的认识，而且也很少有这样的场所，让大家去学习。这时，文庙的作用就显得尤为重要，仅以长春文庙为例，长春文庙作为吉林省未成年人思想道德教育示范基地、吉林省爱国主义教育基地、国学教育基地，承载着继承和弘扬中华优秀传统文化的伟大使命，文庙每年都举行很多次公益活动，更多的学生参与到其中，或担当志愿者，为参礼者服务；或亲身体验古代启蒙礼、成人礼，祈福礼等活动。通过这些活动，我们看到了学生们惊人的蜕变。

中国自古以来就有重视未成年人启蒙教育的优良传统，启蒙教育思想极为丰富。启蒙礼是中国传统对少儿开始识字习礼的一种启蒙教育形式，是少儿进入人生学习阶段极为隆重的纪念仪式，为人生四大礼之首礼，又称为"破蒙"，是中华民族传统文化的重要组成部分。

由家长陪同孩子一同前来参加启蒙礼，既表达社会、家长对孩子成才的期望，也希望孩子在别开生面的仪式教育中发蒙明智，传承中华民族的优秀文化精髓。仪式过程中为蒙童正衣冠、用泉水洗面、三拜先师后，最后在额头正中点上朱砂，寓意他们从此开启智慧、目明眼亮。举办启蒙礼活动，目的是为了弘扬中华民族优秀传统文化，发挥传统礼仪在当代社会中的积极作用，使孩子们能够树立正确的教育观念，让这项典礼得以传承。

　　青少年正处于叛逆期，对很多事物的认知处于模糊阶段，还认为自己是最正确的；通过举行庄严、神圣的成人典礼，加强参礼者的社会责任感和感恩意识，标志着参礼的未成年人正式跨入成人行列，承担成人的责任，履行美好的德行，激励参礼者在今后的学习、生活当中，不断充实自己，提高修养，为继承和弘扬中华优秀传统文化、国家的发展和社会的进步奉献自己的力量。我们见证了众多有志青年表达感恩、肩负责任的时刻。在活动的熏陶和感染下，参礼学生明确了做一名爱国、敬业、诚信、友善的国家公民的心愿，也更加了解了父母的养育之恩和老师的教导之情，为父母跪下的那一刻，所有人都无不为之动容。用这样的仪式让学生们亲身感受远比空泛的谈口号要实际得多，在仪式中学生们的心灵得到了升华，感受到了传统文化的魅力，甚至会对他们以后的学习和生活产生极其深远的影响。

　　近年来到文庙参观的学生团体也越来越多，更多的学校也意识到了应该让同学们利用课余时间、寒暑假到文庙学习传统文化，在讲解的过程中发现了很多问题，例如讲到《论语》"四海之内皆兄弟也"，学生们只是会背这句话，具体这句话出自哪里，是谁在什么背景下说的，基本上没有了解的；有一些我们经常听到的话，可能就是哪部经典里面的，但大家都不知道，例如"不在其位不谋其政"、"八佾舞于庭，是可忍也，孰不可忍也"、"朽木不可雕也，粪土之墙不可污也"等，以上几句都是《论语》里的内容，经常能听到，却不一定能够知道。学生们听过解说之后，对传统文化有了进一步的了解，而且能和以前学习过的知识产生共鸣，起到巩固的作用。长春文庙现有三个主题展览，其中一个为《开科取士——中国科举文化专题展》，有一些同学对科举制不了解、对科举的误解很深，认为科举一无是处，无法选拔真才、影响中国科技发展、考试作弊等黑暗现象导致官场腐败。还有人不清楚为什么文庙要展出科举文化，文庙和科举有什么关系等一系列的问题，通过讲解使同学们正确地认识科举文化，科举文化在中国的历史上绵延千年，其影响之大，可以说家喻户晓，妇孺皆知。虽然随着社会的发展、时代的进步，科举制度越来越显现出落后的一面，成为束缚人们思想的枷锁，进而导致了这一制度的消亡。但它终归在中国实行了千年，对隋唐以后中国的社会结构、政治制度、教育、人文思想，产生了深远的影响。科举为中国历朝发掘、培养了大量人才。1300 年间科举产生的进士接近十万，举人、秀才数以百万。当然其中并非全是有识之士，但能过五关斩六将，通过科考成进士者，多数都非等闲之辈。宋、明两代以及清朝汉人的名臣能相、国家栋梁之中，进士出身的占了绝大多数。明朝英宗之后的惯例更是"非进士不进翰林，非翰林不入内阁"，科举成为高级官员必经之路。有人称科举是中国文明的第五大发明。今天的考试制度在一定程度上仍是科举制度的延续。

　　传统文化教育要从未成年人开始，中国特色社会主义要靠今天的未成年人去继承，中华民族的美好未来要靠今天的未成年人去创造。未成年人的素质如何，决定着中华民族的未来发展和前途命运，这些散发着沁人清香的传统文化，能够在迷茫时，为未成年人指引方向；能够在无措时，为未成年人提供方法。让更多的未成年人走进文庙，亲身感受传统文化的魅力，然后从优秀传统文化中感悟先人的思想，找出时代价值，从而学着做人，学会做人。

作者简介：王亚芳，女，蒙古族，长春市文庙博物馆助理馆员。

西安孔庙沿革梳理

段志凌　刘东平

摘　要　西安孔庙，其源头可追溯至唐贞观初年建于长安国子监中的孔子庙堂，后经唐末及宋初数次迁移，至北宋崇宁二年（1103 年）虞策将府学、孔庙、唐石经及其他唐宋碑刻一并迁置于"府城之东南隅"（即西安碑林现址），形成孔庙、府学与碑林三位一体的格局。至明成化七年（1471 年）咸宁、长安二县学迁建于孔庙两侧，形成了以孔庙为中心、碑林和府县三学三面环绕的建筑格局（以下孔庙与府学或孔庙与府县三学均简称庙学）。笔者结合碑刻资料、地方史志及学者成果，以时代为序，对西安孔庙建筑群所包括的西安庙学、碑林建筑格局的形成与变迁进行梳理，并试以图示方法进行位置复原，使其更清晰明了，以期对相关研究者有所助益。

关键词　孔庙建筑沿革　梳理

一、宋代西安庙学及碑林概貌

对于宋代庙学及碑林迁至现址后的建筑格局，由于史料的限制，仅能根据金元碑刻追记及庙学、碑林现状推测其大致格局。金正隆二年（1157 年）《京兆府重修府学记》追述北宋初建时的格局是"乃范湖州规制，经营建立。庙学之成，总五百楹，宏模廓度，伟冠一时"[①]；正隆五年（1160 年）《重修碑院七贤堂记》云"宣圣殿后，旧有玄宗序注孝经石台并文宗群经碑院一区"[②]；路远先生研究认为"七贤堂"位于孔庙东侧，今戟门东侧[③]。

据此，宋代庙学及碑林的基本格局为：以孔庙为中心，府学位于其西，碑林位于

---

① 路远：《西安碑林史》，西安出版社，1998 年，第 514、515 页。以下简称《西安碑林史》。

② 《西安碑林史》，第 517 页。

③ 路远：《新出宋〈京兆府学新建七贤堂记〉》，载《碑林语石》，三秦出版社，2010 年，第 355 页。

其北。可确知的具体建筑及位置有：碑院（碑林）以南为宣圣殿（大成殿），孔庙以东（今戟门东）为七贤堂。（图一）

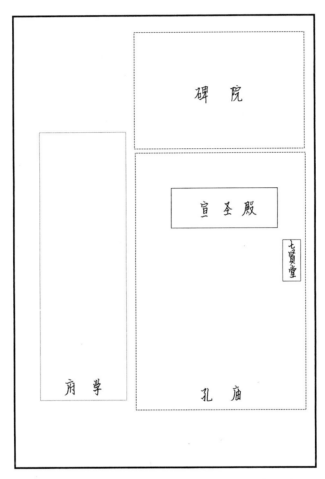

图一　宋代西安庙学及碑林平视图（刘东平绘）

二、金代西安庙学及碑林大致格局

据现存金代对庙学及碑林的整修碑记资料，可对其建筑格局有如下了解：《京兆府重修府学记》所记金贞元三年（1155 年）"拾堕瓦于废基，抡坚材于坏屋。新寝祠而重俨像，创修廊而绘列贤。师儒讲颂之有堂，生员居处之有庐。以至斋祭之室，庖湢之所，各有其序"①；《重修碑院七贤堂记》载"宣圣殿后，旧有玄宗序注孝经石台并文宗群经碑院一区"……宣圣庙宇……"；金正大二年1225 年《大金重修府学教养之

---

① 《西安碑林史》，第 515 页。

碑》记载，整修之后，"殿宇翚飞，石经堵立，斋厨廊庑，焕然一新"①。

虽碑文对建筑格局描述并不详备具体，但通过只言片语还是可以捕捉到有关其建筑格局的信息：金代称孔庙为"宣圣庙"，称大成殿为"宣圣殿"，称碑林为"碑院"，"碑院"位于"宣圣殿"之后。当时庙学中的建筑有殿宇及斋厨廊庑，绘有孔子及列贤画像；府学建筑有讲堂、生员居室、斋祭室及庖湢所。（图二）

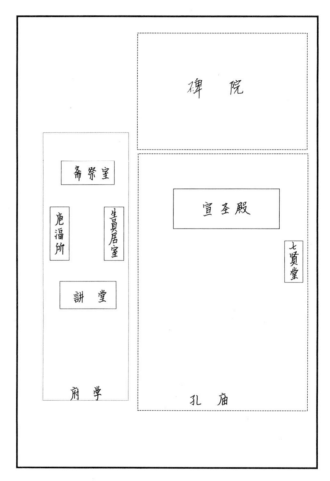

图二　金代西安庙学及碑林平视图（刘东平绘）

三、元代西安庙学及碑林基本格局

元代庙学及碑林整修碑记资料丰富，其建筑布局就逐渐清晰了，关于文庙、碑林建筑的资料有：

---

① 《西安碑林史》，第519页。

至元十三年（1276 年）《大元国京兆府重修宣圣庙记》载，1244 年对金末倾颓的殿宇进行修复"既葺正殿，复起二门"；约 1270 年，又修大成殿七楹、内外二门，又修二堂于大门之内，"东□七贤祠，西则□亭斋居之次，祭器有库，烹饪有厨"①。

至元六年（1340 年）《赡田学记》载：建神厨，立仓庚，树棂星门、新提举司廨、幕吏舍，"凡庙学必用，前所未备者，靡不完美"②。

至正六年（1346 年）《奉元路重修庙学记碑》载"先后作成宣圣庙、儒学于郡东南。有礼殿，有仪门，东西庑为从祀之舍，殿后有石经之亭，唐人石刻附焉。仪门之外有斋宫，外□都宫，有棂星门，此其大略也"；1336 至 1339 年重修中又塑诸贤像、修石经廊庑、神厨、仓屋、更衣室、提学官廨，重建棂星门。③

元至正二十四年（1364 年）《宣圣庙记》碑载，整修庙学后，使"殿庑斋廊，门墙庖库"都焕然一新④。

元至正二十六年（1366 年）《大元重修宣圣庙记》载：整修庙学、碑林"易漫漶为鲜华，变破败为完整。正殿、两庑、仪门、神库、七贤及二处衣堂、石经廊、孝经碑亭，梁栋榱桷，门窗阶陛，灿然改观。"⑤

至元十三年（1276 年）《府学公据》详尽记载了府学的情况。其具体位置："府学成德堂书院四至：东至庙，西至泮濠，南至城巷，北至王通判宅"。其建筑主体为成德堂七间，一采芹七间，西院正堂七间⑥。

据上述碑记，元代后期庙学、碑林建筑格局日益完善，可谓规模初具：文庙当时为二进院落，棂星门到仪门为第一进，内有附属建筑有斋宫、都宫、神厨、仓屋、神库、七贤及二处衣堂，更衣室及提学廨、幕吏舍等；仪门与礼殿（大成殿）之间为第二进，院内是东西两庑。府学位于文庙之西，以成德堂、采芹堂、西院正堂三组主体建筑构成。据明《陕西通志》记载，成德堂明代宣德中改为明伦堂，采芹堂在成德堂后，贮官书文籍⑦。碑林位于大成殿之北，且为《孝经》建碑亭，《开成石经》修廊庑保存。（图三）

四、明代西安庙学及碑林建筑格局

明代庙学、碑林格局进一步完善，建筑数量不断丰富。至明成化七年（1471 年）咸

---

① 《西安碑林史》，第 521、522 页。
② 见西安碑林博物馆藏至元六年（1340 年）《赡田学记》碑。
③ 《西安碑林史》，第 527、528 页。
④ 《西安碑林史》，第 531 页。
⑤ 《西安碑林史》，第 533 页。
⑥ 《西安碑林史》，第 524、525 页。
⑦ （明）赵廷瑞修，马理 吕柟纂，董健桥总校点《陕西通志》，卷十二，三秦出版社，2006 年，第 589 页。

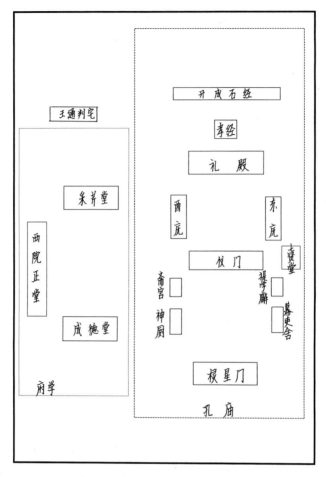

图三　元代西安庙学及碑林平视图（刘东平绘）

宁、长安二县学由县治迁建于文庙左右，由此形成一庙三学格局①；十一年（1475 年）
《重修西安府学文庙记》载："扩其旧址，首建大成殿七间，崇四丈有五，深五丈，袤
九丈有二；两庑各三十间，崇深视殿半之，袤且数倍。次作戟门。又次棂星门。又次
文昌祠、七贤祠、神厨、斋宿房、泮池"，对"殿后汉唐石刻之属，旧覆亭宇，咸增新
之"②。

嘉靖十五年（1536 年）《陕西会城文庙附建名宦、乡贤祠记》追述正德九年
（1514 年）"于礼殿戟门内辟道，于东而止建名宦祠，于西而止建乡贤祠，开院树楹，
胥以南向"③；十一年（1532 年）《西安府重修学庙之碑》载："檐牙榱桷增数尺，覆

---

① 《西安碑林史》，第 183 页。
② 《西安碑林史》，第 536 页。
③ 路远：《西安孔庙旧藏碑刻叙录》，《碑林集刊》第十五集，陕西出版集团，三秦出版社，2009 年，第
262、263 页。

瓦易以琉璃，阶陛围以石槛，两庑与戟门、棂星，更用新木，改以石柱"、"牲房、斋宿所，乡贤、名宦祠，及府学圣制箴亭与明伦堂、斋号、膳房，新者创之，缪者正之，蔽者理之"①。十五年（1536 年）《陕西西安府县儒学先圣庙重修记》追记嘉靖十二年（1533 年），增建孔庙夹墙（侠垣）、照壁（树埔）和窗槛（疏槛），修府学敬一亭、明伦堂各五栋，正门、次门各三栋，斋室四区，教授、训导廨五区，粟廪、吏屋九栋，学舍（横舍）为八栋者十有二，围墙（埔）四百有九。修二邑学，为敬一亭、明伦堂、正门、次门各举三栋，教谕、训导廨各举三区，斋室、粟廪、吏室各举六栋。学舍（横舍）在咸宁者栋四十六，在长安者栋六十一。围墙（埔）在咸宁者百十有奇，在长安者为堵百十有二。表三坊于外，而各有颜②。

万历二十二年（1594 年）《重修儒学碑》载："东学（咸宁学）之东为启圣公祠……（碑）洞后正南面建亭，奉崇敬一箴。而箴之于东西学者，各为亭，尊制也。郡学明伦堂后，特峙尊经一阁，典籍藏焉。"③ 四十二年（1614 年）《秦贤宗建文庙坊亭记》载：明代万历二十年于泮池石桥前建太和元气坊及左右碑亭二④。四十八年（1620 年）《重修庙学记》载：修庙堂门庑、祠斋廨舍、棂星门、泮池、照壁。又增修云路于府学门外，并丹墀两旁牌坊，新建碑亭⑤。

崇祯九年（1636 年）《重修文庙碑记》载："营大成殿七楹，东西庑各十九楹，启圣三楹，覆以琉璃，坚以材木，饰以丹墀。棂星门、戟门、敬一亭、碑亭、牌坊均焕丽有加。尊经阁峙于后，泮池带于前，祭祀之具，各瞻其物"⑥。

据上引资料，可勾勒明代庙学、碑林基本格局及主要建筑为：孔庙自南向北，主要建筑为：照壁、太和元气坊及左右碑亭、泮池、棂星门、乡贤祠、名宦祠（文昌祠、七贤祠）、神厨、斋宿房、戟门、东西两庑、大成殿，咸宁学东为启圣祠。

府学自南向北，主要建筑为：牌坊、正门、次门、斋室、明伦堂、尊经阁、教授及训导廨、粟廪、吏屋、学舍；咸宁、长安二学自南向北，主要建筑为：牌坊、正门、次门、斋室、明伦堂、敬一亭、教授及训导廨、粟廪、吏室、学舍等；碑林建筑自南向北为：石台孝经亭、开成石经廊庑、敬一亭（存敬一箴）。（图四）

五、清代至民国西安庙学及碑林建筑格局

清代至民国，相关碑刻资料及地方史志更丰富，再结合现存建筑情况予以考察，

---

① 《西安碑林史》，第 538 页。
② 《西安碑林史》，第 541 页。
③ 《西安碑林史》，第 548 页。
④ 《西安碑林史》，第 551 页。
⑤ 《西安碑林史》，第 554 页。
⑥ 《西安碑林史》，第 557 页。

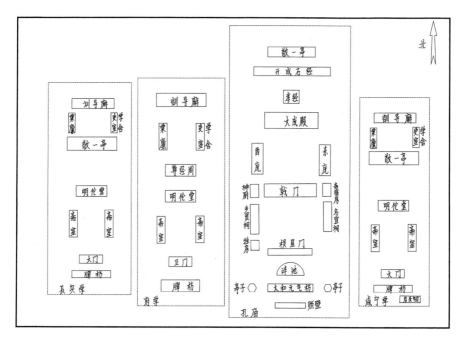

图四　明代西安庙学及碑林平视图（刘东平绘）

当时西安庙学及碑林建筑格局就更加清晰、具体建筑位置也趋于明确了：

清顺治七年（1650 年）《重修文庙碑记》记载，将文庙殿楹、两庑、泮水、宫墙，损者易栋，缺者增补①；嘉庆本《长安县志》载，顺治八年（1651 年）修长安县学，将县学泮池自大门外改凿于仪门内，在其上修"春风华雨"坊②；清乾隆《西安府志》记载，顺治十年提学田厥茂增修府学，"大门前有坊，内有泮池，仪门内当甬道为魁星楼，中为明伦堂，两旁四斋曰志道据德、依仁游艺，东西号舍各三十六楹。堂后为尊经阁，阁后神器库。射圃亭在长安县学右，教授训导廨在明伦堂后。"③

据嘉庆本《咸宁县志》记载，康熙三年（1664 年）修咸宁县学，"堂（明伦堂）后建敬一亭，一亭后设一门，为退食堂三楹，堂前左右各置舍、厨、厕、马厩悉如度"④；十一年（1672 年）《重修文庙记碑》记载，修缮大成殿、东西两庑、厨库以及棂星门、木石坊、泮池⑤；五十九年（1720 年）《重修碑亭碑记》载："先修十三经碑亭四十五楹，

　　①　《西安碑林史》，第 562 页。

　　②　（清）张聪贤修、董曾臣等纂：《长安县志》卷一七《学校志》，中国地方志丛书（227 年），（台湾）成文出版社有限公司，1969 年，第 471 页。

　　③　（清）舒其绅修，严长明纂：《西安府志》，卷一九《学校志》，中国地方志丛书（313），（台湾）成文出版社有限公司，1969 年，第 873、874 页。

　　④　（清）高廷法修、陆耀遹等纂：《咸宁县志》卷一三《学校志》，中国地方志丛书（228 年），（台湾）成文出版社有限公司，1969 年，第 651、652 页。

　　⑤　《西安碑林史》，第 565 页。

次孟子碑亭十三楹，次杂碑十三楹，以御书孝经殿其后。围以墙垣，固以栅栏，饰以丹艧"①。

乾隆三十七年（1772 年）毕沅重修府学碑林，据清乾隆《西安府志》记载，对碑林维修，"为堂五楹，恭奉我朝列圣御书贞石，南为敬一亭，又南建庭并左右廊庑数十楹，砌置开成石经及宋元以前碑版，又南置石台孝经"。此外，"至明代及今人碑刻，则汰存其佳者，别建三楹于敬一亭之西，为之安置，兼以资拓工口食焉"②。

嘉庆本《咸宁县志》载："（文庙）正殿七间，两庑各十七间，庑南为厨舍，东西各两间，前为仪门，稍南为碑亭二，两司府县官厅东西相向，又南为宰牲所，前为棂星门，门前为泮池，跨以石桥……桥前为太和元气坊，左右碑亭二……坊前为屏，东西二坊，曰贤关，曰圣域，左为启圣祠。"③ "文庙前曰太和元气，东曰圣域，西曰贤关；府学前誉髦斯士；（咸宁）邑学前曰腾蛟起凤；长安学前曰诗书礼乐"，诸坊间另有牌坊多座④。（咸宁）儒学大门三楹，二门同明伦堂五楹，壁龛卧碑并敕谕提督学校碑，东博文斋、西约礼斋各三楹，东西各列号房凡十七楹。堂后设敬一亭，中竖明世宗敬一箴及宋儒范氏心箴碑二座，壁龛世宗注程子四箴石刻各一，亭后教谕斋一，东训导斋二。"明代于二外建砖塔，城头巽位置魁星楼。清代进行整修⑤。

嘉庆本《长安县志》载：长安县学本明旧学，在县治东南，府学之西。为大门、仪门、明伦堂各三楹，左右博文约礼二斋，傍斋为号舍，敬一亭三楹，旁为教谕、训导廨，射圃在儒学西，魁星楼在儒学西，本明旧址，康熙七年、嘉庆十七年重修⑥。

日本学者足立喜六的《长安史迹考》所绘《碑林平面图》，记录了 1910 年以前西安碑林的建筑和陈列情况。图中标有"清碑"的展室，相当于今天碑林第四室的位置；标有"宋元明清碑"和"孔子像"的展室，相当于今天碑林第三室的位置，即毕沅重修时的"敬一亭"位置；图中"石经（孟子）"和"景教碑"的展室，相当于今天碑林第二室的位置；标有"开成石经（十二经）"的环形碑廊，相当于今天碑林第一展室的位置；标有字母的展室，应是《重修碑亭碑记》中所说的"杂碑一十三楹"；图中最南端为石台孝经亭。西侧有明清画碑⑦。

民国九年（1920 年）《重修孔庙记》记载民国七年（1918 年）年维修大成殿、东西两庑、乡贤和名宦二祠、二门、碑亭、官厅、月台、泮池、甬道一律修补整齐。另

---

① 《西安碑林史》，第 568 页。
② 《西安府志》，第 877 页。
③ 《咸宁县志》卷一二《祠祀志》，第 586 页。
④ 《咸宁县志》卷一三《学校志》，第 668 页。
⑤ 《咸宁县志》卷一三《学校志》，第 650 页。
⑥ 《长安县志》卷一七《学校志》第 590 页。
⑦ 《西安碑林史》，第 302 至 305 页。

外，重修照壁，新修东西门房各三间。崇圣祠及西面宰牲所，未及修理①。

综合上述资料，清代文庙为三进院落，自南向北建筑依次为：庙外东圣域坊、西贤关坊，照壁（屏），照壁内为太和元气坊及左右碑亭，石桥、泮池，棂星门，宰牲所，两司府县官厅（东西相向），碑亭二，东名宦、西乡贤祠，仪门，东西厨舍，东西各碑亭三，东西两庑，大成殿。太和元气坊东为启圣祠。

碑林位于大成殿后，清代自南向北建筑依次为：石台孝经亭、开成石经及宋元以前碑亭及左右廊庑、敬一亭、清代列圣御书贞石，敬一亭之西建室安置明清碑刻。民国对碑林进行整修，重新修建为一至七陈列室，又利用旧咸宁县学北部地基，建第八室楼房一座。

西安府学位于文庙西，自南向北建筑依次为：誊髦斯士坊，大门、泮池、仪门、魁星楼、明伦堂，两旁志道据德、依仁游艺四斋和东西号舍，尊经阁、神器库，明伦堂后为教授、训导廨，射圃亭在长安县学西。

长安县学位于府学之西。建筑自南向北依次为：诗书礼乐坊、大门、仪门、泮池、春风华雨坊、明伦堂、东博文和西约礼斋、傍斋为号舍，敬一亭，旁为教谕、训导廨"，长安县学西有魁星楼、射圃。

咸宁县学位于文庙之东。建筑自南向北依次为：腾蛟起凤坊、大门、泮池、仪门、明伦堂、东博文和西约礼斋、号房、敬一亭、教谕斋（后）、训导斋（东）"，仪门东有明代建砖塔，咸宁县学南城墙上有魁星楼。（图五）

通过史料的爬梳，对宋至清代西安庙学及碑林建筑布局认知可由模糊逐渐至清晰，将其格局复原后，与国内其他地方孔庙进行比对，西安孔庙、碑林及府县三学的建筑群有以下特点：

其一，西安孔庙的建筑形制及布局与曲阜孔庙是一脉相承的，整体具有较强的延续性与稳定性。以纵轴统领大成殿、东西庑、戟门、棂星门等核心建筑，且其位置恒定，符合常制。附属建筑较为完善，以对称结构布置轴线两侧，其位置也大多较为固定。

其二，孔庙与府学虽为"左庙右学"形式，但与陕西关中地区现存韩城、合阳等地孔庙格局不同的是，处于学习空间的主体建筑明伦堂与尊经阁的位置却并不在大成殿之后，而是布置在府学之后。其原因应是大成殿以北自宋以来就为碑林石经及唐宋名碑所据，故而才将明伦堂与尊经阁建于府学中。另外，还是因碑林所在，将本应建于明伦堂以北，保存敬一箴、程子四箴等石刻的敬一亭却建在了碑林之中。这样，敬一箴等石刻亦可荣列碑林贞石，与碑林融为一体，同时因府学与碑林紧邻，府学生员观览学习也很便利。正如白海峰先生所说，西安府文庙藏碑的不断增加，碑林部分比重逐渐增大，并发展为一个独立的机构，最终取代别的建筑成为文庙的后续空间，这

---

① 《西安碑林史》，第 578～580 页。

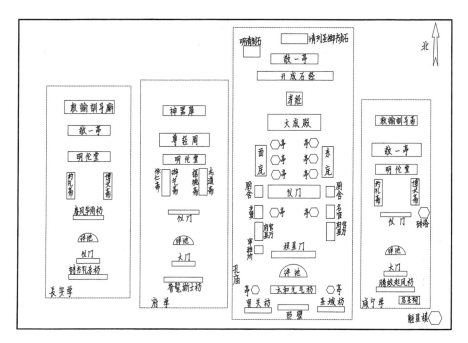

图五　清代至民国西安庙学及碑林平视图（刘东平绘）

在国内也是极其少见的[①]。

　　其三，形成一庙三学及碑林既有联系又相互独立的独特庙学建筑群。"庙学合一"制度形成于唐代，西安孔庙与府学自北宋建立就作为一个整体，相伴相生，发挥各自作用。碑林虽不是庙学制式组成，但碑林石经自唐代刻立就一直附列孔庙与太学，之后屡次辗转迁移，北宋时三者皆落脚于现址。碑林石经的观览最为方便的即是府学的经生士子，在此意义上，可以说碑林是文庙的一座特殊的藏经阁。咸宁、长安二县学自明代迁至文庙两侧，虽地位与府学有别，自成体系地发挥其独立的教育功能，但三者都奉祀同一座文庙。这种"一庙三学"及碑林的独特格局在全国也是并无二例的。

　　作者简介：段志凌，西安碑林博物馆文博馆员；刘东平，西安碑林博物馆副研究员。

---

① 　白海峰：《西安府文庙空间布局浅探》，《文博》2011 年第 4 期。

西安孔庙与西安"三学"

马志祥

摘　要　从唐国子监到北宋京兆府学，其与孔庙关系密切，宋代以来府学一直和孔庙相伴。而位于府学东西两侧的咸宁县学、长安县学则不然，原和孔庙并无关系，明成化七年（1471年）巡抚马文升根据提学佥事五福建议，以二县学"去庙甚远，师生艰于行礼"为由，从县治迁于府庙学之左右，于是形成一庙三学（京兆府学、咸宁县学、长安县学）之局面。体现了庙学一体之规制。本文论述了三学之渊源及于孔庙之关系，对城市建设中历史文化街区的消失表示了担忧，望能妥善保护、利用，使其成为城市之灵魂。

关键词　西安孔庙　西安府学　咸宁县学　长安县学关系

走进西安城墙南段的文昌门，沿城墙根往西至书院门街东端为一条一百余米的街道——"三学街"，由于明清时期的咸宁县学、西安府学和长安县学，从东往西依次坐落于此街北侧，形成了以西安孔庙为中心的一庙三学的格局，因此这里也成为明清时期有名的"弘化造士"之地。因三学并列于此，其所驻之巷南端同抵此街，故名三学街。西安府学是西安府所立之学校，位居中间，在孔庙（今西安碑林博物馆）之西侧，遂有府学巷；咸宁县学，在府学巷以东，得巷为咸宁学巷；长安县学，在府学巷以西，得巷为长安学巷，三巷均为南北向。如今孔庙、碑林依然存在，以二者为基础建立的西安碑林博物馆闻名中外，对外开放。而"三学"已不存在，只有"三学街"及三条巷子证明着"三学"曾经的位置与存在，时常唤起后人对其历史的探寻。本文简单谈谈"三学"之渊源及孔庙与三学之关系。

一、西安府学与西安孔庙

西安府学创建于宋代，时称京兆府学，由户部侍郎知永兴军范雍创建于宋仁宗景祐元年（1034年），与西安孔庙、西安碑林关系密切，其渊源可追溯至唐长安国子监，而西安孔庙的源头是唐长安国子监孔庙，拙文《西安孔庙概说》《西安孔庙与西安碑林之关系衍变》对唐国子监、西安孔庙、西安碑林之关系已作论述，这里简单谈谈西安府学与西安孔庙的关系。

1. 唐国子学

国子监最初出现在西晋，当时称为国子学，南北朝时改为国子寺，隋朝时国子寺成为独立教育管理机构，下辖国子学、太学、四门学、书学、算学。它具有双重职能，一方面它是全国最高学府，另一方面它是全国最高的教育行政管理机构。国子学与太学并立，是专门研习儒家经典的经学学校。

唐承隋制，武德元年（618年）唐设国子学，贞观元年（627年）唐将国子学改称国子监，同时成为独立的教育行政机构。监内设祭酒一人，为最高教育行政长官。唐代曾几易国子监之名，曾改称司成馆、成均监，神龙元年（705年）又复其名。据《旧唐书·高宗本纪》载："凡六学，皆隶于国子监。"所谓六学，即国子学、太学、四门学、律学、书学和算学。后代一直沿用这个名字（有时也称国子学）。

唐长安国子监位于唐外郭城之务本坊，即皇城正南朱雀街以东正对皇城安上门之第二街东侧从北数第一坊，紧挨皇城。大致相当于今天西安城南关正街与文艺路之间的北半部。国子监在该坊西部，占半坊之地。其中有孔庙、讲堂、明伦堂等，开成年间在讲堂中刻立的《开成石经》，成为后来西安碑林的源头，从唐末至今一直与孔庙相伴。

我国现存的北京国子监始建于元朝大德十年（1306年），是我国元、明、清三代国家管理教育的最高行政机关和国家设立的最高学府。国子监整体建筑坐北朝南，中轴线上分布着集贤门（大门）、太学门（二门）、琉璃牌坊、辟雍、彝伦堂、敬一亭。东西两侧有四厅六堂，构成传统的对称格局，是我国现存唯一一所古代中央公办大学建筑。这一时期的地方学校的建筑虽然规模小于国子监，但格局应与此大同小异

2. 唐国子学与西安孔庙

唐武德二年（619年），唐高祖李渊于国子学中设孔庙。"令国子学立周公、孔子庙，四时致祭"。《旧唐书·儒学传上》录有高祖诏文的内容："……朕君临区宇，兴化重儒，永言先达，情深绍嗣。宜令有司于国子学立周公、孔子庙各一所，四时致祭。"这是孔庙的临时初设，是孔庙（西安孔庙）的开端。

贞观二年（628年），唐太宗李世民下诏始建孔庙于国子学。《旧唐书·儒学传上》后文记曰："贞观二年，停以周公为先圣，始立孔子庙堂于国学，以宣父为先圣，颜子为先师"。《唐会要》卷三五"褒崇先圣"的记载更为详细："贞观二年十二月，尚书左仆射房玄龄、国子博士朱子奢建议：武德中，诏释奠于太学，以周公为先圣，孔子

配享。臣以周公、尼父，俱称圣人，庠序置奠，本缘夫子，故晋宋梁陈及隋大业故事，皆以孔子为先圣，颜回为先师，历代所行，古人通允。伏请停祭周公，升夫子为先圣，以颜回配享。诏从之。"这是唐代孔庙的真正建立。

虞世南撰文并书写的"孔子庙堂之碑"，所记述和颂赞的正是在国子监"始立孔子庙堂"这一史实。碑文云："武德九年十二月二十九日，有诏立隋故绍圣侯孔嗣哲子德伦为褒圣侯，乃命经营，惟新旧址。"

贞观二年十二月诏建孔庙，竣工当在贞观三年之后。《孔子庙堂之碑》作为"始立孔子庙堂"的记事碑，应刻于新庙建成之际或稍晚，相传此碑刻成后虞世南把墨本进呈，太宗赐其王羲之黄银印一颗，虞世南有谢表，署贞观七年十月，故唐长安国子监孔子庙堂的建成时间大致在贞观三年至七年之间（629～633 年）。

唐太宗不仅在长安国子监中建孔庙，贞观四年（630 年）又"诏州县皆作孔子庙"。自此，各地官学中设立孔庙成为定制。贞观十一年（637 年）"诏尊孔子为宣父，作庙于兖州，给户二十以奉之"。玄宗开元二十七年（739 年），又追孔子为文宣王。此后孔庙又称文宣王庙。

总之，在国子监建孔庙是唐代尊孔重儒的思想的体现，孔庙也成为国子监一个重要的组成部分，甚至成为国子监的灵魂，二者紧密地联系在一起，"诏州县皆作孔子庙"后，形成庙学一体之规制。

3. 从唐国子学到宋京兆府学

唐末，天下大乱，伟伟大唐，日薄西山。唐昭宗天佑元年（904 年），朱温胁迫昭宗迁都洛阳，长安城遭到毁灭性破坏。据《旧唐书·昭宗本纪》：朱全忠（即朱温）"率师屯河中，遣牙将寇彦卿奉表请车驾迁都洛阳。全忠令长安居人按籍迁居，彻屋木，自渭浮河而下，连甍号哭，月余不息"。长安——当时世界上最繁华的都市，顿时成为一片废墟。国子监（太学）及其中的孔庙、讲堂等建筑自然也在劫难逃，从此败落，讲堂中的《开成石经》等面临着毁坏的危险。

同年，朱温命韩建留守长安，面对破败不堪的长安城，韩建放弃了原外郭城和宫城，以原皇城城垣为基础缩建为新城，这便是五代到元的长安城。据西安碑林藏北宋建隆三年（962 年）《重修文宣王庙记》碑追记，韩建当时缩建了新城，还将已处于城外的"太学并石经"迁入新城之内，移建于"唐尚书省之西隅"（相当于今天北广济街以东，北大街以西，鼓楼以北，西华门街以南一带），这也是孔庙与石经的第一次迁移。"石经"——《开成石经》乃是真正的存在，"太学"或称"国子监"主体当为孔庙，也许包括原来国子监的一些建筑。五代时期，"露往霜来，雕墙半圮，尘封藓驳，塑像全堕"，可知孔庙确实存在，但破败不堪。经王彦超重修后，"霞张梦奠之楹，粉耀藏书之壁，增华崇丽，眩目惊心……饶身禹状，神凛凛以如生，月角山庭，画像莘莘而在列"。面貌焕然一新，只不过原京师孔庙如今降格成为地方孔庙——京兆府城的文宣王庙，太学（国子学）即使存在，自然也只能算作地方之学了。自唐代始，庙学一体，虽然当年的太学（孔庙）已由故地迁来今址，但时人出于念旧，仍将该庙称作"国子监"。

西安碑林藏北宋大中祥符二年（1009年）《大宋永兴军新修玄圣文宣王庙大门记》碑云："是军，古京邑也，斯庙，古国学也。自浚郊建都，降□□府，百司之盛，空余坏垣，三辅之雄，宛若列郡。然故地虽易，旧名尚存，是以民到于今或以监名呼之。"如淳化四年（993年）重刻《峄山刻石》，所附郑文宝题记中写道："今以徐所受模本，刊石于长安故都国子学"。乾德六年（968年）所刻《摩利支天经与阴符经》，碑题下署："京兆府国子监"，碑文末题："其经永在监内流传。"大中祥符三年（1010年）所刻《沙门净已书偈》，碑末题名中有"勾当国子监人邓德城"。在当时人的心目中，孔庙即国子学（国子监）。

由以上可知，北宋时京兆府的文宣王庙仍然和国子学（实为地方之学，后为府学）互为一体，是唐长安国子监中孔庙的搬迁与重建，也是国子监的重建与延续，同时它也成为随之搬来的"石经"的藏身之地，石经后来发展成为著名的西安碑林，所以孔庙、太学（府学）、碑林一直紧密联系在一起。

4. 京兆府学的建立与延续

宋初近百年间，朝廷一直奉行重科举而轻学校的政策，当时的官学只有中央政府所办的国子监，地方官学基本处于取消状态。宋仁宗即位之后，情况开始发生改变，先后有三次兴学运动，即"庆历兴学""熙宁元丰兴学""崇宁兴学"，直到第三次兴学后，地方官学才兴盛起来，而京兆府学的创办似乎更早一些。

北宋景祐元年（1034年），知永兴军事范雍奏准，于府城"官隙地"创办了京兆府学，与京兆文庙关系密切，是否在孔庙之内，尚无资料说明，但其后经府学批准，京兆府小学建于孔庙之中，且受府学节制。"既然京兆府小学设在文庙内，那么京兆府学按理也应在文庙内或在文庙近旁"。总之，府学与孔庙关系密切。大约在元丰初年，知永兴军府事吕大防将文宣王庙从"尚书省西隅"迁建现址，这是孔庙的第二次迁建，元丰三年（1080年）立的《宋京兆府移文宣庙记碑》虽遗失，仅存碑目，但碑名明确地告诉了这一点："移文宣庙记。"其后的元祐二年（1087年）《开成石经》迁徙至孔庙之"北墉"即碑林现址。从此孔庙、碑林再未迁移。此后900余年，历经宋、金、元、明、清、民国，直到今天，其间历代均有维修，孔庙建筑虽有增减补充，但格局保持完整，今日对外开放。

崇宁二年（1103年），虞策又迁府学至"府城之东南隅"，孔庙西侧，即今府学巷处，并修缮孔庙，庙学一体，规模宏大。"庙学之成，总五百楹，宏模廓度，伟冠一时"，其后，金京兆府学、元奉元路学、明清西安府学，皆沿设于此，历代多次重修。乾隆年间《西安府志》记载，可使今人了解当时的府学建筑分布。"顺治十年，提学田厥茂即明代旧址增修学制大门，前有坊，内有泮池，仪门内当甬道为魁星楼，中为明伦堂，两旁四斋，曰志道、据德、依仁、游艺，东西号舍各三十六楹，堂后为尊经阁，阁后神器库。射圃亭在长安县学右，教授训导廨在明伦堂后"。

清光绪三十年（1904 年），废科举，改学制，西安府学停办。府学内建筑经百年变迁，现除尚存数颗古树外，已荡然无存。沿今府学巷三学街交汇口，进巷 100 余米，小巷一分为二，呈"丫"字形，左连居民住宅，右连西安碑林博物馆。在岔口的三学街社区委员会即为魁星楼旧址，其北依次为西安碑林博物馆配电室食堂、石刻艺术展室等。

二、咸宁学与长安学

唐初，长安城以朱雀大街为界，东为万年县，西为长安县，唐玄宗天宝七年以"万国咸宁"意改万年县为咸宁县，后又改万年县，北宋宣和七年（1125 年），改万年县为樊川县，金大定二十一年（1181 年）改樊川县为咸宁县。明清以来几百年，西安府是以咸宁县和长安县东西分治的，其大体以钟楼及南大街与北大街一线为界，东为咸宁，西为长安。1914 年咸宁县撤销，并入长安县。陕西咸宁县名前后断断续续存在了 798 年，至今只剩下了一条咸宁路。长安县学、咸宁县学分属二县之儒学，随着清末科举的废除而停办。

1. 咸宁县学

咸宁县学原设于咸宁县治西（今西安市东县门街西段），据清康熙《咸宁县志》载（此段引文未注者均出于此），"成化七年（1471 年）提学金事五福奏徙文庙东"，即今咸宁学巷，历经明清两代多次重建葺修。其中万历十八年（1590 年）的整修工程浩大，"并文庙三学因其故址，重加修饬，庙舍焕然改观"。"儒学大门三楹，二门同，明伦堂五楹，壁龛、卧碑、并敕谕提督学校碑，东博文斋、西约礼宅各三楹，东西各列号房凡十七楹，堂后设敬一亭，中竖明世宗敬一箴及宋儒范氏心箴碑二座，壁龛世宗注程子四箴石刻各一，亭后教谕宅一，东训导宅二"，这里未提"泮池"，但从万历十三年的重修记载可知，有"泮池"。"万历戊午（1618 年），乡试榜发，咸宁脱，左布政使高第作培风脉，于二门外建砖塔，城头巽位置魁星楼。"此后"数罹兵毁，人被飘摇"，到清代初年，咸宁学破旧不堪，清顺治十二年（1655 年）修葺"为之一新"。康熙三年（1664 年）重修，"视前始称完璧焉"，在"堂（明伦堂）建敬一亭，一亭后设一门，为退食堂三楹，堂前左右各置厨厕、马厩，悉如度"，属重建。这与《咸宁县志》庙学图所显示的咸宁学建筑格局及万历十八整修后的情况大同小异，从平面图看，泮池在大门、二门之间，明伦堂后为门宅、敬一亭、教谕宅，右为训导宅，大门前的"腾蛟起凤"坊当时已毁。县学东为"启圣祠"（今为碑林区少年宫）。二门东侧的"砖塔"图为"文峰塔"，还有重建的魁星楼，高高耸立在城墙上，远远就可望见。文峰塔则比较难找，走在附近根本就看不到这座明朝古塔，它被民居包围，只有进入居民院落，才可靠近，或在城墙上才可远远地看到塔之上部。魁星楼位于西安南门城楼东 667 米处的文昌门城墙上。前文提到因明万历年间，乡试公榜，咸宁县竟无人考中，本地官员为了"作培风脉"，于是专门建造文峰塔、魁星楼，以求改变落后之局面。该楼台基为正方形，边长 9.4 米，楼两层，通高为 14.65 米，均设有回廊。建于明朝万历四十七年（1619 年），后来遭兵火所毁。清代乾隆四十六年（1781 年）陕西巡抚毕沅在大规模维修城墙时，曾予以恢复，民国末年又遭圮毁，1986 年在原址复建。此外就仅存这条咸宁学巷了，长 156 米，宽 10 米左右，南北向。南自三学街，北抵西安碑林博物馆石刻艺术馆南侧围墙。如今巷子绿树成荫，两侧均为店铺，以经营书画、装裱（框）为主。

2. 长安学

长安县学原在西安府城西门外，明洪武三年（1370 年）移于府城内西门大街县治西（今西安文理学院分校），成化七年（1471 年）巡抚马文升再徙于府城门东府学西侧，即今长安学巷。后经明万历三十七年（1609 年）、清顺治八年（1651 年）和乾隆六年（1741 年）多次整修。据清嘉庆《长安县志》载，"县学本明旧学，在县治东南，府学之西"。其主要建筑格局与咸宁学大体一致，由南往北为大门、仪门、明伦堂各三楹、左右博文、约礼二斋、傍斋为号舍、敬一亭三楹，旁为教谕训导廨。顺治八年知县樊宏、训导张宏业重修，泮池旧在大门外，顺治八年训导张宏业改凿于仪门内，科举题名在明伦堂东。春风化雨坊在泮池上。射圃在儒学西。魁星楼在儒学西，康熙七年知县梁禹在明旧址重修。现仅存古树数棵及大门、二门之遗迹。巷内为居民住宅，以平房为主，条件较差，巷子南段临街的房子多为字画装裱店。

明清时咸宁、长安二县依钟楼东西分治，长安县学为什么能将县学建在咸宁县的地界上呢？这也是一个有趣的问题，结论部分试做解答。

三、西安孔庙与"三学"

如前文所述，从唐国子监到北宋京兆府学，孔庙与其均关系密切，宋代以来府学一直和孔庙相伴。而位于府学东西两侧的咸宁县学、长安县学则不然，原和孔庙并无关系，属县学，级别低于府学，是明代迁于孔庙、府学之两侧。最早记载咸宁、长安二县学迁建之事的是成化十一年《西安府学文庙碑》。碑文在叙述了成化九年的整修后说："先是君（马文升）以附郭长安、咸宁二学僻从县治，去庙甚远，师生朔望艰于行礼，乃命所司徙长安学于庙之东（应为西），咸宁学于庙之北（应为东），而府学旧在庙西，是庙岿然居中。"嘉靖十五年《陕西西安府县儒学先圣庙重修记》碑亦称"郡学自宋已在兹矣，二邑学成化辛卯（成化七年）始迁于今庙学左右"。结合前文《咸宁县志》的记载可知：成化七年（1471 年）巡抚马文升根据提学金事五福建议，以二县学"去庙甚远，师生艰于行礼"为由，下令将它们从其县治迁于庙学左右，于是形成一庙三学之局面。

可见明代二学之迁，客观上是因两县有学无庙，拜孔行礼需到府学孔庙，为了解决"去庙甚远，师生艰于行礼"的问题，也是为了依托孔庙这个灵魂，体现庙学一体之规制，"天下郡邑，学宫建置，必师祀孔庙，制也"。更主要的是大气候使然，洪武二年（1369 年）朱元璋令"郡县皆立学校"，在这样的背景下，教育主管部门的建议，很快得到上了级主要领导（巡抚马文升）批准支持，成了上级决策，顶层设计主导的合乎时宜的教育工程，自古以来，凡是上级决定支持的事情，自然运行顺畅。那么前文关于长安县学为什么能建在咸宁县地界的问题也就有答案了。何况三学一庙岿然一体，确实利于资源共享，利于教学管理，利于交流和竞争，利于人才培养，也是时人重文兴教理念的体现。

如今虽三学不存，但其为今人留下了三学街及咸宁学巷、府学巷、长安学巷这样富有深厚文化底蕴的街巷和美好的街名，在当今旧城改造加快、所谓的现代城市建设提速过程中，这样的街巷正在快速消失，如何保护好、利用好类似这样历史厚的重文化之街（巷），挖掘其蕴藏的丰富文化内涵，使其与城市建设相得益彰，不断增加城市魅力，是关系城市（或局部区域）建设有无文化与灵魂的大事，城市设计者、建设者、决策者务必警醒、重视起来。如果若干年后我们的子孙只能在书籍中才能找到这样充满文化内涵的街名，那将是多么可悲的事情！

作者简介：马志祥，西安碑林博物馆副研究馆员、书法家，陕西省书画艺术研究院副院长。

新中国成立后北京孔庙祭孔及文化意蕴

常会营

摘　要　首先，本文对新中国成立后北京孔庙祭孔释奠历史进行了考察。其次，本文对关于孔子的封号和释奠规格问题进行了学术探讨。笔者认为，赵骏河先生所言祭孔释奠规格应与其身份相一致的观点是正确的，如果祭孔的规格是大祀，那么就应该在孔子神位前陈设笾豆各十二，祭孔乐舞则应为八佾。但是，对于"至圣先师"的称谓是否妥当之说，笔者认为大可不必较真。因为"至圣先师"的封号是经过古代历朝历代的皇帝因循和沿革而来，后来在明朝由嘉靖皇帝钦定，然后又经过顺治帝的反复，最终继承和延续下来，直到现在依然如此。第三，本文探讨了祭孔释奠的时代性问题。最后，本文探讨了祭孔释奠的文化意蕴。祭孔释奠不但有着悠久的历史传统，有着丰富完备的具体内容，兼有礼乐歌舞等多种艺术表现形式，而且它同时也包含着重要的文化意蕴。

关键词　新中国　北京孔庙　祭孔释奠　文化意蕴

一、新中国成立后北京孔庙祭孔

国民政府停止了传统的释奠祭祀，改为新式的祭孔典礼。中华人民共和国成立后，祭孔典礼也没有了，直到20世纪80年代才有所改观。

1989年，北京孔庙复排了祭孔乐舞表演，作为旅游观光项目推出，使众多观众领略到历史风貌，受到海内外各国来宾的热烈欢迎。祭孔乐舞表演以颂扬孔子生前业绩为主，集乐、歌、舞三位一体。乐源于孔子所推崇的韶乐，舞蹈起源于夏，歌词为隋代牛弘、蔡徵创作。演礼乐生阵容庞大，45人分别击磬敲钟、弹奏古筝古琴，吹奏管笛箫，柷、埙、篪，样样齐备。乐曲八音齐全，古朴纯正，金声玉振，典雅悠扬。舞生36人，左手持籥，右手持羽，每一个舞蹈造型代表一个字。歌生唱完一句，乐曲奏毕一节，舞生正好完成一组动作。舞姿刚劲优美、舒展大方、有雕塑之美。祭孔舞蹈音乐源远流长，很大程度上保留了西周以来的礼乐文明。整个典礼分为迎神、初献、亚献、终献、撤馔、送神六部分。作为一种庙堂艺术，形成了自古以来独具一格的国学祭孔气氛与大成殿之间宏大的统一。香烟缭绕中，让人感觉孔夫子正襟危坐在殿堂内，我们则仿佛置身于中国历史的春秋时代，沉浸在博大精深的传统文化氛围中。据江帆、艾春华先生《中国历代孔庙雅乐》所言："1989 年初期，我们应首都博物馆聘请，承担了再现表演'清代国学祭孔乐舞'的总编导，与之合作，将'祭孔礼仪'和'轩悬之乐'、'六佾之舞'的全貌呈现在首都孔庙大成殿的露台上。"①

图一　1989 年北京孔庙祭孔释奠现场

2002 年 9 月 28 日，北京孔庙为纪念孔子诞辰 2553 年暨北京孔庙建立 700 周年举办了祭孔乐舞表演，吸引了国内外游客观摩。

2002 年以后，北京孔庙并未举行祭孔释奠活动，直至 2010 年初，正式恢复了明式祭孔，延续至今。

---

①　江帆、艾春华：《中国历代孔庙雅乐》，中国国际广播出版社，2001 年，第 431 页。

　　2010 年及以后北京孔庙祭孔大典活动的具体仪程，是以明代《嘉靖释奠仪》为主要依据的。2010 年 9 月 27 日，第三届世界儒学大会开幕，杜维明等四位知名教授倡议设孔子诞辰为尊师日。同年 9 月 28 日，"第三届中华文化快车——两岸师生联合祭孔大典"在北京孔庙举行。北京师生曾于 2008 年和 2009 年两次到新竹参加"两岸师生联合祭孔大典"。参加祭孔大典的国民党中评会主席团主席饶颖奇表示，孔子的论证是两岸和平发展的重要准则。中华文化源远流长，加强两岸文化的交流与合作，才是推动两岸发展的动力。北京师范大学教授、博士生导师于丹做了现场发言。她说："今天是孔子 2561 年的寿诞，我们相聚在孔庙的阳光之下。我想两岸的师生济济一堂，这是一个起点，这是我们心中一次庄严的事迹。正如刚才主席所说，两岸文化是同宗同源的。我们在今天这样一个科学充分发达的时代，很多文明的起点需要我们重新追溯回去，特别是我们血液中共同的文化基因，需要我们这样一个大时代去唤醒。"知名学者和专家阎崇年、彭林、周桂钿、文怀沙、赵玲玲等作为特邀嘉宾，出席了此次活动。"祭孔仪式已不单是一种仿古表演，越来越成为彰显中华文明、联结民族情谊的重要文化载体，千年传承，盛世华章，其历史价值和现实意义不断得到升华。"①

图二　2010 年 9 月 28 日第三届中华文化快车——两岸师生联合祭孔大典

　　如前中央人民广播电台著名播音员、主持人张文星先生（任祭孔大典典仪官）2015 年祭孔大典后，接受记者采访时所言："6 年前，孔子诞辰 2561 周年的时候，台湾地区大学的师生约 500 人在这里进行过祭孔活动。这是新中国成立以来，在北京皇家孔庙进行的第一次祭孔大典。"首次祭祀活动之后，京城掀起了"国学热"的小高

---

① 邹鑫：《北京孔庙的祭孔典礼》，载《人民日报》（海外版），2007 年 11 月 9 日第 15 版。

图三   2010 年 9 月 28 日 "第三届中华文化快车——两岸师生联合祭孔大典" 合影

潮，人们开始关注起 "孔子" 来。在国学文化复兴之时，孔子诞辰 2561 年的国子监祭孔，就成为了各方关注的焦点。甚至不少人远道进京，就是要看一下，国子监是怎么进行孔子祭奠的。"于是，大家开始翻阅典籍，寻找资料。祭孔应当怎么祭，它都有哪些制式，怎么才能完成一个国家级的祭孔典礼。一个专业的学术小组也应运而生，为整个活动进行筹备工作。"张文星说。据张文星介绍，台湾地区由于年年祭孔，他们的制式礼仪相对成熟。所以说，如何复原国子监的祭孔形式，成为当时一个研究的课题。张文星参与了祭祀音乐的制作。他告诉记者，祭祀礼仪、典章都是当时相关工作人员从浩如烟海的文稿中挖掘出来的①。

2008 年后至今，北京孔庙也逐步举办了开笔礼、拜师礼、成人礼等传统文化礼仪活动。

此后，北京孔庙历年祭孔释奠或繁或简，基本按照 2010 年释奠仪程进行。2015 年起，北京孔庙释菜礼也逐步开始恢复，时间一般定在清明节。

下面，我们将结合现代学者的系列研究成果，对当今祭孔释奠的若干问题作一探讨。

二、关于孔子的封号和释奠规格问题

首先，关于孔子的封号问题。前面我们已经提到，唐玄宗时加封孔子为 "文宣

---

① 参见薛栋：《北京祭孔大典：国之大事，在祀与戎》，载《神州》，2015 年第 31 期。

图四　2016 年 9 月 28 日北京孔庙祭孔大典佾舞生表演

王"，宋真宗加封"至圣文宣王"，元代加封"大成至圣文宣王"，明世宗朱厚熜厘定祀典，尊孔子为"至圣先师"，取消谥号、封号，清顺治二年（1645 年），世祖福临加尊孔子为"大成至圣文宣先师"，十四年（1657 年），又改称"至圣先师"。此后，北京孔庙中孔子之封号一直未变，现在我们所看到的孔子牌位上书"至圣先师孔子神位"，便是其历史延续。

韩国学者赵骏河认为：

> 不论北宗还是南宗的孔子庙，都有孔子塑像，其帽子为十二冕旒的冕旒冠，服装为十二章服，分明是万乘天子皇帝的服饰，但牌位则写着"大成至圣先师"，孔子的模样应该是吴道子所绘的行教像上的学者模样。如果是皇帝的服饰，牌位应该为"大成至圣文宣王"。另外，伯鱼与子思的塑像分立于孔子的两旁，其帽子典服装为诸侯的服饰，并写着洙泗侯、沂水侯等诸侯牌位，唯独孔子的牌位是"先师"，并不合宜。
>
> 另外，洙泗、沂水侯的前面摆设了十笾豆，虽然是空的，但还算妥当。但在"至圣先师"前面陈设十笾豆，则是太过，在皇帝的服饰前面摆设十笾豆，则不及，都不合乎礼法。①

如前所述，随着时代的演变，孔子的封号由汉平帝元始元年（公元 1 年）的褒成宣尼公，逐渐提升为唐玄宗开元二十七年（739 年）的文宣王。祀孔升为中祀后，祭孔活动逐代升格，宋代扶摇直上，明代达帝王规格。明成化帝时，听从国子祭酒周洪谟之言：加孔子封号，服冕十二旒，衣十二章。十笾十豆，各增为十二。六佾之舞，增为八佾之舞。嘉靖九年，嘉靖帝听从大学士张璁所言，厘正祀典，更定先师庙笾豆、

---

① 参见赵骏河：《中国南北宗的祭孔典礼与韩中释奠大祭比较》，载《易学与儒学国际学术研讨会论文集（儒学卷）》，2005 年 8 月。

乐舞之数。也就是又恢复到成化帝之前的规格，即服冕十旒，衣十章，十笾十豆。清顺治二年（1645年），世祖福临加尊孔子为"大成至圣文宣先师"，十四年（1657年），又改称"至圣先师"。康熙二十三年（1684年），从祭酒王士祯等请定先师祀典乐舞、笾豆，酌用成化、弘治年间仪。（注：释奠用八佾，笾豆各十二。未施行。）二十六年，令春、秋释奠，国子监用笾十、豆十，舞用六佾。光绪三十二年（1906年）十一月十五日，西太后赞颂孔子"德配天地、万世师表"，将孔庙祭祀规格由中祀升为大祀。（《孔府档案》5011卷）。

由此来看，经过一番升、降、升的变迁之后，孔庙祭祀规格还是升级为大祀，其地位及规模应与皇帝无二致。因此，若继续沿用清代规制，则祭孔释奠仪应采用八佾舞，而笾豆应各十二，方能与其规格相配。因此，笔者认为，赵骏河先生所言祭孔释奠规格应与其身份相一致的观点是正确的，如果祭孔的规格是大祀，那么就应该在孔子神位前陈设笾豆各十二，祭孔乐舞则应为八佾。但是，对于"至圣先师"的称谓是否妥当之说，我认为大可不必较真。因为"至圣先师"的封号是经过古代历朝历代的皇帝因循和沿革而来，后来在明朝由嘉靖皇帝钦定，然后又经过顺治帝的反复，最终继承和延续下来，直到现在依然如此。

至于南北宗孔庙牌位则写着"大成至圣先师"，这亦是历史沿革使然，我们亦无须诟病。只是在祭孔释奠规制上应该采用大祀，笾豆各十二，乐舞用八佾。当然，我们可以认为，若孔子在世，应该对此颇为不满，因为孔子对僭越礼乐的行为是极端反感的，他曾指斥鲁国大夫季氏"八佾舞于庭，是可忍也，孰不可忍也！"（《论语·八佾》）古代中国祭祀规格，《周礼》有如下描述："天子八佾，诸侯六，大夫四，士二。"我们据此可以推知，若根据孔子本身之官爵，他自认为是"从大夫之后"（《论语·先进》），则其释奠礼仪亦应用大夫之规制，即笾豆各四，舞用四佾。但我们亦可推而论之，虽然孔子生前位仅从大夫，但其卒后却经过历代皇帝的追封，已非大夫之身份，从"文宣王"到"至圣文宣王"，一直升到"大成至圣文宣先师"（后又改为"至圣先师"），特别是在清代光绪年间其祭祀规格被升为大祀，则已经达到皇家规制。所以，笾豆各十二，乐舞用八佾，亦不能简单称之为"僭越"。

三、祭孔释奠的时代性问题

现今有学者觉得现在的"祭孔"方式问题颇多，需要改革。一是食古不化。孔夫子生活的时代距今已经有两千多年，他的思想一直影响到今天。但是，今天的时代与过去的时代相比，政治、经济、社会制度和意识形态都已经发生了根本性的变化。今天我们祭祀孔子，绝不应该完全照搬封建社会的那一套祭祀方式。现在各地的祭祀方式有的是根据史志的记载，有的是从国外学来的，包括献三牲（牛头、猪头、羊头），读祭文，献歌，献舞，献花等，全部是旧的一套，没有一点新的内容和形式，让人感到很不舒服。二是不伦不类。"祭孔"活动有一个项目是献舞，由百余名中学生穿着所谓古代文武百官的服装，头戴官帽，装模作样地向孔子祭拜。这种装扮，虽有些古人气息，但人们绝不知道这是哪个朝代的服饰。"①

与之相对，礼学大家彭林先生则曰："一年一度的'祭祀孔子大典'现在已成为举世瞩目的文化盛典，成为展示国家形象的文化品牌。作为绵延千年的文化大典，旨在传承历史文化，理应充分尊重文化传统，尽可能保持其固有的文化元素，而不是随意更改。"②

我们必须承认，祭孔释奠的确存在一个时代性问题。纵观祭孔释奠的历史，我们会发现，无论是先秦、两汉、魏晋南北朝、隋唐五代、宋、元、明、清，乃至民国和现代，不存在哪一个时代祭孔释奠跟前代完全相异，也不存在哪一个时代跟前代完全相同。这本身便是一个历史沿革问题，体现了祭孔释奠的时代变迁。而且，这种历史沿革和时代变迁问题，不仅仅体现在祭孔释奠上，其他的礼仪制度无不如此，譬如古代的祭天、祭地、祭祖等等概莫能外。其实，这便是孔子所言的"损益"原则：

> 子张问："十世可知也？"子曰："殷因于夏礼，所损益，可知也；周因于殷礼，所损益，可知也；其或继周者，虽百世可知也。"（《论语·子张》）

子张问孔子十世是否可以知晓，孔子告诉他，殷承袭夏礼，所损益，可以知晓；周承袭殷礼，所损益，可以知晓；那么继周之后的，即使百世也是可以知晓的。孔子所言给我们以启示：后代皆因于前代，传统可以连绵延续。我们现在之所以能对古人的思想和礼仪制度进行研究，不正是这种传统在延续的体现吗？余英时先生在其《关于中国历史特质的一些看法》一文中曾云："中国文化的延续性是很高的。我们可以从商周，下溯至明清，以至今日，在中国的土地上，一直存在着一个独特的政治传统。这个传统在秦以后便表现为一个大一统的政府。政府结构的延续性，是中国与其他文化，尤其是西方所不同的。"③

祭孔释奠礼仪其实也是中国政治文化传统的一部分，它亦有着很强的连续性。同时，每一代与前代相比，都会有所变革。例如明清之释奠礼大致相似，但是，清代统治者为了体现与明代之不同，将释奠乐章由明代"和"字改为"平"字。同时，为体现自身对孔子之重视和推崇，将明代之四拜礼上升为三跪九叩之礼，甚至皇帝亲诣释

---

① 郁文：《"祭孔"活动应改革》，载《中国教育学刊》，2005 年 12 月第 12 期。
② 彭林、张德付：《关于"祭孔大典"的几点建议》，载《光明日报》，2011 年 10 月 31 日第 015 版。
③ 余英时：《文史传统与文化重建》，北京，生活·读书·新知三联书店，2004 年 139 页。

奠时亦身体力行。这足可以看出祭孔释奠之连续性和时代性，体现了礼之"损益"原则。

此外，这种时代性还体现在祭孔服饰方面。其实早在西汉时期，董仲舒在其对汉武帝的上疏中便提出了"改正朔，易服色"问题。也便是说，每当朝代更迭的时候，新政权都要改变历法，规定第一个月是何月。同时，也要根据五行更替原则，改变衣服的颜色。

如果我们去除蒙在"改正朔，易服色"身上的种种神秘色彩，单就其思想之时代性而言，则我们现代之祭孔释奠亦是应该"改正朔，易服色"的。由此来看，20世纪四十年代后期祭孔，参加者并非长袍马褂，而是着当时时兴的服饰，军人仍穿军装，其他人都穿中山装，行的也是鞠躬礼，等等，这些也都是无可厚非的。如一些学者所认为的，形式上的某些可取之处，也可"拿来"，如祭孔时进香（表示对被祭者的崇敬）、朗诵《论语》章句、唱《大同歌》等。

如车延芬所言："传统的延续和发明是一对矛盾统一体，我们可以清楚地从实践者身上看到对这对矛盾统一体的对抗和妥协。吴晓邦拍摄纪录片《祭孔乐舞》的初衷是要挽救并延续乐舞传统，但从乐舞记录在胶片上的那一刻起，传统已经凝固；曲阜市剧团演员们的初衷是要'原模原样'地模仿民国祭孔乐舞，但在模仿时却不自觉地添加了过多的戏曲味道；孔子文化艺术团编导们的理念是要复古，但仅依靠舞蹈又能回到多久远的过去？所以，传统祭孔乐舞之河，是贯穿仪式化和形式化的复兴传统之河，也是发明新传统的河流，它嬗变但有迹可循。通过这个过程，原有的象征符号在不同的情境中被累加了新的内涵，新的象征符号被确立。"[①]

只是，我们亦应该尊重前代保留下来的礼俗。例如，民国曲阜之祭孔释奠要求参加者一律着长装，否则拒绝入内，我们应该保持尊重，而不应认为不合时宜，甚至肆意诋毁。至于祭以"太牢"（即猪、牛、羊三牲），有的学者认为是劳民伤财，没有必要。笔者认为，这一观点其实是不可取的。太牢之礼，是自西汉高祖刘邦在曲阜祭祀孔子之时便采用的，体现了统治者对孔子及其代表的儒家思想文化的重视，是统治者马上得天下但以文治天下的为政方略，后来历朝历代统治者莫不效此。太牢之礼，并非仅仅是一种形式，它体现了深刻的思想内容。而且，谈及此处，我们不能不回忆起先师批评弟子子贡的一番话：

> 子贡欲去告朔之饩羊。子曰："赐也，尔爱其羊，我爱其礼。"（《论语·八佾》）

---

① 车延芬：《在发明中延续传统——以祭孔乐舞的当代复兴为个案》，载《温州大学学报》（社会科学版），2010年1月第23卷第1期。

根据朱熹《论语集注》：告朔之礼：古者天子常以季冬，颁来岁十二月之朔于诸侯，诸侯受而藏之祖庙。月朔，则以特羊告庙，请而行之。饩，生牲也。鲁自文公始不视朔，而有司犹供此羊，故子贡欲去之。

也就是说，古代天子常在冬天最后一个月，向诸侯颁布来年十二月的第一天，诸侯接受而藏在祖庙里。每月之第一天，则以小羊告庙，请出来颁行。饩羊也就是活羊。鲁国自文公开始便不再视朔了，而执事者仍然供此羊于祖庙，所以子贡想去除。但是孔子并不这样认为，他对子贡说："赐呀，你爱惜那只小羊，我却更爱惜告朔之礼。"值得一提的是，后代祭孔除了每年仲春、仲秋的释奠礼外，还有释菜礼。而释菜礼的行礼日期便是每月的第一天，同古代告朔之礼是同一天。孔子既然珍惜告朔之礼，我们又怎忍心将祭祀孔子的太牢之礼废除呢？子爱其猪牛羊，吾爱其释奠礼乎？

关于近几年曲阜及各地的祭孔乐舞，我非常赞同中国艺术研究院孙茜在其硕士毕业论文《祭孔乐舞舞蹈的文化研究》中的观点。诚如孙茜女士所言，现代祭孔大典中的祭孔乐舞，加强了在艺术上的革新，如前期合成的电子音乐取代乐生、歌生的现场演奏、演唱，营造出更为庄严、恢宏的气势；舞蹈表演中的动作被丰富了，力度和幅度得到强化，节奏动率亦加快，这样具有时代性的艺术化处理虽然使乐舞变得更生动、不再枯燥，并且具有欣赏性。但是，实际却离祭孔乐舞的原貌越来越远，最重要的是打破了祭孔乐舞所要体现的儒家思想中"礼制"的规范，特别是动作上的变化，突破了"礼"的尺度。祭孔乐舞作为仪式性舞蹈的中规中矩的特点是不可抛弃的，如果这一根本特点发生变化，其动作中暗含的精神实质和体现的社会价值也就随之冲淡甚至消失[1]。

四、祭孔释奠之文化意蕴

祭孔释奠不但有着悠久的历史传统，有着丰富完备的具体内容，兼有礼乐歌舞等多种艺术表现形式，而且它同时也包含着重要的文化意蕴。下面，笔者将对此做一阐发。

（一）尊重历史，接续文化。

从周代释奠先圣先师，到汉代普遍释奠孔子，东汉时期祀周公为先圣，孔子为先师，三国齐王芳正始时释奠礼停祀周公，专祭孔子于辟雍，以颜回配享。自此，整个六朝释奠均只祭孔子。其后，在唐高祖武德二年和唐高宗永徽中，曾短暂恢复祀周公为先圣、孔子为先师，但很快就停周公祀，只祀孔子为先圣，以孔门弟子和儒学经师

---

[1]　孙茜：《祭孔乐舞舞蹈的文化研究》，中国艺术学院2008届硕士学位论文，第47～48页。

配享。唐贞观四年（630 年），"诏州县皆立孔子庙"（《阙里文献考》卷四）。唐高宗时，又敕"州县未立庙者速事营造"。从此，"孔子之庙遍天下矣"（俞正燮：《癸巳存稿》卷九）也就是说，经过了一番释奠周公、孔子的反复之后，唐贞观年间开始才真正确立了孔子的无与伦比的历史地位，周公则从此湮没无闻。

之后，宋元明清诸朝代及民国至今都将释奠孔子之礼仪延续贯彻下来。而且，通过对孔子的封号如宋代的"至圣文宣王"，到元代的"大成至圣文宣王"，到明代及清代的"至圣先师"，可以看出宋元明清的皇帝对孔子之尊崇到了无以复加的程度（但其间又有反复，如嘉靖帝废黜孔子封号谥号，仅保留"至圣先师"，顺治帝时又加封"大成至圣文宣先师"，后又改"至圣先师"。其尊奉规格亦有反复，主要在六佾与八佾、笾豆为十与十二之间）。

古代祭孔释奠，其中自然有维持其政治教化与君主统治的一方面，但是，我们亦不能不看出，孔子凭借其个人魅力和道德博学已经成为后代所尊奉的历史楷模，孔子所创立的儒家思想文化在传统社会得到了最为广泛的推崇，特别是其所主张的"礼乐并行"的为政方略极大地提升了中华民族的文化修养与道德水平，而其"和而不同"的思想对于维护国家乃至世界的繁荣稳定与长治久安起到了不可磨灭的历史功绩。

当今时代，随着经济全球化、世界一体化的不断加快，不同国家、民族政治、经济、文化之间的交流日益频繁，而各种政治摩擦、利益之争和文化冲突也不可避免。而孔子的"和而不同"的哲学理念，对于缓和乃至消解各国家、民族之间的摩擦、争执和冲突，无疑能起到积极的推动作用。子曰："君子和而不同，小人同而不和。"（《论语·子路》）"儒家文化讲'和而不同'，就是尊重差异，崇尚和谐。不同民族和国家对经济可持续发展都有自己的诠释，这是因不同的历史、制度、宗教和文化所致。随着全球化的推进，经济似乎越来越没有国界，伴随而来的便是利益和文化的冲突。将这样一种思想用于当今人类文化的发展，就是要承认差异和尊重多元，既认同本民族的文化，又以博大宽容的精神对待其他民族的文化，以'文明的对话'替代'文明的冲突'。这也是近几年以孔子等先哲为代表的东方传统文明在国际上越来越受重视的原因。"①

（二）敬仰先贤，凝聚华族。

随着中央对弘扬优秀传统文化的重视和人们对传统文化的逐步认同，国内各省份相继举办公祭伏羲、黄帝、炎帝、舜帝、大禹、孔子等大型庆典。通过这一公祭形式，表达了人们对先祖、圣贤、先儒的敬仰之情。同时，公祭活动也已经成为吸引海外华

---

① 白丁：《"祭孔"：对传统文化的追思》，载《中国文化报》，2010 年 10 月 14 日，第 010 版。

人向心力，增强中华民族凝聚力，促进社会和谐发展，实现中华民族伟大复兴的一个重要表现形式。

《礼记·学记》曰："发虑宪，求善良，足以谀闻，不足以动众。就贤体远，足以动众，未足以化民。君子如欲化民成俗，其必由学乎！玉不琢，不成器；人不学，不知道。是故古之王者建国君民，教学为先。《兑命》曰：'念终始典于学。'其此之谓乎？"意思是说，发动思虑，招求善良，这样做可以有小小的声誉，还不足以感动群众；亲近贤能，体恤疏远，这样做可以感动群众，还不足以化育人民。君子如果打算化育人民，形成美好的风俗，一定要由教学入手。玉不雕琢，就不会成为器物；人不学习，就不会明白道理。所以古代君王建立国家，治理人民，总义教学为首务。《尚书·兑命》中说："念头要始终经常地在学习上。"大概说的就是这个意思。而教学就需要好的老师。在中国古代，好的老师后代称之为先圣、先贤、先师，受到历代国家的爱戴、敬仰和祭祀。这种祭祀之礼，在古代便是释菜礼、释奠礼，今谓之祭孔大典。

"大学始教，皮弁祭菜，示敬道也。"（《礼记·学记》）意思是说，古代大学开学时，天子诸侯派官员身着白色的皮弁礼服，用水芹水藻祭奠先圣先师，这是表示尊师重道。而自古至今的祭孔释奠之礼，便是国家尊师重道的重要体现。

"凡学之道，严师为难。师严然后道尊，道尊然后民知敬学。是故君之所以不臣于其臣者二：当其为师则弗臣也，当其为师则弗臣也。大学之礼，虽诏于天子，无北面，所以尊师也。"意思是说，一般学习的规矩，最难做到的是崇敬老师。老师受到崇敬，然后知识、义理才受到尊重；知识、义理受到尊重，然后人民才知道严肃对待学习。所以君主不以对待臣子的态度来对待臣子的情况有两种：一种是请臣子在祭祀中充当被祭神灵的时候，不把他当臣子对待；另一种是臣子作老师的时候，也不把他当臣子对待。古代大学之礼规定，天子前来视学，老师即使对天子讲授，也不面朝北的陈说。这项礼规就是用以尊重老师的。由此可见，古代的天子诸侯乃至人民对老师是何其敬重。这种敬重体现在祭祀先圣、先贤、先师之祭孔释奠礼上，便是要求献祭礼品"必丰，必洁"，祭祀者之神态"必恭，必敬"。

如胡胜盼先生所言："近年来，从报端、网络、电视等媒体上皆可看到诸如'祭孔大典'、'祭黄帝陵'、'祭炎帝陵'、'祭大禹陵'等新闻。组织类似大型的祭祖活动，有官方的，也有民间的，还有官方民间共同组织的。无论是祭哪位先祖，都向我们透露出这样一个信息：国人越来越看重自己民族文化的根脉，试图在寻祖认宗的过程中，去进一步认识自我，认识中华民族，发掘这个民族的文脉支撑点。"①

近年来，央视、凤凰卫视及各大网络电视媒体之后每年于祭孔大典时，都给予了

---

① 胡胜盼：《"祭孔"寻根，发掘民族的文脉》，载《光明日报》，2011年9月30日，第002版。

相当的关注和重视，予以全面翔实的报道和宣传。通过公祭孔子，举行祭孔释奠大典，一方面起到了敬仰先贤、报本返初的教化作用，同时也有利于增强中华民族的凝聚力和文化向心力，增强国人的文化自尊、文化自强和文化自信。

（三）富然后教，顺天应民。

祭孔是中国历朝历代在政权稳定之后，行礼乐、宣德化、昭文明而流教泽的重要组成部分。"富而后教"语出《论语·子路》："子适卫，冉有仆。子曰：'庶矣哉！'冉有曰：'既庶矣，又何加焉？'曰：'富之。'曰：'既富矣，又何加焉？'曰：'教之。'"

周桂钿先生指出："'富而后教'，这是孔子儒学的重要思想。富以后，如果不进行教育，那就会堕落、腐败。君子富起来后，不能骄傲，'富而后教'还要'富而好礼'。如果富裕了，不能及时给予教育，新富起来而又缺乏教育的人容易骄横为暴，严重危害社会。按孟子的说法，这种人就跟禽兽差不多：'饱食暖衣，逸居而无教，则近于禽兽。'（《孟子·滕文公上》)"[1]

紧接着，周先生结合汉初60年的历史，指出"其正好是孔子所说的三个阶段，即先建立健全的社会秩序，人口增加，安居乐业；让人民富起来；对他们进行教育。按照现代的说法，就是安定社会、发展经济、提高文化。"[2]

关于富然后教，徐复观先生在其《释论语"民无信不立"》一文中也曾有一段极为精彩的言论，从修己和治人及二者之间的关系层面进行了解读，他说："孔孟乃至先秦儒家，在修己方面所提出的标准，亦即在学术上所立的标准，和在治人方面所提出的标准，亦即在政治上的标准，显然是不同的。修己的学术上的标准，总是将自然生命不断地要德性上提，决不在自然生命上立足，决不在自然生命的要求上安设价值。治人的政治上的标准，当然还是承认德性的标准；但这只是居于第二的地位，而必以人民的自然生命的要求居于第一的地位。治人的政治上的价值，首先是安设在人民的自然生命的要求之上；其他价值，必附丽于此一价值而始有其价值。"[3]

台湾佛光大学人文学院教授、院长李纪祥先生则曰："我自己在阅读中逐渐理解了孔子的庙祭及身后地位之历史后，不免多所感慨。每一个朝代开国都要经历'由武趋文'与'由富而礼'的阶段，无论世势起伏，一种以'人伦'为主的教化天下之策从未改变过，历朝的倡议者与决策者其眼光也必在京师与阙里的联系间思考。"[4]

---

① 参见周桂钿：《董仲舒研究》，2012年，第8页。
② 参见周桂钿：《董仲舒研究》，2012年，第8页。
③ 徐复观：《学术与政治之间》，台湾学生书局，1980年，第299页。
④ 李纪祥：《祭孔与华夏文化之传承》，载《中华读书报》，2012年10月17日第010版。

"国家发展三阶段论"应该说是孔子最先提出来的（当然孔子在言此的时候，可能并未形成一个系统的理论，这主要是由其一贯的为政治国理念所决定的），是先秦儒家仁政学说的重要体现。而孔子的这一思想，却在一定程度上与一个国家或地区的社会发展历史规律相契合。由中国历史社会发展来看，也确是如此。周先生依据汉初发展的历史现实，指出其理论的合理性。此外，他又通过中华人民共和国成立60年来的社会发展，总体也是按照这一三阶段的发展模式行进的，从而进一步肯定了这一"国家发展三阶段论"。而在国家政治稳定、经济逐步繁荣的今天，党和国家领导人也审时度势，将文化复兴正式提上议事日程。

正如许嘉璐先生评价习近平主席视察曲阜，认为其历史意义等同于邓小平"南巡"讲话，其意在为儒家正名，平反昭雪。而习近平主席亲自出席参加于人民大会堂召开的纪念孔子诞辰2565周年国际学术研讨会暨国际儒学联合会第五届会员大会开幕会，并发表重要讲话，则等同于向全国乃至世界宣布，中央政府正式为儒家正名，为其平反昭雪，还其本来的真实面目和历史地位，并进而追溯其历史发展流变，肯定其思想价值和历史贡献。毫无疑问，一个重视、研究、传播、弘扬和借鉴儒学为代表的传统文化的时代已然来临，中华民族正以一个全新的面貌和姿态，走在文化复兴的开阔大路上。

在中国学术文化思想史上，孔子作为儒家学派创始人，他开创私学，兴起民办教育；周游列国、对外思想文化传播；整理和传承历史文化典籍（删诗书、定礼乐、赞周易、修春秋）；主编并使用历史文化教材（六经、六艺）。孔子为中国教育的普及及文化事业的继承发展，做出了卓越的贡献；而其为政以德、仁者爱人、礼乐并行、和而不同等为政理念也为国家的长治久安起到了积极的推动作用，永远值得后人学习和尊敬。

作者简介：常会营，孔庙和国子监博物馆副研究员。

参考文献：

［1］江帆、艾春华：《中国历代孔庙雅乐》，中国国际广播出版社，2001年。

［2］余英时：《文史传统与文化重建》，北京，生活·读书·新知三联书店，2004年。

［3］周桂钿：《董仲舒研究》，人民出版社，2012年。

［4］徐复观：《学术与政治之间》，台湾学生书局，1980年。

长泰庙学沿革概要

黄志亭　　林海南

摘　要　长泰县为福建漳州府四大古县之一，长泰庙学在闽南地区历史较为悠久。长泰庙学自宋朝肇建、迁建，元朝重修，明嘉靖撤宋元结构重建，清朝及民国皆依此本，新中国成立后异地重建，此为其沿革大要。

关键词　长泰庙学沿革概要。

一、历史上的长泰庙学

关于长泰庙学肇建，文献记载主要有南宋淳祐年间，长泰县令赵与坦《长泰县儒学记》及《长泰县儒学》，《长泰县儒学》共有三个版本，分别为明万历版《漳州府志》、清康熙年版《漳州府志》、乾隆版《长泰县志》版。现将相关史料记载摘录如下：

宋代长泰县令赵与坦《长泰县儒学记》①：

> 古者庠于党，序于遂，县有学，仿古制也。曩长泰有学，初创于登科山之旁，以地窄迫，不足为士子藏修之所，遂移于祥光寺之东偏。自绍兴杨公械登第之后，未有续遗响者。士子病之，欲迁焉而未果。岁在绍定癸巳，邑有寓公李万言调萍乡尉，叶惟寅调番禺丞。未及瓜与阴阳家者相方、面势，得县治之左臂，乃县之主山良岗钟其秀，嶂然崒然，若蛟龙之跃渊，祥凤之飞舞，是殆天有以献其巧者。闻之，邑宰清源陈公纯仁，俞其请，白之于郡，朝谒夕报，遂与邑士友，相与并力协赞，命匠鸠工，拓台肇址，塞陂而夷，撤蔽而通，绳迂而直，乃斫乃陶，乃涂乃塈，大成有殿，讲席有堂，入室有庐，肄业有斋，中以戟门，翼以两庑，庖

湢垣墉，靡不具体。肇修瑚簋，绘事从祀，百尔文物，彪烈一新，释菜而衿佩襜如、弦诵而声音琅如。属役于是年之季春，考于明年之季冬。

明万历及清康熙年间编修的《漳州府志》关于《长泰县儒学》的记载[①]：

> 在县治东。按前志，宋绍兴三年，主簿张牧始建学。淳熙间，文庙在县西南。嘉定间，学在县东南。绍定六年，县丞叶惟寅，以旧学不利，白于县令陈淳，作新学于今所。建大成殿及尊道堂，堂东西为四斋，经籍祭器皆有库。鉴泮池，潴水架石为桥。淳祐间县令赵与坦为记。

乾隆年间编修的《长泰县志》关于《长泰县儒学》的记载为[②]：儒学在治东。宋初，建在治西南登科山麓。绍兴三年，主簿张牧移治南祥光寺东。绍定六年，邑人县丞叶惟寅，以旧学不利，白令陈纯仁，作新学宫於今所。中为大成殿，东南为尊道堂，东西为四斋，东曰博文，曰果行，西曰思忠，曰履信。设经籍、祭器库，凿泮池架石为桥，淳熙间，令、赵与坦为记。

关于长泰庙学始建年代，主要有两种观点。一是主张宋绍兴三年（1133年）始建县学，另有一种观点认为是在绍兴三年之前。

主张宋绍兴三年（1133年）始建县学的依据是，明万历及清康熙年间编修的《漳州府志》均记载为"宋绍兴三年，主簿张牧始建学"，主张主簿张牧在宋绍兴三年才始建县学。

认为在绍兴三年之前始建县学的依据有二：一是宋代淳祐年间长泰县令赵与坦《长泰县儒学记》与乾隆年间编修的《长泰县志》的记载，赵与坦的记载，"长泰有学，初创于登科山之旁，以地窄迫，不足为士子藏修之所，遂移于祥光寺之东偏"，赵与坦写《长泰县儒学记》的时间为淳祐八年（1248年），距离绍兴三年仅有100多年，应该有较高的可信度。乾隆版《长泰县志》记载，"宋初，建在治西南登科山麓。绍兴三年，主簿张牧移治南祥光寺东"。根据赵文与乾隆县志的记载，长泰县学，最初在登科山山脚，因为地域面积狭小，主簿张牧把儒学移建在祥光寺东面。二是州县学皆作文庙也是王朝典章的规定，唐贞观四年（630年），诏"州县学皆作孔子庙"[③]，宋景德三年（1006年），"诏天下诸郡咸修先圣之庙。又诏庙中起讲堂、聚学徒，择儒雅可

---

①　（明）罗青霄纂修：《漳州府志》，明万历元年（1573年）刻本，明代方志选（三），学生书局，1965年，第472、473页。（清）魏荔彤纂修：《漳州府志》，《学校志》，清康熙五十四年刻本。关于县令陈纯仁，明万历版《漳州府志》误为陈淳。

②　长泰县地方志编委会：清乾隆庚午版《长泰县志》重印本，《学校志》，第48页。

③　欧阳修、宋祁：《新唐书·礼志》，中华书局，2000年。

为人师者以教焉"①。元人马端临言："自唐以来，州县莫不有学，则凡学莫不有先圣之庙矣"②。长泰于五代南唐保大十三年（955 年）建县，到宋绍兴三年（1133 年）已经建县 178 年，结合上文记载，县学"宋初，建在治西南登科山麓"应该是可信的。因此长泰庙学始建年代应该在宋绍兴三年（1133 年）之前，距今至少有 884 年的历史。

根据赵与坦《长泰县儒学记》记载，长泰庙学宋初在登科山旁，绍兴三年（1133 年）主簿张牧移到祥光寺东面，绍定六年（1233 年）县令陈纯仁移到罗侯山麓县衙东侧。根据乾隆年间长泰县治图（图一），可以确定，宋初长泰庙学在登科山南面山脚（现长泰县县医院到长泰县防疫站一带），绍兴三年移到祥光寺东面（现长泰一中附近），绍定六年移到罗侯山麓县衙东侧（长泰宾馆一带）（图二）。

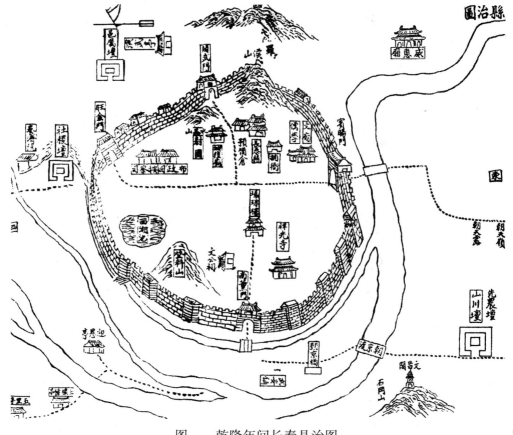

图一　乾隆年间长泰县治图

①　杨侃：《重修先圣庙并建讲堂记》，见明正德《袁州府志》卷一三。
②　马端临：《文献通考·学校四》，卷四十三，中华书局，1986 年影印本，第 411 页。

图二　长泰文庙位置变迁卫星图

庙学迁踞县衙东侧主要是出于风水学方面的考虑。《长泰县儒学记》记载，"自绍兴杨公械登第之后，未有续遗响者。士子病之……得县治之左臂，乃县之主山良岗钟其秀……是殆天有以献其巧者"，选址之处刚好是县衙的东侧，从风水学角度来说，东方是选址极佳之地。《钦定四库全书》之"子部七"介绍赖文俊曾著《绍兴大地八铃》、《三十六铃》，但"是书分龙、穴、砂、水四篇，各为之歌。龙以二十四山为阴阳，以震、庚、亥为三吉，巽、辛、艮、丙、兑、丁为六秀"。其中，震为东方，而且，东方是日出之地，寓意昌盛与朝气，与孔庙之养士、培才目标正好契合[1]。所以，长泰庙学选址在治所东面，从传统风水学角度来看是个风水宝地。

关于宋代长泰庙学的规制，登科山及祥光寺东两处已不可考。罗侯山庙学主体建筑有大成殿、尊道堂，有四斋，东面分别为博文斋和果行斋，西面分别是思忠斋和履信斋，有东西两庑，中轴线上有戟门，庙前凿有泮池，泮池上架有石桥，并配备有经籍、祭器。长泰庙学在宋代基本建筑格局已初步建立。

元代葺修：宋末元初，南方连年兵乱，宋代重修的庙学却在战火中幸免于难，在战乱中保存了下来。元朝统一中国后，长泰庙学又得到两次重建。第一次在元至正庚寅年（1350 年），"我元至正庚寅，令余元善复构学厅暨讲堂斋庑"[2]，县令余元善重新构建学厅暨讲堂斋庑，使庙学的规制日益完善。遗憾的是至正十四年（1354 年），贼寇兴起，社会动荡，学宫也在离乱中被大火焚为灰烬[3]。之后这段时间由于动乱未平，文庙的复建就一直搁置。直到元至正十六年（1356 年）建宁人林干儿鲁不花到任，见到文庙荒废破败，"环顾学址，榛莽荒秽，揭处无其所"，开始重修，元至正十七年（1357 年）大成殿落成，元至正十八年（1358 年）戟门和东西两庑落成，重修工作从1356 年冬开始，到 1358 年六月基本完结，历时超过一年半。

元朝长泰庙学历经动荡，但宋代遗存的基础结构仍在，元代所修基本上是在原址上重建修复，宋代结构和布局没有改变。"丁酉岁十二月大成殿告成。戊戌夏六月，庙像有位，展拜有庭。秋八月戟门两庑成。规模壮丽，视昔有加"[4]，"殿塑先圣、四配、十哲像，两庑绘从祀先贤"[5]，经过县尹林干儿鲁不花复建大成殿，大殿塑先圣、四配、十哲像，东西两庑绘从祀先贤两庑前还有戟门，至此元代长泰庙学的规制基本到位。

明代完备：长泰庙学从明初洪武二十年（1387 年）第一次重修开始，至万历十七年（1589 年）最后一次重修，共计 12 次，平均 17 年重修一次，可谓频繁。长泰庙学

---

① 刘沛林：《风水—中国人的环境观》，上海三联书店，1995 年，第 50 页。
② 长泰县地方志编委会：清乾隆庚午版《长泰县志》重印本，《艺文志》，第 199 页。
③ 长泰县地方志编委会：清乾隆庚午版《长泰县志》重印本，《学校志》，第 48 页。
④ 长泰县地方志编委会：清乾隆庚午版《长泰县志》重印本，第 199 页。
⑤ 长泰县地方志编委会：清乾隆庚午版《长泰县志》重印本，第 48 页。

自明初便开始重修，其中包括明洪武二十年（1387 年），"建大成楼於殿南"，洪武三十年（1397 年），"教谕章参，更讲堂为明伦堂，立崇文楼，分两斋於堂前，移兴文祠于东庑，以旧'尊道堂'为学仓，神厨、神库、牲房在戟门东，教谕衙在堂左，训导衙二，在两斋东南"，正统十年（1445 年），"金事陈公祚命重修"。成化十六年（1480年），"令、刘铎，修葺明伦堂、两斋会馔堂、大成楼，建兴文祠及祭器库，又买民地增建号房十二间，修泮池，筑石桥"①。这四次重修庙学，基本在沿袭宋、元结构基础上的微调，没有大的改动。

明嘉靖四年（1525 年）长泰庙学的重建，是明代重修规模最大的一次。此次工程是去去宋元结构的重建，工程自嘉靖乙酉（1525 年）腊之闰月正式动工，嘉靖丁亥（1527 年）冬十月完工。朱浙在《重建儒学记》有详细记载：

> 经始于乙酉腊之闰月，建庙于左，西为明伦之堂，易前制也。庙凡七间，高四丈有二尺，深六丈四尺，广如之。东西两庑七间，前为戟门，又前为棂星门。位置像设稽应图法。明伦堂五间，深六丈六尺，广如之。为斋居幕次，凡二间，东西为两斋，为廨舍，前为仪门，为泮池，又前为大门，为牌坊，砻石为之。人益效勤，结砌牢密，沈沈翼翼，规制一新。鸠工需财为费千百两有奇，市地之价不与焉。

此为记述长泰庙学建筑结构和布局最为详尽的史料，至此长泰庙学建筑格局已经明朗：文庙整体建筑分为四部分，正中东、西路分别为文庙、学宫。文庙内包括棂星门、戟门、西庑、东庑、大成殿等，学宫区包括大门、泮池、仪门、东斋、西斋、明伦堂等。附属建筑：文庙区棂星门东为省牲所，学宫区仪门西为教谕衙，大门南面为训导衙（图三）。是次修建撤去了宋元旧构，彻鼎一新，整体面貌和格局焕然一新，其建置、格局一直沿袭至民国未有大变。

除了嘉靖四年大建后，嘉靖年间还有多次修建、改建和扩建。"十二年，令陈塘于殿后建启圣祠，敬一箴亭。"嘉靖十二年（1533 年），县令陈塘在大成殿后修建敬一箴亭、启圣祠。"二十八年，令王用文，修两斋，增置器具"，嘉靖二十八年（1549 年），县令王用文修葺东西两斋，添置物品。"三十一年，令、张杰夫，即省牲所为名宦祠，于堂西空地建乡贤祠。"嘉靖三十一年（1552 年），县令张杰夫把棂星门东侧的省牲所改为名宦祠，在明伦堂西侧空地建乡贤祠。"三十七年，令、萧廷宣，更置名宦乡贤祠于启圣公左右，以乡贤祠为会馔堂，后置敬一箴亭，以前省牲所为兴文祠。"嘉靖三十七年（1558 年），县令萧廷宣把名宦祠和乡贤祠置于启圣祠左右，把嘉靖三十一年新

---

① 长泰县地方志编委会：清乾隆庚午版《长泰县志》重印本，《学校志》，第48页。

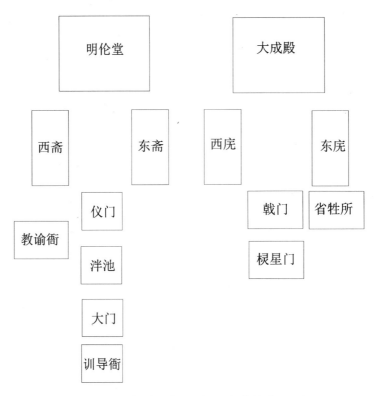

图三　明嘉靖四年长泰文庙建筑位置图

建的乡贤祠改为会馔堂（后来又改为敬一箴亭），把省牲所改为兴文祠。[①] 至此，文庙建筑格局基本奠定。

万历年间文庙亦经过多次修葺。"万历间，文庙湿漏，令、张应丁、方应时修葺。"万历初年，文庙湿漏，张应丁、方应时两任县令进行修葺。"十七年庚寅，飓风大作，檐瓦飘扬，殿寝脊隅塌坏，水涓涓出于堂，谕衙倾圮，一时俱尽。"万历十七年（1589年），台风大作，文庙受到很大破坏。"二十八年，令、管橘，申请院道，捐俸百余金以倡。荐绅文学，从而乐输，计直四百余缗，鸠工授事，经始于是年之夏四月，告成于辛丑三月。殿庑堂门，壮丽如昔，名为脩，其实创也。有记，见《艺文》。又以旧谕衙卜建不吉，而文庙南裁革，训导衙徒为空设，乃改为教谕衙，仍将谕衙建兴文会馆，为诸生课业之所。"万历二十八年（1600年），县令管橘修复被台风毁坏殆尽的文庙，对于这次重修，县志评价为"名为脩，其实创也"。是次重修还把训导衙改为教谕衙，把教谕衙改成兴文会馆，作为县学学生学习场所。

"越崇祯癸未秋九月，门斗陈奇，于斋房置楔，藏棉花灯，爆落楔中，夜半，明伦

──────────

① 　长泰县地方志编委会：清乾隆庚午版《长泰县志》重印本，《学校志》，第 49 页。

堂烈焰先发，遇西北风，乃延于圣殿，阖邑惊救不获，遂成灰烬。"① 越崇祯癸未年（1643 年）九月，门役陈奇，在斋房木匣子中藏放棉花灯，火焰落入木匣中，到了半夜，明伦堂大火先起，遇到西北风，很快蔓延到大成殿，整个县城参与灭火也没能把大火扑灭，文庙主体建筑都被烧成灰烬。

清代重修：经历了明末大火，长泰庙学再遭损坏。清朝统治者在接受了儒家文化后，庙学的重修又提上日程。长泰庙学自清顺治六年（1649 年）到乾隆年间，有史料记载的重修也达 4 次之多。由于明代所修庙学基础依然存在，因此清朝一代所修基本上在原基础上进行，或修，或补，或添，没有大变。其中规模最大的应属顺治六年的修建和康熙二十三年（1683 年）的重修，前者以文庙区修建为主，后者以学宫区修建为主。

清顺治六年（1649 年）的重修，时任长泰县令的柴允钦在《重建文庙记》有较详细的记载：

于是召匠鸠工、集瓦石，庀材具，因庙故址，尺量而丈计之，吉躅有日矣。百执事，奔走无敢后。是役也，余以禄入七百先，而乡士大夫泊豪家巨室，各计资若干。役起于己丑嘉平，竣庚寅季夏。凡费五千有奇，较前縻既俭而雄丽有加焉。首秋之三日，乃宰豕刲羊，大合乐，迎先圣而释奠以告成也。顺治六年（1649 年），县令柴允钦与萧、藏二博士谋划先兴建文庙，县里士绅大夫各效资力以资助。尤其需要提及的是而封君戴，捐助了重资，并与其他乡耆负责兴建事务，经过两个寒暑也不懈怠。大成殿和两庑建成后，仪门还未恢复，戴自己出资，完成复建工作，功劳尤其巨大。② 至此，仅剩明伦堂还有待恢复。康熙二十二年（1683 年），县令员养纯、儒学教谕何龙文倡建明伦堂，总督姚启圣特拨发五十金资助，邑绅、士子亦出资资助。因为员养纯、何龙文的人事升迁，工程未过半就被迫终止。康熙二十二年秋，县令王珏接任，诸生呈请以县仓三百石余米为修学费用，此项举措得到了总督姚启圣的批准，但是所需费用还有缺口。康熙二十二年倡建明伦堂过程中，有在捐赠簿上签字承诺捐赠，但是因为学宫建设没有专人负责还有一部分人还在观望，此部分金额尚有二百金，直到康熙二十三年（1684 年）春，教谕张鸿逵到任，主导此事，劝勉诸生，没过几个月明伦堂就修建完成，清朝长泰庙学才完备③。

雍正和乾隆年间又有两次修葺，不过都是局部修葺而已。雍正六年（1728 年），县令杨翼成、教谕马肇枢重修文庙，使文庙焕然一新。乾隆三年（1738 年），县令元玉衡对明伦堂进行修葺，明伦堂下被土淹没的月台、甬道及台阶都清理干净，使明伦堂整洁一新，清乾隆年版的长泰县志庙学图记录了这一时期文庙的基本情况（图四）。

---

① 长泰县地方志编委会：清乾隆庚午版《长泰县志》重印本，《学校志》，第 49 页。
② 长泰县地方志编委会：清乾隆庚午版《长泰县志》重印本，《学校志》，第 49 页。
③ 长泰县地方志编委会：清乾隆庚午版《长泰县志》重印本，《学校志》，第 49 页。

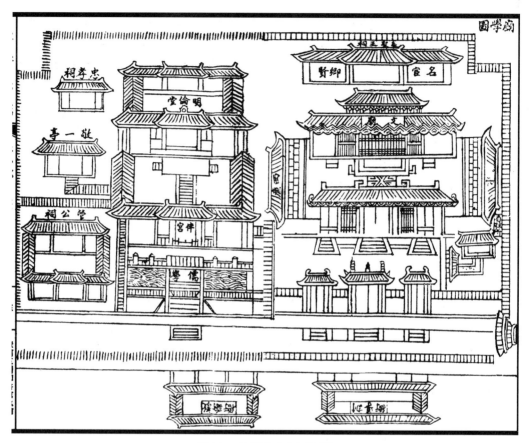

图四　乾隆年间庙学图

二、异地重建的长泰文庙

新中国成立后，长泰文庙于 1956 年被毁。在长泰民间，重建长泰文庙一直都有很高的呼声。2009 年，长泰县委、县政府顺应民意，响应民声，把重建文庙列为民办实事重点项目。因为罗侯山原文庙旧址建了长泰宾馆，原地复建已不具备条件，经过多方选址，经长泰县委、县政府主要领导实地踏勘后研究决定，最终选址县城东南方向的石岗山南麓（图二），文庙新址以文昌阁为中轴线，背靠石岗山，坐北朝南，面堂朝山，峰秀文雅，案格清朗，地域开阔，便民祭祀，是难得的风水宝地。工程于 2010 年动工，2015 年 8 月建成了主体工程和孔子文化广场，2017 年 4 月工程全部完工。

长泰文庙规划占地面积 250 多亩，分成一轴三片区，沿主大门而入，依山而上，东西对称，呈五进制，步步登高，规制周详，总体建筑风格集北方文庙之大气，融入闽南建筑之精细。文庙中轴线以展示儒学文化为主轴，游客由外而内，从初步认识孔子，到礼敬孔子，到拜谒孔子三个片区。

　　主入口片区占地约 145 亩，是文庙的配套项目，以展现孔子文化、长泰状元文化及长泰独特的民风民俗为文化主脉，并结合其优越的自然环境，打造成集文化休闲、山水体验于一体的人文景区，主要功能是让人们对儒学和长泰传统文化有基本认知。主要建设项目包括：知礼广场，入口牌坊，孔子抚琴雕塑群，"道冠古今"、"德侔天地"景观连廊，"论语"景观灯柱，"金声玉振"牌坊，状元坊，状元书院，山水茶室，雕塑、小品、文化景墙，人工湖、生态绿岛，休闲滨水木栈道，亲水台阶，生态舞池，配套公厕、售卖部、管理用房，桥梁、道路及停车场等。

　　孔子文化广场占地面积约 26000 平方米，主要建设内容包括：孔子文化广场、12 棵文化柱、盛世太平浮雕地刻、六幅孔子周游列国图石刻浮雕、孔子行教像、泮池泮桥、休闲廊亭和场地绿化等项目。主要功能是通过儒家文化的展示，让人们进一步认识孔子，学习中华优秀传统文化精髓，礼敬先师先哲。

　　文庙主体占地面积约 15000 平方米，以大成殿为核心，主要建设大成门、钟鼓楼、杏坛、东西庑、大成殿、东西廊庑、先贤祠、崇圣祠、名宦祠、棂星门等建筑，以及场地配套设施和大成殿、钟鼓楼的室内展陈建设。主要功能为祭祀孔子和教育教化功能。长泰文庙已成为闽南国学传承的重要基地和文化旅游新亮点。

　　　作者简介：黄志亭，福建省长泰县文庙管理处群文馆员；林海南，福建省长泰县文庙管理处。

至大元年大长公主祭孔庙二碑考析

刘 玥

摘 要 曲阜孔庙存《至大元年懿旨释典祝文碑》《至大元年皇妹大长公主祭孔庙碑》，详细记载了元至大元年大长公主祥哥剌吉祭祀孔庙的前后经过。本文对这两块碑刻加以简要考析，初步探讨二碑所具有的史料文献价值。

关键词 碑刻 元代 大长公主 祭孔

曲阜孔庙是国内祭孔活动的祖庭，历代帝王贵胄和文人雅士慕名而来，祭孔谒庙，表达对孔子和儒学的崇敬。孔庙内保存有大量记录历次祭孔的碑刻，其中，《至大元年懿旨释典祝文碑》、《至大元年皇妹大长公主祭孔庙碑》，详细记载了元代大长公主至大元年参与祭祀孔庙的事宜，是少有的女性祭孔碑。

一

《至大元年懿旨释典祝文碑》立于元武宗至大元年（1308 年）九月，位于孔庙十三碑亭院西起第四亭内，西面南石，面东。碑头高 0.5 米，碑高 1.75 米，宽 0.8 米，碑头隶书"懿旨释典祝文"6 字。"懿旨释奠祝文"是在正式祭孔之前所记述的说明性文字，内容较为精简。碑文如下：

> 皇帝福荫里，皇妹大长公主懿旨，鲁王钧旨：先圣言言，光贻万世。明君重道，高迈百王。眷兹诗礼之庭，在我汤沐之邑。不待闻金石丝竹而起敬，盖将肴羞菹醢以荐诚。今遣承务郎应昌路同知王谦前去造酒，择日祭。其庙宇常务清洁，勿亵渎。凡孔林木地土，诸人无得侵夺，湏议文字者。
>
> 至大元年九月日。

《至大元年皇妹大长公主祭孔庙碑》立于元武宗至大元年（1308 年）十二月，位于孔庙十三碑亭院西起第四亭内，西面南石，面西。碑头高 0.5 米，碑身高 1.75 米，宽 0.8 米，碑头隶书"皇妹大长公主祭孔庙碑"10 字。碑文详细记载了祭孔的缘由和经过，详录如下：

> 至大元年冬闰月癸丑，承州报：皇妹大长公主、鲁王遣使致祭林庙，县僚暨族长以礼迎于道左，从至舍馆。使者传命曰：皇妹大长公主、鲁王恭闻圣上加封大成至圣文宣王，以林庙粤在鲁国汤沐之邑，出祝辞，手银盒，实香其中，敬用礼神，以钱五百千为礼料费。翼日甲寅卜以季冬三日丁巳行事，酒醴既清，大牢羊豕，莫不肥腯，使者斋沐如礼。及期夜，方五鼓，天宇澄肃，星辰辉灿，使者初献奠币，献爵，金紫炫耀，兖州监州逊得·角亚献，其终献则知州马奉训禧也。卒事，使者升斋厅大会族众及鲁之多士，以馂神惠，仍执罤以言曰：大长公主以天人之姿，诵习经史，命工绘圣人像，金书懿讳于其左，居常瞻礼至于银盒，则刻岁月以铭祝辞，则朱玉印以志其崇奉，吾夫子勤恳类此。初大德七年冬，皇姑鲁国大长公主以阙里大殿落成，备香酒牲币致祭，谦实将其命也。六年之间，两奉命恭拜殿庭，荣幸多矣。族众举酒以拜曰：愿纪其事于石，仰祝圣上无疆之寿，以赞大长公主鲁王之福。使者亦将赖其余庆，顾不伟欤。东平许国焘居教职，幸观盛事，敢拜手稽谨记。
>
> 五十代孙权主祀事抚立石。祖庙监修提控五十二代孙之进监修。

《山左金石志》卷二十二记载："此碑（《皇妹大长公主祭孔庙碑》）疑与前懿旨碑（《至大元年懿旨释典祝文碑》）合为一石，而拓者误析为二也。"实地查看，两碑确实合为一石，但从字体、碑面格式等角度看并非出自一人之手，而且碑文中所记住的两碑成碑时间也不同。

二

孔子去世后，历代帝王为了彰显对孔子的尊崇，不断的追封追谥。平帝元始元年（1），追谥孔子为"褒成宣尼公"，唐玄宗开元二十七年（739 年），孔子晋爵"文宣王"，宋真宗大中祥符元年（1008 年）加号孔子为"玄圣文宣王"，五年（1012 年）又改为"至圣文宣王"。据《元史》卷二十二《武宗本纪一》记载，大德十一年（1307 年）秋七月辛巳，加封至圣文宣王为大成至圣文宣王。孔庙存有《大德十一年加封孔子制诏碑》，记录了这次加封。《明史·礼志四·吉礼四》言："汉晋及隋或称先师，或称先圣、宣尼、宣父。唐谥文宣王，宋加至圣号，元复加号大成。"元武宗加封孔子为"大成至圣文宣王"，名号之高，由汉至宋，历代帝王无出其右者。"大成至圣文宣王"被誉为历史上封孔子的最高封号，这个封号也从元到明，一直维系了

223 年。

　　元朝是我国历史上第一个由少数民族建立的统一王朝，为了维护在中原地区的统治，元代统治者极力将自己打造成中华文化的正统继承者和捍卫者。儒家思想从西汉开始就被封建社会统治者作为治国安邦的主题思想，以儒治国成为历代封建王朝的政治选择，元代延续了历代中原王朝尊奉儒学、祭祀孔子的政策。给孔子加封号，是统治者尊孔崇儒的表现手段之一。元武宗加封孔子为"大成至圣文宣王"，实际上也是为了元朝的稳固统治，《大德十一年加封孔子制诏碑》碑文最末两句就是"尚资神化，祚我皇元"。

　　《至大元年皇妹大长公主祭孔庙碑》碑文："皇妹大长公主、鲁王恭闻圣上加封大成至圣文宣王"，此次长公主祭孔，就是源于元武宗为孔子上尊号为"大成至圣文宣王"。本次祭祀之前先派遣承务郎应昌路同知王谦前往曲阜孔庙造酒，择日祭祀。特别强调地方官员要做好孔庙日常的清洁工作，并严令禁止侵占孔氏林木的土地。祭祀由承务郎应昌路同知王谦代表鲁国大长公主和鲁王进行，以太牢献祭，行三献礼。《元史》记载："阙里之庙，始自太宗九年，令先圣五十一代孙袭封衍圣公元措修之，官给其费。而代祠之礼，则始于武宗。牲用太牢，礼物别给白金一百五十两，彩币表里各十有三匹。"

　　《至大元年皇妹大长公主祭孔庙碑》碑文中还提及"初大德七年冬，皇姑鲁国大长公主以阙里大殿落成，备香酒牲币致祭"。到了元代，随着王朝的更迭和政局的动荡，尤其是经历了宋金战火的洗礼，元代初期的孔庙往昔的风采已经荡然无存。元世祖时期，曲阜当地官员率先自发发动百姓重修孔庙墙垣。此后，大德年间、至顺年间和后至元年间等，元代政府先后数次大规模重建、扩建、修缮曲阜孔庙。碑文中提到了就是大德元年至大德六年（1297－1302 年），元代开国以来对孔庙的最大规模的一次修缮，重修了奎文阁、杏坛、斋厅等建筑。《大德五年重建至圣文宣王庙碑》碑文中这样描述："殿矗重檐，亢以层基，缭以修廊，大成有门配侑，诸贤有所，泗沂二公有位……大小以楹计者百二十有六，费用以缗计者十万有奇"。大德七年（1303 年）冬，曲阜孔庙大成殿落成，皇姑大长公主特备香酒牲币遣使赴孔庙致祭，所派遣也是王谦，王谦也不禁发出了"六年之间，两奉命恭拜殿庭，荣幸多矣"的感慨。

三

　　祭孔是元代蒙古统治者推行汉法、尊崇儒学的一个重要举措，纵观元代这方面的记载不少，《元史》记载"（文宗）天历二年……二月……癸巳，遣翰林侍讲学士曹元用祀孔子于阙里。""（顺帝）至元元年……五月……遣使者诣曲阜孔子庙致祭"等，主持者均为地位显要、学识渊博之人。在中国封建社会时期，女性的社会地位一直不高，妇女按照惯例不可以参加祭孔的。而元代出现了女性祭孔活动，大长公主祥哥剌吉主持此事。关于祥哥剌吉，《元史》、《新元史》史料中均有记载："秦汉以来，惟帝姬得号公主，而元则诸王之女亦概称焉……鲁国徽文懿福贞寿大长公主祥哥剌吉，顺宗女，适帖木儿子琱阿不剌。"（《元史》）"答剌麻八剌太子女祥哥剌吉，封鲁国大长公主，适琱阿不剌驸马。早寡守节，不从诸叔继尚，女为文宗皇后。天历二年，诏曰：朕思庶民若此，犹当旌表，况在懿亲。赵世延、虞集等可议封号以闻，乃晋封徽文懿福贞寿大长，封皇妹祥哥剌吉为鲁国大长公主，驸马琱阿不剌为鲁王。""谛瓦不剌，亦译为琱阿不剌，尚武宗妹，皇姑徽文懿福贞寿大长公主祥哥剌吉，封鲁王，开府应昌，以应瑞为鲁王傅，封蓟国公。大德十一年，赐谛瓦不剌金印。至大二年，赐平江稻田一千五百顷。三年，谛瓦不剌，葬末怀秃。"（《新元史》）。通过梳理我们可以知道，祥哥剌吉出生于元世祖至元二十一年（1284 年），卒于元文宗至顺二年（1331年），是元世祖忽必烈的曾孙女，太子真金的孙女，答剌麻八剌的女儿，元武宗的妹妹，元仁宗的姐姐，元文宗的姑姑和岳母。她主要活跃于元代中期的政治舞台上，期间虽然历经武宗、仁宗、英宗、文宗等多次政权变动，但是却始终备受诸位皇帝的恩宠。她的身世之高贵，地位之显赫，在整个元代历史上也是罕见的。

祥哥剌吉同时也是一位对汉文化极其热爱并有着高深汉文化修养的公主。祥哥剌吉的祖父就非常重视并热心于学习汉文化，她的父亲和兄长也都受到过很好的汉化教育。在元代统治政策和自身生活环境的影响下，祥哥剌吉从小就受到了良好的汉文化熏陶，习文精诗，崇儒重道。碑文中"以天人之姿诵习经史，命工绘圣人像金书"，"不待闻金石丝竹而起敬，盖将看羞菹醢以荐诚"，都是祥哥剌吉崇儒重道的真实写照。祥哥剌吉深受汉文化之影响并且具有较高的汉文化修养，主要体现在三个方面：一是对待再嫁的态度，祥哥剌吉在丈夫琱阿不剌去世后，"蚤寡守节，不从诸叔继尚"；二是与汉族文人官员广泛交往；三是收藏保存有大批中国书画作品，召集"天庆寺雅集"，为元代蒙汉文化文艺交流作出了重要贡献。

大长公主祥哥剌吉之所以打破惯例，参与祭孔，还有一个重要的原因就是她的封地是鲁国，曲阜是她的汤沐之邑，碑文中有"眷兹诗礼之庭，在我汤沐之邑"、"以林庙粤在鲁国汤沐之邑"。《元史》中有记载："大德十一年三月，按按答儿长子琱阿不剌袭万户，尚祥哥剌吉公主，六月，封大长公主，赐琱阿不剌金印，加封鲁王"。鲁王琱阿不剌所在的弘吉剌部除了在应昌、全宁地区有自己的基本领地外，在中原地区也有封地，其中就包括位于山东地区的东平府。元太宗八年（1236 年），东平府的济州、兖州、单州及其属县巨野、郓城、金乡、虞城、砀山、丰县、肥城、任城、鱼台、沛县、单父、嘉祥、磁阳、宁阳、曲阜、泗水共 16 县，被分拨给弘吉剌部首领按陈那颜作为封地，此后世代沿袭。正因如此，孔子故里曲阜成了当时鲁王所辖的汤沐邑。

综之,《至大元年懿旨释典祝文碑》《至大元年皇妹大长公主祭孔庙碑》,既体现了祥哥刺吉身份、权势的尊贵,也反映了元代推崇儒学、重视汉文化的社会风气,对于研究元代的社会历史和儒学发展有着重要的意义。

作者简介:刘玥,女,曲阜市文物管理委员会。

参考文献:

[1](明)宋濂:《元史》中华书局,1976年。

[2](清)毕沅,阮元:《山左金石志》北京图书馆出版社,2003年。

[3](清)孙星衍、邢澍:《寰宇访碑录》上海古籍出版社,2003年。

[4]柯劭忞:《新元史》开明书店,1932年。

[5]骆承烈:《石头上的儒家文献》齐鲁书社,2002年。

[6]杨朝明:《曲阜儒家碑刻文献辑录》齐鲁书社,2015年。

[7]赵文坦:《元代尊孔"大成至圣文宣王"的由来》《历史教学》(高校版),2009年22期。

[8]云峰:《论元代鲁国大长公主祥哥刺吉及其与汉文化之关系》,《中央民族大学学报》(哲学社会科学版),2006年33期。

重修济南府学文庙记

李 峰

摘 要 济南府学文庙，始建于宋熙宁年间（1068 ~ 1077 年），郡守李恭主持修建，距今已有近千年历史。整体建筑布局严整，规制如鲁，是古代济南及山东地区重要的祭孔、教学、科举考试场所，也是文化、教育的中心，被誉为"齐鲁文衡"、"海岱文枢"。2005 年府学文庙大修正式启动，2010 年竣工对外开放，使千年文庙重新焕发光彩。

关键词 济南府学文庙 重修

文庙，又称孔庙、先师庙、夫子庙、文宣王庙等，是供奉和祭祀我国古代伟大的思想家、哲学家、教育家、儒家学说创始人孔子的庙宇。历代封建王朝对孔子尊崇备至，从而把修庙祀孔作为国家大事来办，到了明、清时期，每一州、府、县所在都有孔庙或文庙。其数量之多、规制之高，建筑技术与艺术之精美，在中国古代建筑类型中，堪称最为突出的一种，是中国古代文化遗产中极其重要的组成部分。在泉城济南美丽的大明湖南岸，坐落着一组红墙黄瓦的古建筑群，占地 24.7 亩，布局严整，规制如鲁，这就是济南府学文庙。

据清·乾隆《历城县志》等记载，济南府学文庙始建于宋熙宁年间（1068 ~ 1077 年），郡守李恭主持修建，距今已有近千年历史，是古代济南及山东地区重要的祭孔、教学、科举考试场所，也是文化、教育的中心，被誉为"齐鲁文衡"、"海岱文枢"。历史上府学文庙曾数次被毁又屡经重修。金代时，府学文庙曾因战争 而遭到严重破坏，元末倾圮。明洪武二年（1369 年）重建，成化十九年（1483 年）拓建，后又经数代重修，到明朝末年，建筑布局已臻于完善，整个建筑群坐北朝南，布局严整，规模宏大。清代对文庙亦修葺不断。到民国时期，历代不同规模增建、重修达三十余次，但基本保持了明代文庙的规模和建筑布局。新中国成立后，文庙被小学、工厂等占用，许多建筑被毁，所保存的影壁、大门、泮池、大成殿等四座建筑物，基本保持了文庙的布局。1992年文庙大成殿等现存建筑被山东省人民政府公布为省级文物保护单位。

一、社会关注，府学文庙千年大修启动

2003年2月，在济南市政协第十一届一次会议上，时任济南市文化局副局长崔大庸向大会提交《关于迁出大明湖路小学等单位修复府学文庙的建议》。同年9月山东省文史研究馆馆员蔡凤书、韩明祥等9人联名向时任山东省副省长蔡秋芳写了一份《关于修复济南市文庙等古迹的建议》报告，蔡秋芳副省长作出重要批示："要求相关部门认真研究，拿出有效的方案。"时任济南市市长鲍志强也明确批示："我非常赞成各位专家提出的在新一轮城市规划建设中充分注意文物保护的建议。关于文庙彻底修缮的相关问题，从根本上解决的意义也应引起高度重视。现在着手从根本上解决文庙问题的条件也基本具备。"2004年济南市有关部门根据文庙现状，经过多次专家论证，精心编制了修复方案，确定首先对现存的影壁、大门、泮池、大成殿等古建筑进行修缮。而后根据考古发掘成果和历史文献记载修复大成门、廊庑、明伦堂、尊经阁等文庙标志性建筑。2005年9月10日教师节，这一天注定成为府学文庙千年历史长河中具有重要意义的一天。济南市人民政府决定全面启动府学文庙修缮保护工程，并将其列为市政府重点工程。

2006年2月，济南市发展和改革委员会对《关于济南府学文庙修缮保护工程可行研究报告》进行了批复，同意府学文庙修缮保护工程进行。济南府学文庙修缮保护工程经过规划部门的审批，总用地面积16500平方米，可规划净用地15900平方米，总建筑面积4134.8平方米。其中修缮的文物建筑面积845.4平方米，重新修复的建筑面积2730.4平方米，新建建筑面积559平方米。

二、修旧如旧，对现存建筑修缮保护

济南府学文庙历经千年，兴落交替，虽历代先后增修30余次，但因种种原因，仍无完整地保留下来。值得庆幸的是，府学文庙的主要建筑和格局未遭到彻底破坏，至修缮保护工程启动时，中轴线上的影壁、大门、泮池、大成殿等建筑得以保存。

文庙由南往北第一座建筑就是影壁，成一字型，也叫"万仞宫墙"，以此形容孔子的学问和思想博大精深。当时维修之前影壁南侧墙体被新建理发店借用，屋顶瓦件脱了的非常严重，其上杂草丛生，影壁南北两面抹灰脱落，镶嵌于北面影壁中心的圜钱状树叶纹砖雕仅存一部分。我们在维修时拆除影壁周围搭建的平房，重做黄色琉璃瓦庑殿顶，修补脱落的白灰墙皮，修复墙芯中的砖雕。

与影壁相对的是文庙大门，面阔三间，进深一间，单檐歇山黄琉璃瓦顶。1946年，

山东省立第二实验小学以文庙为校址创建，大门南墙上至今仍有印记。大门在维修之前为印刷厂大门。东西两次间为宿舍砌新式隔断墙，次间券洞被改为窗洞。其屋面瓦件松动下滑，檐头脱落，多处渗水，木椽糟朽，屋面杂草丛生，屋脊及吻兽脱落。从额枋以上增加的新式吊顶，封堵了全部室内构架。室内铺地砖全部破碎，室外台明石位移，部分破碎。当时在维修之前，由于吊顶封堵了室内屋架难以确定内部损坏情况，从外部看除角梁、山花板糟朽外，其余木构件如额枋、平板枋、斗拱等保存较好。彩画虽然表面陈旧，但无劈裂脱落现象。我们在维修时拆除后加的东西次间的隔断墙和吊顶，修缮屋面，添配瓦件，更换糟朽檩条、木角梁和木椽、木望板。将已经碰撞移位的门券石构件重新归位，修补青砖墙体，重抹内墙皮，补配大门门扇。对木构件原油饰彩绘进行清洗修补。

泮池为文庙、学宫专用，是文庙兴官学的标志。整体呈半圆状，取"玉璧之半"之意。《诗经·泮水》中有"思乐泮水，薄采其芹"之句，意思是古时学子若中了秀才，到孔庙祭拜时，可在泮池水中摘采水芹，以示文采。维修之前，大泮池作为当地市民的一个休闲活动广场使用，在维修过程中，我们在大成门的南侧又发掘出一个小泮池，形成了"一庙双泮"的独特景观。在全国文庙内拥有活水的泮池寥寥无几。而济南素有"家家泉水，户户杨柳"。明万历二十八年（1600年），太守沈蒸修将芙蓉泉水引入池中，使得泮池有源源不断的泉水补给，成为济南文庙的一大特色。一条蜿蜒的小河像玉带一样将大小泮池串联起来，最终汇入大明湖。

大成殿坐落于文庙中心，也是文庙的标志性建筑，大成殿始建于宋熙宁年间（1068～1077年），原面阔5间，明代扩建为7间，后又经数次重修扩至9间。维修之前，大成殿由于年久失修，他像一个年近古稀的老人伫立在大明湖小学的院内，木构架整体向东北倾斜，各间柱子均不同程度向东北偏斜。由于柱子偏离原有的竖向轴线，导致部分天花枋、梁、斗拱等构件拔榫错位。屋面苦背断裂，瓦松动下滑，造成屋面大面积渗水，屋顶木构件霉烂，看了使人无比心痛。大成殿是山东省内最大的单檐庑殿顶古建筑，如果不采取有力措施，就可能永远消失。根据现场勘察和多次专家的论证，采取落架大修的方式，才能从根本上解决大成殿存在的安全隐患。

2005年9月10日，大成殿维修正式启动，屋面开始下瓦，为确保大成殿在后期落架过程中不受气候条件的约束，前期准备工作在大成殿的上方搭设了钢结构防护棚，保证整个施工过程全封闭、防雨水。10月16日，开始木构件落架施工，将每一个木构件做好标记，以便修复加固完成后原位恢复。在落架过程中，我们进行了屋面和地面的考古，工作人员发现一块由清朝雍正皇帝亲笔题写的御匾。匾破损严重，拼接起来后经过辨认，上面刻的应该是"生民未有"四字，还有"雍正御笔之宝"的印章。它的发现，进一步证明了济南府学文庙在全国文庙当中有很高价值和档次。

我们在落架施工过程中，将原有木构件清理，并整理木构件上的彩绘资料以便后期重新彩绘，对糟朽的木料、柱子进行加固，分别对不同的木材构件采用不同的防腐、防虫处理方法。所以，现在看到的大成殿90%以上的木构件为原始木构件。我们根据落架过程中记录建档的彩绘图案重新进行了彩绘贴金，在大成殿的西南角留有一块未经后期彩绘贴金处理的房梁，使参观游客能更直观地体会到大殿维修前后的差别。

大成殿落架工程结束后，我们发现由于随着历史的变迁，周围地面不断升高，大成殿殿基已被掩埋在现地面以下。如果在原基础上进行修复，需要将整个文庙院落降低，文庙地处济南老城区，地下泉脉密集，地面50厘米以下就会有地下水渗出，所以如果降低院落，文庙就会变成一个蓄水池，院内各建筑将浸泡水中，不利于文物保护。我们通过反复论证，决定将大成殿抬升1.55米，将原来的"月台"、"踏步"原样留在地下，在新修的月台中间，采取了先进技术进行保护和展示。这样做不但更好地保护了古建筑，也使大成殿显得更加雄伟。

修复后的大成殿面阔9间，进深3间，高约13米。气势雄伟，殿顶的黄琉璃瓦是在专为北京故宫提供瓦件的厂家订制的，根据20世纪50年代的照片显示，采用了规格较高的黄色琉璃瓦的龙纹正脊，体现了封建统治阶级对孔子的尊崇以及济南府学文庙的历史地位，四条垂脊上分别有9个跑兽。内部地面所铺设的是专门从临清采购的"临清贡砖"，采用"磨砖对缝"的传统建筑工艺进行修复。

三、尊重史料，修缮过程中勇于创新

在修复一些已经消失的建筑物时，我们力求实事求是，尽量做到在考古发掘的基础上对其修复。例如对屏门的修复，屏门的地上建筑已于1952年迁建至大明湖公园南门，我们在考古发据时发现了藏于地下约1米处的原柱础条石，明确显示屏门面阔五间，我们将柱础条石原位抬升至统一规划的标高后，修复了屏门。再比如在大成门和东西廊庑修复时，我们之前所做的修缮保护方案是大成门面阔3间，东西廊庑各15间，后来通过考古发掘，发现大成门的规格是面阔5间，东西廊庑各17间，我们又向济南市发展和改革委员会提出《调整府学文庙修缮保护工程占地规模》的申请，得到批复后按照考古发掘的基础恢复了大成门和东西廊庑。

在遵循考古发掘和历史资料记载的基础上，我们积极探讨、不断创新，例如在明伦堂的修复过程中，考虑到今后明伦堂将作为国学讲堂向市民免费开放，为了更好地利用室内空间，减少视线遮挡，我们采用了"减柱造"，减掉了明间的后檐金柱，让室内空间变得更大。

我们根据明代吕维琪所编《圣贤像赞》和清代道光年间《济南府志》等历史文献记载，分析并研究各种版本孔子72贤人确定的依据，同时结合济南本地历史人物，对大成殿和东西廊庑内的塑像进行恢复，所有塑像都是采用传统工艺手工制作的，是用细细的黏土掺和麦秸草、麦穗、棉花和麻经过反复上泥风干，最后进行彩绘。特别是在全国各地文庙中，孔子的72弟子基本都是供奉的排位，我们在查找历史资料的过程中发现一张老照片，照片上清晰地显示着东西廊庑内供奉的是72弟子的塑像，并非排位，我们依据史料记载将其恢复。同时，通过查阅《圣门礼志》，复原了大成殿内的礼乐器陈设。

2010年9月28日府学文庙修缮保护工程历时五年全面竣工，府学文庙恢复了昔日的规模，重新绽放出历史与文化的光彩。文庙开放后，吸引了众多游客，他们来到文庙，见到"修缮如故"的老建筑，连声称赞政府重视文物建筑的修缮保护和敬佩修缮工程的精湛技艺，深切感受到社会对文化遗产宣传保护的良好氛围。

今天，当人们走过拥有百年历史的芙蓉街，映入眼帘的就是拥有近千年历史和文化气息的府学文庙。沿中轴线自南而北，依次有影壁、大门、棂星门、泮池、大成门、大成殿、明伦堂、尊经阁等建筑物，中轴线两侧则有中规中矩亭、钟英坊、毓秀坊、更衣所、牺牲所、铁牛亭、东西廊庑、四斋室等建筑，规模宏大，巍峨壮观，无不流露着浓厚的历史气息。

作者简介：李峰，济南市府学文庙管理处。

孔庙保护

博物馆文物安全工作探析

马　宁　王桂美

摘　要　文物是人类历史发展的见证，反映某地的社会发展水平，是区域文化的集中体现，具有极高的艺术价值和研究价值。中华民族五千年光辉灿烂的文明史中，有诸多文物遗存，它们是中国传统文化的积淀，代表着我们的民族记忆。博物馆是文物的保护、收藏、展览及研究机构，文物的不可再生性，决定了文物保护工作处于博物馆工作的重中之重。因此，本文将从文物安全的角度出发，全面探析新时期博物馆文物安全工作。

关键词　博物馆　文物　安全　措施

根据《中国博物馆行业市场前瞻与投资战略规划分析报告》的统计，中国登记注册的博物馆数量 3589 个，并继续以每年 100 个左右的速度增长。博物馆的性质决定了博物馆具有公益性质的特点。2008 年，国务院下发《关于全国博物馆、纪念馆免费开放的通知》，规定"除遗址类、古建类博物馆外，全国宣传、文化、文物部门主管的博物馆、纪念馆、爱国主义教育基地全面向社会免费开放"。以博物馆为代表的公共文化机构向社会公众免费开放，堪称改革开放以来我国政府在公共文化领域最大的一项惠民政策。一方面，这一政策对满足广大民众的精神文化需求、保障民众文化权益具有十分重要的意义，对推动当代中国博物馆事业的全面发展起到了显著作用。但另一方面，博物馆的免费开放政策却给文物安全提出了带来了巨大压力。参观人数激增、安保经费不足、安保队伍建设滞后等，都对文物安全造成了潜在的威胁。如何在新形势下做好文物安全工作，是每个博物馆工作者都应思考的问题。

一、博物馆文物安全工作存在的问题

1. 重物轻人，过度依赖物防。

众所周知，在当前电子科技大发展、人工智能空前繁荣的今天，越来越多的安全防卫系统运用到博物馆中去。安全防范工程主要包括视频安防监控系统、入侵报警系统、周界防范系统、出入口控制系统、电子巡查系统、有线和无线对讲系统、安全管理系统、UPS 电源系统、防雷接地系统等。通过安防管理系统对各安防子系统进行系统集成，并通过多种检测和控制技术的综合运用，构成大范围、多层次、全方位的安全防防范系统，以保证博物馆的安全运行。但是，安全防范体系是综合性的防范体系，涵盖人防、物防、技防三个方面。在博物馆实际安保工作中，普遍存在依赖心理，以为将文物安全置于高科技的防控体系下就可高枕无忧。殊不知，在物防、人防、技防的三防中，人的因素始终是第一位的，安防设备再智能，也需人来完成操作。安防设备只有与人防、技防有效结合，才能真正发挥作用。

2. 免费开放后人数激增带来不安全因素

我国实施博物馆免费开放以来，全国免费开放博物馆的总数已达 1893 座，前 3 年共接待观众 13.4 亿人次，不少博物馆的观众增量达到免费开放前的数倍。免费开放为博物馆带来了观众人数激增、公共文化职能提升等一系列可喜变化，同时也呈现出不少新问题。博物馆免费开放之后，观众素质的良莠不齐，以至于出现了人为损坏文物，秩序混乱，甚至文物失窃等现象。据报道，在实行免费开放政策的前五天，湖北省博物馆迎来了 6 万多人次的观众，这相当于该馆以前一个月的观众数量，观众数量爆棚的同时，部分观众的素质也是令馆方头疼的问题。

3. 博物馆文物保护经费不足

博物馆馆藏文物是一个地方的历史见证，具有极高的文化、艺术和历史价值，对研究区域历史文化有着不可替代的作用。而且，现存文物稀少且不可再生的，文物保护需要大量经费作为支撑。根据《文物保护法》中规定，文物保护管理经费必须列入各级人民政府财政预算。博物馆维持经营和保护设备所需的经费主要来自于门票收入，而博物馆实施免费开放后，便失去了门票这一主要收入来源，反而运营成本大大增加。中央财政的免费开放补助经费从 2011 年至今一直停滞在 30 亿元的规模，全国免费开放博物馆数量却逐年增加。在此情况下，如果政府经费补贴不及时或不充足的话，博物馆的生计都将难以长期维持，文物保护经费也就无从谈起了。因此，政府要重视博物馆建设工作，加大资金投入力度，为博物馆文物保护工作提供资金保障，这不仅可以推动精神文明的建设，弘扬优秀传统社会文化，满足人们的精神文化需求，还能在一定程度上带动旅游经济发展，增加旅游收入，促进当地经济水平的提高。

二、加强博物馆文物安全的相关对策

1. 以人为本，加强文物安全保护队伍建设。

随着科技的发展，越来越智能的安防系统运用到博物馆文物安全保护工作中，借助现代安防技术，可以提高安防工作效率，并可以针对不同类别的文物开展不同的技术性保护，以提高馆藏文物的保护水平。然而，加强文物安全保护队伍建设，关键在于人，再先进的安防系统和设备都需要人来进行使用和操作，队伍建设要以人才为支撑。针对文物安保人员素质的培养，博物馆可以采用开展培训的方法来提升文物保护人员的专业水平及综合素质。要通过学习各种专业技能培训强化他们的政治、业务素质及热爱博物馆事业的道德情感。具体说来，首先，要切实加强文物安保人员的保护观念，提升人员对文物保护的理解和认识，了解在文物保护中的具体工作内容。其次，要及时更新文物保护人员的工作理念，组织学习先进的管理和保护手段，做到与时俱进，全面提升文保人员的专业技能和综合素养。最后，要经常性组织一些安保活动演练，做到文物保护工作常抓不懈，保证安保人员熟练处理和应对各种突发问题，更好的做好文物保护工作。

2. 规范博物馆开放秩序，确保文物安全。

第一，要想做好博物馆文物的保护工作，还必须规范博物馆开放秩序。博物馆内是一个半封闭空间，不可能同时容纳大量人群穿梭其中。因此，本着保护文物和规范参观秩序的原则，可以对到博物馆参观的客流加以限制。通过对进入场馆参观的人数进行科学测算，做到合理有效的限制和引导客流。

第二，针对游客参观中出现的危及文物安全的行为，博物馆工作人员要及时加以制止和纠正，引导参观者文明游览，保护文物。同时，要加强参观游客的思想教育，通过各种渠道宣传文物保护的必要性和紧迫性，以增强人们的文物保护意识。另一方面，要注意观众文明参观导览，在馆内设置醒目的文明标识。

第三，加强博物馆内部管理，确保文物安全。保证开放日进出口检查力度，对易燃、易爆、管制刀具等危及人身和文物安全的物品加以严查。同时，安保人员加大巡视力度，对网络、电力、暖通等设备机房逐一排查，保证设备的正常运行，保障文物安全。

最后，建立相应的质量评估体系和博物馆的管理配套制度，强化文物安保人员的岗位技能培训，要求能够在工作中及时发现文物保护中所存在的问题，集思广益，增强质量评估体系和博物馆安保管理的配套制度。

3. 加强政府投入，多元化解决博物馆资金问题。

博物馆作为国家公益性事业单位，博物馆的发展，肩负着文化遗产的收藏、保护、研究、陈展、社会教育等一系列的重任。文物保护需要大量的资金投入，因此各级政府不仅要从政策上加强对文物保护工作的倾斜，还要在资金上给予大力支持。在增加政府经费投入的同时，博物馆要多措并举寻求多元化解决资金问题。通过设立博物馆基金和社会捐助基金，吸纳社会捐助。积极引进临时性的展览，补贴经费不足。在经营管理方面，可以创新思维展开营销策略，开发文创产品，出版发行博物馆相关的文物资料、出版物、宣传资料等。另外，多做一些国内外的交流展，使文创产品得到合理的营销与推广。通过以上措施来弥补经费不足，杜绝由此引起的博物馆文物安全隐患。

三、结束语

博物馆作为一个国家、地区、城市的文明象征，是对外展示地方经济文化的重要窗口，在塑造社会文明方面有着极重要的表现。文物作为人类历史活动中的宝贵遗产，具有不可再生性，因此博物馆文物保护工作的意义更尤凸显。文物保护工作是实现博物馆各项工作的重要基石，因此，在新形势下，只有将文物保护深入到博物馆工作的方方面面，才能实现博物馆工作的顺利实施。

作者简介：马宁，曲阜市文物管理委员会助理馆员；王桂美，女，曲阜市文物管理委员会。

参考文献：

［1］戴顿：《浅论新时期博物馆安保管理》，《管理观察》，2016 年 22 期。

［2］黄辉：《博物馆文物保护研究》，《生态环境保护》，2011 年 6 月刊。

［3］胡继芳：《关于国有博物馆资金来源多元化分析》，《牡丹江大学学报》，2016 年第 18 卷，第 6 期。

［4］宋才发：《民族博物馆的文物安全与保护探讨》，《黑龙江民族丛刊（双月刊）》，2011 年第 1 期。

初探寿州孔庙的修建与保护

朱　永　俞杨阳

摘　要　寿州孔庙始建于唐，元泰定元年（1324 年）移建于城关西大街。作为州学孔庙，寿州孔庙兼有"祭孔""兴学"两种功能。历史上的寿州孔庙性质完备，规模宏大，进入 20 世纪后，在时代的大背景下急速衰落。2006 年，寿县人民政府募资对寿州孔庙进行了修缮，重现往日气派。但重修后的寿州孔庙在保护与利用等方面，仍然存在着一些不足。本文试图通过对历史上寿州孔庙建筑与修缮过程的梳理，探讨寿州孔庙曾经的辉煌，并从物质文化遗产保护的角度，对寿州文庙的保护提出自己的建议，进而引起方家重视，使孔庙得到更好的保护。

关键词　寿州孔庙　修建　保护

孔庙，又称"文庙"、"学宫"、"夫子庙"，是中国古代祭祀孔子的场所。孔庙的设立源自鲁哀公十七年（公元前478 年）。该年，哀公将孔子的故居三间改建为庙，陈列孔子生前的衣、冠、琴、车、书等遗物，纪念孔子。后代统治者对孔子多有加封，孔庙规模也不断扩大，数量不断增多。至清末，中国设县之处几乎必设孔庙，其数量已达到1560 多座[①]。根据功能不同，孔庙可分为"孔子家庙"、"都城孔庙"、"地方孔庙"与"书院孔庙"四种。"孔子家庙"，即曲阜孔庙、衢州孔庙及浙江磐安县榉溪村孔氏家庙，是孔氏后人祭祀孔子的家祠，只有祭祀功能，而没有兴学的作用。"都城孔庙"与"地方孔庙"兼有祭孔与教学两种功能，数量最多。"书院孔庙"则以教学为主，依据书院规模、形制的不同，或在书院中建一礼殿祭祀孔子，或与地方孔庙发展同步。作为祭祀孔子，传播儒学的礼仪性建筑，孔庙建筑自成体系，具有严格的礼制，在中国建筑史上占有重要地位。

---

① 张晓旭：《中国孔庙研究专辑》，《南方文物》2002 年第 2 期专辑。

作为国家历史文化名城，寿县现有孔庙一处，即"寿州孔庙"，坐落在城关西大街，与寿县图书馆相邻，寿县博物馆相对。历史上的寿州孔庙性质完备，规模宏大，进入 20 世纪后，在时代的大背景下急速衰落。2006 年，寿县人民政府募资对寿州孔庙进行了修缮，重现往日气派。2013 年，经国务院公布，寿州孔庙成为第七批全国重点文物保护单位，孔庙保护走上路正轨。

一、寿州孔庙沿革

寿州孔庙，又称"寿州学宫"，位于寿县城关西大街。康熙二十一年（1682 年）分置凤台县后，寿州孔庙一度与凤台县孔庙合一，直至同治三年（1864 年）凤台县孔庙创建。寿州孔庙始建于唐，唐宋并在城内东南隅，元泰定元年（1324 年）移建于今址。

寿州孔庙为坐北朝南的四进院落，中轴线上自北朝南依次为"宫墙万仞"照壁、"文明坊"、"泮宫坊"、"棂星门"、"泮池"、"戟门"、"大成殿"、"敷教坊"及"明伦堂"等建筑，形制完备。孔庙建筑多为木构，自建成以来，风雨侵蚀，常有顷圮，"夫劝学者为治学之本，而学宫又为学校之所"①，明清两代寿州地方官吏乡绅对学宫修葺扩建极为重视，自元泰定至清嘉庆年间，修葺扩建达 32 次，"学宫之制最称宏敞。"②

1. 唐宋元时期的寿州孔庙

寿州孔庙创建于唐代，但由于文献不足，唐代寿州孔庙的修建时间与建筑形制目前已难考证。宋仁宗明道元年（1032 年）三月，"许寿州立学，并赐九经"③，是目前所见关于宋代寿州孔庙乃至安徽州县官学的最早记载。由于原址"庳隘"，"无以承明诏"，寿州郡守韩晋卿于宋神宗元丰三年（1080 年）十月迁建州学，"凡为屋百一十楹。孔子庙居其中，师堂、生舍列其旁。宾有次，射有圃，楼庑庖湢罔不具。""邦人既享学之成，皆大说喜"④。

南宋绍兴十二年（1142 年），宋金以淮河为界，寿州地区成为宋金对峙的最前线。受战乱影响，寿州孔庙的兴学作用自此以后长期得不到有效的发挥。至元十六年（1279 年）元灭南宋，因战乱被毁的各地官学相继得到复建。泰定元年（1324 年），经历岳复等移建孔庙于城西清淮坊，并遣学正及生员二人于吴中（今江苏苏州）作雅乐诸品，寿州孔庙的祭祀礼制得到了恢复。

---

① 张鹤鸣：《会稽范公重修儒学碑》，光绪《寿州志》卷九《学校志·学制》，《中国地方志集成·安徽府县志辑》，江苏古籍出版社，1998 年影印本，第 21 册，第 103 页上。

② 胡宝光：《康熙二十一年重修碑记》，光绪《寿州志》卷九《学校志·学制》，《中国地方志集成·安徽府县志辑》，江苏古籍出版社，1998 年影印本，第 21 册，第 103 页下。

③ 《续资治通鉴长编·卷一四七》

④ 刘挚：《寿州学记》，《忠肃集·卷九》，《全宋文》，上海辞书出版社，2006 年，第 077 册，第 102 页

2. 明清时期的寿州孔庙

明洪武二年（1369 年），知州夏侯显对寿州孔庙进行了重修。正统、景泰、成化、弘治年间，主政寿州者对孔庙或修，或建，至正德十年（1515 年），知州林僖对明伦堂、尊经阁及师生居所共百余间进行了大修，"其制渐备"①。知州林僖对寿州孔庙的大修，始于正德甲戌（1514 年）秋七月丙子，毕于正德（1515 年）乙亥夏闰四月癸酉，历时不到一年。侍郎杨廉对此次修缮的描述，是《光绪寿州志》中关于孔庙形制的第一次详细记载。"其为屋，曰明伦堂、尊经阁、皆三间；斋曰敬德、曰修业、曰育才；厢曰会文、曰味道，皆三间；两长廊皆十间。诸生藏修之舍为号房者凡八，教官居处之庐为私衙者凡四。有神厨，有射圃，有养贤之仓，有会馔之堂，凡百余间。其题枋也，若素王宫、泮宫，若兴贤、若育才、若腾蛟起凤，所以备其制者无疑矣。"本次大修，孔庙占地有所扩大，左侧割提学御史张若瓒之衙地，衡一丈，纵七十五丈；北侧通过土地置换的形式，以官地易民地，衡三十四丈，纵八丈，"所以宏其规者无遗矣"。孔庙修葺用木取自"所毁之淫祠"，所需之资金取自"岁入之僧税"②，并未增添民众负担。

正德以后，地方官吏对孔庙的修缮，除兴建部分单体建筑，如嘉靖九年（1530 年）修建敬一亭、启圣祠、戟门，康熙五十一年（1712 年）建义学，乾隆二十一年（1756 年）创建敷教坊、斋房墙、金声玉振门外，其他或为修葺，或为变置，孔庙的基本规制走向完备。

3. 民国以后的寿州孔庙

寿州孔庙为州学所在，由教学区与祭祀区两部分组成。光绪三十一年（1905 年），光绪帝宣布废除科举，在全国推行新的教育制度；辛亥元年（1912 年）民国政府宣布废止祭孔，虽然 1903 年后祭孔活动重新恢复，并一直延续到 1948 年，但由于受到新文化运动及连年战争的影响，社会各界对孔子的祭奠已大不如前，孔庙的衰落在所难免。

辛亥革命、军阀混战、抗日战争、国共内战，一连串的战争不仅令民众生活在水生火热之中，也使各地包括孔庙在内的木结构建筑受到摧毁。1949 年以后，大陆在文物保护方面走过一段弯路，"破四旧"、"批林批孔"、"文化大革命"等一系列政治运动使各地孔庙均遭受到了不同程度的毁坏。20 世纪 80 年代以后，中国大陆走上了"以经济建设为中心"的道路，"旧城改造"使本以遭受破坏的古代建筑雪上加霜。尽管寿州孔庙在 1957 年经文物部门普查后变被确定为县级文物保护单位，但由于"兵燹匪

---

① 光绪《寿州志》卷九《学校志·学制》，《中国地方志集成·安徽府县志辑》，江苏古籍出版社，1998 年影印本，第 21 册，第 101 页下。

② 杨廉：《学校记略》，光绪《寿州志》卷九《学校志·学制》，《中国地方志集成·安徽府县志辑》，江苏古籍出版社，1998 年影印本，第 21 册，第 102 页上。

患、风雨雷电、'文革'浩劫",寿州孔庙"庙内建筑屡遭摧残,以致宏大规模仅存三分其一"①,令人悲叹。2005 年,寿县政府虽依据"修旧如旧"的原则对孔庙破败的建筑物、构筑物予以了全面维修或重建,但对照光绪年间的"学宫图",寿州孔庙已失去了往日的气派,令人唏嘘。

二、寿州孔庙的建筑风格

据《光绪寿州志》所附《学宫图》,光绪年间的寿州孔庙为坐北朝南的四进院落,中轴线上自北朝南依次为"宫墙万仞"照壁、"文明坊"、"泮宫坊"、"棂星门"、"泮池"、"戟门"、"大成殿"、"敷教坊"及"明伦堂"等建筑,中轴线两侧则有"德配天地、道贯古今"、"登堂、入室"牌坊,忠义祠、节孝祠、崇圣堂等建筑及下马碑。历经风霜之后,如今的寿州孔庙由"泮宫坊"、"棂星门"、"泮池"、"戟门"、"大成殿"、"敷教坊"及"明伦堂"等组成,形制大体完备。

1. 泮宫坊

泮宫坊原为孔庙一进院落之坊门,由"泮宫"、"快睹"、"仰高"三坊组成,建于嘉庆十七年(1812 年)。三坊系牌楼式栅门,建筑分别成三开间,深两间,重檐歇山顶,垂脊上翘,垂脊与戗脊上均有一小兽。明间向上高出两次间,次间亦巧妙衔接明间。明间与次间呈"品"字状,直棂栅栏门扇。三坊由砖墙相连,墙上开"十字形"露窗。2002 年 6 月动工重修。

孔庙有坊,是常制。但常制坊多为"德配天地"、"道贯古今"。寿州孔庙除此二坊(两坊东西相向,门前分别立有"下马碑",上书"满汉文武官员军民等至此下马"。"下马碑"于"文革"时遭毁)外,于第一进院落前亦立有"泮宫"、"快睹"、"仰高"三坊。"旧时,凡开学,凡庆典,凡贺岁",泮宫坊"是为地方长官和雅士贤达进入孔庙(学宫)的神圣之门。此门平时不启,在学生员可从东旁之'快睹坊'和西旁之'仰高坊'进出。"时代变迁,岁月沧桑,"泮宫"、"快睹"、"仰高"三坊"侥幸而存"②,寿县人民政府在安徽省考古文物研究所的帮助下于 2002 年重修三坊。

泮宫坊前原有"⌒"字形雁翅照壁及文明坊。照壁亦称影壁,为孔庙风水建筑,两侧开洞门,正面镌刻有"宫墙万仞"四字;文明坊为四柱三间,冲天柱牌楼式。照壁及文明坊今已不存。

2. 棂星门

棂星门亦名灵星门,是孔庙第一道门,作用在于表彰孔子事迹,昭示着孔子的地

---

① 《重修寿州孔庙记》,2006 年冬月寿县文化广播电视局立。
② 《重修泮宫坊记》,2006 年冬月寿县文化广播电视局立。

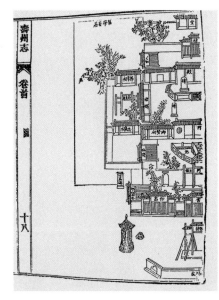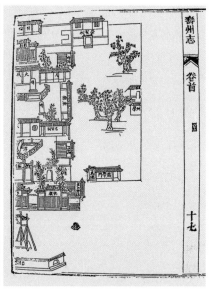

图一　《光绪寿州志》所附《学宫图》

图二　泮宫、快睹、仰高三坊

位。有学者认为"灵星即天田星，汉高祖祭天祈年，命祀天田星"，并引袁枚在《随园随笔》中所说的"后人以汉灵星祈年与孔庙无涉，又见门形为窗灵，遂改为棂"，认为"孔庙修棂星门，象征祭孔如同尊天"①。

寿州孔庙棂星门本为木制，嘉靖三年（1524年）知州何东莱念棂星门用木易腐，乃"伐淮山之石靳之砻之"，易棂星门以石。光绪《寿州府志》所附《学宫图》显示，棂星门为四柱三间冲天柱式牌坊，明间为"棂星门"，左右两间为"玉振"、"金声"。现存棂星门为2006年重修孔庙时所复建，复建后的棂星门为四柱三间冲天柱式石牌坊。石柱为华表式，顶部作圆柱形云纹望柱，其下为方柱，中间两柱略高，柱间有额

---

① 范小平：《中国孔庙》，四川文艺出版社，2004年，第131页。

枋，刻二龙戏珠纹饰。明间额枋有"棂星门"三金字。下立抱鼓石夹杆，底部为方形基座。左右两间额坊未刻"玉振"、"金声"。

棂星门与泮宫坊之间原有"德配天地、道贯古今"两座牌楼，两牌楼东西相向，与棂星门、泮宫坊共同组成了寿州孔庙的第一进院落。牌楼前分别立有"下马碑"，上书"满汉文武官员军民等至此下马"。"下马碑"于"文革"时遭毁。

图三　棂星门

3. 泮池

泮池亦称"半月池"，为孔庙棂星门前后的水池，池上多有桥。泮池为"地方官学的代表，是儒家思想'孔泽流长'的象征，具有庄严性和神圣性"[1]。泮池源自春秋时期的鲁国。鲁僖公曾在鲁国都城西南郊兴建泮宫，宫外有泮池。"小学在公宫南之左，大学在郊，天子曰辟雍，诸侯曰泮宫"[2]，后世据《礼记》称郡学为泮宫，并修泮池。受鲁国泮池为东西长南北短的矩形水池影响，早期地方孔庙泮池平面多成矩形，保留至今的苏州府孔庙，创建于北宋景佑二年（1035 年），其泮池即为矩形。至明代，泮池规制走向定型，即由矩形改为半圆形[3]。至于南京夫子庙泮池与云南省建水县孔庙则属泮池中的"另类"。夫子庙泮池以秦淮河在府学南侧的部分河段拓宽作为泮池，而建水县孔庙更是以孔庙前一个不规则形状的大水池为泮池，名为"学海"。"学海"中有小岛通过一座三洞石拱桥与东岸相连，岛上建有清代所建思乐亭，方形攒尖顶。

①　张亚祥：《江南孔庙》，上海交通大学出版社，2009 年，第 58 页。

②　（元）陈澔：《礼记集说·王制》，凤凰出版社，2010 年，第 90 页。

③　其原因，有学者认为是"由于古代帝王立学名'辟雍'，四周环水，中央建堂，俯瞰如碧玉，诸侯所设学校在等级上低于皇帝，因此只能以半水环之，称'泮水'"。见姚军、唐飞著《四川孔庙》，文物出版社，2008 年，第 38 页。

正德十年（1515年）知州林僖对寿州孔庙大修时既题有"泮宫坊"。万历四十七年（1619年）年，臬司贾之凤饰修学宫，"宫前作玉带水甃以石"，联想南京夫子庙府学以秦淮河河段为泮池，寿州孔庙初期泮池或为带状。此时泮池在棂星门外。嘉庆十七年（1812年），绅士孙克任孙克佺捐资重修孔庙，移泮池于棂星门内，"掘地及泉，甃以文石，缭以雕栏，亘以虹桥，源源流水，芹藻流芬，"① 并在棂星门南建泮宫坊三楹。

2006年寿县人民政府重修孔庙，整修了泮池"小桥"，翻建了泮池"石围栏"。整修后的寿州孔庙泮池呈半圆形，中有圜桥一路，池边及桥上均施石栏板，瓜蒂望柱。栏板为整石，不施雕刻。泮池凸向南侧，与《礼记集说》中"东西门以南通水，北无水也"② 的记载相符。

图四　泮池与戟门

4. 戟门

戟门，又称"大成门"、"仪门"。建隆三年（962年），宋太祖下诏在孔庙门前立十六戟，此为曲阜孔庙大门立戟门之始。至宋徽宗元年（1119年）改为立二十四戟，为后世地方学宫效仿，故有戟门之称③。（一说因其形状如古代兵戟，故有戟门之称④。）因戟门位于孔庙大成殿前，因此又称"大成门"。大成门左右一般为乡贤名宦祠与忠孝节义祠。

① 沈南春：《嘉庆十七年重修学宫记》，光绪《寿州志》卷九《学校志·学制》，《中国地方志集成·安徽府县志辑》，江苏古籍出版社，1998年影印本，第21册，第104页下

② （元）陈澔：《礼记集说·王制》，第99页。

③ 张亚祥：《江南孔庙》，上海交通大学出版社，2009年，第41页

④ 范小平：《中国孔庙》，四川文艺出版社，2004年，第140页

寿州孔庙戟门为明嘉靖九年（1530年）所建，左为名宦祠，右为乡贤祠。乾隆二十一年（1756年）鼎新，嘉庆五年（1800年）修缮。2006年寿县人民政府重建戟门，宽五间，深两间，红墙青瓦，单檐硬山顶，鸱吻，鸱背插靶剑，垂脊前亦有龙头。重建后的戟门与孔庙整体建筑风格保持一致。

5. 大成殿

大成殿是孔庙建筑的主体，其作用在于供奉孔子及其弟子。"大成"一词取自《孟子·万章下》所言"孔子之谓集大成"，即言孔子思想集先圣先贤之大成。唐代称大成殿为"文宣王殿"，政和四年（1114年）宋徽宗为曲阜孔庙正殿颁额曰"大成殿"，明嘉靖十九年（1540年）诏改额名为"先师庙"，清顺治二年（1645年），顺治帝亦赐"大成殿"匾额，"大成殿"名沿用至今。地方孔庙以曲阜孔庙为模板，正殿亦名"大成殿"。作为孔庙的主体建筑，大成殿是孔庙的中心建筑，以孔子为供奉主体，兼祀"四配"、"十二哲"，是儒学精神的物质体现。

寿州孔庙大成殿自建成至今，多有修缮。2006年，寿县人民政府对大成殿进行了重修。重修后的大成殿宽五间，深三间，明、次间三间四封，红墙灰瓦，单檐歇山顶，正脊施砖雕，两侧作鸱吻，鸱背插靶剑，垂脊前有龙头，戗脊有七只小兽，小兽前为骑鸡仙人。瓦当有"花纹"、"佛祖"两式，滴水刻有蝙蝠，取"福"字谐音。大成殿为抬梁、穿斗混合式建筑，彻上露明造，明间开六扇六抹头格栅门，次间开四扇，稍间为四扇槛窗。格栅门与槛窗均为正方形格心，格栅门裙板、涤环板为素面，不加纹饰，气息古朴。明间檐柱现悬挂有蓝底金子楹联，上书"德冠生民溯地辟天开咸尊首出，道隆群圣统金声玉振共仰大成"。檐柱下为凸字形柱础，未施雕刻。明间金柱以包镶法制成，现悬挂"齐备四时与天地日月鬼神合其德，教垂万世继尧舜禹汤文武作之师"蓝底金子楹联，上下联相对。两幅楹联与曲阜孔庙大成殿所挂相同，前者为清雍正七年（1729年）世宗皇帝撰题，后者则为清康熙皇帝为曲阜孔庙大成殿所撰。殿内原有"万世师表"、"生民未有"、"与天地参"、"圣集大成"、"圣协时中"、"德济畴载"、"圣神天纵"、"斯文在兹"八块匾额，为康熙至光绪年间历代皇帝御书，"文革"期间楹联、匾额、圣像均被毁。2006年重修时，重置了楹联及"万世师表"、"生民未有"、"德济畴载"三块蓝底金字匾额及孔子坐像与"四配"（兖国复圣公颜回、沂国述圣公孔伋、郕国宗圣公曾参、邹国亚圣公孟轲）站像，并在东西山墙内新嵌了浮雕"孔子圣迹图"二十四幅。

大成殿前为月台。月台长约15.5米，宽约11米，高约0.5米，普通基座，石栏板，望柱柱头作圆球状。月台正中有五级垂带踏道，踏道有石栏，中间设"双龙戏珠"陛石。月台两侧为七级抄手踏道，无石栏。2006年重修时在月台上本"新设大石香炉一座，东西经幢各一"①，然短短数年间大石香炉已不存。月台的设立，既稳固了大殿的屋基，标志了大殿的等级，又扩大了大殿的体量，调度了孔庙的空间，起到了防水避潮的作用。每年春秋两季孔庙举行祭孔大礼时，月台亦为佾舞提供了场地。

大成殿两侧为廊庑，历代多有修缮。2006年，寿县人民政府重建了东西廊庑二十间，辟为"寿县非物质文化遗产陈列馆"，以翔实的实物、图片资料向参观者展示了"八公山豆腐"、"寿春紫金砚"、"正阳关抬阁肘阁"等寿县地区优秀的非物质文化遗产。

儒家思想注重自然美，"把欣赏植物美当作修身养性的手段，借以培养高尚的道德情操，及植物审美中的'比德'观。"② 因此，作为祭祀孔子，传播儒学的礼制形建筑，历代主政者十分重视孔庙的绿化的工作。崇祯六年（1633年）种树于学宫，州人方震孺作《募种树文》，号召州人"有树者亲为种树，无树者量输银钱"③。孔庙常种银杏，今寿州孔庙大成殿前仍有一雌一雄两株银杏，树龄已近千年，既可挡风雷，吸噪音，又合孔子"杏坛讲学"之典故，为孔庙增添了勃勃生机。

大成殿后墙嵌有"太和元气"石碑一方，意将孔子学说比作太空天体，循环往复，永恒长久。"太和元气"碑原在大成殿前"太和元气坊"，"文革"时"太和元气坊"惨遭损毁，所幸石碑尚存，后被镶嵌于大成殿后墙上。

大成殿两侧各为厢房三间，今已不存。

图五　大成殿

---

① 《重修寿州孔庙记》，2006年冬月寿县文化广播电视局立。

② 王欣：《传统园林种植设计理论研究》，博士学位论文，北京林业大学林学院，2005年，第27页。

③ 方震孺：《崇祯六年募种树文》，光绪《寿州志》卷九《学校志·学制》，《中国地方志集成·安徽府县志辑》，江苏古籍出版社，1998年影印本，第21册，第103页下

图六　"双龙戏珠"陛石

图七　大成殿内孔子像

6. 敷教坊

敷教坊位于大成殿后，宽三间，深三间，歇山顶，四扇五抹头格栅门，次间开槛窗。槛窗与格栅门格心均作井字嵌凌纹。各地孔庙设"敷教坊"者不多见。从"敷教"二字及敷教坊后即为学宫建筑"明伦堂"判断，"敷教坊"，相当于其他地方孔庙于明伦堂前所建的"儒学门"、"仪门"，其作用在于划定教学区域，提醒士人潜心儒学。《光绪寿州志》中关于敷教坊修建的记载有二：嘉靖二十八年（1549 年）"易广大高明坊曰敷教"；乾隆二十一年（1756 年）"所创建者，为敷教坊、斋房墙、金声玉振门"①。嘉靖二十八年既已"易广大高明坊曰敷教"，乾隆二十一年为何还要创建敷教

<hr />

①　光绪《寿州志》卷九《学校志·学制》，《中国地方志集成·安徽府县志辑》，江苏古籍出版社，1998 年影印本，第 21 册，第 103 页下

坊？这个问题《光绪寿州志》并未予以说明。《光绪寿州志》所附《学宫图》显示的
敷教坊为四柱三间牌楼式建筑，而现今所存寿州孔庙敷教坊则为宽三间，深三间的殿
堂式建筑，明显与《学宫图》不符。2006 年寿县文化广播电视局所作《重修寿州孔庙
记》言敷教坊为院内"原有"[①]，则现存敷教坊或为光绪年间修撰《光绪寿州志》后所
建。敷教坊现已辟为"游客活动中心"。

　　大成殿与敷教坊一线左右两侧原有"登堂""入室"两门相对，今已不存。

图八　敷教坊

7. 明伦堂

　　明伦堂为孔庙后大殿，是黉学讲学之地，是学宫所在。寿州孔庙大成殿面阔五间，
进深三间，硬山顶，明间开六扇六抹头格栅门，次间开四扇，再次为四扇槛窗。格栅
门、槛窗以正方形格心装饰，格栅门裙板、涤环板素面，不加纹饰，为典型明代建筑。

　　明伦堂在孔庙中的位置是辨别庙、学布局的重要标志。曲阜孔庙、衢州孔庙由于
是孔子家庙，其作用在于祭祀，因此无此建筑。都城孔庙（太学或国子监）、地方孔庙
兼有"祭祀"、"教学"双重作用，因此既有"大成殿"又有"明伦堂"。以大成殿与
明伦堂相对位置为判断依据，孔庙主要可分为"前庙后学"、"左庙右学"、"右庙左
学"及"孔庙居中两侧孔庙"四式。寿州孔庙明伦堂位于大成殿后，属"前庙后学"
式建筑群。

　　明伦堂与敷教坊之间为一开阔院落，2006 年寿县人民政府在院落两侧垣墙新增回

---

　　① 原文为"……至此，辅以三进院原有'敷教坊'三间，后院'明伦堂'五间……形成了规模宏大，丹墙
灰瓦，飞檐翘角，佳木葱郁的寿州孔庙建筑群落……"见《重修寿州孔庙记》，2006 年冬月寿县文化广播电视局所
立碑文。

图九　明伦堂

廊，并镶嵌启功、林散之、沈鹏、萧娴、司徒越等国内书法名家碑刻近百方，命为"寿州碑廊"，具有很高的艺术价值和欣赏价值。

明伦堂东侧原有祭祀孔子五代先祖及先儒朱熹等人之父的崇圣祠，今已不存。

8. 魁星楼

寿州孔庙魁星楼，严格说来并非孔庙建筑，而是孔庙东侧文昌宫的附属建筑，位于文昌宫第一进院落之中。古人认为二十八星宿中的魁星主文章，

以"魁星"命楼，可以振兴文风，因此常在孔庙东南方兴建"魁星楼"。寿州孔庙在东侧建文昌宫，并建魁星楼，"兴文运、助科举"的意味更为明显。

寿州孔庙魁星楼三层，木结构，通高20米，六角攒尖顶，顶尖有宝塔，脊上有三只小兽。底层面阔4米，沿内墙设旋梯。二层各面开八扇格栅窗，三层为六扇，均作回字纹格心装饰。底层为砖砌，正南北两面开门，其他各面开圆形窗。基座设三级垂带踏步。除了兴文风，魁星楼亦有藏书楼的作用。魁星楼现为私人租用，专卖字画。

图一〇　魁星楼

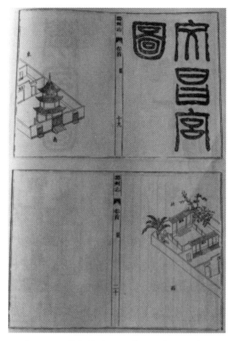

图一一　《光绪寿州志》所附文昌宫图

三、寿州孔庙的保护

寿州孔庙历经风雨，在新世纪得到了政府的重视。2006 年，寿县人民政府对寿州孔庙进行了大修，孔庙各建筑物、构筑物或维修，或复建，历时一年，终始孔庙重新焕发生机。随着 2013 年寿州孔庙经国务院公布为第七批全国重点文物保护单位，对寿州孔庙的保护也走向了正轨。但如何更好地保护孔庙，仍然需要各方认真思考。

（一）保护中所存在的问题

2006 年的大修让寿州孔庙重现生机，保护走向了正轨，但任何问题的解决都不会是一蹴而就的，对寿州孔庙的保护依然有一些不足应该得到改正。这些问题主要体现在对孔庙的整体性保护方面。

1. 泮宫坊与孔庙的割裂

"泮宫坊" 本为寿州孔庙的坊门，2002 年得到重修。但重修后的泮宫坊与寿县博物馆院墙相连，同时由于早年间西大街的 "截弯取直" 使泮宫坊与孔庙隔路相对，泮宫坊现在看上去更像是寿县博物馆的坊门，而非寿州孔庙的。虽然坊门内所嵌的《重修泮宫坊记》碑刻对泮宫坊的作用予以了说明，但游客很难注意到这一点。孔庙的完整性因此受到挑战。

2. 魁星楼的租赁与解说词的不足

孔庙东南角的魁星楼，楼高三层，为周边最高建筑。拾级而上，游客不仅可俯瞰孔庙全局，从而对孔庙有一个宏观认识，还可以一览古城新貌。但魁星楼现被私人租赁，专卖字画。二楼三楼为店家所建私人小型博物馆，欲登楼，必先交纳十元门票钱。同时，店家以宣纸蒙在各扇格栅窗上，纵使有游客愿意买票登楼，也很难看见孔庙的全貌。魁星楼下所立解说牌言魁星楼"寿州孔庙建筑的重要组成部分"①，却未言魁星楼为文昌宫附属建筑，亦与事实不符。

3. "晚晴楼"与"耆英楼"对孔庙原真性的破坏

明伦堂西侧现有一进由"晚晴楼"、"耆英楼"组成的仿古院落为新中国成立后修建。"寿州孔庙简介"虽未言"晚晴""耆英"，但其所附的"寿州孔庙游览示意图"却将由此二楼所组成的一进院落作为孔庙的第五进院落向游客展示，给人以本为一体的感觉，使寿州孔庙的"全真性"、"整体性"受到了损害。

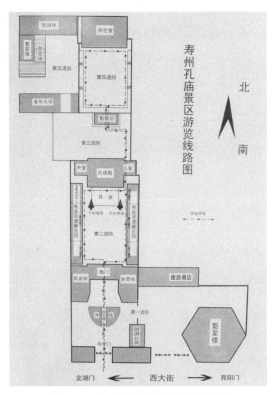

图一二　寿州孔庙景区旅游路线图

---

① 魁星楼解说牌

（二）关于寿州孔庙的保护建议

1. 建立系统、翔实的文献资料数据库。

对孔庙的保护应建立在拥有翔实的文献资料数据库的基础之上。这个数据库应是完备、永久的，它包括孔庙各单体建筑及构建的建造年代、建造风格、建造风格与工艺、材料、保护规划以及其他涉及孔庙保护的数据资料。翔实的文献资料库是孔庙得以完好保护的保证。

2. 建立专人监护与定期巡查制度

《工作指南》认为"所有历史性建筑都应该接受检查，并且必须坚持经常性的监护"①。由于干预总会使文物价值受到损失，因此应将孔庙的保护重点放在定期检查之上，以期做到"早发现，早治疗"，避免更大的破坏。这正是文物建筑保护中"最小干预"原则的体现。只有做到专人监护，才能避免全责不清、互相推诿现象的发生。对孔庙的检查记录与工作人员的监护分工，同样应录入文献资料数据库。

3. 在使用中保护孔庙

文物建筑自建成起既为了使用，"为人使用"是文物建筑的生命力所在。那种为了"保护"而为文物建筑拉上围墙，使其与世隔绝的做法与"不与控制，尽情使用"的做法为文物建筑保护中的两个极端。"有时候一种新用途是保存建筑物的唯一方法"②，在当前时代，孔庙已失去"祭孔、教学"功能的背景下（进入21世纪来，各地孔庙重新"祭孔"的新闻屡上报端，但仔细观察，新时代的"祭孔"更多的是一种旅游噱头），重新赋予孔庙新的功能是孔庙保护的一种好办法。寿州孔庙在2006年重建了大成殿东西廊庑20间并新增明伦堂两侧垣墙回廊后，既将廊庑开辟为"寿县非物质文化遗产陈列馆"，在回廊镶嵌着名书法家书法碑刻，是孔庙保护的一种新思路，既增强了孔庙的文化气息，又避免了像某些地方将孔庙改造成博物馆而造成的过量人流破坏孔庙的现象发生。寿州孔庙的管理方应继续沿此思路在孔庙中举办丰富多样的符合孔庙整体氛围的展览，充分利用建筑空间，从而更好地满足广大群众的精神文化需求。

4. 将对孔庙的保护置于寿县城的整体保护中

寿县曾是战国后期楚国都城之所在，历史悠久，是国务院批准的第二批历史文化名城之一。对寿州孔庙的保护应置于对寿县城的整体保护之中。要注重对孔庙整体性的保护，不仅要保护孔庙的建筑，还要保护孔庙周边的生态环境、文化环境。寿县城

---

① 联合国教科文组织《〈世界文化遗产公约〉的实施守则（草案）》陈志华：《文物建筑保护文集》，第211页。
② 联合国教科文组织《〈世界文化遗产公约〉的实施守则（草案）》陈志华：《文物建筑保护文集》，第211页。

的发展规划不能有碍于对包括寿州孔庙在内的文物建筑的保护。"一座文物建筑不可以从它所见证的历史和它所处的环境中分离出来"①，寿州孔庙周边建筑的兴建、修葺要与孔庙整体建筑风格和谐一致，其建筑功能不能有碍文教。

五、小结

寿州孔庙兴建于唐，迁建于明。作为州学，其作用在明清时期主要在于"祭孔"、"兴学"，历任主政者都将孔庙修葺看作是任内的一件大事，以期"重德行、达治体、勤学问"②。嘉靖二十八年（1549 年）知州粟永禄"来守寿州，下车三日释奠先师，见其庙宇圮坏，毅然有兴复之志"③，遂于第二年大修孔庙。儒家学说讲究以人为本，要求统治者实行仁政。作为儒学思想的物质体现，孔庙的修葺很好地贯彻了"仁政"思想。孔庙的修葺往往"不劳民利，不费公帑"④，资金来源多自官府租税。前述明正德年间，知州林僖对寿州孔庙的大修时修葺用木取自"所毁之淫祠"，所需之资金取自"岁入之僧税"即为一例。此外，乡绅捐资也是孔庙修葺的一大资金来源。地方乡绅大多接受过儒学教育，对修葺孔庙一事十分上心。乾嘉年间，寿州乡绅孙蟠、孙克任、孙克佺曾多次捐资，仅嘉庆十七年（1812 年）孙克任、孙克佺捐资重修孔庙时既"计用资万有八千余缗，皆孙君与其群从络释捐输。"后克任殁，其弟克依又追加九千余缗。此次修缮"工程浩大，经费殷繁，实与创建等"⑤。可以说，寿州孔庙是寿州主政者与乡绅热心公益的体现，反映了儒家思想"以人为本"的价值观。辛亥以降，孔庙渐衰。儒家思想也一度被当作统治者欺压人民的工具，而遭唾弃。所幸进入 21 世纪，寿州孔庙重新得到了政府的重视，募资重修，再现气派。重修后的寿州孔庙虽形制完备，但规模仍不及前。目前，对孔庙的保护，只是恢复了其原有的建筑风格，怎样更好地保护孔庙，使寿州孔庙重新发挥其"振兴学风"的作用，仍需大家思考。

作者简介：朱永，淮南市博物馆；俞杨阳，旌德县文化旅游发展委员会。

---

① 《顺治十一年知州李大升捐奉重修记》，光绪《寿州志》卷九《学校志·学制》，《中国地方志集成·安徽府县志辑》，江苏古籍出版社，1998 年影印本，第 21 册，第 103 页下

② 张溪：《嘉靖二十八年修学记》，光绪《寿州志》卷九《学校志·学制》，《中国地方志集成·安徽府县志辑》，江苏古籍出版社，1998 年影印本，第 21 册，第 102 页下

③ 张溪：《嘉靖二十八年修学记》，光绪《寿州志》卷九《学校志·学制》，《中国地方志集成·安徽府县志辑》，江苏古籍出版社，1998 年影印本，第 21 册，第 102 页下

④ 张溪：《嘉靖二十八年修学记》，光绪《寿州志》卷九《学校志·学制》，《中国地方志集成·安徽府县志辑》，第 102 页下。

⑤ 沈南春：《嘉庆十七年重修学宫记》，光绪《寿州志》卷九《学校志·学制》，《中国地方志集成·安徽府县志辑》，江苏古籍出版社，1998 年影印本，第 21 册，第 104 页上

广州番禺学宫的建筑特色①

魏雅丽

摘　要　番禺学宫位于广州市中山四路。始建于明代洪武三年（1370 年）。1926年学宫成为毛泽东创办的第六届农民运动讲习所在地。现为毛泽东同志主办农民运动讲习所旧址纪念馆。该学宫作为广州市区唯一幸存下来的孔庙建筑，显示了独特的岭南装饰艺术。

关键词　番禺学宫　建筑　特色

明清时期，广州城内有三座学宫，即广府学宫、南海学宫和番禺学宫，担负着传承儒家文化、施行礼乐教化的职能。令人惋惜与遗憾的是，广府学宫和南海学宫的建筑物已荡然无存，只有番禺学宫作为广州农民运动讲习所旧址，现仍保存大部分主体建筑。

番禺学宫坐北朝南，周围有围墙相连。目前学宫东路建筑尚存头门、明伦堂、光霁堂和石板路，西路仅剩头门和部分石板路，而中路建筑尚有棂星门、泮池拱桥、大成门、大成殿、崇圣殿和东西庑廊等②。建筑艺术有陶塑、灰塑、石雕、砖雕等。在木棉、龙眼、九里香等古木掩映下，黄瓦朱墙围成重重院落，仍可见其既严紧规整，又疏朗自然的布局。

棂星门原为木质结构。明成化四年（1468 年），广州知府吴中重建棂星门，用石材代替木材。由于同时期，知府吴中主持重建广州府学棂星门和南海县学棂星门时，

---

①　基金资助项目：《广州大典》与广州历史文化研究资助专项课题《清代广州城学宫研究》（项目批准号2014GZY03）。

②　清同治年间，番禺学宫中路建筑包括棂星门、泮池、大成门、大成殿、东庑、西庑、崇圣祠、尊经阁等，东路建筑包括明伦堂、光霁堂、名宦祠、儒学署等，西路建筑包括节孝祠、忠义孝弟祠、乡贤祠、训导署、射圃等。光绪三十三年（1907 年）番禺学宫重修时，将大成门、大成殿、崇圣殿等瓦顶的青色琉璃瓦改成了黄琉璃瓦。关于番禺学宫建筑沿革，可参考笔者《番禺学宫建筑沿革考略》（载于《岭南文史》2012 年第 4 期）一文。

柱子及门两旁萧墙皆采用赤石（即红砂岩），并上刻龙凤纹①。因而当时番禺学宫采用的石材也可能是红砂岩。但我们现在看到的棂星门是三门六柱冲天式的牌坊，采用花岗岩石砌筑。颇具规模，通面阔 12.91 米，6 根方形柱下都有基座，并有抱鼓石夹合，柱头各坐一石狮。门坊上浮雕蝙蝠、云纹、龙凤等纹饰，利用建筑语言表示福从天降，棂星门为上天之门。牌坊间用红砂岩石砌墙。明清时期，棂星门中间大门平时关闭，仅在重大祭祀活动或贵宾莅临时才开放，平时出入只走两侧的便门。

棂星门旁原立有"文武官员至此下马"碑，昭示了孔子地位的尊贵和学庙的威严。民国年间扩建马路时，将其移走，置于明伦堂前。现仍保存完好。棂星门内是泮池，泮池周边均围以花岗岩栏杆。池上架一单孔石拱桥。桥面为花岗岩。

大成门硬山顶，四角微翘。面阔 5 间 22.42 米，进深 2 间 7.9 米。中门现已不存，但门下方的圆形抱鼓石和雕龙基座保存较为完好。屋檐覆盖黄色琉璃瓦。正脊中央设蝙蝠莲花宝珠脊刹，两边靠近脊尾处各有一只相向而倒立的鳌鱼，寓意"独占鳌头"。正脊琉璃花砖上有鲤鱼跃龙门、双龙腾云、凤穿牡丹、荷花、梅花、菊花、蝙蝠纹等传统寓意图案，两端用砖砌成博古形架（即夔纹）。正脊下方还有石榴、佛手、仙桃、钱纹、蝙蝠等寓意吉祥的灰塑图案。

大成门左右两侧建有东西耳房（俗称更衣所），均为人字形封火山墙，青砖石脚。大成门与东西耳房连接处有便门，其上方的圆形装饰物上有"万代名贤从此出，千秋哲士转回来"等文字，寓意学宫是培养儒学人才和祭祀先贤圣哲的所在地。

番禺学宫大成殿建于明洪武三年（1370 年）。明清时期虽多次修葺，但直至清乾隆年间才拆去明代大成殿，重新平基营建。此后又屡次维修，但再没重建。大成殿建在 1 米多高的石台基上。殿前有突出的台座，称为月台，是祭孔时安置乐器和行祭祀乐舞时重要的室外场地。月台宽 14.88 米，深 14.22 米，采用花岗岩条板铺砌，四周围以石栏杆，非常之规整、大方。石栏上雕刻有传统寓意纹样——暗八仙，即以八仙手中所持之物（汉钟离所执团扇，张果老所持渔鼓，韩湘子所提花篮，铁拐李所携葫芦，曹国舅所用阴阳板，吕洞宾所持宝剑，蓝采和所吹笛子，何仙姑所握荷花）组成纹饰。月台正中间设台阶，又在东西两侧各设台阶，连接天井甬道。主体建筑大成殿是单檐歇山顶，抬梁式木结构，面阔 5 间 24.72 米，进深 3 间 14.22 米，高 12.62 米。大殿为砖木结构，由 8 根金柱和 16 根石檐柱支撑。金柱原为直径 46 厘米的木柱。1965 年维修时，把大成殿金柱中腐朽部分挖空，用钢筋混凝土加固，覆盖原木柱。大殿额枋彩绘云龙图样，六条金龙栩栩如生。墙身为红色粉墙。前檐柱装宫式格扇门，有利于采

---

① 嘉靖《广东通志》卷三六《礼乐志一·学校上》记道："鸠工采石色之红者为六柱，高二丈三尺，围五尺五寸，上刻龙凤纹，制度精巧，门用木，以便开合，门之两旁，萧墙亦甃以红石，质而不失于固，文而不至于繁，飓风不能摧其坚，骤雨不能改其色。"

光，使殿内高敞明快。

大成殿仅正面开门，另三面无门窗。四周筑以回廊。檐下为单翘双下昂斗栱。屋檐盖黄色琉璃瓦，正脊分陶塑和灰塑上下两层，装饰有二龙戏珠、福禄寿、暗八仙、中国结、牡丹、寿桃、南瓜、宝瓶等吉祥寓意的图案，其中一些图案上有平安、如意、富贵等字，旁边还写有标识建筑时间的"光绪戊申"和制作店号"文如璧店"等字样。屋顶两侧山花装饰比较简单——人字形的搏风板和中央的悬鱼，墙上画着花纹装饰。

大成殿垂脊和戗脊有鳌鱼、花草等纹饰，下端各站一瑞兽。这些兽形装饰形象威猛，是高贵尊严的象征，同时寓意了消灾化吉、辟邪除凶的美好愿望。

大成殿前面两侧是东西两庑。它们左右对称，面阔9间，面对庭院外设通廊，中间有台阶进入院内。廊柱之间装宫式半窗。屋顶覆盖黄色琉璃瓦，上面装饰相对较为简单，主要有蝙蝠、云纹、花鸟、瓜果等陶塑、灰塑图案。

番禺学宫崇圣祠，原名启圣祠，建于明弘治十五年（1502年），由原聚奎亭改建而成。当时位于尊经阁之后，深三丈，阔六丈五尺。乾隆年间，将位于东北角的崇圣祠移建在大成殿后面，即今日所在位置。

崇圣殿面阔5间22.16米，进深3间13.35米。19架梁用3柱后墙承重，歇山顶，檐下用隔架科斗栱承托，梁间用瓜柱和隔架斗栱承重。正檩施有云龙彩画，龙的形象较为奇特。殿两山的檐柱及东西两廊廊柱仍是较早的红砂岩柱子。屋檐盖黄色琉璃瓦，正脊是瑞兽火珠脊刹，上面除了暗八仙、云龙、菊花、石榴等吉祥图案外，还有"竹桃二物不相同，万绿丛中几点红，我去化龙君作浪"等文字。崇圣殿前面是月台，四周以花岗石栏杆围护，正前方和东西两侧各设台阶进入院内。

崇圣殿前面两侧是东西廊。它们左右对称，面阔5间，没有外廊。屋檐盖绿色琉璃瓦，屋脊装饰也更简单。东西廊原为碑廊，众多有关番禺学宫重修的碑文竖立在那里。清朝末年东廊的碑文有：顺治十六年（1659年）《重修番禺学题名记》、顺治十六年（1659年）广州府知府黎民贵撰《重修番禺县学碑记》、顺治十六年前明进士李士淳撰《重修番禺县文庙碑记》、乾隆五十八年（1793年）番禺知县吴政达撰《重修番禺县学宫碑记》（碑阴《重修番禺县学宫纪略》）、道光二十六年（1846年）湖南学政梁同新撰《重建番禺学记》等。西廊的碑文则有乾隆十八年（1753年）番禺状元庄有恭撰《重修番禺县学碑记》、乾隆二十二年（1757年）番禺举人车腾芳撰《重修番禺学宫碑记》、乾隆二十二年中宪大夫太仆少卿卫廷璞撰《重修番禺县学碑记》等。

明伦堂和光霁堂属于番禺学宫东路建筑，建于道光十五年（1835年）。均为硬山顶，青砖石脚木构建筑，面阔3间。装饰非常简朴，只有大门前墙壁上花卉宝瓶之类的砖雕图案、屋顶两端夔纹组成的装饰等。光绪年间，明伦堂和光霁堂曾作为番禺县册金局的办公地点，经营管理册金公款，以利息资助文武新生入学费用。民国年间，明伦堂曾是撰修《番禺县续志》的所在地。

此外，值得一提的是，番禺学宫屋脊丰富的建筑图案显示了独特的岭南装饰艺术。

大成门、大成殿、崇圣殿屋脊上都有龙的形象，或为陶塑，或为灰塑，神态各异，极富特色。大成门正脊上的两条龙雕刻于琉璃砖上，腾云驾雾，一侧是神龙吐圣水，一侧是游龙追宝珠，栩栩如生；垂脊上则为张牙舞爪的云龙。大成殿正脊的龙饰为陶塑的二龙戏珠，筑于琉璃砖上方，双龙势欲腾空而起，姿态优美。崇圣殿正脊的龙则为灰塑，两面形象不同，一面为二条龇牙咧嘴的青龙，一面为二条文雅平静的金龙，在蓝色的云层间各自吐一颗红色的宝珠。此外，配殿如东西庑、东西耳房屋顶上也均有双龙戏珠的琉璃砖，但龙的形象略显粗糙，而整座番禺学宫的琉璃瓦当上还有龙身蜷如团的团龙装饰。

脊饰灰塑除了龙的形象外，还有暗八仙、麒麟献书、金蟾送宝、琴棋书画、如意铃铛、佛手、石榴、寿桃、鳌鱼、貔貅、蝙蝠、花草等吉祥寓意的图案。其中大成门正脊上灰塑的两只蝙蝠，相对相聚，俏皮可爱，和蔼可亲，其形象十分少见。陶塑图案也有凤凰、牡丹、佛手、菊花、荷花、水鸟、南瓜、花瓶、蝙蝠、鳌鱼等，它们组成了一幅幅凤穿牡丹、一路清廉、花瓶插戟、福从天降等吉祥图案。

番禺学宫脊饰图案众多，色彩鲜丽，形态生动，内容丰富，既有飞禽走兽，又有花鸟鱼草，既有暗八仙、拂尘、宝瓶等佛道纹样，又有中国结、汉字图形、如意等民间纹饰，体现了中华文化历史的博大精深。而这些图案大多使用陶塑和灰塑等装饰手段，这与明清时期临近广州的佛山石湾陶瓷技术和陶瓷产业的发达密切相关。陶塑和灰塑是清代岭南建筑装饰艺术最为常见的手法，无论是祠堂、庙宇还是住宅上都大量使用，尤其是到了晚清时期，灰塑和陶塑的工艺达到了非常高超的程度，技术上的成熟和经济社会的发展，共同推动了岭南建筑达到了一个新的鼎盛时期，从番禺学宫屋顶的建筑和装饰上就可以看到这一点。

作者简介：魏雅丽，毛泽东同志主办农民运动讲习所旧址纪念馆（广州番禺学宫）副研究馆员。

涵江孔庙与重建

莆田市孔子文化研究会

摘　要　孔庙为主祀孔子的庙宇，按照其性质分成孔子本庙、国立学校文庙、书院孔子庙、纪念孔子庙和孔氏家庙五个类别。在全国数以千计的孔庙中带有家庙性质的只有四座，即曲阜孔庙、衢州孔庙、婺州孔庙和涵江孔庙。如今，曲阜、衢州、婺州三座孔庙均保护较好，唯独涵江孔庙在"文革"中被破坏未能重建。

关键词　涵江孔庙　重建

涵江孔庙历史悠久，具有特殊的文化内涵和历史价值。据《福建通志》、《兴化府志》记载，唐敬宗宝历二年（826 年）孔子 41 代孙孔仲良来莆田任县令，定居在涵江紫璜山观顶坡（今涵江区涵东街道宫下社区辖境内），子孙世代繁衍，聚族而居，其地名亦沿用山东曲阜老家的名称"阙里"，俗称"孔里"。与孔里毗连的涵江孔庙始建于南宋理宗淳祐五年（1245 年），后来历经多次修葺和重建，至康熙元年（1662 年）形成规模颇大的建筑群（见附件涵江孔庙示意图）。每年春秋两季在这里举办庄严隆重的祭孔典礼活动，成为当时我市乃至我省唯一以孔子后裔聚族而居的孔学圣地。另据《孔子世家谱》记载，衢州孔氏始祖孔端友、婺州孔氏始祖孔端躬皆为孔子 48 代孙，他们的年代、辈分皆晚于涵江孔氏始祖孔仲良。莆田有"海滨邹鲁"之誉，与涵江孔庙的特殊内涵和深远影响密切相关。不幸的是在"文革"期间的 1972 年，涵江孔庙的主体建筑大成殿被原涵江人民公社占用，后被改建为紫璜电影院，仅存正学门、泮池、璧水桥、石甬道、四十九级石阶等附属建筑物。其中正学门于 1986 被列为莆田市第一批文物保护单位。

20 世纪末 21 世纪初，为了改变涵江孔庙有门（正学门）无殿（大成殿）的不正常状况，包括涵江孔子后裔、离退休老干部在内的人民群众强烈要求归还大成殿旧址以便重建孔庙。莆田市部分政协委员、人大代表顺应民意多次就重建涵江孔庙提出提案或建议（如市政协第9720092号提案，第9910003号提案；市人大代表王元柱等人在市四届人大闭会期间提出《关于支持重建涵江孔庙的建议》，市人大代表李素钦等人在市人大六届一次会议上提出的2012059号建议）。同时，海内外同胞、有关领导都对重建涵江孔庙给予关注和支持。香港著名实业家、香港孔教学院院长汤恩佳博士曾经致函福建省人民政府，表示支持重建涵江孔庙，希望早日动工。中国孔庙保护协会于2011年7月12日正式批准涵江孔庙为协会理事会成员，以促成涵江孔庙的重建。世界孔子后裔联谊总会2014年代表大会召开期间，年近九旬的孔德墉会长亲自听取涵江孔子后裔代表有关重建涵江孔庙的汇报，并对重建工作提出指导性的意见。原莆田市市长梁建勇、原省文物局局长郑国珍等领导同志都对重建涵江孔庙表示肯定和支持。另外，早在八年前，莆田市文化广电新闻出版局就已经表示："重建涵江孔庙是市政府领导签批，市文化广电新闻出版局支持，涵江区政府承诺的一件大好事……我局将组织文物专家进行业务指导，以使重建涵江孔庙这一件弘扬民族文化的大事早日实现。"（莆市文〔2006〕233号文件）。但由于某些原因，涵江区政府的承诺一直没有兑现，涵江孔庙至今仍无法动工重建。

党的十八大以来，包括儒家思想在内的中国优秀传统文化越来越受到重视。2013年11月26日，习近平总书记参观了儒家圣地曲阜孔府，并视察了孔子研究院。他在孔子研究院的座谈会上两次表示：我这次来曲阜，就是表明中央对传统文化的高度重视。2014年9月24日，习近平总书记在北京参加了国际儒学大会并在会上发表重要讲话，再次发出了中央高度重视中华优秀传统文化的重要信息。孔子之于中华民族的伟大贡献，人所共知。孔庙既是祭祀孔子的庙宇，也是研习礼乐、传承经典、教化天下的场所，是被历史物化的儒家思想和传统文化的外在表现。我们认为，在新形势下，重建涵江孔庙，弘扬儒家思想，传播传统文化，符合中央要求和国家整体发展战略，有利于发展莆田文化产业，再现莆田"海滨邹鲁"人文景观，提高莆田文化软实力，实现莆田文化强市目标。为此，我们建议市委、市人大、市政府将重建涵江孔庙列入2015年莆田市重点建设项目（定位为文化、旅游建设项目），同时结合"棚户区"改造，建设孔子文化广场，为莆田打造一个新的国学教育基地和文化旅游景点，同时也为弘扬儒家思想，传播传统文化作出贡献。

重建涵江孔庙应当按照孔庙的传统型制组织建设，特别是孔庙的主体建筑大成殿（旧址占地面积1730平方米）应严格按照原大成殿规格、样式设计施工。在建筑布局与规模上，正学门北面原有的四十九级石阶保持不变，登上四十九级石阶后，上面依次为石埕、棂星门、石埕、石陛，在石陛后建大成门（牌坊式），大成门后又是石埕，过石埕为石坛，在石坛之后建大成殿（为此须对旧城改造期间占用大成殿旧址起盖的安置房进行二次拆迁，以便按照大成殿遗址基位重新建造大成殿）。这样布局坐北朝南，居高临下（山上的大成殿与山下的正学门高度落差达 10 米以上，具有不可替代、独特的地理优势），与尚存的正学门、泮池、璧水桥、石甬道、四十九级石阶等古建筑互为辉映，联成一体，由此形成的孔庙建筑群层层相叠，巍峨雄伟，不失古趣壮观。

正学门南面是宫下路，路的南侧临宫下河，河的对岸为居民住宅区。该住宅区的房屋建于 20 世纪七、八十年代，大部分是 2~3 层建筑物。由于当时建房没有规划，所建房屋杂乱无章，没有绿化空间，没有统一铺设下水道，房屋之间的公共道路狭窄，大部分路段宽度只有 2~3 米，不但交通状况差，而且存在安全隐患（一旦发生火警，消防车无法通行）。为改善居住环境，宜将其作为"棚户区"进行征迁改造，所征之地用于建设孔子文化广场、商住综合楼和棚户区改造回迁安置房（包括为建大成殿而二次拆迁的回迁安置房）。

综上，重建涵江孔庙是义举、善举，是一件利国利民的大好事。由于在旧城改造期间，涵江区有关部门在重建涵江孔庙问题上认识不到位，贻误了重建涵江孔庙的良机，至今仍没有积极的态度。我们在此恳请得到总会的再次关注和支持，早日促成涵江孔庙的重建。

恢复"西塔胡同" 还原通州文庙
"完整格局"

任德永　任冠群　张思蒙

摘　要　北京通州城内有以"燃灯佛舍利塔"命名的胡同——"西塔胡同"和"东塔胡同"。燃灯佛舍利塔,始建于北周宇文氏时期,至今已有1000余年的历史了。文献记载:塔前的"文庙",始建于元大德二年(1298年),比北京文庙还早4年。据此推测,在塔前庙后,若有胡同的话,则有五六百年的历史。

　　文化是城市的灵魂,那么胡同、街巷等坚实的载体,就是它的肌理和筋脉了。这些丰厚沉淀的文化遗产,连同他们曾经拥有的老称谓、老名称等就会成为一个城市发展过程中不可取代的历史元素与城市文化基因。反之,一个城市在发展中,若没了这些基因与图谱,就再也无法传承、复制自己了。

关键词　恢复　还原格局

　　今天,当历史赋予我们建设北京城市副中心、建设大运河文化产业带的时刻,为了从长远计、为了子孙后代计、为了当下的文明计,就得要学会"留住记忆"、"留住乡愁"。

　　据《北京市通县地名志》(1990版)条目记载:"西塔胡同"——在原旧城的西北隅、"西海子公园"的东侧。南起"司空分署街",北行、西折后再向北转至"西海子公园"(不通行)。它全长273米,均宽5.8米。明代已形成。20世纪50年代初,通州解放不久,通县专区专员公署驻于此时,将塔——"燃灯佛舍利塔"之南以及塔东,至"北大街"的主要段落圈入院内。及至1958年公私合营"北京花丝镶嵌"厂成立,后迁入依旧,而成今(1990年)之走向。因位于"北大街"之西,靠近塔,故名"西塔胡同"。两侧多平房建筑。门牌:"西塔胡同"1–27号。1982年街巷铺就3.5米宽沥青路,通县电影院位于其最南端为:"西塔胡同"1号。该街道明清时,原自"北大街"向西走向，与"东塔胡同"相对。总之，"西塔胡同"位于塔南之西侧——其总体走势为：位于"北大街"之西，自北而南的方向。

而"东塔胡同"，也很有名。该志还记载："东塔胡同"——东起滨河路，西行后、折向西北，再西行至"北大街"。全长250米，宽3～10米。明代已形成。原先，为巡城之马道。后居民相继于此两侧定居，因位于塔与"北大街"之东，和"西塔胡同"相对，故曾名"东塔儿胡同"，后来于民国二年（1913年）前后，称今名。两侧为平房区建筑，门牌："东塔胡同"1－45号、2－6号。1986年铺装沥青路面，巷内可通汽车。总之，"东塔胡同"位于"燃灯佛舍利塔"东南侧——其总体走势为：位于"北大街"之东，自西而东南的方向。

据清光绪九年（1883年）版《通州志》"城池图"记载：有一条长长的、位于通州北门内、贯穿"北大街"东西走向的胡同，东端标注为"东塔胡同"，西端标注为"西塔胡同"。

"西塔胡同"，自塔前顺着北城墙呈西南走向，是贴近西海子东墙外一直向南行走的，在今天电影院处，一分而成三叉前行。上边的一条，呈东西走向的叉——没有标注。从东西走向来看，应当是今天的"司空分署街"胡同的路线；呈西北、东南走向的主叉，标注的是"如意胡同"。此叉，今已消失，被上世纪九十年代新建的"吉祥如意小区"之楼房所取代。

下边的一条，呈南北走向、略向西弯曲呈"弓"型的叉——也没有标注。胡同走向，大致相当20世纪90年代中期，此地拆掉平房建成小区后，新建成的"吉祥胡同"的路径。

当时，在塔南侧十分贯通的"西塔胡同"与"东塔胡同"，中间与"北大街"相交叉。其图示很美，胡同的名称，也很诗意。后来"吉祥小区"和"如意小区"相继建成，拆除了平房盖起楼房后，中间的主叉——"如意胡同"首先消失了。

如今，只留下了"西塔胡同"南端与"司空分署街"及"吉祥胡同"相交接。当时美丽的"三凤爪"，如今变成了中秃的"二指禅"了。而"东塔胡同"在改造拆迁中，也于近年消失掉了，至今也有八九个年头了。

另据《通县志》（2003版）之《（1990年）通州镇街巷名称图》记载"燃灯佛舍利塔"下，已经全部标注为"北京花丝镶嵌厂"了。

该厂北面和西面是"西海子公园"，南面是"大成街"，东面是"北大街"。里面除塔外，应当还包括：如今对外开放的"文庙"、"佑胜教寺"和没有开放的"紫清宫"，以及消失了的"通州县衙"。但当时的"东塔胡同"的名称，与实际走向依旧存在。而"西塔胡同"，从"大成街"西端起，只余向南至电影院的一段，以及向西南折弯紧贴"西海子公园"外墙很短的一段，加起来有百余米。历史上，记忆中婉转、丰富、长长的"西塔胡同"北段与东段，确已逐渐在消失殆尽，以至于踪迹全无。

这张街巷图，标注的时间是 1990 年。据推算，应在通州解放（1948 年）以后、新中国成立初期，通县专区专员公署进驻之后，就已将"塔南以及塔东至北大街主要段落（包括"西塔胡同"北段与东段）圈入院内。及至 1958 年公私合营，成立'北京花丝镶嵌厂'再迁入后依旧，而成今（1990～2003 年）之走向。"即"西塔胡同"北段与东段，就此消失在历史长河之中。

实际上，从 1948 年通州解放至 2009 年，通州北城进行大规模的城市改造、拆迁之前止，"西塔胡同"北段与东段，都没有给予及时的恢复之。至今（2017 年）已有 69 个年头不可见了。

2004 年，"北京花丝镶嵌厂"迁出，厂址由通州区政府移交给通州区文化委员会进行管理。在市区相关部门的支持下，按照"修旧如旧"的原则，对通州"文庙"进行了两年的恢复性修缮与复原。2006 年，通州区作为主承办单位，配合京杭大运河沿线 17 城市的"京杭大运河文化节"，连同先期开放的"燃灯佛舍利塔"与"文庙"一并，正式对外开放接待社会各界至今。

2006 年，对外开放的文庙主要建筑有：棂星门、泮池泮桥、戟门、大成殿及月台、东西庑、东西朝房、乡贤祠、名宦祠与圣训亭。2016 年 5 月至 10 月，又对十年前"文庙"的建筑重新进行油饰和修缮。这样，除去射圃等历史建筑——目前被现有的"司空小区"的楼房压占着没有恢复外，在 2014 年北京市文物局再次拨款，于 2016 年又恢复了的"文庙"之北路建筑——圣容祠、崇圣殿、藏经阁；与西路建筑——头门、二门、明伦堂、东西斋房、训导署、学正署、正殿、文帝祠。加上 2006 年，已恢复的中轴线上的建筑，"通州文庙"将会逐步复原历史上清光绪年间、既有的历史建筑格局，相信那天不会遥远。

今天，"西塔胡同"只余历史上与"大成街"相接的南段。而"西塔胡同"南端 1 号，仍为通州区电影院，依然与"司空分署街"和"吉祥胡同"相连。实际上，由于通州北城"北大街"的拆迁改造，在"司空分署街"以北的区域，目前已无人居住，正处于拆除之中。这也为留住根脉造成了便利的条件，提供了可变通的空间。

为保留"历史记忆"、"留住乡愁"，建议应当给予重新恢复曾经存在过的"西塔胡同"之北段与东段，以及塔前"东塔胡同"之西段。现在时机已到，哪怕只留下一小段也可以，因为记忆的载体被留住了。最后退一万步讲，即使只留下了胡同的称谓，如"西塔胡同"1 号也好，城市的基因还可以继续地向下传递。因为我们城市在发展中，保护传承下来的以及可供利用的有形的载体，实在是少之又少了。

具体可以从"大成街"西端向北沿"文庙"西墙一直向北折到"文庙"北墙位置上，顺着塔与"文庙"接壤区域，沿着历史上曾经有过的路线与痕迹，重新开辟、恢复历史上的"西塔胡同"与"东塔胡同"——哪怕是在塔前，恢复了历史上它们东、西走向的一段也好，这样就可以将"西塔胡同"与"东塔胡同"以北的佛教的"燃灯佛舍利塔"并"佑胜教寺"与东面的道教"紫清宫"，分别来开门，好有出路，以使三座庙宇，像历史上一样，各开各的门、各走各的道，互不干扰，也便于宗教活动与游客的分别。

"西塔胡同"与"东塔胡同"的分界起点，还以佛、道两座寺院之界墙为分水岭。界墙西侧之道路为"西塔胡同"；界墙东侧之道路为"东塔胡同"。同时将"文庙"北面院墙严实砌好，使之恢复如初。如此，大运河北端西畔之"三庙一塔景区"，将呈现其历史上既对立、又统一的完美格局，岂不美哉。

作者简介：任德永，北京市通州区文物（文庙）管理所干部、北京市通州区政协文史和学习委员会特邀委员；任冠群，北京科技大学学生；张思蒙，北京交通运输职业学院学生。

参考资料：

[1] 光绪版《通州志》。

[2]《通县地名志》，1990 年版。

[3]《通县志》，2003 年版。

孔子博物馆明代纱、罗类纺织品病害
分析与研究

徐　冉　高君迎

摘　要　传世古代丝织品在使用、流传、保存过程中，受外部自然环境因素（温湿度、空气中灰尘颗粒物、有害气体和光照等）的影响，因一系列物理、化学、生物损害而造成诸多不利于文物安全或有损于藏品外貌的变化，例如丝纤维断裂、整体糟朽、局部残缺等产生各种不同程度的病害，对文物病害类型和现状的调查研究可以从内因和外因两个方面探寻病害产生的根源，从而更好地预防病害的发生和持续劣变。

关键词　明代服饰　纱　罗　病害　预防性保护

一、概况

孔子博物馆建于 2013 年，位于曲阜市孔子大道以南、曲阜城中轴线大成路南端。孔子博物馆的前身是孔府文物档案馆，孔府文物档案馆馆藏服饰文物总数 8000 余件，该批纺织品来源于孔府旧藏，早年收藏于孔府后堂楼阁楼内，完全是自然保存环境，曲阜市文物管理委员会接管这批文物以后，文物的保存环境有所改善，但是之前由于自然环境下温、湿度差异变化和时间累积所造成的丝蛋白老化，而导致的纺织品纤维断裂乃至整体糟朽的破坏是不可逆反的。加之入藏档案馆库房以后温湿度控制的不连续性致使有些纺织品文物还在持续劣化。现拣选 10 件明代纱、罗类服装为代表进行病害存在现状的调查和研究。

本次研究所涉及纺织品共 10 件，基本信息如下：（表一）

表一

序号	文物名称	数量	级别	质地	时代
01	湖色素纱中单袍	1	二级	丝	明代
02	玄青色盘领纱袍	1	二级	丝	明代
03	大红素纱单袍	1	二级	丝	明代
04	红纱地绣仙鹤方补袍	1	二级	丝	明代
05	蓝色素纱盘领袍	1	二级	丝	明代
06	月白色素纱中单袍	1	二级	丝	明代
07	月白素罗单袍	1	二级	丝	明代
08	白素纱单袍	1	二级	丝	明代
09	青色纱地单袍	1	二级	丝	明代
10	茶色素罗单袍	1	二级	丝	明代

二、分析测试与结果：

1. 显微镜观察：用三维视频显微镜对本批纺织品所用面料进行组织结构的观察，可知本批纺织品所采用的织物组织结构有 2 种，主要是纱和罗。（图一～六）

图一　红纱地绣仙鹤方补袍实地纱组织结构

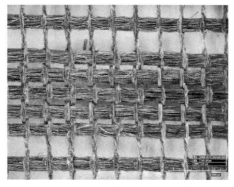

图二　茶色素罗单袍罗的组织结构

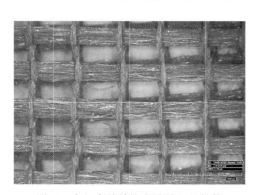

图三　大红素纱单袍方孔纱组织结构

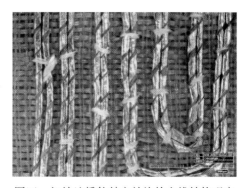

图四　红纱地绣仙鹤方补袍捻金线结构观察

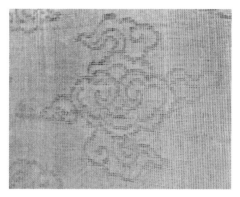 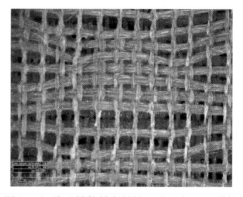

图五　红纱地绣仙鹤方补袍云纹暗花　　　图六　红纱地绣仙鹤方补袍云纹细部组织结构

2. 红外分析：通过傅里叶变换红外光谱的特征吸收峰进一步判断纺织原料的材质种类，该批丝织品样品的红外光谱图中均出现了如下特征峰（图七～一一）。

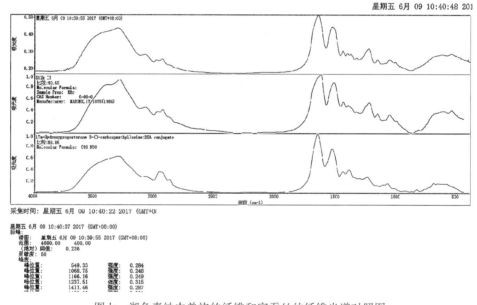

图七　湖色素纱中单袍的纤维和家蚕丝的纤维光谱对照图

这些峰值和家蚕丝的特征峰相似，以此判断该批丝织品应该是以桑蚕丝纤维作为纺织原料。

3. 保存环境调查：由于这批纺织品文物最初存放在孔府后堂楼阁楼内（如图一二～一四），是典型自然保存环境，外部自然环境因素（温湿度、空气中灰尘颗粒物、有害气体和光照等）会对纺织品产生不利影响。高温高湿、空气中硫化物和氢氧化物含量过高、光照度和紫外线强度过大，都能促进纺织品老化、损害。

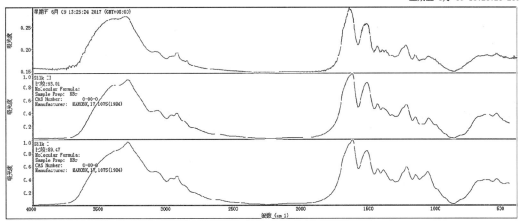

图八　大红素纱单袍的纤维和家蚕丝的纤维光谱对照图

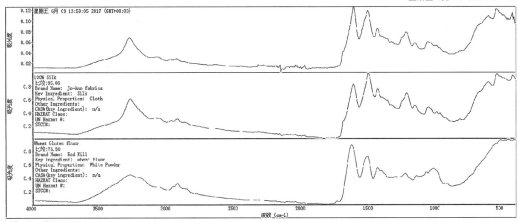

图九　月白色素纱中单袍的纤维和家蚕丝的纤维光谱对照图

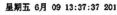

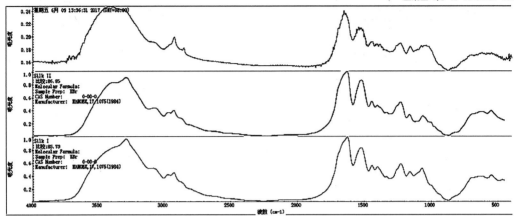

图十〇　红纱地绣仙鹤方补袍的纤维和家蚕丝的纤维光谱对照图

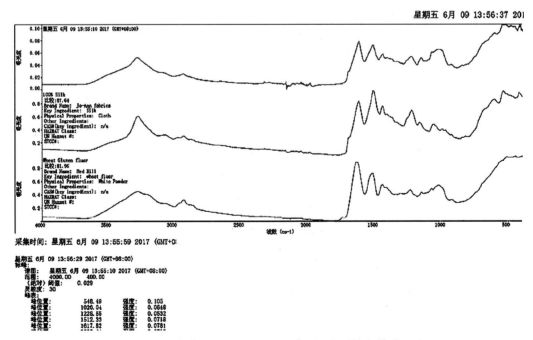

图一一　蓝色素纱盘领袍的纤维和家蚕丝的纤维光谱对照图

图一二　后堂楼阁楼内保存服装类文物的盒　　图一三　后堂楼阁楼内保存服装类文物的柜子

图一四　后堂楼阁楼内保存服装类文物的箱子

　　虽然曲阜市文物管理委员会接管这批文物以后，文物的保存环境有所改善（如图15 和表二），但是之前由于自然环境下温、湿度差异变化和时间累积所造成的丝蛋白老化，而导致的纺织品纤维断裂乃至整体糟朽的破坏是不可逆反的。

表二　孔子博物馆纺织品保存环境情况表

存放场所	库房	地点	户内	光源种类	白炽灯光
陈列展示				□长期□短期√从未□不能使用	
湿度控制系统				□有□无□连续√不连续□其他	
温度控制系统				□有□无□连续√不连续□其他	
空气净化装置				√有□无□连续□不连续□其他	
历年平均温度	18℃	绝对最高温度	36℃	最低温度	－10℃
年均相对湿度	60%	最高相对湿度	100%	最低相对湿度	20%
地区污染状况			颗粒物、污染物、有害气体		

图一五　孔子博物馆纺织品库房内景

三、病害分析

　　1. 存在主要病害：由于年代久远，保存条件有限，无法抵抗自然应力的作用，病害情况较严重。参考《馆藏丝织品病害与图示》（WW/T 0013 - 2008）及《可移动文物病害评估技术规程丝织品类文物》（WW/T 0059 - 2014），对该批文物的病害情况进行调查和分类，发现这批纺织品文物存在的病害主要有以下类型：

（1）破裂

这批纺织品质地全部为丝，丝主要由蛋白质组成，蛋白质中的氨基酸在织物的保存过程中会逐渐分解，在光照下蛋白质易分解流失，丝纤维变脆，长期温湿度变化，也会导致纤维迅速老化，产生断裂。由于年代久远，保存环境条件有限，大部分织物都出现了经线或纬线断裂，形成破口或裂纹的现象。（图一六～一九）

图一六　青色纱地单袍

图一七　玄青色盘领纱袍

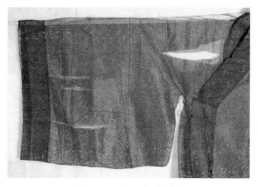

图一八　大红素纱单袍

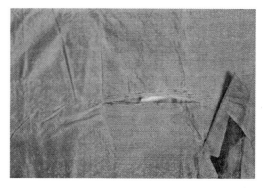

图一九　月白素罗单袍

（2）皱褶

该批纺织品由于存放空间有限，在存放过程中需要折叠，因此普遍存在皱褶，皱褶长期存在会造成皱褶处产生断裂，这给文物安全带来了极大的隐患，同时影响了文物的整体视觉效果。（图二〇、二一）

（3）污染

该批纺织品在曾经穿着过程中受到汗液等其他因素的影响，白光中的紫外线部分会在氧和水存在的条件下，通过酪氨酸和色氨酸残基而使丝泛黄，如再强烈地加热或加入中性盐等参与作用，泛黄变色就会加剧，如人体发汗引起的泛黄。各种物质混合沉积在纺织品表面，形成了大量污染变色，严重影响文物的安全和视觉效果。（图二二、二三）

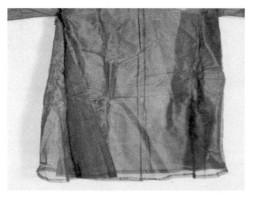

图二〇　湖色素纱中单袍

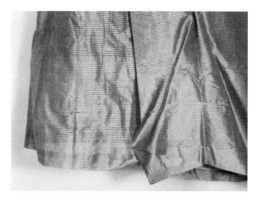

图二一月　白素罗单袍

图二二　湖色素纱中单袍

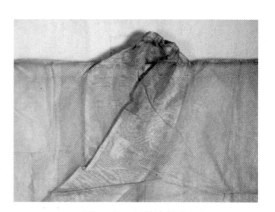

图二三　白素纱单袍

（4）残缺

该批纺织品由于在传承过程中保存环境条件有限，出现缺失，无法保持其完整。（图二四、二五）

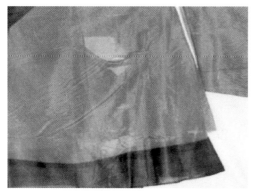

图二四　大红素纱单袍

图二五　红纱地秀仙鹤方补袍

（5）糟朽

根据病害调查，该批纺织品在长期保存过程中，化学结构发生严重降解，导致藏品结构疏松，力学强度大幅降低的情况。（图二六、二七）

图二六　红纱地秀仙鹤方补袍　　　　　　图二七　月白色素纱中单袍

（6）不当修复

该批纺织品中大红素纱单袍和青色纱地单袍有曾经针线修复的情况，由于当时使用缝线和针法不当，急需拆除修正。（图二八、二九）

 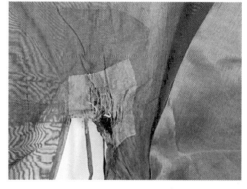

图二八　大红素纱单袍　　　　　　　　　图二九　青色纱地单袍

2. 病害统计：经初步统计这批纺织品的病害种类有以下几种，破裂（10件）、皱褶（10件）、糟朽（6件）、污染（3件）、残缺（2件）、不当修复（2件）（如图三〇）。程度分为：重度5件、中度3件，轻微2件。（如图三一）

3. 病害机理分析：该批纺织品质地上全部以家蚕丝为主：丝的主要成分是蛋白质，从内因和外因分析，馆藏纺织品产生病害的原因主要有以下几点：

（1）自然老化

蚕丝的耐光性差，在光的长时间作用下，不仅丝纤维中的氢键会发生断裂，引起

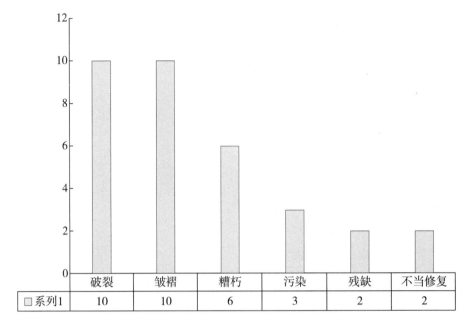

图三〇　明代纱、罗类纺织品 10 件病害情况统计柱状图

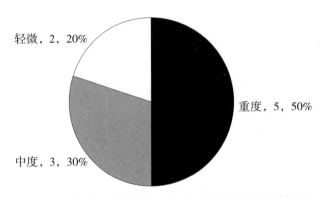

图三一　明代纱、罗类纺织品 10 件病害程度分布比例情况

机械性能的恶化。实验表明，生丝在日光曝晒 20 天，强力降低 45%，段磊伸张率减少 50%。生丝的耐热性能较好，好于合成纤维，但比棉、麻差。在 80~130℃的温度作用下，生丝的强力不受损伤，伸长无明显变化，但生丝硬度增加、色泽泛黄。如加热到 140~150℃以上，生丝中的氨基酸开始分解，不仅颜色变化，强伸度亦显著下降。这批明代服装全部是蚕丝质地，蚕丝的主要成分是蛋白质，蛋白质中的氨基酸在纺织品的保存过程中会逐渐分解，在光照下蛋白质易分解流失，因此这类纺织品容易出现泛黄、变脆。这是造成这类纺织品纤维断裂、强度降低和糟朽的最重要原因。

　　白光中的紫外线部分会在氧和水存在的条件下，通过酪氨酸和色氨酸残基而使丝泛黄，如再强烈地加热或加入中性盐等参与作用，泛黄变色就会加剧，如人体发汗引起的泛黄。该批纺织品在曾经穿着过程中受到汗液等其他因素的影响，所以不可避免地存在污染变色。

（2）结构脆弱

明代的服装面料夏季以组织结构较为疏松的纱、罗类织物为主，秋冬季多为经纬线直径和密度都比较大的绸缎及皮毛类为主。由于纱、罗类织物纤细的经线直径和稀疏的经纬密度，导致它比其他类的织物更透薄易损，这也是所有馆藏纺织品里纱、罗类织物病害较为严重的一个重要原因。

（3）保管条件欠缺

由于这批纺织品文物最初存放在孔府后堂楼阁楼内，是典型自然保存环境，外部自然环境因素（温湿度、空气中灰尘颗粒物、有害气体和光照等）会对纺织品产生不利影响。高温高湿、空气中硫化物和氯氧化物含量过高、光照度和紫外线强度过大，都能促进纺织品老化、损害。虽然曲阜市文物管理委员会接管这批文物以后，文物的保存环境有所改善，但是之前由于自然环境下温、湿度差异变化和时间累积所造成的丝蛋白老化，而导致的纺织品纤维断裂乃至整体糟朽的破坏是不可逆反的。

四、病害发展评估

根据不同病害发展趋势及其对纺织品类文物稳定性的影响，病害活动性质可分为以下几种：

1. 稳定病害：病害已经产生或存在且不再继续发展和蔓延，不会对文物稳定性产生影响，如：残缺、水渍。

2. 活动病害：病害已经产生或存在且继续发展和蔓延，对文物的稳定性有一定的影响，如：皱褶，皱褶长期存在会造成皱褶处产生断裂；破裂，破裂的存在会引起破裂部位延伸加长导致断裂；汗渍污染，汗渍长期存在会导致汗渍部位变色发黄，糟朽，长期糟朽或造成部分缺失等。

3. 可诱发病害：病害已经产生或存在且不再继续发展和蔓延，在外部条件（如保存环境改变）激发下可能导致文物病害发展，引发其他病害的产生。如：虫蛀，虫蛀不加控制会导致大面积织物缺失；霉斑：霉斑长期存在会导致织物表面污染色变；破裂，破裂的存在会引起破裂部位延伸加长导致断裂；污染：污染物不清除会发展为变色或糟朽；皱褶，皱褶长期存在会造成皱褶处产生断裂；不当修复：修复时所用丝线强度和韧性不当会对缝线处已经劣化的丝纤维造成伤害，导致纺织品文物丝纤维断裂，对文物造成二次伤害。

这批明代纱、罗类纺织品现存主要病害里活动病害和可诱发病害居多，如不加控制会有加重劣变的可能，特别是可诱发病害类型，必须对保存环境严加控制。对该批文物保持稳定、持续的恒温、恒湿状态，是控制病害发展保持纺织品文物稳定的前提。

五、环境控制建议

环境是造成文物损坏劣变的重要原因之一。在当前国际上普遍倡导文物保护的"最小介入"和"以防为主"的理念之下，通过环境控制，创造适合的环境对文物进行日常养护的重要性日益显著。影响文物的环境因素主要包括：温度、湿度、光、空气污染物、有害微生物、有害昆虫，温度的单一影响不显著，但是协同考虑，温度有加速化学反应的作用。在一定温度范围内，温度每升高10℃，反应速度增加1~3倍。温度对纺织品的影响主要通过改变相对湿度来实现。湿度过大，含水率增大，水解、增重、变形、强度下降、胶黏剂失效、虫霉滋生；湿度过小，含水率下降、脆化、开裂。各种环境因素协同作用，是导致文物本体劣变的主要原因，因此控制环境是预防性保护的首要任务。

为了最大限度地防止环境因素对文物的破坏采取有效措施提高文物自身防护能力，博物馆内纺织品类文物应尽量低温陈列，低温收藏；设置藏品过渡区域；20℃，RH55%，露点11℃；避免额外的辐射热量（直射阳光，聚光灯），50~200lx。（如图三二）

环境因素	标准	
	一级	二级
光	照度？ 50 lux 年曝光量？ 200kilolux-h 紫外线强度？ 75μW/lm	照度？ 50 lux 年曝光量？ 200kilolux-h 紫外线强度？ 75μW/lm
温度	冬季：19±1？ 夏季：24±1？	尽量维持稳定
相对湿度	55±5% RH	40±70% RH
空气污染物	SO₂？ 10μg/m³	尽可能营造小环境的洁净无尘
	NO₂？ 10μg/m³	
	O₃？ 2μg/m³	
	固体颗粒物滤过率？ 80%	
	换风率 8次/h（建筑高度？ 3m） 6次/h（建筑高度=4~5m） 4次/h（建筑高度？ 6~8m）	

图三二　针对纺织品的博物馆环境质量标准

六、结语

孔子博物馆馆藏服饰作为全国屈指可数的传世服饰，以其服饰藏品的种类繁多，选料精良，结构丰富，工艺手段复杂闻名全国，可谓中国传统穿着文化明、清、民国时期的集中而典型的代表。并且由于孔氏家族在明、清时期尊贵显赫的历史地位，才能在那个朝代更替就要"剃发易服"的封建社会把明代的服饰完整的保存了下来，使如今的孔子博物馆馆藏明代服饰成为中华传统服饰的静态标本和"活化石"。这些传世古代丝织品在使用、流传、保存的过程中，受外部自然环境因素（温湿度、空气中灰尘颗粒物、有害气体和光照等）的影响，因一系列物理、化学、生物损害而造成诸多不利于文物安全或有损于藏品外貌的变化，例如丝纤维断裂、整体糟朽、局部残缺、污染变色、不当修复等各种不同程度的病害，对文物病害类型和现状的调查研究可以从内因和外因两个方面探寻病害产生的根源，从而更好地预防病害的发生，保持纺织品文物的稳定。我们要在了解病害机理的基础上加强文物保存环境标准化，在提升博物馆保存环境的同时上做好文物的预防性保护，控制病害，及时减损，防止更加严重的劣变的发生，科学有效地保护这批珍贵明代纺织品，使文物的历史价值、艺术价值和科学价值得到更好的传承和利用。

作者简介：徐冉，女，曲阜市孔子博物馆文博馆员；高君迎，女，曲阜市孔子博物馆。

浅谈文物本体保护在孔庙文化传承中的作用

——以曲阜孔庙为例

孔国栋

摘　要　以古建筑、石碑石刻、古树名木为代表的孔庙文物本体承载了丰富的历史文化信息，它们不仅是传统儒家文化基因在新时期的传承延续，更为推动孔子思想及儒家文化的传播普及、更好地传承弘扬优秀传统文化提供了重要载体。对各类文物本体开展分门别类的保护，既是保存各类历史文化信息、延续孔庙人文自然环境、保障文物原真性和完整性的必要之举，也是沿袭孔庙社会历史价值、传承优秀传统文化的题中之意。

关键词　本体　孔庙　文化

孔庙，是祭祀我国春秋末期著名思想家、教育家、政治家、儒家学派创始人孔子的纪念性祠庙建筑，经历史更迭，又被称为文庙、夫子庙、至圣庙、先圣庙、文宣王庙等。历史上首座孔庙出现于孔子逝世的第二年（公元前 478 年），鲁哀公"因以为庙，岁时奉祀"[①]，将孔子生前居住的旧宅改为庙堂，将生前所用衣、冠、琴、车、书进行陈列，并规定每年按时令祭祀，后经历代扩建，形成了今天的曲阜孔庙。随着儒家思想在中国历史上正统地位的不断确立，历朝历代统治者对孔子不断追谥封爵，孔子的地位得到不断提升，以祭祀孔子为主要功能的孔庙也在全国各地不断涌现，虽地域不同、规模有别，但其主体建筑体制、布局结构、功能作用基本一致，成为中国历史上极具文化特色的代表性建筑群体。

以孔子学说为代表的儒家思想，以其独特的思想内涵和行为规范，塑造了中华民族的文化信仰和民族性格。其精神文化内涵中的优秀成分，不仅对个人的安身立命提

---

①　杨伯峻：《春秋左传注》，中华书局，1990 年。

出了思想认识和行为举止上的标准，更为形成积极进取、自强不息的民族精神提供了理论支撑。孔庙作为官方祭祀孔子的纪念性建筑，既是人们表达对至圣先师追思和缅怀之情的场所，也是中华民族优秀传统文化传承的物化载体，对增强民族文化认同感、凝聚民族向心力、实现中华民族伟大复兴将起到不可替代的作用。除入库保存的历史书籍、档案资料外，各地孔庙现存的文物本体主要包括古建筑、石碑石刻、古树名木等类别，其个体数量在不同的地域虽有所不同，但在各地孔庙文物遗存中仍占有主体比重。这些文物本体是社会历史变迁的重要见证和文化传承的重要载体，是历史留给我们的不可多得的宝贵财富，它们所承载的历史信息和文化信息是研究儒家文化传承及地区民俗风情的重要依据。

曲阜作为孔子故里、儒家文化发源地，在 2500 多年的历史长河中，集中国传统文化之大成，成为中华文明的代表性文化圣地，以孔庙为代表的儒家主题文物遗存，不仅是传统文化基因在新时期的传承延续，更为推动孔子思想及儒家文化的传播普及、更好地传承弘扬优秀传统文化提供了重要载体。曲阜孔庙中现存的古建筑群、历代碑刻、古树名木以不同的形式记录了儒家思想历史变迁的轨迹，向现代社会和世人呈现出独特的历史文化信息，这些文物本体也构成了其作为世界遗产突出普遍性价值的核心载体。因而，对各类文物本体开展分门别类的科学保护，成为保障文物原真性、沿袭孔庙社会历史价值、传承优秀传统文化的题中之意。

一、古建筑保护是传承孔庙传统文化功能的前置条件

古建筑是构成孔庙文物本体的核心部分。近代以来，受外来思想冲击和社会动荡环境影响，传统儒家思想的正统地位受到动摇，文庙的建设和保护工作停滞不前。新中国成立后，受工农业生产等经济建设活动影响，尤其是受"文革"冲击，各地孔庙文物受到较大破坏，造成了许多不可挽回的损失。在国内保存较好的 300 余座孔庙中，古建筑成为保存不多的孔庙文物遗存中的主体部分，而部分保存状况堪忧的孔庙，古建筑保护工作更是不容乐观。

孔庙建筑样式布局严整、内涵丰富，其基本组成部分有德配天地道冠古今牌楼、万仞宫墙、棂星门、泮池、大成门、大成殿、明伦堂、尊经阁等。孔庙建筑发展追求的建筑效果是通过建筑群整体所造成的环境去烘托孔子的丰功伟绩和儒学圣教的高深博大来完成的[①]。通过体制完备的建筑效果来体现威严、肃穆的特定环境，发挥祭祀和教化的功能。所以说，对古建筑的保护既是确保孔庙文物原真性和完整性、维护民族精神家园物化载体的应有措施，更是维系孔庙神圣庄严氛围、营造特定祭祀朝圣环境

---

① 孔德平、彭庆涛：《游读曲阜》，泰山出版社，2012 年。

的必然要求。另一方面，随着传统文化回归和国学热的兴起，孔庙的传统文化功能越来越受到人们的重视，以孔庙为文化背景的政府祭孔、民间朝圣、文化传播、研学体验等活动与日俱增，孔庙的传统文化功能在新的社会形势下有了进一步的延伸和扩展。在此形势下，对孔庙古建筑的保护维修显得更为迫切。

以曲阜孔庙为例。受自然风化和历史因素影响，曲阜孔庙各单体建筑不同程度上出现了屋面漏雨、木构件腐朽、墙体酥碱开裂、石构件断裂残缺等病害，古建筑彩画也存在着起甲、剥落、漫漶不清的问题，对孔庙建筑群的文物保护、建筑严整性和特定文化氛围带来了较大影响。近年来，曲阜孔庙在定期做好地面围墙整修、拔草倒垄等"岁修"工作的基础上，按照"先急后缓"的原则和"分组编制""分步报批"的工作路线，针对孔庙东路、中路、西路多个建筑组群编制报批并启动实施了古建筑和彩画保护修缮工程，逐步消除古建筑及彩画存在的安全隐患和病害状况，有效保存了古建筑及彩画的历史信息和文化信息，真实延续了古建筑遗产的历史、人文和自然环境，有力维护了孔庙建筑群的体制完备性和浓厚的祭祀环境氛围，并为祭孔展演、成人礼、经典诵读、孔庙朝圣、孔庙祈福、开笔礼等新一批孔子文化演艺活动提供了良好的文化背景场地，助推孔庙传统文化功能在新时期得到延续和发展。

二、石碑石刻保护是保存孔庙历史文化信息的客观要求

随着历史变迁和朝代更迭，各地孔庙在建立、修缮、祭祀的过程中，留下了许多石碑及附属石刻文物。这些碑刻基本上为修建孔庙碑、功德碑、祀孔碑、谒孔碑等，记录了所在孔庙的历史沿革、名人拜谒等重要历史事件，多为不同历史时期所留存，是关于孔庙自身发展的最真实、最直接的文字记载，也是研究孔庙历史文化沿革和儒家思想传承的第一手资料，可以称得上是孔庙文化研究的全方位的档案资料库。无论从年代跨度上、数量上、书法艺术上，这些石碑石刻文物对研究中国古代的历史文化都具有极高的科研价值和艺术价值。如我们经常用以传颂孔子的历史名句"千年礼乐归东鲁，万古衣冠拜素王"，就出自明代万历年间进士戴璟赴曲阜孔庙拜谒孔子时所留下的谒孔碑；现存西安碑林的唐代著名书法家虞世南撰文书写的"孔子庙堂碑"摹刻，堪称书法艺术中的精品。

在历史上，除重要碑刻建有碑亭保护外，大部分碑刻是露天、半露天存放的，经受风吹日晒雨淋，另外，地震、战争、保护不当等历史原因同样为各地孔庙碑刻文物的保存带来较大影响，碑刻断裂、缺失、碑文模糊等现象随处可见，对孔庙文史研究和历史信息的完整性造成较大影响，亟须采取措施进行抢救性保护。以素有"三大碑林之一"称谓的曲阜孔庙为例。曲阜孔庙内保存有汉代以来的历代碑刻 1500 多块，内容既有封建皇帝追谥、加封、祭祀孔子和修建孔庙的记录，也有帝王将相、文人学士

谒庙的诗文题记，碑刻石刻文字有汉文、蒙文、八思巴文、满文，真、草、隶、篆各体皆备①。不仅反映了石刻艺术的变化、发展历程及特点，也是中国书法艺术的瑰宝，是研究中国古代封建社会政治、思想、经济、文化、艺术的珍贵史料。处于露天和半露天存放的部分碑刻，长期受自然环境应力作用和物理、化学、微生物风化影响，表面出现了粉化剥落、浅表性裂隙等现象。

为加强保护，曲阜孔庙将所存汉魏碑刻和部分重点碑刻移入汉魏碑刻陈列馆进行集中保存和陈列，并整理出版了专门书籍。近年来，又委托专业资质单位对孔庙碑刻进行现场勘查，编制报批并启动实施了孔庙石碑石刻保护修复工程。先期选取 100 块病害较轻的碑刻，清理表面积尘、锈蚀痕迹、生物痕迹、拓片痕迹并进行防霉处理，进行了脱盐、局部修补、空鼓灌浆、风化石材加固处理，针对孔庙石碑石刻建立起一套科学完整的防护体系，防止了继续劣化，有效保留了碑刻石刻文物的基本信息，传承了孔庙碑刻资源的历史价值、艺术价值和科学价值。

三、古树名木保护是延续孔庙人文自然环境的必要举措

大量古树名木的伴生，常常是各地孔庙的一大突出景观。这些历经岁月沧桑的古树名木，犹如一首绿色的长诗，以其特有的风姿展现着孔庙博大精深的自然历史和古老璀璨的传统文化，是历史留给我们的不可多得的宝贵财富，被誉为"活的文物"。一方面，孔庙内的古树名木苍老遒劲，以其特有的"古、怪、奇、秀"展示着自身的魅力，烘托出孔庙特有的庄严肃穆氛围，其本身就已成为孔庙人文自然环境的代表成分，被赋予神圣、儒雅的人格生命，像饱读诗书的儒学君子孑然独立，承载着孔子思想，从容而优雅地接受着海内外游客的敬仰和膜拜。另一方面，古树名木往往与孔庙自身的历史变迁和相关历史人物相关联，承载着较多的历史文化信息，是地域文明的重要见证和儒家文化传承的重要符号，有着重要的科学研究及历史文化价值。如曲阜孔庙大成门内石陛东侧的先师手植桧，相传为孔子手植，历经两千多年岁月沧桑，几番枯荣，被誉为曲阜最为神圣的古树，在曲阜孔氏后裔心中，它不仅代表着孔子，更与孔氏子孙命运息息相关，与国家兴衰紧密相连。

对当代人来说，做好孔庙古树名木的保护，不仅是保存孔庙历史文化信息的必然要求，也是培育、提升当地城市文明的重要体现。以曲阜孔庙为例，为延续古树名木的生机，近年来，曲阜孔庙坚持预防为主、防治结合，科学、系统地做好古树名木病虫害监测预报和化学防治工作，多次邀请国内外古树保护专家对古树病虫害发生情况进行研究诊治，及时采取支撑、安装护网、修补、植皮、复壮等措施，增强古树名木

---

①　孔德平　彭庆涛：《游读曲阜》，泰山出版社，2012 年。

抵御自然灾害的能力。同时，对定级古树名木开展普查、登记、电子建档，对代表性古树名木进行卫星定位，并甄选具有重要历史价值、科研价值和纪念意义的古树名木编辑出版专题画册，融入自然信息、史料记载、典故传说和保护现状等信息，使富含历史文化元素的古树名木成为曲阜孔庙的新地标，为孔庙儒家文化遗产在当代社会的传承和利用提供了实践基础。

作者简介：孔国栋，曲阜市文物管理委员会文博助理馆员。

曲阜孔庙古树名木情况及保护

郑 建

摘 要 曲阜孔庙，是祭祀孔子的庙宇。它集历史、建筑、文化、艺术、书法、石刻、古树名木等文物遗迹于一体，是我国古代劳动人民智慧的结晶，是珍贵的历史文化遗产。古树名木的重要性不言而喻，通过对曲阜孔庙内古树名木的历史、现状和保护情况的研究，能对古树名木的保护工作作出一点贡献。

关键词 曲阜孔庙 古树名木

曲阜孔庙，是祭祀我国春秋末期著名的思想家、教育家、政治家、儒家学派的创始人孔子的庙宇。在世界上众多祭祀孔子的庙堂中，曲阜孔庙规模最大、最为古老，它与北京的故宫、河北承德的避暑山庄并称为中国三大古建筑群。曲阜孔庙这组具有东方特色的庞大建筑群，面积之大、时间之久、保存之完整，被古建筑学家称为世界建筑史上的孤例。1961 年被国务院公布为第一批全国重点文物保护单位，1994 年被联合国教科文组织列入世界文化遗产名录，2007 年被国家旅游局首批为全国 AAAAA 景区。

曲阜孔庙南北长达 1130 米，东西最宽处约 168 米，占地面积 15 万平方米，共有建筑 100 余座 460 余间，而在殿、亭之间，古木参天，郁郁葱葱，成为游客参观孔庙靓丽的一道风景。

曲阜孔庙古树名木是历代人们的长期栽植并保护而形成，集沧桑、庄严、幽美为一体。最早有记载的古树为"先师手植桧"，相传为孔子手植，几经枯荣，至今已有2500 多年的历史。现位于孔庙大成门，据清孔继汾《阙里文献考》记载，"大成门左侧为'先师手植桧'，本三株，宋时大成门内有御赞殿，二桧在殿前高六丈余围一丈四尺，在左者纹左，在右者纹右纽，一在杏坛东南隅，高五丈余围一丈三尺，枝蟠屈如龙形，世谓再生桧。晋怀帝永嘉三年（309 年）枯死，隋恭帝义宁元年（627 年）复生，唐高宗乾封二年（667 年）又枯死，宋仁宗康定元年（1040 年）复生，金宣宗贞祐二年（1214 年）春正月庙毁于兵火三桧无复孑遗，元世祖至元三十一年（1294 年）复萌芽生东庑废址隙间，三氏学教授张须移植故处，明孝宗弘治十三年庙灾复毁于火。国朝雍正十年（1732 年）庙工告竣复生新条，今高一丈许"。现在我们看到的"先师手植桧"历经 280 余载，树干通直，冠如华盖，树果累累，下有石栏围护。

明孔贞业所撰《阙里志》卷六之林庙志中"自庙门以内桧柏千章皆数百年物矣"。

清孔继汾所撰《阙里文献考》中记载："庙中树木翁葱，老干参天，多汉唐旧植，有古柏 24 株，经历汉晋，其大数十围，宋江夏王刘义恭（413～465 年）悉遣人伐取之，今庙树最古者桧多而柏少"，"世祖至元十九年（1282 年）同知济宁路总管刘用募民筑庙垣，植松桧一千本"。在古代柏树中，侧柏木质富树脂，材质细密，纹理斜行，耐腐力强，坚实耐用，而桧柏材质相比之下略逊。孔庙大成殿前现存一桧柏，胸围达 3.9 米，当为汉代所植。

综上所述，曲阜孔庙现存古树名木以明清所植为主，但汉、宋、唐古树犹存，树种多为桧柏。

古树名木的重要性不言而喻，古树名木一般系指在人类历史过程中保存下来的年代久远或具有重要科研、历史、文化价值的树木。古树指树龄在 100 年以上的树木；名木指在历史上或社会上有重大影响的中外历代名人、领袖人物所植或者具有极其重要的历史、文化价值和纪念意义的树木。古树分为国家一、二、三级，国家一级古树树龄 500 年以上，国家二级古树 300～499 年，国家三级古树 100～299 年。国家级名木不受年龄限制，不分级。

1948 年 8 月 15 日，曲阜成立文物管理机构，对孔庙内古建筑、古树名木加强管理和保护。1990 年曲阜市文物管理委员会为进一步保护古树名木成立古树保护科，当年就成立古树名木保护专家顾问组，专门研究古树名木的保护，古树名木管理保护工作日趋科学和规范。

曲阜孔庙现有树木 2000 余株，其中古树名木 1050 株。古树名木主要以柏树为主有 1003 株（侧柏 486 株，桧柏 517 株），其他树种 47 株。孔庙古树名木总的特点是以古柏树群为主，以建筑院落为分界，呈中轴对称分布。根据孔庙古树名木的情况，近几十年来制定了有针对性的保护措施。

一、孔庙古树名木的普查

孔庙古树名木分别于 1985 年、2008 年、2014 年进行了三次古树名木普查工作。2014 年的古树普查工作更细致，进行登记造册和建立古树名木的电子档案，一树一照片，每株古树的生长和保护情况，并制作了孔庙古树名木示意图。2016 年，工作人员对孔庙古树更换新的树牌，每株一牌，悬挂于树上。树牌上标明该树树种、保护级别等信息，并于树牌上制作了每一株古树的二维码，用手机扫码后了解此株古树的更多信息，也让游客能快速了解孔庙内古树名木情况及古树小知识。通过此项工作使孔庙内 1050 株古树名木有了自己的户口和身份证，

二、加大宣传孔庙古树名木重要性和意义

通过绿化美化知识的普及、历史文化传统教育、观赏旅游，开展保护古树名木的宣传教育，增强全社会对保护古树名木重要意义的认识，弘扬中华民族爱树护林的优良传统。

三、改善孔庙古树名木生长环境

树木的生长与其生存环境的条件有着十分密切的关系，与环境条件相适宜，树木就可以良好地生长；相反，环境条件恶劣，其生长就必然变弱。2010 年曲阜市文物管理委员会对孔庙古树名木进行了古树复壮工程。复壮工程，改善了孔庙内土壤的理化性质，古树的生长环境更好，通过近几年来观察，古树生长势更加旺盛，抵抗自然灾害能力加大。复壮工作中主要有几下几点：

1. 换土

根据古树树根附近土壤不良、生长势弱等情况，结合树种特性进行换土。扩大树根周围土壤，尽可能将原有的土壤移到别处，换上与之相适宜的土壤。在更换土壤时要结合土壤的特性，同时进行消毒、杀菌、除虫害和根瘤菌、菌根等工作。

2. 注意土壤水分

入春后土壤解冻，古树名木开始进入生长期，此时须注意给古树名木供水的情况，如土壤含水量不足，要及时浇水。入冬土坡封冻前也应浇水 1 次，遇干旱年份土壤缺水，应随时供水。

3. 增加土壤肥力

对古树名木多施有机肥料，结合施用化学肥料。一般在早春或秋后进行，采取开沟对古树群株行距较大的进行施肥，在两行树木之间开沟或打洞。沟宽、深视树体大小和根系分布而定，清除土中有害物质，平均每株施腐熟肥或绿肥 200 千克，掺入少量过磷酸钙和尿素，施肥后需浇一次透水，在渗透后用土将沟填平压实（应稍高出地面）。打孔施肥的方法是在树冠两侧土壤中打 10 至 20 个直径 10 厘米、深 80 厘米的孔，施入复合肥，按 1：2 与土混合均匀后，施入孔内，再用原土覆盖。第二年在另外两侧施入肥料，方法与第一年相同。对于单株孤立木，在树冠投影范围内，沟施或孔施均可，根据古树生长环境和具体情节而定。沟施每隔 3 至 5 年施肥一次，孔施隔 2 年施肥

一次。

4. 部分古树设排水沟

树木生长需要充足的水分，但积水过多也会影响树木生长，甚至造成树木死亡。对孔庙部分处于洼地中的古树设排水沟。沟宽、深应视排水量和根系分布情况而定，应做到排得走、不伤根。一般沟宽要求30至50厘米，沟深在根系下15至25厘米。沟一端要紧靠树根底下，另一端应接通排水处，沟长需按实际需要而定，至少要使积水能顺利排出。沟里垫入大小不同的各种石块，先填入较大块的卵石，然后再填碎石，最后加填粗砂，再铺土，形成一条渗水沟渠，便利排水。

5. 保证"气"的供给

树木生长的"气"主要分为大气和土壤空气，要根据树种特性消除有害气体，提供树木生长的有益气体，使树木呼吸到充足的二氧化碳和氧气。关于土壤空气，如前所述，通过增施有机肥、换土、排涝等措施，都可改善土壤的含气量。另外，在人流量大、为了免除人数众多的践踏镇压，应在根系分布范围的地面部分，弃用密封式的固定铺装，而改用透气铺装。近几年，孔庙院内游客所行路大部已改为砖铺地面。

四、加强孔庙古树养护

加强养护是保护古树名木的根本保证，古树名木的养护包括定期检查，古树病虫害防治、古树支撑加固和修剪等措施。

1. 古树名木定期检查

对古树名木的管理要实行定期检查，孔庙古树名木基本上每月进行一次巡查，针对存在的问题及时采取有效的保护措施。如遇大风、连续降雨或大雪时，随时检查管辖范围内的古树名木，必要时采取加固树体、扫除枝叶上的积雪等措施。对寄生在树体上的腐生或寄生植物、攀援植物、缠绕藤本植物，应根据其对树木危害及其在衬托意境中的价值，给予适当的消除或采取其他方法处理。

2. 病虫害防治

病虫害的防治是养护工作中的一个重要环节。不同树种有不同的病虫害，要做好病虫调查工作，掌握古树名木上各种病虫害的种类、发生、发展的规律，有区别地分树种进行防治工作。

3. 灵活做好古树支撑加固修剪工作

孔庙古树的树干形状千差万别，必须根据实际情况灵活处理。古树名木经过长期自然侵蚀，树身饱受创伤，树体有的存在空洞、伤疤，有的枝干下垂、断折、开裂、倾斜等情况。

古树名木的支撑、加固和修剪，事先应由技术人员制定支撑、加固和修剪措施与方案，报有关部门批准。对有纪念意义或有特殊价值的古树，应保持其原来面貌，不允许随意修剪。如有枯枝，应用防腐药剂，加以保护。

修剪一般在冬季进行，但在其他时间如有风劈枝等情况要立即进行。修剪要按一定的技术要求。对小枯枝用小锯锯掉，截除大枝时应注意做到不劈裂、不断皮、不抽心，还应使锯口平整。不形成大小面或"台阶"。截除大枝会产生过大的截口，以致愈合困难，为了防止水分蒸发及病虫侵入危害，应在伤口涂抹防腐剂。

古树树体的支撑和加固措施分情况而定采取不同方法。最广泛采用的是刚性支撑，即用铁箍与钢管、木质物、水泥预制物和岩石等组成立柱或棚架来支撑树干枝干，防止树体倾倒与树杈劈裂，立柱应有坚固的基础，上端与树干接触处应有适当开口的托杆或托碗，并加塑料或橡皮垫，以免损伤树皮。其次为弹性支撑，即用绳索（棕绳、钢绞线、铁链）将树干吊紧，起到预防与保护的作用。一般在被支撑的树杈距地面较高或数量较多时，常采用此法。

作者简介：郑建，曲阜市文物管理委员会林业工程师。

腾冲文庙棂星门修缮研究

龙济存

摘 要 腾冲文庙原建筑作为一个庞大的建筑群，经历了气候、地质和人为等因素的洗礼后的修缮是一个庞大的工程，文庙每一栋建筑的修缮、恢复都需经过认真的研究和设计。修缮工作涉及修缮方案的编制、资金筹措和施工管理等诸多工作。由于时间跨度大，专业性强，以及资料的缺乏，本文试以棂星门的修缮为例进行探讨。

关键词 腾冲文庙 棂星门 恢复重建

一、腾冲文庙概况及历史沿革

腾冲文庙，亦称学宫、孔庙、黉学，位于腾冲市城市中心，原占地面积近 40000 平方米，是祖国西南边陲最边上的文庙，是怒江以西唯一的文庙，也是腾冲抗战结束后城内现存规模最为宏大的古建筑群，始建于 1480 年，至今已有 537 年的历史。1998 年被云南省人民政府公布为省级重点文物保护单位。

明成化五年（1469 年），从金齿司调任腾冲司指挥同知陈鉴，目睹腾冲人口日益增多，经济不断发展，整个腾冲司却没有一所官办的学校，于是他经过两年的调查，于成化七年（1471 年）年上书朝廷，请求在腾冲设立司学。十六年（1480 年），巡按樊莹至腾，开始修建文庙，其址在镇营炎药局，嘉靖元年（1522 年），改司为州，遂为州学。清康熙三十三年（1694 年），以诸生胡铨议请迁学于指挥使旧署（今腾冲文庙所在地）。四十四年（1705 年），知州唐翰弼、学正段铨璋，遂移学宫于此。腾冲文庙布局形式（依据地势为递进式）为文明坊、大照壁（万仞宫墙）、江汉秋阳坊、金声玉振坊、泮池（两池中有状元桥）、腾蛟坊、起凤坊、棂星门、名宦祠、乡贤祠、大成门、东西两庑、大成殿、崇圣殿、东西庑、耳房等，明伦堂、训导廨、学正廨，整个建筑群布局严谨，气势宏伟，大成殿内立四配十二哲像。

据《民国腾冲县志稿》记载：清康熙四十四年（1705 年），知州唐翰弼、学正段铨璋，遂移学宫于此。并修建了泮池、奎阁、文昌祠、棂星门、大成门……乾隆三十一年（1766 年），征缅事起，以学宫为军需局，三十二年至三十四年，宫殿荒芜。五十年（1785 年），遇地震，文庙坍塌殆尽，知州屠述濂筹资重建。嘉庆年间（1796 年至 1820 年），知州许亨超，胡启荣相继整修。道光二十五年（1845 年）至道光二十七——同知李恒谦倡捐资重修，工未完工即去。二十七年（1847 年）同知彭蒿毓、学正许文藻、训导潘安国率绅士解宾王重修。咸丰十一年（1861 年）年因战乱文庙再次遭毁。清光绪五年（1879 年），在腾越厅同知陈宗海筹捐五千金，捐廉六百两，续修大成殿、移修崇圣殿、东西庑、明伦堂、名宦祠、乡贤祠、棂星门、江汉秋阳坊、金声玉振坊……至此，腾冲文庙修缮经过 408 年的几毁几修，其中明确记录棂星门修缮的有 2 次。1942 年 5 月，日寇侵占腾冲，把文庙设做宪兵司令部和慰安所，使文庙这座神圣的殿堂惨遭亵渎。1944 年 9 月腾冲光复后，文庙保留了主体建筑和部分古建筑，但大部分建筑被毁，棂星门保留 1879 年建筑样式。后来，在中国文化的大浪中，腾冲文庙再次遭到破坏，棂星门被人为改建成非原状大门，整个文庙被移做它用，先后有腾冲一职校、腾冲粮食局、中心学校、教办、体委、文化局、文物管理所等作为教学和办公用地，由于棂星门的建筑格式不能满足需要，于是 1999 年拆除了原棂星门重新修建了一道大门，至此，腾冲文庙棂星门彻底被毁。同时棂星门石构件大部分丢失，或用于文庙其他建筑的石阶石、地面石、台面石等。

二、《恢复重建方案》编制成为重建棂星门的重要工作

《恢复重建方案》是我们恢复棂星门的重要依据。腾冲抗战结束后，在泮池与棂星门之间开辟了一条道路，于是腾冲文庙被分成两部分，即泮池建筑群部分及大成殿建筑群部分，棂星门被毁，功能发生了改变，史料无记录，老照片只能模糊的看清原状，没有翔实的资料和有力证据作为编制《恢复重建方案》的依据。因此，如何按原样及结合现在技术和工艺恢复是一项十分复杂的技术工作。为认真负责的实施这个项目，首先是对文庙的历史进行全面了解，查找到历史记录，依据老照片、大成门及大成殿建筑、周边居民的走访进行分析，初步了解历史上棂星门的位置、高度、规格、材料等内容。其次请具备古建筑修缮设计资质的公司为设计单位，根据了解得到的结果进行实地勘察、测量，发现问题、分析原因，依据《中华人民共和国文物保护法》对不可移动文物进行修缮遵守"不改变文物原状"，合理利用原工艺，尽可能保存历史信息、保持文物建筑的真实性的原则及《文物保护工程管理办法》《古建筑修缮施工组织设计编制依据及修缮原则》的有关规定，修缮中应对现状保存的原建筑形制（包括原建筑平面布置、造型、法式特征及艺术内格、结构形式、材料、工艺技术等）在进行

科学分析研究的基础上编制方案。

三、寻找棂星门老部件成为编制《恢复重建方案》的重要依据

经历腾冲焦土抗战及历史原因后，文庙在被移作它用时，拆除棂星门的少部分构件还存在文庙，这些部件被用作砌墙基、墙石、台阶石、阶沿石、地面石等。于是我们对文庙内的这些地方进行细致观察分析后，找到有可能是棂星门构件的石材进行清理、测量、编号、分析、拍照，经过这些工作找到原棂星门的须弥座、平盘枋、额枋、斗拱、望柱、栌斗等部分构件及雕刻图案，于是在方案设计中这些构件雕刻图案严格按照原来图案进行设计，工艺根据现代工艺进行纯手工雕刻，对未找到原部件的构件及构件图案，如明瓦、拽枋、昂、上枋、台肩、雀替、中心柱、抱鼓等依据历史记录及参照物进行重新设计。

四、以其他文庙棂星门及当地牌坊的建筑形式为参考编制《恢复重建方案》

腾冲文庙"棂星门"是文庙中轴线上的牌楼式五开间石质建筑，也是腾冲文庙非常重要的构筑物之一，为了恢复后的棂星门能遵循棂星门的规制，不仅符合原腾冲文庙的样式，参照和借助其他著名文庙编制方案，我们到曲阜文庙、北京文庙、云南建水庙、冰川文庙、大理文庙等地进行考察，收集资料。同时，考虑到当时棂星门的修建会融入一定的地方建筑特色，我们对当地现存的古石牌坊进行考察，找出当地的建筑特点、工艺进行综合分析，初步确定棂星门修缮方案中的构件布局、工艺等内容。

五、新编制的《恢复重建方案》必须确保安全和实用功能

《腾冲文庙古建筑群修缮方案》2014 年 7 月省文物局已批复通过，原设计图基本规范完整，但文庙的修缮也要结合腾冲城市建设总体规划来考虑，腾冲文庙棂星门地处市区中心，人员流动性大，为防止一些不可预见的安全因素发生，对原设计方案中棂星门重建部分不足的地方再进行优化提升，原设计方案棂星门纯石材，总体看上去古朴、厚重，但这种材料抗拉伸性及抗震性不足，目前国家没有石砌体模型分析是否达到抗震要求。由于腾冲处于环太平洋地震带，对建筑物（构筑物）有特定的要求。为了按照"建筑抗震设计规范 GB5001－2013 强制性条文 1.0.2 抗震设防烈度为 6 度及以上地区的建筑必须进行抗震设计的要求"，为了能达到相关要求，设计上更科学规范，请腾冲市建筑设计室根据原设计方案，结合相关要求对棂星门主体结构进行优化设计。棂星门主体抗震设防烈度为 8 度设防，抗震等级为一级设防设计。具体为：一高二低全石质牌坊，材料采用青石，通高 8.55 米，次间柱 7.225 米，稍间立柱 6.415 米。

总宽14.44米，明间：3.4米，次间2.2米；稍间：1.5米，6根立柱0.6米，基座1.8米，抱箍石2米。

六、严格的招投标及施工管理为棂星门的恢复重建提供了强有力的保障

腾冲文庙属省级重点文物保护单位，因此在进行施工单位及监理单位招标时我们严格按照古建筑修缮的相关规定进行招标，即投标人须具备文物行政主管部门核发的文物保护工程施工贰级及以上资质，具有独立法人资格的企业，其业务范围必须包括古建筑维修保护，并在人员、设备、资金方面具有相应的施工能力，有类似项目业绩。监理单位需具备古建监理甲级及以上资质的公司，并具有相关项目业绩。施工单位中标后需编制《腾冲文庙棂星门恢复重建施工组织设计》交甲方、设计和监理方审核签字后方可施工。同时，主管局成立"腾冲文庙修缮工程领导小组办公室"，办公室人员由主管局主要领导、分管领导、分管文物领导、专业技术人员、研究腾越文化学者、周边了解文庙历史的居民参加。施工过程中对设计中的每个分项需经业主、设计、监理验收签证后方可进行下阶段施工，遇到问题由领导小组与设计、监理、施工三方共同召开专题会议讨论，得出可行方案后方可实施。

棂星门恢复重建虽然只是腾冲文庙一个单体构筑物，但它和腾冲文庙的其他建筑物一样是先辈创造精神文明的遗存，是历史无可替代的实物例证，包含着古建筑修缮及恢复重建的诸多问题和技术，必须高度认识古建筑意义和价值，认真负责，让恢复重建的棂星门能达到预期的效果。

作者简介：龙济存，女，云南省腾冲市文庙管理所所长，文博副研究馆员。

参考文献：

［1］《民国腾冲县专稿》，云南美术出版社，2004年。
［2］柴泽俊：《修缮保护古建筑文物应予重视的几个问题》，《古建园林技术》2011年3月。

汶上文庙的保护和利用

刘建康　王　慧

摘　要　汶上文庙始建于唐代。公元前501年,孔子初仕中都宰政绩卓著,四方效仿。明代嘉靖年间第六十五代衍圣公孔胤植由汶上过继进行袭封。明清两代,汶上文庙不断仿曲阜文庙形式予以修葺、扩建,形成了以大成殿为主体的庞大建筑群。近年来汶上县高度重视汶上文庙的保护,对文庙进行了大规模维修,并计划对汶上文庙进行布展,打造政德教育现场教学点,面向社会开放。

关键词　汶上文庙　孔子　中都宰　政德

汶上县位于山东省西南部,辖属济宁市,总面积877平方公里,下辖15个乡镇(街道),总人口80万。汶上古称中都,文化底蕴深厚,文化资源丰富,素有"千年佛都、儒贤圣地"之美誉,佛教文化、儒家文化、运河文化、始祖文化交相辉映、相得益彰。公元前501年,伟大的思想家、教育家孔子初仕中都宰,政绩卓著,四方效仿。历史上,汶上曾是京杭大运河南北交通的重要枢纽,著名的南旺引汶济运工程享有"北方都江堰"之美誉。汶上佛教文化资源得天独厚,南北朝时期即为佛教圣地,1994年宝相寺太子灵踪塔发掘出土佛牙、舍利等141件佛教圣物后,知名度和影响力不断提升。积淀的历史留下了丰厚的历史文化遗存。目前,全县已发现不可移动文物点258处,其中,世界文化遗产1处,包括两段河道和9个遗产点,全国重点文物保护单位3处、省级文物保护单位10处,市级文物保护单位14处,博物馆馆藏文物上万件,其中,一、二、三级文物98件。

汶上文庙位于汶上县城内尚书路东段169号,2006年12月被山东省人民政府公布为省级文物保护单位。汶上文庙作为儒家文化的载体,是研究孔子及儒家思想的重要物质载体和象征,有着较高的历史文物价值。因为孔子曾任中都宰,汶上是孔子的初仕之地,留下路不拾遗、夜不闭户的千古佳话;加之明代嘉靖年间第六十五代衍圣公孔胤植是由汶上过继进行的袭封。故明清两代汶上文庙不断仿曲阜文庙形式予以修葺、扩建，形成了以大成殿为主体的庞大建筑群，汶上文庙的规模要高大一般的县级文庙。

一、汶上文庙历史沿革

汶上文庙始建于唐代，一般认为始建于唐玄宗开元十三年（725 年）。汶上文庙的最早记载始自唐穆宗长庆四年（841 年）的"唐文林郎权知龚丘县令摄中都县令邢审容《葺新庙学碑记》"。当时，邢审容为龚丘县令（今宁阳县），"走荐承府命"，兼摄中都县令（今汶上县）。到中都县上任后，即"乃申元戎而更之，度身中撤屋而堂，端乎屏宇，以达于康庄，采章序列……于是又经北室为师儒函丈之所，创两序为学者亲师之便，俾四方之洁己进修者咸处之，而以藏息焉"①。宋代李玠再葺，并刻御制"八行八刑"碑于其中；元代时权三葺之。元代至元至大德年间，"改正殿为六楹，三门、廊庑、讲堂焕然一新……增修殿庭，堦砌庙垣及展卖庙地，创起讲堂并两耳，东西斋房，前棂星门、后祭物库"②。特别是明代永乐年十四年，汶上县令史诚祖"鸠工庀材，焕然一新"。万历年间，张惟诚任汶上县令，"（修）明伦堂五楹，东西斋如堂之数；棂星门内凿池一，建石桥于其上；门外立屏壁一，东西树二坊，扁曰'兴贤'、'毓秀'，翼以红栅……先师庙五楹，比旧增高三尺"③。明末清初，汶上文庙遭兵火之变，"存者十之一"，"毁者十之九"。汶上县教谕在李方远、郭文亮的协助下，"因其倾圮而重建者，则为大殿，为戟门，为明伦堂、敬一亭是也；考其遗迹而建置者，则为启圣祠，为东庑，为东西两坊，为儒学门是也。而且补造木主，修整补造木主，修整笾豆"④。总之，明清两代汶上文庙不断仿曲阜孔庙修葺、扩建，到清末达到最大规模。形成了以大成殿为主体的庞大建筑群，建筑错落有致，宏伟壮观，院内古柏参天，碑碣林立。当时主要建筑还有东西庑、棂星门、泮池、戟门、明伦堂、崇（启）圣祠、教谕宅、训导宅、博文斋、约礼斋、名宦祠、乡贤祠、节孝祠、烈女祠、射圃亭、魁星楼等。

二、汶上文庙的保护

1948 年汶上解放后，因改建学校、街道扩展等原因，汶上文庙建筑大部拆毁，众多碑碣被埋于戟门前之泮池中和东侧院内地下，规模已大大缩小。仅存大成殿、戟门、明伦堂、节孝祠、烈女祠和元代《重修圣庙记》碑一通。1993 年，汶上县文物管理部

---

① （唐）邢审容：《葺新庙学碑记》，选自（明）王命新《汶上县志·卷八》。
② （元）张孔孙：《修庙学记》，选自（明）王命新《汶上县志·卷八》。
③ （明）郭朝宾：《重修庙学记略》，选自（明）王命新《汶上县志·卷八》。
④ （清）孔印钰：《儒学从先生重修庙学记》，选自（清）闻元炅《续修汶上县志·卷六》。

门对大成殿，戟门等进行了维修，并由孔子七十七代嫡孙孔德成题写"大成殿"匾额，七十七代嫡孙女孔德懋题写"戟门"匾额。2006 年，汶上县文物管理局委托山东省文物科技保护中心已编制了《汶上县文庙现存中路建筑修缮方案》，在报请山东省文化厅批准后，对明伦堂进行了维修，并恢复了棂星门。2015 年，汶上县文物旅游局多方筹集资金 200 万元，对大成殿和戟门进行了部分落架大修。2016 年，又投资 200 余万元，启动了大成殿、戟门两侧现代建筑的仿古改造，新建了垂花门和碑廊，完善了排水、道路等服务设施建设。

由于年久失修、自然侵蚀、人为拆改等因素影响，汶上文庙内节孝祠、烈女祠屋面被改造、墙体开裂、青砖酥碱、门窗缺失、地面被改为水泥及瓷砖地面；室外地面被人为抬高，已成为危房。为做好节孝祠、烈女祠保护维修工作，2017 年 4 月，汶上县文物旅游局委托曲阜市古代建筑设计研究所编制了《汶上文庙节孝祠、烈女祠修缮保护设计方案》。目前，该方案已上报省文物局，等待批准。

三、汶上文庙开放布展工作

2013 年 11 月 26 日，习近平总书记在济宁考察时强调，对历史文化特别是先人传承下来的道德规范，要坚持古为今用、推陈出新，有鉴别地加以对待，有扬弃地予以继承。按照"保护为主、抢救第一、合理利用、加强管理"的工作原则，汶上县致力于发挥汶上文庙优秀传统文化资源富集的优势，积极打造干部政德教育现场教学点，着力提升广大干部的为政之德。

（一）合力进行功能区划分

以汶上文庙中路的大成殿、戟门等古建筑作为祭祀场所，继续承担一般文庙所具有的祭祀功能；明伦堂作为传统文化的讲堂，不定期举行一些传统文化的讲座，开展传统文化教学活动。东侧现代建筑经过仿古改造后作为孔子仁政园，以孔子宰中都施仁政的 8 项措施，演化成 8 个故事进行布展。西侧现代建筑经过仿古改造后作为科举文化园，除介绍一般的科举文化外，把一些通过科举取得成就的乡贤、名宦的事迹列入其中。这样，各功能区即相对独立，又有机融合。

（二）着力表现孔子宰中都的施政措施

纵观孔子一生，做官的时间并不多，留下施政措施的记载更是少之又少。孔子初仕中都宰是孔子仁政思想的具体实践，其施政的措施却记载的相对具体、详细。《史记·孔子世家》记载，公元前501年"（鲁）定公以孔子为中都宰，一年，四方皆则之"①。在这一年多的时间里，孔子施仁政、行教化、制礼仪，其具体施政措施在《孔子家语·相鲁篇》中有明确的记载，"制为养生送死之节，长幼异食，强弱异任，男女别途，路无拾遗，器不雕伪，为四寸之棺，五寸之椁，不封不树"②。此外，孔子主张"大道之行也，天下为公。"要求"人不独亲其亲，不独子其子，使老有所终，壮有所用，幼有所长，矜、寡、孤、独、废疾者皆有所养"；又相传孔子在中都创办的讲学堂，实行有教无类，弟子不分贫富高低贵贱，一律平等。元学士李谦《圣泽书院记略》中有"（汶上）城野之南，湖水之侧，有讲堂故址存焉，乃吾夫子与群弟子讲道之所"③。基于以上记载，在汶上文庙布展中，把孔子初仕中都宰的施政措施具体化，用8个小故事来表现施政措施。这8个故事分别是：1. 老幼异食；2. 强弱异任；3. 男女别涂（即途）；4. 器不雕伪；5. 兴学育才；6. 限棺薄葬；7. 优恤鳏寡；8. 道不拾遗。

孔子是中华民族伟大的思想家、教育家，他周游列国，向当朝执政者提出了许多治国安邦的建议，尤其是他竭力倡导的"敬事，博学，律己，爱人"四条施政原则和为政主张，对当前公务员的理想信念，职业道德，价值追求和行为规范的培养具有十分重要的现实意义。

作者简介：刘建康，山东省汶上县人，文博馆员；王慧，女，汶上县文物旅游局文博馆员。

---

① （西汉）司马迁：《史记·孔子世家》。

② （三国）王肃注：《孔子家语·相鲁篇》。

③ （元）李谦：《圣泽书院记略》，选自（明）王命新《汶上县志·卷八》。

新时期文庙的保护与建设

李丽霞　张新宇

摘　要　孔子创立的儒学体系，构成了中华传统文化的主体，对中国乃至世界文化的发展均产生过巨大而广泛的影响，其众多精华一直在支撑着中华民族，是中华民族凝聚力的一部分。儒学不仅在国内，在国际上也日益受到人们的重视，被不断地深入探究、引进、接纳、推崇。而作为儒家文化的实物载体的文庙，随着国学热的兴起与儒学的复兴，也日益受到社会的广泛关注和重视。全国许多地方也纷纷兴起文庙的修建热潮。伴随着这股热潮，许多问题也相继应运而生，成为社会各界人士不断争议的焦点，甚至个别地方的文庙建设成为诸多文庙保护专家的诟病。那么，如何保护和建设文庙才能更好地实现承载儒家文化的功能从而避免成为人们的诟病呢？笔者试就这一问题作一粗浅的探讨。

关键词　文庙保护　建设

如何保护建设文庙、如何在文庙的保护建设中避免为人们所诟病，笔者以为应具体问题具体分析，即应从所要建设的文庙所属的性质特征分类来谈。当前正在保护建设的文庙，依据其性质特征基本可分为三类：历史建筑类、遗址类和当代新建类。

历史建筑类文庙即我们通常所说的古建筑类。这类文庙多数是封建社会时期各时代的产物，具有始建年代久远，历经多个历史时代并经过多次维修或复建，保留有多个时代建筑物时代特征的特点，是研究我国各时期建筑物的重要实物标本，大多被列为我国各级文物保护单位。同时，这一类建筑也大多存在着破损严重、保存不全，有的甚至面临倒塌、湮灭的危险等诸现状，急待维修保护。对这类文庙的保护建设，目前已基本达成共识，即应严格遵守《中华人民共和国文物保护法》和《革命纪念建筑、古建筑、石窟寺修缮管理办法》的规定，在维修建设过程中始终必须遵循"不改变文物原状的原则"。这是因为这一类文庙建筑同其他一切历史文物一样，其价值就在于它是历史所遗留下来的、是不可再生的一旦破坏、改变就将无法挽回。任何一座文物建筑都是当时历史条件下产生的,反映了当时社会的生产、生活方式,当时的科学技术水平,当时的工艺技巧,当时的艺术风格,当时的风俗习惯等。他们既是历史的产物,又是历史的物证。如果改变了它的原状,也就失去了它的历史特征,其价值就大大的缩水或完全失去,也就不能称其为文物建筑了。理论是如此,然而在实际操作当中由于认识的不同就会产生极大的偏差。河南府文庙的维修建设就是如此。

河南府文庙位于河南省洛阳市老城区东南隅文明街中段路北,是一组包含了从金、元,到明清乃至民国等诸时代元素的极富历史文物价值的古建筑群,现为国家级重点文物保护单位。在该建筑群的历史上曾发生过一件重大事件,即抗日战争期间,日军进攻洛阳,河南府文庙曾遭到日军飞机的轰炸,其大成殿殿顶的南坡西半部被炸毁;抗日战争胜利后,国民政府拨款对其进行了维修,将大成殿被炸毁部分修改为青灰小瓦,与整个大成殿殿顶的原有风格并不一致,非常醒目,可谓极为重要的历史见证。然而在 2008 年河南府文庙的维修建设当中这一重要见证被抹杀掉,不禁令人扼腕叹息。综合考察河南府文庙的维修建设,基本做到了严格遵守《中华人民共和国文物保护法》和《革命纪念建筑、古建筑、石窟寺修缮管理办法》的规定,可以说是中规中矩,做到了遵守"修旧如旧"的原则,但抹杀掉了抗日战争的元素,不可不谓是一处硬伤,一个败笔。许多地区的同类文庙的保护建设当中也往往存在着同样的类似的问题。因此,对于历史建筑类文庙的保护建设,一定要防止割裂了历史连贯性的、盲目的复原式维修建设,而是应该注意保留其各个时代的特征,保全其历史的连贯性。

遗址类文庙顾名思义就是原有的文庙建筑地面以上部分已不存在了,只余埋于地下的残垣断壁或殿基夯土。这些遗址亦同样是文物,亦有其保存下来的必要。因此,此类文庙的保护建设,应采用遗址公园的形式加以保护,通过投影的方式在地面予以展示以供人们瞻仰感悟。亦可在遗址的旁边或附近依照文庙原有模式重建、复建,切不可在原遗址上建设,那就是另一种破坏文物的行为了。

当代新建类文庙则是当地原没有或当地原有但现已不存在了,但随着国学热的兴起与儒学的复兴以及人们认识的提高,迫切需要有一具体的实物载体来满足人们的需求而兴建的。关于这一类文庙的建设模式,大多是采用传统的仿古建筑模式,这也是大多文庙保护专家所认同或推崇的。例如文庙保护专家王明璋先生在其《保护文庙建筑艺术完整性》一文中指出:"文庙建筑同其他古建筑一样都有其特有的性质,遵循特有的规律……""孔庙要有定型规制,其布局严谨规整,主从分明,重点突出、建筑精美。"这一主题思想和要求是不错的,笔者也是认同的。这一主题思想和要求用在已有的文庙建筑上是完全正确必须严格遵守的。但若用在新建文庙上,笔者以为稍有些保守了。文庙既然是纪念建筑,其主题思想是纪念、颂扬孔子及其伟大功绩,以达到尊孔及弘扬儒学为目的，因此，只要能够达到这些要求和目的，什么样的形式笔者认为都是可以的。当代的社会是一个发展的社会，什么都是在发展当中，文庙的建设模式也应该有所发展。实际上从文庙的发展历程上看，文庙并不是一成不变的，其形制规制也是因时代、地域、规模、用途等的不同而有所变化的。人们也是在不断创新着文庙的模式，民国期间张学良将军在哈尔滨所修建的文庙就是一大创举。因此，当代社会所修建的文庙也应该不断地有所创新，不能依旧停留在因循守旧上，不仅要从材料上，还要从建筑模式上形象上有所创新，和当今社会发展的形势相接轨，形成百花齐放的势头，这样才能更好地实现保护、继承、发展、宣传、弘扬国学，传播儒学的目的。

作者简介：李丽霞，女，洛阳古代艺术博物馆馆员；张新宇，洛阳古代艺术博物馆助理馆员。

富顺文庙门窗复原工程设计与施工

王明暐

摘 要 中国传统建筑木装修是建筑的重要组成部分，它是表达民族形式，建筑风格，地方特色及整个建筑艺术效果的重要手段。同时又起到伦理表达、传达价值观念、表达福祉诉求、彰显民族精神和教化、濡染民众的作用。富顺文庙门窗复原工程，遵照不改变文物原判的原则，通过走访、考察、调研，较好地确定了复原设计方案，竣工后达到了复原效果。

关键词 中国传统建筑木装修 富顺文庙门窗复原工程 设计 施工

富顺文庙位于四川南部，567 年富顺因盐设县，系中国井盐发祥地之一，曾因盐业、农业并盛富甲四川，有"银富顺"之称。兴建文庙后，人才辈出，明代既有"才子之乡"美誉。

富顺文庙始建于北宋庆历四年（1044 年），是我国保存完整的少数文庙之一，具有极高的文物价值，已故的国家文物局专家组组长，著名古建筑专家罗哲文先生于 1987 年来富顺文庙考察时题词："富顺文庙规模宏大、建筑精美、保存完整，为不可多得的文物建筑珍品，希望把它保护好，维修好，早日向国内外开放，发挥其作用，为社会主义四化和两个文明建设作出贡献，有幸得览古建精华，不胜之嘉，谨此留题纪念。"

四川省人民政府于 1980 年公布富顺文庙为省级文物保护单位。

国务院于 2001 年公布富顺文庙为全国重点文物保护单位。

富顺文庙因年久失修，朽坏严重，且被单位、居民占用。为加强保护，政府决定迁出占用户，对其进行维修保护。本人时受省文化厅委托，担任文庙维修工程技术负责人，有幸主持并参与维修保护工程的设计与施工工作。维修工程在国家文物局专家组组长、已故罗哲文老师，杨烈总工程师，省文化厅李显文处长的指导下，于 1986 年编制了《富顺文庙维修工程方案》，并报经省文化厅审批后实施。维修工程分期进行。施工期间，笔者就较难的门窗复原设计进行了调研，于1990年编制了《富顺文庙门窗复原工程设计方案》，报经省文化厅审批后实施，较好的达到了复原效果，得到了专家的肯定和社会的好评。现将富顺文庙门窗复原工程设计与施工过程回忆。敬请同仁指正。

一、富顺文庙的时代背景与历史沿革

富顺于公元567年设县至北宋初的近五百年间，因未设教育官吏和无官办学校，教育滞后。到北宋乾德（963～976年）期间，宋太祖赵匡胤才命富顺监中设儒学教授一员，专管教育。仁宗景佑三年（1036年），太常博士周延隽奉派任富顺知监，周重视教育，兴教育才。于庆历二年（1042年）培育出了第一个进士——李冕。周借此东风，于庆历四年（1044年）兴建文庙。可是，此时，富顺已建县近500年，县城格局早已形成，无建文庙之地。周为建文庙，"忍痛割爱"，将位于县城轴心位置的"风水宝地"，县衙正门南端临街的前半部分，腾让建文庙。无奈将县衙正门改向西开。此举虽有违古代官衙修建坐北朝南的"规制"，但足以表明对尊师重教的重视。文庙兴建后，文风大振，人才辈出，史记富顺共中进士232人，举人797人，贡生746人。进士中明代永乐十六年（1418年）进士晏铎为"景泰十才子"之一，嘉靖八年（1529年）进士熊过为"西署四大家"与"嘉靖八才子"之一。其才学均名扬全国，故有"才子之乡"美誉。

二、富顺文庙平面布局与维修前状况

富顺文庙位于古县城大南门，面临沱江，背靠神龟山，前为文庙正街，面阔46米，纵深160米，占地10余亩。平面布局系沿南北轴线10米高差坡地依次布置，数仞宫墙，泮池，棂星门石坊，大成门（戟门），大成殿，崇圣祠（明伦堂），敬一亭，厢房对称于两侧，组成三进庭院，临街数仞宫墙两端建筑为礼门、义路，内各设下马碑一块，前院东西厢房为乡贤祠，名宦祠，大成门东西两端为更衣祭器所，中院厢房为东庑、西庑，后院厢房为会馔厅，院中设进士题名雁塔，崇圣祠两端为龙池、凤穴。

富顺文庙布局严谨工整、建筑精美，中介空间组织得当，主要建筑为歇山顶覆琉璃瓦，其中大成殿、崇圣祠为重檐歇山顶，正脊饰宝鼎，九曲滚龙，翼角飞翘，轻盈飘逸，琉璃金灿，映日生辉，画栋雕梁，雄伟壮观。既有北方古建雄浑庄严的气势，又具南方古建俏丽精巧的风格。庙内泥塑、木雕、石刻丰富，浮雕、圆雕手法各异，图案优美，刻艺精湛，栩栩如生。特别是我们在1986年维修崇圣祠时，测绘搜集资料中，在正脊三重亭塔式宝鼎内发现一黄色琉璃质"裸体男童"塑像，为中外文庙首次发现，孔庙圣殿出现"裸体塑像"，令人费解！为何安置其上？众说纷纭，至今仍乃未解之谜。

史记富顺文庙历经宋3次，元3次，明9次，清6次，计21次大大的修葺改建。

最后一次大规模修葺是清道光十六年（1836 年），现黄瓦屋顶系清光绪三十三年（1907 年）"升孔子为大祀，诏殿庑墙垣通用黄瓦"形成。

文庙建筑因年久失修，朽坏严重，屋面因漏雨长期未治，木基层糟朽，垮塌频繁。梁柱多被白蚁蛀蚀，雕刻、泥塑风化破损，门窗均毁，因居民占用，室内均非原状，亟待抢救保护。

三、富顺文庙门窗复原工程设计过程

遵照文物法关于文物保护工程必须遵守不改变文物原状的原则，我们就复原设计中，所涉及的我国文庙的历史沿革、型制、地域差异，中国传统建筑木装修的历史沿革及发展过程，在文庙中的应用，以及富顺文庙及县城明清建筑门窗形式等方面进行了走访，实地考察、调研。

我国地域广阔，文庙型制虽相同，装修内容也大同小异，但因受地域，民族民俗的影响，亦个性较强，只可借鉴，不能照搬。

我国传统建筑木装修是建筑的重要组成部分，它是表达民族形式、建筑风格、地方特色及整个建筑艺术效果的重要手段。

我国传统建筑木装修到明、清两代已日趋成熟，并已"规范化"、"程式化"。其装修图案不仅起到美化建筑的作用，更起到伦理表达、传达价值观念、表达福祉诉求、彰显民族精神和教化、濡染民众的作用。

我们的祖先崇拜天地，并以圆喻天，以方喻地，因此，在装修中多以方圆为主。概括起来有以下类型：

（一）三角形：如三角形、冰裂纹等。

（二）方形：如四方形、方胜、盘长、步步锦、拐子锦等。

（三）圆形：如圆光、月牙、扇面、套环、如意纹等。

（四）字形：如十字、人字、万字、万不断、寿字、喜字、福字、工字、亚字、天字、回纹等。

（五）花草形：如海棠花、栀花、雪花、葵花、水仙花、牡丹花、莲花、葫芦、万年青、松、竹、兰、梅等。

（六）动物形：如龙、凤、象、狮、虎、蝙蝠、鱼、蝴蝶、龟等。

（七）多边形：如五方、五角、冰裂、六方、八方等。

（八）器物形：如花瓶、汉瓶、花篮、如意、古玩、书案等。

（九）组合形：如十字海棠、十字转心海棠、十字如意、八方交四方、四方间十字、盘长如意、灯笼锦等。

（十）图腾形：如万福、万寿、福寿双全、松鹤延年、岁寒二月、四君子、龙凤呈祥、平安如意、新年大吉、喜上眉梢、君子之交、荣华富贵、官上加官、三元及弟、马上封侯、跳龙门、忠孝仁义、祥瑞兽（龙、麒麟、马、鹿、象、羊、牛等）、八仙、八宝、八吉祥等。

这些木装修的类别，内容均据建筑类别、等级、地域、民族民俗等因素分别选用实施其上。

富顺文庙门窗毁于建国初期，我们走访了对富顺文庙熟悉的老年人，实地考察了四川保存较完整的资中文庙、德阳文庙、云南建水文庙、通海文庙、富顺县城明清民居，以及富顺文庙残存的窗榥（看面系 m 形）。通过走访、考察为复原设计提供了依据，经过认真分析研究，并广泛征求了有关方面人员意见后，编制了《富顺文庙门窗复原工程设计方案》，报经省文化厅审批后实施，效果良好。

编制设计方案过程详见附件 4、5：

附件：

附件 1. 富顺文庙门窗复原工程申请书。

附件 2. 请求转报《富顺文庙门窗复原工程方案》的报告（文略）。

附件 3. 自贡市文化局关于转报《富顺文庙门窗复原工程方案》的报告（文略）。

附件 4. 富顺文庙门窗复原工程设计方案。

附件 5. 富顺文庙门窗复原设计方案编制说明。

附件 6. 复原后各单体建筑门窗照片图例。

附件 1

富顺文庙门窗复原工程申请书

四川省文化厅：

富顺文庙因原门窗已毁，无资料可查，为了较准确和真实地确定设计方案，我们走访了对富顺文庙熟悉的老年人，实地考察了保存较完整的资中文庙、德阳文庙、云南建水文庙、通海文庙及富顺县城明、清民居。通过走访、考察为门窗复原提供了依据。在掌握资料的基础上，经过认真分析研究，并广泛征求有关方面人员意见，拟出了门窗复原设计方案，现按有关规定将方案报送省厅审批。

附：方案、方案编制说明、图纸、照片

富顺文庙维修工程办公室

富顺县文物保护管理所

一九九〇年十一月二十八日

抄报：县文教局、自贡市文化局。

附件 **4**

富顺文庙门窗复原工程设计方案

富顺文庙始建于北宋，是一组有较高价值的古建筑群，现为省级文物保护单位。

文庙各殿门窗均毁，上级要求修复，但无资料可查，为了较准确地确定设计方案，我们走访了对文庙熟悉的老年人，实地考察了保存较完整的四川资中文庙、德阳文庙、云南建水文庙、通海文庙及富顺县城明、清民居。通过走访、考察，在掌握资料的基础上，经过认真分析研究，并广泛征求有关方面人员意见，提出以下复原设计方案。

各殿门窗按清代风格复原，设计形式原则上采用资中文庙现存门窗形式，棂条以直线为主，隔心，窗格图案以方格为主，可据各殿功能适当变化，但不宜太活跃，裙板，绦环板均采用浮雕图案，所用图案在传统建筑木装修的"图腾形"中选用"祥瑞兽"（龙、麒麟、马、鹿、象、羊、牛等），"动物形"中的龙、草龙、鱼、象、狮、虎、蝙蝠、鱼、蝴蝶、龟等。"器物形"中的花瓶，汉瓶，花篮、如意、古玩、书案等。"花草形"中的海棠花、栀花、葵花、梅、兰、菊、竹、松、水仙花、牡丹花、莲花、葫芦、万年青等。以及其他类型的吉祥图案。

各单体建筑门扇裙板雕刻图案意见是：

大成门图案在"器物形"、"花草形"中选用。

大成殿为供奉孔子正殿"门扇裙板图案选用"，"图腾形"中祥瑞兽类的龙、麒麟、马、鹿、象、羊、牛等，绦环板在"器物形"、"花草形"中选用。

崇圣祠为供奉孔子祖先之所，裙板在"图腾形"中选用"寿"、"福"图案，绦环板在"花草形"、"动物形"中选用。

东庑、西庑系供奉"72 贤"的地方，裙板在"器物形"中选用书案、花瓶等图案，绦环板在"花草形"中选用。

名宦祠、乡贤祠是供奉"名宦"、"乡贤"之地，裙板图案在"图腾形"、"花草形"中选用。

现将大成殿门扇复原设计叙述如下：

大成殿为文庙主体建筑，位于中院正面，重檐歇山顶覆黄色琉璃瓦，回廊式，面阔七间，系供奉孔子正殿，需复原门扇 22 扇。其中明间 6 扇，次间、稍间均为 4 扇，门扇净高 5.2 米，这次复原为 6 抹门扇，隔心图案为方格组成，采用"十字套方如意"为基本图案，十字格上卡圆形菊花，棂条为凹线（看面为 m 形），棂条分别布置竖向 9 根，横向 41 根，花为 7 组（均系按单数考虑，古建中有单数为"吉"，双数为"凶"，宜单不宜双之说，详见图），裙板雕刻图案选用建水文庙大成殿门扇图案为主，明间六扇为"六龙捧圣"，次间，稍间分别为"麒麟吐瑞"、"松鹤延年"、"双狮分水"、"二鹿时钟"、"象呈升平"、"喜上眉梢"、"马上封侯"等图案，上绦环板在"花草形"中选用，中、下绦环板以祭器为主，兼以古玩、动物（见照片）。

在整个复原设计中，欲通过努力，力求达到恢复原状之目的，但我们水平有限，不足之处，请专家和领导给予指正。

附：方案编制说明、图纸、照片

富顺文庙维修工程办公室

富顺县文物保护管理所

一九九〇年十一月二十五日

附件5

富顺文庙门窗复原设计方案
编制说明

富顺文庙最后一次大规模修葺是清道光十六年（1836年），现黄瓦屋面是1907年"升孔子为大祀"形成。因年久失修已部分朽坏，其中全部门窗均在解放初期因"破除迷信"而烧毁。上级要求修复，但无资料可查，修复尚需考证，遵循我国文物建筑维修的有关法规，为了较准确、真实地确定设计方案，我们走访了一些对文庙熟悉的老年人，同时还实地考察了保存较完整的云南建水文庙、通海文庙、四川资中文庙、德阳文庙以及富顺县城与文庙建筑风格相同时代的甘尚书院和其他明、清民居，查阅了有关资料，为富顺文庙门窗复原设计提供了依据。

我们多次走访、了解的情况，文庙的所有门窗是建国初期"破除迷信"而烧毁（文庙新中国成立前是"民众教育馆"了解的人中，有林永年、汪祥述同志，林永年同志新中国成立前后一直在文庙工作，现已71岁，是烧毁门窗的目睹者；汪祥淑同志新中国成立前是在"民众教育馆"搞美术工作），门窗图案是以方格为主，门上半部分是方格，格子很密，约二三指宽，大成殿门上格子是转着的，象回纹，部分格子上卡有圆形的菊花，花是在条子上面，门下部装板上有"挂印封侯"、"鱼跳龙门"、"单凤朝阳"、"三羊开泰"、"二鹿时钟"、"松鹤延年"等浮雕图案，其中中间六扇门是龙，其他殿门装板上的雕刻要简单些，格子也大同小异。老人们的回忆为复原设计提供了重要线索。

我们考察的文庙中门窗保存较好的有云南建水文庙、四川资中文庙。

建水文庙位于滇南，始建于元代，大成殿建于明代，单檐歇山顶，面阁五间，门扇隔心为"龙、狮、麟、猴"等镂空雕刻，裙板为"鱼跳龙门、书案花瓶"图案，绦环板为祭器，动物等图案，均为浮雕，具有浓厚的地方风格。

四川资中文庙位于川南，邻近富顺，系清道光九年（1829 年）迁建，修建时间与富顺文庙最后一次（清道光十六年）修葺仅差 7 年，资中文庙的建筑造型，木雕，石刻图案及屋面装饰件均与富顺文庙相似，系同代作品，具传说是同一批工匠建造，大成殿、大成门、崇圣祠的门扇保存基本完好，隔心为方格、凹线、裙板、绦环板无雕刻。

文庙在唐贞观年间下诏，各州县偕建孔子庙，虽未见明其规制，但从考察四川、云南几处文庙情况，布局都是以山东曲阜孔庙为模建筑都具有庄重、肃穆的气势，仅平面布置各地据地形而异。木装修虽各具特色，但内容都是以富贵、吉祥图案为题材，木装修线条以直线为主，门窗格以方为主，间以圆形（古人以圆喻天，以方喻地），整个建筑雕刻中以"龙"为主，图案类型主要有图腾形、动物形、花草形、字形、圆形、方形等，这些图案中尤以图腾形中的祥瑞兽（龙、麒麟、鹿、象、猴、羊、鱼）最多。也有动物形中的龙、草龙，器物形中的花瓶、花篮、祭器、书案、花草形中的梅、兰、菊、竹、松、桃、莲，以及其他类型中的方形，圆镜形，卷草、云纹、回纹等。

木装修是古建筑中的重要组成部分，是表达建筑形式、民族风格、地方特色及整个建筑艺术效果的重要手段，从考察的情况来看，文庙建筑是否同宫殿建筑、佛教建筑、道教建筑有其规制尚需考证，但其布局造型、木装修、装饰图案内容等基本相同，看来已基本程序化、定型化了。

根据以上这些资料，我们进行了认真分析，资中文庙和富顺文庙修建年代接近，同处川南地区，而且两庙现存建筑造型，装修也相同，因此确定门窗形式采用资中文庙形式，建水文庙大成殿其雕刻手法系镂空。虽有很明显的地方特色，但其图案与富顺文庙原状相符，因此确定采用建水文庙大成殿门扇现有图案，雕刻手法则采用富顺文庙浮雕手法，在复原、设计中除考虑了通风、采光以及古建中"宜单不宜双"等因素外，还着重考虑了立面效果和整个建筑的协调关系。

在整个复原设计过程中，欲通过努力，力求恢复原状，但水平有限，诚请专家和同行老师指正。

方案编制说明人：王明暲

一九九〇年十一月二十八日

附件6

复原后各单侨建筑门窗照片图例

1. 大成殿正面

2. 大成殿前廊

3. 大成殿隔扇

4. 大成殿裙板

5. 大成殿绦环板　　　　　　　　6. 会馔厅隔扇

7. 乡贤祠名宦祠隔扇　　　　　　8. 礼门隔扇

作者简介：王明璋，富顺文庙管理所原所长。

孔庙利用

"活化"孔庙品牌 "教化"嘉定内涵

邵 辉

摘 要 以弘扬传统文化为指导思想，围绕孔庙、公共文化为主题内容，着力打造"活化孔庙"等系列活动，创建特色公共文化服务项目；旨在发挥嘉定孔庙作为传统文化教育传承地的特色，进一步提高"教化嘉定"的美誉；以创建国家公共文化示范区创建为契机，不断扩大嘉定博物馆的社会影响力。

关键词 活化孔庙 教化嘉定

嘉定于南宋嘉定十年（1218 年）建县，2018 年即将迎来建县 800 周年。明清时期，历史上人才辈出，尤其出过近 200 名进士，因此素有"教化嘉定"之称。

作为上海市爱国主义教育基地，嘉定博物馆结合嘉定深厚的历史积淀和人文底蕴，深入挖掘馆藏文物和资源优势，以爱国主义教育为主线，以弘扬中华优秀传统文化为特色，近年来积极探索，努力打造了多个受到参观者和受教育者广泛认同的品牌活动项目，包括："活化孔庙 传承文化"、"我们的节日"、"我爱嘉定"等系列活动，不仅创新了博物馆的社会教育内容和形式，也进一步扩大了博物馆作为爱国主义教育的覆盖面和影响力。

结合嘉定区创建国家公共文化服务示范体系的要求，为提升嘉定博物馆公共文化服务的科学化、民主化水平，近年来，嘉定博物馆更着力于探索和创新公众参与博物馆公共文化的机制，进一步发挥群众在公共文化建设和发展中的促进作用。

一、打造"活化孔庙"系列活动，发挥教育阵地效应

嘉定孔庙始建于南宋嘉定十二年（1219 年），在江南地区县级文庙中有"吴中第一"之称，也是古代嘉定县学所在地。孔庙是目前嘉定现存规模最大的古建筑群，也是"教化嘉定"的源头。1962 年，嘉定孔庙被上海市人民政府公布为上海市文物保护

单位。2013 年，嘉定孔庙被国务院公布为第七批全国重点文物保护单位。

嘉定博物馆举办的"活化孔庙 传承文化"系列活动，以弘扬传统文化为指导思想，围绕孔庙、儒学、孔子文化做文章，着力打造的公共文化服务创新项目，旨在让嘉定孔庙这一传统文化教育传承地的特色充分发挥。

自 2008 年 9 月，由嘉定区人民政府主办的"上海孔子周"活动首次在嘉定孔庙内举办，通过"论语诵读"、"孔子生平事迹展"等内容，为人们展示儒家文化的精髓。近年来，这一活动升格成为嘉定区政府打造的传统特色四个节庆活动之一——"上海孔子文化节"，目前已经连续多年利用嘉定孔庙开展主题活动。

2016 年 9 月 17～24 日，上海孔子文化节系列活动拉开序幕，"百名书童写家训"、"集体汉式婚礼"陆续在嘉定孔庙内举办。9 月 24 日，作为上海孔子文化节系列活动的重头戏，"丙申年祭祀孔子释典礼"在嘉定孔庙隆重举行。正逢"至圣先师"孔子诞辰 2567 周年，整场大典流程严谨，场面庄重古朴，上海地区的孔氏宗亲通过正衣冠、净手、上香、献爵、叩拜、读祝等礼节仪规，表达对先祖孔子的尊崇。该活动也成为上海旅游节的重要组成部分，也是上海地区具有代表性的传统文化活动项目。9 月 27日，"儒家传统成人礼"活动在孔庙举行，200 余名来自嘉定区中光高级中学的学生，身着传统汉服，遵循儒家传统礼仪，完成了他们 18 岁的成人礼仪式。此外，嘉定博物馆主动向社会团体提供活动场所且支持开展内容健康向上的主题活动。包括举办了"孔子后裔清明祭祖大典"、"华夏儿童网祭孔尊师典礼"、"背《论语》免费游三孔"活动以及配合区内外中小学校举办入队和成人礼仪式。

2017 年 4 月 2 日，上海孔、颜、曾、孟氏后裔代表及儒学爱好者 200 余人在嘉定孔庙聚集一堂，隆重举行丁酉年春季祭孔大典，共同纪念缅怀至圣先师——孔子。活动当天，祭孔仪式隆重又庄严，现场观众有序观礼。嘉定孔庙配合举办祭孔大典已历时近十年，逐渐形成了每年春秋两祭的既定流程，目前祭孔大典的规模和社会影响力不断提升，使"活化孔庙"成为推动优秀传统文化的继承发扬有效抓手。

文明华夏，自古乃孝悌之邦，因子孙懂得铭念祖德，华夏文明绵延五千载至今不绝。而祭祖仪式，是国人一项重要的民俗活动和优良的文化传统，其要义在于：告诫儿孙，生命之源，知恩报恩。为人之根本，孝敬为先，小则兴家，大则强国。2017 年6 月 10 日，嘉定区迎园中学在嘉定孔庙举行了"连根养根，祭祀先祖，中考祈福活动"。尽管仪式当日大雨滂沱，学生和家长们都意志坚定，肃立雨中，感念祖恩，慎终追远，诚心祈福学子们，蟾宫折桂，金榜题名。

嘉定博物馆将嘉定孔庙作为爱国主义教育基地的主要阵地，积极支持区内外单位及社会组织开展公益性的传统文化活动，在活动中更好地体现和传播社会主义核心价值观。

"活化孔庙 传承文化"系列活动，促使社会公众深刻感悟儒学的文化思想，同时也让广大少年儿童切身感受了国学艺术的魅力和传统文化的精髓。"活化孔庙 传承文化"项目既传承了人文精髓，又体现了时代要求，使孔庙在传统复兴大时代的背景下获得新生，该项目曾获评 2014 年上海市 101 个公共文化建设创新项目，2016 年入选 100 个上海城市空间塑造案例。

二、深化"我爱嘉定"系列活动，创建馆校合作新模式

2018 年，嘉定将迎来建县 800 周年。为有效激发广大市民特别是嘉定区未成年人的爱祖国、爱家乡的热情，深入开展乡土教育、弘扬爱国主义精神，充分发挥博物馆的社会教育职能，嘉定博物馆在累积多年与各中小学校开展讲座、巡展等宣教活动的成功经验的基础上，进一步深化内容、创新形式，策划开展纪念建县 800 年——"我爱嘉定"系列活动。

活动主要采取图片巡展及讲座宣讲的形式。"八百年回眸——嘉定历史图片展"巡展内容，围绕嘉定的"历史沿革"、"文化艺术"、"疁城先贤"三个部分，通过翔实的历史资料和图片，全面展示嘉定八百年历史的发展过程和嘉定文物和文化遗产知识。尤其内容中结合了嘉定孔庙等嘉定区各级文物保护单位信息，重点向未成年人介绍嘉定的人文历史和文物渊源。

嘉定博物馆主动与区内各中小学取得联系达成巡展意向，除了在区内公办的中小学校展出外，还将活动的教育辐射面进一步扩大，着眼于农民工子女等社会弱势群体的区域文化教育，使其初步了解嘉定八百年的历史演进和人文知识，分别联系区内的民办学校进行巡展。在巡展取得良好反响的同时，嘉定博物馆又加推了"我爱嘉定"乡土教育讲座，也收到各中小学校和社区的热情邀约。博物馆宣教人员为学生讲授了嘉定的历史沿革、人文艺术等内容。此外，值得一提的是，针对未成年人年龄特点，结合课程内容，活动中还特别设置了"趣味问答"互动环节，使学生们在听讲的过程中注意聆听和收集信息，激发他们了解传统文化的兴趣，并准备了精美小礼品附送，较好地调动了学生参与的积极性。展览和讲座活动还陆续送到共建单位的社区和部队，都取得了良好的反响。

"我爱嘉定"系列活动将转变传统的学习方式，由嘉定博物馆的专职宣教人员代替学校老师，以更为活泼互动的授课方式，引导学生深入了解本土文化，加深对"教化嘉定"的历史记忆，同时彰显了中华民族优秀的传统文化。该活动作为 2016 年嘉定区爱国主义教育群众性主题活动项目，取得了良好的社会反响和教育成果。

三、开展"我们的节日"主题活动，培育传统文化素养

中国人的传统节日，具有独特的魅力和民族特色。嘉定博物馆围绕辞旧迎新、团

圆平安、家庭和睦等主题，策划开展了"我们的节日"主题活动，做实传承和发扬传统节日的文化和精神内涵。

2016～2017年春节，嘉定博物馆连续推出了"万象更新又一春 嘉博活动迎新系列活动"。猜灯谜作为我国一项传统而悠久的元宵节习俗，从南宋开始就一直深受人们的喜爱。元宵节当日举办的"猜灯谜 乐元宵"迎新活动吸引了众多市民群众热情参与。嘉定博物馆利用嘉定孔庙的东、西两庑走廊，在悬挂的宫灯上设置灯谜，以历史文化为主，突出嘉定地方历史和科举文化内容。观众们在猜灯谜的同时，不仅感受到"上元节"的乐趣，更对嘉定博物馆的参观之旅留下了深刻印象。

"我们的节日"主题活动，丰富了广大市民的节日精神文化生活，也为未成年人提供了体验我国传统习俗和传统文化的契机，培养和树立了认知传统、尊重传统、继承传统、弘扬传统的思想观念，进一步增强了对中华优秀文化传统的认同感和自豪感。

四、创建国家公共文化示范区，提高文化服务水平

2016年，嘉定区积极开展推进创建国家公共文化服务示范区试点工作，嘉定博物馆根据创建要求，围绕任务目标，制定工作计划，扎实推进创建工作。尤其在原来已经开展的特色活动的基础上，不断加强改革创新，努力完善公共文化服务体系建设的长效机制，有效保障社会公众的基本文化权益，充分发挥典型示范作用。

1. 贯彻落实公共文化服务保障法，为公众提供免费上网便利。为了给游客提供更好的参观体验，嘉定博物馆、嘉定孔庙等场馆内的公共区域目前已经实现免费 WiFi 全覆盖。

2. 按照国家二级博物馆标准，加强管理建设。嘉定博物馆 2009 年被国家文物局评为国家二级博物馆，严格按照《博物馆条例》规定规范开展教育、收藏、研究工作。每年引进或输出举办 6～8 个特展；结合"国际博物馆日"、"中国文化遗产日"等主题举办讲座、沙龙、特展教室等观众喜闻乐见的互动活动；遵从《文物法》开展文物征集，做好藏品登记和保管工作；根据本馆特色资源，开展科举、竹刻和地方史研究工作。

3. 按照公共文化服务标准化要求，制定博物馆标准化内容。根据创建国家公共文化示范区标准化工作的统一布置，嘉定博物馆安排工作人员参加培训，统一协调全馆各部门围绕《嘉定区公共文化服务标准明细表》中进行专题讨论，在专家指导下，完成了嘉定博物馆标准化项目，以期通过标准化建设工作，达到提高博物馆公共服务能力和服务质量的目标。

4. 实现公共文化服务均等化，服务内容丰富多样。因地制宜地统筹推进公共文化服务均衡发展，促进城乡基本公共文化服务均等化，保障老年人、未成年人等特殊群

体享有公共文化服务。嘉定博物馆开展了以服务老年人的公共文化服务项目：如每月一期的"嘉博学堂"、每季度一期的"文博沙龙"等老年观众热衷的活动；服务青少年的公共文化服务项目包括引进特展，结合展览推出"特展教室"亲子活动，搭建孩子们亲近传统文化的平台。每年暑假，举办"嘉定博物馆夏令营"和系列暑期特别活动，进一步丰富青少年的暑期生活。

5. 公共文化服务数字化，配合完成数据库建设。嘉定博物馆根据示范区创建工作要求，结合本馆实际于 2017 年建设二个特色数据库，目前正在推进"嘉定竹刻"和"嘉定名人"数据库。通过整理有关嘉定竹刻和名人的数据信息，为关注嘉定人文历史的社会人士提供平台和窗口，并在网络上向全社会共享。吸引更多的人关注、了解嘉定历史，传承嘉定优秀传统文化。

6. 筹备成立议事会、理事会，规范博物馆管理工作。嘉定区按照关于深化文化体制改革和推进事业单位分类改革要求，以及结合创建国家公共文化示范区（试点）工作的探索，创新公共文化事业的管理体制机制。通过广泛吸纳各行业专家、各界社会人士等意见，调动社会力量和各类资源，激发和凝聚更多热心文博的社会人士，共同参与博物馆公共文化服务建设和发展。2016 年 6 月、12 月，嘉定博物馆议事会、理事会分别筹建成立。采取举办方提名和社会公开招募相结合的方式，产生了议事会和理事会成员。嘉定博物馆的议事会和理事会的成立以及制定的相关工作制度，将为博物馆和社会公众之间提供沟通渠道，使博物馆服务更切实地满足社会公众的需求，促进博物馆公共文化服务效能的提升。

让悠久的历史文明融入现代生活，让中华文化的基因得以保留传承。嘉定博物馆以开发和利用地方文化资源、弘扬优秀传统文化为己任，不断探索社会教育方法、创新教育形式、丰富教育内容，从而展示文化精品，打造特色项目；同时，希望通过努力，利用创建国家公共文化服务示范体系为新的契机，使博物馆公共服务水平更上新的台阶。推进"教化嘉定 礼乐之城"目标的实现，让嘉定的未来更美好！

作者简介：邵辉，女，上海市嘉定博物馆馆长，馆员。

"一带一路"倡议下的中华优秀
传统文化对外推广

王洪源

摘　要　自习近平总书记执政以来，一直把弘扬以儒家文化为代表的中华优秀传统文化摆在了新中国成立以来前所未有的高度，今年又构建了"一带一路"倡议。"一带一路"倡议的实施对中华优秀传统文化的对外弘扬具有强有力的推动作用。文化的对外弘扬，"一带一路"也是加速我国整体对外开放的一个重要途径。作为古老中国的一张文化名片，正满怀民族自信展示在全球数以亿万的人们面前。同时也展现着我们伟大中国互利互赢的积极态度、文明开放的精神风貌，构建命运共同体的集中着力点。借着"一带一路"的大好形势，中华优秀传统文化必将绽放新的活力与意义。文化的发展和经济发展，二者相互促进、协调发展。在"一带一路"的作用下所引领的新一轮全球化的风潮中，如何使中华民族传统文化在世界文化交流中熠熠生辉，同时我们面对的机遇和挑战，都值得我们去思考。

关键词　"一带一路"　辐射　中华文化

一、中华优秀传统文化对外推广的意义

第一，有利于体现民族文化的价值，丰富民族文化内容。我们要清醒地认识到民族文化传播与传承的目的的考量，就是我们对当前民族文化发展的现实审视。基于这样的动机，民族文化对外传播也是具有非常重要的作用。对于民族文化价值的提升，是无数民族文化的传播者与传承者不辞辛劳继往开来，通过不断研究、不断考察、不断撰写而形成的，也是非常重要的一笔。

第二，对于提升本民族的国际形象，彰显大国风范，有很大的作用。我们中华文明流传了五千年，从古代四大文明古国至今，都有礼仪之邦的美誉。所以在世界上树

立起大国形象也是我们必要的传播方式。将民族文化历史传播海外，以世界的角度重新解读文明而古老的中华文化。

第三，利于中国文化进一步向更多地方传播，成为世界文明中浓墨重彩的一笔。作为民族文化中重要的元素，文字、语言、礼仪、甚至思想，都成为中华民族文化的重要载体。所以通过这样的文化载体，将我们中华文明远播海外。

二、中华优秀传统文化对外推广面临的问题

首先，文化角色应依据大国定位。我国在实施"走出去"的倡议以来，在物质领域已经基本满足目标与要求，在"一带一路"倡议提出以来，更是通过跨国销售与海外项目，是中国从一个文明古国向东方强国而转型。古丝绸之路带与海上丝绸之路沿线的各国与我们虽然有着千年的交往历史，在他们的记忆中，对于文化的"走出去"，要依靠优秀的文化产品与载体。不能简单地传播我们的发展历史。在外国的受众中，摆脱自娱自乐的传播形式，通过将文艺与文化精准区分，是一项艰巨而长期的任务。

其次，保护传播中华文明的传播者。在"一带一路"倡议规划中，构建出五条线路。南线，从我国泉州开始，陆续到达福州、广州、海口、北海；沿着边境，陆续穿越河内、吉隆坡、雅加达、科伦坡、加尔各答、内罗毕、雅典，横穿亚欧大陆，来到意大利城市威尼斯。南线所走过的国家和城市，经过东亚文化圈，再到东南亚文化圈。在我国的企业与境外共同协作的时候也会将中国人、中国思维、中国思想一同走出国门，接受与文化地的文明融合碰撞。当与其他地区文化产生分歧的时候，最先感受到这种反差的就是走出国门的中国人。怎样让身在海外的中国人在传播传统文化的过程中，保持身体和精神的安全尤为重要，值得我们思考。

最后，传播者受到传播地文化冲击。作为经济对外发展的重要带头人，我国的优秀企业家与私人长驻必然与时俱进，响应号召，通过"一带一路"进行贸易往来。但是，其中部分受文化教育不高的国人，在接触到外国文化的同时，内心会受到文化的冲击。作为倡议的直接参与者，在没有更好地体会两种文化优点的时候，再次归国时对外国文化的宣传，会对国内人员造成心理上的对比，所以要协调好外出人员对传播地文化与我国优秀文化的认同感。

三、中华优秀传统文化对外推广的必要准备

以"一带一路"倡议为契机，对外弘扬我国优秀传统文化，可以借鉴其他文明消失所带给我们的深思。在全球化迅速席卷的当下，中华优秀传统文化对外的传播，要我们作出足够的重视。这样才能在"一带一路"倡议中，守住民族之魂，复兴民族之梦。

（一）政府建立保护境外国民机制

文化的传播与继承其实是一种基因复制样式的社会强制。我们每个人从出生就注定要生活在群体中，同时生活在一定的文化氛围中，自然而然地就将这种文化延续到下一代身上。作为新形势下走出国门的中华儿女，再踏上异国土地的那一刻起，就注定成为民族文化传播者与传承者，所以政府也需要为这样一个群体建立保护机制，让他们更有安全感。我们中华文化源远流长，无论是观念、思维模式还是行为举止，对人们都有着至深的影响。所以，政府应及时与"一带一路"周边国家协调沟通，制定出有利于双方的法律法规。积极协助我国优秀文化的对外传播。对"一带一路"周边国家的风俗习惯让我们有所了解，对当地的法律法规，让我们熟知。尤其是不同宗教的习俗与禁忌，更是我们更好融入当地的重要条件，这样才能更好地作好中国民族文化的传播与传承工作。

（二）做好出国人员的文化认同感

把出国人员培养成中华文化传播的使者，所以，提高这一部分人们的民族凝聚力与自豪感，培育对民族文化的认同感与向心力，是我们值得深思的问题。增强团结意识，使国内外的中华同胞共同建设共有的精神家园，培养中国民族文化共有的精神意识，对一个民族文化的认同，才是发自内心的认同。对于受教育程度高低不同的出国工作人员，要建立起适合大众的商会或者社团，经常组织大家聚会，通过这样的形式宣传爱国主义教育，将优秀传统文化中的历史事件与人物讲述给他们。利用出国人员基因记忆功能，永葆爱国之心，从思想层面认同并热爱中国民族文化，让他们以中国优秀民族文化为自豪。国内的相关部门，也应利用先进的思想教育工作理论，武装大家的头脑，对于参与"一带一路"倡议实施中的高层管理人员也要加强爱国教育工作，在企业高管的群体中，尤其是主要领导的爱国精神也要培育，这在文化传承中同样具有积极作用。

（三）积极建设孔子学院，宣传中国民族文化。

文化的传播和继承都需要载体，我国的传统文化传播到西方很多国家，都是通过孔子学院和孔子学堂。所以，这种文化手段是一个成功的方式，可以传承我国悠久的文化。大多数走进孔子学院学习的受众，都是喜欢中国文化的外国人，他们也属于直接传播者。重点通过此类潜在的传播媒介，合理的增加孔子学院与孔子学堂的数量，以其为重要的着力点，在传播与传承文化的同时带动中外贸易发展。孔子学院在积极推广中国文化的同时，也会学习融合其他各国的文明精华，让中华文明闪耀着智慧的光辉，推动着对外弘扬的力量不断壮大。这对传统文化对外的弘扬传播具有重大意义。

（四）加强对实现两者良性互动与联动协同

无论是弘扬中华优秀传统文化，还是推进"一带一路"倡议，在推进与运行中，都会产生不同程度以及不可预见的阻碍，需要我们对两者能够良性互动所做的准备还有很多。不论是什么样的问题，只要造成的是消极的影响，就会对良性互动造成很大的阻碍。所以，制定合理的研究调查方法，尽可能地去消除消极因素，顺利地推进传统文化，弘扬与"一带一路"倡议的有效实施。相关部门可以组织专家组，对其形成原因以及利弊，有一个科学合理的应对方法。对于倡议实施的参与者，也应该及时发现问题，总结问题，自主地寻求解决方案，以达到更好的效果，最终实现弘扬传播儒家文化与推进"一带一路"倡议良性互动。

对于"一带一路"倡议的实施，重点在于发展经济，但不局限于经济。弘扬传播传统侧重于传播文化但不局限于文化，两者在构建共同目标的同时，都追求一种联动的或者累加的效果。在实际的运行中，不会自动协调，这就需要我们制定相应的设计方案，使二者相互配合、相互支持、共同推进。我们可以通过建立联系的机制，使二者所设计的部门与人员彼此配合统筹，齐头并进。依据共同目的，科学合理有效地将二者相结合，即在推进"一带一路"倡议时发挥弘扬传播中华优秀传统文化的能动作用，在"一带一路"倡议的推动下，中华优秀传统文化的弘扬使两者互为辅助和机遇，相互呼应，彼此促进，协同并进，相得益彰，产生"1＋1＞2"的效用。

（五）坚持正确原则，妥善处理相互之间的诸多问题和矛盾

中华优秀传统文化的弘扬与"一带一路"倡议的推进之间的良性互动，涉及政治、经济、文化、外交等多方面的限制。但是，出现在任何一个环节的问题，不论大小都会影响"一带一路"倡议下的传统文化的弘扬与传播。古今中外历史的演变中和经济文化的发展中，都会出现各种各样的矛盾与问题，作为历史发展的参与者，我们必须直面问题，无法回避也不能回避。关键所在就是，坚持正确的问题导向，寻找一个积极地解决方法，运用科学灵活的处理手段，在各方面条件允许的情况下，来化解矛盾与问题。其最终目的也是为了实现互利共赢。在"一带一路"倡议的推动下，中华优秀文化的弘扬应该寻求良性互动。应该遵循以下几个原则：首先就是友善宽容。提倡文明宽容看待问题，尊重各国的基本国策和道路的选择，增加不同文明之间的交流，求同存异、兼容并蓄、和平共处、共生共荣。其次是坚持互利互惠，合作共赢。统筹兼顾全方位的利益，寻求利益的交集和合作最大公约数，汇集各方能力与智慧，发挥各自优势，物尽其用，把各方优势和潜力充分发挥出来。三是坚持共商共议原则。不论

问题出现在哪一个节点，都不能单方面地采取措施。需要协调沟通，不能一意孤行，甚至酿成霸权主义事件，以相互尊重为沟通基础，探寻双方满意的解决方案。

"文明的交流与互相借鉴是文明众多要素在时空维度上的互动，是各种文明互通有无、取长补短、相互促进的过程"，"是增进各国人民友谊的桥梁"，"是推动人类社会进步的动力"，"是维系世界和平的纽带"。在"一带一路"倡议广泛传播的情形下，中华优秀传统文化的传播与弘扬，我们要做到积极探索，迈出国门，广泛弘扬，扩大影响。正确应对来自不同国家的文化挑战，中国文化能否轻易被其他地区文明所懂得、接纳、吸收，依靠自身文化是否具备人类文明所共有的文化的交集。同时，寻找的文化共通性越清晰，被接纳的速度就越快；不同文化之间的共通性越大，被接受程度就会越高。

"一带一路"倡议的提出和实施是中华优秀传统文化的继承和发展的转化；"一带一路"倡议强调共商、共建、共享，强调和平共处、和谐、包容，强调合作互通诚信，这些原则中熠熠生辉的人文精神与中华民族精神是高度一致的，文化基因相符，文化血脉相连，中华文明五千年汇集了博大精深独具特色的中华传统文化，中华传统文化也是推动中国社会发展的强大精神力量。弘扬时代化的中华优秀传统文化才能为"一带一路"倡议的实施提供不竭的精神力量。

作者简介：王洪源，女，长春市孔子研究会秘书长，长春市南关区政协常委，民盟文化系统副主委，长春市文庙博物馆副馆长。

参考文献：

［1］习近平：《文明因交流而多彩文明因互鉴而丰富》，《中国青年报》2014 年 3 月 29 日。

［2］郝时远：《中国文化多样性与"一带一路"建设》，《今日民族》2016 年 10 期。

［3］吴洪疆：《"一带一路"战略下中国民族文化传播问题刍议》，《忻州师范学院学报》。

［4］国家发改委、外交部、商务部：《推动共建丝绸之路经济带和 21 世纪海上丝绸之路的愿景与行动》，《中国勘察设计》。

［5］金刚：《关于山东着力实现弘扬传播儒家文化与推进"一带一路"战略良性互动的思考》

沧州文庙沿革及其有效利用

武海敬

摘　要　本文对河北沧州文庙的历史沿革及现状，免费开放后沧州文庙东西庑、明伦堂等建筑的合理利用和沧州文庙特色文化品牌活动进行梳理及介绍，以展示沧州文庙作为国学教育基地和社会科学普及基地，大力宣传中华优秀传统文化、传统礼仪的重要成果。

关键词　文庙沿革　有效利用

一、沧州文庙沿革及现状

沧州文庙，位于沧州市运河区晓市街9号，始建于明洪武初年（1368年）。它是沧州迁治长芦（今市区）前后建造的祭孔儒学之所，也是沧州地区唯一一座保存比较完整，且规模宏大的明代文庙建筑群。孔祥林先生《世界孔子庙研究》介绍河北省文庙的遗存情况时指出"保存大成殿一组的只有沧州一所"，即指沧州文庙中轴线上戟门、大成殿、明伦堂三座大殿保存较好。沧州文庙无论是建筑布局，还是建筑形式，都具有较高的历史、科学、艺术价值，是研究明代建筑史和儒学发展史的珍贵实物资料。1993年公布为河北省重点文物保护单位。

沧州文庙历史沿革表

时间	组织者	具体情况
洪武元年	州判纪维仁	创建
洪武九年	知州余复升 州判叶思诚	树立洪武学校格式碑
宣德六年（1431年）	知州刘谨 学正潘振	增修儒学

续表

时间	组织者	具体情况
正统八年（1443 年）	巡按御史丁澄 运使邓仑 知州上官仪	继修儒学 文渊阁大学士陈循有记
成化元年（1465 年）	巡盐御史娄芳 盐运使龚敉 知州武英	创立尊经阁 娄芳有记
弘治十八年（1505 年）	知州马魁	创建乡贤祠 翰林院编修滕霄有记
正德九年（1514 年）	巡按御史余珊 知州高夔 寓贤张缙	大加修葺庙学 重建棂星门、明伦堂 郡人祝祥有记
嘉靖五年（1526 年）	知州吴成礼	建敬一亭
嘉靖八年（1529 年）	知州辛东山	立儒学科第题名碑 辛氏自为碑记
嘉靖十三年（1534 年）	监院邓直卿 运使郭五常	重修庙学 邓直卿有记
嘉靖二十六年（1547 年）	知州左翼	重修文庙并学宅 郡人王绅有记
万历十三年（1582 年）	知州张与行	重修名宦、乡贤二祠 郡人刘子延有记
万历二十八年（1600 年）	知州王尧封	重修儒学 迁启圣祠于明伦堂之后 建观德亭于儒学门之东 树坊于棂星门之前 改建儒学四宅
万历三十年（1602 年）	知州李梦熊	重修儒学 移垂教万世坊于学宫之南 移敬一亭于学宫之东 郡人王国祚有记
万历三十一年（1603 年）	学正顾震宇	迁垂教万世坊于南
万历四十四年（1616 年）	运使张云翼 知州李腾蛟等	重建明伦堂 建乡贤祠于儒学门内

续表

时间	组织者	具体情况
顺治九年（1652 年）	运使徐来麟 知州庞宗周	重修儒学 郡人王公弼有记
顺治十八年（1661 年）	运使卢纮 运判杨允昌 知州王世亨	增修儒学 卢纮有记
康熙四年（1665 年）	署学正韩特执 戴明说、吕祖望、王廷铉等	重建乡贤祠
康熙十八年（1679 年）		七月，地震，学宫倾圮，因而修葺
康熙五十年（1711 年）	知州王士铨 学正贾即元	重修
康熙五十九年（1720 年）		重加修整儒学宅
雍正十年（1732 年）	知州曾振宗	重修庙学 增建忠义祠、节孝祠
乾隆七年（1742 年）	知州徐时作 学正庄日荣	修文庙殿庑、戟门、棂星门、阶除，改建两庑砖台供桌，并修造学宅
乾隆六十年（1795 年）	州民尹珺、 尹琅	捐资重建明伦堂 周世繁有记
道光二十三年（1843 年）	知州李步瀛 学正徐春贵 训导张麟台 郡人尹绍孟	重修文庙 创建游廊于大成殿两庑之间，复建省牲所于更衣亭对面、圜桥之西，神厨所于崇圣殿之西，建"德配天地"、"道冠古今"坊，通学宫东西二更道 郡人刘仲晦有记
光绪十六年（1890 年）	邑绅刘凤舞	捐资增修 郡人王培新有记
民国元年（1912 年）	县知事仵埔等	修葺。后成为礼学、义学、书院和乡村师范

沧州文庙自宣德六年（1431 年）至民国元年（1912 年），先后修葺近 20 次。近年来，由于保护和利用力度的不足以及城市和周边环境的改变，使文庙的整体风貌和文物价值受到较大的影响。为了有效地保护沧州文庙建筑群体，使其中蕴藏的文化精华得以持久的继承，沧州市委市政府决定于 2009 年 6 月斥资两千余万元重修文庙，2012

年 7 月工程竣工，并对文庙、正泰茶庄的周边环境进行统一规划，打造一个具有历史文化氛围的城市亮点。2012 年 12 月复建修缮后的沧州文庙以博物馆的身份和全新的面貌迎接世人，面向社会免费开放，成为沧州市区内集祭孔、国学传播、科举制度展示、碑刻墓志陈列为一体的文化活动场所。沧州文庙致力于弘扬中华优秀传统文化，传承沧州本土文化，为运河名城沧州增光添彩，使沧州城繁华而不失古朴、现代又富有文化底蕴。

二、沧州文庙的有效利用

（一）沧州文庙"东西庑"的有效利用

东西两庑，是在大成门和大成殿间的大院东西两侧的厢房，是祭祀供奉历代先贤和先儒的场所。沧州文庙东西两庑各 7 间，没有供奉历代贤儒的牌位，东庑现为古代科举展览室，西庑现为鄚城杏坛展览室和群书治要国学大讲堂。

1. 作为宣扬沧州科举文化的载体，开设古代科举展览室。

沧州文庙东庑现为古代科举展览室。沧州自隋唐以来，涌现出众多科举人才。其中文状元 8 名，武状元 8 名，文进士达 666 名，文举人 2680 名，更有任丘边、南皮张、沧州戴、献县戈等具有代表性的科举家族。古代科举展览室，主要展览中国古代科举发展史、沧州八大文状元、八大武状元，旨在提高沧州民众的历史荣耀感和文化自信心。

科举展览室还展示了明代山东青州赵秉忠的状元卷、清代最后一位状元刘春霖的殿试卷和古代科考的试帖诗、八股文、科举教材、乡试朱卷等文物。中间最长展柜里陈列的是《明渤海孙氏积善堂题赞手卷》，为著名学者孙楷第先生家藏。手卷汇集了明代永乐、宣德、洪熙朝一批朝廷重臣、翰苑名流、书法名家共 43 人题赞的墨迹，系明代文史研究、中国古代家族文化研究的重要实物与文献。

2. 作为弘扬和传播儒学文化的基地，开设鄚城杏坛展览室。

沧州文庙西庑开放之初名为鄚城杏坛展览室，后又在西庑南侧分隔出三间作为群书治要大讲堂。鄚城是鄚头城的简称，因古沧州城墙形似古装官帽，故也称沧州为鄚头城。杏坛，相传是孔子讲学的地方，后泛指聚众讲学的地方。鄚城杏坛是指沧州文庙讲学的地方，现为《大哉孔子》展厅，系统的介绍孔子的生平、思想和影响力。

群书治要大讲堂，仿照旧时儒学布置，设置有古朴高雅的书桌座椅，每周六上午按期举行专题讲座。国学讲堂墙上是沧州历代书院的介绍，包括元代的中和书院、毛公书院，明代的天门书院、珍谟书院，清代的渤海书院、香鱼书院等，营造了一种古香古色的学习氛围。

（二）沧州文庙明伦堂的合理利用

明伦堂，是文庙的讲堂，是具有一定社会地位的社会精英讲学论道的地方。沧州文庙的明伦堂屋顶的梁架卯榫、彩绘和纪文具有很高的历史艺术价值。它的梁架上是明清两代的旋子彩绘，至今图案清晰、色泽鲜亮。明伦堂梁架上还保留着大明万历四十四年、大清乾隆六十年、大清道光二十四年三个时期重修文庙的题记，是研究沧州文庙重建修缮历史的重要史料和凭证。

沧州文庙明伦堂，现用来作为传播文化与学术研究交流的场所，设置四小一大五个展柜。中间最大的展柜是反映沧州明清时期城市风貌的古城沙盘。沙盘的东西两侧分别是明代万历、清代康熙、乾隆，以及民国四个不同时期沧州文庙的平面示意图，供市民直观了解沧州文庙在不同时期的历史沿革、兴废变迁。

明伦堂已举办过《沧州文庙史展览》、《梅庆吉——跟着孔子去旅行展览》、《书香怡雅世家风，刘化一三代同堂书画展》等展览，取得了良好的社会效应。目前正在积极筹备《沧州非物质文化遗产优秀项目展览》，以弘扬沧州本土文化。

（三）深入挖掘文庙自身价值，打造沧州文庙特色文化品牌活动。

沧州文庙自 2012 年底向社会免费开放以来，不断深入挖掘沧州丰厚的历史文化资源和沧州文庙的历史文化价值，加大宣传力度，打造出一系列文庙独特的文化活动品牌。

1. 依托文庙场所，举办文化庙会。

庙会是中国古老的传统民俗文化活动，最初是一种隆重的祭祀活动，后逐渐融入集市交易活动，增加娱乐性活动。沧州文庙充分利用文庙场所和庙会传统，每年举办新春和夏秋两次文化庙会，形成重要的文化品牌活动之一。

夏秋庙会和新春庙会内容有所区别。夏秋文化庙会秉承"传承经典、启迪智慧、提高品性、成就人生"和"文化惠民"的宗旨，致力于中国传统文化的普及与实践，发扬传统经典中的智慧和道德，举办茶会、戏曲大舞台、拓片制作等文化活动。新春文化庙按照中国人过年的传统，举办一系列新春民俗活动，包括腊八赠粥、农历小年现场写"福"字送春联、新年祈福、元宵节猜灯谜、民间文艺演出、非物质文化遗产展示展销、过大年唱大戏"戏曲大舞台"等一系列活动，陪伴沧州市民度过一个热闹而丰富的新春佳节。

2. 充分利用传统节日和现代节日，开展"我们的节日"主题活动。

沧州文庙自开馆之日起，就充分利用中华传统节日，开展清明祭祖，七夕乞巧，端午射五毒、沐兰汤等节日民俗活动。今年，沧州文庙积极响应两办印发的《关于实施中华优秀传统文化传承发展工程的意见》，开展"我们的节日"系列活动，努力将"我们的节日"主题活动打造成沧州文庙的另一文化品牌活动。"我们的节日·清明抒怀朗诵会"，提倡绿色清明，号召文明祭祀；"我们的节日·粽香诗香"主题活动和"我们的节日·'童吟《橘颂》祭屈子，老少同台传家风"文艺演出活动，弘扬中华优秀传统美德，宣扬屈原爱国忠贞精神，传承中华优秀传统文化。

"我们的节日"主题活动的举办，旨在消除传统节日与日常生活的距离感，弥补传统文化内涵与人们心灵的隔阂，将传统节日沉寂已久的文化精华唤醒焕活、让断续的文化脉络刚毅强韧，留住传统文化根脉。

近两年，沧州文庙积极组织举办与文化相关的现代节日活动。利用"文化和自然遗产日"，组织开展"文化遗产与'一带一路'"主题展览活动，向市民和游客介绍沧州丰富的自然遗产和文化遗产。利用国际乐器演奏日，开展"国际乐器演奏日"活动，推动社会音乐文化教育深入发展，提高沧州城市文化内涵。

3. 围绕未成年人思想道德教育，举办少儿国学大赛。

弘扬传统文化，普及国学经典，是中国少儿国学大赛的活动主题。举办中国少儿国学大赛沧州分赛区，是沧州文庙加强和改进未成年人思想道德建设工作的重要举措。国学大赛围绕国文（国学启蒙、国学经典）和国艺（民舞、民乐、曲艺、武术等）两大部分，激发更多的孩子、家庭、学校关注国学、热爱国学、传承国学，在未成年人中弘扬中华优秀传统文化，提升青少年的传统文化涵养。

4. 依托孔子诞辰，举办 9·28 祭孔释奠礼。

孔子是儒家学派的创始人，是举世公认的世界历史文化名人，是中国优秀传统文化的代表。沧州文庙每年 9 月 28 日举行秋季祭孔释奠礼。祭孔大典旨在弘扬中华优秀美德和中华优秀传统文化，开阔民众的传统文化视野，激发民众对优秀传统文化的学习热情，让全民近距离接触圣贤文化的魅力，体验庄严礼仪的高贵，提倡尊师重道的优秀品质，感受圣贤之志，从而生起效法之心。

5. 围绕中华礼仪之邦，开展一系列传统礼仪活动。

沧州文庙每年举办开笔礼、成人礼、乡射礼等传统礼仪活动。开笔礼旨在激励少年儿童立志成长，启发少年儿童明礼、诚信、尊师重道，吸引众多幼儿园小朋友和小学生参与。成人礼，即男子冠礼，女子笄礼，可谓"华夏"启蒙之礼、教育之礼，旨在启发青年人进步、理性、奋进等应有的精神品格和负责、仁义、孝廉等民族精神。乡射礼讲究谦和、礼让、庄重，重视人的道德自省，蕴涵着华夏特有的人文精神。普及中华传统重要礼仪，让市民在亲身实践中形成良好的礼仪、礼节、礼貌规范。

6. 作为弘扬和传播儒家文化的场所，开展《群书治要》国学大讲堂。

《群书治要》大讲堂是沧州文庙的文化品牌课。自 2013 年 6 月 1 日开设，定于每周六上午上课，距今已连续开设五年，近 200 期讲座。由沧州知名学者、国学专家向民众普及国学知识，弘扬国学文化魅力与内涵。沧州文庙每年不定期邀请国内外国学专家或教授举办传统文化讲座、国学培训、学术交流等活动，弘扬中华民族优秀传统文化，丰富沧州市民的精神文化生活。发挥沧州文庙弘扬和传播儒学文化的功能，扩大沧州文庙自身的影响力。

作者简介：武海敬，女，沧州文庙管理处。

参考文献：

［1］孔祥林：《世界孔子庙研究》，中央编译出版社，2011 年。
［2］曲英杰：《孔庙史话》，社会科学文献出版社，2011 年。
［3］王占芳：《沧州文庙》，电子科技大学出版社，2014 年。
［4］陈洪兴主编：《孔庙文化的守望与拓展》，吉林文史出版社，2016 年。

赋予社区博物馆功能

——杭州孔庙保护再利用思考

马金丽

摘　要　赋予孔庙博物馆社区的功能作为杭州孔庙保护与再利用的实践，既是努力使文物"活"起来，探讨杭州孔庙的历史作用与现代价值，夯实文化遗产保护的群众基础，创造和积累文物保护的好经验，也是寻找城市（社区）文脉和丰富社区居民精神文化生活的重要依托。

关键词　孔庙博物馆　社区文化共建　精神文化家园

作为杭州孔庙保护与再利用的一个研究方向，赋予孔庙博物馆社区的功能，进而探讨杭州孔庙的历史作用与现代价值，既是努力使文物"活"起来，夯实文化遗产保护的群众基础，创造和积累文物保护的好经验，也是寻找城市（社区）文脉和丰富社区居民精神文化生活的重要依托。当孔庙博物馆被赋予社区博物馆功能的时候，文化遗产保护与再利用、博物馆功能的拓展、孔庙博物馆资源的利用、国学教育的发展和传承等不同层面的意义和价值得到了具体的展示。对于孔庙博物馆赋予社区博物馆功能的实践与探索形成了"孔庙的历史作用与现代价值"研究的独特的视角。

一、孔庙博物馆赋予社区博物馆功能的意义与价值

1. 文化遗产保护与再利用

关于文化遗产保护与利用的理论依据，2017 年 1 月 4 日，国家文物局公布的《古建筑开放导则》第十五条提出，应综合考虑古建筑的文物价值、重要性、敏感度、社会影响力、原功能、游客承载量、空间潜力、区位交通条件、周边自然与人文环境等

情况，科学确定延续原功能、部分保留原功能、赋予新功能。① 创新文物保护利用新方法，努力让文物"活"起来，赢得社会群众的大力支持，创造文物保护的好经验。另外，在北京文化遗产保护中心和中国文化遗产研究院中国世界文化遗产中心共同举办的媒体沙龙"遗产之桥"上，中国文化遗产研究院副研究员燕海鸣表示："应该允许社会资金在投入保护文物的同时，享有一定期限的使用权和经营权，进行'适应性再利用'，即在不破坏文物建筑的原则上，允许改变原有用途，选择合理方案，为其再度找到吸引人的功能。"

　　杭州孔庙保护与再利用是杭州孔庙历史的一部分。华夏泱泱，一脉传承是龙的传人心中永恒的信念。这份信念，在孔子的宣扬下，在历史长河中被无数的文人墨客的反复宣扬下，铸就了华夏人民的龙魂——孔庙。8000年文化积淀，孕育了杭州儒、释、道三教荟萃、相融共生，文明硕果璀璨夺目。杭州孔庙是文明硕果中的明珠。浙江省省级文物保护单位杭州碑林坐落杭州孔庙，碑林之名的来源是这里承载了南宋以降的八百块珍贵碑石。不仅碑石本身是珍贵的文物，更重要的是碑石记录了杭州南宋以降的悠悠历史。2005年，杭州市人民政府、杭州市园林文物局主持复建杭州孔庙。复建后的杭州孔庙涵盖了杭州碑林，恢复了代表儒家建筑的礼制建筑群。杭州孔庙西部采用了主体建筑沿中轴线分布，左右对称的中国传统建筑布局。建筑群中轴线上包括棂星门、大成门、大成殿等礼制建筑。其中，大成殿为祭祀主殿，是清末建筑，本身具有一定的历史价值，是整个孔庙中轴建筑群中的核心建筑。大成殿前的东西庑里有中国古代科举的陈列。西部古建筑浓缩了千年儒家文化精髓，凝固了一段数百年的漫漫科举之路。杭州孔庙东部为江南园林特色的碑廊陈列。亭台楼阁、小桥流水，不拘一格，极富江南园林韵味。"虽由人作、宛自天开"的布局，是道家精髓的体现，即追求人与自然和谐与统一。园林中亦不乏文昌阁、石经阁等重楼建筑。如文昌阁主体陈列十二罗汉像、释迦牟尼像等，是儒释融合的具体再现。徜徉在古树参天、石碑林立、崇基高堂的孔庙里，远离都市的喧闹，触摸历史、文化的脉搏，以宁静淡泊的心去感受中华传统文化的博大精深，实在是件雅事。

　　2. 博物馆功能的拓展

　　作为文化传播、跨文化对话、学习、讨论与培训的场所，博物馆在教育（正式、非正式、终身学习）、社会凝聚力与可持续发展方面扮演了重要角色。由国际博物馆协会与联合国教科文组织共同起草的《关于保护促进博物馆社会作用的建议书》进一步明确了这样一个概念和宗旨，即"鼓励和推动博物馆与原住民之间的对话，为其搭建

---

　　① 浙江文物网：齐征：《用起来才是对文物最好的保护》，http://www.zjww.gov.cn/news/2017-06-01/1183172424.shtml 来源：《中国青年报》

建设性关系"。2017 年 2 月 18 日，杭州孔庙"喜迎 G20 峰会，争做友好使者"迎峰会新春活动整合所在社区文化资源，是博物馆实践社区文化共建（co - construction of the cultural community）的美好再现。不断涌现的文化活动能够增加民众对孔庙的关注，并对周围社区居民提升生活质量产生推动作用。杭州孔庙正致力于孔庙博物馆·社区系列活动的长期策划与开展，打破传统孔庙博物馆高居庙堂之上的尴尬境地，愿将社区居民的生活与博物馆建设紧密连接，不断进行形式多样、生动活泼的社会教育和服务活动，参与社区文化建设；让博物馆文化走进大众生活的活动，让博物馆之"博"，社区之"人"，真正连接，体现高度参与感、亲切感与归属感①。

博物馆是社区文化建设的重要组成部分，对社区精神文明建设的提升具有重要意义。杭州孔庙力求采用各种教育手段，组织多样化的社会活动，激发社区居民的积极性与参与性，以达到真正促进全民精神生活提高的目的。

博物馆社区文化共建是散发着文化氛围的和谐宜居社区的市民的切身需求。随着工作和生活中的压力越来越大，人们非常渴望有一个心灵的港湾，让疲惫的心态得到放松。良好的社区人文环境和文化资源，就是他们最好的"精神家园"。这也是社区文化的价值所在。

3. 孔庙博物馆资源的利用

杭州孔庙具有多重价值。她既是具有深厚文化底蕴的人文历史环境中的一处文保单位，又是一个与社区生活发生关联的博物馆。多重身份使得孔庙博物馆的资源利用实现了外部和内部的和谐统一。人们越来越认识到，城市（社区）是人类文化和记忆的汇聚之地，历史性城市必须保护那些经过时间积淀、凝聚着地域文化和社会归属感的特定地点。博物馆的一个重要职责就是支持社区民众参与到博物馆活动中来，吸引社区最广泛的观众，使博物馆成为所在地区（社区）的知识和文化中心。

作为博物馆，杭州孔庙利用博物馆资源服务社区文化建设。博物馆具有展览陈列、专业人员、文献资料、馆舍设施、技术设备等资源优势。设立"杭州孔庙社区服务站"彰显社区、孔庙博物馆的文化元素，展示独特韵味、别样精彩的"杭州元素"。一是杭州孔庙组织群众性的社区文化展示。二是社区文化节的主题沙龙，提供书法、茶艺、诗歌、舞蹈等文化服务。三是社区所在学校为杭州孔庙提供拓展性的活动空间，如阅读空间。四是在其他节庆日精彩纷呈的活动由杭州孔庙、社区共同阐释"杭州元素"。

杭州孔庙地处杭州市上城区。上城区拥有丰沛的历史文化资源。除了名录中的文物保护单位，上城区拥有市级历史建筑 6 批共 162 处、历史文化街区 7 处、历史地段

---

① 中国文物网：马金丽《杭州孔庙举办首个社区文化节——让博物馆文化走入大众生活》，http：//www.wenwuchina.com/a/17/253633.html 来源：浙江文物网。

10 处，占全市总量一半以上。在该区坚持"应保尽保、修旧如旧、最小干预、恢复历史风貌"工作背景下，杭州孔庙的复建具有背景依托——保护历史建筑，保护历史文化的完整性；注重挖掘故事，"擦亮"历史建筑。对重要历史建筑修缮前，组织专家学者、街坊老人开展实地探访、座谈，挖掘建筑与时代的故事，让修葺一新的历史建筑重拾记忆；深耕文化产业，焕发历史建筑光芒。以文创产业等对建筑本身影响小的产业为依托，探索文物保护单位、历史建筑新用途，发挥文物保护单位、历史建筑助力城市发展新功效，让历史建筑成为城市"回望过去"和"眺望未来"的完美节点。比如，杭州孔庙在完成复建后，以"西湖国学馆"落户为契机，打造国学文化基地和精神文化家园，提升"杭州孔庙"文化品牌。

4. 国学教育的发展和传承。国学教育和文化传承无外三件事，第一，把古人留下来的知识体系传下去；第二，把古人留给我们的优秀的文化传统和知识体系，融入今天的知识体系里面去；第三，让它融入生活，成为我们生活中必不可少的一部分①。让国学走近生活彰显活态活力。传承和保护国学文化遗产，就是要实现其在生活中弘扬，在实践中振兴。唯有走进寻常百姓家，国学文化遗产才能展现独特魅力，重现活力。

二、孔庙博物馆赋予社区博物馆功能的实践与探索

文化，是社会文明发展到一定阶段的产物。社区文化是城市文化构成的一个部分。博物馆所实践的社区文化共建是使社区博物馆成为集教育功能、展示功能、文化精神传承功能和娱乐功能于一体的文化综合体。开展博物馆社区文化共建，有利于增强居民归属感及社区凝聚力；有利于传承优良文化传统、积极的价值追求；有利于丰富居民群众的精神文化生活，引导人们追求科学健康的生活方式。

以杭州孔庙为例，孔庙博物馆无论是"社区服务站"，还是"社区文化家园"都是不可多得的博物馆社区文化建设有力的探索和实践。那么充当"社区服务站"和"社区文化家园"的杭州孔庙到底影响了社区居民多少精神文化生活呢？城市（社区）与孔庙协同发展，增强活力；充分运用"孔庙＋"思维，形成影响力。

以人为对象，我们对精神文化生活进行体验类、服务类、综合类（体验类＆服务类）的数据采集。（表格一）

纳入到社区文化共建进程中，体验类精神文化生活（讲座、沙龙、表演、音乐欣赏等）的种类、参与人数有所增加，服务类精神文化生活（志愿者服务、大型活动）得到有力创新。综合类精神文化生活得到整体性提高。成效明显的是服务类精神文化

---

① 王登峰：《国学教育和传承文化，无外三件事》，《南方周末》，2017 年 6 月 1 日，B16 版。

生活。事实上，只要较好地利用博物馆资源，有更多的人参与到服务类精神文化生活的构建中，而非单一的获得体验。

表一

精神文化生活		
体验类	服务类	服务类 & 体验类
1. 讲座（茶艺、茶道、茶文化；大国崛起的教育；心理健康辅导）	1. 党员服务（魅力孔庙共产党员先锋队、共产党员先锋岗）：为游客提供热水，发放杭州文物保护图册。	1. 公益爱心帮扶
		2. 国学馆国学讲堂
2. 沙龙（读书月、诗歌创作、镜头下的孔庙——摄影比赛、给孔子做蛋糕）		3. 书香换花香：市民只需捐赠 2 本闲置书籍，便可换领 1 盆绿色植物。
	2. 文物保护志愿者联盟	
3. 文艺表演（古琴雅集）	3. 博物馆日、文化遗产日主题活动	4. 廉政文化专线（社区共建）
4. 礼仪（祭孔典礼、成人礼、入泮礼、成长礼等）	4. 爱心义卖	5. 北京大学文化遗产基地、浙江工业大学文学院教育实践基地（高校共建）
	5. 志愿者进课堂（汉服文化讲座）	
5. 节庆日传统文化集结号（春节）		
6. 社会团体联谊会（欧美同学会）	6. 文物保护主题科普	6. 劳动路国学文化长廊（南宋皇城小镇组成部分——临安城遗址核心保护区）
7. 书画展览（临展）		

事实上，依托于社区资源的孔庙博物馆活动所涉及的范围、人群、领域已经远远超过"社区"，但是由于社区能提供比较固定的人员（志愿者、学校）、资源（文化）整合等，使得孔庙资源得到了最大化地利用，赋予社区博物馆功能的孔庙博物馆具有保护与利用的优势。

首先，孔庙与社区的联动具有"分享"的特点。多元丰富的系列讲座、阅读分享、公共文化空间策划、创意策展和多元传播等路径，无形中将孔庙博物馆提升至城市（社区）客厅、公共文化地标及精神家园的另一维度。愈分享才会愈热爱。分享是博物馆实践社区文化共建（co‑construction of the cultural community）的意义和灵魂。分享的内核是开放、多元和融合。杭州孔庙博物馆定期组织分享活动，如《杭州文博》编辑沙龙，通过这个文化空间和平台，交流者能得到更多志趣相投人的关注，并且相互欣赏，彼此热爱。如何更好地释放"传播＋公益"的巨大能量，如何利用文化手段解决社会问题，如何把握博物馆文化公益服务的新出路，值得探索和实践。

其次，以服务与体验为契机，发挥孔庙在展示中华文化、促进世界文化交流中的积极作用。世界著名儒学文化名人汤恩佳先生多次造访杭州孔庙，对杭州孔庙融合式的资源利用表示赞同，认为可以在良好的国学文化氛围中开拓国学教育活动，充当传统文化传承的重要使者，对杭州孔庙与香港孔庙之间的交流互访作了推荐。

复次，良好的社区邻里互动是孔庙博物馆外部延伸。杭州孔庙的邻居中国美术学院、中国美术学院附小皆钟情于孔庙的文化氛围。旅美艺术家王公懿携香港友人，围绕杭州孔庙水上茶庭，探讨东方琴音生活美学发展之路。艺术家们有意带着对东方文化的独特理解与众文人琴友一起品茗、聊花落诗，间或有"大珠小珠落玉盘"的空灵琵琶演奏。以南宋文化为主题的特色琴会"南宋琴韵"亦由此铺开。

综上，孔庙博物馆作为城市（社区）客厅、社区居民的精神文化生活体验与服务空间，在文化遗产保护与利用、博物馆功能拓展、资源利用、国学发展和传承中发挥积极的作用，是城市（社区）的精神家园，具有一定的人文价值（图一）。并且通过提供分享与交流式的服务、体验彰显这一人文价值。

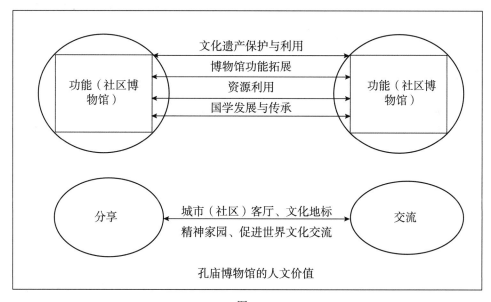

图一

孔庙博物馆在社区文化共建进程（图二）中致力于社区核心文化载体的守护和分享，在释放"传承＋公益"的能量、拓展博物馆社区功能的同时，坚持充分保护，深入研究并充分挖掘"孔庙故事"，创新文物保护利用新方法，努力让文物"活"起来，赢得社会群众的大力支持，创造文物保护杭州孔庙经验。

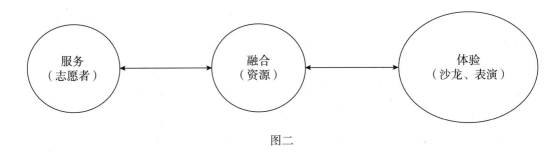

图二

作者简介：马金丽，女，杭州市文物保护管理所文博馆员。

关于打造吉林文庙文化旅游景区的措施和建议

王战生

摘　要　吉林文庙是东北地区始建时间最早、保存最完整、规模最大、建筑等级最高的一座清代文庙古建筑群，是东北文脉之源。目前，对吉林文庙的利用还处于十分原始的状态，没有体现出其重要的历史和人文价值。本文就以吉林文庙为核心，打造文化旅游景区的设想提出相应的措施和建议，其目的是建设具有集游览观赏、艺术博览和文化传播等多种功能的地域性景观资源——吉林文庙文化旅游景区，进而促进吉林市乃至吉林省社会、文化和经济的发展。

关键词　吉林文庙　文化旅游景区　措施和建议

"起于乾隆、复于光绪、源于文脉、靓于人文"的吉林文庙，是东北地区始建时间最早、保存最完整、规模最大、建筑等级最高的一座清代文庙古建筑群。吉林文庙是东北文脉之源，见证了中原汉文化与东北满文化的融合和江城吉林 280 多年的风雨变迁。吉林文庙作为独特的地域性景观资源，是集游览观赏、艺术博览和文化传播等多种功能的统一体，启动吉林文庙景区建设有利于促进吉林市乃至吉林省社会、文化和经济的发展。

一、基本概况

吉林文庙坐落于美丽的松花江畔，始建于 1736 年，是清朝乾隆皇帝御批在关外兴建的第一座文庙，占地面积 16354 平方米，建筑面积 2997.12 平方米，虽历经风雨洗礼，红墙黄瓦依旧，雕梁画栋清晰，建筑风格绮丽，气势雄伟，庄严肃穆，彰显了皇家建筑的泱泱气度。与曲阜孔庙、南京孔庙、北京孔庙并称中国四大孔庙。2006 年被国务院公布为第六批全国重点文物保护单位。

目前，吉林文庙保护范围外为吉林市昌邑区文庙街道居民区，文物环境整体较差，尤其是城市格局、建筑风貌和草木种植等方面，与文庙均有不够协调之处。

——草木绿化：文庙保护范围外的绿化树种单一、数量偏少、树冠不够高大，花色搭配层次不够丰富。

——城市格局：城市功能、城市建设以及道路交通规划布局不尽合理，使文庙在所处环境中非常闭塞压抑。

——建筑风貌：文庙周围，有大量建筑体量过大、造型平常、材质杂乱、色彩亮丽、缺乏民族特色和地方传统，与文庙很不协调。

——建筑环境：作为文庙消防通道的围墙西侧空地被修建成临时建筑和露天古玩市场，延庆胡同和南昌路被作为早市、商品街和旧书市场，既对文庙有安全隐患，摆摊经营的嘈杂声又影响文庙环境；文庙东侧围墙外紧贴围墙修建多栋现代建筑，占用了消防通道；文庙院落外周边地面普遍抬升，雨水向文庙倒灌，影响其风貌形象。

二、吉林文庙保护规划及其相关规定

2013 年，国家文物局批准了中国文化遗产研究院编制的《全国重点文物保护单位吉林省吉林市吉林文庙文物保护规划（2010 - 2020)》（以下简称《规划》）。《规划》规定，吉林文庙的文物保护区划分为保护范围和建设控制地带 2 个级别。其中，建设控制地带细化为Ⅰ类建设控制地带和Ⅱ类建设控制地带 2 个层次；共 2 个级别、3 个层次。总占地面积约为 22.06 公顷。其中，保护范围占地面积约为 2.76 公顷，约占保护规划范围面积的 12.5%；建设控制地带占地面积约为 19.3 公顷，约占保护规划范围面积的 87.5%。

在保护范围内必须遵守"不改变文物原状"、"最小干预"和"同类借鉴"的原则进项保护；在Ⅰ类建设控制地带可建设吉林市文庙博物馆附属设施和休闲空间，适当修建少量文化设施和其他特殊设施，建筑高度相对于原地形地貌的地上部分高度不得超过 4 米；Ⅱ类建设控制地带内的建筑，不得破坏吉林文庙的历史风貌，损坏环境景观效果与和谐性，建筑高度相对于原地形地貌的地上部分高度不得超过 18 米。

三、吉林文庙保护利用现状和打造吉林文庙文化旅游景区的设想

1961 年，吉林文庙被吉林市人民委员会公布为吉林市重点文物保护单位。1987年，吉林文庙被吉林省政府公布为吉林省重点文物保护单位。2006 年 5 月 25 日，国务院批准吉林文庙为第六批国家级重点文物保护单位。1990 年 9 月 28 日，以吉林市人民政府以吉林文庙为馆址成立了吉林市文庙博物馆，隶属吉林市文广新局，并正式对外开放。

以吉林文庙各建筑为展厅，吉林市文庙博物馆现设有基本陈列六个：《大成殿孔子、四配、十二哲人塑像及奉祀陈列》《崇圣殿孔氏家庙及孔子生平陈列》《吉林文庙祭器陈列》《吉林文庙乐器陈列》《中国历代科举制度陈列》和《江城优秀学子展览（吉林市教育史陈列）》，此外，每年都推出两个以上临时展览。从 1990 年 9 月 28 日开馆至今已展出各类临时展览百余个，展览内容文化内涵丰富，深受各阶层观众的喜爱。

多年来，吉林市文庙博物馆积极通过网络、广播、电视、平面媒体等手段广泛宣传吉林文庙，全面介绍吉林文庙历史、文化、科学、艺术价值，并借助陈列展览和大型文化品牌活动，最大限度地发挥"两个基地"的作用，在保护文化遗产，弘扬传统文化方面作出了积极的努力。在确保吉林文庙万无一失的前提下，挖掘文庙独有的资源，形成了集弘扬传统文化、观瞻接待、儒学研究、文化活动于一体的 7 项文化品牌活动和两个宣传日活动，分别为"文化灯谜万人有奖竞猜"活动及年俗知识图片展览；春季祭孔典礼；白山书院和公益性国学讲堂活动；"尊师志学　崇文尚德"吉林文庙学前儿童开笔礼仪式；"感受儒家文化　修学成就梦想"弱冠学子成就梦想修学游暨成人礼仪式；"江城优秀学子·袁武奖励基金"颁奖仪式；秋季祭孔大典；5·18 博物馆日系列宣传活动；文化遗产日系列宣传活动。1991 年，被吉林省政府命名为"爱国主义基地"，1996 年被吉林省政府命名为"德育基地"，2017 年被吉林省社会科学联合会命名为"科普基地"。

但是，由于吉林文庙处于城市居住区内，周边环境属性为居住区，没有配套的旅游服务设施和相应的旅游停车场，虽经吉林市文庙博物馆多年来的努力发展，其影响仍然有限。因此，建议以吉林文庙为核心，打造吉林文庙文化旅游景区。理由如下：

第一，吉林文庙具有成为文化旅游景区核心的历史和人文价值。作为全国四大孔庙之一，东北地区始建时间最早、保存最完整、规模最大、建筑等级最高的一座清代文庙古建筑群，吉林文庙是东北文脉之源，见证了中原汉文化与东北满文化的融合，也见证了江城吉林 280 多年的风雨变迁。

第二，自 2009 年以来，国家文物局投入文物保护补助资金 2000 余万元，地方配套 500 余万元，对吉林文庙古建筑群进行了全面的修缮，建立了完善的安防、消防和防雷系统，已经具备了作为文化旅游景区核心对外全面开放的条件。

第三，吉林市城区现有国家级文物保护单位 7 处，唯有吉林文庙所在区域具有开发为旅游区的条件，且吉林文庙所在区域与吉林市城区内已有的河南街、东市场和天津街三大商圈距离均不超过 1 公里，一旦形成景区，即可与三大商圈形成一体化的商业文化旅游区，必将大大促进吉林市社会、文化和经济的发展。

四、打造吉林文庙文化旅游景区的措施与建议

根据《规划》内容，吉林文庙古建筑文物本体部分可按照国家文物局的相关规定

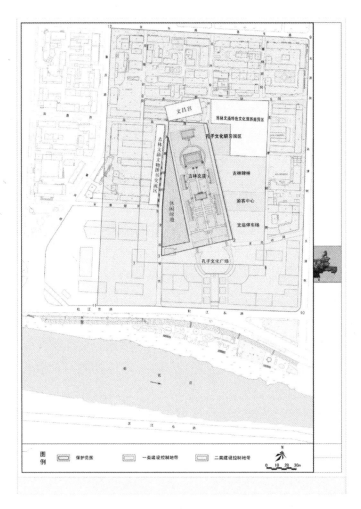

图一　吉林文庙景区规划建议图

进行项目申报和项目。本提案将结合吉林文庙保护区实际情况，对整个景区的环境整治、建设和管理工作提出以下建议：

1. 保护范围内（吉林文庙古建筑群景区）

（1）吉林文庙内收藏和散落的碑刻石雕迁至文庙东侧规划修建的"吉林碑林"内。

（2）整治保护范围内的环境，去除对文物建筑、行人和消防通道造成障碍甚至安全隐患的物种，选种和文物环境相匹配的树木，尽可能多地留出地面空间以便作为活动时的疏散场地；统一设计具有人性化、精致化和特色化的路灯、环境小品、垃圾桶、提示牌等。

（3）拆除保护范围内的非文物建筑，主要包括：文庙西围墙外的临时建筑（吉林市文庙博物馆现办公用房）、东围墙外的临时搭建建筑和民居、北围墙外的公共厕所等，根据保护需要修建防火通道和绿植草坪。对保护范围内暂时无法拆除的非文物建筑需进行绿化遮挡。

（4）清挖保护范围内后垫高的道路与地面至原标高；拆除甬路上后铺的小块水泥方砖，并按《永吉县志》中记载的吉林文庙平面图中的路网布局重铺黏土方砖。

图二　吉林文庙文化旅游景区规划效果

2. Ⅰ类建设控制地带内（吉林文庙文化旅游商业步行区）

（1）拆除东围墙外的住宅（总计32栋），修建吉林碑林、孔子文化研习园区、游客服务中心和停车场，以满足展示和学术研究需要，总占地面积约1.57公顷。

（2）拆除北围墙外的住宅（总计5栋），复建吉林文庙文昌宫作为国学讲堂、书院（前庙后学）及吉林市文庙博物馆办公用房。

（3）拆除Ⅰ类建设控制地带内东北部的住宅（总计6栋），规划修建吉林风情文化旅游商业区，展示、经营吉林地区各种可能开发经营的特色文化产品。

（4）拆除Ⅰ类建设控制地带内西部的住宅（总计4栋），规划修建吉林文物图书交流商业区。

（5）在孔子文化广场中轴线南端的人行道边，修建木构清代官式三间四柱黄琉璃牌坊以界定广场空间；重新设计和更换广场内与文庙建筑风貌不协调的灯光亮化设施；明确广场管理单位，确保广场的合理利用和保护。

（6）Ⅰ类建设控制地带内所有沥青和水泥路面更换为仿古石板路面；路灯、休息座椅、IC电话、果皮箱、公厕、无障碍设计等设施，宜按照国家5A景区标准设置，并与景区环境协调。

（7）沿着Ⅰ类建设控制地带修建如牌坊、隔离柱等设施，除文庙停车场外，禁止一切机动车进入。

3. Ⅱ类建设控制地带内（吉林文庙文化旅游商业区）

（1）拆除区域内全部围墙和违章建筑，按照国家5A景区标准设置与景区环境协调的附属设施。

（2）区域内全部商业门市做仿古门脸装修，营业范围以文化旅游餐饮住宿等旅游和休闲服务业项目为宜。

（3）尽量限制和减少机动车进入本区域。

综上所述，建议成立吉林文庙景区管委会，负责领导、组织、协调吉林文庙景区环境整治、规划建设、招商引资和行政管理等工作，将吉林文庙景区打造成吉林市乃至吉林省文化旅游和儒家文化传承的核心园区，为促进吉林市乃至吉林省社会、文化和经济的发展作出贡献。

作者简介：王战生，吉林市文庙博物馆。

乐山文庙建筑特征及其保护利用

孙旭旺

摘　要　乐山文庙地处老城区高标山山麓，修建于明清时期，具有较高的历史、艺术和科学价值。在功能上，乐山文庙除继承了历史时期"庙学合一"宣扬教化的场所外，还在抗日时期一度成为国立武汉大学"避寇西迁"、"教育报国"和"弦歌不辍"的办学阵地，极大地丰富了文庙的历史文化内涵。

关键词　乐山文庙　建筑特征　价值阐释　保护利用

一、乐山文庙历史沿革

乐山文庙，古称嘉定府文庙，位于乐山老城区西北方高标山山麓，始建于唐高祖武德年间，坐西向东，现存建筑为明清时期重建，占地面积约 2 万平方米。1991 年 4 月 16 日，经四川省人民政府公布为四川省文物保护单位。

据《乐山县志》记载：乐山文庙最初的地点是在乐山城南与大佛相对的育贤坝上，后经过三次搬迁。第一次是洪武二十七年，大渡河洪水将其冲毁，知州杨重钦首次搬迁于乐山城西北龙头山下叮咚井之上；第二次是因叮咚井地势过于狭窄，不久迁至"北原，犹夫初也"（今老关庙一带）；第三次是明天顺 8 年训导曾智又迁至今老霄顶下（今址）①。修建文庙时，掘地得石刻云"玄坛守此地，留与圣贤居"②，正是建孔夫子庙的地方。

明成化、弘治、嘉靖年间多次扩建重修。到明末清初，文庙两庑殿毁于战火，大

---

① 乐山市地方志工作办公室：《乐山县志（民国版）》，成都白马印务有限公司，2015 年，卷二，第 322 ~ 323 页。

② 乐山市地方志工作办公室：（明）马理《嘉定州增葺庙学记》，《乐山历代文集》，四川经纬印务有限公司，2017 年，第 85 页。

成殿无恙①。顺治中期张能麟重建。嘉庆末年，知府宋鸣琦改建，道光年中期又先后改建。

抗日战争时，武汉大学西迁乐山，乐山文庙一度作为武大校本部长达8年之久。当时大成殿作为图书馆、崇圣祠作为校长办公室、尊经阁作为文学院办公室、崇文阁作为法学院办公室、两庑殿作为大教室。

武大迁走后，乐山男中迁入办学直到1957年，其间在1952年拆除了大成门。1957年男中迁出，二中迁入。同年，二中填平泮池以广校门，后因雨水无处积贮为害一方，又于1963年修复。1986年至1989年，乐山市政府拨专款30万对文庙大成殿和两庑进行了维修。2012年，市文物部门指导市住建部门对崇圣祠进行了修缮。2016年5月13日，乐山市住建局将乐山文庙移交乐山市文物保护研究所进行保护管理，目前正在实施保护利用工程。

二、乐山文庙建筑特征

文庙是以儒学为主体的中国传统文化反映在现实中的物化形式，承载着丰富的社会、历史和文化的信息。历经两千多年的发展，各地文庙基本上都遵循着比较固定的形制建造，即以曲阜孔庙的组群结构为基本模式，再依各地具体的人文、风土状况而各有差异②，总体表现为"同中有异"，各地文庙在建筑的构成、等级及雕刻等方面各具特色。

（一）选址

四川是长江上游的古代文明中心，是中华文明的重要发源地之一，蜀文化是中华文化不可分割的重要组成部分。梁思成先生曾说"建筑活动与民族文化相牵连，互为因果。"博大精深的蜀文化，对川西地区文庙建筑产生了深刻的影响③。乐山文庙既遵循了曲阜孔庙的规范和标准，又受到了当地文化影响，不同之处在于选址。众所周知，古代建筑选址从风水的理论看，除了强调水、土之外，最重要的是莫过于"藏风聚气"及合乎"天人合一"。文庙、书院、文昌阁等其选址，都成为关系到一个地方是否能够兴文运、昌科举的象征，所以更加注重"相地"。《阳宅三要》记载："阴阳之理自古攸分，二者不和，凶气必至。故公衙务要合法，而庙亦不可不居吉地……文庙建于甲、艮、巽三字上，为得地也。庙右宜高耸如笔如枪，庙左宜空缺明亮，一眼看见城上之文

① 乐山市地方志工作办公室：《乐山县志（民国版）》记载：明末袁韬驻并燃其两庑，而大成殿无恙岿然……
② 柳雯：《中国文庙文化遗产价值及利用研究》，2008年山东大学博士学位论文，第15页。
③ 秦莉：《川西地区文庙建筑的装饰特点研究》，2010年西南交通大学硕士学位论文，第11页。

阁奎楼，大利科甲"。甲为震，指东方，艮为东北，巽为东南。按照风水理论，东南方为日出之地，是城中日照时间最长的方位，寓意朝气与昌盛，文风兴盛，宜建文化建筑。因而文庙选址城东南方是最理想的方位。据调查统计，大部分川西地区文庙都建于城东或城东南，如崇州文庙、德阳文庙、犍为文庙、资中文庙、岳池文庙等①。

　　古建筑选址除受风水理论影响外，特定的自然环境也是影响因素之一。乐山地处四川盆地向西南山地过渡地带，岷江、青衣江、大渡河三江在此交汇，地势表现为西北高、西南略高，东北和西北较低，文庙选址应优先考虑如何避"水害"，其次才是风水理论，这也是乐山文庙有别于川西地区其他文庙选址东南方的原因所在。乐山文庙唐武德年间建于育贤门外育贤坝，明洪武年间被大

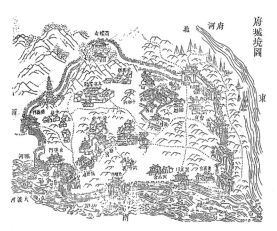

水冲毁后，迁建于城西北高标山下。高标山又名老霄顶，为乐山城制高点。文庙建筑群依山顺势而建，坐西朝东，面对岷江山水。站在文庙戟门殿前，向东可览岷江山水、八仙洞景，向南可睹嘉城风貌、凌云乌尤之胜，堪称山水清奇，钟灵郁秀。契合风水学所谓"庙右宜高耸"、"背山面水"、"后倚来龙"的要求②。

（二）布局

　　明代迁建于高标山的乐山文庙建筑群依山修建，坐西朝东，受地势影响呈四进四合院对称布局并渐渐升高，充分显示了殿阁重重、气势壮观的特色。建筑布局以大成殿为中心，南北成一条中轴线，左右对称排列。文庙的中轴线上依次排列泮池、棂星门、戟门、燎台、大成殿、崇圣祠；左轴线上依次排列贤关、乐器房、西庑、崇文阁；右轴线上由南向北依次为圣域、名宦、东庑、尊经阁。

　　孔庙功能分区取决孔庙的类型，作为"庙学合一"的文庙在功能分区上分为前导空间、祭祀空间和学习空间。今乐山文庙的明伦堂已无从可考，学习空间暂不作本文讨论范围。乐山文庙前导区由泮池、贤关、圣域、棂星门、名宦祠、乡贤祠、戟门构成。前导空间是一个过渡的空间，是进入祭祀空间的准备性空间，此空间的建筑群、

① 秦莉：《川西地区文庙建筑的装饰特点研究》，2010 年西南交通大学硕士学位论文，第 23 页。
② 胡方平：《乐山文庙建筑特征试探》，《四川文物》，1995 年第 3 期。

景观多出自典故，有"史"可考，具有文化上的象征功能，为体验儒家传统文化、感受礼制思想营造出了空间和精神上的良好氛围。乐山文庙祭祀空间由东庑殿、西庑殿、尊经阁、崇文阁、燎台、大成殿、崇圣祠构成。大成殿立在台基上，处于祭祀空间的最核心位置，体现了孔子崇高地位。长长的东西两庑，意味着孔门弟子众多和儒家传统源远流长。在经过前导空间对祭拜者和观赏者潜移默化的感染之后，穿过戟门，当雄伟的大成殿出现在人们面前的时候，会将祭拜者与观赏者的情绪推向高潮。

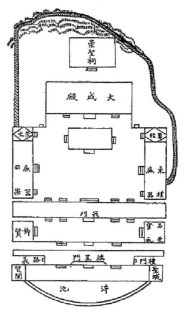

东山县文庙平面图

（三）建筑特色

大成殿，建于明天顺八年，历代均有修缮，现主要构架为明代遗存。面阔五间 30 米，进深三间 20.7 米，高 14.1 米；单檐歇山式屋顶，出檐深远，屋面覆盖黄色琉璃筒瓦，檐边采用绿色琉璃瓦剪边，正脊为镂空砖雕脊，上面纹样为飞龙、飞凤和狮子，鳌角飞翘，庄严古雅；内部梁架为穿斗抬梁式木结构，用材硕大，可以同太和殿相媲美，柱材优良均为金丝楠木，内外 28 根柱子，柱径 0.9 米，全国少见。梁架上施有 45°斜拱、驼峰装饰华丽；柱础系雅石做有透雕精细的云龙纹等，多姿多彩。

崇圣祠，建于清道光九年。建筑位于文庙建筑群主轴线的最后。四柱三间 14.03 米，深三间 12.8 米，通高 10.98 米；为穿斗抬梁混合结构；单檐歇山顶，绿色琉璃瓦屋面，脊为砖雕脊，中堆为六角形塔状宝顶。

尊经、崇文阁，建于清康熙年间。两阁原为三层楼阁式建筑，底层平面为长方形，开间三间 12 米，进深 8.1 米，但内部中间为六边形，边长 3.5 米（柱距），通高 16 米。现只存二层，攒尖顶，小青瓦屋面，屋面上为六边形下为长方形地组合式屋面。两侧山墙为观音兜式，内部屋架为穿斗式，中间为四根通天柱，柱径较大。

东西（南北）庑殿，修建于明清时期。位于第二进院南北两侧，面阔五间 24.3 米，进深四间 9.6 米，通高 8 米；前檐带双椽宽廊，两侧山墙为观音兜式样；单檐硬山式、结构为穿斗、抬梁木结构；屋面为灰色素筒瓦，屋脊为砖雕龙脊。

名宦、乡贤祠，修建于明清时期。平面为长方形，面阔四柱三间总宽 14.13 米，进深八椽 8.4 米，通高 7.8 米；硬山式建筑，内部为穿斗、抬梁屋架，两侧封火墙为五滴水式；脊为灰塑屋脊，塑植物花卉，小青瓦屋面。

棂星门，修建于明清时期。门为红雅石构造，呈牌坊式，六柱三间 13.5 米，残高 9.2 米，建筑为分体式牌坊，由三个牌坊组合而成，牌坊中间由石质矮墙相连接。石柱前后有较大的架杆石，呈抱鼓石状，鼓上有圆雕，明间两柱为麒麟，次间两柱为大象，最外侧为狮子。中间牌坊上部有枋三道，最上面两枋间有匾额，书"棂星门"，黄底红字，最上层枋上有两鱼龙兽，中间有一半圆形宝顶，上刻鲤鱼跃龙门。左右两坊为两道枋，枋间匾额分别是"德配天地"、"道贯古今"，为红底黑字，最上面枋上为卷草纹石刻。

泮池，修建于明清时期。位于文庙的最前端，为一半圆形水池，长 48 米，宽 23 米，深约 2.5 米，中间有一混凝土三孔桥，为后期修建。池壁现存两个吐水龙头，高标山阳坡雨水，由西向东，流经渠道引入龙首，注入池中。

三、乐山文庙价值阐释

（一）历史价值

乐山文庙始建于唐高祖年间，最初位于乐山城西的育贤坝。明洪武二十七年被水冲毁，于明天顺八年在乐山老城区的西北择址修建，历代均有培修；抗日战争时期武汉大学迁于乐山将文庙作为办学地点；50 年代，文庙又作为二中的教室；近年来才将文庙交由乐山文物部门管理。文庙见证了乐山的历史发展，它既是历史的产物，又是乐山文化的载体，有着珍贵的历史记忆和丰富的历史价值。

（二）艺术价值

乐山文庙随着地形的增高，逐步抬升，层层叠叠，气势非凡。个体建筑安排恰到好处，层次丰富。文庙除了总体布局合理外，建筑雕刻做工精湛，如大成殿有 28 根柱子，就有 21 种不同透雕的柱础。前檐有 45°斜的装饰斗拱，分为龙凤两种雕刻；屋脊十分精美，为砖雕镂空脊，上面有龙、凤、狮子等瑞兽雕饰。棂星门和庑殿上也有很多精美的雕饰，艺术价值丰富。

（三）科学价值

乐山文庙保存相对完整，用料之大、雕刻之精，在四川少见。其梁架结构、工艺特征受到了北方官式建筑的影响。如大成殿上的檐椽为圆椽，屋面为剪边琉璃瓦，这些做法和北方建筑文化有关，而翼角高高升起、穿斗屋架、封火山墙的式样却是南方建筑的特征。这些足以证明乐山文庙是南北建筑文化交融的产物，有着重要的科学价值。

四、乐山文庙保护利用思考

文庙是祖先留下的弥足珍贵文化遗产，具有不可再生的特点，一旦遭到破坏，将是无法弥补的重大损失。因而文庙在保护利用中，任何时候都应该将保护放在第一位。保护是前提，只有保护好方能合理利用。乐山文庙保护利用如何取得较好的社会效果，笔者认为应遵循以下几点：

一是维修工程应秉持建筑群真实性和完整性的理念进行维修及复原。依据"修旧如旧，不改变文物原状"的总体要求进行维修方案设计。在揭顶和落架，更换檩、椽、梁、枋等木构件，恢复被拆除和改建的墙体、门窗、木装板、雕饰构件、吊顶等施工中要充分体现原材料、原形制、原工艺、原做法。只有这样，才能保证乐山文庙作为物质遗产的真实性和完整性，也为下一步展示利用预留设计空间。

二是展示利用应以文庙传统功能的延续和拓展为主线。作为"庙学合一"的乐山文庙在历史上曾作为祭祀孔子及先圣先贤和官学进行学校教育的场所。直至清末科举废除，文庙的官学文化教育功能渐渐不复存在，祭祀功能也随着历史的发展渐渐不被重视。随着当前传统文化重回人们视野并日益受到重视的环境下，乐山文庙应以按照功能分区复原前导区和祭祀区，如考证相关史料，恢复其原有摆设及牌位摆放顺序，可将文庙祭祀分为五个层次：一祭孔子；二祭四配；三祭十二哲；四祭先贤、先儒；五祭乡贤名宦；每一个层次随着等级的不同，所享受的礼遇也随之发生变化；其次依托部分建筑空间设立《大哉孔子》《孝德展》《科举展》等基本陈列，增进人们对中华民族优秀传统文化的了解，并使中华民族优秀传统得以继承和弘扬；最后依托尊经、崇文阁举办各种"国学讲堂"、"国学班""、"读经班"，实现对社会公众，尤其是青少年的文化教育功能，从而起到丰富历史知识、提高文化素养作用，最终达到弘扬儒学、提升整个社会的人文素质之目的。

三是展示利用应以挖掘乐山文庙"背后故事"为亮点。前文提到，乐山文庙在抗日时期一度成为国立武汉大学西迁乐山的校总部[①]。武汉大学八年坚守与薪传赋予了乐山文庙新的历史文化内涵，在全国文庙中具有唯一性。乐山文庙可以此为亮点依托戟门（现为3层仿古建筑）陈列"民国教育史"的展览，集中展示武大师生在艰难困苦中，不屈不挠、立志为学的精神风骨。展览可通过武汉大学西迁乐山为主线，深入挖掘"避寇西迁"、"坚守薪传"、"胜利东归"、"影响与贡献"四部分的内容脚本，力求做到让武汉大学西迁乐山和乐山文庙"背后的故事"活起来。

作者简介：孙旭旺，乐山市文物保护研究所文博助理馆员。

---

① 张在军：《西迁与东还——抗战时期武汉大学编年史稿》，秀威资讯科技有限公司，第37～57页。

浅谈长春文庙博物馆的公共服务建设

庞　月

摘　要　文庙博物馆作为文化传播的公共机构，依托馆藏文物、标本、资料、场馆，通过举办陈列展览，传播文化知识，对观众进行爱国主义教育。随着社会的发展和时代的进步，人们对精神文化的需求日益提高，公共服务建设也需不断完善。本文以长春文庙博物馆为例，探讨公共服务建设问题。

关键词　文庙博物馆　公共服务

文庙博物馆作为公益性的文化传播机构，以收集并陈列自然标本和文物遗存，为公众提供良好的参观学习环境为目标，在受众群体中，尤其是青年观众发挥越来越重要的作用，被视为校外第二课堂。当今博物馆的发展趋势是从以藏品为主向以人为本转化。在这个过程中，如何完善以配套设施、卫生环境、公众服务设施、文化服务设施为主要内容的公共服务至关重要。只有发挥好公共服务功能，运用场馆、设备、技术手段等所有资源与文物和标本相结合，为大众提供优质陈列展览，才能让受众者获得各种知识与文化的熏陶，在满足人们精神文化需求的同时，提高文化素质，增强民族自信心和责任感。

一、良好的配套设施是博物馆公共服务的有力保障

良好的配套设施，是博物馆发挥职能的最基本条件。以长春文庙为例。当人们走进长春文庙时，就能感觉到传统的文化气息，这里古树参天、雕梁画栋。不仅有古香古色的仿古建筑群，使人流连忘返，而且基本的配套设施也一应俱全，使其现代博物馆的功能发挥得更加充分。

文庙在历史的长河中演变至今，以博物馆的形式示人。长春文庙作为众多文庙类博物馆之一，也有着自己的历史文化。这里不仅有历史文化氛围，而且硬件设施建设

也非常到位，更加方便游客参观，呼应现代博物馆的要求。长春文庙在正门外设有景区导览图和景区介绍，使观众对景区有一个简单的了解，便于参观者有顺序参观景点。进入博物馆后，在明显的地方设有购票须知和讲解员公约，游客可以了解票价，可以根据自己的语种，寻找相应的讲解员；同时在各主次通道设置了醒目的引导标牌、展示牌，内容包括文庙简介、历史沿革、特色建筑、主题展览、公益活动、售票信息、参观注意事项；展厅内还设置了指示牌、安全标识、出入口标志、温馨提示标识等，可以使游客迅速便捷地了解博物馆信息，体会到博物馆的温馨服务。

二、优美的卫生环境是博物馆公共服务的基本要求

优美的环境可以使人忘记烦恼，沉浸在博物馆带给我们的文化享受之中。给游客提供一个良好的参观环境，是博物馆的基本职责。博物馆环境主要包括室外环境和展厅环境两部分。

（一）室外环境

随着生活水平的提高，生活节奏的加快，人们更加向往休闲、娱乐、绿色、优美的地方。博物馆正是人们享受宁静、学习知识的首选之地。长春文庙位于亚泰大街与二道街交会处，处于长春市繁华的中心城区，周围高楼大厦林立，居民可去的公共服务场所较少。长春文庙则有干净的环境、茂密的树木、青青的绿草、漂亮的仿古建筑群。驻足于长春文庙，使人暂时忘却外面的喧闹、烦扰，令人赏心悦目、心旷神怡。

（二）展厅环境

展厅是博物馆陈列展出藏品的场所，汇聚了人类智慧的结晶。展厅环境的好坏直接影响着参观者的情绪，好的展厅环境，能使游客在参观过程中感觉舒心惬意，增强展览效果。长春文庙展厅每天有工作人员打扫卫生、消毒灭菌，保持空气流通清新。随着科技的高速发展，博物馆发展面临很多挑战，这需要我们配置一些先进的设备，满足不同参观者的需求。

三、公众服务设施是博物馆公共服务首要任务

博物馆应根据自身条件，力所能及地为游客提供公众服务设施，使他们能在博物馆愉快地参观、学习、研究、游赏和休息。

（一）停车场设施

博物馆规划了大客车、中客车和小客车的停车场，以满足观众的停车需求。按照

客流量，长春文庙在2011年改扩建过程中也建设了生态停车场，占地3500平方米，设置100个停车位。停车场中间为柏油路面，四周为生态路面，场地平坦、通畅，供电、照明、消防、监控等设施齐备，管理板房、电脑、出入控制器、出入口读卡器、出入口指示牌、停车卡、蓝牙等设备俱全。有专门的工作人员负责管理，指挥车辆进出及停放，保持车辆畅通、有序。停车场每天有专人负责打扫卫生，保持地面清洁。另外在停车场旁边建有凉亭、假山、水池等景观，供参观者休息游赏。

（二）学习设施

随着我国博物馆事业的快速发展，博物馆已经成为人们生活当中的一个重要部分。人们对知识越来越渴望，希望通过参观博物馆获取营养，增加自己的知识量。当游客参观完博物馆，可能对相关展览一知半解，仍有很多学习热情，这时博物馆的阅览室、多媒体教室就显得非常重要。长春文庙不仅为游客提供有关展览的资料，而且为学习爱好者提供了便利整洁的学习环境。

（三）服务设施

现在是信息爆炸的时代，人们文化修养逐渐提高，参观欣赏博物馆成为一种必不可少的文化活动。长春文庙作为历史文化类博物馆，凭着独特的展陈资源，每年吸引着众多游客前来参观。讲解员用热情、周到、专业的讲解服务，使游客在游览中得到精神上的享受。另外，为了方便残疾人，长春文庙免费提供轮椅、雨伞、残疾人卫生间；为了方便老人，免费提供拐杖；在博物馆区我们还提供游客休息处、纪念品商店、医务室等。这些服务设施，为游客提供了舒适、周到的服务，完善了博物馆的服务功能。

（四）研究服务设施

以学术研究为目的的游客，基本陈列往往不能满足他们的需求。为了便于这些游客在长春文庙学习研究，专门开设了图书资料室、参考室、研究室。这样，更利于发挥博物馆的研究功能，推动博物馆事业向前发展。

四、文化服务设施是博物馆公共服务的有力支撑

为了适应新时期博物馆的发展，博物馆服务理念也需要相应的转变。博物馆所有的工作都是以服务大众、服务社会为目标的，这就需要尽可能地完善改进文化服务。

（一）陈列展览

陈列展览包含基本陈列、专题陈列、临展和特展，无论是哪一种陈列形式，都离

不开高水平的策划。

长春文庙博物馆在 2012 年精心布置了三个主题展览，包括东庑的"儒圣孔子——《孔子圣迹图》艺术精品展"，陈列了铜质、木质等不同的《孔子圣迹图》雕刻作品。以明代中期创作的连环画为原型，通过 104 幅画，反映了孔子的生平事迹；西庑的"开科取仕——中国科举文化专题展"，陈列了从隋朝科举制度正式确立到清朝末年废止，一千多年有关科举的图片、珍贵资料等，给大家整体展示了科举制度从萌芽，确立，再到鼎盛和衰落，直至废除的整个过程；崇圣殿的"圣迹儒风——中国文庙历史沿革展"，展示了长春文庙和全国及世界上较有影响的文庙图片，陈列了长春文庙的部分珍贵藏品。上述三个主体展览利用缩微模型（包括场景和人物）、电子书等现代展示工具，采用声、光、电等科技手段，对孔子的事迹、科举制度和文庙的历史做了全方位的展示，极具文庙特色。除此之外，长春文庙利用空间优势，逐年增加临时展览的数量。

（二）公益活动

长春文庙自 2002 年复建以来，重新焕发了生机，积极地投入到了弘扬中国传统文化的事业当中，每年在元旦、春节、端午、中秋、重阳、腊八等传统节日和"五一""十一"期间举办"同走状元桥"、经典诵读表演、发送国学书籍等公益活动，还举办成人礼、启蒙礼等传统礼仪活动，激发了青少年的爱国主义情怀。于 2005 年末开始每周六举办国学大讲堂，至今已举办了讲座 630 多场；还经常与其他单位合作举办公益活动，获得了良好的社会效益。

每年 9 月 28 日，长春文庙都会举办包括举行仿明制释奠礼表演在内的祭孔活动。这是最具文庙特色的文化活动。每次祭孔都能吸引众多游客前来参观。长春文庙通过不断举办各种公益活动，建设孔子文化园，不但弘扬了中华优秀传统文化，丰富了春城市民的精神文化生活，同时也扩大了自身的影响力。多年来，无论电视、广播、报纸，还是网络，都对其进行过相关报道；也得到了国学爱好者的赞许和政府相关部门的认可，被评为省级"爱国主义教育基地"和"科普教育基地"等；被中国孔庙保护协会连续多年评为"全国孔庙保护先进单位"。

（三）讲解服务

文庙类博物馆以弘扬优秀传统文化、传播知识，进行爱国主义教育为使命，而在博物馆与观众之间起桥梁作用的讲解员是这一使命的最重要的执行者。因此，讲解员要具备足够的条件，必须热爱本职工作，对文博事业充满热情，具有良好的思想品德和职业道德，甘于奉献，具有深厚的文化底蕴。

长春文庙博物馆就有这样一支讲解员队伍。她们每天穿着统一工装，化淡妆，面带微笑，语言简洁，体态大方，步伐稳健，为游客提供免费讲解服务。在讲解过程中，依据馆内陈列展览、藏品，运用多种形式和方法，根据不同年龄，不同文化水平，不同的兴趣和爱好的观众随机应变，做好讲解工作。在讲解内容上，将长春文庙特色与社会现实相结合，注意宣传社会主义核心价值观，宣传爱国主义理念，通过讲解传统文化，激发游客的民族自豪感和爱国热情。另外，长春文庙由于工作人员较少，要求馆内所有工作人员加强讲解技巧方面的学习，具备专业讲解的素质和能力。这样，不但及时满足了游客的讲解服务需求，也最大限度地发挥了博物馆的公共服务功能。

文庙博物馆作为公共服务的中坚力量，只有进一步巩固自身的公共服务思想，提升自身的服务能力，使广大群众关注博物馆，走进博物馆，在博物馆中得到知识的享受和精神愉悦，这也是助推博物事业向前发展的坚强后盾。

作者简介：庞月，女，长春市文庙博物馆助理馆员。

参考文献：

［1］王宏钧：《中国博物馆学基础》，上海古籍出版社，2001 年。

［2］中国大百科全书总编辑委员会：《中国大百科全书》中国大百科全书出版社，2002 年。

［3］贵州省文物局，贵州省文物博物馆学会：《文博与发展：贵州文博单位深化公共服务文集（三）》，贵州科技出版社，2016 年。

［4］谢沫华：《观众与博物馆：云南民族博物馆陈列科教集》，云南科技出版社，1998 年。

［5］孔祥林：《世界孔子庙研究》，中央编译出版社，2011 年。

［6］杨丹丹，闫洪斌：《博物馆教育新视阈》，文物出版社，2009 年。

浅谈数字化博物馆

刘良荣

摘　要　随着信息技术的发展，博物馆面临着数字化的新趋势，数字化博物馆这一概念应运而生，博物馆的数字化对于文博行业的发展、文化遗产的保护、中国传统文化的普及都具有重大意义。本文主要从三个方面对数字化博物馆进行论述，浅谈了数字化博物馆的内涵、重要意义、存在不足，并就这些不足提出了一些建议。

关键词　博物馆　数字化　内涵　意义　措施

一

相对于中国悠久的历史而言，博物馆还是一个新兴事物，1905 年，中国才建成第一座博物馆——南通博物苑，经过百余年的发展，据统计，截至 2014 年年底，中国博物馆已达到四千余座，进入信息时代之后，博物馆行业出现新气象，开始了数字化趋势。

博物馆数字化并不是一个新近出现的词汇，20 世纪 80 年代中国国家文物局在上海召开了博物馆信息化会议，将这一词汇引入人们的视线，关于它的研究和尝试，也正在如火如荼地进行中。对于这一概念的解释，不同学者提出了不同的意见，李文昌所著《发展中的中国数字化博物馆》一文中，将博物馆的数字化定义为"运用数字技术（包括计算机技术、数据库技术、多媒体技术、网络技术、通信技术和自动控制技术等），对一个实体博物馆的各个方面进行数字化处理"[①]，他认为，这是一个"动态过程"，包括"建网站、藏品数字化管理、虚拟展示、楼宇自动化、网络建设等"，而这所有的举动，都指向一个目的，就是建设数字化博物馆，所以数字化博物馆"是一个

---

① 李文昌：《发展中的中国数字化博物馆》，《国际博物馆（中文版）》，2008 年 Z1 期。

数字化的结果"，是"一个已经完成了数字化处理的博物馆"。博物馆数字化，即将馆藏文物信息以文字、符号、图像等形式，记录、描述、复制、加工在数字载体上，借助虚拟现实、三维图像、声音、超文本链接等途径，来弥补文物实体因受到条件限制而不能经常更换或展出的缺陷。

简而言之，博物馆的数字化即应用计算机技术及现代网络，以计算机为主要工具，引进藏品信息管理技术，以求更好地进行文物的保存、展示、研究工作，将博物馆内的日常工作与计算机技术有机地、紧密地结合起来。最终目的是将博物馆变成一个更高效的资源共享平台、信息交流平台、宣传教育平台、科学研究平台。

博物馆数字化主要包括几个方面：1. 利用馆藏文物信息采集系统，做好文物基础信息录入工作，将馆藏文物的各项资料转化为数据、文字、图片或音频视频，并且将其保存在博物馆文物数据库中；2. 创建博物馆信息查询系统，不同于传统的进馆参观，公众或者研究学者可以通过计算机登录的方式，更加便利快捷地查询到文物的各项资料。整个过程大体可以用信息的输入和输出两个方面概括。

在馆藏文物信息输出这一方面，可以细分为两种方式。一种是站内查询，一种是基于 WEB 的查询，在没有互联网的情况下，进入博物馆内部数据库，通过检索关键字，实现相关文物信息的查询，即是第一种方式；第二种方式需要创建并维护博物馆官方网站，在互联网的支持下，用户可以通过登录博物馆网站，检索到馆藏文物信息。现代通信技术日新月异，智能手机普及率不断上升，在创建官方网站时应该同时考虑到手机 App 和计算机网站的建设。另外，面对不同的受众，可以建成不同特点的数据库。面向普通大众的数据库，应该以易读性、趣味性为主要特征，以普及基础文博知识为主要目的，表达语言浅显易懂，在展示上运用图片、音频、视频等更有直观性的方式；对于以研究为目的的专家学者，数据库的内容应更深入、对文物的描述更准确，更侧重于专业性、严谨性。

进入 21 世纪后，各个博物馆网站如雨后春笋般渐渐出现，他们通过上线运行门户网站来发布博物馆最新动态信息、展示馆内精粹文物，在这方面做得较好的有故宫博物院、河南博物院、南京博物院、上海博物馆等，为博物馆行业起到了很好的带头示范作用，为以后数字化博物馆的建设积累了良好的经验。但官方网站的建设只是博物馆数字化的一个方面，随着信息技术的发展，数字化即信息化，深入到博物馆建设的各个方面，藏品信息系统、办公自动化、楼宇自动化也逐渐开始进入博物馆数字化领域，通过三维建模和虚拟现实，博物馆实体场馆可以更加立体全面地展示在人们面前。

二

对于一些馆藏文物数量庞大的博物馆，利用传统方式对全馆文物进行分类管理是一个耗时耗力的工程，有的大馆可能数年甚至数十年才能进行一次全馆文物统一清查，记录着文物信息的纸质档案也面临着年久受损或遗失的危险，数字化博物馆将文物资料输入数据库，制成信息化档案，易于保管、便于查询，文物信息的更新也较传统博物馆更为便利，改善了藏品管理方法，提高了藏品管理水平。

一些文物保存至今，现状堪忧，将这些文物资料信息化，可以降低文物的流通次数，减少文物损坏的可能性，是一种更好的文物保护方式，对中国文化遗产的保护和发展意义重大。

出于文物保护的需要，状况堪忧的珍贵文物常年"沉睡"在博物馆的库房中，较少与公众见面，研究利用率较低，是我国文化遗产的损失，也是人类文明的损失，博物馆数字化可以在保证文物不受损的前提下可以反复利用文物信息，业内研究人员可以更便利更及时地获取文物信息，实现博物馆与博物馆之间资源的交流、共享，有利于文物研究工作的展开，提高文物的利用率，对于中国传统文化的保护和研究具有重要意义。

数字化博物馆采用全景摄影、三维扫描、文物拍摄等方式，进行博物馆内外景和馆藏文物的信息采集，利用图片、文字、音频、视频多种形式，将博物馆及珍贵藏品呈现在公众面前，将文物更全面形象地展示在公众面前，激发他们对传统文化的兴趣，更好地达到展示馆藏、宣传历史文化的作用。中国博物馆的数量虽然不断增长，但是中国拥有庞大的人口基数，平均每30多万人1座博物馆，与发达国家每5万人1座博物馆相比，尚有很大差距，文物的展出受到博物馆展览场地和展览时间的限制，常常使参观公众产生一种"意犹未尽"之感，通过建立文物的信息化档案，公众利用网络平台可以更方便地查询到文物信息，提高文物共享率，让文物信息的共享超越时间、空间的限制，使能够观赏到藏品的受众更多，更好地传播中华传统文化，从而可以更好地发挥博物馆的宣传教育作用。

中国的数字化博物馆还处于蹒跚起步的状态，仍然具有重大的现实意义和深远的历史意义。

三

随着计算机的普及，各个博物馆逐渐认识到将科技应用到博物馆建设和发展中的重要性，数字博物馆建设正在火热进行中，但是，我们不得不认识到，中国的博物馆数字化起步较晚、研究水平低、建设数量少、质量不高、广度和深度尚有不足，经济和地域造成发展不均衡的现状不容忽视。中国的数字化博物馆的建设受到观念、资金、技术、人才、设备等方面的制约。

数字化博物馆尚未形成一个成熟的概念，实践走在了理论的前面，没有成熟理论的指导，中国博物馆的数字化实践注定是充满挑战之路。博物馆的数字化在中国并没有一个统一的标准，一些对文物进行描绘的专业词汇仍未在博物馆行业得到统一，也在影响着博物馆的数字化进程。作为数字化重要工具的藏品信息管理软件版本众多，为博物馆之间的版本兼容、资源共享带来难题。

从现状来看，较好地进行数字化尝试的博物馆大部分集中在经济较发达及文物资源丰富地区和省市，经济欠发达的地区在资金、设备方面的投入不足，某些地区的博物馆正常运营都已难以为继，根本没有精力进行数字化尝试，而文物资源较少的地区，博物馆的发展没有得到国家的足够重视，无论是财政、人才都存在营养不良的现象，数字化也只是停留在一种设想中。

博物馆数字化将博物馆学与计算机技术有机结合起来，对工作人员的技术操作水平要求较高，对博物馆行业提出了新的挑战。无论是文物的基础信息采集工作，还是多媒体展示工作，都对博物馆的工作人员提出新的要求，因此工作人员不能把对知识的汲取仅仅局限于博物馆学、历史学、考古学方面，还要加强对计算机的学习，加强学科之间的交流。博物馆要加强对老专家和中青年学者关于藏品数据库管理软件的培训，技术、设备相对落后的博物馆应该多向已经部分实现数字化的博物馆学习，加强馆与馆之间的交流合作。

不同于中国，国外的数字化博物馆起步较早，尝试较多，理论和技术更为成熟，经验更为丰富，中国的数字博物馆，应把目光适当投向国外先进博物馆，外派业务人员进行取经学习或者邀请国外专家进行指导帮助。

在博物馆数字化这个大课题面前，既需要单个博物馆的努力，也需要博物馆与博物馆之间的资源整合、整个行业的合作交流与政府的支持引导。2003 年，中国博物馆学会数字化专业委员会成立；2006 年，中国文物学会信息化专业委员会成立，它们为博物馆之间的交流沟通提供了一个很好的平台。国家的引导支持可以保证博物馆数字化的有序开展。国家文物局先后颁布了《博物馆藏品信息指标体系规范（试行）》、《博物馆藏品二维影像技术规范（试行）》等数字化标准技术规范，指导着博物馆数字化工作的正常有序开展，并且启动了一系列重点课题，在接下来的博物馆数字化进程中，国家应适当对经济欠发达地区的博物馆进行政策倾斜，更好地扶持它们的发展。在最近进行的全国第一次可移动文物普查中，文物信息录入系统第一次被应用到全国博物馆的日常工作中，这次普查不仅摸清了中国可移动文物的家底，更为下一步全国范围内的博物馆数字化工作打下了良好的基础。

我们有理由相信，高速发展的现代科技，可以给博物馆的数字化建设带来更多创意，数字化博物馆也将给我们带来更多惊喜。

作者简介：刘良荣，女，曲阜市文物局助理馆员。

浅析新媒体技术下博物馆的数字化展示

——以长春市文庙博物馆 VR 为例

王帅权

摘　要　VR 技术在国内多所博物馆的日常工作中出现，重新构建了技术、艺术家和参观者之间的文化创造关系。随着该项技术在艺术研究与实验领域的全面展开，以 VR 为代表的一种独特的数字世界的美学叙事体系和艺术存在方式也正在逐渐形成。艺术家刷新了"缔造的过程"以新的意义，参观者则被带入一种从未有过的融入式参与互动。在长春市文庙博物馆工作中，VR 之技术不仅限于在艺术领域中的应用，通过前沿科技力量与传统文化文化的契合，将构建出面向国际和具有时代使命的中国传统文化圣地。这项新技术不仅在一定程度上提升了儒家思想的方法论，给参观者带来前所未有的心理上的触动，其独树一帜的展示角度、强有力的融合功能以及技术上的优越，也将为其他领域数字博物馆的构建和创新树立了标杆。

关键词　VR 技术　数字化展示　博物馆　应用意义

虚拟现实艺术（又称灵境艺术 Virtual Reality Art，以下简称"VR 艺术"）作为当代艺术在数字领域发展演变的重要方向之一，符合艺术史基于人类工具革命而发展的传统逻辑，它依托于计算机和人工智能技术，是多媒体艺术超越以往既有的感知层面，向纵深方向发展的重要一环，它借由灵境科技营造的数字化空间，该空间的特殊优势赋予了艺术创造、呈现及各种艺术行为以极大自由。[①] 把真实存在的事物，进行仿真构建以及虚拟化实践，依托便捷的网络来展现出事物的行为与状态，从而形成了不同的展示途径，同时也超越了任何传统的展现方法；展现给人们独树一帜的方式和语言，从而开辟了新的展示领域。2010 年 3 月 20 日，中国首家"VR 艺术研究推广中心"在北京今日美术馆成立，这标志着中国当代文化艺术在新的历史发展时期，与世界先进

---

① 《VR 技术在数字博物馆中的应用及创意方案》数字美术馆

科技文化同步进行。长春市文庙博物馆于 2017 年 3 月 11 日在微信公众号上正式推送"VR 视频体验"。秉承致力于社会公益事业发展的理想，极大地推动了长春文庙 VR 技术在数字博物馆进程中的应用与实践。

一、VR 技术在博物馆数字化实践中的应用

VR 技术不单单是一个技术上的变革，更是一种新的科技力量，为当代艺术带来了质的变化，甚至影响并改变着 20 世纪以来整个美学评判体系以及艺术史研究的方法论。这是一项匹配虚拟现实技术应运而生的艺术手段，带给人们从全新的感知体验与心灵碰撞的全新方式，并由此使新的艺术技术产生极其深远的人文意义与探索。

1. 释放艺术家的创作自由与创作空间

原始的艺术领域的技术上，创作者往往受到物理学上知识体系的束缚，不免受到时间空间等概念的局限。但是"VR 技术"作为数字化体验中的新兴的传播手段，为创作者提供了打破原有时间空间上的束缚，拓展了其创造力和理论视野，使其立体化。改变原有的艺术技术上的经验之谈，在其创作的独特空间里原有的任何形式构成以及客观因素，都转化成为可以受控制的可变化的一种技术元素。从最初的实体场景体验参观，到现在足不出户的感知世界，大多数创作者更乐于对科技工具的创新与对艺术社会的干预产生兴趣，从而希望能够控制其平衡发展，但往往忽略了新技术的影响以及发展过程中出现问题的迅速反应。

技术人员创造的 VR 技术，通过简单的参观者和机器之间的互相协调，来达到理解作品的效果，让人们感受到真真切切的仿真艺术环境并沉醉于其中，同时能够体验出现实生活中无法实现的沉浸感，这样才能让他们的创造更有价值。比如，在 VR 性质的系统中，可以设定观众穿越多重体感的交互通道和穿越装配的进程，技术人员可以借助软件和硬件的顺畅共用来增进介入者与作品之间的交流与反馈，缔造杰出的介入性和可操控性；通过视频的画面进行画面捕捉，记忆访问者的动作瞬间，以持续加强参与者的意识为根本，匹配增强放映果，进而更新放映的片段。通过加强现实感、融合真实性等方式，将数字世界和真实世界结合在一起。观众可以通过自身动作控制投影的文本，如数据手套可以提供参观者的反馈。动体感的场景、360°转动的空间不但增强了作品的真实感，并且可以使观众体验到作品的内部，乃至控制它、研究它的进程和介入再创造的进程，给人以灵动、玄妙的视觉感受。

2. 带给观众在艺术欣赏中的"实用体验"

由于艺术发展在一定程度上受到不同程度和不同阶段的技术变革的影响，虚拟现实技术和人工智能相关手段的日趋先进，为拓展 VR 技术的实用性提供了强有力的支持。由于 VR 艺术与技术的发展壮大，博物馆日常工作中原始的观众日益向"参与

者"、"交互者"甚至"创造者"转型，艺术对于他们而言，不需要被动的被灌输，取而代之的是一种主动的参与性、互动性和浸入式的"真实体验"。进入 VR 艺术的博物馆展厅或展览，意味着进入了一个多感交互的新的经验世界，该世界给予参与者的交互界面多呈嵌套式结构，参与者从一点可以进入无数可变的空间，他们同时被赋予了一定的自主权，能够在共享的同步电子空间中去支配自己的作为。

参观者可以把自己的意愿通过系统提供的技术支持，对现有的展品进行再创造。也可以根据自身的动作通过技术影响展品，但都是基于虚拟现实，不会破坏展品以及原有的空间。在开放式的互动场景与自由的路线选择中体验作品并且互动，进而感受到一种交流感与互动感，从而沉浸其中。参观者以主观视角出发，创造角色。每一次的互动都有不同的体验效果，进而增加了文本库中新的结构。VR 技术的出现让原始的参与者与展品之间的关系变得主动，人们对艺术的解读也不单是个人主观的层面上的认识，转化为一种对向的沟通与交流，从而增大了对艺术理解的能力。

二、博物馆数字化展示的特点

博物馆的数字化展示有多种方式，例如主题宣传片、多媒体互动设备、电子触摸屏等。

在众多的展示方式中，VR 视频展示是一种对观众吸引力较大的方式。因为不仅仅是对普通展示的简单拓展，更可以利用视频、VR 技术等先进的展示技术，通过强烈的视觉冲击产生很强的带入感，让观众直观、容易获得所传达的知识和信息，并留下深刻的印象。目前，相当数量的国内外博物馆或科技馆都有数字化 VR 作为一种重要的展示手段。而且，随着展示技术的日新月异，技术也有了突飞猛进的发展，由原始的单屏幕式演变出了多种展示类型的，每种类型都有其特点和优势。

1. 博物馆数字化展示的特点和局限性

与社会上的娱乐性展示环境相比，博物馆数字化有着与众不同的特点。首先，博物馆数字化中的 VR 视频为代表的一系列形式以内容为导向，目的是为更好地使参观者欣赏和学习知识，并没有把空洞的视听体验为最终目标。在博物馆运用数字化方式向观众介绍藏品，其一，可以将无法展示的藏品或难以开放的古建遗址展示给观众；其二，可以拓展在陈的藏品及古建的内涵，揭示这些物质文化遗产背后蕴涵的历史文化信息。我们想要达到的目的是当观众走出的时候能够带走知识和思考，而不是感叹过后的一无所获。其次，与以前的展柜陈列式展示相比，数字化展示方式，能够通过互动，加强观众与博物馆之间的交流，从而更直接地把信息传递给观众，通过相互之间不断的反馈，实现"教"与"学"之间相互促进，取得更有效的教育成果。因此，博物馆数字化的规模相对来说不会太大，更倾向于容纳几十人的中小型。不过，后者确实也存在严重的局限性，因为每次能够通过来接受信息的观众数量有限，给观众带来不少遗憾。所以，规模与展示方式之间的相互关系，还是一个需要不断研究和探讨的课题。

2. 观众需求与博物馆文化展示的契合

每个博物馆都有其展示的主题，参观这些博物馆的观众群也就因此具有不同的目标需求。因此，博物馆要针对不同的观众需求，提供他们所需要的文化展示内容，设计恰当的数字化。博物馆数字化更多的是营造一个通过合理技术手段展示丰富文化知识的场所，而这种合理的技术手段指的是根据展示要求而提供的优秀而不夸张的展示环境。当观众走进的时候，往往是带着问题，以求知的态度面对我们展示的内容，这个时候，任何过分的宣传和夸张的手段都是不必要的，甚至会使观众产生"这只是一个技术秀"的错觉。对于设备来说，我们当然希望能够呈现更好的效果，包括视觉效果和听觉效果，甚至希望能够有更多的感觉刺激来加深观众对于节目内容的理解。但是，过分地追求效果必然导致节目内容的匮乏，所以能够满足节目播放要求；同时具有一定的视觉和听觉效果的演播设备就足以完成接待任务了。同时，从对应观众需求的方向思考，在环境建设方面要以简洁、明快为目标。在设置环境的时候，应力求使观众进入后能够很平和地坐在座位上，将注意力集中在节目内容上而不是被各种各样可以营造的氛围所吸引。

三、博物馆数字化展示的意义

故宫博物院不仅是古代艺术品的展览馆，更是承载着明清两代宫廷历史文化的皇宫紫禁城。来到故宫博物院参观的绝大部分观众是把这里定位成明清皇宫，他们的目标需求是从这里了解明清皇宫的建筑布局、功能，在这里发生的历史事件，明清宫廷生活的方方面面。由于故宫本身的特殊性，使得展示环境有很大的局限性。有些宫殿虽然修复完成，但其本身不适宜大量观众进入参观；有些宫殿多年没有经过修复，达不到参观的条件；还有许多文物只能集中进行展览，不能在原本摆放的地方设置，达不到原状陈列的效果。综合以上两方面来考虑，我们希望能够提供给观众这样一种展示方式。让他们能够"走进"紫禁城的宫殿，"走近"每一件文物藏品，真切地欣赏到每一个角落，并根据自己的意愿来选择观看角度，提出问题并获得解答。因此，我们选择了虚拟现实这种数字化展示方法。

长春市文庙博物馆也是遵循着这样的规律，虚拟现实提供的是 VR（虚拟现实）节目，这种节目通过三维建模和程序特效营造出虚拟现实的环境，与真实环境相近而又自带特色。在这种节目中，观众首先会随着事先预设好的路径进行游览，伴随着解说员的现场解说，能够在产生身临其境感觉的同时，与解说员取得交流，增加了观众的体验感。在预设路径结束后，观众还可以通过控制器在三维场景中自由地移动视角，根据兴趣选择观赏对象，这样能够进一步提升观众的体验感，达到虚拟现实的目的。

虚拟现实节目的另一个十分重要的特点，就是能够根据真实场景的意境或是原状来制作虚拟场景。这种场景能够带来强烈的带入感和新鲜感，不管是普通观众还是专业人士都能够从中感受到虚拟场景所要表现的历史和文化上的特点。相比真实场景中苍白的文字解释，虚拟场景带来的直观感受更能令人印象深刻，从而达到博物馆向观众介绍文化历史的目的。VR 由于播放的是 VR（虚拟现实）节目，所以在沉浸感和与观众互动方面都具有得天独厚的优势。在设备应用方面，由于 VR 节目需要观众有身临其境的感觉，所以应用了大型的弧形屏幕，并且用三台高清投影机将画面投影在屏幕上，也就是能够横向显示三屏的高清画面，增加视觉上的宽度，让观众不管是向左还是向右旋转视角都能够看到虚拟现实场景，仿佛是自己在场景中进行参观游览。VR 的另一个特点就是进行现场实时解说。相对于将嵌入视频节目的录音，由解说员进行现场解说可以提高观众的观感，解说员可以根据观众的状态来适时调整讲解的内容和速度，使得讲解的内容与对象有更高的契合度。同时，在节目中间讲解员还可以与观众互动，引导观众提出问题或是进行猜测，既增加了乐趣，又能让观众更深地了解文化，一举两得。

VR 节目本身还有着普通视频节目所不具备的特点，普通视频是由固定视角通过视频剪辑得到的，观众只能够被动地观看而不能与视频的内容进行互动，而 VR 节目是由三维建模的场景通过程序运行实时演算得到的，所以不仅仅可以通过事先预设的路径进行游览，还可以通过控制器自己操控视角和运动方向，在虚拟场景中进行漫游。在宽屏幕的支持下，观众可以得到如同自己在场景中畅游的感受。相比于电影院的巨型屏幕，故宫文化资产数字化应用研究所 VR 并没有那么炫目的设备，但是以观众需求为出发点，借助适合表现节目特色的技术和设备，实现了良好的数字化展示效果。当然，这里还有很多不成熟的地方需要我们去改进和思考，譬如对于控制器使用的上手难度较高，一般观众第一次使用很难到达自己想去的地方；由于屏幕较大而且离座位很近，有些观众观看一段时间后可能会出现不适的现象等；声音设计中背景音乐和解说员的音轨没有有效区分开，解说员的声音有被音乐"吞没"的情况发生；每次只能选择一位、两位观众进行互动等。

四、结语

数字化展示必然是未来博物馆文化展示的重要发展趋势。但数字化展示必须切合博物馆文化展示的内容，与特定的观众需求密切结合，才能制定出最佳的展示方案，使内容表达更充分，有效实现博物馆的教育职能。在以长春市文庙博物馆为代表的一系列数字化展示应用已经成为博物馆展示的重要手段之一，在应用不同技术的数字化展示设备的帮助下，观众更加容易理解博物馆的展示内容。和电影院、科技馆（天文馆）所采用的数字化展示相比，博物馆有自身鲜明的特点，最重要的就是如何在文化展示与技术应用间取得平衡。因为，对于博物馆的观众来说，技术上的创新固然重要，但是最终希望看到的还是博物馆本身所展示的历史文化内容。不能为了数字化展示而数字化展示，要契合博物馆的特点，技术与内容要密切配合，才能取得最佳效果

作者简介：王帅权，长春市文庙博物馆。